MW01532539

Le Routard

New York
Manhattan, Brooklyn, Queens, Bronx

Cofondateurs : Philippe GLOAGUEN et Michel DUVAL

Directeur de collection et auteur
Philippe GLOAGUEN

Rédacteurs en chef adjoints
Amanda KERAVEL
et Benoît LUCCHINI

Directrice de la coordination
Florence CHARMETANT

Directrice administrative
Bénédicte GLOAGUEN

Directeur du développement
Gavin's CLEMENTE-RUIZ

Conseiller à la rédaction
Pierre JOSSE

Responsable voyages
Carole BORDES

Direction éditoriale
Élise ERNEST

Rédaction
Isabelle AL SUBAIHI
Emmanuelle BAUQUIS
Mathilde de BOISGROLLIER
Thierry BROUARD
Marie BURIN des ROZIERS
Diane CAPRON
Véronique de CHARDON
Laura CHARLIER
Fiona DEBRABANDER
Anne-Caroline DUMAS
Éléonore FRIESS
Géraldine LEMAUF-BEAUVOIS
Olivier PAGE
Alain PALLIER
Anne POINSOT
André PONCELET

2020

hachette

voir plan détachable

NORD

UPPER
WEST SIDE
p. 259

UPPER
EAST SIDE
p. 237

CENTRAL
PARK
p. 272

TIMES SQUARE
ET THEATER
DISTRICT
p. 206

MIDTOWN
p. 220

CHELSEA
p. 179

UNION SQUARE,
NOMAD ET
FLATIRON
DISTRICT
p. 193

GREENWICH ET
WEST VILLAGE
p. 136

EAST VILLAGE,
NOHO ET
LOWER EAST SIDE
p. 155

SOHO ET
NOLITA
p. 119

TRIBECA
p. 132

CHINATOWN
ET LITTLE ITALY p. 111

LOWER
MANHATTAN p. 88

0   1 mile
0   2 km

MANHATTAN

Fort
Lee

North
Bergen

Hoboken

DUMBO

BROOKLYN
HEIGHTS

Ellis Isl.
(NY)

Liberty Island
(NY)

Newark
Int. Airport

Governors
Isl.

RED
HOOK

PARK
SLOPE

NEW JERSEY
NEW YORK

Upper
New York
Bay

Fort Hamilton Pkwy

BAYONNE
BRIDGE

Forest   Ave.

Blvd

Victory

Blvd

Victory

STATEN
ISLAND

Richmond Rd.

F. Capodanno Blvd

Bay St.

VERRAZANO
NARROWS
BRIDGE

Lower
New York
Bay

Hoffman Isl.

0   2   4 miles
0   2   4 km

Hudson

Henry

Broadway

Kennedy

Memorial

Blvd

G. WASHINGTON BRIDGE

Cross-Bronx Expwy

LE BRONX
p. 353

95

NORD

Eastchester Bay

678 295

278

BRONX WHITESTONE BRIDGE

HARLEM ET LES HEIGHTS p. 275

Hudson River

Broadway

Fifth Ave.

First Ave.

Franklin

F. D. Roosevelt Drive

Little Neck Bay

LA GUARDIA AIRPORT

ASTORIA

Roosevelt Isl.

25A

295

LONG ISLAND CITY

278

QUEENS
p. 360

495

GREENPOINT

Woodhaven Blvd

278

Grand Ave.

25

WILLIAMSBURG

BUSHWICK

Broadway

Ave.

Ave.

DOWNTOWN BROOKLYN

Jamaica Ave.

Atlantic Ave.

Rockaway Blvd

678

Atlantic Ave.

Flatbush

PROSPECT HEIGHTS

Eastern Pkwy

Pennsylvania Ave.

Blvd

27 Linden

Ave.

BROOKLYN
p. 301

Cross Bay Blvd

JOHN F. KENNEDY INTERNATIONAL AIRPORT

Ocean Parkway

Jamaica Bay

Flatbush Ave.

Blvd

Rd

CONEY ISLAND

Beach Channel

Rockaway Beach

OCÉAN ATLANTIQUE

NEW YORK

TABLE DES MATIÈRES

HOMMES, CULTURE, ENVIRONNEMENT 369

Important : dernière minute

Sauf rares exceptions, le *Routard* bénéficie d'une parution annuelle à date fixe. Entre 2 dates, des événements fortuits (formalités, taux de change, catastrophes naturelles, conditions d'accès aux sites, fermetures inopinées, etc.) peuvent modifier vos projets de voyage. Pour éviter les déconvenues, nous vous recommandons de consulter la rubrique « Guide » par pays de notre site • *routard.com* • et plus particulièrement les dernières *Actus voyageurs*.

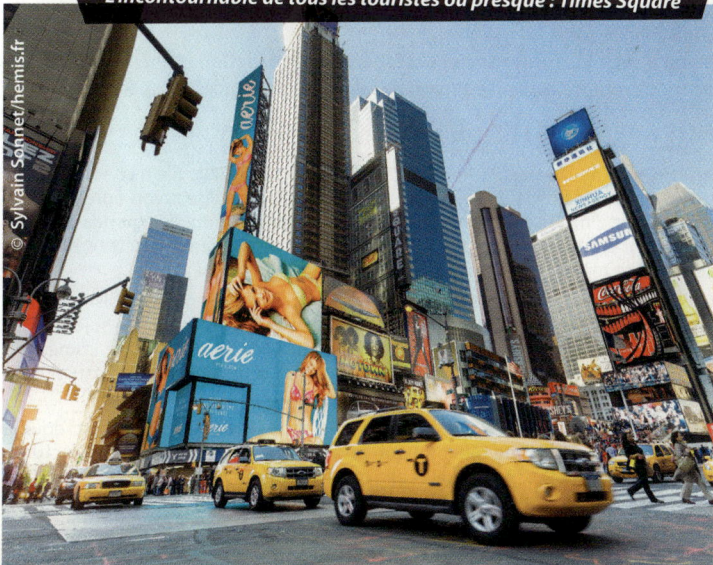

L'incontournable de tous les touristes ou presque : Times Square

© Sylvain Sonnet/hemis.fr

LA RÉDACTION DU ROUTARD

(sans oublier nos 50 enquêteurs, aussi sur le terrain)

© R. Delalande et E. Dessons

Jean-Sébastien, Olivier, Mathilde, Alain, Gavin's, Éléonore,
Anne-Caroline, André, Laura, Florence, Véronique, Isabelle, Géraldine, Fiona,
Amanda, Benoît, Emmanuelle, Bénédicte, Philippe, Carole, Diane, Anne, Marie.

La saga du _Routard_ : en 1971, 2 étudiants, Philippe et Michel, avaient une furieuse envie de découvrir le monde. De retour du Népal germe l'idée d'un guide différent qui regrouperait tuyaux malins et itinéraires sympa, destiné aux jeunes fauchés en quête de liberté. 1973. Après 19 refus d'éditeurs et la faillite de leur 1re maison d'édition, l'aventure commence vraiment avec Hachette. Aujourd'hui, le _Routard_, c'est plus d'une cinquantaine d'enquêteurs impliqués et sincères. Ils parcourent le monde toute l'année dans l'anonymat et s'acharnent à restituer leurs coups de cœur avec passion.

Merci à tous les routards qui partagent nos convictions : liberté et indépendance d'esprit ; découverte et partage ; sincérité, tolérance et respect des autres.

NOS SPÉCIALISTES NEW YORK

Anne-Caroline Dumas : à 14 ans, 1er _Routard_ en poche, elle file à Londres sur les traces de David Bowie. Et rejoint la rédaction de son guide favori après une fac d'anglais et d'histoire de l'art. Arpenteuse des villes comme des grands espaces, fan d'architecture et incorrigible gourmande, elle ne part jamais sur le terrain sans cette petite montée d'adrénaline qui fait aussi le piment du voyage.

Grégory Dalex : engagé avec le _Routard_ depuis près de 20 ans, il a choisi le voyage en solo et en immersion totale. Le moyen d'être au plus près de son sujet en privilégiant les rencontres humaines… et leurs bonnes adresses ! Une immersion jusque dans la mer, l'autre passion de sa vie, qu'il brûle en travaillant aussi dans l'archéologie sous-marine.

Diane Capron : passionnée de littérature, élève appliquée, la cadette de l'équipe semble davantage rat de bibliothèque qu'aventurière. Pourtant, entre 2 lectures, curieuse de tout et un peu rebelle, elle ne rechigne pas devant une plongée dans les cultures underground, motivée par une perpétuelle quête de nouveauté. Amatrice de musées et de vieilles pierres, férue de grands espaces, groupie et noctambule, avec elle, le voyage, c'est le jour et la nuit !

UN GRAND MERCI À NOS AMI(E)S SUR PLACE ET EN FRANCE

Pour cette nouvelle édition, nous remercions particulièrement :

- **Michelle Bonfils,** harlémite de cœur, pour son accueil chaleureux et sa générosité humaine.
- **Heidi et Tom Sutton,** pour les mêmes raisons !
- **Rozenn Doniguian,** coéquipière de choc.
- **Marie-Reine Jezequel, Benjamin Perez, Luis** et toute l'équipe de NY Habitat.
- **Virginie Dupaquier** et **Marie-Christine Fourteau** de Giers, guides bénévoles au Metropolitan Museum of Art.
- **Paul Vinet,** pour les éclairages en art contemporain.
- Et **Sandra Epiard,** de Article Onze Tourisme, bureau de représentation de NYC & Company à Paris.

Pictogrammes du Routard

Établissements

- Hôtel, auberge, chambre d'hôtes
- Camping
- Restaurant
- Terrasse
- Spécial burger
- Pizzeria
- Brunch
- Boulangerie, sandwicherie
- Pâtisserie
- Glacier
- Café, salon de thé
- Café, bar
- Bar musical
- Club, boîte de nuit
- Salle de spectacle
- Boutique, magasin, marché

Infos pratiques

- Office de tourisme
- Poste
- Accès Internet
- Hôpital, urgences
- Adapté aux personnes handicapées

Sites

- Présente un intérêt touristique
- Pèlerinage rock
- Point de vue
- Plage
- Spot de surf
- Site de plongée
- Recommandé pour les enfants
- Inscrit au Patrimoine mondial de l'Unesco

Transports

- Aéroport
- Gare ferroviaire
- Gare routière, arrêt de bus
- Station de métro
- Station de tramway
- Parking
- Taxi
- Taxi collectif
- Bateau
- Bateau fluvial
- Piste cyclable, parcours à vélo

© HACHETTE LIVRE (Hachette Tourisme), 2019
Le *Routard* est imprimé sur un papier issu de forêts gérées.

LaGuardia Link Q70 SBS
M60 SBS
Q47
Q48
Q72

RIKERS ISLAND

LAGUARDIA AIRPORT

Flushing Main St — 7
7 Flushing

Mets–Willets Point
7·Q48 LGA Airport ⊗
Mets–Willets Point

111 St
7·Q48 LGA Airport ⊗

103 St–Corona Plaza
7

Junction Blvd ⊗
7

90 St–Elmhurst Av
7

82 St–Jackson Hts
7

74 St–Broadway
E·F·M·R
Lexington Av/53 St
Roosevelt Av
E·F·M·R
Jackson Hts

69 St
7

Woodside
61 St

52 St

46 St
Broadway

Northern Blvd
M·R

65 St

Elmhurst Av
M·R

Grand Av Newtown
M·R

Woodhaven Blvd
M·R

63 Dr–Rego Park
M·R

67 Av
M·R

Forest Hills 71 Av
E·F·M·R

75 Av
E·F

Kew Gardens Union Tpke
E·F ⊗

QUEENS BLVD
LIRR

40 St
Lowery St

46 St
Bliss St

33 St
Rawson St

Queensboro Plaza

104 St
Z rush hours, J other times

Woodhaven Blvd
J·Z

85 St–Forest Pkwy
J

75 St–Elderts Ln
Z rush hours, J other times

Cypress Hills
J

Crescent St
J·Z

Norwood Av
Z rush hrs, J other times

Cleveland St
J

Middle Village Metropolitan Av
M

Fresh Pond Rd
M

Forest Av
M

Seneca Av
M

Halsey St
M

Jefferson St
L

DeKalb Av
L

Myrtle Wyckoff Avs
L·M

Knickerbocker Av
M

Central Av
M

Wilson Av
L

Bushwick Av Aberdeen St
L

Broadway Junction
A·C·J·L·Z

Van Siclen Av
Z rush hrs, J other times

Alabama Av
J

Euclid Av
A·C

Shepherd Av
C

Van Siclen Av
C

New Lots Av
L

Van Siclen Av
C

Pennsylvania Av
C

Livonia Av
L

Morgan Av
L

Montrose Av
L

Grand St
L

Graham Av
L

Lorimer St
L

Metropolitan Av
G

Myrtle Wyckoff Avs

Chauncey St
Z rush hrs, J other times

Halsey St
J

Gates Av
Z rush hrs, J other times

Kosciuszko St
J

Myrtle Av
J·M·Z

Flushing Av
J·M

Lorimer St
J·M

Broadway
G

Hewes St
J·M

Marcy Av
J·M·Z

Flushing Av
G

Myrtle–Willoughby Avs
G

Bedford–Nostrand Avs
G

Classon Av
G

Clinton–Washington Avs
G

Washington Av
Clinton Av

Fulton St

Liberty Av
C

Atlantic Av
L

Sutter Av
L

Junius St
3

Rockaway Av
3

Saratoga Av
3

Sutter Av–Rutland Rd
3

New Lots Av
3

East 105 St
L

Canarsie Rockaway Pkwy
L

Jay St MetroTech
A·C·F·R

DeKalb Av
B·Q·R

Nevins St
2·3·4·5

Hoyt Schermerhorn
A·C·G

Atlantic Av–Barclays Ctr
B·Q·2·3·4·5·LIRR

Lafayette Av
C

Clinton–Washington Avs
C

Franklin Av
C

Nostrand Av
A·C

Kingston–Throop Avs
C

Utica Av
A·C

Ralph Av
C

Rockaway Av
C

Broadway Junction

Kingston Av
3

Crown Hts Utica Av
3·4

Sutter Av–Rutland Rd
3

Nostrand Av
3

Kingston Av
2·5

President St
2·5

Sterling St
2·5

Winthrop St
2·5

Church Av
2·5

Franklin Av
S

Park Pl
S

Botanic Garden
S

Prospect Park
B·Q·S

Bergen St
2·3

Grand Army Plaza
2·3

Eastern Pkwy Brooklyn Museum
2·3

Hoyt St
2·3

Borough Hall
2·3·4·5

Court St
R

Smith–9 Sts
F·G

4 Av–9 St
F·G·R

Ninth St

BROOKLYN

QUEENS

BROOKLYN

LE MÉTRO DE NEW YORK

L'Empire State Building, un symbole new-yorkais

> *« Il y a quelque chose dans l'air de New York qui rend le sommeil inutile. »*
> *Simone de Beauvoir*

New York. 2 petits mots qui parlent d'eux-mêmes. Ceux qui n'y ont jamais posé les pieds la connaissent déjà, par le cinéma, les séries télé, la musique, la littérature. Et les veinards qui en sont à leur énième voyage ne songent qu'à y retourner. Même les plus blasés se laissent prendre au charme. Car New York est une **machine à rêves,** une addiction. **Diverse, tolérante, puissante, frénétique, électrique, magnétique, magique, vertigineuse, inventive, intense...** les adjectifs se bousculent pour la décrire. C'est la ville des extrêmes et des superlatifs. Avec plus de 8,5 millions d'habitants, New York demeure la mégapole la plus peuplée des États-Unis, la plus visitée aussi, celle où l'on parle au moins 800 langues ! Son métro, le plus étendu de la planète, transporte des millions de passagers, 24h/24. Ses **musées** comptent parmi les plus riches du monde. Et de sa **mythique skyline,** à l'emplacement des défuntes Twin Towers, émerge fièrement la silhouette à facettes du One World Trade Center, aujourd'hui le plus haut gratte-ciel d'Amérique du Nord.

New York, c'est **LA ville, la ville des villes.** Trop petite pour être un pays et trop grande pour être une simple cité. Chaque *borough,* chaque quartier a son identité propre, mais rien n'est figé, tout est en perpétuel mouvement. Il n'y a encore pas si longtemps, un voyage à New York se résumait à une visite du cœur de Manhattan. Rares étaient les touristes qui osaient s'aventurer jusqu'à **Harlem,** alors qu'aujourd'hui c'est un must pour sa cool attitude et sa trépidante vie nocturne. Même le **Bronx** devient une attraction touristique ! Quant à **Brooklyn,** le plus branché des 5 *boroughs* de NYC, c'est « **le Manhattan du XXIe s** », selon l'écrivain Jerome Charyn. Tout le monde s'y précipite pour humer cette ambiance de village unique et se régaler dans les restos les plus en vue de la Grosse Pomme.

À propos de **cuisine,** elle aussi est en pleine révolution. La vague **bio-écolo** qui a déferlé sur la Big Apple a redonné aux New-Yorkais le **goût des bons produits,** sélectionnés dans les fermes de la région et préparés avec soin et raffinement, en mettant en avant leur saveur brute. À l'instar de **Brooklyn,** pionnière en la matière, les marchés de petits producteurs fermiers fleurissent un peu partout, et des **fermes urbaines** poussent jusque sur les toits des immeubles. Une nouvelle génération de chefs est venue chambouler les traditions culinaires, revisitant les classiques et les racines de la ville.

À l'image de ce nouvel art de cuisiner, New York affiche un **bourdonnement créatif** permanent, nourri par une **énergie inépuisable** qui se ressent à chaque coin de rue. Et si certains épisodes sombres ont laissé des traces indélébiles dans cette ville de tous les excès, New York se relève toujours, la tête haute, le regard porté loin devant, prête pour de nouveaux défis d'envergure. *Everything is energy !*

NOS COUPS DE CŒUR

HARLEM **The Cloisters**

UPPER WEST SIDE

Metropolitan Museum of Art

E. 86 th St.
E. 79 th St.

UPPER EAST SIDE

Central Park

Museum of The Moving Image

QUEENS

COLUMBUS CIRCLE

QUEENSBORO BR.

E. 57 th St.

MIDTOWN

THEATER DISTRICT

MANHATTAN

W. 50 th St.

W. 42 nd St.
E. 42 nd St.

LINCOLN TUNNEL

Times Square

FLATIRON DISTRICT

E. 34 th St.

HUDSON YARDS

NOMAD

CHELSEA

Madison Square Park

W. 23 rd St.

UNION SQUARE

W. 17 th St.

Union Square

W. 14 th St.

GREENPOINT

MEATPACKING

High Line et Whitney Museum

EAST VILLAGE

BUSHWICK

Washington Square

WEST VILLAGE

GREENWICH VILLAGE

Houston St.

WILLIAMSBURG

NOLITA

SOHO

LITTLE ITALY

LOWER EAST SIDE

WILLIAMSBURG BRIDGE

HOLLAND TUNNEL

Canal St.

TRIBECA

CHINATOWN

MANHATTAN BRIDGE

DUMBO

Oculus et 9/11 Memorial

Brooklyn Bridge

DOWNTOWN

BROOKLYN

Battery Park City

Wall St.

Brooklyn Heights

Coney Island

Battery Park

Statue de la Liberté et Ellis Island

Staten Island Ferry

Hudson River

East River

Roosevelt Island

1 mile
1 km

NORD

♡ 1 **Au soleil couchant, embarquer sur le ferry de Staten Island pour admirer les gratte-ciel de Manhattan et la statue de la Liberté.**

Le Staten Island Ferry offre l'une des plus belles vues sur Manhattan, avec en prime une vision relativement rapprochée de Miss Liberty. En fin d'après-midi, on bénéficie des superbes lumières du coucher de soleil, puis les gratte-ciel s'illuminent dans la nuit. Le top, d'autant que le voyage est gratuit ! *p. 78, 99*

Bon à savoir : départ 24h/24 de Whitehall St à Lower Manhattan. À l'aller, s'asseoir sur le côté droit du bateau pour profiter à fond de la vue sur la statue.

© Tetra Images/hemis.fr

♡ 2 **Consacrer une journée à la visite de la statue de la Liberté et du musée d'Ellis Island, en se mettant dans la peau des millions d'immigrants qui ont débarqué ici de 1892 à 1954.**

La montée dans la couronne de Miss Liberty, au cœur de la structure conçue par Gustave Eiffel, est une expérience unique ! Réservez votre billet longtemps à l'avance car le nombre de visiteurs est limité. Ensuite, cap sur Ellis Island pour suivre un parcours passionnant qui reproduit celui des candidats à la citoyenneté américaine dans les anciens bâtiments d'accueil : hall des bagages, salle d'enregistrement, examen médical, tests d'alphabétisation… jusqu'à l'autorisation d'entrer sur le territoire. *p. 94, 97*

Bon à savoir : le Tenement Museum, dans Lower East Side, propose des visites guidées thématiques autour des conditions de vie des immigrants, dans un immeuble d'habitation d'époque. Un bon complément à la visite d'Ellis Island. p. 174

© Rieger Bertrand/hemis.fr

③ **Découvrir, les yeux ébahis, l'architecture futuriste de l'Oculus,** la gare la plus chère du monde imaginée par Santiago Calatrava, au cœur du nouveau complexe du World Trade Center.

Sa spectaculaire silhouette blanche tout en mouvement est une respiration entre les tours. Il faut entrer à l'intérieur pour prendre la mesure de ce hall ovale aux airs de cathédrale, plus vaste encore que celui de Grand Central. Un vrai décor de science-fiction ! Tout autour s'étend le nouveau World Trade Center dominé par le One WTC, plus haut gratte-ciel d'Amérique du Nord. À son pied, à l'emplacement exact des défuntes tours jumelles, le 9/11 Memorial : 2 immenses bassins profonds, dans lesquels se déversent des chutes d'eau sans jamais les remplir. Poignant. *p. 108*

© Philippe Renault/hemis.fr

♡ **Admirer la vue la plus spectaculaire de tout NYC, à travers les masses
4   géantes des ponts de Brooklyn et de Manhattan,** depuis le quartier de
DUMBO à Brooklyn.

Les caractéristiques rues pavées de ce petit quartier postindustriel, bordées de
vieux entrepôts rougeâtres, offrent un panorama cinématographique sur la *skyline*
de Manhattan, avec les 2 ponts au 1er plan. Aménagé le long d'East River, Brooklyn
Bridge Park est une promenade paysagée écolo-bobo qui chemine jusqu'à l'adorable quartier résidentiel de Brooklyn Heights, jalonné d'élégantes *brownstones*
historiques construites avant 1860 : un patrimoine unique et magnifiquement restauré, aujourd'hui très convoité par les yuppies. *p. 306, 312*
Bon à savoir : situés juste en face de Manhattan, DUMBO et Brooklyn Heights sont
rapidement accessibles en métro, en navette-bateau, et même à pied ou à vélo par le
pont de Brooklyn. Au coucher du soleil, c'est superbe !

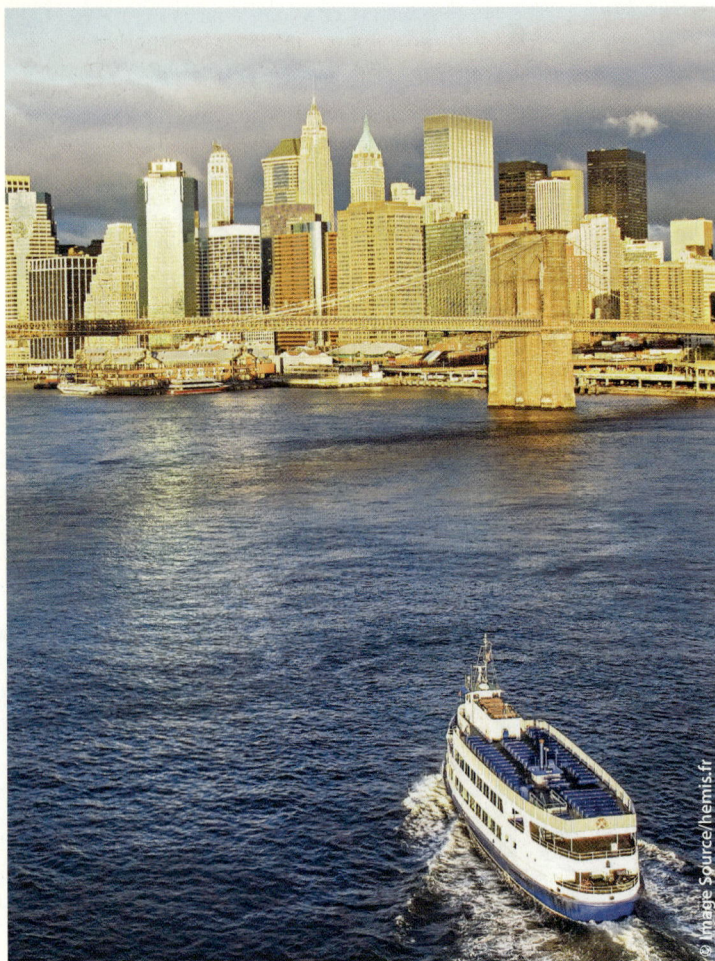

© Image Source/hemis.fr

⑤ S'offrir une splendide croisière urbaine en sillonnant l'East River à bord d'un ferry, de Manhattan à Queens, en passant par Brooklyn.

Les bateaux de New York City Ferry proposent des trajets réguliers remontant l'East River : l'occasion unique de découvrir une partie de l'histoire architecturale de la Grosse Pomme au fil de l'eau. En partant de l'embarcadère de Wall Street (Pier 11), on laisse la statue de la Liberté et les tours du Financial District derrière soi et on file vers le Brooklyn Bridge et le Waterfront de DUMBO. Après être passé sous le Williamsburg Bridge, on longe le nouveau Domino Park dominé par les vestiges réhabilités de ce qui fut la plus grande raffinerie de sucre du monde. Pour finir, on accoste au pied de l'American Copper Buildings, tour funambule située au niveau de East 34th St. *p. 78, 111*

Bon à savoir : le ferry est un moyen idéal pour s'échapper du vacarme urbain. En saison, il dessert également l'île de Governors Island, où de belles balades à vélo sont possibles.
• *ferry.nyc* •

6 **Déguster un cocktail ou bruncher à ciel ouvert dans un resto-bar perché sur le toit d'un building,** avec vue plongeante sur New York.

Ces *rooftops*, souvent aménagés au sommet des hôtels, avec terrasse en plein air au milieu des gratte-ciel, sont toujours très à la mode à New York. C'est d'ailleurs ici que la tendance est née ! Parmi nos préférés, le *Westlight*, au 22e étage du *William Vale Hotel* à Williamsburg (Brooklyn), avec sa vue fabuleuse sur la *skyline* de Manhattan ; au summum du « *hipness* » ! *p. 326*

Bon à savoir : *faites aussi l'expérience des speakeasies, ces bars secrets inspirés de la Prohibition, dont la mode a été relancée à NY. Sans enseigne, ils sont souvent bien cachés derrière des lieux improbables comme un vendeur de hot-dogs ou un barbier !*

© Noah Fecks

♡ À Brooklyn, écumer les bars et petites adresses branchées de Williamsburg.

Brooklyn, immense *borough,* est une mosaïque de quartiers aux visages différents. Williamsburg, berceau des hipsters, se trouve à une seule station de métro de Manhattan. Ici, pas de musée mais une atmosphère bien particulière, des vues fantastiques sur la *skyline* de Manhattan, pléthore de bons petits restos, des bars branchés à foison et des boutiques arty bien dans l'air du temps. *p. 318*

Bon à savoir : aux beaux jours, le célèbre marché aux puces Brooklyn Flea s'impose comme un rendez-vous incontournable ! Fringues et accessoires vintage, artisanat de récup, créateurs locaux et une foule de stands alimentaires gourmets, mis en place par les petits producteurs du coin.

© Richard Taylor/Sime/Photononstop

© Rozenn Douguian – mur peint de l'artiste Spiros

8 ♥ En prendre plein les mirettes devant les fresques *(murals)* qui couvrent les rues de Bushwick.

À une poignée de stations de métro de Williamsburg, Bushwick est le temple du *street art*. Sur quelques blocs seulement, les murs de brique se parent de fresques fabuleuses, réalisées par des artistes pointus, de renommée parfois mondiale. Un coin étonnant, entre zone industrielle et friche artistique, à découvrir avant qu'il ne soit totalement gentrifié ! Car ici aussi, entrepôts et ateliers de mécanique sont peu à peu transformés en restos et bars branchés, galeries d'art et locaux de start-up. Avec toujours ce côté « déglingue » caractéristique de Bushwick. *p. 331, 336*

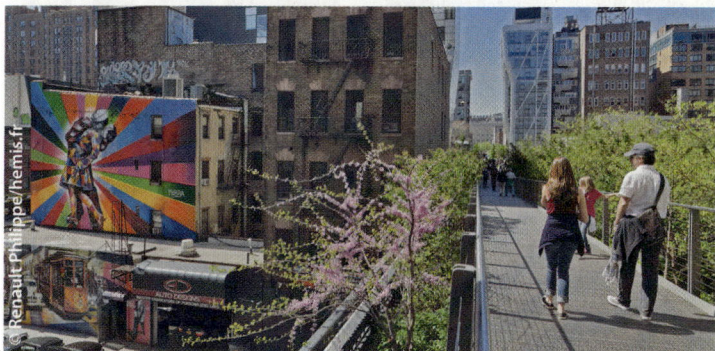

© Renault Philippe/hemis.fr

9 ♥ Déambuler sur la High Line, ancienne voie ferrée suspendue reconvertie en coulée verte, et bordée par la silhouette moderne du Whitney Museum aux collections contemporaines exceptionnelles !

Cette promenade paysagère traverse les quartiers du Meatpacking District et de Chelsea. On y chemine à pied, profitant d'une perception singulière de la ville, qui offre aussi une ludique leçon d'architecture, depuis les petits bâtiments industriels jusqu'aux buildings détonnants du XXIe s, tel ce fascinant *Vessel*, chef-d'œuvre du nouveau et pharaonique complexe urbain de Hudson Yards : une structure métallique composée de 154 escaliers interconnectés et 80 plates-formes d'observation ! *p. 150* *Bon à savoir : compter 1 heure de balade pour la totalité du parcours, avec plusieurs accès intermédiaires possibles. À la pointe sud de la High Line, prévoir du temps pour visiter le Whitney Museum, consacré à l'art américain des XXe-XXIe s à travers ses plus grands artistes. Une collection formidable présentée sous forme d'accrochages temporaires.*

© Brian Jannsen/Age Fotostock

⑩ Prendre un bain de foule à Times Square, le soir, et se croire en plein jour dans cette débauche de néons et d'écrans géants !

L'un des visages mythiques de New York ! Au cœur de Theater District, à l'intersection de Broadway et de 42nd Street, les écrans publicitaires géants de Times Square diffusent un flot d'images 24h/24, illuminant tout le quartier le soir venu. Une visite incontournable, à faire de préférence à la nuit tombée : encore plus magique, et ce malgré la densité de la foule ! *p. 206*

Bon à savoir : pour une vision panoramique, monter en haut du grand escalier rouge vitré qui sert de toit au kiosque de la billetterie TKTS (comédies musicales de Broadway à prix réduits).

⑪ **Le week-end, flâner dans Central Park** parmi les joggeurs, rollers et **musiciens amateurs.**

Le poumon vert de la Big Apple, un parc aménagé de 340 ha, encadré de buildings Art déco, de bâtisses de style gothique Tudor et de gratte-ciel vertigineux. En s'égarant sur les chemins labyrinthiques bordant les lacs et sur les sentiers sauvages du Ramble, on en oublierait presque qu'on est en plein New York. Pour la photo-souvenir, rendez-vous à la Literary Walk sur The Mall, l'allée emblématique encadrée d'ormes de toute beauté. *p. 272*

Bon à savoir : les fondus de running chausseront leurs baskets pour courir sur la boucle autour du fameux Réservoir (2,5 km). L'hiver, on y fait aussi du patin à glace. Et les jours de neige, il n'est pas rare de croiser des New-Yorkais à skis !

©Ian Dagnall/Alamy/Hemis

12 Passer quelques heures au **Metropolitan Museum of Art, l'un des musées les plus fabuleux du monde,** connu entre autres pour ses *period rooms* : des reconstitutions d'intérieurs somptueusement meublés et décorés, recréant l'atmosphère caractéristique d'une époque.

Aussi exceptionnel que le *Grand Louvre*, le *British Museum* et le *musée de l'Ermitage* à Saint-Pétersbourg, le *Met* justifie à lui seul un voyage à New York ! La visite guidée gratuite et en français des chefs-d'œuvre du musée (à 11h en semaine) est une excellente introduction, avant d'explorer par vous-même 1 ou 2 sections. L'American Wing, la plus riche collection d'art américain qui soit, est un must qu'on ne peut voir qu'aux États-Unis ! *p. 242*

Bon à savoir : le billet d'entrée (25 $; gratuit moins de 12 ans) donne accès pdt 3 j. au Met Breuer (expos temporaires) et aux merveilleux Cloisters.

© Felix Lipov/Alamy/Hemis

13 Pour le prix d'un ticket de métro, prendre le « téléphérique » pour **Roosevelt Island et profiter d'un panorama exceptionnel** sur **Manhattan** et l'East River.

La pointe sud de la petite île a été transformée en jardin-mémorial dédié au président Franklin Roosevelt. Un monument épuré signé Louis Kahn, qui embrasse une vue imprenable sur l'ONU et les gratte-ciel de Midtown d'un côté, et de l'autre, Long Island City et son enseigne géante de Pepsi-Cola datant de 1940. Photogénique en diable ! *p. 259*

Bon à savoir : accès possible aussi en métro (ligne F) ; une station seulement depuis Upper East Side.

14 « Monter » à Harlem, berceau de la culture noire et du jazz, aujourd'hui en pleine renaissance.

Prisé pour son atmosphère authentique et conviviale et sa vie nocturne, sous le signe du jazz mais pas seulement, Harlem a le *swag* ! Idéalement, il faut y venir le dimanche pour assister à une messe gospel haute en couleur (privilégiez une petite église de quartier plutôt qu'une connue et plus touristique), puis bruncher, profiter de l'animation de 125th St, la rue du légendaire théâtre Apollo et enfin découvrir les jolies rues tranquilles et bordées de maisons *brownstones*. *p. 275, 289*

Bon à savoir : plusieurs chambres d'hôtes de charme pour séjourner au calme dans le quartier.

© Jon Arnold Images/hemis.fr

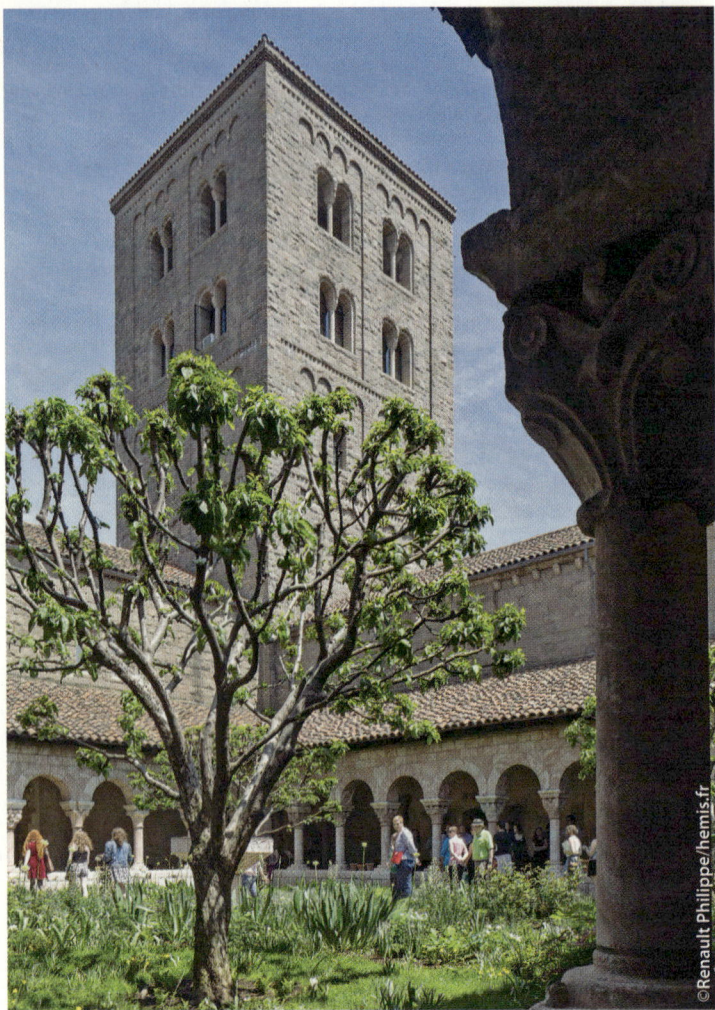

©Renault Philippe/hemis.fr

15 **Visiter The Met Cloisters,** un ensemble méconnu de cloîtres médiévaux provenant du midi de la France.

The Met Cloisters est une annexe du Metropolitan Museum of Art. C'est un étonnant monastère-musée dans lequel il n'y eut jamais l'ombre d'un moinillon ! Les différents éléments de l'édifice et les objets religieux datent tous des XIIᵉ-XVᵉ s, et ont été rapportés pour la plupart du sud de la France. Entouré d'un parc bucolique, l'ensemble demeure un véritable bijou. Et puis l'atmosphère paisible est si bien rendue qu'on a peine à se croire à Manhattan ! *p. 299*

Bon à savoir : entrée gratuite sur présentation du billet du Met (dans un délai de 3 j.). Aux beaux jours, café sous les arcades d'un des cloîtres. Et toute l'année, resto dans le petit parc de Fort Tryon (New Leaf), prisé pour son ambiance rustique chic.

16 **Prendre le métro pour aller... à la plage !**
New York se trouve au bord de l'océan Atlantique et, à 1h-1h30 de métro, on peut se poser sur une plage ! Celle de Coney Island au sud de Brooklyn est la plus populaire, avec son ambiance de fête foraine rétro, ses planches en bois et son célèbre comptoir à hot-dogs. Tout près de l'aéroport de JFK, *Rockaway Beach* attire quant à elle hipsters et surfeurs dans une ambiance détonnante ! *p. 351, 415*
Bon à savoir : Rockaway Beach *est aussi accessible par le ferry, au départ de Wall St (Pier 11). Toujours pour le prix d'un ticket de métro (2,75 $) ! • ferry.nyc •*

Peter Horree/Alamy/Hemis

17 **Percer les secrets de l'animation et du cinéma dans le passionnant Museum of the Moving Image du Queens.**
Le credo de ce musée, situé au cœur des studios Kaufmann, est de montrer tout ce qu'on ne voit pas à l'écran, comment on conçoit une image, une animation, et tous les moyens techniques qui vont avec. Dans un superbe espace design où l'image est omniprésente, un musée à la fois ludique et didactique, comme savent si bien le faire les Américains. *p. 365*
Bon à savoir : possibilité de dîner ou de bruncher le dimanche dans l'ancienne cantine des studios où passèrent Charlie Chaplin et les Marx Brothers !

© Randy Duchaine/Alamy/Hemis

THE TELEVISION
SET

(18) **Faire un tour du monde gastronomique** en goûtant une foule de cuisines différentes.

Certes, les tentations de croquer dans un vrai bon burger seront nombreuses mais la grande particularité de New York, c'est que toutes les cuisines sont représentées, à (presque) tous les prix. De la *street food* (cuisine de rue) aux tables de grands chefs, en passant par toutes les cuisines ethniques : asiatique et italienne un peu partout, juive d'Europe de l'Est dans Lower East Side, etc. Le paradis des *foodies* ! *p. 376, 382*

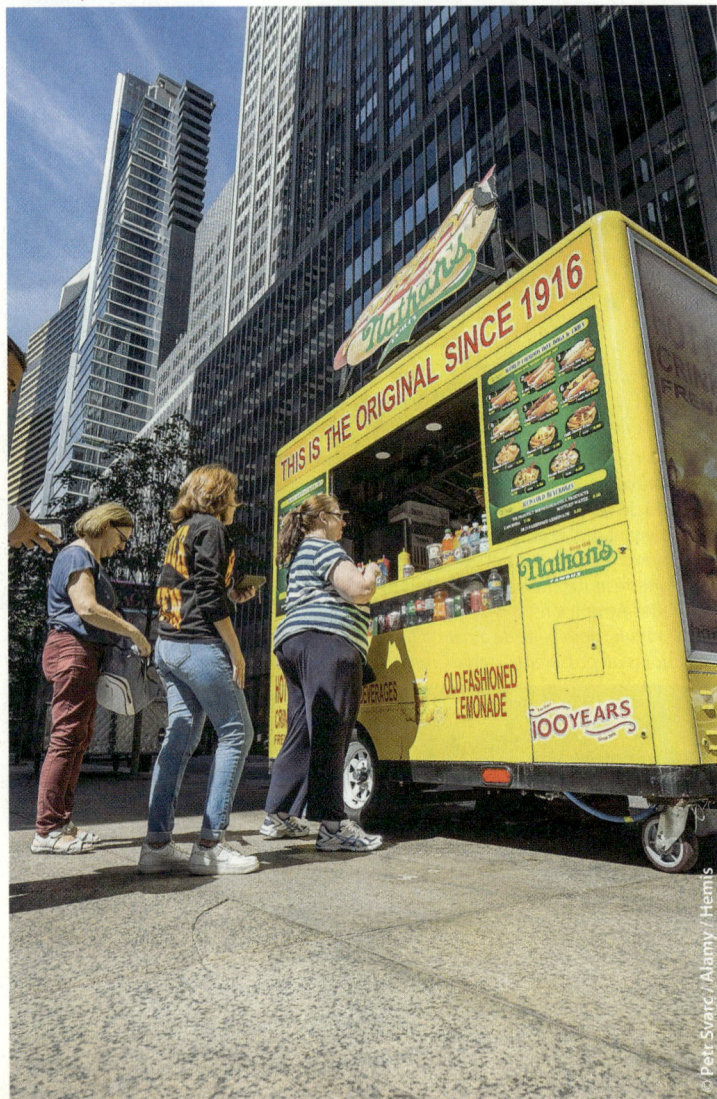

Central Park, le poumon vert de New York

ITINÉRAIRES CONSEILLÉS

Carte de Manhattan et Brooklyn avec les repères suivants :

- **UPPER WEST SIDE**
- **Central Park** 6
- **UPPER EAST SIDE**
- West Side Hwy
- Broadway
- **COLUMBUS CIRCLE**
- W. 57 th St. / E. 57 th St.
- **MoMA** 5
- **THEATER DISTRICT**
- **MIDTOWN**
- W. 50 th St.
- **Saint Patrick's Cathedral** 4
- **Rockefeller Center** 3
- **Grand Central** 2
- **QUEENS**
- QUEENSBORO BRIDGE
- Roosevelt Island
- NORD
- W. 42 nd St. 8 / E. 42 nd St.
- **Times Square**
- **Bryant Park** 1
- **LINCOLN TUNNEL**
- Fifth Avenue
- **FLATIRON DISTRICT**
- W. 34 th St. / E. 34 th St.
- **HUDSON YARDS**
- **Empire State Building** 7
- **NOMAD**
- **CHELSEA**
- Madison Square Park
- Franklin D. Roosevelt Drive
- East River
- W. 23 rd St.
- **High Line** 1
- W. 17 th St. / W. 14 th St.
- Union Square
- **UNION SQUARE**
- Hudson River
- **MEATPACKING** 2
- **GREENWICH VILLAGE** 4
- **EAST VILLAGE**
- **WEST VILLAGE** 3
- Washington Square
- Houston St.
- **WILLIAMSBURG** 8
- **SOHO** 5
- **NOLITA** 6
- **LOWER EAST SIDE** 7
- WILLIAMSBURG BRIDGE
- **LITTLE ITALY**
- Canal St.
- **TRIBECA**
- **CHINATOWN**
- HOLLAND TUNNEL
- MANHATTAN BRIDGE
- **Oculus et One World Observatory** 1
- Broadway
- **Brooklyn Bridge** 5
- **DUMBO** 6
- **Brooklyn Bridge Park** 7
- **Wall St.**
- **South Street Seaport** 4
- **DOWNTOWN**
- Battery Park
- **Staten Island Ferry** 3
- **Brooklyn Heights** 8
- **BROOKLYN**
- 0 — 0,5 mile
- 0 — 1 km

Itinéraires 1 jour

1 Pointe sud de Manhattan et Brooklyn

1 Autour de Midtown

1 *Best of* des quartiers emblématiques

En 1 jour

Non, New York ne se visite pas en 1 jour, mais dans le cadre d'une courte escale, voici *3 parcours thématiques différents au choix,* concentrés chacun sur une zone géographique restreinte.

Pointe sud de Manhattan et Brooklyn

Montée au **One World Observatory (1),** pour prendre la mesure de la ville, ensuite le **mémorial du 11-Septembre** flanqué de l'étonnant **Oculus** qui coiffe le nouveau *transportation hub* du sud-Manhattan (voir aussi l'intérieur, impressionnant), puis un petit tour du côté de **Wall Street (2)** avant d'embarquer à bord du **Staten Island Ferry (3),** pour approcher la **statue de la Liberté.** De retour à Manhattan, on remonte vers **South Street Seaport (4),** l'ancien port historique de New York et ses petites rues pavées, pour emprunter à pied ou à vélo le mythique **pont de Brooklyn (5)** jusqu'au quartier de **DUMBO (6)** et son atmosphère post-industrielle. Vues spectaculaires sur la *skyline* de Manhattan depuis le **Brooklyn Bridge Park (7)** bordé par l'East River. On rejoint, pour finir, le charmant quartier résidentiel de **Brooklyn Heights (8),** à 2 pas.

Autour de Midtown

Bryant Park (1) et sa mosaïque d'architectures, la **gare de Grand Central (2)** – son fameux hall, son marché et la boutique du musée des Transports pour acheter un petit souvenir original de New York –, puis un coup d'œil au **Chrysler Building** avant de remonter la **5th Avenue** vers le nord, via le **Rockefeller Center (3), Saint Patrick's Cathedral (4)** et le **MoMA (5).** Un peu de lèche-vitrines sur Rockefeller Plaza et la 5th Avenue en route vers **Central Park (6),** puis redescendre d'un coup de métro vers l'**Empire State Building (7)** pour profiter du panorama en fin de journée, qui s'achève par un bain de foule à **Times Square (8),** de nuit mais en pleine lumière !

Best of des quartiers emblématiques

La **High Line (1)** et ses vues photogéniques sur la ville, le très cinématographique **Meatpacking District (2),** avec visite du Whitney Museum en option, les maisons *brownstones* de **West Village (3),** le quartier estudiantin de **Greenwich Village (4)** et son épicentre toujours animé, Washington Square, **SoHo (5)** et ses immeubles *cast-iron* du XIXe s, ainsi que son extension à la mode **NoLiTa (6),** l'ancien quartier de l'immigration **Lower East Side (7),** aujourd'hui truffé de restos et bars *trendy.* Et, pour finir la soirée, direction Brooklyn à **Williamsburg (8),** à une station de métro de là, le coin le plus branché de Brooklyn... et même de New York pour certains.

En 3 jours

Possibilité d'*enchaîner les 3 itinéraires de 1 journée,* en remplaçant éventuellement, dans le parcours « Pointe sud de Manhattan et Brooklyn », le Staten Island Ferry par la *visite du formidable musée de l'Immigration d'Ellis Island* avec *touch and go* rapide à la statue de la Liberté. Dans ce cas, inverser le programme initial en commençant (tôt le matin, cela va sans dire !) par Ellis Island, puis le pont de Brooklyn et DUMBO, pour terminer par le mémorial du 11-Septembre et la montée de nuit au One World Observatory.

PÈLERINAGE ROCK

Ne pas manquer notre *itinéraire sur les groupes mythiques* et autres chanteurs qui ont fait la gloire de New York. *p. 411*

NORD

Harlem **31**

18 Guggenheim Museum

E. 86 th. St.

17 Metropolitan Museum of Art

UPPER WEST SIDE

West

E. 79 th St.

Columbus

Broadway

Central Park

UPPER EAST SIDE

Fifth

Madison

19 Frick Collection

Roosevelt Island

21st St.

Central Park 32

QUEENSBORO BR.

COLUMBUS CIRCLE

W. 57 th St.

E. 57 th. St.

MIDTOWN

QUEENS

MoMA 14

Side

THEATER DISTRICT

W. 50 th. St.

Rockefeller Center **12**

13 Saint Patrick's Cathedral

Hwy

W. 42 nd. St. **16**

Times Square

11 Grand Central

E. 42 nd. St.

10 Bryant Park

FLATIRON DISTRICT

LINCOLN TUNNEL

W. 34 th. St.

HUDSON YARDS

E. 34 th. St.

15 Empire State Building

Avenue

Fifth

Broadway

NOMAD

Frankl

Roosevelt

East River

High Line

Madison Square Park

W. 23 rd. St.

20 CHELSEA

25 FLATIRON

W. 17 th. St.

Union Square **24**

UNION SQUARE

W. 14 th. St.

Drive

21 MEATPACKING

23 GREENWICH VILLAGE

29 EAST VILLAGE

Hudson

22 Whitney Museum

WEST VILLAGE

Washington Square

River

Houston St.

NOLITA

30

WILLIAMSBURG BRIDGE

SOHO 27

28

LOWER EAST SIDE

HOLLAND TUNNEL

Canal St.

LITTLE ITALY

WILLIAMSBURG **9**

TRIBECA

26

CHINATOWN

MANHATTAN BRIDGE

Brooklyn Bridge

6 DUMBO

Oculus et One World Observatory **1**

Broadway

5

7

South Street Seaport **4**

Brooklyn Bridge Park

Wall St. **2**

Brooklyn Heights **8**

33 Park Slope, Prospect Heights

0 ___ 1 mile

0 ___ 1 km

DOWNTOWN

Statue de la Liberté et Ellis Island **3**

Battery Park

BROOKLYN

1 Itinéraire 1 semaine

En 1 semaine

Le *timing* idéal !

1ᵉʳ jour : le nouveau quartier du World Trade Center, avec le **mé… 11-Septembre (1)** et le spectaculaire **Oculus** chapeautant le *transportatio…* …u sud-Manhattan, puis on traverse **Wall Street (2)** avant d'embarquer sur le ferry pour la **statue de la Liberté et Ellis Island (3).** De retour sur la terre ferme de Manhattan, on remonte vers **South Street Seaport (4),** l'ancien port historique de New York et ses adorables petites rues pavées.

2ᵉ jour : traversée à pied du mythique **pont de Brooklyn (5)** jusqu'à **DUMBO (6)** et son atmosphère postindustrielle. Vues spectaculaires sur Manhattan depuis le **Brooklyn Bridge Park (7)** qui borde l'East River et jouxte l'adorable quartier résidentiel de **Brooklyn Heights (8),** jalonné de maisons *brownstones* cossues. De là, on saute dans un bateau-navette pour rejoindre rapidement **Williamsburg (9),** berceau des hipsters… et y passer une soirée mémorable.

3ᵉ jour : Bryant Park (10) et ses différentes architectures, la **gare de Grand Central (11)** – son grand hall, son marché –, puis un coup d'œil au **Chrysler Building** avant de remonter la **5ᵗʰ Avenue** vers le nord, via le **Rockefeller Center (12), Saint Patrick's Cathedral (13)** et le **MoMA (14).** Un peu de lèche-vitrines sur Rockefeller Plaza et la 5ᵗʰ Avenue, puis redescendre en métro vers l'**Empire State Building (15)** pour profiter de la vue en fin de journée, qui s'achève par un bain de foule nocturne à **Times Square (16).**

4ᵉ jour : les musées emblématiques d'Upper East Side ; une demi-journée minimum au **Metropolitan Museum (17),** déjeuner sur place puis un petit crochet par le **Guggenheim (18)** pour en admirer au moins la façade iconique, avant de finir par la **Frick Collection (19),** époustouflante collection d'art dans l'hôtel particulier d'un riche industriel.

5ᵉ jour : la **High Line,** promenade plantée aérienne qui traverse les quartiers de **Hudson Yards** et **Chelsea (20)** puis **Meatpacking District (21).** Pour les amateurs d'art contemporain : le Gallery District à Chelsea et le **Whitney Museum (22).** Et puis les quartiers de **Greenwich Village (23), Union Square (24)** et **Flatiron (25).**

6ᵉ jour : très touristique mais incontournable, **Chinatown** et sa petite voisine **Little Italy (26),** puis **SoHo (27)** et **NoLiTa (28), East Village (29)** et **Lower East Side (30),** creuset de l'immigration à New York devenu très *trendy*. Pléthore de bars et de restos où prolonger la soirée !

7ᵉ jour : 2 possibilités, l'une étant de passer la journée à **Harlem (31),** aujourd'hui en plein renouveau. Messe gospel (le dimanche), déambulation sur 125ᵗʰ St, le cœur du quartier, découverte des ensembles de maisons *brownstones,* brunch (souvent en musique le week-end !), fin d'après-midi à **Central Park (32)** et soirée dans un bar musical de Harlem. Ou bien un combiné **Park Slope** et **Prospect Heights (33)** à Brooklyn, pour conjuguer visite du Brooklyn Museum, balade dans Prospect Park (le Central Park local) et découverte du patrimoine unique de *brownstones.*

SI VOUS VOYAGEZ AVEC DES ENFANTS OU ADOS

Un des 3 « sommets » : Empire State Building, Top of the Rock, ou éventuellement One World Observatory (vision moins centrale et à travers des vitres) ; une **comédie musicale** à Broadway ; un **match de basket** ; Times Square le soir ; le **porte-avions** *Intrepid* ; le Museum of Natural History ; une **balade à vélo à Central Park** ou le long de l'Hudson River (pistes cyclables) ; le parc d'attractions *Luna Park* à **Coney Island** ; le Museum of the Moving Image (musée du Cinéma) dans Queens ; sans oublier les pauses **burgers** et l'incontournable virée **shopping !**

SI VOUS ÊTES

Amoureux : boire un verre ou bruncher sur un *rooftop bar* avec vue panoramique, siroter un cocktail raffiné dans un speakeasy (bar clandestin inspiré de la Prohibition) intime, traverser le pont de Brooklyn jusqu'à DUMBO et admirer la *skyline* de Manhattan, se promener dans les charmantes rues historiques et résidentielles de Brooklyn Heights, visiter The Cloisters.

Branché architecture industrielle, design, art contemporain et *street art* : le Meatpacking District, la High Line, le Whitney Museum et le nouveau complexe urbain de Hudson Yards, le Gallery District de Chelsea, le MAD (Museum of Arts and Design), le Guggenheim, le MoMA, la section art moderne du Metropolitan et son annexe le Met Breuer. À Brooklyn, DUMBO et Bushwick (connu pour ses *murals* et graffitis).

Gourmet : se régaler de *street food* (cuisine de rue) dans les *food trucks* gourmets, bruncher le week-end comme les New-Yorkais, s'offrir un resto « *farm to table* » mettant à l'honneur la cuisine moderne américaine tendance locavore (les meilleurs sont à Brooklyn).

Shopping : SoHo (mode plutôt haut de gamme), Brooklyn (petits créateurs indépendants, artisanat tendance et vintage), les grands magasins *Macy's* et *Bloomingdale's* sans oublier le temple du dégriffé : *Century 21*.

Fêtard : les *rooftop bars* des hôtels design de Midtown ; les pubs, *Biergartens* et encore les spectaculaires *rooftop bars* des hôtels de Williamsburg à Brooklyn ; les bars speakeasies et les cafés-concerts d'East Village et de Lower East Side ; les clubs de jazz de Greenwich et les scènes musicales de Harlem et de Brooklyn. Voir aussi notre « Pèlerinage rock » dans la rubrique « Spectacles » de « Hommes, culture, environnement » en fin de guide.

Bio-écolo et vintage, tendance hipster : la High Line, Central Park (à vélo par exemple), le *farmers market* de Union Square, les supermarchés bio *Trader Joe's* et *Whole Foods Market*, les *Brooklyn flea markets* (marchés aux puces) et les boutiques *Beacon's Closet*. Et un pèlerinage à Williamsburg, capitale mondiale des hipsters !

Mélomane : une soirée au Metropolitan Opera ou dans une autre salle du Lincoln Center – fief de l'orchestre philharmonique de New York – (places tout en haut pas chères), un spectacle au Carnegie Hall, au Brooklyn Academy of Music (BAM), une messe gospel à Harlem ou à Brooklyn, une comédie musicale à Broadway.

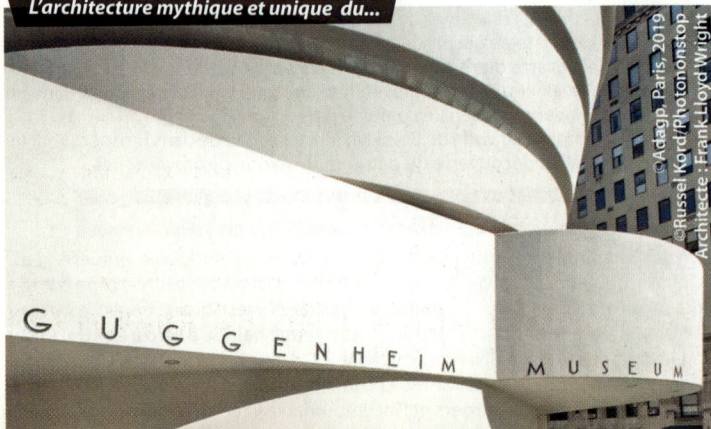

L'architecture mythique et unique du...

GUGGENHEIM MUSEUM

Interview #experienceroutard

Par la rédaction du *Routard*

En quoi cette destination est-elle unique ?

New York est un mythe mais aussi une mégapole en perpétuelle évolution. Rien n'est figé. Chaque année, des quartiers sont réhabilités quand de nouveaux sortent carrément de terre ! En ce moment, c'est Hudson Yards, à l'extrémité nord de la High Line, dont tout le monde parle. Et dans 2 ans, ce sera encore une autre histoire. New York est la ville où les modes prennent racine. Toutes les dernières tendances sont nées ici : la déco industrielle et vintage, les hipsters, les *food trucks,* la renaissance des cocktails, les fermes urbaines. Sans parler de ce fameux style Brooklyn, aujourd'hui décliné à toutes les sauces et partout dans le monde.

Une musique à écouter ?

New York, de Cat Power. Inspiré du *New York, New York* de Frank Sinatra mais dans une version dépouillée et énergisante. Planant !

Une activité à recommander tout particulièrement ?

Les visites guidées gratuites et en français du Metropolitan Museum (sans réservation nécessaire), conduites par des bénévoles passionnés et passionnants. Et puis, se déplacer en ferry pour aborder la ville d'une autre façon. Pour le prix du métro, on fait une vraie croisière !

Des spécialités locales à goûter absolument ?

Le *bagel,* le sandwich new-yorkais par excellence, surtout dans sa version *lox* (garni de saumon, *cream cheese,* câpres et oignons rouges). En dessert, le *cheese-cake* et le *banana pudding* les plus onctueux possible ! Et un *Manhattan* à l'apéro, THE cocktail historique (whisky, vermouth rouge, Angostura et cerise au marasquin).

Une sélection de films à regarder avant ou au retour ?

Manhattan, de Woody Allen (1979) : la plus belle déclaration d'amour faite à la Big Apple, rythmée par la musique de George Gershwin.
Breakfast at Tiffany's, de Blake Edwards (1961) : qui n'est pas tombé amoureux d'Audrey Hepburn sirotant son café devant la vitrine du joaillier *Tiffany's* sur la 5e Avenue ?
Carol, de Todd Haynes (2015) : la rencontre de 2 New-Yorkaises dans les années 1950, filmée de façon sublime à la manière de certains tableaux d'Edward Hopper.
Le Loup de Wall Street, de Martin Scorsese (2013) : grandeur et décadence d'un jeune loup de la finance sans foi ni loi dans le New York des années 1980. D'après les mémoires d'un authentique trader. Mise en scène brillante et exceptionnelle prestation de DiCaprio !

Retrouvez l'intégralité de cet article sur

routard
.com

Et découvrez plein d'autres récits et infos

LES QUESTIONS QU'ON SE POSE AVANT LE DÉPART

➤ Quels sont les papiers nécessaires ?

Passeport biométrique ou électronique valide (enfants compris), billet aller-retour ou de continuation et une *autorisation de voyage ESTA* à remplir sur Internet (14 $), valable 2 ans. Visa nécessaire pour un séjour de plus de 3 mois.

➤ Quelle est la meilleure saison ?

L'été est chaud, voire caniculaire, et l'hiver glacial. Le *printemps* et l'*automne* sont les saisons les plus agréables, mais la météo n'est pas une science exacte... À condition d'être bien équipé contre le froid et la neige, janvier et février sont intéressants, car les *moins chers de l'année* et les moins fréquentés.

➤ Quel budget prévoir ?

Copieux, surtout concernant l'*hébergement.* Aux prix affichés, *ajouter les taxes* (entre 5 et 15 %) *et le pourboire* dans les restos (15 à 20 % !). Compter aussi un bon budget *visites* : souvent 20-25 $ dans les grands musées d'art et plus de 30 $ dans certaines attractions comme l'Empire State Building !

➤ Comment se déplacer ?

Métro ou *bus* (sûrs, pratiques et économiques), *taxi* (intéressant à plusieurs), *bateau* parfois, et surtout... vos pieds (qui seront mis à rude épreuve !). *Voiture à bannir.*

➤ Y a-t-il des problèmes de sécurité ?

Non, New York est devenue *une des villes les plus sûres* des États-Unis. On se promène sans risque à Manhattan, Harlem, Queens, Brooklyn et dans la plupart des quartiers du Bronx, en respectant d'évidentes consignes de bon sens, mais pas plus qu'ailleurs.

➤ Quel est le décalage horaire ?

6h en moins par rapport à l'heure française d'hiver. Quand il est 12h à Paris ou Bruxelles, il est donc 6h du matin à New York.

➤ Quel est le temps de vol ?

Depuis Paris, compter environ *8h* à l'aller en vol direct, 45 mn de moins au retour.

➤ Côté santé, quelles précautions à prendre ?

Être à jour de ses *vaccinations universelles.* De nombreux médicaments sont délivrés sans ordonnance dans les drugstores-pharmacies.

➤ Peut-on y aller avec des enfants ?

Plutôt deux fois qu'une ! Sachez tout de même qu'on y marche beaucoup (évitez de surcharger le programme), que la chaleur est torride en plein été et que les dollars défilent très vite en famille. Prévoyez quand même un *bon budget* et repérez nos meilleurs sites grâce au *picto* 👫.

➤ Quel est le taux de change ? Comment payer sur place ?

1 $ = 0,90 € en 2019. Le plus pratique est de *régler avec une carte de paiement.* Elles sont acceptées presque partout, même pour des petites sommes. Distributeurs automatiques de billets partout aussi.

➤ Quelle langue parle-t-on ?

L'anglais.

➤ Combien de jours faut-il prévoir sur place ?

Une semaine (voire plus si on peut) est le temps idéal pour apprivoiser New York à son rythme. Moins longtemps, on reste vraiment sur sa faim.

À RÉSERVER BIEN AVANT LE DÉPART

Certains *musées et sites* doivent être impérativement réservés très en amont. D'autres sont un peu plus souples mais vous éviterez cependant de faire la queue sur place *en ayant préalablement réservé en ligne, sur les sites internet officiels.* Voici un petit pense-bête :

– *Statue of Liberty :* ● statuecruises.com ● nps.gov/stli ● Idéalement plusieurs semaines à l'avance pour un accès à l'intérieur du site et au moins 3 mois avant pour monter en tout petit groupe dans la mythique couronne !

– *Les observatoires,* à commencer par l'*Empire State Building* mais aussi *Top of the Rock* au sommet du *Rockefeller Center,* le *One World Observatory* et les petits derniers *The Vessel* et *The Edge (Hudson Yards Observation Deck).* Quelques jours avant.

– *United Nations :* ● visit.un.org ● En haute saison, résa conseillée 2 mois à l'avance.

– *Spectacles, concerts et comédies musicales :* le plus tôt est toujours le mieux, à moins d'opter pour un billet de dernière minute, bradé le jour J aux *guichets TKTS.*

– Pour les *restaurants,* le site ● opentable.com ● permet de réserver très facilement (sans laisser de numéro de CB) dans de nombreux établissements.

COMMENT Y ALLER ?

LES COMPAGNIES AÉRIENNES

Compagnies régulières

▲ AIR FRANCE
☎ *36-54 (coût d'un appel local ; tlj 6h30-22h). ● airfrance.fr ● Et dans les agences Air France (fermées dim) et dans ttes les agences de voyages.*

➢ Air France dessert **New York/JFK** avec 6 vols/j. directs au départ de Paris/Charles-de-Gaulle, 1 vol/j. direct au départ d'Orly ainsi que 1 vol/j. au départ de Nice (saisonnier).

➢ Air France dessert aussi **New York/Newark** avec 1 vol/j. direct au départ de Paris/Charles-de-Gaulle.

Air France propose à tous des tarifs attractifs toute l'année. Pour consulter les meilleures offres du moment sur Internet, allez directement sur la page « nos meilleurs tarifs » sur ● *airfrance.fr ● Flying Blue,* le programme de fidélité gratuit d'Air France-KLM, permet de gagner des *miles* en voyageant sur les vols Air France, KLM, Transavia et les compagnies membres de Skyteam, mais aussi auprès de nombreux partenaires non aériens *Flying Blue...* Les *miles* peuvent ensuite être échangés contre des billets d'avion ou des services (surclassement, bagage supplémentaire, accès salon...) ainsi qu'auprès des partenaires. Pour en savoir plus, rendez-vous sur ● *flying blue.com ●*

▲ AMERICAN AIRLINES
☎ *0821-980-999 (0,12 €/mn ; service en français tlj 8h-21h (9h-17h w-e), en anglais 24h/24). ● americanairlines.fr ●*

➢ American Airlines propose, au départ de Paris/Charles-de-Gaulle, 1-2 vols/j. sans escale pour **New York/JFK.**

▲ DELTA AIR LINES
☎ *0892-702-609 (0,35 €/mn ; lun-ven 10h15-13h, 14h-18h). ● delta.com ●*

➢ Delta opère plusieurs vols/j. sans escale au départ de Paris/

Charles-de-Gaulle vers **New York/JFK** et **Newark,** en partenariat avec Air France. Au départ de Nice, 1 vol/j. sans escale vers New York/JFK.

▲ ICELANDAIR
☎ *01-44-51-60-51. ● icelandair.fr ●*

➢ La compagnie islandaise propose plusieurs vols/j. pour **New York** ou **Newark via Reykjavik.** L'occasion de combiner une escale en Islande sans frais supplémentaires.

▲ SWISS INTERNATIONAL AIR LINES
☎ *0892-232-501 (0,35 €/mn). ● swiss.com ●*

➢ La compagnie propose une dizaine de vols/j. au départ de Paris/Charles-de-Gaulle vers **New York/JFK** ou **Newark** (via Zurich ou Genève) et env 3 vols/j. depuis Lyon ou Nice (via Zurich).

▲ UNITED AIRLINES
☎ *01-71-23-03-35. ● united.com ●*

➢ Dessert **New York/Newark** avec 1-2 vols/j. direct au départ de Paris/Charles-de-Gaulle.

▲ XL AIRWAYS
☎ *0892-692-123 (0,35 €/mn ; tlj 8h-23h). ● xl.com ●*

➢ Cette compagnie aérienne française relie quotidiennement Paris/Charles-de-Gaulle et **New York/Newark Liberty** toute l'année. Repas chaud compris.

Compagnies *low-cost*

▲ LEVEL
● *flylevel.com ●*

➢ Vols directs *low-cost* entre Paris-Orly et **New York/Newark.**

▲ NORWEGIAN
● *norwegian.com ●*

➢ Vols directs *low-cost* entre Paris-CDG ou Orly et **New York/JFK** ou **Newark.**

LES ORGANISMES DE VOYAGES

En France

▲ BACK ROADS
– Paris : 14, pl. Denfert-Rochereau, 75014. ☎ 01-43-22-65-65. ● back roads.fr ● Ⓜ ou RER B : Denfert-Rochereau. Lun-ven 9h30-19h, sam 10h-18h.

L'équipe, entièrement composée de passionnés, sillonne depuis 1994 les routes américaines afin de vous faire partager son expérience. Du circuit au séjour en passant par la croisière, en autotour, train, ou camping-car, ils vous conseilleront le voyage qui sera le reflet de vos envies et de votre budget. Spécialiste de l'Amérique du Nord à la carte, Back Roads dispose d'hébergements dans les parcs nationaux ou à proximité. Du séjour en ranch aux expéditions en rafting, sans oublier différentes expériences uniques, profitez d'un grand choix d'activités et de services tout en bénéficiant d'une assistance francophone.

▲ CERCLE DES VACANCES
– Paris : 31, av. de l'Opéra, 75001. ☎ 01-40-15-15-05. ● cercledesvacances.com ● Ⓜ Pyramides ou Opéra. Lun-ven 9h-20h, sam 10h-18h30.

Le vrai voyage sur mesure, à destination des États-Unis (l'Est et New York, le Sud et la Floride, l'Ouest et la Californie) et du Canada (voyages d'hiver et d'été, d'est en ouest).
Cercle des Vacances propose un large choix de voyages adaptés à chaque client : séjours *city break,* randonnées et séjours ski, voyages au volant d'une voiture de location, croisières, circuits en petits groupes, combinés, voyages de noces... Les experts Cercle des Vacances partagent leurs conseils et leurs petits secrets pour faire de chaque voyage une expérience inoubliable. Cercle des Vacances offre également un service liste de mariage gratuit. Les petits plus qui font la différence : une excursion à motoneige ou en chiens de traîneau, une balade à cheval au petit matin dans le désert de l'Ouest, un survol du Grand Canyon en hélicoptère, ou encore un parc d'attractions avec un grand huit spectaculaire en Floride.

▲ COMPTOIR DES VOYAGES
● comptoir.fr ● Lun-sam 9h30-18h30.
– Paris : 2-18, rue Saint-Victor, 75005. ☎ 01-53-10-30-15. Ⓜ Maubert-Mutualité.
– Bordeaux : 26, cours du Chapeau-Rouge, 33800. ☎ 05-35-54-31-40.
– Lille : 76, rue Nationale, 59160. ☎ 03-28-04-68-20. Ⓜ Rihour.
– Lyon : 10, quai Tilsitt, 69002. ☎ 04-72-44-13-40. Ⓜ Bellecour.
– Marseille : 12, rue Breteuil, 13001. ☎ 04-84-25-21-80. Ⓜ Estrangin.
– Nice : 62, rue Giofreddo, 06000. Ouverture en 2020.
– Toulouse : 43, rue Peyrolières, 31000. ☎ 05-62-30-15-00. Ⓜ Esquirol.

En plus de 30 ans, Comptoir des Voyages s'est imposé comme la référence incontournable du voyage sur mesure en immersion, avec plus de 90 destinations sur les 5 continents. Ses conseillers-spécialistes construisent des voyages uniques en s'adaptant à votre budget, vos goûts et vos envies. Pour favoriser les rencontres et l'immersion dans la vie locale, ils privilégient des hébergements typiques et des expériences authentiques. Sur place, des *greeters* francophones partagent avec vous conseils et bonnes adresses le temps d'un café. Sur votre smartphone, l'application mobile Luciole vous informe sur le déroulé de votre voyage et vous guide grâce à un GPS hors connexion. Comptoir des Voyages est membre d'Agir pour un tourisme responsable depuis 2009, labellisation ATR renouvelée par Ecocert Environnement en 2019.

▲ EQUINOXIALES
☎ 01-77-48-81-00. ● equinoxiales.fr ●
Véritable voyagiste spécialiste du « sur-mesure » depuis plus de 30 ans. Leur équipe de conseillers commence par vous écouter et est là pour vous accompagner et concrétiser vos envies en voyage, adapté à votre personnalité et à vos passions. Les destinations fortes d'Equinoxiales, toutes

les Amériques : Canada, États-Unis, Mexique, Amérique centrale, Amérique du Sud, Australie et Nouvelle-Zélande, Afrique australe. Mais aussi les Caraïbes grâce à leur partenariat avec *Sandals,* collection d'hôtels – *resorts* de luxe *all inclusive.* Du circuit accompagné au séjour à la carte, tous les types de voyage sont proposés sur chaque destination. Petit plus : la garantie assistance *April* offerte à tous les voyageurs.

▲ ROOTS TRAVEL

– Paris : 17, rue de l'Arsenal, 75004. ☎ *01-42-74-07-07.* ● *rootstravel. com* ● Ⓜ *Bastille. Lun-ven 10h-13h, 14h-18h ; sam sur rdv.*

Roots Travel est un spécialiste de New York et propose des séjours individuels en appartements privés exclusivement dans Manhattan. Les séjours se composent d'un vol et d'une location d'appartement (2, 3 pièces), de studio, duplex ou de loft. L'agence possède un bureau sur place avec une équipe francophone. Possibilité de faire un combiné original avec New York et Reykjavik. Roots Travel est aussi spécialisé sur Cuba, la République dominicaine, Madagascar et le Maroc.

▲ TERRE VOYAGES

– Paris : 28 bd de la Bastille, 75012. ☎ *01-44-32-12-81.* ● *terre-voyages. com* ● Ⓜ *Bastille. Lun-ven 8h-18h30, sam 10h-18h.*

Les créateurs de voyages de Terre Voyages sont de fins connaisseurs, des experts des pays proposés, car tous natifs ou passionnés de leur destination. Ils sauront écouter vos attentes pour créer une offre de voyage sur mesure qui réponde à vos envies de découverte et vous proposeront une approche authentique des cultures et des peuples dans le respect de leur environnement naturel ainsi qu'au juste prix. Pour tous les voyageurs qui attendent d'une échappée lointaine plus qu'une simple visite mais, au contraire, une véritable connaissance et un apprentissage responsable des différentes cultures américaines, Terre Voyages est le spécialiste qu'il leur faut.

▲ USA CONSEIL

☎ *01-45-46-51-75.* ● *usaconseil. com* ● *Devis et brochures sur demande, réception sur rdv, agence Paris XVIᵉ.*

Spécialiste des voyages en Amérique du Nord, USA Conseil s'adresse particulièrement aux familles ainsi qu'à toutes les personnes désireuses de visiter et de découvrir les États-Unis et le Canada en maintenant un bon rapport qualité-prix. USA Conseil propose une gamme complète de prestations adaptées à chaque demande et en rapport avec le budget de chacun : vols, voitures, hôtels, motels, bungalows, circuits individuels et accompagnés, itinéraires adaptés aux familles, excursions, *motor homes,* motos, bureau d'assistance téléphonique francophone tout l'été avec numéro Vert États-Unis et Canada. Sur demande, devis gratuit et détaillé pour tout projet de voyage.

▲ VOYAGEURS DU MONDE

● *voyageursdumonde.fr* ● *– Paris : La Cité des Voyageurs, 55, rue Sainte-Anne, 75002.* ☎ *01-42-86-16-00.* ● Ⓜ *Opéra ou Pyramides. Lun-sam 9h30-19h. Avec une librairie spécialisée sur les voyages.* *– Voyageurs aux États-Unis, au Canada et aux Bahamas (Alaska, Bahamas, Canada, Québec, Hawaii) :* ☎ *01-42-86-17-30.* *– Également des agences à Bordeaux, Grenoble, Lille, Lyon, Marseille, Montpellier, Nantes, Nice, Rennes, Rouen, Strasbourg et Toulouse, ainsi qu'à Bruxelles et Genève.*

Parce que chaque voyageur est différent, que chacun a ses rêves et ses idées pour les réaliser, Voyageurs du Monde conçoit, depuis plus de 30 ans, des projets sur mesure. Les séjours proposés sur 120 destinations sont élaborés par leurs 180 conseillers voyageurs. Spécialistes par pays et même par région, ils vous aideront à personnaliser les voyages présentés à travers une trentaine de brochures d'un nouveau type et sur le site internet où vous pourrez également découvrir les hébergements exclusifs et consulter votre espace personnalisé. Au cours de votre séjour, vous bénéficiez des services personnalisés Voyageurs du

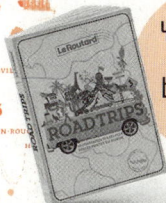

Monde, dont la possibilité de modifier à tout moment votre voyage, l'assistance d'un concierge local, la mise en place de rencontres et de visites privées et l'accès à votre carnet de voyage via une application iPhone et Android. Voyageurs du Monde est membre de l'association ATR (Agir pour un tourisme responsable) et a obtenu sa certification Tourisme responsable AFAQ AFNOR.

> Voir aussi, au sein du guide, les agences locales que nous avons sélectionnées.

Comment aller à Roissy et à Orly ?

Toutes les infos sur notre site ● *rou tard.com* ● à l'adresse suivante : ● *bit. ly/aeroports-routard* ●

En Belgique

▲ CONNECTIONS
☎ *070-233-313.* ● *connections.be* ●
Fort d'une expérience de plus de 20 ans dans le domaine du voyage, Connections dispose d'un réseau de 32 *travel shops,* dont une à Brussels Airport. Connections propose des vols dans le monde entier à des tarifs avantageux et des voyages destinés à des voyageurs désireux de découvrir la planète de façon autonome. Connections propose une gamme complète de produits : vols, hébergements, locations de voitures, autotours, vacances sportives, excursions...

▲ CONTINENTS INSOLITES
● *continents-insolites.com* ●
– *Bruxelles : rue César-Franck, 44 A, 1050.* ☎ *02-218-24-84. Lun-ven 10h-18h ; sam 10h-16h30 sur rdv.*
Continents Insolites, organisateur de voyages lointains sans intermédiaire, propose une gamme étendue de formules de voyages détaillées sur son site internet.
– *Voyages découverte sur mesure :* à partir de 2 personnes. Un grand choix d'hébergements soigneusement sélectionnés : du petit hôtel simple à l'établissement luxueux et de charme..
– *Circuits découverte en minigroupes :*

de la grande expédition au circuit accessible à tous. Des circuits à dates fixes dans plus de 60 pays en petits groupes francophones de 7 à 12 personnes. Avant chaque départ, une réunion est organisée. Voyages encadrés par des guides francophones, spécialistes des régions visitées.

▲ VOYAGEURS DU MONDE
● *voyageursdumonde.com* ●
– *Bruxelles : chaussée de Charleroi, 23, 1060.* ☎ *02-543-95-50.* Le spécialiste du voyage en individuel sur mesure. Voir le texte « En France ».

En Suisse

▲ STA TRAVEL
● *statravel.ch* ● ☎ *058-450-49-49.*
– *Fribourg : rue de Lausanne, 24, 1700.* ☎ *058-450-49-80.*
– *Genève : Pierre-Fatio, 19, 120.* ☎ *058-450-48-00.*
– *Genève : rue Vignier, 3, 1205.* ☎ *058-450-48-30.*
– *Lausanne : bd de Grancy, 20, 1006.* ☎ *058-450-48-50.*
– *Lausanne : à l'université, Anthropole, 1015.* ☎ *058-450-49-20.*
Agences spécialisées notamment dans les voyages pour jeunes et étudiants. 150 bureaux STA et plus de 700 agents du même groupe répartis dans le monde entier sont là pour donner un coup de main *(Travel Help).*
STA propose des tarifs avantageux : vols secs *(Blue Ticket),* hôtels, écoles de langues, *work & travel,* circuits d'aventure, voitures de location, etc. Délivre la carte internationale d'étudiant et la carte Jeune.

▲ VOYAGEURS DU MONDE
● *voyageursdumonde.ch* ●
– *Genève : rue de la Rôtisserie, 19, 1204.* ☎ *022-514-12-10. Ouv lun-ven 9h30-19h, sam 9h30-18h30.*
– *Lausanne : rue du bourg, 6 (2e étage) 1003. Ouverture début 2020 . Ouv lun-ven 9h-18h30 et sam sur rdv seulement.*

Au Québec

▲ CLUB AVENTURE VOYAGES
– *Montréal : 759, av. Mont-Royal, H2J 1W8.* ● *clubaventure.com* ● ☎ *514-527-0999.*

Depuis 1975, Club Aventure développe une façon de voyager qui lui est propre : petits groupes, contact avec les populations, utilisation des ressources humaines locales, visite des grands monuments, mais aussi et surtout ouverture de routes parallèles. Ces circuits ont reçu la griffe du temps et de l'expérience ; ils sont devenus les « circuits griffés » du Club Aventure.

▲ **TOURS CHANTECLERC**
● *tourschanteclerc.com* ●
Tours Chanteclerc est un tour-opérateur qui publie différentes brochures de voyages : Europe, Amérique du Nord, Amérique du Sud, Asie et Pacifique sud, Afrique et le Bassin méditerranéen en circuits ou en séjours. Il s'adresse aux voyageurs indépendants qui réservent un billet d'avion, un hébergement (dans toute l'Europe), des excursions ou une location de voiture. Également spécialiste de Paris, le tour-opérateur offre une vaste sélection d'hôtels et d'appartements dans la capitale française.

NEW YORK UTILE

ABC de New York

- *Population :* 8,6 millions d'hab. (l'équivalent de Londres), dont 1,7 million à Manhattan. Près de 40 % des habitants sont nés à l'étranger.
- *Superficie :* New York est composée de 5 *boroughs* (quartiers) que sont Manhattan (58,8 km²), Brooklyn (184 km²), le Bronx (106 km²), Queens (290 km²) et Staten Island (148 km²).
- *Maire :* Bill de Blasio (démocrate), depuis janvier 2014 (réélu fin 2017).
- *Monnaie :* le dollar américain (US$).
- *Nombre de visiteurs :* 65,2 millions en 2018, dont 13,5 millions de touristes étrangers (plus de 800 000 Français !). C'est la 5e ville la plus visitée au monde.
- *Taux de chômage :* moins de 4 % en 2019 (taux le plus bas depuis 1976).

AVANT LE DÉPART

Adresses et infos utiles

En France

Office de tourisme des USA (c/o Visit USA Committee) : ☎ 0899-70-24-70 (3 € l'appel, puis 0,34 €/mn). ● office-tourisme-usa.com ● Fermé au public, mais rens sur le site internet et par tél. Bureau d'information privé donnant accès à de nombreuses infos sur la plupart des États, les conditions d'entrée aux États-Unis et l'*ESTA* (autorisation de voyage), ainsi que des dossiers thématiques...

NYC & Company : ● nycgo.com ● Bureau de tourisme privé (fermé au public), mais infos en ligne sur leur site.

■ **Ambassade des États-Unis, section consulaire :** 2, av. Gabriel, 75008 Paris. ☎ 01-43-12-22-22. Ⓜ Concorde. Rens sur les formalités d'entrée dans le pays : ● fr.usembassy. gov ●, puis cliquer sur « Visas ».
– *Le visa n'est pas obligatoire pour un séjour de moins de 90 jours,* en revanche *obligation d'obtenir une autorisation ESTA* (voir plus loin « Formalités d'entrée »).

En Belgique

■ **Ambassade des États-Unis :** bd du Régent, 27, 1000 Bruxelles. ☎ 32-2-811-4000. ● be.usembassy.gov ●
– *Le visa n'est pas obligatoire pour les Belges pour un séjour de moins de 90 jours, mais ESTA nécessaire* (voir plus loin « Formalités d'entrée »).

En Suisse

■ **Ambassade des États-Unis :** Sulgeneckstrasse, 19, 3007 Berne. ☎ 031-357-7011. ● ch.usembassy. gov ●
– *Le visa n'est pas obligatoire pour les Suisses pour un séjour de moins de 90 jours, mais ESTA nécessaire* (voir plus loin « Formalités d'entrée »).

Au Canada

■ *Ambassade des États-Unis :* 490, chemin Sussex, Ottawa (Ontario). ☎ 613-688-5335. ● *ca.usembassy.gov* ●
■ *Consulat général des États-Unis :* 1155 rue Saint-Alexandre, Montréal (Québec). ☎ 514-398-9695 (serveur vocal). ● *ca.usembassy.gov* ●

■ *Consulat général des États-Unis :* 2, rue de la Terrasse-Dufferin, Québec (Québec). ☎ 418-692-2095 (serveur vocal). ● *ca.usembassy. gov* ●
– *Le visa n'est pas obligatoire pour les Canadiens pour un séjour de moins de 180 jours* (voir plus loin « Formalités d'entrée »).

Formalités d'entrée

– *Attention :* les mesures de sécurité concernant les formalités d'entrée sur le sol américain ne cessent de se renforcer depuis le 11 septembre 2001. *Avant d'entreprendre votre voyage, consultez impérativement le site de l'ambassade des États-Unis,* très détaillé et constamment mis à jour, pour vous tenir au courant des toutes dernières mesures : ● *fr.usembassy.gov* ● ; rubrique « Visas ».
– *Passeport biométrique ou électronique obligatoire.* Les *enfants* de tous âges doivent impérativement posséder leur propre passeport, bébés inclus.
Les *mineurs* doivent être munis de leur propre pièce d'identité (carte d'identité ou passeport). Pour l'autorisation de sortie de territoire lorsque les enfants ne sont pas accompagnés par un de leurs parents, chaque pays a mis en place sa propre régulation. Ainsi, pour *les mineurs français,* une loi entrée en vigueur en janvier 2017 a *rétabli l'autorisation de sortie du territoire.* Pour voyager à l'étranger, ils doivent être munis d'une pièce d'identité (carte d'identité ou passeport), d'un formulaire signé par l'un des parents titulaire de l'autorité parentale et de la photocopie de la pièce d'identité du parent signataire. Renseignements auprès des services de votre commune et sur ● *service-public.fr* ●
– Les voyageurs (enfants compris) doivent aussi être en possession d'une *autorisation électronique de voyage ESTA,* à remplir obligatoirement en ligne et *exclusivement sur le site internet dédié* (● https://esta.cbp.dhs.gov/esta ●). *Coût : 14 $ pour une validité de 2 ans (sauf si le passeport expire avant). Méfiez-vous des sites clandestins d'ESTA (sur lesquels on tombe malheureusement très facilement en « googlisant » le mot « ESTA ») qui sont, eux, beaucoup plus chers...* La demande *ESTA* doit être faite au moins 72h avant le départ, le plus tôt étant le mieux. La réponse est généralement immédiate. En cas de mise en attente d'une demande, il faut aller consulter son dossier sur le site officiel (on ne reçoit rien par mail). Lors de la saisie en ligne, c'est le numéro officiel du passeport à 9 caractères qui doit être inscrit. Les femmes mariées se feront enregistrer sous leur nom complet (nom de jeune fille et d'épouse).
– *Attention, en cas de refus d'ESTA,* aucun recours possible ! Il faut passer par une procédure d'obtention de visa : coûteuse et parfois longue. Ce refus est quasi automatique, entre autres, si vous avez visité un pays classé « à risque » par les autorités américaines (Afghanistan, Iran, Irak, Lybie, Somalie, Soudan, Syrie, Yémen...). Vérifiez avant !
– Obligation de présenter un *billet d'avion aller-retour,* ou un billet attestant le projet de quitter les États-Unis. Lors du passage de l'immigration, on prendra vos empreintes digitales et une photo.
– Le *visa* n'est pas nécessaire pour les *Français* qui se rendent aux États-Unis pour tourisme (lire plus haut). Cependant, le séjour ne doit pas dépasser 90 jours et n'est pas prolongeable. *Attention : le visa reste indispensable* pour les diplomates, les stagiaires, les jeunes filles ou garçons au pair, les journalistes en mission et ceux dont l'*ESTA* aura été refusé. La procédure nécessite un entretien personnel du demandeur à l'ambassade des États-Unis à Paris (avis aux provinciaux !).

– Les conditions d'admission pour les **Belges** et les **Suisses** sont similaires à celles des Français. Quant aux **Canadiens,** ils doivent être munis eux aussi d'un passeport valide.

– Si vous entrez **aux États-Unis depuis le Mexique ou le Canada par voie terrestre,** les conditions restent les mêmes, à cela près que l'*ESTA* n'est pour l'instant pas obligatoire et qu'une taxe de 6 $, payable en espèces, vous sera réclamée.

– Pas de **vaccination** obligatoire (voir « Santé » plus loin).

– **Pour conduire sur le sol américain : le permis de conduire national suffit.**

– **Interdiction d'emporter des denrées périssables non stérilisées** (charcuterie, fromage, biscuits...) **et des végétaux** (même une malheureuse pomme emportée pour le voyage ! Mangez-la avant de débarquer). Seules les conserves sont tolérées, à condition de les déclarer à l'entrée : faites-le, au risque, sinon, d'une forte amende si vous êtes contrôlé. Les adultes de plus de 21 ans peuvent importer 1 l d'alcool par personne, en soute.

– Pensez à **recharger vos appareils électriques** (smartphones, tablettes, ordinateurs portables...) avant de prendre l'avion, car sur tous les vols allant ou passant par les États-Unis et Londres, les agents de contrôle sont susceptibles de vous demander de les allumer. Par précaution, gardez votre chargeur à portée de main. Si votre appareil est déchargé ou défectueux, il sera confisqué.

– **Les bagages enregistrés en soute sont souvent inspectés** par les services de sécurité (surtout s'il y a des liquides). Mieux vaut donc avoir une valise avec système de fermeture intégré et agréé *TSA,* ce qui permet à la *Transportation Security Administration* de les ouvrir sans les endommager.

> Pensez à scanner passeport, carte de paiement, billet d'avion et *vouchers* d'hôtel. Ensuite, adressez-les-vous par e-mail, en pièces jointes. En cas de perte ou de vol, rien de plus facile pour les récupérer. Les démarches administratives seront bien plus rapides.

Assurances voyage

■ **Routard Assurance par AVI International :** *40, rue Washington, 75008 Paris.* ☎ *01-44-63-51-00.* ● *avi-international.com* ● Ⓜ *George-V.* Enrichie au fil des années par les retours des lecteurs, *Routard Assurance* est devenue une assurance voyage référence des globe-trotters. Tout est inclus : frais médicaux, assistance rapatriement, bagages, responsabilité civile... Avant votre départ, appelez *AVI* pour un conseil personnalisé. Besoin d'un médecin, d'un avis médical, d'une prise en charge dans un hôpital ? Téléchargez l'appli mobile *AVI international* pour garder le contact avec *AVI Assistance* et disposez de l'un des meilleurs réseaux médicaux à travers le monde. *AVI Assistance* est disponible 24h/24 pour une réponse en temps réel. De simples frais de santé en voyage ? Envoyez les factures à votre retour, *AVI* vous rembourse sous une semaine.

■ **AVA assurance Voyages et assistance :** *25, rue de Maubeuge, 75009 Paris.* ☎ *01-53-20-44-20.* ● *ava. fr* ● Ⓜ *Cadet.* Un autre courtier pour ceux qui souhaitent s'assurer en cas de décès-invalidité-accident lors d'un voyage à l'étranger, mais aussi pour bénéficier d'une assistance rapatriement, perte de bagages et annulation. Attention, franchises pour leurs contrats d'assurance voyage.

■ **Pixel Assur :** *18, rue des Plantes, BP 35, 78601 Maisons-Laffitte.* ☎ *01-39-62-28-63.* ● *pixel-assur. com* ● *RER A : Maisons-Laffitte.* Assurance de matériel photo et vidéo tous risques (casse, vol, immersion) dans le monde entier. Devis en ligne basé sur le prix d'achat de votre matériel. Avantage : garantie à l'année.

ARGENT, BANQUES, CHANGE

La monnaie américaine

En 2019, 1 $ = 0,90 €.
– **Les pièces :** 1 cent *(penny),* 5 cents *(nickel),* 10 cents *(dime,* plus petite que la pièce de 5 cents), 25 cents *(quarter)* et 1 dollar (beaucoup moins courante que le billet équivalent). Avis aux numismates, les *quarters* font régulièrement l'objet de séries spéciales.
– **Les billets :** sur chaque billet, le visage d'une figure politique des États-Unis : 1 $ (Washington), 5 $ (Lincoln), 10 $ (Hamilton, secrétaire du Trésor et non président), 20 $ (Andrew Jackson qui devait être remplacé par l'abolitionniste et ancienne esclave Harriet Tubman, mais le projet est repoussé), 50 $ (Grant) et 100 $ (Franklin). Pour l'anecdote, en argot, un dollar se dit souvent *a buck.* L'origine de ce mot remonte au temps des trappeurs, lorsqu'ils échangeaient leurs peaux de daim *(bucks)* contre des dollars. C'est en 1957 qu'apparut la mention obligatoire *In God we trust (Others pay cash,* ironisent certains commerçants).

Argent liquide et change

– Le plus simple est d'emporter éventuellement quelques dollars changés en Europe, **de régler ses achats par carte de paiement** et de **retirer sur place du liquide** toujours avec une carte de paiement. On trouve des **distributeurs automatiques de billets** (appelés *ATM,* pour *Automated Teller Machine,* ou *cash machines*) partout. Cela dit, évitez de retirer des sommes trop riquiqui à tout bout de champ, car une commission fixe (3-7 $) est prélevée à chaque transaction en plus de celle appliquée par votre banque ; elle est parfois plus élevée dans les *ATM* situés dans les petits commerces, boutiques et hôtels, où les retraits sont souvent limités à 100-200 $.
– Enfin, en dernier ressort, si vous devez quand même **changer de l'argent,** il y a, en gros, 3 types d'endroits : les agences de la *Chase Bank,* les bureaux *American Express* et les petits bureaux de change qu'on trouve à droite et à gauche. Ceux des aéroports appliquent des commissions élevées et des taux très défavorables...

Les cartes de paiement

Avertissement

Si vous comptez effectuer des retraits d'argent aux distributeurs, il est très vivement conseillé d'**avertir votre banque avant votre départ** (pays visités et dates). En effet, **votre carte peut être bloquée dès le 1er retrait** pour suspicion de fraude. Vous pouvez aussi leur demander de **relever le plafond** de retrait aux distributeurs et pour les paiements par carte, quitte à le faire baisser à votre retour. Utile surtout pour les cautions des locations de voitures et les garanties dans les hôtels.

Pour un retrait, utilisez de préférence les **distributeurs attenants à une agence bancaire.** En cas de pépin avec votre carte (carte avalée, erreur de code secret...), vous aurez un interlocuteur dans l'agence, pendant les heures ouvrables.

Aux États-Unis, on parle de *plastic money,* ou *plastic* tout court. **C'est le moyen le plus simple et a priori le plus économique de payer.** Les paiements par carte sont acceptés quasi partout, souvent *sans montant minimum.* ***Gardez toujours votre passeport sur vous,*** il est parfois demandé lors des achats. Les cartes les plus répandues sont la *MasterCard,* la *Visa* et, bien sûr, l'*American Express,* qui applique des commissions très faibles.

Aux USA, *une carte de paiement est un outil indispensable,* pour ne pas dire obligatoire, ne serait-ce que pour réserver une chambre d'hôtel. Même si vous avez tout réglé avant le départ, on prendra systématiquement l'empreinte de votre carte, au cas où vous auriez l'idée de partir sans payer les prestations supplémentaires *(incidentals),* genre parking, petit déjeuner, téléphone, minibar...

Dans certains commerces, dès que vous présenterez une carte de paiement, on vous demandera généralement : « ***Debit or credit ?*** » Si vous n'avez pas un compte aux États-Unis, la réponse est « *Credit* ».

Les ***cartes à puce*** (« *chip cards* ») sont entrées en vigueur aux USA. On compose donc le code pour chaque transaction au lieu de signer comme dans le temps. De plus en plus, les additions se font sur iPad, avec facture envoyée par mail (insistez si vous voulez un reçu imprimé).

> Avant de partir, notez bien le ***numéro d'opposition propre à votre banque*** (il figure souvent au dos des tickets de retrait, sur votre contrat ou à côté des distributeurs de billets), ainsi que le numéro à 16 chiffres de votre carte. Bien entendu, conservez ces informations en lieu sûr et séparément de votre carte.
>
> Par ailleurs, l'assistance médicale se limite aux 90 premiers jours du voyage et l'assistance véhicule aux cartes haut de gamme (renseignez-vous auprès de votre banque).
>
> *N'oubliez pas non plus de vérifier la date d'expiration de votre carte de paiement !*

En cas de perte, de vol ou de fraude, quelle que soit la carte que vous possédez, chaque banque gère elle-même le processus d'opposition et le numéro de téléphone correspondant.

– ***Carte Visa :*** *numéro d'urgence* (Europ Assistance) au ☎ (00-33) 1-41-85-85-85. ● *visa.fr* ●
– ***Carte MasterCard :*** *numéro d'urgence au* ☎ (00-33) 1-45-16-65-65. ● *mastercardfrance.com* ●
– ***Carte American Express :*** *numéro d'urgence au* ☎ (00-33) 1-47-77-72-00. ● *americanexpress.com* ●

Il existe un ***serveur interbancaire d'opposition*** qui, en cas de perte ou de vol, vous met en contact avec le centre d'opposition de votre banque : en France : ☎ *0892-705-705 (prix d'un appel + 0,35/mn)* ; depuis l'étranger : ☎ *+ 33-442-605-303.*

Besoin urgent d'argent liquide

Vous pouvez être dépanné en quelques minutes grâce au système ***Western Union Money Transfer*** présent dans les supérettes *7-Eleven* et les bureaux de change *Forex.* L'argent vous est transféré en moins d'une heure. La commission, assez élevée, est payée par l'expéditeur. Possibilité d'effectuer un transfert auprès d'un des bureaux *Western Union* ou, plus rapide, en ligne, 24h/24 par carte de paiement (*Visa* ou *MasterCard*).

Même principe avec d'autres organismes de transfert d'argent liquide comme ***MoneyGram, PayTop*** ou ***Azimo.*** Transfert en ligne sécurisé, en moins d'une heure. Dans tous les cas, se munir d'une pièce d'identité. Toutefois, en cas de perte/vol de papiers, certains organismes permettent de convenir d'une question/réponse type pour pouvoir récupérer votre argent. Chacun de ces organismes possède aussi des

Votre voyage de A à Z !

routard.com

S'INSPIRER
Où et quand partir ?
Trouvez la destination
de vos rêves.

S'ORGANISER
Plus de 250 destinations
couvertes pour préparer
votre voyage.

RÉSERVER
Tout pour vos vols,
hébergements,
activités, voitures
au meilleur prix.

PARTAGER
Echangez et partagez
vos expériences avec
notre communauté
de voyageurs.

**750 000 membres et 6 millions d'internautes
chaque mois sur Routard.com ! ***

applications disponibles sur téléphone portable. Consulter les sites internet pour connaître les pays concernés, les conditions tarifaires (frais, commission) et trouver le correspondant local le plus proche :

● *westernunion.com* ● *moneygram.fr* ● *paytop.com* ● *azimo.com/fr* ●

ACHATS

On trouve absolument de tout à New York, des fringues à l'électronique en passant par l'art, les accessoires de mode ou les gadgets les plus fous. Le consommateur est roi (ou esclave...), et les portes des magasins lui sont ouvertes tous les jours, même le dimanche, généralement de 10h ou 11h (parfois à partir de 12h dans les coins branchés comme Brooklyn) à 19h ou 20h, souvent jusqu'à 22h, voire minuit. **Attention, les prix affichés sont hors taxe.** Il faut ajouter la *taxe locale* de New York, qui est de 8,875 %.

D'OÙ VIENT LE DOLLAR ?

Le dollar vient... de Bohème. Au XVIᵉ s, le thaler, *né dans la vallée* (thal) *de Saint-Joachim, devient la monnaie de référence des échanges commerciaux en Europe centrale. Il se répand en Espagne grâce aux Habsbourg, puis gagne les colonies d'Amérique du Sud. Là-bas, on prononce « tolar », puis « dólar ». L'importance de cette devise est telle qu'on l'utilise jusqu'aux États-Unis. Sur les pièces espagnoles, un logo en forme de S s'enroule autour de 2 piliers verticaux symbolisant les colonnes d'Hercule... C'est de là que le sigle $ tire son origine.*

Vêtements et accessoires

Les vêtements et les paires de chaussures de moins de 110 $ la pièce sont exemptés de taxe.

Les *jeans Levi's* coûtent bien moins cher qu'en France (jusqu'à moitié prix hors soldes !), même si vous les achetez dans les *Levi's Stores* officiels. C'est aux States qu'on trouve encore des jeans *unwashed* (pas prélavés), en matière brute, bien plus résistants que les autres. Ils sont bon marché et rarement exportés.

Le *prêt-à-porter décontracté* est tout aussi intéressant, particulièrement les T-shirts, sweats à capuche *(hoodies)* et baskets (on dit *sneakers*). Pour tout ce qui est *Levi's, Converse, New Balance* et compagnie, c'est sur Broadway (principalement entre 4ᵗʰ Street et Canal Street, c'est-à-dire à SoHo) que vous trouverez le plus grand choix. Les prix se tiennent à peu de chose près.

Voici quelques *marques* que l'on retrouve partout : pour les jeunes, *Urban Outfitters* (*streetwear* branché tendance hipster rock) et *American Eagle Outfitters*. Plus classe, mais coloré dans un style un peu vintage : *J. Crew,* la marque fétiche de Michelle Obama, ainsi que sa déclinaison pour jeunes femmes, *Madewell.* Dans un style très américain tendance néo-Far West, *Lucky Brand.* Et aussi *Anthropologie,* la grande sœur d'*Urban Outfitters,* dans le style bohème chic et vintage (pour femmes seulement) avec de superbes boutiques au décor arty. Sans oublier la marque locale devenue culte, *Brooklyn Industries,* pour ses T-shirts graphiques aux messages engagés et pour son style urbain branché.

I ♥ NY

Ce logo universel, imaginé en 1977 par le graphiste Milton Glaser, à la demande de la ville soucieuse d'attirer plus de visiteurs, n'a jamais rapporté un dollar à son auteur ! Il l'avait créé gratuitement, par pur amour de la Big Apple, sans imaginer qu'il remporterait un tel succès... Ce symbole copié partout dans le monde est aujourd'hui en passe d'être relooké, le gouverneur de l'État de New York le trouvant un peu dépassé.

Pas mal de choix aussi dans les **vêtements pour enfants,** à condition d'aimer les couleurs flashy.

Encore un bon plan : les **chaussures et vêtements de sport et de loisirs** (yoga et pilates, mais aussi *outdoor*).

Soldes

Si vous y êtes à la bonne période (janvier et juin-juillet), ne manquez pas les **soldes de fin de saison** classiques, bien plus intéressants qu'en France. La plupart des grandes enseignes (moins les petites boutiques) n'hésitent pas à offrir, à certains moments des soldes, des rabais de plus de 50 % sur les prix déjà réduits, les articles achetés revenant parfois à moins de 10 % du prix de départ !

D'autres soldes ont lieu **pratiquement chaque jour férié** (voir les dates dans la rubrique « Fêtes et jours fériés » dans « Hommes, culture, environnement » en fin de guide), dans les grands magasins, boutiques de fringues, d'équipement hi-fi et vidéo, d'électroménager, etc. Le **Black Friday,** lendemain de Thanksgiving (4e vendredi de novembre donc), est une journée de soldes particulièrement exceptionnels, destinés à attirer un maximum de clients ; les Américains en profitant alors pour faire leurs courses de Noël.

De nombreuses chaînes de fringues proposent des nouveautés presque toutes les semaines. Vous trouverez donc, dans chaque magasin, généralement au fond ou bien planqué au sous-sol, un coin de *sales* (également nommé **clearance**) pour les invendus de la collection précédente et cela 365 jours par an !

Un autre filon qui marche bien aussi en France : les ventes privées, **sample sales,** dédiées à un créateur en particulier ou plusieurs, affichant des réductions jusqu'à 80 ou 90 % ! Ces ventes ont souvent lieu dans des bureaux, des appartements, elles sont recensées dans le magazine *Time Out* (section *Shopping* de la version papier ou *on line*), sur le site ● *clothingline.com* ● et sur les blogs des fashionistas.

Outlets (magasins d'usine)

❀ **Empire Outlets :** *à côté du St George Ferry Terminal, à* **Staten Island.** ● *empireoutlets.nyc* ● *Staten Island Ferry gratuit depuis Lower Manhattan (Whitehall Terminal) et 5 mn de marche à l'arrivée.* Très facile d'accès, c'est le 1er *mall* d'*outlets* (magasins d'usine) qui voit le jour à New York. Une centaine d'enseignes à prix cassés, dont *Columbia, Converse, Levi's, Nike...*

❀ **Woodbury Common Premium Outlets :** *498 Red Apple Court, à* **Central Valley,** *au nord de NYC.* ● *premiumoutlets.com* ● *Service de bus depuis Manhattan ; compter 1h de trajet et billet assez cher ; à partir de 2-3 pers, plus intéressant de louer une voiture à la journée. Tlj 9h-21h.* Si vous avez une grosse demi-journée à tuer,

rendez-vous dans ce grand complexe commercial, où quelque 220 magasins d'usine représentent les grandes marques américaines (et les autres) à prix cassés !

❀ **The Mills at Jersey Gardens :** *651 Kapkowski Rd, à* **Elizabeth,** *dans le New Jersey.* ● *simon.com* ● *À env 25 km au sud-ouest de Manhattan, 10 mn en voiture de l'aéroport de Newark. Bus New Jersey Transit 111 ou 115 depuis Port Authority Terminal (compter 15 $ l'A/R et 30 mn de trajet). Aussi une navette depuis Newark (env 10 $ l'A/R). Tlj 10h (11h dim)-21h.* Un autre *mall* regroupant de nombreux magasins d'usine – un poil moins haut de gamme, côté marques – mais tout aussi intéressant...

Guide des tailles

Les vêtements, aux États-Unis, taillent plus grand qu'en Europe. Il faut bien souvent choisir une taille de moins !

Femme

Pantalon/Jupe/Robe

France	USA	
34	2	XS
36	4	S
38	6	
40	8	M
42	10	
43	11	
44	12	L
46	14	
48	16	XL

Chemise, top

France	USA	
34	2	XS
36	4	S
38	6	M
40	8	L
42	10	XL
44	12	XXL
46	14	
48	16	

Chaussures

France	USA	France	USA
35	4	39	7,5
35,5	4,5	39,5	7,5
36	5	40	8
36,5	5,5	40,5	8,5
37	5,5	41	9
37,5	6	41,5	9,5
38	6,5	42	9,5
38,5	7		

Soutien-gorge

France	USA	France	USA
85A	32A	95B	36B
85B	32B	95C	36C
85C	32C	95D	36D
85D	32D	95E	36DD
90A	34A	95F	36E
90B	34B	100A	38A
90C	34C	100B	38B
90D	34D	100C	38C
90E	34DD	100D	38D
90F	34E	100E	38DD
95A	36A	100F	38E

Homme

Pantalon

France	USA	
34	24	XS
36	26	
37	27	S
38	28	
40	30	M
42	32	
43	33	L
44	34	
46	36	XL
48	38	
49	39	XXL

Chemise

France	USA	
36	26	XS
38	28	
40	30	S
42	32	
44	34	
46	36	M
48	38	
50	40	L
52	42	
54	44	XL

Chaussures

France	USA
39	6
39,5	6,5
40	7
40,5	7,5
41	8
41,5	8
42	8,5
42,5	9
43	9,5
43,5	9,5
44	10

Beauté

Les produits de beauté *(cosmétiques, maquillage...)*, genre *L'Oréal* ou *Neutrogena*, coûtent environ un tiers de moins qu'en France. On les trouve dans les grands drugstores ouverts très tard (voire 24h/24) type *Duane Reade*, *CVS* ou *Rite*

Aid. Les grandes marques américaines comme *Clinique* et *Kiehl's* sont également un peu plus intéressantes. Beaucoup de choix aussi dans les gammes **bio et végane.**

Supermarchés

Grâce aux campagnes « *Eating healthy* » (« Mangeons sain ») pour lutter contre l'obésité, les New-Yorkais ont découvert le goût des bons produits et même le plaisir de cuisiner, un truc fou au pays de la *junk food* ! On trouve donc de plus en plus de supermarchés à Manhattan et dans les autres *boroughs,* bio *(organic)* pour la plupart et assez haut de gamme. **Whole Foods Market** fut le pionnier du genre, avec des étalages magnifiques et le plus beau des rayons traiteur, mais des prix très élevés forcément. **Fairway** lui a emboîté le pas, suivi de près par **Trader Joe's.** Le concept de ce dernier : démocratiser le bio pour le rendre accessible à tous. Pas de plats cuisinés comme chez *Whole Foods,* une sélection de produits plus restreinte mais la qualité est au rendez-vous et les prix sont vraiment attractifs. Les 3 enseignes comptent une foule de magasins à Manhattan.

Souvenirs originaux

– Un **plan de métro graffité** par un artiste de rue. À partir de 20-30 $.
– De l'**artisanat** fabriqué à New York, par des créateurs de Brooklyn le plus souvent.
– Des **tote bags** (sacs de shopping en tissu ou matériau recyclé) à l'effigie des lieux qu'on a aimés : musées, restos, bars... Ceux de la librairie *Strand* sont particulièrement beaux, avec des messages littéraires ou engagés et « made in USA » en prime.
– Des gadgets ou beaux objets dans les **boutiques de musées.** Celle du *Tenement Museum* (Lower East Side) a une sélection originale de souvenirs de New York.
– Un **vêtement ou un accessoire siglé d'une grande université new-yorkaise :** NYU (boutique officielle à Greenwich Village) ou Columbia (près de Harlem).
– Des **Converse ou des Nike personnalisées** (uniquement dans les *flagships* de ces 2 marques, à SoHo). Prévoir quelques jours de délai pour la fabrication, donc y aller en début de séjour.
– Des **produits de beauté « made in New York »** ou bien de chez **C. O. Bigelow,** la plus vieille pharmacie new-yorkaise.
– Une **paire de lunettes de chez Moscot,** vieille entreprise familiale du Lower East Side dont les modèles rétro sont de nouveau au goût du jour.
– Un **Monopoly** de New York ou un **building iconique en Lego** (Empire State Building, Guggenheim...).
– Des **tablettes de chocolat** « made in Brooklyn », emballées dans de jolis papiers graphiques (par exemple, de chez *Mast Brothers* à Williamsburg).
– Du **miel** récolté sur les toits de la ville ou bien dans le nord de l'État de New York (Upstate New York) et d'autres bons produits locaux et bio à dénicher sur le marché fermier de Union Square.
– Du **whisky,** du **gin** ou du **rhum** distillé à Brooklyn : voir entre autres *Kings County Distillery* à DUMBO, *Van Brunt Stillhouse* à Red Hook (où se trouve aussi une *winery*).

Flea markets (puces)

⚜ **Chelsea Flea Market :** *W 25th St, entre Broadway et 6th Ave.* ● *annexmarkets.com* ● Ⓜ *(F, M, N, R) 23 St. W-e seulement, 6h30-19h. Entrée : 1 $ 9h-19h, 5 $ 6h30-9h.* Pour chiner, dénicher, marchander antiquités et bricoles...

⚜ Et aussi : les **Brooklyn flea markets** (● *brooklynflea.com* ●) et les boutiques **Beacon's Closet** (● *beaconscloset.com* ●), originaire aussi de Brooklyn, décidément le *borough* le plus branché vintage !

Thrift shops

Les *thrift shops* (littéralement, « boutiques économiques ») sont l'équivalent des dépôts *Emmaüs* chez nous. Vous en verrez plein dans New York. Tout y est très bon marché : fripes, vieux bouquins, disques passés de mode, bibelots, etc. **Housing Works** a pour but d'aider les personnes sans domicile et celles atteintes du sida, pour leur permettre de vivre dignement. Une vingtaine de boutiques à New York. *Infos :* ● *housingworks.org* ●

Électronique, appareils photo...

On ne conseille ce type d'achat que si vous êtes un spécialiste. De retour en France, en cas de problème, les garanties sont très difficiles à faire appliquer, autant le savoir. Si vous achetez un appareil électronique, assurez-vous qu'il peut fonctionner en France. Pour les ordis, là encore on déconseille, les claviers ne sont pas les mêmes. Aucun problème pour les *iPhone* et *iPad.* Pour faire ses emplettes, 2 solutions : la plus sage et celle qu'on recommande étant de se rendre dans un *Apple Store,* une chaîne ou un grand magasin comme *B & H* (voir « Shopping » à Chelsea) ; les prix y sont intéressants, les vendeurs très pro et on ne se fait pas arnaquer. La 2de solution, pour ceux qui ont le goût du risque, consiste à opter pour une des nombreuses boutiques d'électronique, dans lesquelles il faut marchander pour faire de bonnes affaires. *Attention, dans les quartiers touristiques comme Times Square et Chinatown, derrière l'affaire en or se cache très souvent une arnaque en béton armé !*

BUDGET

New York n'est pas une ville bon marché... À moins de se serrer la ceinture en permanence, tout y est plus cher que chez nous (en fonction du taux de change, bien sûr) : l'hébergement (le plus gros poste), la nourriture, les bars et même les musées ! Les routards fauchés se précipiteront sur la rubrique « New York gratuit » (voir plus loin). De plus, autant savoir tout de suite que *les prix affichés un peu partout s'entendent SANS LA TAXE,* qui est aussi l'hôtellerie de 14,75 % et de

UN BILLET PLUS VERT QUE VERT

Nul besoin de décimer des forêts pour fabriquer les dollars. Contrairement aux apparences, le célèbre billet vert n'est pas en papier mais en tissu ! Eh oui, il est composé de 75 % de coton et 25 % de lin. Avant la Première Guerre mondiale, des fibres de soie entraient dans sa composition et depuis 1991 un fil de polyester renforce le billet. Dur d'être faussaire !

8,875 % dans les autres secteurs (restauration, commerces...). *Sans oublier la règle du pourboire au resto* (*tip* ou *gratuity* ; minimum 15 %), qui vous ferait passer pour un malappris si vous ne la respectiez pas (voir aussi « Taxes et pourboires »)... Bref, gardez en tête qu'à la caisse, ce sera toujours plus cher que le prix marqué.

Hébergement

Le logement est *particulièrement hors de prix* à New York. Pour vous faire une idée du budget, nous vous indiquons des fourchettes de tarifs. Impossible, le plus souvent, d'être plus précis : Les tarifs varient selon la catégorie de chambre, un ou deux lits doubles, la vue mais surtout *en fonction du taux de remplissage des hôtels* – et donc de la saison. *Les plus bas sont en janvier-février, les plus élevés en avril-mai-juin, septembre, autour d'Halloween et à Noël.* Ceux que nous indiquons dans le guide correspondent à une chambre pour 2 personnes (généralement sans le petit déjeuner). Ils ne comprennent pas la taxe, on le rappelle, qui s'élève à 14,75 % (plus 1,50-3,50 $ par chambre et par nuitée selon le type d'hébergement !).

– **Très bon marché :** de 30 à 60 $ pour un lit en dortoir.
– **Bon marché :** de 90 à 150 $ pour une double.
– **Prix moyens :** de 150 à 200 $.
– **Plus chic :** de 200 à 250 $.
– **Très chic :** de 250 à 350 $.
– **Très, très chic :** plus de 350 $. Ce sont des hôtels design, branchés et/ou de charme, avec des décors époustouflants ! Sans y séjourner, vous pouvez toujours y boire un verre ou même seulement jeter un œil au lobby et aux parties communes.

Restaurants

On peut manger pour pas cher aux États-Unis, mais ce pas cher rime rarement avec nourriture saine ! Dès lors que l'on recherche des mets un peu plus fins et équilibrés, **l'addition grimpe vite,** surtout le soir. Tout au long du guide, nous indiquons les prix du midi (cuisine simple et légère) et ceux du soir (plats plus travaillés et copieux) qui varient souvent du simple au double. Un plat suffit généralement, vu la taille des portions américaines, sauf dans les restos chics ou gourmets où les quantités sont plus légères. On peut partager sans problème, voire ne commander qu'une entrée et se contenter d'eau du robinet. Ne pas oublier d'ajouter la taxe et le pourboire : donc 25-30 % en plus... Si vous mangez dans un lieu où vous commandez **au comptoir** (cafétéria, fast-food ou autre), le pourboire n'a rien d'obligatoire (même s'il y a toujours un bocal pour les *tips* !).
– **Très bon marché :** de 5 à 8 $ (sandwicheries et adresses sur le pouce).
– **Bon marché :** de 8 à 15 $.
– **Prix moyens :** de 15 à 20 $.
– **Plus chic :** de 20 à 30 $.
– **Très chic :** plus de 30 $.

Monuments, sites et musées

Voir plus loin les rubriques « Musées » et « New York gratuit ».

CLIMAT

À New York, il fait (très) chaud et (très) humide en été. D'ailleurs, beaucoup d'habitants vous diront que leur ville est insupportable en juillet-août. L'hiver, au contraire, est très froid : janvier et février (parfois même mars) sont les mois les plus rudes de l'année, avec un vent glacial venu du large ; les rues et Central Park sont souvent couverts d'épaisses couches de neige (inoubliable pour les amateurs de luge, patins à glace et ski de fond – et on ne rigole pas, même les skieurs en costard-cravate et attaché-case sont nombreux !). Donc, doudoune chaude à capuche, polaire, sous-vêtements techniques comme au ski, bonnet, grosse écharpe (ou mieux, cagoule, pour sauver ses oreilles !) et moufles sont de rigueur : lorsque le vent se lève et charrie d'épais nuages de flocons glacés, vous ne

UN BONUS POUR CELSIUS

En 1724, le physicien allemand Fahrenheit crée une échelle de température qui voit l'eau geler à 32 °F et bouillir à 212 °F. Pas pratique ! Sa référence ? Le 0 correspond à la température la plus basse de sa ville de Dantzig (Gdansk) durant l'hiver 1708-1709 ! À se demander pourquoi les Américains utilisent cette échelle de fou... En 1742, le Suédois Celsius remporte la mise en étalonnant ces 2 phénomènes physiques universels sur des chiffres ronds : quand l'eau gèle, il fera 0 °C, quand elle bout ce sera 100 °C. C'était le bon sens même et personne n'a trouvé mieux !

Moyenne des températures atmosphériques

Nombre de jours de pluie

NEW YORK

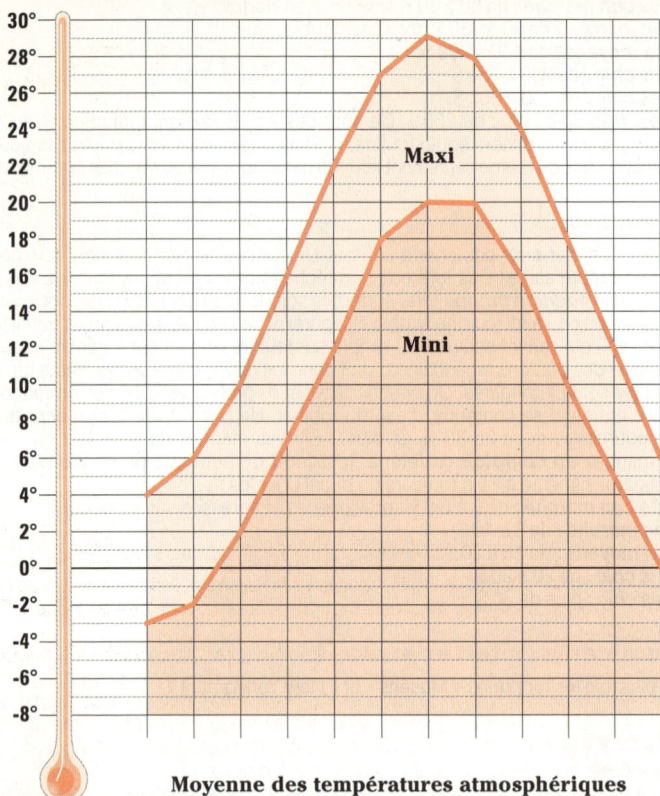

regretterez pas votre accoutrement aux allures de bibendum ! Le printemps est supposé être la plus belle saison, comme l'automne, été indien oblige. Mais toute l'année, on est surpris par les **gros écarts de température d'un jour à l'autre** (parfois jusqu'à 15-20 °C !).

– **Infos sur la météo :** ● *weather.com* ● C'est le site de la chaîne TV *The Weather Channel,* disponible dans tous les hôtels.

Tableau des équivalences Celsius-Fahrenheit

Fahrenheit	Celsius	Fahrenheit	Celsius
108	42,2	52	11,1
104	40	48	8,9
100	37,8	44	6,7
96	35,6	40	4,4
92	33,3	36	2,2
88	31,1	32	0
84	28,9	28	- 2,2
80	26,7	24	- 4,4
76	24,4	20	- 6,7
72	22,2	16	- 8,9
68	20	12	- 11,1
64	17,8	8	- 13,3
60	15,6	4	- 15,6
56	13,3	0	- 17,8

DANGERS ET ENQUIQUINEMENTS

Régler le problème de la sécurité a été la grande œuvre d'un des anciens maires, le républicain Rudolph Giuliani, en poste de 1994 à 2001. Sa fameuse politique de « tolérance zéro » a porté ses fruits, car les homicides sont tombés à leur plus bas niveau depuis 50 ans ! New York est aujourd'hui *la plus sûre des grandes villes américaines.*
À *Manhattan* (Harlem compris) et dans certains quartiers de *Brooklyn* (DUMBO et Brooklyn Heights, Williamsburg, Bushwick, Park Slope et Prospect Heights, Carroll Gardens et Cobble Hill) ou *Queens* (Astoria et Long Island City), on se promène à toute heure du jour et de la nuit (fille ou garçon). Quant aux autres quartiers (reste de Brooklyn et Queens, zone du *Bronx* autour des principales attractions), on s'y balade sans problème dans la journée mais on évite la nuit, comme à Central Park bien sûr. Tout cela ne veut pas dire qu'il ne faut pas prendre un minimum de précautions et éviter de faire de la provocation...
Enfin, *en cas de problème, adressez-vous à un policier.* Ils sont postés dans chaque quartier et ont la réputation d'être les plus serviables des *States*. Sinon, faites le ☎ *911.*

DÉCALAGE HORAIRE

On compte *4 fuseaux horaires aux États-Unis* (6 avec l'Alaska et Hawaii) et *6h de décalage entre Paris et New York.* Quand il est 12h en France, il est 6h à New York.
Enfin, quand on vous donne rendez-vous à 8.30 p.m. *(post meridiem),* cela veut dire 20h30. À l'inverse, 8.30 a.m. *(ante meridiem)* désigne le matin. Et notez que 12 a.m., c'est minuit, et 12 p.m. 12h... et non l'inverse.

ÉLECTRICITÉ

Les prises délivrent généralement du 110 volts. Les appareils se chargent quand même, mais plus lentement. Rasoirs électriques et *Epilady* fonctionneront au ralenti ! Les fiches électriques américaines sont à 2 broches plates. On vous conseille d'apporter un *adaptateur* si vous voulez recharger la batterie de vos appareils numériques, ordi, tablette ou téléphone portable ainsi qu'une multiprise. En cas d'oubli, vous pourrez vous en procurer dans les aéroports, à la réception de certains hôtels ou dans une boutique d'électronique ou un drugstore (mais pas si facile).

ENFANTS

Beaucoup de parents débarquant à New York avec leurs rejetons de tous âges sont déboussolés devant l'immensité de la ville et la diversité des possibilités de visites. Sans vous donner d'itinéraire précis, on vous suggère quelques spots intéressants par quartiers (musées, parcs, boutiques, restos...). Cela vous permettra de concocter un programme adapté à leurs centres d'intérêt et aussi à votre budget.

Conseils pratiques

– Côté *hébergement,* la plupart des hôtels disposent de chambres à 2 grands lits qui font parfaitement l'affaire pour un couple avec 1 ou 2 bambins. En revanche, les lits bébé *(baby crib)* ne sont pas très courants. Autre option : la *location (ou l'échange) d'appartement,* plus spacieux ; on peut en outre y prendre le petit déj avant de partir à la conquête de la ville et faire cuire quelques nouilles au retour le soir.
– *Ne pas trop charger la journée avec des petits* car, vous vous en doutez, New York, c'est grand (surtout pour des petites gambettes) !
– *Baliser son itinéraire* avant le départ, pas de détours inutiles, et *prévoir de bonnes chaussures bien confortables.*
– *Réserver à l'avance ses billets* pour éviter la queue dans les musées et les grandes attractions comme l'Empire State Building.
– Les enfants de moins de 1,10 m (44 *inches*) *voyagent gratuitement dans les bus et le métro* (jusqu'à 3 pour un adulte payant).
– Les *taxis,* bien moins chers et beaucoup plus nombreux qu'à Paris, peuvent s'avérer économiques à partir de 3-4 personnes. Ne pas hésiter à les utiliser, surtout en fin de journée, quand la fatigue se fait sentir.
– Éviter les overdoses en tout genre. *Alterner les réjouissances* : visite de musée, pause burger ou hot-dog, cupcake ou glace, séance shopping pour les ados, activité sportive ou de plein air, etc.
– Les *restos* new-yorkais (et américains de façon générale) sont des paradis pour enfants. En dehors des adresses chics (où il se peut qu'on vous jette un regard de travers), ils seront toujours bien accueillis, le plus souvent avec des jeux et des coloriages. Et entre les burgers-frites, les pizzas, les bagels, les petits déjeuners à l'américaine, les glaces crémeuses et autres milk-shakes, ils ne sauront plus où donner de la tête !

Suggestions (du sud au nord)

À Lower Manhattan

– *La statue de la Liberté :* autant commencer par du spectaculaire ! Mais attention, longues files d'attente... Réservez impérativement !
– Le très intéressant *musée de l'Immigration d'Ellis Island,* mais à partir de 11-12 ans seulement (audioguide en français très bien fait).
– Une balade sur les *bords de l'Hudson River,* aménagés en une promenade de plusieurs kilomètres et ponctués de superbes aires de jeux, de terrains de sport, etc. Un bon moyen de rejoindre le secteur du *World Trade Center* et d'évoquer sobrement, pour les plus grands, les événements du 11 Septembre. Incontournable, la montée en haut du *One World Observatory,* traitée comme une attraction à la Disney.

– Voir Manhattan s'illuminer doucement depuis le **pont de Brooklyn** au coucher du soleil ou depuis la navette fluviale gratuite qui rejoint Staten Island.

Autour de Greenwich Village et Meatpacking District

– Petite balade dans **Greenwich Village** et sur la **High Line.** Et pourquoi pas louer des rollers aux Chelsea Piers et patiner tranquille au bord de l'Hudson ? À moins de privilégier le vélo.

Autour de Times Square, Theater District et Midtown

– **Times Square :** quel gamin peut résister aux sirènes de cette énooooorme machine touristique ?! Entre la débauche de lumières et toutes les giga-boutiques alentour (*M&M's* en tête, avec ses fascinants silos de bonbons chocolatés de toutes les couleurs), vous aurez de quoi faire et de quoi dépenser aussi. Les **comédies musicales de Broadway** restent un mythe (voir « Spectacles » dans « Hommes, culture, environnement » en fin de guide), mais attention à la barrière de la langue, car on passe à côté de beaucoup de choses, même en choisissant un show pour enfants... et vu le prix du billet, mieux vaut y réfléchir à 2 fois !
– Monter à l'**Empire State Building** ou au **Top of the Rock,** l'observatoire situé au sommet du **Rockefeller Center,** pour les vues mythiques sur la forêt de gratte-ciel.
– **Le MoMA** (*Museum of Modern Art*), bien sûr ! Contentez-vous des 2 derniers niveaux, où se concentrent les plus importants chefs-d'œuvre.
– Pour les amateurs du genre, **The Intrepid Sea, Air & Space Museum** (on peut visiter, entre autres, un porte-avions et un sous-marin).
– Difficile de résister devant les nombreuses boutiques de Midtown (voir « Shopping » dans ce quartier). Parmi nos préférées, **American Girl Place** et **Nintendo World.**

Dans Central Park et autour

– **Le Metropolitan Museum of Art (Met) :** 2-3h suffiront pour éviter l'overdose justement, mais ce serait dommage de passer à côté. Concentrez-vous sur la grandiose section égyptienne et la peinture contemporaine, par exemple.
– On sort directement dans **Central Park,** un must pour les enfants. Au milieu des écureuils, possibilité de pratiquer de nombreuses activités sportives : vélo et rollers (loueurs sur place), jogging, tennis, natation, pêche, balade à cheval, bateau sur le lac, etc. Et puis il y a aussi un théâtre de marionnettes, un petit zoo, un manège, des concerts en plein air... Prévoir le pique-nique.
– **American Museum of Natural History,** un des plus grands musées d'histoire naturelle au monde, celui qui a inspiré le film *La Nuit au musée* avec son étage des dinosaures et la fascinante section des animaux naturalisés.
– **Children's Museum of Manhattan.**

Les autres musées, lieux et attractions plus excentrés qui plairont aux enfants et aux plus grands

– **À Brooklyn :** en coup de cœur, le **New York Transit Museum** (musée des Transports installé dans une station des années 1930 désaffectée avec de vraies rames de métro dans lesquelles on peut monter), le **Brooklyn Children's Museum,** 1er musée pour enfants jamais créé, à coupler avec une balade dans **Prospect Park** et son **Botanic Garden,** qui sont à Brooklyn ce que Central Park est à Manhattan. Sans oublier la **plage de Coney Island** avec sa fameuse **fête foraine,** accessibles en métro !
– **Dans le Queens :** l'**American Museum of the Moving Image** (avec des ados).

– *Dans le Bronx :* le vaste *Bronx Zoo,* avec ses nombreux pavillons à thème et sa forêt tropicale africaine reconstituée, et, non loin de là, le *New York Botanical Garden.*

HÉBERGEMENT

À New York, surtout à Manhattan, l'hébergement est hors de prix ! Le meilleur plan consiste à s'éloigner un peu du cœur de Manhattan (à peine, franchement) pour se loger à Harlem, Brooklyn ou Queens (Long Island City), où le rapport qualité-prix est meilleur.

Comme partout aux États-Unis et de plus en plus dans le reste du monde, *les prix à New York varient beaucoup selon le taux de remplissage des hôtels* – et donc, en gros, selon la saison touristique (le système du *yield management*). *Janvier et février (voire début mars) sont les mois les plus creux* de l'année ; *la période avril-mai-juin, l'automne* (en particulier septembre, mais aussi autour d'Halloween) *et les vacances de Noël représentent la très haute saison touristique.* Le week-end est enfin, en général, plus chargé (et donc plus cher) que la semaine. Ce sont surtout les hôtels qui sont soumis à ces énormes variations de prix (du simple au triple parfois !), l'écart est moins flagrant dans les AJ. Quant aux chambres d'hôtes, elles pratiquent généralement des tarifs à peu près fixes toute l'année.

Dans tous les cas de figure, il est *fortement recommandé de réserver le plus longtemps possible à l'avance.* Le plus simple est de le faire via le site internet de l'hôtel. On vous demandera systématiquement votre *numéro de carte de paiement* en garantie. Et à votre arrivée, *on en prendra l'empreinte* pour couvrir les *incidentals,* à savoir les éventuels frais de téléphone, minibar, *pay TV,* etc.

– Sauf exception (précisée), *les prix que nous indiquons s'entendent sans la taxe* (14,75 %, plus un forfait de 1,50-3,50 $ par chambre et par nuitée selon le type d'hébergement).

Les auberges de jeunesse

Espèce en voie de disparition aux États-Unis, les jeunes Américains leur préférant le *couchsurfing* (logement gratuit chez des particuliers via ● *couchsurfing.com* ● ou Airbnb). New York compte encore quelques AJ, mais *toutes privées sauf une,* affiliée à *Hostelling International,* située dans le quartier Upper West Side (à la hauteur de 103rd St, voir « Où dormir ? » dans ce chapitre). Vraiment super à tous points de vue (accueil, ambiance, équipement, entretien...). C'est la plus grande AJ des États-Unis (700 lits), et la 2e du monde ! Les autres sont de qualité très inégale. Certaines sont franchement impeccables, modernes, bien entretenues, sûres (comme celle de Queens, à 20 mn de métro seulement de Times Square ; ou de Bushwick, à Brooklyn), d'autres un peu limite. Côté prix, elles sont plus chères que chez nous : *de 30 à 60 $ la nuit en dortoir* (taxe en plus). On peut parfois aussi y trouver des chambres doubles basiques, mais pour le prix, il vaut parfois mieux réserver un *budget hotel.* Sauf mention contraire dans le texte, les AJ sont accessibles à tous, sans limite d'âge et ne nécessitent aucune carte de membre.

Les hôtels

Ce n'est pas ça qui manque à Manhattan. La plupart sont concentrés *autour de Times Square, Theater District et vers Madison Square Garden.* Plus on descend vers la pointe sud, plus les hôtels se raréfient et il vous faudra de toute façon y mettre le prix. En règle générale, ils restent plus élevés qu'en Europe (continentale) pour des prestations surévaluées la plupart du temps. C'est bien simple, compter au minimum 120 $ (hors taxe !) pour une chambre double au confort minimal, en très basse saison (janvier-février). *En saison, c'est plutôt 200-250 $ minimum.* On le répète, *les prix varient constamment.* De même, il faut savoir que beaucoup d'hôtels proposent des chambres de différents types (avec 1 lit double plus ou moins grand, avec 2 lits doubles, plus simples, plus spacieuses, mieux équipées...), et que le prix, bien sûr, sera également fixé en fonction.

Lexique de l'hébergement new-yorkais

– *Double :* chambre double avec lit d'environ 1,40 m de large.

– *Queen :* double avec lit d'environ 1,50 m de large.

– *King :* double avec lit d'environ 2 m de large.

– *Two double beds :* chambre avec 2 lits d'environ 1,40 m pouvant loger 4 personnes.

– *Deluxe :* chambre un peu plus spacieuse en général (ou avec vue).

– *Dorm bed :* lit en dortoir.

– *Bunk beds :* lits superposés.

– *Ensuite :* signale un dortoir disposant de sa propre salle de bains (non partagée avec les autres dortoirs) ou d'une chambre (de *B & B* par exemple) avec salle de bains privée. Par opposition, on parle de *shared bath* (salle de bains partagée).

Bref, devant le grand nombre de paramètres déterminant ce que, au bout du compte, vous devrez payer, on a tout simplement décidé de vous indiquer la *fourchette de prix* à l'intérieur de laquelle l'hôtel peut louer ses chambres *pour 2 personnes,* qu'il s'agisse d'une chambre à 1 grand lit ou d'une chambre à 2 grands lits dans laquelle une famille de 4 peut aussi (sans supplément de prix parfois) loger... Attention, toutefois, à un détail... de taille : la *dimension des matelas* dans les chambres à 2 lits varie selon les établissements ; dans le meilleur des cas, ce sont des *queen-size* (environ 150 cm de large), mais le plus souvent, ce sont des *full-size* (plutôt 135 cm, donc pas très spacieux).
– La plupart des hôtels proposent des chambres équipées de *TV, clim et sanitaires.* Certains petits hôtels pas chers ont des sanitaires partagés, mais généralement très bien entretenus. *Wifi* partout (gratuit le plus souvent, avec plus ou moins de réseau) et parfois aussi un ordinateur à dispo dans les parties communes.
– *Peu d'hôtels incluent le petit déj* dans le prix de la nuitée. Un peu plus souvent néanmoins, l'hôtel propose du café, du thé, voire des muffins dans le lobby (et dans les adresses un peu chics, une machine *Nespresso* dans la chambre, *what else ?!*). Pratique pour ne pas partir le ventre vide mais ce serait dommage de ne pas aller prendre un vrai petit déj américain dehors, surtout le week-end pour le brunch. Ce ne sont pas les endroits qui manquent à New York : en dehors de nos adresses « Spécial petit déjeuner », bien sûr, on trouve des *diners* (restos traditionnels américains) ou des *coffee shops* un peu partout.
– Les *hôtels de chaîne de moyenne gamme* sont souvent d'un bon rapport qualité-prix, on vous en indique quelques-uns parmi les plus récents, avec des architectures vitrées offrant des vues urbaines dégagées.
– Si les appels locaux sont souvent gratuits, les *communications longue distance depuis un téléphone de chambre d'hôtel* coûtent horriblement cher (voir la rubrique « Téléphone et Internet »).

Les *B & B, guesthouses* et chambres chez l'habitant

La mode des *B & B* et autres chambres chez l'habitant a gagné New York, surtout Harlem et Brooklyn, où l'immobilier est d'un meilleur rapport qualité-prix. On a un faible pour ce type d'hébergement qui vous fera découvrir un autre visage de New York, plus tranquille et authentique, tout en donnant l'occasion d'avoir de vrais échanges avec des New-Yorkais.

La location d'appartements meublés

Une formule intéressante en famille : plus d'espace, la possibilité de prendre des repas sur place représentent une économie non négligeable. Mais à 2, pas forcément beaucoup moins cher qu'un hôtel. Tout dépend encore une fois de la saison, qui régit les fourchettes de prix des hôtels et du standing de l'hébergement. À la très haute saison (vacances de Pâques, ponts de mai, Noël...), cela peut être un excellent plan à condition de vous y prendre suffisamment à l'avance. Sachez quand même que New York est une ville très bruyante et que les apparts sont souvent mal isolés. Quant aux immeubles eux-mêmes, ils peuvent être assez vétustes (ça surprend à New York, mais c'est ainsi) et sans ascenseur. Enfin, vérifiez attentivement la situation géographique avant de vous décider, car certains apparts censés être « au cœur de Manhattan » s'avèrent, en fait, très excentrés (en bordure de rivière) et loin du métro.

Pour réserver un appart, 2 possibilités : passer par un *site internet de mise en relation entre propriétaires et locataires type Airbnb* ou bien par une *agence spécialisée.* L'offre des sites internet est très tentante : prix attractifs, choix exponentiel dans tous les styles, du petit studio fonctionnel meublé *Ikea* au *penthouse* design avec vue sur le *skyline* en passant par l'élégante *brownstone* décorée par un antiquaire ou l'usine reconvertie à Brooklyn... Il faut savoir quand même que ces « plates-formes » ne contrôlent pas la légitimité de tous leurs annonceurs, donc les *arnaques* ne sont pas exclues... Si vous voulez être totalement serein, passez donc par une agence spécialisée et pro comme **New York Habitat** (voir ci-après) : sélection de logements beaucoup plus limitée, mais tous dans des immeubles légaux et avec le conseil en prime.

Plate-forme internet

● *airbnb.com* ● Ce site de mise en relation entre propriétaires et visiteurs, consultable en français, liste des centaines de chambres (avec ou sans salle de bains privative), des appartements et des lofts à tous les prix (de 60 $ à plus de 500 $ la nuit). Une description complète est fournie (avec photos explicites) et on peut accéder aux avis des clients. En cherchant bien et en s'y prenant à l'avance, on peut louer des lieux assez étonnants, voire très originaux. On paie en ligne, mais le proprio ne reçoit l'argent qu'après votre arrivée, ce qui limite les risques d'arnaques.

Agence spécialisée dans les locations d'apparts

■ ***New York Habitat :*** *307 7th Ave (entre 27th et 28th), suite 306.* ☎ *212-255-8018.* ● *nyhabitat.com* ● Pionnière dans le domaine, c'est l'une des agences les plus sérieuses et fiables, très à cheval sur les lois de l'immobilier à New York. Gage de confiance, ils connaissent personnellement les propriétaires des quelque 300 appartements proposés à la location. Service personnalisé irréprochable, en français, et très bons conseils prodigués entre autres par Christophe, qui sait s'adapter à la demande de chaque client.

Échange d'appartements

Il s'agit d'échanger son logement contre celui d'un adhérent du même organisme, dans le pays de son choix. Cette formule offre l'avantage de passer des vacances aux États-Unis à moindres frais, en particulier pour les jeunes couples avec enfants. Voici deux agences qui ont fait leurs preuves :

■ *Intervac :* ☎ *05-46-66-52-76.* ● *fr. intervac-homeexchange.com* ● *Adhésion annuelle dès 115 €, avec possibilité de tester gratuitement le service pdt une période limitée.*

■ *Homelink International :* ☎ *04-42-27-14-14.* ● *homelink.org* ● *Adhésion annuelle env 125 € (pour les mêmes services).*

LANGUE

Pour vous aider à communiquer, n'oubliez pas notre *Guide de conversation du routard* en anglais.

Vocabulaire anglais de base utilisé aux États-Unis

Politesse

S'il vous plaît	*Please*
Merci (beaucoup)	*Thank you (very much)/Thanks*
Bonjour !	*Hello !/Hi !*
Au revoir	*Goodbye/Bye/Bye Bye*
À plus tard, à bientôt	*See you (later)*
Pardon	*Sorry/Excuse me*

Expressions courantes

Parlez-vous le français ?	*Do you speak French ?*
Je ne comprends pas	*I don't understand*
Pouvez-vous répéter ?	*Can you repeat please ?*
Combien ça coûte ?	*How much is it ?*

Vie pratique

Poste	*Post Office*
Office de tourisme	*Visitor Center*
Banque	*Bank*
Médecin	*Doctor*
Pharmacie	*Pharmacy/Drugstore*
Hôpital	*Hospital*
Supermarché	*Supermarket*

Transports

Billet	*Ticket*
Aller simple/Aller-retour	*One-way ticket/Round-trip ticket*
Métro	*Subway*
Aéroport	*Airport*
Gare	*Train station*
Gare routière	*Bus station*
À quelle heure est le prochain bus/train pour... ?	*What time is the next bus/train to... ?*

À l'hôtel et au restaurant

J'ai réservé	*I have a reservation*
C'est combien la nuit ?	*How much is it per night ?*
Petit déjeuner	*Breakfast*
Déjeuner	*Lunch*
Dîner	*Dinner*
L'addition, s'il vous plaît	*The check, please*
Le pourboire	*The tip/the gratuity*

Les chiffres, les nombres

1	one	8	eight
2	two	9	nine
3	three	10	ten
4	four	20	twenty
5	five	50	fifty
6	six	100	one hundred
7	seven		

LIVRES DE ROUTE

Littérature contemporaine

De Paul Auster

– *4321* (2017, Actes Sud). Le dernier Paul Auster est un pavé (1 000 pages) ! Et pour cause, l'écrivain a choisi de décliner 4 variations biographiques pour un seul et même personnage, Archie Ferguson, petit-fils d'un immigré russe débarqué à Ellis Island. Qui ne s'est jamais posé comme question : que serais-je devenu si j'avais plutôt fait ceci ou cela ; rencontré X ou Y ? Le lecteur se retrouve embarqué dans un jeu de piste haletant qui a pour cadre l'Amérique des années 1950-1960.
– *Trilogie new-yorkaise* (1987, Actes Sud). Le New York de Paul Auster répond aux lois de l'arbitraire, de l'aléatoire des rencontres et du hasard... Voici donc l'univers dans lequel Quinn, le héros commun aux 3 récits de l'ouvrage (*Cité de verre, Revenants* et *La Chambre dérobée*), erre jusqu'à perdre son identité.
– *Brooklyn Follies* (2005, Actes Sud). Une histoire simple : Nathan Glass, au terme de son existence, revient sur les faits marquants de sa vie et rêve de créer avec son neveu l'hôtel *Existence,* où circuleraient tous les protagonistes de leur vie quotidienne. Regards tendres, rapports sincères, dans la ville de tous les possibles, New York.

Autres auteurs

– *Just Kids* (2010), de Patti Smith (Gallimard, « Folio »). De son histoire avec le photographe Robert Mapplethorpe, Patti Smith a tiré ce récit tendre, poétique et imagé du New York bohème des années 1960-1970. Leur rencontre par hasard à Brooklyn alors qu'ils n'étaient « rien que des gamins », les galères au début, puis l'effervescence du *Chelsea Hotel* et, enfin, leur reconnaissance en tant qu'artistes.
– *New York, esquisses nocturnes* (2016), de Molly Prentiss (Calmann-Lévy). À l'aube des flamboyantes eighties, entre les squats insalubres et les appartements bourgeois d'un Manhattan nauséabond, toute une génération d'artistes attend la gloire. *La Bohème* à la sauce new-yorkaise.
– *New York Odyssée* (2017), de Kristopher Jansma (LGF, Le Livre de Poche). Dans ce roman épique à 5 voix, une bande de jeunes copains de fac aux ambitions diverses se prépare à conquérir New York. Pourtant, c'est la douloureuse épopée du deuil que l'auteur explore dans cette œuvre poignante mais jamais mélodramatique. Sarcasmes, humour et ironie ponctuent un texte brillant, sous le regard imperturbable de la Grosse Pomme.
– *L'Immeuble Christodora* (2017), de Tim Murphy (Plon). Roman sociologique d'un New York en proie à la gentrification, à l'image de cet immeuble et ses habitants. De 1980 à 2020, entre l'apparition du sida et l'arrivée des hipsters, la quête désespérée du jeune Matéo, adopté par un couple de bobos avant l'heure, rassemble des personnages d'horizons divers et aux destins incertains.
– *Attachement féroce* (1987, première traduction française en 2017), de Vivian Gornick (Rivages). Chroniqueuse, reporter et écrivain, l'auteure livre une œuvre autobiographique puissante destinée à explorer les méandres d'une relation

mère-fille torturée, déchirée entre un amour inconditionnel et une rancune inapaisable. Des mémoires où passé et présent s'entremêlent au rythme des déambulations new-yorkaises des 2 femmes. Dans *La Femme à part* (2015, 1re traduction française en 2018), 2e volet de son autobiographie, Vivian Gornick parcourt toujours la ville qui ne dort jamais, sans sa mère cette fois. Entre errances et rencontres, c'est à son ami Leonard mais plus encore à New York, son point d'ancrage et son inspiration, qu'elle se confie.

– *Le New York des écrivains* (2013), sous la direction de Vincent Jaury (Stock). Ce collectif rassemble les textes de 13 écrivains français ; Chloé Delaume, Michka Assayas, Stéphane Audeguy... Tous dressent un portrait différent de la Big Apple, tantôt poétique, parfois plus rock ou carrément caricatural. Une chose est sûre, même 13 plumes ne viendront pas à bout d'un tel mythe !

– *Les Règles d'usage* (2004, mais 2016 pour la traduction française), de Joyce Maynard (10/18). Celle qu'on surnomme « la Sagan américaine » a l'art d'explorer la transition difficile entre la jeunesse et l'âge adulte. Dans ce roman écrit dans la foulée du 11 Septembre mais traduit plus de 10 ans après, elle décrit la douleur indicible d'une adolescente new-yorkaise face au deuil de sa mère disparue dans les tours. Malgré une apparente noirceur, il se dégage des romans de Maynard une lumière, l'étincelle d'une personnalité vive et volubile que les affres d'une vie parfois cruelle n'ont pas réussi à rendre pessimiste.

– *Le Ventre de New York* (2001), de Thomas Kelly (Rivages/Noir). C'est l'histoire de 2 frères, 2 destins. Paddy s'enrôle dans des affaires louches, alors que Billy sera ouvrier, comme son père. Pas facile de creuser un tunnel pour approvisionner New York en eau potable ! Les conditions de travail (tout comme le titre) ne sont pas sans rappeler Zola. L'intrigue dévoile une sombre histoire de corruption mais aussi les manières de la contrer : idéaux, espoir, fraternité...

– *Les Saisons de la nuit* (1999), de Colum McCann (10/18). Nathan Walker est terrassier et travaille à la construction du tunnel qui relie Brooklyn à Manhattan. Entre la nostalgie de sa Géorgie natale et la fraternité virile sous terre, son quotidien est loin d'être rose. Treefrog, lui, est sans abri et supporte difficilement sa situation de SDF. C'est dans les souterrains new-yorkais que leurs vies vont mystérieusement se projeter. Une histoire émouvante doublée d'un vrai pamphlet contre l'administration new-yorkaise.

– *Outremonde* (1997), de Don DeLillo (Actes Sud). Quand un gamin du Bronx vous raconte l'histoire de son pays, c'est toute une nation qui se regarde dans le miroir : 3 octobre 1951, finale historique de base-ball opposant les Brooklyn Dodgers aux New York Giants ; explosion de la 1re bombe nucléaire soviétique ; voici 2 coups de batte qui propulseront les États-Unis dans une fresque où M. Tout-le-Monde côtoie le FBI, la guerre froide, la mafia. Du même auteur, *L'Homme qui tombe,* sur le 11 Septembre.

– *American Psycho* (1991), de Bret Easton Ellis (10/18). New York dans les années 1980 : un golden boy se transforme en serial killer la nuit. Dans son entourage, personne ne soupçonne sa double vie. Best-seller aux États-Unis avant d'être adapté au cinéma, avis aux amateurs de sensations fortes ! Les crimes, d'une atrocité incommensurable, sont décrits avec une précision glaciale.

– *Le Bûcher des vanités* (1987), de Tom Wolfe (LGF, Le Livre de Poche). Beau et riche, gâté par la vie, golden boy arrogant, Sherman McCoy habite Park Avenue. Pourtant, un soir, tout bascule. De retour de l'aéroport (où il est allé chercher sa maîtresse), il rate la bonne sortie de l'autoroute, se perd dans le Bronx, renverse un jeune Noir et prend la fuite (voir aussi le film avec Bruce Willis et Melanie Griffith).

Les classiques

– *Petit déjeuner chez Tiffany* (1958), de Truman Capote (Gallimard). Dans *Diamants sur canapé* au cinéma, Audrey Hepburn donne vie à Holly Golightly, l'héroïne du roman. Légère et frivole, la jeune femme chasse son blues devant les vitrines de *Tiffany.* Mais les apparences, trompeuses, dissimulent une tout autre réalité... Un récit culte et mélancolique ; bref, un classique !

– *Last Exit to Brooklyn* (1964), de Hubert Selby Jr (10/18). Bestseller des sixties, à la manière des chansons de Lou Reed, *Last Exit to Brooklyn* transfigure la lie de l'Amérique, la faune des petites frappes (drogués, homos, chômeurs, travelos), tous résidus d'un monde sans pitié.

– *Portnoy et son complexe* (1969), de Philip Roth (Gallimard, « Folio »). Un livre indescriptible. Voici la confession d'un jeune juif new-yorkais qui n'a qu'une seule obsession dans la vie : le sexe ! Mais comment traduire la truculence, l'exubérance, la jovialité qui s'en dégagent ? Au début, le tourbillon de fantasmes érotiques dans lequel est emporté ce personnage perpétuellement insatisfait suscite une franche hilarité. Puis on commence à rire jaune. N'est-ce pas l'autobiographie déguisée d'une certaine Amérique qui nous est contée là ?

– *Isaac le mystérieux* (1978), de Jerome Charyn (Gallimard, « Série Noire »). Isaac Sidel : vieux flic à l'intestin rongé par le ver solitaire. Déguisé en clochard, il traîne parmi les prostituées du Bronx et s'entiche de l'une d'elles. Mais Isaac le mystérieux n'est pas n'importe quel flic : c'est le 1er adjoint du commissaire principal de New York... Du même auteur, *New York, chronique d'une ville sauvage* (Gallimard, « Découvertes »).

– *Manhattan Transfer* (1925), de John Dos Passos (Gallimard, « Folio »). Le héros de ce roman ? New York, de 1900 à 1920. Une dizaine de personnages dressent un tableau de la société américaine. Les histoires se racontent (parfois simultanément), les destins se croisent... pour le meilleur (parfois) et pour le pire (souvent) ! Disons-le haut et fort : un des grands livres du XXe s.

– *Les New-Yorkaises* (1927), d'Edith Wharton (J'ai lu). Frivole et névrotique, Pauline Manford ne jure que par son psy et les médecines alternatives, alors que Lita (sa belle-fille) commence à s'enticher de son mari. Dans un style vif et piquant, l'auteur dévoile les faux-semblants des mondanités. Une satire réussie de l'aristocratie new-yorkaise des Années folles.

– *Aller-retour New York* (1935), de Henry Miller (Buchet/Chastel). Depuis 1928, Miller vit en Europe, car il déteste les États-Unis en général, mais surtout New York, sa ville natale. En 1934, quelques mois passés là-bas lui suffisent pour en dresser un tableau féroce, nous dévoilant la Grosse Pomme sous un jour inhabituel.

B.D.

– *Par avion* (1989), de Sempé (Denoël ou Gallimard, « Folio »). Inspirées de ses illustrations pour le magazine *The New Yorker,* les petites chroniques de Sempé sur la vie et les mœurs new-yorkaises sont un régal d'humour !

– *Cabu à New York* (2013), de Cabu (Les Arènes). Le regretté créateur du Grand Duduche et du Beauf croque la Grosse Pomme avec le regard d'un touriste à la fois stupéfait et émerveillé par les travers de ses habitants. Humour et tendresse sont au rendez-vous.

– *Mardi 11 septembre* (2003), de Henrik Rehr (Vents d'Ouest). Ce matin-là, Henrik Rehr boit son habituel café devant sa fenêtre surplombant Manhattan... et assiste en direct à l'attaque des Twin Towers. En quelques minutes, tout bascule. Il perd le contact avec sa femme (qu'il n'arrive pas à joindre au bureau), son fils... L'attente

et l'angoisse font remonter en lui des souvenirs intimes. Un témoignage autobiographique sensible sur ce sujet difficile.
– *Robert Moses, le maître caché de New York* (2014), scénario de Pierre Christin, dessins d'Olivier Balez (Glénat). Entre 1930 et 1970, l'urbaniste-aménageur Moses redessine le visage de la Big Apple : le Lincoln Center, le siège des Nations unies, le Verrazano Bridge... autant de constructions gigantesques menées par un homme intrigant et controversé.

MESURES

Même s'ils ont coupé le cordon avec la vieille Angleterre, même s'ils conduisent à droite, pour ce qui est des unités de mesure, les Américains ont conservé un système « rustique ». Après les Fahrenheit (voir « Climat »), les tailles de vêtements (voir « Achats ») et le voltage électrique (voir « Électricité »), voici encore quelques spécificités à assimiler (bon courage pour les calculs) !

Capacité

1 *pint* = 0,473 litre
1 *gallon* = 3,785 litres

1 litre = 2,11 *pints*
1 litre = 0,26 *gallon*

Longueurs et distances

1 *inch* (pouce) = 2,54 cm
1 *foot* (pied) = 30,48 cm
1 *yard* = 0,914 m
1 *mile* = 1,609 km

1 cm = 0,39 *inch*
1 cm = 0,03 *foot*
1 m = 1,09 *yard*
1 km = 0,62 *mile*

Poids

1 *ounce (oz)* = 28,35 g
1 *pound (lb)* = 453,5 g

100 g = 3,53 *oz*
1 kg = 2,2 *lb*

MUSÉES

New York compte plus de 150 musées, les plus beaux et les plus divers du pays (avec ceux de Washington DC). Le Metropolitan Museum of Art (Met) ou le Museum of Modern Art (MoMA) à eux seuls justifieraient un voyage à New York !
– Les *jours de fermeture hebdomadaire* (souvent le lundi) fluctuent selon les musées ; il est toujours prudent de se renseigner avant de se déplacer pour visiter. Pratique, *le MoMA et le Met sont ouverts tous les jours.* La plupart des musées sont, cela dit, fermés les jours fériés.
– *Prix d'entrée :* les musées sont chers (de 10 à 25 $ en moyenne), mais certains d'entre eux appliquent le système de *contribution libre ou suggérée* (*free donation* ou *suggested donation*), à certains moments de la semaine ou tout le temps. Le musée d'Histoire naturelle en fait partie. Cela signifie qu'on donne ce qu'on veut (dans la limite du raisonnable, bien sûr !). Et même si le montant de la contribution est clairement suggéré, on peut payer en fonction du temps passé sur place, ce que font les Américains. À notre avis, on peut aussi se contenter d'une « demi-donation » si on est vraiment fauché...
– Il existe plusieurs *formules de passes,* qui proposent l'accès à plus ou moins de musées, monuments et attractions.
➤ Le *CityPass,* le plus populaire, axé sur les incontournables musées/sites. Valide 9 jours, il coûte environ 125 $ (100 $ 6-17 ans) et donne accès à la *statue de la Liberté* et *Ellis Island* (ou, au choix, un tour en bateau avec *Circle Line Sightseeing Cruises*), l'*observatoire de l'Empire State Building* (avec seconde visite de nuit en bonus, à condition de revenir le même jour), le *Guggenheim* ou le *Top*

of the Rock (observatoire du Rockefeller Center), l'*American Museum of Natural History*, le *Metropolitan Museum of Art (Met)* et *The Cloisters*, le *musée et mémorial du 11-Septembre* ou «*l'Intrepid* ». À condition de tout faire, on économise plus de 40 % sur l'entrée à tarif plein et, autre avantage, on évite la plupart du temps la queue aux caisses (en revanche, on n'échappe pas à celles qui serpentent devant l'accès aux sites, notamment à l'embarcadère pour la statue de la Liberté et à l'Empire State Building). Tenir son *pass* en main, bien visible, de façon qu'un employé vous invite de suite au coupe-file. Le *CityPass*, qui se présente sous forme d'un carnet avec des bons, s'achète au guichet d'un des sites ou en ligne. *Infos :* ● citypass.com ●

➤ Le *New York City Explorer Pass,* très flexible car on choisit parmi une cinquantaine d'options, les 3, 4, 5, 7 ou 10 lieux que l'on veut visiter (validité : 30 jours). Attention, la formule n'est pas toujours intéressante. Faites l'addition du prix d'entrée des visites projetées (certaines sont gratuites certains jours !) et comparez. Tarifs : de 90 à 220 $ (70 à 170 $ pour les 6-12 ans). *Infos :* ● smartdestinations.com ●

➤ Enfin, le *New York Pass,* réservé à ceux qui veulent « tout » voir en un minimum de temps (à notre avis difficilement rentable, sauf peut-être celui sur 7 jours). Donne accès à une cinquantaine de sites majeurs sans faire la queue et aussi à des réductions sur les shows à Broadway, notamment. Tarifs : 135 $ pour 1 jour, 200 $ pour 2 jours, 275 $ pour 3 jours, 300 $ pour 4 jours, 340 $ pour 5 jours, 380 $ pour 7 jours, 470 $ pour 10 jours ; réduc 4-12 ans. *Infos :* ● newyorkpass. com ●

– On vous conseille aussi de profiter des *audioguides* et des *visites guidées* (souvent gratuites).

– *Vestiaires gratuits* dans tous les musées pour les vêtements et sacs (sauf au musée d'Histoire naturelle : 2 $!). En revanche, ils refusent les ordinateurs portables et autres objets de valeur (iPad, smartphone, etc.).

NEW YORK GRATUIT

Arpenter Manhattan à pied ne vous coûtera pas grand-chose, et vous en prendrez plein les mirettes ! Vous trouverez des idées de balades dans le descriptif des quartiers. Si vous souhaitez aborder New York sous un angle particulier, l'association *Big Apple Greeter* propose des *promenades gratuites conduites par des bénévoles new-yorkais* (voir plus loin « Visites guidées »). Quant aux *parcs de New York,* ils sont bien entendu gratuits ; rien qu'à *Central Park* vous avez de quoi occuper une grosse journée (certaines activités sont payantes). L'*Hudson River Park,* le front aménagé de l'Hudson River, s'avère lui aussi un bon plan avec ses activités nautiques gratuites, ses parcs, terrains de sport (beach-volley, tennis, skateboard) et jeux pour enfants (voir rubrique « Sports et loisirs » dans « Hommes, culture, environnement » en fin de guide). La *High Line* (entre Gansevoort Street et 34th Street) et son déjà iconique *Vessel,* ainsi que le *Brooklyn Bridge Park,* sont aussi très prisés, avec de nombreuses animations à la belle saison, sans parler du *9/11 Memorial.*

En revanche, dès qu'il s'agit de visiter un monument ou un musée, il vous faudra mettre la main au portefeuille. Heureusement, *quelques musées et monuments sont gratuits à certains moments de la semaine* (voir plus haut « Musées » et le descriptif de chaque musée dans le texte). Le *MoMA,* par exemple, est gratuit le vendredi de 16h à 20h, le *9/11 Memorial Museum* le mardi de 17h à 20h, la *Frick Collection* le mercredi de 14h à 18h. Attendez-vous, évidemment, à ne pas être seul et à devoir faire la queue... Les galeries d'art de Chelsea et de SoHo sont aussi gratuites, tout comme les 2 installations permanentes de Walter Maria à SoHo : *The New York Earth Room* et *The Broken Kilometer.*

D'autres musées suggèrent (plutôt qu'ils n'imposent) un droit d'entrée (*pay as you wish* ou *suggested donation*). Enfin, une soirée par an, mi-juin, les 7 musées du

Museum Mile (sur 5th Avenue, de 82nd à 105th Street) sont gratuits de 18h à 21h, dont le Met, le Guggenheim et la Neue Galerie. *Infos :* ● *museummilefestival.org* ●
Côté musique, ne manquez pas **Summer Stage,** un **festival de concerts en plein air à Central Park,** de fin juin à mi-septembre. Certains concerts sont gratuits, d'autres avec donation libre à l'entrée. Par ailleurs, au Lincoln Center, les étudiants de la prestigieuse Juilliard School donnent environ une fois par semaine des concerts de musique de chambre au Alice Tully Hall...
Et puis en vrac : voir le **feu d'artifice du 4 juillet** sur l'Hudson River, les **illuminations de Noël au Rockefeller Center,** écouter un **gospel dans une église de Harlem ou de Downtown Brooklyn,** admirer Manhattan depuis le **pont de Brooklyn,** prendre le **ferry de Staten Island** en fin d'après-midi pour admirer le coucher du soleil sur le *skyline* ou bien la **navette-bateau Ikea** qui part du Pier 11 à South Street Seaport et file à Red Hook (Brooklyn) avec la statue de la Liberté en ligne de mire *(gratuit le w-e seulement, 10 $ sinon l'A/R)*, voir les **films projetés l'été dans Bryant Park.**
Enfin, pour ne rien rater des événements gratuits ou pas chers au moment où vous serez à New York, voici 2 **sites internet** utiles : ● **theskint.com** ● liste chaque jour tous les bons plans qui ne vous coûteront rien (ou presque), et ● **nycgo.com/ free** ●, proposant une sélection de visites et d'activités gratuites à New York.

POSTE

✉ **James A. Farley Post Office** *(plan 1, B1-2)* **:** *421 8th Ave (entre 31st et 33rd). Ouv 24h/24 pour les guichets automatiques.*
✉ **Rockefeller Center Post Office** *(plan 2, G-H11)* **:** *Rockefeller Plaza (5th Ave et 50th St).* Ⓜ *(D, F) 47 et 50 St.*

Au sous-sol du Rockefeller Center. Lun-ven 10h-17h.
– Sans oublier le bureau de poste qui se trouve au sous-sol du bâtiment des **Nations unies,** où l'on peut se faire faire des timbres personnalisés avec sa propre photo (lire « Midtown. À voir ») !

Les **timbres** *(stamps)* sont disponibles dans les guichets *UPS* et certains commerces (presse, souvenirs, etc.). Ne soyez pas étonné de mettre votre courrier dans des boîtes bleu marine que l'on pourrait prendre de prime abord pour des poubelles... **Compter 1,25 $ pour l'envoi d'une lettre ou d'une carte postale vers l'Europe.**

SANTÉ

La sécurité sanitaire est excellente aux États-Unis, mais elle coûte les yeux de la tête, même pour les Américains. Comme dirait l'humoriste Patrick Timsit : « En Amérique, le médecin te fait un diagnostic en une minute. Il appelle ta banque : t'as pas d'argent, t'es pas malade ! »
Pas de consultation médicale à moins de 125-150 $ et on ne vous parle même pas d'une visite aux urgences, qui coûte plusieurs milliers de dollars. On ne plaisante pas. Pour les médicaments, multiplier au moins par deux les prix français. Voilà pourquoi il est impératif de souscrire, avant le départ, une **assurance voyage intégrale** avec assistance rapatriement (voir plus haut « Avant le départ »).

Précautions, médicaments et consultations

– **Prévoir une bonne pharmacie de base,** avec éventuellement un antibiotique à large spectre prescrit par votre généraliste (au cas où), a fortiori si vous voyagez avec des enfants. Sur place, si vous souffrez de petits bobos courants ou facilement identifiables (rhume, maux de gorge...), vous pouvez pratiquer en premier lieu l'automédication, comme le font les Américains. De nombreux médicaments délivrés uniquement sur ordonnance en France sont vendus en libre-service aux

États-Unis, dans les **drugstores type Duane Reade, CVS ou Rite Aid** (certains sont ouverts 24h/24). Si vous cherchez du Doliprane, le nom déposé le plus répandu est Tylenol (**le paracétamol se dit acetaminophen** là-bas). Évidemment, si cela vous semble grave ou qu'il s'agit d'enfants, un avis médical s'impose. Le service social du consulat de France (voir « Adresses utiles ») tient à votre disposition une liste de spécialistes parlant le français. Attention, on le répète : les consultations privées sont très chères.

– La **transmission de la maladie de Lyme** (véhiculée par les tiques) est possible dans tout New York, dans les zones arborées. Après une virée dans Central Park, ou n'importe quel autre parc de la ville ou de l'État, il est prudent de s'inspecter toute la peau du corps en fin de journée (plis et cuir chevelu compris, donc se faire aider), car il faut 24h à une tique pour transmettre la maladie.

■ **City MD :** ☎ 212-772-3627 (n° général). ● citymd.com ● Tlj sans rdv, en général (selon les centres) lun-ven 8h-22h, w-e 9h-18h (adultes et enfants). Tarif consultation : dès 125 $. Réseau de cliniques privées, réputées pour leur sérieux et leurs tarifs moins élevés que dans un service d'urgences de grand hôpital. Nombreux points d'accueil à Manhattan, Brooklyn et dans les autres *boroughs* (voir leur site internet). En voici quelques-uns à Manhattan :
– 14 W 14th St (entre 5th et 6th Ave, à Union Sq). ☎ 212-390-0558.
– 37 W 23rd St (entre 5th et 6th Ave, vers le Flatiron). ☎ 646-596-9267.
– 315 W 57th St (entre 8th et 9th Ave, près de Columbus Circle). ☎ 212-315-2330.
– 2398 Broadway (et 88th St, Upper West Side). ☎ 212-721-2111.
– 336 E 86th St (entre 1st et 2nd Ave, Upper East Side). ☎ 212-933-1364.

■ **New York Hotel Urgent Medical Services :** ☎ 212-737-1212. ● travelmd.com ● Service d'urgences téléphoniques accessible aux voyageurs 24h/24. En quelques minutes, un médecin vous rappelle et on vous envoie un spécialiste (parlant le plus souvent votre langue) dans l'heure à votre hôtel. Ils ont également un centre médical dans l'Upper East Side, ouvert aussi 24h/24 mais qui ne fonctionne que sur rendez-vous (moins cher, bien sûr, que le service à l'hôtel).

✚ **Mount Sinai Hospital** (plan 2, H7) : 1468 Madison Ave (et 101st). ☎ 212-241-6639 ou 1100. ● mountsinai.org ● Service d'urgences pour adultes et enfants 24h/24. Un autre **accueil d'urgences,** Upper West Side, au 638 Columbus Ave et 91st St (plan 2, G8). Lun-ven 8h30-20h30, w-e 9h-17h. Sans rdv.

Voir aussi la rubrique « Urgences » à la fin de ce chapitre.

SITES INTERNET ET APPLIS

● **routard.com** ● Le site de voyage n° 1, avec plus de 800 000 membres et plusieurs millions d'internautes chaque mois. Pour s'inspirer et s'organiser, près de 300 guides destinations actualisés, avec les infos pratiques, les incontournables et les dernières actus, ainsi que les reportages terrain et idées week-end de la rédaction. Partagez vos expériences avec la communauté de voyageurs : forums de discussion avec avis et bons plans, carnets de route et photos de voyage. Enfin, vous trouverez tout pour vos vols, hébergements, voitures et activités, sans oublier notre sélection de bons plans, pour réserver votre voyage au meilleur prix.
● **frenchmorning.com/ny** ● Créé par des journalistes francophones vivant aux États-Unis pour la plupart, ce webmagazine s'adresse aux Français s'installant à New York comme aux visiteurs de passage. Revues de presse, chroniques en tout genre et aussi plein de tuyaux sur les nouveaux restos, les sorties branchées, les expos du moment... Aussi des articles de fond très intéressants.
● **spoilednyc.com** ● Toutes les actus de la ville, les nouvelles tendances et les lieux à la mode.

- *nyc.gov/records* ● La mairie de New York a ouvert ses archives au public. Plus de 900 000 photos, cartes et documents portant sur 160 ans de l'histoire de la ville, disponibles sur Internet. Possibilité de commander des versions papier sur le site.
- *untappedcities.com* ● Le site internet d'une association de passionnés qui mettent au jour des lieux inconnus, insolites ou rarement ouverts au public, des projets architecturaux... en proposant des visites guidées. Une façon originale de découvrir Gotham City sous un autre angle.
- *abandonednyc.com* ● Pour découvrir tous les lieux désertés de la ville. Des entrepôts, des manoirs (hantés !) et même des cimetières de bus où la nature et les artistes reprennent leurs droits. Des balades insolites pour les amateurs de calme et d'ambiances insolites.
- *ephemeralnewyork.wordpress.com* ● L'idée sort du lot : ce site retrace des bouts d'histoire d'un New York disparu et pointe du doigt ce qu'il en reste. De l'origine du nom de certains buildings aux meurtres les plus infâmes, c'est la Grosse Pomme sous un autre jour.
- *streetartnyc.org* ● Très beau site dédié au *street art* new-yorkais.
- *viewing.nyc* ● Comme son nom l'indique, le site regroupe des vues de la ville, sous la forme de photos tirées des réseaux sociaux, de vidéos ou même de captures aériennes.
- *humansofnewyork.com* ● L'idée est de faire découvrir la ville à travers les portraits écrits de ses habitants. Des personnes venues de tous les horizons et qui incarnent à elles seules la richesse de la ville.
- *oldnyc.org* ● Un site interactif pour explorer les rues de New York à travers des centaines de vieilles photos noir et blanc, positionnées sur la carte de la ville.

Applis (vraiment) utiles

Certains forfaits des opérateurs de téléphonie mobile permettent désormais d'utiliser son smartphone aux États-Unis sans surcoût. Sinon, on le répète, de nombreux lieux disposent d'un accès wifi gratuit. Voici une petite *sélection d'applis gratuites* à télécharger sur *iTunes* ou *Google Play* qui vous rendront quelques services sur place !

- *Mta :* l'appli du réseau de métro, bus et train.
- *Maps.me :* appli mobile de *navigation GPS.* On rentre sa destination le matin à l'hôtel (en wifi), l'itinéraire est ensuite donné hors connexion.
- *Waze :* appli mobile de *navigation GPS* qui a la particularité de s'appuyer sur une cartographie élaborée par ses propres utilisateurs.
- *Lyft :* entreprise de mise en contact d'utilisateurs avec des *conducteurs* réalisant des *services de transport.* C'est l'un des principaux concurrents d'Uber.
- *Tip Calculator Plus :* permet de *calculer rapidement le total d'une note de resto* après y avoir inclus la *gratuity* (pourboire) et de diviser cette note si chacun paie sa part.
- *Have2p :* une petite appli participative qui permet de trouver les *toilettes les plus proches* de l'endroit où vous vous trouvez. Eh oui !
- *Cash Now :* permet de localiser rapidement un *ATM* (distributeur de billets).
- *Windy :* basée sur 5 modèles de prévision météo, c'est actuellement l'appli la plus performante pour prévoir la météo quel que soit l'endroit où l'on se trouve dans le monde. Très facile d'utilisation. Seul point négatif, elle n'est téléchargeable que sur l'Apple Store.

TABAC

Comme chez nous, il est *interdit de fumer à New York* (et même de *vapoter*) dans tous les lieux publics fermés (musées, transports...) et de plein air, tels que les parcs, les plages de la ville et certains quartiers piétons comme Times Square (l'amende est de 50 $!). C'est aussi interdit dans les restos, bars et boîtes de nuit, pour préserver la santé des serveurs et des serveuses. Les seuls rescapés de l'interdiction demeurent une poignée de bars à cigares ayant obtenu leur licence au début du XXᵉ s... L'objectif de cette législation : respirer mieux à New York et vivre plus longtemps. L'âge légal pour acheter des cigarettes (cigarettes électroniques comprises) est même passé de 18 à 21 ans, une 1ʳᵉ pour une grande ville américaine.

TAXES ET POURBOIRES

D'abord les taxes...

À New York, comme dans tous les États-Unis, *les prix affichés dans les magasins, les hôtels, les restos, etc., s'entendent HORS TAXE.* Celle-ci s'ajoute au moment de payer et varie selon le type d'achat. Dans les hôtels, elle est de 14,75 % (plus 1,50-3,50 $ par chambre et par nuitée selon le type d'hébergement !) ; pour tout ce qui est vêtements et chaussures (de plus de 110 $ seulement ; pas de taxe en dessous), restos, location de voitures... elle est de 8,875 %. Ne l'oubliez pas, ça change tout de même le prix, surtout pour les gros achats.
Les commerçants, les restaurateurs et les hôteliers l'ajoutent donc une fois à la caisse. Les produits alimentaires vendus en magasin n'y sont pas soumis.

... puis les pourboires (*tip* ou *gratuity*)

Dans les restos, les serveurs ayant un salaire fixe ridicule, l'essentiel de leur revenu vient des pourboires. Voilà tout le génie du capitalisme : laisser aux clients, selon leur degré de satisfaction, le soin de payer le salaire des serveurs pour les motiver ! L'avantage, c'est qu'il est plutôt rare d'être mal servi... Bref, *le tip est donc une institution à laquelle vous ne devez pas déroger* (sauf dans les fast-foods et endroits self-service où vous pouvez ne laisser que 1 ou 2 $). Un oubli vous fera passer pour un rustre total. *La tradition est de laisser 15, 18 ou 20 %* du montant hors taxes de la note (15 % étant le minimum du minimum), les Américains, d'un naturel généreux, donnant facilement 20-25 %. Une des dernières trouvailles un peu pousse-conso est le *nouveau système de paiement par tablette* avec 3 pourcentages préenregistrés que l'on doit valider avant le paiement. En général on vous propose 15, 20 et 25 %. Si bien que, pour éviter d'être radin, on a tendance à valider la touche centrale de 20 % de *gratuity*. Bien joué, non ? Bref, gardez donc en tête qu'avec la taxe de vente plus le pourboire, vous voilà à 25-30 % de plus que le prix affiché si ce n'est davantage...
Si vous payez par carte, n'oubliez pas de remplir vous-même la case « *Gratuity* » (un faux ami !) qui figure sur la facturette ou de bien la barrer clairement si vous choisissez de laisser un pourboire en liquide. Sinon, le serveur pourrait s'en charger lui-même, ce que vous ne verriez qu'à votre retour, en épluchant votre relevé de compte bancaire (au fait, aux USA, *1* s'écrit *I*, sans « tête », donc attention à ce que votre *1* ne soit pas pris pour un *7* qui, lui, s'écrit sans barre horizontale !).

L'ORIGINE DU *TIP*

Au XVIIIᵉ s, le patron d'un café outre-Manche eut l'idée de disposer sur son comptoir un pot portant l'inscription « To insure promptness » (*littéralement,* « Pour assurer la promptitude »). *Les clients pressés y glissaient quelques pièces pour être servis plus vite. Les initiales formèrent le mot* tip, *devenu un incontournable du savoir-vivre américain.*

Il arrive aussi que le service soit ajouté d'office au total, après la taxe. Bien vérifier votre addition, pour ne pas payer une 2de fois le *tip*. **Dans les bars :** le barman s'attend à ce que vous lui laissiez un petit quelque chose, par exemple 1 $ par bière, même prise au comptoir. Pas d'exigence, mais c'est une tradition très respectée. **Concernant les taxis :** il est de coutume de laisser 15 à 20 % en plus de la somme au compteur. Là, gare aux jurons d'un chauffeur mécontent ; il ne se gênera pas pour vous faire remarquer ouvertement votre oubli. Enfin, **prévoir des billets de 1 ou 5 $** pour tous les petits boulots de service où le pourboire est attendu (bagagiste dans un hôtel un peu chic, par exemple).

Calculer son pourboire

Le montant brut de l'addition est sur fond rose :

$	15 %	20 %	$	15 %	20 %	$	15 %	20 %	$	15 %	20 %
1	0.15	0.20	11	1.65	2.20	21	3.15	4.20	55	8.25	11
2	0.30	0.40	12	1.80	2.40	22	3.30	4.40	60	9	12
3	0.45	0.60	13	1.95	2.60	23	3.45	4.60	65	9.75	13
4	0.60	0.80	14	2.10	2.80	24	3.60	4.80	70	10.50	14
5	0.75	1	15	2.25	3	25	3.75	5	75	11.25	15
6	0.90	1.20	16	2.40	3.20	30	4.50	6	80	12	16
7	1.05	1.40	17	2.55	3.40	35	5.25	7	85	12.75	17
8	1.20	1.60	18	2.70	3.60	40	6	8	90	13.50	18
9	1.35	1.80	19	2.85	3.80	45	6.75	9	95	14.25	19
10	1.50	2	20	3	4	50	7.50	10	100	15	20

TÉLÉPHONE ET INTERNET

Les règles de base pour téléphoner des États-Unis

– *États-Unis → France :* 011 + 33 + numéro du correspondant à neuf chiffres (sans le 0 initial).
– *France → États-Unis :* 00 + 1 + indicatif régional à 3 chiffres + numéro du correspondant.
– *Tous les numéros de téléphone commençant par 1-800, 1-888, 1-877, 1-866 ou 1-855 sont gratuits depuis les USA et le Canada* (mais pas depuis votre téléphone mobile avec forfait français, attention). On appelle ça les « *toll free numbers* ».
– *Évitez absolument de téléphoner depuis les postes fixes des chambres d'hôtels :* tarifs rédhibitoires ! Il arrive souvent qu'une communication téléphonique soit facturée même si l'appel n'a pas abouti ! Il suffit parfois de laisser sonner 4 ou 5 coups dans le vide pour que le compteur tourne.

HALLOD

Le 1er central téléphonique du monde est monté à Budapest par un ingénieur nommé Puskas, collègue de Thomas Edison. Pour tester la ligne, il crie « Hallod », qui en hongrois signifie « Tu m'entends ? ». Depuis, « Hallod » est devenu « Allô » pour une grande partie du monde.

Le téléphone portable en voyage

> *Dans les aéroports,* les *appareils électroniques* (smartphones, tablettes, portables...) doivent *être chargés et en état de fonctionnement* pour tous les passagers allant ou passant par les États-Unis et Londres. Les agents de contrôle doivent être en mesure de pouvoir les allumer. Par précaution, ayez votre chargeur à portée de main. Si votre appareil est déchargé ou défectueux, il sera confisqué. Cette mesure étant susceptible d'être étendue à d'autres aéroports, nous vous conseillons de charger vos appareils électroniques avant le vol, quelle que soit votre destination.

On peut utiliser son propre téléphone portable à New York, à condition de posséder un *téléphone tribande ou quadribande* (seuls les mobiles 3G/4G fonctionnent aux USA) avec l'option « International » mais attention, certains smartphones de marque *Honor* ne sont pas compatibles avec les fréquences américaines. Bien se renseigner avant le départ.

– *Activer l'option « International » :* en général activée par défaut. Sinon, pensez à contacter votre opérateur pour souscrire à l'option (gratuite) au moins 48h avant votre départ.

– *Le « roaming » ou itinérance :* c'est un système d'accords internationaux entre opérateurs. Concrètement, cela signifie que lorsque vous arrivez dans un pays, le réseau local s'affiche automatiquement. Vous recevez rapidement un SMS de votre opérateur qui propose un *pack voyageurs* plus ou moins avantageux, incluant un forfait limité de consommations téléphoniques et de connexion internet.

– *Forfaits « étranger » inclus :* certains opérateurs proposent des forfaits incluant *35 jours de roaming offerts par an* dans le monde entier. On peut donc cumuler plusieurs voyages à l'étranger sans se soucier de la facture au retour. Attention, si SMS, MMS et appels sont souvent illimités, la connexion internet est, elle, limitée. D'autres opérateurs offrent carrément le *roaming toute l'année vers certaines destinations.* Renseignez-vous auprès de votre opérateur.

– *Tarifs (hors UE) :* ils sont propres à chaque opérateur et varient en fonction des pays (le globe est découpé en plusieurs zones tarifaires). *N'oubliez pas qu'à l'international vous êtes facturé aussi bien pour les appels sortants que pour les appels entrants, idem pour les textos.* Donc quand quelqu'un vous appelle à l'étranger, vous payez aussi. Soyez bref !

– *Acheter une carte SIM sur place :* une option avantageuse pour certaines destinations. Il suffit d'acheter à l'arrivée une carte SIM locale prépayée chez l'un des opérateurs (*Virgin Mobile, AT&T* ou *T Mobile,* par exemple), dans les boutiques de téléphonie plutôt qu'à l'aéroport où c'est souvent un peu plus cher. On vous attribue alors un numéro de téléphone local, un petit crédit de communication et de 4G (dès 30 $ la formule « spéciale touristes » valide en général 3 semaines). Attention, on ne peut plus vous joindre sur votre numéro habituel mais uniquement sur ce nouveau numéro – sauf si vous avez un téléphone double-SIM, bien sûr. Avant de payer, essayez cette carte SIM dans votre téléphone – préalablement débloqué – afin de vérifier si celui-ci est compatible. Ensuite, les cartes pour recharger votre crédit de communication s'achètent facilement dans les boutiques de téléphonie mobile, supermarchés, drugstores genre *CVS...*

La connexion internet en voyage

– *Se connecter au wifi* à NY est le seul moyen d'avoir accès au Web gratuitement. Attention, ne vous connectez pas aux réseaux 3G ou 4G, au risque de faire grimper votre facture !

Le plus sage consiste à *désactiver la connexion* « Données à l'étranger ». On peut aussi mettre le portable *en mode « Avion »* et activer ensuite le wifi. Attention, le mode « Avion » empêche, en revanche, de recevoir appels et SMS.

La majorité des hôtels, restos, bars et de nombreux espaces publics (métro compris) disposent d'un *réseau wifi gratuit*.
– Une fois connecté au wifi, vous avez accès à tous les services de la *téléphonie par Internet comme Whatsapp, Messenger* (la messagerie de Facebook), *Viber, Telegram, Imo, Wechat, Skype.*

En cas de perte ou de vol de votre téléphone

Suspendre aussitôt sa ligne permet d'éviter de douloureuses surprises au retour du voyage ! Voici les numéros des 4 opérateurs français, accessibles depuis la France et l'étranger.

– **Orange :** *depuis la France,* ☎ *0800-100-740 ; depuis l'étranger,* ☎ *+ 33-969-39-39-00.*
– **Free :** *depuis la France,* ☎ *3244 ; depuis l'étranger,* ☎ *+33-1-78-56-95-60.*

– **SFR :** *depuis la France,* ☎ *1023 ; depuis l'étranger,* 📱 *+ 33-6-1000-1023.*
– **Bouygues Télécom :** *depuis la France comme depuis l'étranger,* ☎ *+ 33-800-29-1000.*

Vous pouvez aussi demander la suspension de votre ligne depuis le site internet de votre opérateur.

Internet et wifi

Le wifi est disponible gratuitement presque partout à New York : hébergements, cafés, bars, restos, musées, Apple Stores... Mais aussi dans l'intégralité des stations de métro (réseau **Transitwirelesswifi**), dans de plus en plus de parcs et même dans certains quartiers ou microquartiers.
Un peu partout dans la ville, vous verrez des **bornes lumineuses LinkNYC** avec wifi ultra-rapide et gratuit 24h/24, port USB pour recharger les batteries, possibilité de téléphoner partout aux USA et d'utiliser Google Maps

UN E-MAIL DU MOYEN ÂGE !

Aujourd'hui, le signe @ est entré dans le langage international, mais son origine daterait... du Moyen Âge ! On le trouve dans les écrits à partir du XIIe s, comme abréviation du ad latin, le « d » entourant le « a ». Puis les commerçants américains le reprendront au XIXe s, comme abréviation de at pour désigner un prix. L'arobase a ainsi toujours figuré sur les machines à écrire, puis sur les claviers d'ordinateur, avant d'être choisi en 1971 par Ray Tomlinson, l'inventeur de l'e-mail.

sur l'écran de la borne. Comme pour la plupart des accès wifi, il suffit de s'inscrire une 1re fois, la connexion se fait automatiquement ensuite. D'ici à 2024, 7 500 bornes wifi devraient quadriller la ville, en remplacement des anciennes cabines téléphoniques.
Dans la plupart des restos et des bars, il suffit de demander le *password* et encore, on est parfois connecté d'office. Ultra-pratique.

Attention piratage !

Les wifi publics sont de véritables passoires ! Il est devenu très facile, même pour un débutant, de s'introduire sur un réseau. La seule parade véritablement fiable est de ne fréquenter que des sites « certifiés ». Ils commencent par « https:// » et affichent souvent un petit cadenas à côté de l'adresse. Dans ce cas, vos transmissions sont cryptées et donc sécurisées. Les sites les plus sensibles et populaires, comme les banques, ont tous une connexion certifiée.
Enfin, si vous utilisez un ordinateur en libre-service, évitez, dans la mesure du possible, d'entrer votre mot de passe ou toute information sensible ! Une quantité phénoménale de ces postes est infectée par des « enregistreurs de frappes », qui peuvent transmettre vos données à un destinataire mal intentionné. Et si malgré

tout vous utilisez ces postes, pensez à bien vous déconnecter et à ne pas cliquer sur l'option « enregistrer mon mot de passe ».

TRANSPORTS

Il y a 3 grands moyens de transport à New York : le **métro,** l'**autobus** et le **taxi,** mais le **bateau** est en train de gagner du terrain et les **pieds** sont aussi très sollicités ! On peut aussi se déplacer à vélo (de plus en plus de pistes cyclables) et à rollers. En revanche, la voiture est à éviter ; on ne peut ni circuler ni se garer et parkings et PV coûtent les yeux de la tête ! D'où la circulation relativement fluide pour une si grande ville.
Quelques **applis de navigation** utiles pour vous repérer sur place : **Google Maps, Citymapper, Maps.me...**

En métro

Les New-Yorkais passent beaucoup de temps dans les transports, en particulier dans le métro, très **sûr et tranquille** (rien à voir avec les images angoissantes des films des années 1970-1980 !). **Le réseau est très étendu** et relativement efficace car il fonctionne 24h/24. En revanche, il y a souvent de longs intervalles entre les trains, mais les New-Yorkais en ont l'habitude, ils gardent leur calme. Seul petit reproche : les stations sont parfois éloignées les unes des autres, notamment dans Queens ou Brooklyn, où le maillage est très lâche. Bon, ne pas s'attendre à un métro ultramoderne : si les rames sont récentes, couloirs et quais sont franchement vieillots, voire vétustes, craspouilles et quand il pleut ou que la neige fond en hiver, ça suinte souvent à l'intérieur. Peu d'efforts sur la déco, hormis les frises de carrelage portant le nom des stations et quelques mosaïques arty. Et comment ça marche ? Avec des **cartes magnétiques (MetroCard)** qu'on passe dans des tourniquets automatiques. Il est question que ce système soit remplacé bientôt par un dispositif plus moderne – à suivre. En attendant, on achète les *MetroCards* à l'intérieur des stations de métro, dans des **distributeurs automatiques** dédiés (ou au guichet, mais encore faut-il qu'il y en ait un). Si vous réglez par carte de paiement, il faut insérer la carte puis la ressortir presque aussi sec. Au moment de taper le *zip code,* ne faites rien, attendez juste patiemment la fin de la procédure, ou bien tapez 99999. Si vous réglez en liquide, sachez que la machine ne rend pas plus de 17,75 $ de monnaie. Si elle vous doit plus, elle annule la transaction.
Le tarif de base pour un trajet est de 2,75 $, quelle que soit la distance. Les enfants de moins de 1,10 m (44 *inches* précisément), donc grosso modo jusqu'à 8 ans, voyagent gratuitement dans le bus et le métro (jusqu'à 3 enfants pour un adulte payant).
Voici les 3 types de forfaits à charger sur une *MetroCard* ; ajoutez 1 $ pour la carte magnétique elle-même et pensez à la conserver pour ne pas la repayer inutilement si vous devez la recharger (attention, les cartes rechargeables **Pay-Per-Ride** et **7-Day Unlimited Ride** sont différentes, faire un choix à l'achat) :
– **Single Ride :** 3 $ le ticket à l'unité (un poil plus cher que le trajet de base, donc). Correspondances bus-métro possibles pour le même prix, dans un délai de 2 h.
– **Pay-Per-Ride :** ce sont des forfaits rechargeables, valables 1 an, d'une valeur allant de 5 à 80 $ environ, utilisables dans le métro et dans le bus. Plus pratiques et plus avantageuses que le ticket à l'unité. Les trajets sont débités à chaque passage de tourniquet et on peut utiliser la même carte pour 4 personnes maximum.
– **7-Day Unlimited Ride :** *pass* hebdomadaire permettant de prendre autant de fois que vous le voulez le métro et le bus pendant 7 jours et qui coûte 33 $. Intéressant même en faisant seulement 2 trajets par jour.

Petit mode d'emploi du métro

Pas si évident au début... D'abord, on repère les bouches de métro à leurs lumières extérieures. Faites bien attention qu'il s'agisse de la bonne station sur la bonne avenue (il existe plusieurs stations 125th Street, 34th Street, 14th Street, etc.). Une lumière verte indique que la station est dotée de personnel 24h/24. Une lumière rouge signale que l'entrée est fermée (souvent le soir) ou que son accès est limité ; dans ce cas, lire le panneau placé au-dessus de l'escalier.

Commencez par **demander un plan papier du réseau au guichet** (quand il y en a, ça n'est pas toujours le cas), il vous sera indispensable. Ou télécharger l'appli **New York Subway MTA Map.**

Le principe de base à savoir : lorsqu'une rame va **uptown,** elle se dirige vers le nord. Si la direction indiquée est **downtown,** elle va vers le sud. Beaucoup de bouches d'entrée ne permettent d'accéder qu'aux rames allant soit dans le sens *downtown,* soit dans le sens *uptown.* Elles se trouvent le plus souvent d'un côté et de l'autre de la même rue ou avenue. Bien vérifier l'indication avant de s'y engager, sous peine de payer un trajet et de faire un voyage pour des prunes. **Bien vérifier aussi la lettre ou le numéro de la ligne figurant sur la rame de métro,** car, d'un même quai, des rames peuvent aller vers divers endroits. Donc ne surtout pas s'engouffrer dans le 1er métro venu comme on peut faire parfois chez nous...

Attention aussi : sur une ligne de même couleur circulent **2 sortes de trains,** le *local* (omnibus s'arrêtant à toutes les stations – indiquées par des points noirs sur le plan du métro) et l'**express** (stations principales uniquement – indiquées en blanc). Donc vérifiez quel type de train arrive à quai pour choisir celui qui vous convient. Pour vous aider, **les numéros des lignes sont inscrits sous le nom de l'arrêt sur le plan.** En privilégiant les lignes express, on peut gagner énormément de temps sur des longs trajets.

Les noms des stations ne sont pas toujours visibles depuis la rame, donc bien les guetter pour descendre au bon moment !

À partir de 22h, tous les métros deviennent « local », pour repasser en « express » à 6h. Le week-end, les jours fériés et la nuit, certaines lignes sont remplacées ou réduites : dans ce cas, demander à un agent de la MTA ou, mieux, à l'employé du guichet de la station avant de dépenser un trajet inutilement. Il y a souvent des affichettes sur les quais. Le week-end et en particulier le dimanche, certaines rames sont redirigées (à cause des travaux de maintenance sur les voies) et certains trains deviennent *express* ou *local.* Écoutez bien les **annonces** (bon courage, entre les voix nasillardes et les micros samplés avec des fonds de casserole, tendez bien l'oreille...) et si vous avez un doute, adressez-vous au chauffeur, dont la cabine est située au milieu de la rame.

Le métro comme le bus circulent 24h/24. Les **heures de pointe** se situent de 7h30 à 9h et de 17h à 18h30. Toutes les rames sont **climatisées,** mais les stations sont des fours en été... **Connection wifi** dans toutes les stations.

En cas de problème, contacter la **borne de secours** indiquée *Help Point* et éclairée en bleu, il y en a sur chaque quai.

Infos : ● *mta.info* ●

En autobus

Voir plus haut les informations sur les cartes **MetroCard** dans « En métro », valables également pour le bus. Possible aussi de payer son trajet en pièces mais avoir la monnaie exacte. Attention, de plus en plus de lignes de bus exigent de **valider sa MetroCard sur les bornes attenantes aux arrêts,** avant de monter à bord (preuve de validation du titre de transport).

Procurez-vous le **plan des bus,** distinct de celui du métro.

Les bus fonctionnent comme le métro – 24h/24 – et suivent les rues d'est en ouest et les avenues du nord au sud en s'arrêtant grosso modo tous les 2 blocs, fastoche ! Vérifiez bien que votre bus fait tout le parcours indiqué sur le plan. Plus agréable que le métro, mais beaucoup plus lent aussi et peu fréquent. À éviter en fin d'après-midi (embouteillages). La nuit, de 22h à 5h, vous pouvez en principe demander au chauffeur de vous déposer en dehors des arrêts indiqués du moment que c'est sur son trajet.

Correspondance avec un autre bus (dans un délai de 2h) ; si vous avez acheté votre ticket au chauffeur, demandez-lui un *transfer.*

En bateau

Un moyen de transport de plus en plus développé à New York, assuré par **NYC Ferry** desservant Lower East Side et Upper East Side (Manhattan), Rockaway Beach et Astoria (Queens) et South Brooklyn. Le tarif de ces trajets est maintenant aligné sur celui du métro, soit 2,75 $ (+ 1 $ pour transporter son vélo).

🛥 **NYC Ferry :** réseau de navettes fluviales sympa et pas chères : le prix d'un trajet de métro ! Les billets s'achètent aux différents arrêts ou via l'application dédiée. 📶 à bord. *Tarif : 2,75 $ (1 $ de plus avec vélo). Infos :* ● ferry.nyc ●
Voici les différentes lignes desservies :

– *East River :* Brooklyn (DUMBO, South et North Williamsburg et Greenpoint) et Queens (Hunters Point South, c'est-à-dire Long Island City) depuis Lower Manhattan (Wall St-Pier 11) et Midtown (E 34th St). *Passage ttes les 20-30 mn 6h30-21h10 (fréquence réduite w-e).*

– *Astoria :* au départ de Wall St (Pier 11), dessert Brooklyn Navy Yard, Midtown (E 34th St), Long Island City (Gantry Plaza State Park, Queens), Roosevelt Island et Astoria (Queens). *Départs ttes les 30 mn-1h 6h15-21h45 (fréquence réduite w-e).*

– *South Brooklyn :* au départ de Wall St (Pier 11), dessert DUMBO (Brooklyn Bridge Park, Pier 1), Atlantic Ave (Brooklyn Bridge Park, Pier 6), Red Hook, Sunset Park et Bay Ridge. *Passage ttes les 30 mn-1h, 7h15-21h45 (fréquence réduite w-e).*

– *Rockaway (Queens) :* au départ de Wall St (Pier 11), dessert Sunset Park (Brooklyn) et Rockaway Beach. *Passage ttes les heures, 6h25-20h25 (fréquence réduite w-e).*

– *Lower East Side :* au départ de Wall St (Pier 11), dessert Corlears Hook (près du Williamsburg Bridge à L.E.S.), Stuyvesant Cove (à l'est de Union Square), Midtown (E 34th St) et Long Island City. *Passage ttes les 30 mn-1h, 7h10-21h35 (fréquence réduite w-e).*

– *Soundview (Bronx) :* au départ de Wall St (Pier 11), dessert E 34th St et E 90th St (Upper East Side), Soundview (Clason Point). *Passage ttes les 30 mn-1h, 7h20-21h20 (fréquence réduite w-e).*

– *L'ouverture de 2 lignes est prévue à l'horizon 2020-2021 :* entre Manhattan-Pier 11 et **Coney Island,** via Bay Ridge ; et entre Midtown West (W 39th St – Pier 79) et **Saint-George** (Staten Island).

🛥 Le **Staten Island Ferry, gratuit,** offre **une des plus belles vues sur Manhattan,** avec en prime une vision relativement rapprochée de Miss Liberty. Départ toutes les 30 mn (24h/24) de Whitehall Street à Lower Manhattan. Si on ne veut pas visiter Snug Harbor à Staten Island mais revenir directement à Manhattan, il faut quand même sortir du bateau avant de le reprendre dans l'autre sens. Nous conseillons de le faire en fin d'après-midi par beau temps pour bénéficier des superbes lumières du coucher du soleil et des gratte-ciel illuminés dans la nuit pour le retour. *Infos :* ● siferry.com ●

🛥 **New York Water Taxi :** jaunes comme leurs cousins terrestres, ce sont de petits bateaux à moteur qui tournent en boucle entre l'Hudson et l'East River, avec 4 escales : côté Hudson River, W 42th St (Pier 83), puis Downtown – The Battery ; et côté East River, South Street Seaport (Pier 16) et Brooklyn – DUMBO (Pier 1). Très cher, car obligation de prendre le forfait *hop on-hop off* (montez et descendez à volonté) avec la possibilité de reprendre le bateau à chacune des

étapes et dans n'importe quel sens. *Forfait 1 j. : 37 $; 31 $ pour les 3-12 ans.*
Important : le *New York Water Taxi* dessert aussi le magasin *Ikea* de Red Hook à
Brooklyn au départ du Pier 11. *Gratuit le w-e, 10 $ en sem l'A/R. Infos :* ● *nywa*
tertaxi.com ●

En taxi

Ils sont **jaunes** à Manhattan et **vert pomme** à Harlem et dans les autres *boroughs* :
Brooklyn, Queens, Bronx et Staten Island. Très nombreux à tourner, vous n'aurez
aucun mal à en trouver, sauf de 16h à 18h (*rush hours,* c'est-à-dire heures de
pointe) et pire encore de 16h à 16h30, créneau horaire correspondant au changement de service des chauffeurs. Lorsque le numéro du taxi est allumé sur le toit
de sa voiture, c'est qu'il est libre ; s'il est éteint, il est déjà pris.

Le prix

Revient à **un peu plus que le métro à 2** pour parcourir une distance de 20 rues.
Intéressant les 1ers jours pour s'habituer à New York. Tous les taxis sont désormais
équipés de **terminaux de cartes de paiement.** Très pratique. À la fin de la course,
il faut juste sélectionner son mode de paiement à l'écran (cash ou CB) et suivre les
instructions. Attention, le *tip* minimum par défaut est de 20 %, entrez la somme
manuellement si vous voulez ne laisser que 15 % (en dessous, vous serez mal
vu !). Attention, un supplément de 1 $ s'ajoute à la course entre 16h et 18h (heure
de pointe) et 0,50 cent de 20h à 6h.

Les chauffeurs

Curieusement, les chauffeurs de taxis new-yorkais maîtrisent rarement bien
l'anglais (d'ailleurs, ils ne sont plus tenus de le parler) et, surtout, ils ont une
connaissance assez relative du plan de la ville ! Si vous leur demandez de vous
déposer, par exemple, au 145 East 39th Street, ils ne sauront pas où aller. D'où
l'importance de leur indiquer aussi le croisement : entre Lexington et 3rd Avenue. En général, ils ne font jamais de difficultés pour vous prendre, même pour
quelques blocs. La conduite est brusque, ponctuée de coups de frein, d'accélé-
rations de même facture, dépassements hasardeux, coups de klaxon, injures aux
automobilistes... Tout un programme, mais cela fait partie de l'ambiance de la
ville !

À vélo

Voir « Sports et loisirs. Vélo et rollers » dans « Hommes, culture, environnement »
en fin de guide.

À pied

Le meilleur moyen pour découvrir New York, à condition d'être bien chaussé ! En
allant d'un centre d'intérêt à un autre, vous tomberez toujours en cours de route
sur quelque chose qui vous intéressera.
Attention, on n'est pas en France : **traversez les rues uniquement sur les passages cloutés et au feu,** sinon vous risquez de subir le même sort que les hérissons
sur les routes de campagne.

En voiture

On rappelle que la voiture n'est vraiment pas recommandée dans New York. Le
stationnement dans les rues est autorisé, mais souvent limité à 1h. **Très important : il est rigoureusement interdit de se garer devant une bouche d'incendie**
(fire hydrant). Amende garantie en cas d'infraction ! Il existe de nombreux parkings

privés à étages, compter facilement 30 à 50 $ par jour. Un **péage urbain** devrait être mis en place à Manhattan, courant 2020. Il concernera la partie sud de Central Park, la plus embouteillée. Coût prévu : environ 12 $ par voiture.

En France

■ **BSP Auto :** ☎ 01-43-46-20-74 (tlj 9h-21h30, 20h w-e). ● bsp-auto.com ● Remise spéciale de 5 % aux lecteurs de ce guide avec le code « ROUTARD20 ». Les prix proposés sont attractifs et comprennent le kilométrage illimité et l'assurance tous risques sans franchise (LDW). BSP Auto propose exclusivement les grandes compagnies de location sur place, vous assurant un très bon niveau de service. Le plus : vous ne payez votre location que 5 jours avant le départ.

■ Et aussi : **Hertz** (☎ 0825-861-861, 0,18 €/mn ; ● hertz.com ●), **Avis** (☎ 0821-230-760, 0,15 €/mn ; ● avis. fr ●), **Europcar** (☎ 0825-358-358, 0,15 €/mn ; ● europcar.fr ●).

Aux États-Unis

■ **Hertz :** ● hertz.com ●
■ **Avis :** ● avis.com ●
■ **National :** ● nationalcar.com ●
■ **Budget :** ● budget.com ●
■ **Dollar Rent-a-Car :** ● dollar.com ●

URGENCES

☎ **911** : nº national gratuit. Si vous ne parlez pas l'anglais, précisez-le à l'opérateur (« *I don't speak English, I am French* ») qui vous mettra en relation, selon votre problème, avec la personne adéquate (la police, les pompiers ou les ambulances). Si vous n'avez pas de téléphone, vous pouvez joindre ce numéro sur les **bornes lumineuses wifi** (indiquées **LinkNYC**) qui remplacent les anciennes cabines téléphoniques dans les rues.

Dans le **métro**, chaque quai est équipé d'une borne de secours, éclairée en bleu et signalée « **Help Point** ».

Voir aussi la rubrique « Santé » plus haut.

VISITES GUIDÉES

À pied

■ **Visites guidées gratuites et en français du Metropolitan Museum :** incluses dans le prix d'entrée du musée. ● metmuseum.org ● Menées par des guides bénévoles passionnés qui ont suivi une formation intensive d'un an. Voir texte sur le musée dans le chapitre « Upper East Side ».

■ **Visites guidées de galeries d'art en français :** avec Cropp. ● croppart. com ● Env 45 $/pers ; durée : 2h-2h30. Photographe et historien de l'art, Paul Vinet propose en tandem avec sa femme Pilar Zimmermann des tours guidés en tout petit groupe (6 max) dans les galeries de Lower East Side et Chelsea. Le programme change tous les mois et les artistes sélectionnés sont variés : collage, photo, nouvelles technologies... On aime beaucoup

cette approche simple, accessible et interactive de l'art, loin de tout snobisme. Des études de neurologie ont démontré que plus on regarde de l'art contemporain, plus le cerveau fait de la gymnastique ! Bref, une saine ouverture d'esprit.

■ **Untapped Cities :** ● untappedcities. com ● Env 30-35 $/pers selon visite. Cette association de passionnés propose des visites guidées thématiques (en anglais seulement) autour de lieux insolites, méconnus, cachés, abandonnés, fermés au public, ou encore des incontournables mais vus sous un angle différent... Par exemple : les secrets de Grand Central, les dessous grivois de Times Square, les enseignes lumineuses de West Village, etc. Les thématiques changent régulièrement.

■ *Big Apple Greeter :* ● *bigapple greeter.org* ● *GRATUIT.* Association de bénévoles (*volunteers* ou *greeters*), qui sont de vrais New-Yorkais désireux de faire connaître leur ville (souvent des retraités). Il faut contacter l'asso' 3-4 semaines à l'avance minimum sur Internet, remplir un formulaire en ligne précisant les quartiers que vous souhaiteriez visiter, vos goûts et dans quelle langue vous désirez faire la visite. C'est gratuit (pas de *tips* exigés, possibilité de faire un don sur leur site internet), les groupes ne dépassent jamais 6 personnes, enfants compris, et expérience différente d'un *greeter* à l'autre.

■ *Brooklyn Attitude :* ☎ 718-398-0939. ● *eniles@brooklynattitude. net* ● *brooklyntour@aol.com* ● *Tarifs : 25-80 $/pers selon nombre de parti-cipants (limité à 15), réduc. Paiement Paypal ou cash. CB refusées.* Visites guidées thématiques de Brooklyn, conduites par un Brooklynite de la 3ᵉ génération qui parle très bien le français et maîtrise parfaitement son sujet. Voir la rubrique « Adresses et infos utiles » au début du chapitre Brooklyn.

■ *Made in Brooklyn Tours :* ● *dom@ madeinbrooklyntours.com* ● *madein brooklyntours.com* ● *Tarif : env 40 $/ pers (paiement en ligne). Durée : env 3h. En anglais seulement.* Visites de Brooklyn sous l'angle du *made locally* : artistes et artisans, créateurs de mode, distilleries, *wineries*... Voir « Adresses et infos utiles » au début du chapitre Brooklyn.

■ *Urban Oyster :* ● *urbanoyster. com* ● *70-80 $/pers (dégustations comprises).* Une poignée de théma-tiques seulement, mais originales et dans l'air du temps : tour des brasse-ries, *wineries* et distilleries de Brook-lyn, l'immigration vue au travers de la cuisine, croisière dégustation de bières artisanales à bord d'un vieux voilier...

■ *Open House New York :* ● *ohny. org* ● *Un w-e mi-oct.* L'équivalent de nos Journées du patrimoine, mais axées sur l'architecture et le design. Visites de maisons, appartements, lofts... habituellement fermés au public. Aussi des tours architecturaux et autres visites thématiques tout au long de l'année, se renseigner sur le site inter-net. Réservation impérative pour cer-tains lieux.

À vélo

Dans le cadre du développement du New York vert, la ville s'est dotée d'un grand nombre de bandes cyclables *(bikelanes)* et de pistes cyclables en site propre *(bikepaths)*. Une manière désormais sécurisée de découvrir les différents quartiers. Se procurer auprès du *Visitor Center* la *NYC Cycling Map,* la carte détaillée de toutes les pistes cyclables de New York.

■ *Bike the Big Apple :* ● *bikethebi gapple.com* ● *Env 100 $/pers le tour, loc du vélo et du casque comprise (8 ans min) ; si possible, réservez au moins 3 j. à l'avance ; possibilité de groupe pri-vatif.* Cette petite entreprise originale propose des tours guidés de jour (toute l'année) comme de nuit (l'été seulement). Les circuits sont encadrés par 2 guides accompagnateurs, un « ouvreur » et un autre en « fermeture », et durent 5 à 7h

(environ 30 km). On pédale, on s'arrête, le guide cause (possibilité de guide fran-cophone, à préciser lors de la résa), on écoute, on s'arrête pour casser la croûte, et c'est reparti mon kiki. Une approche complètement différente du biking.

■ Voir également *Unlimited Biking, Central Park Bike Tours* et *Central Park Bike Rental* dans « Adresses et infos utiles » du chapitre consacré à Central Park.

En bus

■ *On Location Tours :* ● *onloca tiontours.com* ● *Résa conseillée (on vous donne alors le lieu exact de rdv). Compter 40-50 $ selon tour.* Visite

des lieux cultes de tournages de films comme les classiques *Manhattan, Love Story, Kramer contre Kramer, Quand Harry rencontre Sally, Spiderman, Le*

Diable s'habille en Prada, Birdman... mais encore des séries TV new-yorkaises cultes ou plus récentes : *Sex and the City, Les Soprano, Friends, How I Met Your Mother, Homeland,* *Girls, Jessica Jones, Unbreakable Kimmy Schmidt...* Plusieurs possibilités d'excursion (de 3 à 4h), en anglais le plus souvent, et en français sur demande.

En bateau

🛶 **Circle Line** (plan 2, F11) : *départ du Pier 83 au croisement de W 42nd St et 12th Ave.* ● *circleline42.com* ● Le tour complet de Manhattan en 2h30 *(42 $, 35 $ enfants 3-12 ans)* est trop long pour ce que l'on voit, préférer le demi-cercle autour de la partie sud de Manhattan en 1h30 *(36 $, 30 $ enfants)* avec option coucher de soleil. Également un tour qui fait en 1h l'aller-retour vers la statue de la Liberté et Ellis Island, mais il ressemble beaucoup au trajet en bateau pour voir la statue de la Liberté (au départ de Battery) tout en coûtant aussi cher *(30 $, 25 $ enfants).* Pour ceux qui aiment les sensations fortes, aussi un hors-bord très coloré, *The Beast (La Bête),* qui fait le tour de Manhattan en 30 mn, mais on est tellement secoué et trempé que c'est difficile d'apprécier le paysage. *Mai-oct ; départs ttes les heures. Pas donné non plus (29 $, 23 $ enfants).*

🛶 **Croisière privative sur un bateau à moteur français** (plan 1, B5) : ● *s-cruise-nyc.com* ● *Départ de TriBeCa (Pier 25), mai-oct. Durée : 1h30 à 2h. Env 380 € pour un petit groupe constitué de 6 pers max. Réduc de 10 % en réservant par mail avec le code ROUTARD19.* Rien à voir avec l'option précédente. Là, on navigue sur un 7 m conçu par l'architecte des voiliers de courses mythiques (Vendée Globe et Cie), Vincent Lauriot-Prévost. À bord, vous serez guidé en français par le Morbihannais Laurent Corbel et son capitaine Pascal. Le parcours classique passe par la statue de la Liberté et Governors Island, avant de filer le long d'East River, direction l'ONU et Roosevelt Island (via Manhattan et Brooklyn Bridge), puis retour. Mais l'équipe de *S-cruise* peut aussi s'adapter à des demandes précises.

Les lignes régulières de **navettes fluviales** étant de plus en plus développées, voir également « **Transports. En bateau** » ci-avant.

En hélicoptère

C'est le moyen le plus original (et le plus bruyant) de découvrir New York. Évidemment, il faut y mettre le prix (parfois réductions en réservant via leurs sites internet).

■ **Liberty Helicopters :** ● *libertyhelicopter.com* ● *Départs tlj du Downtown Heliport au Pier 6 sur l'East River. Résa préférable à partir de 3-4 passagers. Plusieurs circuits différents 12-20 mn, 200-300 $/pers. Attention, arrivé à l'héliport, on vous réclame en plus 40 $/pers de taxes.*

■ **Helicopter Flight Services :** ● *heliny. com* ● *Résa indispensable. Départs du Downtown Heliport au Pier 6 sur l'East River. 200-350 $/pers (plus taxes).*
■ **Uber :** ● *uber.com* ● *En plus de ses courses en taxi, l'appli mobile propose un service de transport en hélicoptère depuis l'aéroport de JFK !*

INFORMATIONS ET ADRESSES UTILES

ARRIVER – QUITTER

EN AVION

✈ Il existe **3 aéroports** à New York : *John F. Kennedy International Airport* (**JFK** pour les intimes), **Newark** et **LaGuardia.** Tous sont bien reliés au centre de la ville.

– Si vous avez l'intention de **louer une voiture,** mieux vaut le faire (et donc arriver) à Newark car, étant situé dans le New Jersey, les taxes et prix de location y sont bien moins chers qu'à JFK ou à LaGuardia. Cela dit, si vous ne restez qu'à New York, la voiture est à proscrire : circulation très dense et parkings hors de prix.

– Voir « Transports » dans « New York utile » en début de guide pour le choix des **cartes de métro** à l'arrivée. Si vous comptez aller vous coucher directement ou quasi, mieux vaut repousser au lendemain l'achat d'une carte hebdomadaire de métro, dont vous risqueriez sinon de gâcher le 1er jour.

– Pour toutes les liaisons entre les aéroports et la ville ou les aéroports entre eux : ● panynj.gov/airports ●

– **Consignes à bagages** (*luggage storage*) : à JFK, celle du terminal 4 est ouv 24h/24 et celle du terminal 1 tlj 7h-23h. 4-16 $ par 24h (selon taille de valise). À Newark, consigne au terminal C ouv 8h-1h.

De/vers John F. Kennedy International Airport (JFK ; 24 km à l'est du centre)

Duty-free étonnamment riquiqui et mal fourni pour une mégapole comme New York ! Ne comptez pas dessus pour faire quelques achats de dernière minute, vous seriez déçu...

🛏 |●| ▼ **TWA Hotel :** *hôtel-resto-bar mythique sur le tarmac de JFK près du terminal 5 (accès gratuit en Airtrain depuis l'aéroport).* ☎ 212-806-9000. ● *twahotel.com* ● *Nuitée dès 220 $.* Spécial fans d'aviation ou d'architecture *mid-century,* le mythique terminal de la TWA, dessiné par Eero Saarinen dans les 1960's, a été reconverti en hôtel de luxe thématique aux couleurs du logo historique : blanc et rouge. Parfaitement insonorisées et épurées (mobilier Knoll designé par Saarinen), les 500 chambres ont une vue imprenable... sur les pistes et les ailes du terminal ! De la piscine en *rooftop,* on peut suivre les avions décoller en sirotant son cocktail. Mais le must, c'est l'avion culte de la TWA, *Connie,* dont la carlingue a été aménagée en bar sur le tarmac. Niché au milieu des célèbres voûtes de science-fiction, un resto chicos signé Jean-Georges Vongerichten *(Paris Café),* un autre bar-lounge ainsi qu'un *food hall* plus simple et dans l'air du temps. Surréaliste !

Le métro

La solution la moins chère. Prendre l'**Airtrain,** qui dessert les terminaux de l'aéroport et aboutit en 10-15 mn à la station de métro **Jamaica-Sutphin Blvd-JFK Airport** au nord de JFK. L'*Airtrain* se paie à la sortie, aux distributeurs. Compter 5 $ pour l'*Airtrain* (pas de réduc enfants), auxquels il faut ajouter le prix du ticket de métro (2,75 $ quelle que soit la distance) et le forfait de 1 $ pour la carte de métro *MetroCard* ; soit **8,75 $** en tout. **Un tuyau :** à partir de 3 personnes qui prennent l'*Airtrain* à l'aller et au retour, plus avantageux d'acheter un carnet de 10 tickets à 25 $ que des billets à l'unité.

Mais attention, au-delà de 4 personnes, il faut attendre 12 mn pour pouvoir valider le 5e passager...

Ensuite, 3 possibilités : soit la **ligne de métro E** pour Queens et Midtown (env 1h pour le secteur de Times Sq, changement pour le nord ou le sud de Manhattan) ; soit la **ligne de métro J** pour Lower East Side (Essex St) ; soit – un peu plus cher mais plus rapide – le **LIRR** (Long Island Rail Road), un train rapide qui rejoint Penn Station en 20 mn (env 10 $ à condition d'acheter son billet en station, plus cher à bord du train).

Sinon, un autre *Airtrain* relie l'aéroport à la station **Howard Beach JFK Airport** à l'ouest de JFK ; de là, on prend la ligne de métro A, mais c'est un peu plus lent. Conviendra plutôt à ceux qui se rendent au sud de Manhattan et à Brooklyn (dans les quartiers de Park Slope et DUMBO notamment, voire Williamsburg à condition de changer à Broadway Junction pour la ligne L).
Infos : ● mta.info ●

Navettes porte à porte

Une bonne solution pour les voyageurs en solo (moins cher que le taxi) mais **pas intéressant à 2 ou plus.** Inconvénient principal : c'est lent. D'abord, la capacité des bus étant limitée, il arrive que des voyageurs restent sur le carreau, forcés d'attendre le départ suivant (donc 20 ou 30 mn plus tard). Ensuite, le chauffeur dépose les passagers en fonction de sa feuille de route, donc vous pouvez vous retrouver en fin de liste... Bref, entre l'attente pour récupérer la navette, la circulation, la dépose de tous les passagers, compter facilement 1h30, voire 2h-2h30 de trajet si ça bouchonne en prime... Dans le sens retour, réserver 24h à l'avance minimum.

Possibilité de réserver en ligne avant le départ, sur le site officiel ou en téléchargeant l'appli sur votre téléphone pour certaines compagnies (les billets prépayés restent valides toute la journée, donc pas de souci en cas de retard du vol). Une fois vos bagages récupérés, dirigez-vous dans la même zone vers un comptoir *Ground transportation* et prévenez un agent d'accueil de votre

arrivée. Il y a aussi des téléphones gratuits à dispo. On peut, bien sûr, acheter son billet directement à l'arrivée, sans résa préalable, par le même biais.

– **Go Airlink NYC :** ● *goairlinkshuttle. com ● Service 24h/24. 13-23 $/pers selon destination ou 27-44 $ l'A/R ; gratuit moins de 3 ans (limité à 1 enfant/ adulte, les autres paient plein pot).* Minibus blanc avec logo vert reliant tous les terminaux de JFK à **Grand Central Terminal** *(plan 1, C1),* **Pennsylvania (« Penn ») Station** *(plan 1, B1-2),* **Port Authority Bus Terminal** *(plan 1, B1)* et **n'importe quelle adresse comprise entre la pointe sud de Manhattan et Harlem** (hôtels, domiciles...).

– **Super Shuttle :** ● *supershuttle. com ● 17-30 $ (variable selon destination).* Même principe que *Go Airlink NYC,* mais le minibus est bleu ou jaune.

– **NYC Airporter :** ● *nycairporter.com ● Tlj 5h45-23h30.* Même principe et sensiblement le même prix encore, mais relie JFK à **Grand Central, Penn Station, Bryant Park** et **Port Authority** seulement. Possibilité de se faire déposer gratuitement à l'aller dans un **hôtel de Midtown** (entre 23rd et 63rd St), via une autre navette à prendre au *Grand Central Terminal (transfer van),* mais ça ne marche pas au retour.

Le taxi

À la sortie de chaque terminal, un préposé vous indique un **taxi officiel** libre et vous confie un ticket. **Le prix de la liaison JFK-Manhattan est fixe : 52 $,** hors péage du pont (5 $) et pourboire de 15-20 % (et éventuellement une surcharge de 4,50 $, seulement 16h-20h lun-ven). Un peu plus cher pour le centre de Brooklyn (Downtown Brooklyn) : env 75 $ (tarif compteur). **Attention aux faux taxis** qui racolent à l'intérieur de l'aéroport ! Rien ne garantit que le prix annoncé au départ soit le même à l'arrivée ! Les taxis officiels, eux, sont jaunes (ou vert pomme pour la flotte desservant principalement le nord de Manhattan, Harlem, Queens, Bronx, Brooklyn et Staten Island) et patientent en rang d'oignons à la sortie.

De/vers l'aéroport de Newark (25 km au sud-ouest du centre)

Le train

C'est le moyen le plus rapide et le moins cher de rejoindre Manhattan. Seul défaut, les trains sont souvent bondés aux heures de pointe. Prendre d'abord le **Airtrain Newark** *(départ de chaque terminal ttes les 3 mn 5h-minuit ; ttes les 15 mn le reste du temps)*, un petit train aérien qui vous conduit gratuitement et en quelques minutes à la gare ferroviaire Newark Liberty International Airport Train Station.
Une fois à la gare ferroviaire, achetez au distributeur votre ticket pour **Penn Station** *(plan 1, B1-2)* pour env 13 $ (distributeurs également aux stations de l'*Airtrain*). Départs ttes les 10-20 mn (jusqu'à 40 mn après 20h), 5h (6h w-e)-2h. Trajet : 25 mn. *Infos :* ● *njtran sit.com* ● De Penn Station, nombreuses correspondances en métro.

Newark Airport Express Bus

Jusqu'à **Grand Central Terminal** *(41ˢᵗ St, entre Park et Lexington Ave ; plan 1, C1)*, **Bryant Park** *(42ⁿᵈ St et 5ᵗʰ Ave ; plan 1, B1)* et **Port Authority Bus Terminal** *(41ˢᵗ St, entre 8ᵗʰ et 9ᵗʰ Ave ; plan 1, B1)*. ● *coachusa.com/olympia* ● Départs ttes les 15-30 mn 4h-1h. Tarif : **16 $** (28 $ l'A/R) ; ½ tarif seniors ; gratuit moins de 5 ans accompagnés d'un adulte (max 3 enfants/adulte). Comptoir à chaque terminal, après la remise des bagages. Compter 45 mn pour rejoindre le centre de Manhattan si le trafic est fluide, une bonne heure en cas d'embouteillages. Bien plus long que le train donc, mais, en se plaçant du côté droit du bus, on pourra s'offrir son premier coup d'œil sur la *skyline*. Au retour, on paie directement dans le bus.

Navettes porte à porte avec Go Airlink NYC et Super Shuttle

Mêmes indications que pour JFK ci-avant.

Le taxi

Prix officiels : compter **50-75 $ pour Manhattan.** Surcharge de 5 $ pdt les heures de pointe (6h-9h, 16h-19h) et les w-e (12h-20h) et j. fériés. Enfin, 1 $/valise. Si on rajoute le *toll* (péage) et le *tip* (pourboire), l'addition s'avère salée. Méfiez-vous des taxis illégaux et de leurs prix totalement fantaisistes...

De/vers l'aéroport LaGuardia (15 km au nord-est du centre)

Go Airlink NYC

Bus ttes les 20-30 mn 6h-23h pour **Grand Central Terminal** *(plan 1, C1)*, **Penn Station** *(plan 1, B1-2)*, **Port Authority Bus Terminal** *(plan 1, B1)* et, pour le même prix, les hôtels de Midtown situés entre 31ˢᵗ et 60ᵗʰ St. Tarif : env 20 $. ● *nyairportservice.com* ●

Super Shuttle

Même desserte et mêmes tarifs que depuis JFK.

Le bus + le métro

Bus Q70 de la MTA New York Transit Authority desservant la station de LIRR (Long Island Rail Road) Woodside et la station de métro Jackson Heights-Roosevelt Ave (lignes E, F, M, R, 7). Départs ttes les 15-30 mn. ● *mta.info* ●

Le taxi

Selon l'endroit où vous allez dans Manhattan, **25-45 $ en taxi officiel** (plus le péage de 5 $ et le *tip*, 15-20 %). Env 20 mn de trajet jusqu'à Midtown, moins si vous êtes du côté d'Harlem.

Liaisons inter-aéroports

Go Airlink NYC et **NYC Airporter** (voir coordonnées plus haut) proposent une liaison JFK-LaGuardia, JFK-Newark et LaGuardia-Newark.

EN TRAIN *(AMTRAK)*

🚂 **Départ de Pennsylvania Station** *(plan 1, B1-2) :* 33ʳᵈ St et 7ᵗʰ Ave (à côté du Madison Square Garden). ● *amtrak. com* ●
Plus rapide et plus confortable que le *Greyhound* (sièges spacieux). Prix bien

plus élevés (env 40 %) que le bus. Valable pour Boston, Washington, Philadelphie ou Rochester (chutes du Niagara).

EN BUS
::

🚌 *Départ de Port Authority Bus Terminal (plan 1, B1) : 42nd St (et*

8th Ave). Terminal de *Greyhound* et de *Trailways* entre autres.
🚌 *Megabus* et *Boltbus : terminal à l'angle de 12th Ave et 34th St pour Megabus et 11th Ave et 33rd St pour Boltbus.* ● *megabus.com* ● *boltbus. com* ● Tarifs attractifs. Bus confortables et propres, équipés wifi. Liaisons vers Philadelphie, Washington et Boston.

ADRESSES UTILES

Informations touristiques

Étonnant qu'une ville comme New York n'ait pas d'office de tourisme digne de ce nom pour accueillir et renseigner les plus de 60 millions de visiteurs annuels... Les rares bureaux d'information sont symboliques, avec un service minimum : quelques brochures, un plan de la ville et vente des différents *passes* touristiques (*CityPass, NYC Explorer Pass* et *NY Pass*). Point barre ! **Site internet officiel :** ● *fr.nycgo. com* ●

🛈 *NYC Information Center at Macy's (plan 1, B1, 1) : 151 W 34th St (angle Broadway).* Ⓜ *(B, D, F, M, N, Q, R) 34 St. Tlj 10h-22h (21h dim).* Minibureau d'informations touristiques au rez-de-chaussée du grand magasin (en mezzanine).

🛈 *NYC Information Center – City Hall (zoom 1, 2) : sur Broadway, en face du Woolworth Building (angle Barclay).* Ⓜ *(4, 5, 6) Brooklyn Bridge-City Hall. Lun-ven 9h-18h, w-e 10h-17h.* Petit kiosque d'information où l'on peut se procurer une carte détaillée de Lower Manhattan.
🛈 *Lower East Side Visitor Center (plan 1, D4, 4) : 54 Orchard St (entre Grand et Hester).* ● *les.nyc* ● Ⓜ *(F, J) Delancey-Essex St. Lun-ven 10h-18h, w-e 12h-17h.*
🛈 *NYC Information Center – Times Square (plan 2, G11, 5) : Broadway (entre 43rd et 44th, sur la partie piétonne de Times Sq, en face du* Hard Rock Café). Ⓜ *(N, Q, R, S, 1, 2, 3, 7) Times Sq-42 St. Tlj 9h-19h.* Juste un container rose.

Consulats

■ **France** *(plan 2, H9) : 934 5th Ave (entre 74th et 75th).* ☎ *212-606-3600.* ● *consulfrance-newyork.org* ● *Lun-ven 9h-13h (plus accueil tél 14h30-17h).*
■ **Belgique** *(plan 2, H11) : One Dag Hammarskjöld Plaza, 885 2nd Ave, 41e étage.* ☎ *212-586-5110.* ● *unitedstates.diplomatie.belgium.be* ●

Lun-ven 9h-12h.
■ **Suisse** *(plan 1, C1) : 633 3rd Ave (entre 40th et 41st), 30e étage.* ☎ *212-599-5700.* ● *eda.admin.ch/newyork* ● *Lun-ven 8h30-12h.*
■ **Canada** *(plan 2, G11) : 466 Lexington Ave, 2e étage.* ☎ *212-596-1628. Lun-ven, horaires variables selon services.*

Consigne à bagages

■ **CBH Luggage Storage Midtown** *(plan 2, G-H11, 14) : 31 W 46th St (entre 5th et 6th Ave) ; 5e étage.* ☎ *212-*

840-0174 ou 646-543-1831. ● *cbhluggagestorage.com* ● Ⓜ *(D, F, S, 4, 5, 6, 7) 42 St. Tlj 8h-22h (service sur*

*demande en dehors de ces horaires).
Bagage 8-10 $/j.* Bien pratique car à
proximité de Grand Central (où il n'y a
pas de consigne à bagages). Tenu par

une équipe française sympa. Salle de
repos à dispo. Enlèvement gratuit à
l'hôtel sur zone Midtown le matin, sinon
payant. Fait aussi taxi pour l'aéroport.

Culture

■ ❀ *Albertine (plan 2, H9, 11) : 972
5th Ave (entre 78th et 79th).* ☎ *212-650-
0070.* ● *albertine.com* ● Ⓜ *(6) 77 St. Tlj
11h-19h (18h dim).* La librairie française
de New York occupe 2 niveaux d'un
ravissant hôtel particulier où siègent
aussi les services culturels de l'ambassade de France. Face à Central Park,
à quelques pas du Met, un écrin stylé
réaménagé par le décorateur Jacques
Garcia et baptisé du nom d'une des
jeunes filles en fleurs d'*À la recherche
du temps perdu.* À l'origine de ce projet

ambitieux, l'ex-diplomate et coauteur
de la B.D. *Quai d'Orsay,* Antonin Bau-
dry (Abel Lanzac, c'est lui).
■ *French Institute – Alliance française (plan 2, H10, 6) : 22 E 60th St (et
Madison Ave).* ● *fiaf.org* ● Ⓜ *(4, 5, 6, N,
R) 59 St. Lun-ven 8h30-20h (18h ven),
sam 9h-17h.* Le FIAF offre toutes sortes
d'activités françaises et francophones.
Ciné-club, bibliothèque, conférences,
cafés-philo et spectacles, et petite
galerie d'expos temporaires.

Santé, urgences

Voir « Santé » et « Urgences » dans « New York utile » en début de guide.

NEW YORK

● Pour se repérer, **voir en fin de guide les plans détachables** 1 et 2 de Manhattan et les zooms détachables 1 (Lower Manhattan), 2 (SoHo-TriBeCa-Chinatown-Little Italy), 3 (East Village-NoHo-Lower East Side) et 4 (West Village-Greenwich).

LOWER MANHATTAN

● Pour se repérer, voir le plan détachable 1, le zoom détachable 1 et le zoom détachable 2 en fin de guide.

Lower Manhattan, la pointe sud de New York, c'est le cliché universel de la Grosse Pomme : une forêt de gratte-ciel entourée d'eau ! La mythique *skyline*, symbole même de la ville et du rêve américain, mutilée le 11 septembre 2001, a retrouvé aujourd'hui toute sa grandeur. À 2 pas des constructions historiques témoignant des origines de la ville, le nouveau complexe du World Trade Center se dresse fièrement à l'emplacement des défuntes tours jumelles. Son fleuron, le magnétique *One World Trade Center* – qui attire le regard d'où qu'on soit – est devenu, pour la plus grande fierté des

PHILLIPPE PÉTAIN AVEC 2 « L »

Surnommée le « canyon des Héros », l'extrémité sud de Broadway a accueilli les parades monumentales célébrant les héros de la Nation, sous une pluie de confettis. En 1931, le maréchal Pétain, vainqueur de Verdun, défila aux côtés du général Pershing, avant qu'une plaque commémorative ne soit scellée sur la célèbre avenue (avec 2 « l » à Philippe !). Dans la foulée de son projet de détruire tous les symboles de haine et de racisme présents dans sa ville, le maire Bill de Blasio souhaitait enlever cette marque d'honneur faite à un « collaborateur nazi ». Elle sera finalement conservée, à titre historique.

New-Yorkais, la nouvelle tour la plus haute des États-Unis, dépassant même l'Empire State Building ! À ses pieds, les poignants mémoriaux liés aux attaques des tours jumelles et une colossale et extravagante gare de trains de banlieue, imaginée par Santiago Calatrava : l'*Oculus*. Mais Lower Manhattan, c'est aussi le Financial District (on dit FiDi), cœur palpitant du capitalisme américain, représenté par la célèbre Wall Street, très animée aux heures de bureau. Enfin, c'est ici que vous embarquez pour la statue de la Liberté et le formidable musée de l'Immigration d'Ellis Island...

UN PEU D'HISTOIRE

Au XVIIᵉ s, **Wall Street** marque la frontière nord de la ville, qui s'appelle alors **New Amsterdam.** Au-delà, c'est la campagne et, en deçà, la vie grouille entre les ruelles et les canaux, remblayés depuis pour gagner du terrain. *Broad Street,* par exemple, est très large, comme son nom l'indique, car elle a remplacé un canal. Puis la ville commence son extension vers le nord et l'est grâce au commerce maritime vers *Pearl, Front* et *South Streets.* Au XIXᵉ s, c'est un quartier très actif mais trop étriqué pour caser financiers et négociants. Le problème trouve sa solution dans **une révolution architecturale : le building.** La course au gigantisme commence dès la fin du XIXe s au sud de Broadway, tandis qu'à l'est le **Brooklyn Bridge** est érigé pour faciliter le transit des marchandises et le va-et-vient des *commuters,* les banlieusards. *Wall Street* ne prend son véritable essor de place financière qu'après la Seconde Guerre mondiale.

Adresses utiles

i *NYC Information Center – City Hall* (zoom 1, **2**) **:** *Broadway (angle Barclay), face au Woolworth Building.* Ⓜ *(4, 5, 6) Brooklyn Bridge-City Hall. Tlj 9h-18h (10h-17h w-e).* Petit kiosque d'information où l'on se procure une carte détaillée de Lower Manhattan, le plan du métro, etc.

■ *TKTS South Street Seaport (plan 1, C6, **9**) :* *190 Front St (et John).* ● *tdf.*

org ● Ⓜ *(A, C, 2, 3, 4, 5) Fulton St. Tlj sauf dim 11h-18h.* Vente de billets à prix réduits pour le théâtre et les comédies musicales, pour le soir même ou le lendemain en matinée (voir « Spectacles » dans « Hommes, culture, environnement » en fin de guide). Également d'autres guichets à *Times Square* et au *Lincoln Center.*

Où dormir ?

Important : dans ce quartier d'affaires, le prix des chambres s'avère souvent bien plus avantageux le week-end qu'en semaine.

De prix moyens à plus chic

⌂ *Moxy Hotel – Downtown* (zoom 1, **38**) **:** *26 Ann St (entre Broadway et Nassau).* ☎ *212-257-8886.* ● *moxyhotels. com* ● Ⓜ *(4, 5, 6) Brooklyn Bridge-City Hall. Doubles 150-500 $.* Installé dans un building moderne, tout nouvel hôtel de plus de 200 chambres identiques, pas bien grandes mais confortables et dotées d'un mobilier contemporain chaleureux et pratique. Étonnant grand bar sympa et bourdonnant, flanqué d'une salle avec panier de basket et baby-foot ; bien isolé du reste de l'établissement. Clientèle plutôt jeune, mais pas que. Accueil pro.

⌂ *The Wall Street Inn* (zoom 1, **19**) **:** *9 S William St (et Mill Ln).* ☎ *212-747-1500.* ● *thewallstreetinn.com* ● Ⓜ *(2, 3) Wall St ou (4, 5) Bowling Green. Doubles 160-400 $.* Tant qu'à dépenser ses dollars, autant le faire dans cette ancienne succursale de la banque *Lehman Brothers,* un bâtiment cossu de 6 étages, datant de 1900 et très bien situé ! Voici donc un petit hôtel familial d'une grosse quarantaine de

chambres douillettes et confortables, à la déco très classique, voire un poil rétro. Préférez celles situées aux angles pour une vue plus dégagée et évitez les chambres donnant sur les bars de Stone Street, à l'arrière du bâtiment. Sauna et salle de gym.

⌂ *Club Quarters Hotel – Wall Street* (zoom 1, **18**) **:** *52 William St (et Pine).* ☎ *212-269-6400.* ● *clubquartersho tels.com/new-york/wall-street* ● Ⓜ *(4, 5) Wall St. Doubles 160-400 $.* Au cœur de la finance et face au Federal Hall, ce *business hotel* présente l'avantage du confort contemporain de ses 300 chambres plutôt exiguës mais abordables, du calme après la sortie des bureaux et d'un accueil en or. Et pour profiter d'une vue plongeante sur le site du World Trade Center au même prix, posez plutôt votre valise dans le *Club Quarters Hotel – World Trade Center* (140 Washington St ; ☎ 212-577-1133 ; ● clubquartershotels. com/new-york/world-trade-center ● ; zoom 1, **27**).

⌂ *Hampton Inn – Seaport* (plan 1, C5, **26**) **:** *320 Pearl St (et Peck Slip).* ☎ *212-571-4400.* ● *hamptoninn.com* ● Ⓜ *(A, C, 2, 3, 4, 5) Fulton St. Doubles 150-350 $.* À la lisière du quartier historique de South Street Seaport, petit hôtel de chaîne au rapport qualité-prix correct. Ne vous fiez pas au lobby – fonctionnel en diable – car les chambres sont plus lookées. Petites mais pimpantes avec leurs têtes de lit en cuir chocolat, elles valent aussi le coup pour la vue : à partir du 3ᵉ étage côté World Trade Center, à partir du 7ᵉ étage côté Brooklyn Bridge. Terrasse ou patio avec table et chaises dans une petite dizaine de chambres.

Très chic

🏠 **The Assemblage Hotel** (zoom 1, **50**) **:** 17 John St (entre Broadway et Nassau). ☎ 646-859-5014. ● theassemblage.com ● Ⓜ (4, 5, 6) Brooklyn Bridge-City Hall. Apparts 220-500 $. Entrée sous une voûte de verdure qui donne le ton sur la zénitude de ce lieu inattendu, en pleine fureur new-yorkaise. Beaux espaces communs reposants, avec plantes vertes, lumière tamisée et bar servant des breuvages healthy. À dispo, d'élégants appartements spacieux, tout confort et aménagés avec des matériaux nobles sur une note moderne. Salle de méditation. Accueil aux p'tits soins, c'est sûr !

🏠 **The Beekman Hotel** (zoom 1, **20**) **:** 5 Beekman St (et Nassau). ☎ 212-233-2300. ● thebeekman.com ● Ⓜ (4, 5, 6) Brooklyn Bridge-City Hall. Doubles 250-500 $. Aménagé dans un flamboyant building historique de 1880, qui abritait naguère des bureaux. Superbes et élégants intérieurs in style, surmontés d'une verrière éclairant un atrium de 9 étages, ceinturé de rambardes en fer forgé. Plus de 200 chambres luxueuses et cosy, dotées d'une déco discrète et soignée ; quelques meubles anciens à la clé. Resto-bar chic sur place, **Augustine** (voir plus bas « Où manger ? »), abordable au petit déj, dans un cadre superbe de brasserie parisienne vintage.

Où manger ?

Vers **Wall Street,** on trouve surtout des chaînes pour businessmen pressés le midi. Sympa d'y déjeuner en semaine pour observer l'animation authentique du célèbre quartier des affaires de NY ; le week-end étant plus calme. Sinon, le secteur du **World Trade Center** offre plusieurs centres commerciaux flambant neufs que les New-Yorkais affectionnent pour leurs restos – bons et variés – comme **Hudson Eats** (Brookfield Place) ou **Eataly** (4 World Trade Center), le temple de la gastronomie italienne... Enfin, quelques adresses sympa également du côté de **South Street Seaport,** un quartier aussi en pleine renaissance.

Spécial petit déjeuner

🍴 🥐 ☕ 🐟 **Pearl Diner** (plan 1, C6, **102**) **:** 212 Pearl St (et Fletcher). Ⓜ (2, 3, 4, 5) Wall St. Tlj 7h-21h (w-e 8h-15h). Plats 7-15 $. Coincé entre 2 buildings, ce diner des sixties fait de la résistance avec ses box, ses banquettes en skaï et son formica à-tout-va ! Dans l'assiette, omelettes, sandwichs, salades, bagels, tartes maison... Bref, de la cuisine US pur jus, bien tournée et copieuse ! Un rendez-vous d'habitués sans chichis – avec pas mal en col blanc – dès le petit déj et tout au long de la journée. On aime !

🍴 🍽 **Augustine** (zoom 1, **20**) **:** 5 Beekman St (et Nassau). ☎ 212-375-0010. Ⓜ (4, 5, 6) Brooklyn Bridge-City Hall. Au rez-de-chaussée du Beekman Hotel. Tlj 7h30 (10h w-e)-23h (minuit ven-sam, 22h dim). Plats 10-50 $. Cadre de brasserie parisienne rétro-chic-branché et serveurs stylés pour les mêmes prix qu'un diner craspouilleux ! Augustine est une bonne option pour le petit déj et le brunch, où l'on se régale d'omelettes, de French toasts, d'oatmeals, de pancakes et d'autres petits plats goûteux et élégants. En revanche, les prix déraisonnent à l'heure du lunch et du dinner.

Sur le pouce

🥐 ☕ **Pisillo** (zoom 1, **164**) **:** 97 Nassau St (et Ann). Ⓜ (A, C, 2, 3, 4, 5) Fulton St. Tlj 11h-20h (18h w-e). Énoooormes sandwichs 9-14 $. Dans ce microlocal fréquenté autant par les ouvriers du quartier que les palpeurs de grisbi en costard, de vrais Italiens souriants servent de gargantuesques paninis, concoctés avec de bons ingrédients frais et goûteux. L'un d'eux peut bien rassasier 2-3 *Frenchies* ! Quelques tables et chaises hautes pour poser une fesse ; ou alors le petit **Pisillo café** attenant – plus confortable et tranquille – fait aussi l'affaire.

🍴 **Luke's Lobster** *(zoom 1,* **114***)* : 26 S William St (entre Broad et William). ☎ 212-747-1700. Ⓜ (4, 5) Wall St ou (J, Z) Broad St. Tlj 11h-21h (12h-20h w-e). Rolls et plats 9-20 $. Cadre rustique, façon cabane de pêcheurs pour ce petit resto original, spécialisé dans les *rolls* (petits sandwichs garnis de crabe, de crevette ou de homard du Maine, région d'origine des proprios de cette petite chaîne. Également quelques soupes et salades de saison à l'ardoise. Une bonne adresse pour changer des classiques et qui attire la foule des employés du quartier pour le lunch.

🍴 **Leo's Bagels** *(zoom 1,* **105***)* : 3 Hanover Sq (et Stone). Tlj 6h (7h w-e)-17h. Ⓜ (2, 3) Wall St ou (4, 5) Bowling Green. Bagels et sandwichs 4-16 $. Toute petite boutique pas bégueule, mais où l'on vous confectionne d'excellents bagels. Leur secret : des produits frais et de qualité. Aussi des salades, des sandwichs, des soupes, etc. ; à dévorer sur un microcomptoir et dès le petit déj avec les employés du quartier.

🍴 **Luchadores** *(plan 1, C6,* **106***)* : 87 South St (et John). Ⓜ (A, C, 2, 3, 4, 5) Fulton St. Tacos et burritos 6-12 $. Devant le Pier 17, cette microcantoche mexicaine détonne face à la gentrification des restos et des commerces de South Street Seaport. On aime les savoureux tacos et burritos, simplement réalisés sous vos yeux avec des produits frais et servis dans des barquettes en carton. Petite terrasse, coiffée d'un curieux igloo chauffé en hiver. Une belle petite affaire de filles !

Bon marché

🍴🍷⚙ **Eataly NYC Downtown** *(zoom 1,* **133***)* : 101 Liberty St (et Church), au 3ᵉ étage du 4 WTC. Ⓜ (E) World Trade Center ou (R) Cortlandt St. *Tlj 7h-23h. À partir de 5 $ sur le pouce ; beaucoup plus pour un vrai repas !* La célèbre épicerie fine italienne – plébiscitée par les gourmands new-yorkais – propose, au détour de ses rayons alléchants, plusieurs comptoirs et restos thématiques : *pasta,* pizza, *focaccia,* panini, bar à vins, resto de poisson, sans oublier l'**Osteria della Pace** et sa vraie cuisine de chef. Aussi des pâtisseries, des glaces et un café. Mon tout avec des prix raisonnables pour le quartier.

🍴⚙ **55 Fulton Market** *(plan 1, C5,* **176***)* : 55 Fulton St (et Cliff). Ⓜ (A, C, 2, 3) Fulton St. Tlj 6h-23h (minuit ven-sam). Buffet au poids : 20 $/kg ; réduc de 50 % dès 17h ! Supermarché disposant d'un *salad bar* et de plats cuisinés en self-service ; sans oublier l'étalage de sushis, pâtisseries... Varié, appétissant et de bonne qualité. À engloutir le midi avec les employés du quartier, en terrasse ou dans le minuscule parc *next door,* ou bien l'hiver, au chaud, à l'étage. Excellent rapport qualité-prix, surtout en soirée ; un vrai bon plan !

🍴🍴🔯 **Hudson Eats** *(plan 1, B5,* **110***)* : 200 Vesey St (et West), à l'étage du centre commercial Brookfield Place. Ⓜ (E) World Trade Center ou (R) Cortlandt St. Tlj 8h-21h (19h dim). Les *food halls* gourmets ont le vent en poupe à NY. Spacieux et lumineux, celui-ci dispose de belles terrasses sur l'Hudson River. Plusieurs enseignes bien connues des gourmands qui débarquent en nombre à midi : **Num Pang** (sandwicherie asiatique), **Mighty Quinn's** (BBQ), **Black Seed Bagels**...

🍴 **Bareburger** *(zoom 1,* **128***)* : 155 William St (et Ann). Ⓜ (A, C, 2, 3) Fulton St. Burger-frites 15-18 $. De bons burgers bio et un peu plus travaillés que ceux de *Shake Shack* ; à dévorer dans un chaleureux cadre rustique en bois et brique, un peu comme dans *Ma cabane au Canada* ! À l'ardoise, le *Beyond Burger* est une version végane.

🍴🍴 **Hale and Hearty Soups** *(zoom 1,* **126***)* : 55 Broad St (et Beaver). Ⓜ (2, 3, 4, 5) Wall St. Tlj sauf w-e 10h-18h. Compter 6-11 $. À 2 pas du New York Stock Exchange, à la bonne soupe ! Chaque jour, une douzaine de recettes consistantes et souvent originales, à base

NEW YORK

de poulet, de *seafood*, veg'... Aussi des salades à composer soi-même (ingrédients frais et tout un choix de sauces) et des sandwichs.

🍴 **Shake Shack** (plan 1, B5, **203**) : 215 Murray St. Ⓜ (1, 2, 3) Chambers St. Burgers 6-10 $, hot-dogs 5-6 $, frites en plus. À quelques enjambées du World Trade Center, juste en retrait de la promenade qui longe l'Hudson River. Terrasse abritée par une verrière high-tech. Burgers goûteux et hot-dogs, *shakes*, verres de vin et bière locale. Un rendez-vous sympa des jeunes et des familles.

De prix moyens à plus chic

|●| 🍴 **The Porterhouse Brewing Co.** (zoom 1, **701**) : 54 Pearl St (et Broad). ☎ 212-968-1776. Dans le Fraunces Tavern Museum. Ⓜ (4, 5) Bowling Green ou (J, Z) Broad St. Résa conseillée. Plats 12-42 $, brunch 36 $. En activité depuis 1762, cette taverne offre un bel espace, divisé en de multiples coins et recoins boisés, chaleureux et superbes, avec fauteuils devant la cheminée qui crépite en hiver. Dans l'assiette, bonne cuisine de pub copieuse, mais pas donnée en soirée ; à accompagner d'une bière pression maison. Petite carte moins chère côté bar (plats 15-16 $), qu'on se le dise ! Intéressant aussi d'y venir le week-end : jazz brunch sympa et *family-friendly* le samedi à 13h, suivi de rock live à 18h ; et le dimanche, musique irlandaise à 15h.

|●| 🍴 **Trattoria Il Brigante** (plan 1, C5, **145**) : 214 Front St (et Beekman). ☎ 212-285-0222. Ⓜ (A, C, 2, 3, 4, 5) Fulton St. Plats 16-30 $. En plein South Street Seaport, le port historique de NY, un resto italien aux allures rustiques, que les locaux plébiscitent pour ses salades, pâtes, pizzas et autres généreux *specials of the day* de

la Grande Botte, plus sérieux et bien troussés. On s'est régalés !

|●| 🍴 **Industry Kitchen** (plan 1, C6, **101**) : 70 South St (et Maiden Ln, sous la voie rapide). ☎ 212-487-9600. Ⓜ (2, 3) Wall St. Plats 13-30 $. Vaste resto-bar au design indus', apprécié surtout pour sa grande salle vitrée et son agréable terrasse au bord de l'East River, avec vue sur les vieux bateaux du South Street Seaport Museum. Carte variée aux accents méditerranéens : salades, pâtes, viandes et poissons au gril ; sans oublier les copieuses pizzas au feu de bois à partager à 2, pour un rapport qualité-situation-prix optimisé !

|●| 🍴 **The Paris Cafe** (plan 1, C5, **107**) : 119 South St (et Peck Slip). ☎ 212-240-9797. Ⓜ (A, C) Fulton St. Tlj 11h-4h (cuisine 2h). Plats 10-23 $. Ouvert en 1873, le plus vieux bistrot de South Street Seaport a des origines irlandaises et non *Frenchies* ! Déco patinée par le temps et une gentille ambiance qui ne se la joue pas. Dans l'assiette, les classiques bien menés de la cuisine anglo-saxonne, déclinés en brunch le week-end. Nombreux cocktails et bières pression.

Très chic

|●| 🍴 **Nobu – Downtown** (zoom 1, **123**) : 195 Broadway (et Fulton). ☎ 212-219-0500. Ⓜ (A, C, 2, 3, 4, 5) Fulton St. Résa conseillée. Plats 15-45 $. C'est le resto de l'ami De Niro, dont s'entiche l'élite new-yorkaise depuis les 90's ; récemment relocalisé entre les colonnes massives du hall de ce building Art déco. À la carte, cuisine japonaise considérée comme l'une des meilleures de la ville et qui a d'ailleurs fait des petits un peu partout dans le monde. Mon tout dirigé par un empereur de la *new style Japanese cooking* qui n'hésite pas à y incorporer une petite touche... sud-américaine, *si señor(a)* !

Où boire un café ?

🍵 **Jack's Stir Brew Coffee** (plan 1, C5, **103**) : 222 Front St (entre Beekman et Peck Slip). Ⓜ (A, C) Fulton St.

Tlj 7h30 (8h w-e)-17h. À 2 pas du vieux port de NY, un de ces petits cafés dont raffolent les New-Yorkais.

Le secret de Jack Mazzola, l'initiateur des lieux, c'est son moulin, qui oxygénerait le grain de café – bio et issu du commerce équitable – tout en réduisant son amertume. Quant au lait, il vient directement des meilleures fermes de la vallée de l'Hudson ; et les pâtisseries sont véganes.

Où boire un verre ?

♈ ♪ The Porterhouse Brewing Co. (zoom 1, **701**) **:** 54 Pearl St (et Coenties Slip), dans le Fraunces Tavern Museum. Ⓜ (4, 5) Bowling Green ou (J, Z) Broad St. Tlj 11h-2h. C'est ici que George Washington a dit adieu à ses troupes après le départ des Anglais en 1783. Ambiance sympa de vieille taverne patinée, avec son feu de cheminée en hiver. Une vingtaine de bières pression – dont beaucoup brassées par la maison elle-même – et une foule de bouteilles, un choix conséquent de whiskies et quelques petits plats pour accompagner le tout (voir plus haut « Où manger ? »). À la différence du quartier, le lieu reste animé le week-end : les petits concerts s'y succèdent dans une ambiance festive.

♈ ↑ Pier A Harbour House (zoom 1, **118**) **:** 22 Battery Pl. Ⓜ (4, 5) Bowling Green ou (J, Z) Broad St. Tlj 11h-minuit (2h jeu-sam). À l'intérieur d'un magnifique pier historique de 1886, c'est un grand bar, lumineux et tout en longueur, à l'atmosphère chaleureuse : baies vitrées panoramiques, comptoirs indus' et affiches des compagnies maritimes donnent l'illusion d'embarquer sur un liner ! Vues extraordinaires sur la statue de la Liberté et Ellis Island. Belle terrasse posée sur l'eau, avec de grandes tablées. Quelques plats (11-28 $) de poissons et de fruits de mer à la carte.

♈ ⏐●⏐ ♪ The Dead Rabbit (zoom 1, **701**) **:** 30 Water St (entre Broad et Coenties Slip). Ⓜ (4, 5) Bowling Green ou (J, Z) Broad St. Tlj 11h-4h. Plats 13-24 $. Un vrai petit bijou que cet étroit pub irlandais ! Au rez-de-chaussée, The Taproom : long comptoir lustré, sol jonché de sciure et décor composé de gravures anciennes ; la clientèle du quartier aime s'y retrouver pour une pinte ou un whisky, bercée de country-folk ou d'Irish music. À l'étage, The Parlor fait aussi la part belle aux cocktails (récemment élus best of the world ! on vous laisse juger), dans une ambiance plus intime et sélecte, avec sa musique live en fin de semaine. Et pour mettre un peu de solide dans le liquide, quelques petits plats façon pub food, fraîche, savoureuse et soignée. C'est l'autre bon point !

♈ Black Tail (zoom 1, **118**) **:** 22 Battery Pl (Pier A ; Harbour House ; 1er étage). Ⓜ (4, 5) Bowling Green ou (J, Z) Broad St. Tlj 17h-2h. Résa conseillée ven-sam. Un exotisme fou ! Planqué à l'étage du Pier A Harbour House (voir plus haut), ce chaleureux bar à cocktails vous plonge dans une ambiance de palace cubain, avec une touche vintage et jazzy. Sublime déco boisée, avec un grand portrait de José Martí planté au-dessus du bar et de profonds canapés pour se poser. Quelques petites assiettes couleurs Caraïbes à se mettre sous la dent.

Shopping

⚜ Century 21 (zoom 1, **509**) **:** 22 Cortlandt St (et Church). ● c21stores.com ● Ⓜ (E) World Trade Center. Tlj 7h45 (10h sam, 11h dim)-21h (21h30 jeu-ven, 20h dim). Le rendez-vous des touristes de passage dans la Big Apple et des fashionistas ! Sur plusieurs niveaux, un impressionnant bazar de grandes marques « à prix sacrifiés » : prêt-à-porter (homme, femme, enfant), tenues de soirée, chaussures, sous-vêtements, maroquinerie, bagagerie ; sans oublier la section des petits créateurs dans la partie **Next Century...** Avoir un peu de temps devant soi pour fouiller !

⚜ Modell's Sporting Goods (zoom 2, C5, **510**) **:** 280 Broadway (et Chambers). Ⓜ (4, 5, 6) Brooklyn Bridge-City

Hall. Tlj 8h30-20h30 (10h-18h w-e). Les vêtements de sport des grandes marques US à prix intéressants, avec régulièrement des *clearances* à tout casser !

✸ *SJP by Sarah Jessica Parker (plan 1, C5, 524) : 93 South St (et Fulton).* Ⓜ *(A, C) Fulton St. Tlj 11h-19h (12h-18h w-e).* Mignonne boutique très *girly* où sont vendues les chaussures inspirées par l'héroïne de la série TV *Sex and the City.* Superbe, mais pas donné mon chou !

✸ *Bowne & Co. Printers (plan 1, C5, 526) : 211 Water St (et Fulton).* Ⓜ *(A, C) Fulton St. Tlj 11h-19h.* Partie intégrante du South Street Seaport Museum,

cette boutique à l'ancienne abrite quelques vieilles machines typographiques. Ils vendent leurs tirages artistiques et de beaux carnets, calendriers, cartes postales et agendas ; le tout évoquant New York sur une séduisante note vintage.

✸ *New York Transit Museum Store (zoom 1, 521) : 2 Broadway (et Stone).* Ⓜ *(4, 5) Bowling Green ou (J, Z) Broad St. Tlj sauf w-e 10h-17h.* C'est la boutique du célèbre musée des Transports de la ville (installé à Brooklyn), recélant une foule d'objets originaux et collectors, foncez !

À voir. À faire

LE SUD DE LOWER MANHATTAN

🏛 *Castle Clinton et The Battery (plan 1, B-C6 et zoom 1) : Battery Pl.* ● *nps.gov/ cacl* ● Ⓜ *(4, 5) Bowling Green. Castle Clinton tlj 7h45-17h. GRATUIT.* Situé à la pointe sud de Manhattan et rebaptisé *The Battery, Battery Park* étend sa verdure devant la statue de la Liberté et le large. C'était à l'origine un îlot rocheux, avant que le bras de mer le séparant de l'île de Manhattan ne soit remblayé. Construit là en 1811, le *Castle Clinton,* qui porte le nom du gouverneur de l'époque, faisait partie d'un ensemble d'ouvrages défensifs. Une batterie de canons occupait alors cette petite forteresse ovale. Une fois les guerres finies, celle-ci fut transformée en centre d'accueil pour les immigrants, en attendant l'ouverture de celui d'Ellis Island. *C'est d'ici que les bateaux partent pour visiter la statue de la Liberté et le musée de l'Immigration d'Ellis Island.* Foncez-y directement en évitant les petits revendeurs d'excursions qui vous harcèlent dès la sortie du métro !

🍸 Au nord du parc, le *Pier A,* long bâtiment portuaire érigé en 1886 et surmonté d'une horloge, propose une terrasse les pieds dans l'eau pour profiter de la vue extra sur la statue de la Liberté (voir plus haut « Où boire un verre ? ») !

– À partir du *Pier A,* une *promenade aménagée le long de l'Hudson River* permet de rejoindre le quartier du World Trade Center (voir plus loin « Itinéraire le long de l'Hudson River »).

◎ 🏛🏛🏛 🏃 *Statue of Liberty (hors plan 1 par B6) : située sur Liberty Island, à l'entrée du port de New York. Pour y aller, un seul moyen, le ferry au départ de The Battery (Battery Park) ; c'est la billetterie officielle, n'écoutez pas les petits revendeurs d'excursions qui vous pressent dès la sortie du métro. Infos ferries et tickets :* ● *statuecruises.com* ● *nps.gov/stli* ● *Embarquement ttes les 20-40 mn selon saison, tlj (sauf Noël) 8h30 (9h l'hiver)-17h juin-août (15h30-16h le reste de l'année) ; dernier retour à 17h45 juin-août (15h35-16h le reste de l'année). Ticket de ferry (Reserve Ticket) jumelé pour la statue de la Liberté et Ellis Island : 18,50 $ (inclus dans le CityPass) ; réduc ; 9 $ pour les 4-12 ans ; gratuit moins de 4 ans. Audioguide en français inclus. Résa en ligne très conseillée (sinon, billetterie officielle au Castle Clinton). Contrôles de sécurité type « aéroport » au départ du ferry et encore au pied de la statue pour la visite de l'intérieur ; une fois les billets en main à Castle Clinton, compter 1h30 à 2h de queue pour embarquer à bord du ferry ! L'heure indiquée sur le billet est donc théorique ; on vous laissera entrer même si votre créneau horaire est dépassé à cause de l'attente*

aux contrôles. Bagages interdits et obligation de déposer avt la visite sacs à dos,
*boissons et nourriture dans des **casiers payants** (env 2 $; poussettes à laisser*
aussi en consigne). Pour la couronne, il vous faudra même tt laisser (sauf argent et
téléphone portable).

*– **Attention, le ticket de ferry** (Reserve Ticket) ne permet qu'une visite exté-*
rieure de la statue, ce qui est déjà formidable ! Pour pénétrer à l'intérieur, il
est impératif de réserver en ligne (● statuecruises.com ●) et – bien à l'avance
– l'un des 2 tickets spéciaux. D'abord, le ***Piedestal Reserve Ticket*** (sans supplément), qui permet l'accès à la base de la statue et se réserve 2-3 semaines
à l'avance (plutôt 1-2 mois en juillet-août), surtout si vous voulez un créneau le
matin. Puis le ***Crown Reserve Ticket*** (supplément de 3 $) qui autorise la montée
de l'escalier intérieur jusqu'à la mythique ***couronne,*** en plus de la visite du socle.
Dans ce cas, prévoir une ***réservation 3-5 mois à l'avance*** (sauf en plein hiver où
c'est plus calme) !
Et avant de visiter enfin Lady Liberty, il convient de se plier à un autre contrôle de
sécurité... Eh oui, c'est ***l'endroit le plus sécurisé des États-Unis !*** Les impatients
qui préfèrent zapper cette partie vivront tout de même un moment inoubliable :
débarquer sur l'île, faire le tour de la statue, profiter de la vue superbe sur Manhattan et Miss Liberty, puis reprendre le bateau vers Ellis Island et enfin The Battery !
– Enfin, si vous souhaitez poursuivre par la ***visite d'Ellis Island*** (mêmes billets,
le ferry dessert les 2 îles), on conseille fortement d'embarquer tôt le matin, sinon
vous n'aurez pas le temps d'enchaîner les 2 sites.

Un peu d'histoire
Inaugurée en 1886, la statue
symbolisait *le soutien de la*
France à l'indépendance amé-
ricaine, dont la date est gravée
sur le livre que la grande dame
tient dans sa main gauche. Mais
ce cadeau était aussi, en filigrane,
une critique du Second Empire
en France et une célébration de
l'idéal républicain. C'est le légendaire colosse de Rhodes, l'une
des Sept Merveilles du monde
(construit en 300 av. J.-C. et disparu lors d'un séisme en 227),
qui aurait suscité le goût du

L'ORIGINE DU GADGET

En 1886, pour l'inauguration de la sta-
tue de la Liberté, on distribua des minia-
tures de Miss Liberty aux personnalités
présentes. On se battait pour avoir son
exemplaire en minuscule, fabriqué et
donc signé par l'entreprise française
Gaget-Gauthier. Tout le monde s'inter-
rogeait : « Do you have your Gaget ? »
Le nom Gaget, difficile à prononcer,
devint vite « Gadget » dans la bouche
des Américains. Le mot était né !

grandiose chez le sculpteur colmarien ***Auguste Bartholdi*** lors d'un voyage en
Égypte en 1856. Épris de grandeur, il avait alors 22 ans. Aussi Bartholdi dessina-
t-il d'abord une ébauche de statue pour orner l'entrée du canal de Suez, qui
devait symboliser le Progrès (le projet s'appelait « L'Égypte apportant la lumière
à l'Asie »). Mais l'idée fut abandonnée et le Progrès céda la place à *La Liberté*
éclairant le monde, inspirée en partie du personnage du célèbre tableau de Delacroix, *La Liberté guidant le peuple.* Et savez-vous à qui la dame ressemble ?
À la mère de Bartholdi, pardi ! La charpente métallique de ce colosse féminin
fut réalisée, quant à elle, dans les ateliers Gaget-Gauthier, sous la houlette de
l'architecte ***Viollet-le-Duc.*** Malheureusement, ce dernier mourut avant la fin de
la construction, ce qui conduisit Bartholdi à faire appel à l'***ingénieur Gustave***
Eiffel, qui n'avait pas encore réalisé sa fameuse tour. Eiffel reprit donc le projet
de Viollet-le-Duc, en le modernisant. ***Exposée à Paris au parc Monceau*** dans
le but de lever des fonds, puis financée par une souscription populaire, la statue
fut entièrement démontée et acheminée par bateau vers les États-Unis. Mais à
l'arrivée, pas de socle pour la poser, les Américains n'ayant pas les moyens de
le financer ! Les pièces détachées attendirent donc un an que le piédestal soit
construit... Puis il fallut encore 7 mois pour riveter les différentes sections de cuivre

NEW YORK

avant l'inauguration en grande pompe le 28 octobre 1886. Les femmes ne furent pas autorisées à y assister : comble de l'absurdité pour une statue représentant l'une des leurs !

Le musée

Depuis l'été 2019, l'actuel petit musée, intéressant mais vieillot et logé trop à l'étroit dans le piédestal de la statue, a été déplacé juste à côté, **dans un nouveau building high-tech,** spacieux et lumineux, réalisé dans les mêmes matériaux que ceux de la statue et son socle : granit du Connecticut, bronze et plâtre. Un escalier monumental mène à un **toit-terrasse panoramique,** végétalisé

MISS LIBERTY, UNE PAYSANNE MUSULMANE ?

C'est ce qu'affirme le très sérieux Smithsonian Institute qui gère les plus grands musées de Washington. En 1869, lors de l'appel d'offres lancé par le gouvernement égyptien pour construire un phare au bout du canal de Suez, Bartholdi propose une statue colossale de femme paysanne voilée portant une torche, symbolisant « l'Égypte apportant la lumière à l'Asie ». Recalé pour Suez, le sculpteur français s'inspirera de la silhouette de cette femme pour réaliser sa statue de la Liberté un an plus tard. Rien ne se perd !

avec des espèces locales, avançant telle une figure de proue dans la baie, avec vue sur la *skyline* et Lady Liberty vu de dos. Cette extension, bien plus adaptée à la fréquentation touristique du monument, permet à tous les visiteurs d'avoir accès au musée, ce qui n'était pas le cas jusqu'alors (nécessité de réserver bien à l'avance un billet spécial).

La **nouvelle muséographie,** interactive et ludique, fait la part belle au numérique, avec entre autres une expérience multimédia dernier cri présentant l'histoire de Miss Liberty et l'épopée de sa construction. Ses 46 m de haut correspondant à un immeuble de 22 étages, songez à quel point elle devait sembler immense à l'époque, la plupart des immeubles de New York ne dépassant pas les 4 étages...

L'atelier de Gustave Eiffel a été reconstitué, on peut même expérimenter la technique du « **métal repoussé** » utilisée par l'artiste pour modeler sa Lady : la feuille de cuivre (de 2 mm d'épaisseur seulement) est martelée autour d'un moule pour obtenir la forme fine souhaitée puis les feuilles sont rivetées ensemble.

On retrouvera aussi bien sûr quelques pièces emblématiques auparavant exposées dans le piédestal, comme **le 1er flambeau** de la grande dame qui, à l'origine, était éclairé de l'intérieur ; Bartholdi ne l'aimait pas, il le comparait à un ver luisant ! Ou encore les affiches vintage récupérant l'image de la statue à des fins publicitaires ou de propagande patriotique, aussi bien

CHAÎNES DE L'ESPOIR

Les chaînes brisées au pied de la statue de la Liberté symbolisent la fin de la servitude. Elles font référence à la guerre civile qui venait de meurtrir l'Amérique et à la 1re abolition de l'esclavage par la France dans les années 1790 (avant qu'il soit de nouveau autorisé par ce Napoléon).

côté français qu'américain. Ah, la pub pour *Levi's* !

Le piédestal

La promenade qui en fait le tour livre une superbe vue à 360° sur Manhattan, Brooklyn, le New Jersey et ses installations portuaires.

La couronne

Pour les malins qui ont réservé – très à l'avance – leur *Crown Reserve Ticket,* il est temps de lacer ses chaussures pour partir à l'assaut des 162 marches grimpant jusqu'à la mythique couronne. La montée se fait par un **escalier en colimaçon ultra-étroit** et très bas qui se faufile à l'intérieur de la structure métallique d'Eiffel, juste sous le drapé de cuivre de Miss Liberty. Mieux vaut ne pas être claustro ni trop corpulent car ça passe tout juste, parfois en baissant la tête. On comprend maintenant pourquoi on a dû laisser toutes ses affaires au vestiaire ! Quelques petits dégagements permettent de reprendre son souffle tout en admirant la structure. Tout est à nu, les boulons, les rivets, la charpente... Intéressant pour vraiment comprendre comment tout cela est agencé et un **must pour les férus d'architecture et d'ingénierie.** Au sommet, juste sous les cheveux de Lady Liberty, **minuscule observatoire** (7 personnes max à la fois) d'où jeter un œil sur la baie à travers les lucarnes à la base de la couronne. Puis c'est la redescente, par une autre rampe (tout aussi étriquée) dans ce même escalier hélicoïdal « à double révolution ».

I●I Faites un bon gros breakfast avant car le **fast-food** sur place est vraiment dégueu ; la cafét d'Ellis Island est un chouia plus agréable mais pas meilleure, malheureusement.

🍴🍴🍴 *Ellis Island National Museum of Immigration* (hors plan 1 par B6) **:** on s'y rend par le **ferry** qui s'arrête d'abord à Liberty Island. ● statuecruises.com ● nps.gov/elis ● Billets combinés pour les 2 îles (voir infos pratiques et tarifs plus haut). Dernier retour d'Ellis Island vers The Battery (Battery Park) à 17h45 juin-août (15h35-16h le reste de l'année). Audioguide en français inclus. Prévoir au moins 3h sur place. **Visite guidée gratuite** ttes les heures 11h-16h (env 40 mn, en anglais seulement). Aussi une **visite guidée payante de l'hôpital d'Ellis Island** (voir détails plus bas).

De 1892 à 1954, **plus de 12 millions de candidats à l'immigration** ont débarqué à Ellis Island, point de contrôle obligatoire avant de gagner Manhattan et le Nouveau Monde. L'île est ainsi devenue un **véritable lieu sacré** : plus de 100 millions d'Américains, soit 40 % de la population, ont un parent qui serait passé par ici ! Durant la Seconde Guerre mondiale, Ellis Island servit aussi de lieu d'internement de citoyens allemands, japonais et italiens, avant que le complexe ne ferme définitivement en 1954. Les anciens bâtiments d'accueil des candidats à la citoyenneté américaine ont depuis été convertis en un passionnant musée retraçant l'histoire de l'immigration aux États-Unis. Et ce n'était pas toujours rose, comme le prouve le témoignage suivant : « Quand je suis arrivé en Amérique, je croyais que les rues étaient pavées d'or. Je me suis vite aperçu que c'était faux, que les rues n'étaient pas pavées du tout et que c'était à moi de le faire. »

La visite
– On entre par la **salle des bagages,** au rez-de-chaussée, où trônent quelques malles et valises d'époque. Fraîchement débarqués des *liners,* c'était là qu'entraient les immigrants et qu'ils posaient leurs bagages...
À gauche, le comptoir d'information, qui donne notamment les horaires des **2 films** (30 mn) projetés, l'un au rez-de-chaussée, l'autre au 1er étage. Au fond du hall, derrière des paravents, la riche expo **The Peopling of America** retrace l'histoire du peuplement des États-Unis, depuis les pionniers du XVIe s à l'immigration massive du XIXe s, en passant par la traite négrière. De nombreux panneaux et cartes détaillent les zones de peuplement par pays d'origine, les vagues successives d'immigration replacées dans leur contexte historique, le développement des réseaux de solidarité communautaire, le durcissement progressif des lois sur l'entrée aux USA. Ces siècles d'immigration ne se sont pas déroulés sans heurts et le musée n'ignore pas les sujets qui fâchent : extermination des peuples natifs, esclavage, émeutes anticatholiques organisées dès le XVIIe s par des prêcheurs protestants opposés à l'arrivée massive d'Irlandais, « exclusion act » frappant les Chinois, promulgué en 1882 pour n'être aboli que 60 ans plus tard, etc. Plus positive, la dernière section diffuse, via des panneaux sonores, des rythmes musicaux traditionnels que les immigrants apportèrent avec eux de leur pays d'origine. Une richesse culturelle aux sources de la musique américaine d'aujourd'hui. L'expo se poursuit un peu plus loin avec la section **New Eras of Immigration,** qui retrace les politiques d'immigration post-Ellis Island, de 1945 à nos jours, à travers photos, panneaux et petits films. Si les immigrants proviennent désormais d'Asie,

NEW YORK

d'Amérique du Sud, d'Afrique, etc., leurs motivations sont toujours les mêmes : fuir la guerre, la dictature, la misère, pour se construire une vie meilleure et « bâtir la Nation ». Si Ellis Island a fermé ses portes en 1954, l'immigration s'est poursuivie par la voie des airs ; New York n'étant plus la porte d'entrée principale aux États-Unis. Et dans la foulée, l'expo *Citizenship Gallery,* consacrée à la naturalisation... En chemin, on croise aussi l'*American Family Immigration History Center,* où l'on peut – moyennant quelques dollars – faire des recherches sur ses ancêtres passés par ici et les honorer par une inscription (et un don) au *Wall of Honor* (à l'extérieur), aujourd'hui composé d'environ 700 000 noms !

– Puis, une fois leurs bagages posés, les immigrants montaient à l'étage (*2nd Floor*) vers la *salle d'enregistrement.* Dans cet immense hall voûté pouvaient se presser chaque jour jusqu'à 5 000 personnes ! Impressionnant, les vieux murs élégants exhalent l'atmosphère de l'époque. Puis, en traversant une succession de salles dans l'une des ailes (*through America's Gate*), on partage avec les immigrants leurs 1res épreuves sur le sol américain ; un parcours émaillé de panneaux, de documents, de films et de témoignages d'archives, qui commençaient par « l'examen médical de 6 secondes ». À leur insu, des médecins postés en haut de l'escalier examinaient leur façon de gravir les marches et marquaient d'un signe à la craie les vêtements de ceux qui semblaient mériter un contrôle. Un *E* pour les yeux (*eyes*), un *B* pour le dos (*back*), un *H* pour le cœur (*heart*), un *X* pour les déficiences mentales, un *PG* pour *pregnant* (enceinte), etc. Suivaient alors des tests d'alphabétisation et de compréhension de l'anglais. Les candidats à l'immigration devaient aussi répondre à des questions du genre : « Êtes-vous anarchiste ? polygame ? », « Avez-vous de la famille aux États-Unis ? », « Avez-vous un travail ? », etc. À une question sur sa date de naissance que lui posait l'agent d'état civil, un homme répondit en allemand : « *Vergessen* » (« J'ai oublié »). Désormais, lui et tous ses descendants s'appelleraient Fergusson ! Les immigrants devaient aussi avoir un peu d'argent pour ne pas être à la charge du pays d'accueil... Puis une *salle d'audience* statuait sur les cas tangibles après interrogatoire et enquête.

– Le parcours conduisait alors – dans l'essentiel des cas – à un *bureau de change* et, enfin, au *guichet des transports* (ferry pour Manhattan ou New Jersey et trains pour le reste du pays). Les recalés étaient conduits vers les *dortoirs* ou *l'hôpital* pour des examens supplémentaires. En tout, 250 000 personnes sont retournées d'où elles venaient, soit officiellement 2 % du total des immigrants. Le prix du retour était compris dans le billet de bateau qui les avait conduits jusqu'ici. Les candidats « *excluded* » ne pouvaient donc pas rechigner en prétextant manquer d'argent pour repartir !

UNE ATTRACTION PHARE

La statue de la Liberté était la 1re image que les immigrants avaient de l'Amérique en débarquant à Ellis Island. Pour tous ces gens venus trouver une vie meilleure, elle était un signe de bienvenue, le symbole de l'espoir, de la fin de l'oppression. Avant de devenir la statue la plus emblématique de la ville, elle servit de phare, de 1886 à 1902. C'était même le 1er phare à utiliser l'électricité et son faisceau lumineux était visible à 39 km à la ronde. Quant au gardien, il avait une place de choix : dans le flambeau !

Les personnes aptes, elles, redescendaient par l'*escalier de la Séparation* où, au niveau de la dernière marche, se trouvait le *Kissing Point :* un endroit où les familles et les amis se retrouvaient dans la joie d'être admis aux États-Unis, ouf !

– Dans les autres ailes du *1er étage* (*2nd Floor*), accessible par la salle d'enregistrement, voir aussi la superbe exposition *Peak Immigration Years,* qui retrace le destin de ces immigrants une fois arrivés aux États-Unis : les communautés, les enfants entre 2 cultures, les théâtres « ethniques » aménagés dans les sous-sols qui servaient de refuge culturel aux nouveaux arrivants, le rôle de l'immigration dans la construction de l'Amérique moderne (*building a Nation*), le travail des femmes...

– Dans les salles du *2e étage* (*3rd Floor* ; accès par les coursives), on visite l'un des petits *dortoirs* – à l'époque surpeuplés – qu'occupaient les immigrants temporairement détenus. Puis l'exposition *Ellis Island Chronicle* montre des plans, des gravures et des maquettes qui soulignent la transformation de l'île de 1854 à 1940, agrandie plusieurs fois pour suivre la montée de l'immigration... Ensuite, l'exposition *Treasures from Home* réunit une foule de vêtements traditionnels, d'objets, de photos et de papiers personnels apportés par les immigrants dans leurs bagages. Enfin, dans *Silent Voices,* quelques photos illustrent l'état de décrépitude des lieux avant sa restauration (1987-1990) et sa transformation en musée.
– *Visite guidée en anglais des vestiges de l'hôpital d'Ellis Island (Hard Hat Reserve Ticket) : recommandée surtout pour ceux qui connaissent déjà le musée (pour une 1re visite, le musée est suffisamment riche !) ; tlj, durée 1h30. Tarif : 54 $; réduc ; ferry inclus ; résas à l'avance :* ● *statuecruises.com* ● Coiffé d'un casque de chantier et guidé par un ranger, on visite en petits groupes une partie de l'île normalement inaccessible aux visiteurs : l'hôpital où étaient traités les immigrants atteints de maladies contagieuses. Atmosphère fantomatique dans ces lieux rongés par le temps. Une restauration est en projet, une consolidation plutôt, car l'idée est de montrer cet état de délabrement. *Le jeune artiste français JR* a scénographié les lieux avec ses fameux collages photographiques réalisés à partir d'archives. Vitres cassées, murs décrépis et portes vermoulues sont habités par les portraits de ceux qui ont fréquenté Ellis Island. Très émouvant, mais dommage que les commentaires ne soient pas toujours palpitants.
– Complément intéressant à la visite d'Ellis Island, le *Tenement Museum* et ses visites guidées thématiques autour des conditions de vie des immigrants au début du XXe (voir le descriptif dans « East Village, NoHo et Lower East Side »).
|●| ☍ Le *Ellis Island Café,* au rez-de-chaussée, est inspiré d'un réfectoire à tous points de vue, nourriture comprise ! Vaste terrasse panoramique agréable par beau temps.

🕺🕺🕺 🕺 ⟨ *Staten Island Ferry* (zoom 1) : *à la pointe sud de Manhattan.* ● *siferry. com* ● Ⓜ *(1, 9) South Ferry. Départs du Whitehall Terminal de Manhattan 24h/24, ttes les 15-30 mn. Durée de la traversée : 25 mn. GRATUIT.* Ce ferry orange plus que centenaire (1905) transporte chaque jour près de 60 000 personnes. Le ferry n'accoste pas sur Liberty Island ni sur Ellis Island, mais les fauchés et les autres ne manqueront pas cette expérience inoubliable, surtout à la tombée de la nuit : on admire le soleil couchant sur la *skyline* de Manhattan et la statue de la Liberté !

🕺🕺 *Museum of Jewish Heritage* (zoom 1) : *36 Battery Pl (et 1st Pl).* ● *mjhnyc. org* ● Ⓜ *(4, 5) Bowling Green. Dim-jeu 10h-18h (20h mer-jeu), ven 10h-17h (15h oct-mars). Fermé sam, pdt certaines fêtes juives et à Thanksgiving. Entrée : 12 $; réduc ; gratuit moins de 12 ans et pour ts mer 16h-20h. Audioguide en français inclus. Expos temporaires très fréquentes et parfois avec supplément.*
Ce musée historique dédié au peuple juif et à son implantation aux États-Unis occupe un bâtiment moderne en forme de pyramide à 6 côtés, en hommage aux 6 millions de victimes de la barbarie nazie. À l'heure où le racisme et l'antisémitisme reprennent un bien mauvais souffle en Europe, c'est un musée passionnant, ni larmoyant ni accusateur. *Attention, certaines grandes expositions temporaires peuvent bousculer la muséographie des collections permanentes.*
– *Rez-de-chaussée : la vie juive traditionnelle* (Jewish Life). De nombreux documents et films retracent la vie des juifs et leurs traditions de 1880 à 1930 : mariage, shabbat, éducation, culte, métiers... Quelque 2,6 millions d'entre eux quittèrent l'Europe pour les États-Unis dans ces années, réduisant de 75 à 58 % la part mondiale de juifs restée sur le Vieux Continent.
– *1er étage : l'Holocauste* (The War Against Jews). De la montée du parti nazi en Allemagne dans les années 1920 aux lois racistes de Nuremberg en 1935 et les 1res persécutions, se posa la difficile question « *To stay or to go ?* » pour les juifs allemands, à l'image de ces familles déchirées et de leurs 10 000 enfants réfugiés en Grande-Bretagne ou encore du *Saint-Louis,* ce paquebot transportant 900 juifs

qu'aucun pays ne voulait accueillir en 1939... Puis l'invasion de la Pologne en 1940 et le ghetto de Varsovie, les camps d'extermination, la collaboration française, la Résistance... Les murs sont couverts de photos des disparus, les témoignages vidéo des survivants de la Shoah se révèlent dignes, des objets les rendant plus poignants encore.

– *2e étage : la création d'Israël.* Section consacrée à l'après-guerre et au renouveau juif, avec la création de l'État d'Israël. Clin d'œil audiovisuel aux grands artistes juifs : les chanteurs Bob Dylan, Paul Simon, Barbara Streisand ; les hommes de cinéma Woody Allen, Dustin Hoffman, Steven Spielberg... Et là, alors qu'on l'avait un peu oubliée, la statue de la Liberté se dresse – majestueuse et sereine – derrière les baies vitrées !

🍸 *Lox Café :* au 1er étage. Tlj sauf sam. Accès à ts, visiteurs ou non du musée. Très belle vue sur la statue de la Liberté et Ellis Island !

🏙 *Skyscraper Museum* (zoom 1) : *39 Battery Pl (et 1st Pl).* ● skyscraper.org ● *Face au Museum of Jewish Heritage.* Ⓜ *(4, 5) Bowling Green. Mer-dim 12h-18h. Entrée : 5 $; réduc ; gratuit moins de 12 ans.* Modeste petit musée consacré aux gratte-ciel. Sa collection permanente se résume à un mur de photos montrant les principaux édifices du genre depuis le milieu du XIXe s à nos jours. Dans cette chronologie illustrée, New York et Chicago affichent leur concurrence, avant d'être rattrapés par de récents édifices élevés en Chine, à Dubaï, à Jeddah, etc. Puis une autre petite section sur le World Trade Center dans ses 2 versions... Aussi des expos temporaires. Pour les mordus d'architecture surtout, car le musée est vraiment modeste et sa présentation assez brouillonne.

🏛 *National Museum of the American Indian – George Gustav Heye Center* (zoom 1) : *1 Bowling Green (et State).* ● nmai.si.edu ● Ⓜ *(4, 5) Bowling Green. Tlj (sauf Noël) 10h-17h (20h jeu). GRATUIT. Visites guidées gratuites en anglais (consulter le programme quotidien).*

La façade

Face aux testicules tant dorlotés de la célèbre statue en bronze du taureau en position d'attaque, à l'endroit même où *le gouverneur*

Peter Minuit aurait acheté l'île aux Indiens Manhattes en 1626 pour la modique somme de 60 florins (soit environ 25 $!), le musée occupe l'*Alexander Hamilton Custom House.* Cet imposant bâtiment construit en 1907 doit sa grandiloquence aux taxes de douane prélevées sur les marchandises arrivant au port de New York. Il faut détailler les sculptures de la façade de style « French Beaux-Arts » (réalisées par Daniel Chester French, celui du Lincoln Memorial à Washington DC). Devant la façade, les figures féminines symbolisent les 4 grands continents. Celui de l'Amérique montre une maîtresse femme, brandissant la torche du Progrès, flanquée d'un Indien qu'elle cache complètement et d'un ouvrier à genoux sous son bras protecteur. Bref, les fantasmes de l'Amérique triomphante ! Quant aux statues tout en haut, sur la corniche, elles représentent les grandes puissances maritimes de la planète : Venise avec son doge et sa gondole, ou encore la Scandinavie avec une femme viking...

La visite

À l'intérieur, *grandiose rotonde ovale* aux murs et comptoirs en marbre, dont la coupole – surmontée d'une verrière – affiche une déco toute maritime. De là, on accède aux salles d'exposition. Dépendant de la prestigieuse *Smithsonian Institution de Washington DC,* le musée fut fondé au début du XXe s par un banquier new-yorkais, George Gustav Heye, qui rassembla au cours de ses voyages des objets provenant des différentes tribus indiennes : de l'Arctique à la Terre de Feu en passant par les États-Unis, les Caraïbes, les Andes... Couvrant une période de 10 000 ans, cette collection compte aujourd'hui plus de 1 million de pièces ! C'est l'une des plus complètes au monde. Et comme il est impossible de tout exposer en même temps, le musée compte une **expo permanente de 700 objets** (*Infinity of Nations* ; entrée au fond de la rotonde) et 2 autres galeries (à droite et à gauche de la rotonde) où l'on fait tourner les objets de la collection lors d'**expos temporaires thématiques,** selon une muséographie de qualité, didactique et aérée. Céramiques, habits traditionnels, vanneries, coiffes à plumes, sceptres, instruments de musique, statuettes votives, totems, armes, etc. Tous ces objets traditionnels – superbes pour la plupart – nous éclairent sur l'environnement, l'économie, l'habitat, l'armement, les techniques de chasse, l'alimentation, les croyances, l'organisation sociale et les divertissements de chaque peuplade... On recense actuellement plus de 1,5 million de *Native Americans* (ou *American Indians*) aux États-Unis, voir le mur présentant les noms des 559 tribus recensées. Environ 30 000 d'entre eux ont élu domicile à New York, pas mal vivent en Californie et dans l'Oklahoma, tandis que les autres se répartissent dans les 280 réserves du pays.

🏛 *Fraunces Tavern Museum* (zoom 1) **: 54 Pearl St (et Broad).** ● *frauncestavernmuseum.org* ● Ⓜ (4, 5) Bowling Green ou (J, Z) Broad St. Tlj (sauf Thanksgiving, Noël et Nouvel An) 12h (11h w-e)-17h. Entrée : 7 $; réduc ; gratuit moins de 5 ans. Cette belle bâtisse en brique de style géorgien doit son nom à l'Antillais Samuel Fraunces, maître d'hôtel de George Washington, qui en fit une taverne en **1762.** Devenue populaire, elle fut même un lieu de réunion pour les jeunes révolutionnaires. Ainsi, Washington offrit, au 1er étage *(2nd Floor),* un

LA DENT DE L'INDÉPENDANCE

Dans le Fraunces Tavern Museum, essayez de repérer le bout de dent de George Washington montée en pendentif. C'est qu'il eut à en découdre avec ses quenottes dès l'âge de 20 ans. Lorsqu'il prêta serment, il n'avait plus qu'une seule dent... La boursouflure des lèvres du président, due à ses disgracieux râteliers jaunis taillés en ivoire d'hippopotame, dents humaines et ferraille, serait visible sur le portrait de Gilbert Stuart (1796). Pas de chance, c'est celui qui figure sur le billet de 1 $!

grand dîner d'adieu à ses troupes après le départ des Anglais, en 1783. Cette salle, **The Long Room,** a été conservée en l'état. Au même étage, au fond de **The Clinton Dining Room,** honorant le 1er gouverneur américain de NY, remarquez le papier peint évoquant la guerre d'Indépendance, fabriqué en Alsace par la manufacture Zuber (toujours en activité) en 1838 ; un « art » très en vogue dès la fin du XVIIIe s... Ce musée commémore ainsi la guerre d'Indépendance à grand renfort d'armes, de drapeaux, de manuscrits, de tableaux, de gravures, de meubles et d'autres objets anciens très divers... Bref, une visite surtout pour les fanas de l'histoire américaine. Au rez-de-chaussée, ladite taverne est toujours là, avec son décor chaleureux (voir plus haut **The Porterhouse Brewing Co.** dans les rubriques « Où manger ? » et « Où boire un verre ? »).

FINANCIAL DISTRICT

🏛🏛 *Wall Street* (zoom 1) **:** le nom de cette célébrissime rue aurait 2 origines. D'abord, la plus connue : **un mur construit en 1653 par les Hollandais** pour se protéger des Indiens. Il aurait été détruit 40 ans plus tard par les Anglais qui s'étaient entre-temps emparés de New Amsterdam pour la rebaptiser New York. Autre version rapportée par Eloïse Brière, lointaine descendante des Français arrivés au XVIIe s, dans son livre *J'aime New York* : « Là pas de mur, mais la présence de Wallons francophones, 1ers à s'installer dans le quartier... » ; bien avant les traders et autres golden boys ! Wall Street est aujourd'hui le siège de la Bourse américaine et aussi *le centre financier de la planète,* où les courtiers spéculent sur la santé économique du monde. Mais cette rue de buildings a connu des hauts et des bas. Quelques dates resteront dans l'Histoire, comme ce lundi 19 octobre 1987, plus connu

SO BULLISH !

Sur le terre-plein central de Bowling Green, cette statue en bronze d'un taureau en position d'attaque, signée en 1989 par l'artiste italien Arturo di Modica, est devenue l'icône du quartier financier de Wall Street. Dans le jargon boursier et financier, on est « bullish » (de bull, « taureau ») quand on est positif et optimiste sur l'avenir. Inversement, on est « bearish » (de bear, « ours ») quand on est pessimiste sur la conjoncture ou l'état d'une entreprise.

sous le nom de *Lundi noir,* où la Bourse enregistra sa chute la plus brutale depuis le *Jeudi noir* de 1929...

Puis, lors des attentats du 11 septembre 2001, tout le quartier de Wall Street a été paralysé. Pour la 1re fois depuis la Seconde Guerre mondiale, la Bourse de New York a fermé ses portes pendant 6 jours ! Aujourd'hui encore, la sécurité est omniprésente et une bonne partie du secteur accessible uniquement à pied.

➤ Maintenant, en route pour une *balade le long de Wall Street !*

– Au n° 1 (angle Broadway), bel et sobre édifice Art déco accueillant les bureaux de la *Bank of New York.* Impossible de manquer, juste en face, la belle *Trinity Church* (voir le paragraphe sur Broadway, un peu plus loin)...

– Puis point d'orgue de Wall Street : le *New York Stock Exchange* (zoom 1), N.Y.S.E. pour les initiés. La Bourse de New York, quoi ! Elle fut fondée en 1792 et affiche une façade *Greek Revival* à colonnes et chapiteaux surmontés d'un fronton de temple antique. Lui faisant face, voici la petite *statue en bronze de la Fille sans Peur* (Fearless Girl, œuvre de Kristen Visbal ; 2017) qui, mains sur les hanches et menton effronté, dénonce l'inégalité des sexes dans les entreprises. En 1er lieu, elle avait été installée clandestinement face au fameux taureau de Bowling Green ; un emplacement qui fit polémique...

ET POURQUOI PAS DES SIGNAUX DE FUMÉE ?

Pour connaître au plus tôt l'évolution du marché, les 1ers investisseurs ne manquaient pas d'imagination : pigeons voyageurs lâchés des paquebots transatlantiques dès qu'ils approchaient des côtes, signaux lumineux ou drapeaux relayés d'immeubles en collines... Il ne fallait guère plus de 1h30 pour qu'une nouvelle parvienne de Philadelphie à New York. Au sein même de Wall Street, un courtier eut l'idée d'utiliser des daims pour véhiculer les cotations entre la Bourse et les bureaux. Un système délirant qui perdura jusqu'à l'avènement du télégraphe !

– Au n° 26 (angle Nassau St), le *Federal Hall National Memorial* (● nps.gov/feha ● ; tlj sauf w-e et j. fériés 9h-17h ; GRATUIT ; visite guidée gratuite de 30 mn, horaires à droite en entrant). Cet étonnant bâtiment a lui aussi été construit dans le plus pur style grec antique en 1842, à l'emplacement d'un édifice antérieur. Celui-ci servait de siège au gouvernement américain lorsque New York fut, l'espace de quelques années, la capitale des tout jeunes États-Unis d'Amérique, juste après l'indépendance. C'est pour cette raison qu'une statue de George Washington se dresse juste devant. On y entre pour admirer la rotonde et sa coupole, puis visiter quelques salles d'expo sur l'histoire du lieu. Également une intéressante section sur les différents sites des *National Parks of New York Harbor* (● nps.gov/npnh ●), dont le Federal Hall fait partie...

– *Au n° 48,* superbe immeuble néo-Renaissance (1928) de l'ancienne et prestigieuse *Bank of New York,* établissement fondé en 1784 par Alexander Hamilton, l'inventeur de la Bourse de NY en 1792 et architecte de l'économie de marché. À sa mort (en duel au pistolet !), ce dernier fut enterré à Trinity Church, toute proche...

– *Au n° 55,* notez la double rangée de colonnes néoclassiques du *Cipriani Ballroom,* autre *landmark* du quartier, construit en 1841 et qui abrita notamment le siège de la *National City Bank...*

– *Au n° 74,* cette arche sculptée d'ancres, de bateaux et de créatures marines (1927) marque l'entrée de l'ancienne *Seamen's Bank for Savings,* la banque des marins à 2 pas du vieux port de NYC. Encore d'autres décors maritimes sur les façades de Wall Street, comme au *n° 67,* sur le bâtiment de la *Munson Steamship Comp.,* élevé en 1929...

– Puis, *en remontant William Street* vers le nord pour gagner le 28 Liberty Plaza, on admire un *Groupe de quatre arbres* du sculpteur français Jean Dubuffet (1972).

– À l'angle de William et Liberty Street, voici la *Federal Reserve Bank* (la *Fed,* pour les intimes des marchés financiers ; *zoom 1*). Derrière cet édifice de style florentin se cachent *un quart des réserves d'or mondiales* et une autorité économique dont les décisions ont des retentissements sur la planète entière. On y stocke 300 milliards de dollars, certes, mais on y détruit aussi chaque jour 100 millions de dollars de billets de banque usagés. *Visites guidées (1h ; entrée par le 44 Maiden Ln) du coffre-fort (Museum & Gold Vault Tour) :*

POUR TOUT L'OR DU MONDE

La Federal Reserve Bank abrite gratuitement depuis la Seconde Guerre mondiale, outre les réserves d'or du pays, celles de 36 banques centrales étrangères et d'organisations internationales. Pratique pour les transactions en direct ! Le coffre-fort ultra-sécurisé est situé à plus de 15 m au-dessous du niveau de la mer. Les 530 000 lingots sont placés sous l'entière responsabilité de 3 personnes seulement. Celles-ci supervisent tout, y compris le changement d'une ampoule !

résas en ligne (● newyorkfed.org ●) pile 1 mois avt la visite, en sem seulement, à 13h et 14h ; GRATUIT.

🎖 ⟨ *Elevated Acre (plan 1, C6) :* 55 Water St. Ⓜ (J, Z) Broad St (et Old Slip). Coincé entre les gratte-ciel, un providentiel espace de verdure auquel on accède par un escalator à droite du Chase Center. Comme c'est le seul du quartier des Finances, les *police officers* viennent y grignoter vite fait leur sandwich le midi, dans le bruit de la route en contrebas. Les touristes, eux, profitent surtout de la vue géniale sur le pont de Brooklyn, l'East River et Governors Island !

🎖🎖 *Broadway (zoom 1) :* c'est l'avenue la plus longue de Manhattan, qui la traverse intégralement du sud au nord. Attention, le quartier éponyme, connu pour ses théâtres et salles de spectacle, se trouve du côté de Times Square. À Lower Manhattan, commencer la balade au *n° 75 (angle Wall)* par l'élégante *Trinity Church (zoom 1 ; ● trinitywallstreet.org ● ; tlj 7h-18h ; concerts réguliers, se renseigner) ;* objet de nombreuses photos avec les gratte-ciel en fond, elle date seulement de 1846, mais a été en fait reconstruite 2 fois, après un incendie et une démolition. Sa façade a fait scandale au moment de la construction, car le grès rouge n'était pas considéré comme un matériau noble. Le cimetière qui l'entoure montre un vrai côté campagnard et, en été, plein de gens viennent y chercher un peu de fraîcheur un moment de paix.

– En remontant sur Broadway, au *n° 120 (entre Cedar et Pine),* la façade de l'*Equitable Building (zoom 1)* semble avoir été coupée en 2. Sa construction, au début du XXe s, a déchaîné les passions. On protesta contre sa taille : il faisait trop d'ombre aux autres rues ! En forme de « H » et élevé sur un socle orné d'aigles en pierre, cet immeuble néo-Renaissance possède 4 entrées et pas moins de 5 000 fenêtres ! Après son inauguration, une loi fut adoptée qui réglementerait désormais la taille et la forme des buildings pour faciliter la ventilation et l'éclairage des rues.

– Une autre église sur Broadway, au *n° 209 (angle Ann),* anachronique avec son fronton de temple grec, **Saint Paul's Chapel** *(zoom 1 ; ● trinitywallstreet.org ● ; tlj 10h-18h ; nombreux concerts, se renseigner).* C'est la plus ancienne église de la ville, élevée en 1766. Washington y célébra sa nomination de 1er président des États-Unis d'Amérique. Son prie-Dieu y est exposé. En plein Financial District, le petit cimetière au milieu des buildings, orné d'une cloche offerte par les Britanniques en 2002, apparaît lui aussi surréaliste ! Centre stratégique des secours le 11 septembre 2001, l'église est devenue un lieu de mémoire. À l'intérieur, on a conservé un banc portant les marques laissées par les pompiers et autres sauveteurs qui venaient s'y nourrir, se soigner et se reposer. Émouvant pour les photos, vidéos, témoignages, ex-voto et reliques en tout genre devant lesquels viennent se recueillir les New-Yorkais.

– Enfin, au *n° 233 (entre Barclay et Park Pl),* ne manquez pas non plus le **Woolworth Building** *(zoom 1).* Construit en 1913 dans un style néogothique flamboyant. Glissez-vous dans le hall d'entrée pour apercevoir les plafonds dorés à la feuille d'or, les voûtes de style byzantin et les ascenseurs rococo-gothiques. *Visite guidée (30 mn, 1h ou 1h30) payante (20-45 $) en anglais, sur résa en ligne (● woolworthtours.com ●).*

LE QUARTIER DU WORLD TRADE CENTER

🏃🏃🏃 Longtemps surnommé *Ground Zero,* le site où s'élevaient les Twin Towers du World Trade Center est toujours en chantier, dominé par les 541 m du **One World Trade Center (One WTC),** qui fait désormais partie de la *skyline.* Pour la plus grande fierté des New-Yorkais, la tour est même, depuis la pose de sa flèche le 10 mai 2013, la plus haute du monde occidental ! Le complexe, construit autour du **9/11 Memorial** (de larges bassins carrés à l'emplacement même des Twins et un musée)

SIMPLE COMME UN COUP DE FIL

Le 7 août 1974, le funambule français Philippe Petit (né en 1949) réalisait sa traversée la plus célèbre entre les Twin Towers, à 420 m du sol, devant des New-Yorkais médusés ! Un tour de force tout à fait illégal, déjouant les services de sécurité. Cela valait bien d'être relaté dans 2 films : Man on Wire *(James Marsh, 2008 ; oscar du meilleur documentaire 2009) et* The Walk *(Robert Zemeckis, 2015).*

comprendra à terme 6 gratte-ciel, numérotés de 1 à 7 (le n° 6 étant celui du mémorial). Le *7 WTC (Vesey St, angle Greenwich Ave)* fut le seul reconstruit dans la foulée des attentats, en 2006. Plus petite tour du site (298 m tout de même !), le *4 WTC,* inaugurée fin 2013, accueille boutiques et restos tout comme le *3 WTC,* achevé en 2018. Quant au *2 WTC,* son chantier connaît des hauts et des bas, alors que *5 WTC* est encore dans les cartons...

Sur un plan plus pratique, le site comprend aussi une nouvelle gare – spectaculaire – avec sa double marquise blanche symbolisant les ailes d'une colombe, l'**Oculus – Transportation Hub,** conçu par l'architecte Santiago Calatrava et inaugurée en 2016. La gare la plus chère du monde permet à plus de 200 000 passagers d'accéder quotidiennement au réseau du métro et à la gare des trains de banlieue reliant Manhattan et le New Jersey en passant sous l'Hudson River (PATH). Enfin, entre le mémorial et l'Hudson River, le complexe commercial **Brookfield Place,** un impressionnant jardin d'hiver avec toit en verrière, abrite boutiques et restos dont un vaste *food court* et un accès direct à la promenade le long de la rivière.

Un peu d'histoire

Les Twins étaient la porte d'entrée de Manhattan et le symbole de la toute-puissance économique américaine. En arrivant par avion, c'était la 1re vision de New York, une ville ouverte sur le ciel... Avec près de 500 entreprises, 50 000 salariés, 10 000 visiteurs au quotidien et 80 000 clients des centres commerciaux, le World Trade Center symbolisait *l'adresse mythique des grandes sociétés multinationales.* D'ailleurs, le complexe possédait même son propre code postal : 10048 ! Du sommet, on avait la vision d'une immense maquette animée, entourée d'eau...

Mais au matin du 11 septembre 2001 et devant 2 milliards de téléspectateurs, *les tours nord et sud du World Trade Center se sont effondrées* en 10 secondes à peine ; frappées à mort par 2 avions de ligne détournés par des commandos-suicides d'Al-Qaida. Le bilan des victimes avoisina les 2 750 morts, dont des centaines de pompiers et de policiers ; 8 mois furent nécessaires pour tout déblayer.

Avec leurs 417 et 415 m respectifs et leurs 110 étages chacune, les Twin Towers étaient *les plus hauts gratte-ciel de New York.* Érigées au début des années 1970 dans le but de revitaliser ce quartier en perte de vitesse (164 immeubles, soit 16 blocs, ont été rasés pour permettre leur construction), elles étaient conçues pour résister aux rafales de vent, aux séismes, aux bombes (elles avaient déjà survécu à un 1er attentat en 1993) et même, en principe, à l'impact d'un Boeing 707 lancé à 950 km/h... On avait néanmoins omis un détail fondamental : la fusion des structures en métal, résultant de la chaleur extrême dégagée par l'incendie attisé par l'explosion du kérosène.

La reconstruction du site fut ponctuée de rebondissements. La 1re pierre de la Freedom Tower, rebaptisée ensuite One World Trade Center (One WTC), a été posée *le 4 juillet 2004.* Mais, pendant de longues années, le chantier est resté au point mort et il a fallu attendre 2012 pour voir sa silhouette complète s'élancer dans le ciel new-yorkais, dominant la ville, de loin comme de près. Le plan initial de Daniel Libeskind a finalement été modifié en raison des intérêts contradictoires des familles des victimes, des architectes, des milieux d'affaires, des promoteurs, de la police de New York, des politiques ; mais aussi eu égard aux exigences du promoteur Larry Silverstein, lequel avait signé 6 semaines avant les attentats un bail de location des 2 tours de 99 ans, tout en pensant à s'assurer contre le risque terroriste ! La maîtrise d'œuvre du projet fut confiée à *l'architecte américain David Childs* du cabinet Skidmore Owings et Merrill. Si la hauteur de la nouvelle tour, initialement fixée par Libeskind à 1 776 pieds *(541 m, dont 124 m d'antenne),* chiffre symbolique de la date de l'indépendance des États-Unis, a été maintenue, son design a bien évolué. Le *One WTC* est une « tour-forteresse » à facettes, éclairée en écho à la torche de la statue de la Liberté. Mais celle qui devait être provisoirement la plus haute tour du monde habitée s'est vue rapidement détrônée par sa rivale de Dubaï, la Burj Al-Khalifa (828 m !) réalisée d'ailleurs par les mêmes architectes. Elle conserve, cependant, son statut de *plus haut building des États-Unis.*

🏃🏃 🏃 ⬅ *One World Observatory* (zoom 1) *: 285 Fulton St (accès à l'angle de West et Vesey).* ● *oneworldobservatory.com* ● Ⓜ *(E) World Trade Center ou (R) Cortlandt St. Tlj 9h-21h. Dernière admission 45 mn avt. Billet standard (avec créneau horaire) : 34 $; réduc ; 28 $ pour les 6-12 ans ; gratuit moins de 5 ans. Aussi des billets plus chers avec coupe-file pour les contrôles de sécurité et horaires flexibles. Résa en ligne à l'avance vivement conseillée (si le jour J, la visibilité est mauvaise, on vous avertit avec changement possible). Tablette tactile (One World Explorer) commentant le panorama : 15 $.* Depuis 2015, soit 14 ans après l'attaque terroriste du 11 septembre 2001, le public peut à nouveau admirer la vue extraordinaire depuis l'observatoire du One World Trade Center, *véritable symbole de la résilience américaine...* On accède au *102e étage* par une volée d'ascenseurs, les plus rapides du monde paraît-il, conçus comme des capsules à voyager dans le temps. La montée (47 s, donc 37 km/h !) est une attraction en soi ! Des images défilent sur des écrans haute définition, retraçant à toute vitesse la construction de New York, depuis les marécages des origines jusqu'à la forêt de gratte-ciel. Trop rapide, on voudrait que ça dure plus longtemps ! Là-haut, la vision dégagée à 360°, à travers les baies vitrées, est celle d'une maquette animée. Un spectacle à couper le souffle, mais très différent de la vue qu'offrent les observatoires de l'Empire State Building ou du Top of the Rock, situés plus au centre de Manhattan pour une vision plus globale et plus étendue sur la ville ; la verdure de Central Park en prime ! Ici, on embrasse seulement la pointe sud de Manhattan pour comprendre – d'un seul coup – la géographie de cette ville, entourée d'eau. On reprend aussi conscience que New York est un port. Par beau temps, le regard porterait jusqu'à 80 km à la ronde et dans des conditions météo optimales, on pourrait même commencer à voir la courbe de la Terre ! Côté sécurité, les ingénieurs ont mis le paquet. Détecteurs de métaux dignes d'un aéroport, larges escaliers de secours, ascenseur d'urgence pour les pompiers et réservoirs d'eau sont englobés dans un cœur d'acier vertical, lui-même protégé par une couche de béton ; le tout prévu pour résister aux attaques de camions piégés ou aux impacts d'avions.

🚊 🍴 🍸 ***Restaurants panoramiques :*** une fois là-haut, il existe 2 options différentes au 101e étage. Resto chic, ou bar-lounge pour siroter un cocktail accompagné de petites assiettes de bons produits « made in New York ». Magique au coucher du soleil !

🥾🥾 ***9/11 Memorial*** *(zoom 1) :* *180 Greenwich Ave, sur l'esplanade du site.* ● *911memorial.org* ● Ⓜ *(E) World Trade Center ou (R) Cortlandt St. GRATUIT.* Au pied du One WTC se trouvent les ***North Pool*** et ***South Pool*** du mémorial, inauguré par Barack Obama le 11 septembre 2011, pour le 10e anniversaire de la tragédie. Longtemps attendu par les familles des victimes, c'est une réussite magistrale ! Réalisé sur le ***thème de l'absence et du silence*** par l'architecte israélo-américain Michael Arad, le mémorial est un jardin du souvenir planté de chênes blancs, entourant ***2 immenses***

LE MIRACULÉ DU 11 SEPTEMBRE

Entre les 2 bassins du mémorial se tient un poirier encerclé d'une barrière métallique. Aujourd'hui seul au milieu de la forêt de chênes blancs, il s'élevait sur la place centrale du World Trade Center. Retrouvé sous les décombres, il fut chouchouté dans un parc de la ville jusqu'à ce qu'il reprenne vie et soit replanté ici. Le Survivor Tree est devenu pour les New-Yorkais un véritable symbole d'espoir et de renouveau après avoir survécu à 2 nouvelles catastrophes : une tempête en 2010 et l'ouragan Sandy en 2012 !

et impressionnants bassins vides et profonds, construits aux emplacements mêmes des Twins. D'immenses chutes d'eau (9 m de hauteur) tombent en cascade dedans, aspirées dans un puits central dont on ne voit pas le fond. Le symbole est fort, un brin angoissant mais paisible : malgré le passage du temps, l'eau ne remplit jamais les bassins et les vies détruites ici ne seront pas remplacées. À la demande des familles, ***les noms des 2 983 victimes des attentats de 2001 et 1993 sont gravés*** sur des parapets en bronze tout autour des bassins, non pas par ordre alphabétique, mais en fonction des liens entre les disparus. Très poignant, c'est un lieu à la fois figé et en mouvement qui invite naturellement au recueillement. Tous les 11 septembre au matin, le mémorial est inondé de lumière, aucune ombre ne devant passer ce jour-là. L'ensemble du site, la hauteur décroissante des différentes tours, les reflets, tout a été étudié au millimètre près dans ce but !

Au sud, sur une esplanade en hauteur, le ***Liberty Park*** offre une belle vue générale sur le site : jetez un œil à ***The Sphere,*** ce globe de cuivre monumental un peu amoché de Fritz Koenig (symbole de paix globale...), qui trônait jadis au pied des tours jumelles. Quant à l'*église orthodoxe St. Nicholas,* détruite par l'effondrement des Twins, elle a été reconstruite et ouverte aux fidèles en 2018...

🎿🎿🎿 *9/11 Memorial Museum* (zoom 1) *: 180 Greenwich Ave (entre Fulton et Liberty). ● 911memorial.org ● Ⓜ (E) World Trade Center ou (R) Cortlandt St. Tlj 9h-20h (21h ven-sam). Dernière admission 2h avt. Entrée : 26 $; réduc ; 20 $ pour les 13-17 ans ; 15 $ pour les 7-12 ans ; gratuit moins de 7 ans et pour ts mar dès 17h (nombre limité de billets, donc arriver dès 17h). Inclus dans le CityPass. Audioguide en français payant, mais appli smartphone gratuite. Visite guidée en anglais du musée (1h) 20 $; du mémorial (45 mn) 15 $; musée + mémorial (1h30) 49 $; spécial jeunes et familles (1h) 13 $; réduc. Brochure de visite pour les enfants (en anglais seulement). À l'auditorium, témoignages live poignants de personnes ayant vécu l'attaque et projections de films divers sur le sujet.*

Accessible par un pavillon de verre et d'acier entre les 2 *pools* du mémorial, le musée a été construit *dans les entrailles mêmes des Twins.* Évidemment, ce n'est pas le genre d'endroit qu'on visite à la légère, notamment avec des enfants. Rendre hommage aux victimes et aux survivants, préserver le site et les objets qu'il renferme, faire comprendre l'indicible, tout en tenant compte des sensibilités des uns et des autres, la tâche n'était pas simple ! Mais c'est peu dire que cet endroit bouleversant fait polémique, parfois accusé de mélange des genres, hésitant entre lieu de mémoire et musée, en plus du prix prohibitif.

Passé les portiques de sécurité, commence la descente dans cet immense espace souterrain aux dimensions de cathédrale pour découvrir les fondations des tours originelles et, surtout, cette saisissante œuvre de Spencer Finch (2014) composée de 2 983 aquarelles, une par victime, dans un camaïeu de tons bleus doux pour *Essayer de se rappeler la couleur du ciel ce matin de septembre* ; tel est son titre. Derrière ce mur, marqué de la citation de Virgile « Rien ne vous effacera jamais de la mémoire du temps », se trouvent les 8 000 restes de 1 100 victimes non identifiées. Des reliques humaines dans un musée. Certains proches de victimes ont du mal à se faire à l'idée...

Puis l'exposition restitue, de manière huilée et interactive, dans un environnement en constante animation, le timing des 102 mn qui ont fait basculer le 11 septembre 2001 dans l'horreur. Le tout méticuleusement documenté, filmé, photographié, minuté, décortiqué même, dans un amas impressionnant d'objets mis en scène et érigés en reliques – comme les effets personnels de victimes –, parfois presque en œuvres d'art contemporain à l'image de ces poutres d'acier tordues, de ces copeaux de carlingue d'avion, de ces surréalistes camions de pompiers écrasés... Une restitution poignante et très complète, passionnante et instructive, mais on n'a pas fait dans la demi-mesure, jusqu'aux clichés, insupportables, des dizaines de personnes se jetant dans le vide ou les appels désespérés de victimes laissés sur les répondeurs de leurs proches, quelques instants avant leur mort diffusés en boucle. *Fallait-il en faire autant ?*

C'est là que résident les divergences de vue avec des proches de victimes qui n'apprécient guère non plus le ton mercantile de la boutique où l'on peut offrir à son toutou un manteau à l'effigie des héros canins du 11 Septembre ! Parfois, on ne sait plus très bien ce qui dérange, la violence objective des faits ou la manière dont ils sont restitués, voire exploités. Des portes de sortie ont d'ailleurs été disposées tout au long du parcours, pour permettre aux visiteurs qui en ressentent le besoin de quitter les lieux avant la fin...

Alors, musée ou lieu de mémoire ? Voyeurisme ou page d'Histoire restituée froidement et minutieusement dans toute sa barbarie ? À chacun de se forger son opinion, en prenant le temps de parcourir cet espace unique au monde. La patine du temps justement, la distance entre mémoire et Histoire, c'est peut-être ce qui manque encore le plus cruellement à ces événements beaucoup trop présents dans l'esprit de tous pour les aborder avec un regard apaisé.

♜♜♜ Oculus – Transportation Hub (zoom 1) **:** *à l'angle de Fulton et Church St.* Ⓜ *(E) World Trade Center ou (R) Cortlandt St.* Très contestée pour son coût pharaonique, « *la gare la plus chère du monde* » – 4 milliards de dollars au lieu de 2 ; et 7 ans de retard ! – se révèle *une prouesse architecturale* derrière sa spectaculaire silhouette blanche tout en mouvement, signée par l'architecte espagnol Santiago Calatrava, dont on reconnaît tout de suite le style. Une vraie respiration entre les tours. Devenu rapidement une attraction touristique, ce fameux Oculus est un hall central ovale aux dimensions de cathédrale – 111 m sur 49, plus grand encore que celui de Grand Central ! –, coiffé d'un peigne de poutrelles d'acier dirigées vers le ciel, semblables aux ailes d'une colombe ou à une carène de navire renversé. On a l'impression d'être dans un film de science-fiction ! La nuit, cette structure illuminée sert de phare au quartier... Depuis 2016, quelque 200 000 *commuters* transitent par ce *hub* qui relie entre eux les trains de banlieue desservant le New Jersey (PATH) et 11 lignes de métro, avec des passages souterrains entre les différentes tours du World Trade Center, et, bien sûr, quantité de boutiques et restos.

♜ 9/11 Tribute Museum (zoom 1) **:** *92 Greenwich Ave (et Rector).* ● *tributemuseum.org* ● Ⓜ *(1) Rector St. Tlj 10h-18h (17h dim). Dernière admission 30 mn avt. Entrée : 15 $; réduc ; 5 $ pour les 8-12 ans. Visites guidées dans le quartier (1h15) en anglais tlj à 11h, 12h, 13h, 14h et 15h, menées par des bénévoles rescapés ou proches des victimes : 35 $ (entrée du musée incluse) ; réduc.* Nettement plus sobre que le 9/11 Memorial Museum, mais tout aussi émouvant. Autofinancé par les familles de victimes et les visiteurs, ce mémorial compte, bien sûr, quelques impressionnants vestiges mis au jour dans les décombres du World Trade Center, comme ce hublot provenant d'un des avions. Mais il s'attache surtout à raconter cette funeste journée à travers les histoires authentiques d'hommes et de femmes affectés à jamais par la catastrophe. Victimes coincées dans les étages les plus élevés des tours, secouristes ou simples citoyens venus porter secours, proches se trouvant dans l'impossibilité de faire leur deuil... Une foule de panneaux, films, extraits sonores et photos rendent un hommage simple et vibrant aux victimes. Pas bien grand ni clinquant mais bigrement efficace et portant l'ambition de faire du *people helping people* un idéal social !

➤ Minicroisière sur un vieux clipper : ● *manhattanbysail.com* ● *De fin avr à mi-oct. Croisière (1h30), au moins 3 départs/j. de North Cove Marina (plan 1, B5-6) ou de The Battery (Battery Park ; zoom 1). Tarif : 45 $; réduc.* Ces sympathiques balades sont organisées à bord du *Shearwater* et du *Clipper City,* 2 élégants navires à voiles quasi centenaires, dont la route croise la flamme de Miss Liberty, bien évidemment. Également des croisières à thème *(champagne, wine tasting, sunset...).*

Itinéraire le long de l'Hudson River

♜♜ ⇐ Battery Park City (plan 1, B6) **:** ● *bpcparks.org* ● Dans la continuité de The Battery (Battery Park) à la pointe sud de Manhattan, où se trouvent les embarcadères pour la statue de la Liberté, Ellis Island ou Staten Island, les berges de la rivière Hudson ont été aménagées d'allées, de bancs, de pelouses et de jeux pour enfants. Le parcours est accessible aux cyclistes comme aux piétons. Une magnifique balade qui s'inscrit dans le renouveau du quartier, tout en profitant de la vue sur Jersey City et sa nouvelle *skyline,* juste en face. On passe par **South Cove,** une petite crique plutôt nature avant d'atteindre **North Cove,** marina dotée d'une esplanade où les patineurs viennent s'amuser en hiver *(The rink of Brookfield).* C'est aussi la porte d'entrée du complexe commercial **Brookfield Place** (plan 1, B5), aménagé sur le site du World Financial Center, avec ses verrières haut perchées et ses dizaines de commerces et de restaurants donnant sur l'eau (voir plus haut **Hudson Eats** dans « Où manger ? »). En traversant Brookfield Place, on peut rejoindre le site du World Trade Center...

Mais en continuant la promenade vers le nord, on parvient à l'embarcadère **World Financial Center Pier,** puis à l'**Irish Hunger Memorial.** Signée Brian Tolle (2002), cette étrange composition présente un bout de campagne irlandaise verdoyante avec une maison de pierre abandonnée, des champs en jachère... Ce mémorial – totalement anachronique au milieu des buildings – commémore la triste et meurtrière famine que traversa le pays au XIXᵉ s.

🎭🎭 La balade continue vers le nord, direction SoHo, Meatpacking et Chelsea, avec une succession de *piers* aménagés ou en cours de réhabilitation, des allées paysagères, des terrains de tennis, des avancées au-dessus de la rivière offrant des points de vue uniques, comme aux **Piers 26 et 34** par exemple. Au **Pier 25,** de mémorables parties de beach-volley en été, un minigolf et un *skate park.* Possibilité de faire du kayak gratuitement à partir du **Pier 26** (● *downtownboathouse. org* ●). On parvient ensuite rapidement à l'immense **Pier 40** où l'on peut pratiquer presque tous les sports ! Voir plus loin le chapitre sur Greenwich et Meatpacking.

🎭 ← **Liberty State Park** (hors plan 1 par B5) **:** *sur l'autre rive de l'Hudson, côté New Jersey.* ● *libertystatepark.org* ● *Accès en ferry depuis le World Financial Center Terminal (Brookfield Place/Battery Park City terminal), au bout de Vesey St (plan 1, B5 ;* ● *libertylandingferry.com* ● *; départ ttes les 30 mn-1h lun-ven 6h-20h45, w-e 9h-19h45 ; tarif aller : 7 $; réduc ; gratuit moins de 6 ans ; trajet : 10 mn) ; débarquement à la Liberty Landing Marina, à Jersey City.* Bordant l'Hudson River côté New Jersey, ce grand parc aux interminables pelouses offre un superbe panorama sur la forêt de buildings de Manhattan, dominée par la tour du One WTC. Au loin se détachent Brooklyn et le Verrazano Bridge. Au milieu du parc, tout contre le fleuve, se dresse aussi la silhouette fantomatique de la **Central Railroad of New Jersey,** gigantesque gare désaffectée bâtie en brique rouge en 1889. De la fin du XIXᵉ s à la crise de 1929, elle fut le passage obligé de centaines de milliers d'immigrants qui, tout juste sortis d'Ellis Island, la rejoignaient en ferry et grimpaient dans des trains vers l'intérieur du pays. Au plus fort de son activité, 128 ferries y accostaient chaque jour, débarquant 30 000 à 50 000 passagers qui s'engouffraient dans près de 300 trains !

DU CIVIC CENTER À SOUTH STREET SEAPORT

🎭 **Civic Center** (zoom 2, C5) **:** le centre administratif de New York, qui se concentre dans quelques rues au nord de Lower Manhattan. Le triangulaire **City Hall Park** met une petite touche de vert dans ce paysage bétonné. En été s'y déroulent parfois des concerts gratuits.
Au centre, le **City Hall,** la mairie de New York ; à droite, l'énorme **Municipal Building,** avec un grand portique et une belle tour blanche surmontée d'une statue dorée, qui fait penser à une pièce montée ! Juste au nord, autour de Foley Square, la cour criminelle *(Court House)* et la cour de justice fédérale et de l'État de New York *(Supreme Court).* À l'arrière-plan, entre Spruce et Beekman Street, la silhouette ondulante et nacrée de la tour en acier brossé **New York by Gehry** (8 Spruce St), réalisée en 2011 par le célèbre architecte Frank O. Gehry.

🎭 **African Burial Ground National Monument** (zoom 2, C5) **:** *angle Elk et Duane St.* ● *nps.gov/afbg* ● *Entrée du musée au 290 Broadway.* Ⓜ *(R) City Hall. Mémorial mar-sam 10h-16h (fermé nov-mars) ; musée mar-sam (sauf Thanksgiving et Noël) 10h-16h. GRATUIT.* De ce qui fut un **vaste cimetière d'esclaves noirs** pendant près de 2 siècles, il ne reste qu'un petit coin de pelouse sur laquelle se dresse un **mémorial** sobre. Tombée dans l'oubli, cette nécropole redécouverte en 1991 à l'occasion de la construction d'un immeuble a suscité beaucoup d'émotion et fut classée *National Monument* en 2006. New York, opposée aux États du Sud pendant la triste guerre de Sécession a, malgré tout, un lourd passé esclavagiste. En 1794, ce cimetière situé en dehors des limites de la cité s'étendait sur 6,6 acres et comptait sans doute 15 000 sépultures. Le petit morceau fouillé a permis d'en

NEW YORK

dégager près de 420. Puis les corps ont été à nouveau mais solennellement inhumés sur place en 2003. Et un musée intéressant, installé dans le bâtiment voisin, retrace dans ses grandes lignes le commerce triangulaire, la vie des esclaves, l'accès à la liberté lors de l'*Independance War...*

– Au bout de Duane Street, voici *Foley Square* avec, en son centre, un autre monument commémoratif d'inspiration malienne : *Tiywara,* 2 antilopes mâle et femelle stylisées. En ce qui concerne les esclaves à New York, voir aussi « Histoire. Prospérité économique et esclavage » dans « Hommes, culture, environnement », en fin de guide.

🎣 🚶 *Seaport District NYC (plan 1, C6) : petit quartier situé à l'extrémité est de Fulton St et de Lower Manhattan.* Ⓜ *(A, C, 2, 3, 4, 5) Fulton St.*
C'est le berceau de l'Amérique, *l'ancien cœur du port de New York,* hyperactif au XIX⁰ s et jusqu'au début du XX⁰ s ! C'est ici que débuta la richesse du pays, dans le ballet incessant des clippers, ces bateaux à voiles effilés et rapides qui assuraient alors le transport du fret. Et puis c'est à Seaport que Thomas Edison inaugura lui-même la 1⁰ station d'éclairage urbain à l'électricité le 4 septembre 1882...
Voici quelques années, le quartier fut sauvé de la démolition par une importante mobilisation populaire, à caractère largement sentimental. Depuis, un projet de réhabilitation bat son plein autour du *Pier 17,* où se tenait jadis le mythique *Fulton Fish Market* – plus vieux marché aux poissons du pays – déménagé dans le Bronx après 200 ans de présence ici. Les promoteurs, qui ont transformé la zone au bord de l'East River en agréable promenade, ont également remodelé le Pier 17 : un tout nouveau centre commercial design remplace désormais le marché historique, avec boutiques tendance et restos branchés... Les larges baies vitrées du complexe et la terrasse géante sur le toit offrent aussi des vues imprenables sur le Brooklyn Bridge. Un contraste saisissant avec les dernières petites rues pavées du quartier, bordées de charmantes vieilles maisons en brique, elles-mêmes dominées par les gratte-ciel du Financial District ! Dans ce décor un poil carton-pâte, on trouve le petit *South Street Seaport Museum (12 Fulton St ; voir plus loin),* dont les collections oscillent entre quelques objets maritimes, plusieurs bateaux historiques amarrés autour du Pier 16 et l'une des plus anciennes imprimeries de New York *(211 Water St)...* Également plusieurs cafés, restos et autres boutiques de fringues concentrés autour du *Fulton Market (11 Fulton St),* tout en brique et partiellement aménagé en un étonnant « cinéma tout confort », où il est possible de manger dans des fauteuils qui s'allongent *(IPIC Theater ; ● ipictheaters.com ●).*

Quelques landmarks de Seaport District NYC

– Sur Fulton Street *(entre Front et South),* le *Shermerhorn Row* constitue l'alignement des maisons les plus anciennes de la ville, datant de 1810. Construites en brique, leurs rez-de-chaussée sont aujourd'hui reconvertis en boutiques. *Autre belle rangée de row houses le long de Water Street (entre Peck et Beekman).*

– *South Street Seaport Museum (plan 1, C6) :* 12 Fulton St (entre South et Front). ● southstreetseaportmuseum.org ● Ⓜ *(2, 3) Fulton St. Mer-dim 11h-17h (19h mai-sept). Entrée : 12 $; réduc ; 6 $ pour les 2-18 ans ; visite guidée en anglais de 2 bateaux* (Wavertree et Ambrose) *incluse. Tours guidés thématiques dans le quartier en anglais et à pied payants.* Installés dans un entrepôt de 1812, quelques objets et panneaux évoquent très succinctement l'épopée maritime du port de New York, le ballet de ses paquebots transatlantiques... Le véritable intérêt du musée réside donc dans la visite guidée de plusieurs navires historiques amarrés autour du Pier 16. D'abord, le 3-mâts cargo *Wavertree* (1885), qu'un passionné a rapporté d'Argentine ; puis le bateau-phare *Ambrose* (1907), ancré naguère sur l'East River ; sans oublier un coup d'œil au petit remorqueur *W.O. Decker* (1930) et à la goélette *Pioneer* (1885)... Et à une rue de là, le musée compte aussi l'une des plus anciennes imprimeries de New York, *Bowne & Co. Printers (plan 1, C6 ; ✺ 526 ; 211 Water*

St ; ☎ 646-315-4476 ; tlj 11h-19h ; GRATUIT) : juste quelques vieilles machines typographiques au fond d'une boutique à l'ancienne, qui fonctionnent toujours pour la gloire du métier ! Ils vendent leurs tirages artistiques et de beaux carnets, calendriers, cartes postales et agendas vintage, évoquant New York.

➤ Au départ du **Pier 16,** le musée organise aussi des croisières à bord de la char-mante goélette **Pioneer** *(de fin mai à début sept, tlj sauf lun-mar ; billet 32 $, réduc),* lancée en 1885. Le Pier 16 est aussi un point de passage du **New York Water Taxi** *(● nywatertaxi.com ●)* et des bateaux de la **Circle Line Sightseeing Cruises** *(● circleline.com ●),* proposant de mémorables boucles dans le port de NY...

➤ Le **Pier 15** offre une élégante promenade design en bois et métal, qui s'avance dans l'East River sur 2 niveaux. On y trouve les bureaux de **Hornblower Cruises** *(● hornblowerny.com ●),* compagnie maritime offrant des sorties en bateau autour de Lower Manhattan, de jour comme de nuit...

➤ **Pier 11 :** le **NYC Ferry** *(● ferry.nyc ●)* appareille d'ici pour filer vers **Brooklyn :** DUMBO et Red Hook au sud ; Williamsburg et Greenpoint au nord, puis **Mid-town** (Manhattan). C'est également depuis le Pier 11 que le **IKEA Express Ferry** *(● nywatertaxi.com/ikea ●)* rejoint directement Red Hook (Brooklyn) avec la statue de la Liberté en ligne de mire. Aussi des bateaux-navettes pour **Midtown** et le **New Jersey** avec les compagnies **Seatreak** *(● seatreak.com ●)* et **NY Waterway** *(● nywaterway.com ●)...*

À QUELQUES ENCABLURES

🏃🚶 ⟵ **Governors Island** *(hors plan 1 par C6) :* ● govisland.com ● *Accès mai-oct, 10h-18h (19h w-e). Bateaux-navettes au départ de* **Lower Manhattan** *(10 South St, à côté du Staten Island Ferry) avec la compagnie* **Battery Maritime Buil-ding** *(● batterymaritimebuilding.com ● ; A/R 3 $, gratuit moins de 13 ans ; durée : 5 mn). Aussi d'autres bateaux depuis* **Brooklyn** *(Pier 6, Brooklyn Bridge Park) avec la même compagnie, w-e seulement. Sans oublier les navires de* **NYC Ferry** *(● ferry.nyc ●), w-e seulement ; loc de vélos possible sur place.* Cette île de 70 ha, située à 730 m de la pointe sud de Manhattan et plus près encore de Brooklyn, demeure presque posée au pied de la statue de la Liberté. Elle fut longtemps la résidence exclusive des gouverneurs de New York nommés par la couronne bri-tannique, avant de servir de base pour les militaires puis les gardes-côtes de 1776 à 1996. En 2002, l'armée la vend pour 1 $ symbolique à la municipalité. Elle est dès lors ouverte au public, pour le plus grand plaisir des New-Yorkais qui s'y pres-sent nombreux tous les week-ends d'été. Au programme : visite des forts histo-riques ou de belles *mansions,* bronzette sur la plage de sable (vite prise d'assaut, soyons honnêtes !) ou les vastes pelouses avec l'un des plus beaux points de vue sur la *skyline* et Miss Liberty, barbecue, concerts, cours de jardinage, vélo, ateliers et jeux pour enfants, *street food...*

⛺ 🏠 **Glamping : *résa très à l'avance impérative*** *via ● collectiveretreats.com ● Tente 2 pers dès 250 $, portage des bagages compris.* Un vaste campement de glamping (camping glamour !) a été aménagé à la pointe nord de Governors Island, au bord de l'eau et face à Miss Liberty. Pour une robinsonnade urbaine.

CHINATOWN ET LITTLE ITALY

● Pour se repérer, voir le zoom détachable 2 en fin de guide.

C'est l'un des quartiers les plus cosmopolites de Manhattan, où quelques rares Italiens cohabitent avec les Chinois, eux-mêmes voisins des juifs

NEW YORK

installés dans Lower East Side depuis la fin du XIXe s. Depuis 2010, Chinatown et Little Italy sont classés ensemble : *National Register Historic District.*

Autour de 1860, des milliers d'Allemands arrivent ici, obligeant l'ancienne colonie irlandaise à se déplacer vers le bas de la ville. Puis, jusqu'en 1910, près de 2 millions de juifs d'Europe centrale forment la plus importante colonie hébraïque de la planète. Aujourd'hui, avec plus de 250 000 âmes, la communauté chinoise a pris l'ascendant, conférant à ce quartier l'aspect pittoresque d'une véritable enclave asia-

tique qui ne cesse de s'étendre, grignotant désormais NoLiTa, après avoir quasi absorbé Little Italy. Sons, odeurs, enseignes, couleurs, idéogrammes renvoient à un autre monde... Essentiellement animé en journée, le quartier a récemment vu l'ouverture de plusieurs hôtels et d'une poignée d'adresses nocturnes : le début d'une mutation ?

Chinatown se découvre à pied et se goûte avec la bouche ! Car on y dévore tous les types de cuisines asiatiques pour pas cher. Quant à Little Italy, située à quelques blocs à peine, c'est un miniquartier dont on fait très rapidement le tour ; l'authentique Little Italy se trouvant dans le Bronx...

Où dormir ?

De bon marché à plus chic

🛏 🔝 ***Wyndham Garden – Chinatown*** (zoom 2, C4, **31**) : *93 Bowery (et Hester).* ☎ 646-329-3400. ● *wyndhamgardenchinatownnyc.com* ● Ⓜ *(J, N, Q, R, 6) Canal St. Doubles 110-300 $.* Dans une petite tour vitrée qui détonne parmi les vieux immeubles traditionnels du quartier, c'est un hôtel de chaîne, planté au carrefour (passant !) de Chinatown et de Lower East Side. Une centaine de chambres assez petites mais tout confort, à la déco moderne, avec une touche asiatique. Toutes orientées Uptown, avec de belles vues depuis les étages élevés, notamment sur l'Empire State et le Chrysler Building ! *Rooftop bar* panoramique et inattendu petit *beergarden* au rez-de-chaussée.

🛏 ***Hotel Mulberry*** (zoom 2, C5, **24**) : *52 Mulberry St (entre Bayard et Mosco).* ☎ 212-385-4633. ● *hotelmulberry. com* ● Ⓜ *(J, N, Q, R, 6) Canal St. Doubles 110-280 $.* Petit hôtel bordé par le paisible Columbus Park, à 2 pas de l'animation dépaysante de Chinatown.

Une quarantaine de chambres confortables, fonctionnelles et nickel, dont certaines donnent sur le parc, nos préférées. Une bonne adresse en immersion totale !

Très chic

🛏 ***Noble Den Hotel*** (zoom 2, C4, **503**) : *196 Grand St (entre Mulberry et Mott).* ☎ 212-390-8998. ● *nobleden. com* ● Ⓜ *(J) Bowery ou (J, N, Q, R, 6) Canal St. Doubles 185-325 $.* Petit hôtel moderne au bord de Little Italy. Une cinquantaine de chambres fraîches et d'allure actuelle avec, pour la plupart, des vues typiquement new-yorkaises. Charmants détails : la douche vitrée donnant directement sur le lit (w-c à part) et le miroir digital pour éclairer le lavabo ! Les *penthouse king rooms* du 7e étage sont les plus sympa et les plus chères aussi, avec terrasse côté One WTC ou sur l'Empire State Building. *Rooftop* panoramique.

🛏 🔝 ***Hotel 50 Bowery*** (zoom 2, C4-5, **23**) : *50 Bowery (entre Canal et Bayard).*

☎ 212-508-8000. ● jdvhotels.com/hotels/new-york/nyc/hotel-50-bowery-nyc ● Ⓜ (B, D) Grand St. Doubles 155-365 $. L'univers de cet hôtel design de 28 étages est inspiré autant par l'esprit de Chinatown que par le design le plus contemporain. Parties communes colorées, avec de discrètes touches asiatiques. Côté chambres, confort maxi et déco léchée : grands lits moelleux, mobilier sobre et ultra-fonctionnel, street art, salles de bains immaculées... Même les chambres basiques, déjà très soignées, jouissent d'une superbe vue sur le Manhattan Bridge pendant que les plus chères s'offrent un tête-à-tête avec l'Empire State. Au sommet de l'hôtel, The Crown, un magnifique rooftop bar idéal pour prendre un verre à la tombée du jour (voir plus loin « Où boire un verre ? »).

Où manger ?

À Chinatown

Chinatown est une aubaine pour le porte-monnaie ! En revanche, les cartes de paiement sont souvent refusées.
– Le dim sum, mode d'emploi : littéralement « toucher le cœur », c'est un ensemble de mets en petites portions, de tradition cantonaise. Un bon plan pour goûter un peu à toutes les chinoiseries sans y laisser sa fortune ! De l'entrée au dessert, les serveurs poussent un chariot garni de ces différentes bouchées, vapeur ou frites. L'ignorance dans le choix fait souvent le plaisir de la découverte ! Dans certains restos, on choisit ces petits plats à la carte, fastoche !

Sur le pouce

I●I Repérer l'enseigne indiquant juste « Fried Dumpling » (zoom 2, C5, 129) : 106 Mosco St (entre Mott et Mulberry). Ⓜ (J, N, Q, R, 6) Canal St. Tlj 10h-21h. Imbattable : 5 fried dumplings (raviolis chinois) pour 1,50 $! Ils sont généralement au porc et on les avale sur un étroit comptoir en Inox, dans une ambiance simple, rustique et authentique en diable. Une adresse pour les routards, les vrais de vrais... mais pas que !
≋ T-Swirl Crêpe (zoom 2, C5, 136) : 2 Mott St (et Chatham Sq). Ⓜ (J, N, Q, R, 6) Canal St. Crêpes 7-9 $. De délicieuses crêpes japonaises croustillantes, arrangées en cornet sous vos yeux et garnies de bons ingrédients salés ou sucrés. Étonnant ! Mon tout à accompagner d'un bon shake. Quelques tabourets pour poser une fesse.

De bon marché à prix moyens

I●I Nom Wah Tea Parlor (zoom 2, C5, 70) : 13 Doyers St (entre Pell et Bowery). ☎ 212-926-6047. Ⓜ (6, J, N, Q, R) Canal St. Plats 3-14 $. Dans cette ruelle de Chinatown où pullulent les salons de coiffure, un bon vieux diner chinois quasi centenaire. Si le ménage a été fait partout, la salle conserve un bel air vintage, avec ses tables en formica, ses banquettes et ses photos noir et blanc aux murs. On s'y presse de tout New York pour les dim sum, servis dans les règles de l'art ! Chaque tablée coche ses mets sur une liste et arrose le tout d'une théière fumante. Aussi de bons chef's specials et des desserts maison. Blindé le week-end.
I●I Tasty Dumpling (zoom 2, C5, 24) : 42 Mulberry St (entre Bayard et Mosco). ☎ 212-349-0070. Ⓜ (J, N, Q, R, 6) Canal St. Tlj 9h-20h30. Plats 2-8 $. Resto où les habitués sont au coude à coude, attirés par les spécialités maison simples et pas chères : dumplings, dim sum et la belle panoplie de noodle soups. À dévorer dans un petit local basique donnant sur Columbus Park.
I●I Xi'an Famous Foods (zoom 2, C5, 304) : 45 Bayard St (entre Bayard et Elizabeth). Ⓜ (J, N, Q, R, 6) Canal St. Tlj 11h30-21h (21h30 ven-sam). Plats 5-13 $. La petite cantine – un rien branchée – des jeunes hipsters gourmets de Chinatown ! Fastoche, les photos

NEW YORK

des plats sont affichées : soupes, nouilles sautées, *soup dumplings,* etc. Pour commander, on donne le numéro du plat. Attention, le 1er niveau de piment *(mild)* est déjà costaud ! Tout est ultra-frais et délicieusement parfumé avec plein d'herbes et d'épices. Beau cadre moderne et boisé avec de grandes tablées.

De prix moyens à plus chic

|●| **Joe's Shanghai** *(zoom 2, C5, 130)* : *9 Pell St (entre Mott et Bowery).* ☎ 212-233-8888. Ⓜ *(J, N, Q, R, 6) Canal St. Plats 6-24 $.* Excellente cuisine shanghaienne servie dans une grande salle à la déco orientalisante quelconque. *Joe's* est non seulement l'un des restos les plus populaires de Chinatown, mais surtout LE grand spécialiste des *soup dumplings* (raviolis vapeur remplis de bouillon), la coqueluche des New-Yorkais le week-end ! Le jeu consiste à attraper son ravioli sans le crever avec les baguettes ! Annexe *Joe's Ginger* au n° 25 de la même rue, avec moins d'attente.

|●| **Shanghai 21** *(zoom 2, C5, 135)* : *21 Mott St (et Mosco).* ☎ 212-766-6311. Ⓜ *(J, N, Q, R, 6) Canal St. Tlj 11h-21h30. Plats 6-21 $.* L'autre valeur sûre de Chinatown et une alternative à *Joe's* pour les amateurs de *soup dumplings.* Parmi les autres plats « signature » de la maison : les brioches vapeur au porc *(steamed buns),* les petites crêpes aux cives *(scallion pancakes)* et la *Shanghai wonton soup. Enjoy !*

|●| **Jing Fong** *(zoom 2, C5, 167)* : *20 Elizabeth St (entre Canal et Bayard).* ☎ 212-964-5256. Ⓜ *(6, J, N, Q, R) Canal St. Tlj 10h (9h30 w-e)-21h30. Plats 4-23 $.* Voici les vrais *dim sum* comme là-bas, dis ! On commence par gravir le long escalator menant à une impressionnante « salle des fêtes » bien kitsch, remplie de tables et dominée par d'énormes lustres ! Ça vaut le coup d'œil rien que pour cette atmosphère ultra-décalée ; la nourriture étant correcte, sans plus. Le week-end, c'est de la folie, tout le monde fait la queue dehors, alors armez-vous de patience ou venez tôt.

À *Little Italy*

Paradoxalement, Little Italy n'est pas le meilleur coin pour manger italien ! Les serveurs racolent le client sur le pas de la porte, la cuisine y est prévisible et pas donnée. Néanmoins, la plupart des restos de Mulberry Street propose des formules avantageuses le midi (rarement en soirée) et des terrasses animées aux beaux jours.

Sur le pouce

🍴 ⊛ **Di Palo's** *(zoom 2, C4, 503)* : *200 Grand St (angle Mott).* ☎ 212-226-1033. Ⓜ *(J) Bowery ou (J, N, Q, R, 6) Canal St. Tlj 9h-18h30 (16h dim). Sandwich moins de 10 $.* Tenue depuis 1925 par la même famille italienne, c'est une épicerie fine – vestige de l'âge d'or de Little Italy – où charcuteries, fromages, pâtes, vins et autres produits savoureux de la Grande Botte titillent le regard et les papilles ! Bref, le lieu idéal pour se faire préparer un délicieux sandwich comme là-bas et faire quelques emplettes (voir « Shopping » plus loin).

De bon marché à plus chic

🍴 🍴 **Baz Bagel** *(zoom 2, C4, 131)* : *181 Grand St (entre Baxter et Mulberry).* ☎ 212-335-0609. Ⓜ *(J, N, Q, R, 6) Canal St. Tlj 7h-15h (8h-16h w-e). Bagels et plats 5-15 $.* Une longue salle proprette tendance *diner*-tropico-rétro pas bégueule pour un sou, avec sa rangée de tabourets au comptoir et ses petites tables. Ici œuvre pourtant l'un des artisans du renouveau du bagel à New York, ce petit pain troué extra-frais, qu'on déguste sucré, salé, *plain* ou avec graines, toasté de préférence... Aussi des soupes, salades, sandwichs...

|●| 🍴 **Pepe Rosso Social** *(zoom 2, C4, 174)* : *173 Mott St (et Broome).* ☎ 212-219-0019. Ⓜ *(J, N, Q, R, 6) Canal St. Tlj 11h (8h w-e)-23h. Petit déj (InEggspensive !) 7 $, menu lunch (en sem) 10 $, plats 9-25 $.* Cuisine italienne simple, familiale et goûteuse, mijotée par un vrai chef de la Grande Botte. À la carte, *pasta,* paninis, salades et

OÙ BOIRE UN VERRE ? OÙ SORTIR ? | 115

quelques *secondi* plus sérieux. Le tout servi dans une longue salle parsemée de vieux objets hétéroclites et arrosé d'une gentille sélection de bières et de vins italiens. Bref, une vraie bonne adresse sans esbroufe !

|●| 🎫 🍴 Epistrophy *(zoom 2, C4, 138)* : *200 Mott St (entre Spring et Kenmare).* ☎ *212-966-0904.* Ⓜ *(6) Spring St. Tlj 9h-minuit. Plats 8-25 $.* Belle ambiance un rien branchée dans ce petit resto-bar à vins aux airs de café littéraire, à la frontière de NoLiTa. Dans l'assiette, une cuisine italienne simple et soignée : *bruschette, taglieri,* sans oublier la *pasta,* les salades, omelettes et quelques plats plus élaborés en soirée. Le tout rondement mené et servi avec le sourire. Le lieu idéal aussi à l'heure du breakfast et pour un drink en fin de journée. On aime !

Cafés, pâtisseries et glaces

🍦 Chinatown Ice Cream Factory *(zoom 2, C5, 304)* : *65 Bayard St (entre Mott et Elizabeth).* Ⓜ *(J, N, Q, R, 6) Canal St.* Archi connu depuis plus de 30 ans, l'endroit est tout petit et ne paie pas de mine. Pourtant, goûtez donc aux délicieuses glaces maison aux parfums classiques ou étonnamment originaux : avocat, gingembre, lychee, thé vert, haricot rouge, sésame noir... Une aventure à tenter !

🍦 🍢 Taiyaki *(zoom 2, C4, 303)* : *119 Baxter St (entre Canal et Hester).* Ⓜ *(J, N, Q, R, 6) Canal St.* Surfant sur la dictature de l'image postée sur les réseaux sociaux, ce glacier 2.0 se veut le plus instagrammable du moment ! En forme de poisson, les cônes – maison et délicieux – servent de support à une superposition de couches de glaces aux couleurs et goûts très « kawai ». Mention spéciale pour la licorne arc-en-ciel ! Bien gadget mais rigolo avec des enfants. À vos selfies !

🍷 🍦 🍰 Ferrara *(zoom 2, C4, 301)* : *195 Grand St (et Mott).* Ⓜ *(J, N, Q, R, 6) Canal St. Tlj 9h-23h (minuit ven-sam).* Sol en marbre, boiseries et service plutôt classieux, ce café clinquant, ouvert en 1892, revendique le titre de 1er *espresso bar* des États-Unis ! Le p'tit noir fait honneur à sa réputation même s'il affiche un prix largement américain. Une foule de délicieuses pâtisseries de la Grande Botte, mais aussi ricaines et françaises ; et des glaces artisanales copieusement servies. Foncez !

Où boire un verre ? Où sortir ?

🍴 🎵 Apotheke *(zoom 2, C5, 70)* : *9 Doyers St (entre Pell et Bowery).* Ⓜ *(6, J, N, Q, R) Canal St. Tlj 18h30 (20h dim)-2h.* Pas d'enseigne visible, il faut repérer le n° 9 sur la devanture en métal rouillé et la pancarte « *Chemist* » pour découvrir ce bar secret installé dans une ancienne fumerie d'opium. Déco dans l'esprit des speakeasies de la Prohibition, avec canapés en velours cramoisi, petites tables éclairées à la bougie et flacons d'apothicaire alignés derrière le bar, où on vous tend la liste des prescriptions du jour. Car les cocktails, oups ! les potions (relevées d'herbes médicinales cultivées sur le toit de la maison) sont préparées par des barmen en blouse blanche qui officient avec la précision de chimistes ! *Live music,* DJ sets et autres *performances* chaque soir.

🍴 🍸 The Crown *(zoom 2, C4-5, 23)* : *50 Bowery (entre Canal et Bayard), au 28e étage de l'*Hotel 50 Bowery *(voir plus haut).* Ⓜ *(B, D) Grand St. Tlj 14h-minuit (2h jeu-sam).* Vue ex-tra-or-di-naire depuis ce *rooftop bar* d'hôtel ! Sur la 1re terrasse, le regard embrasse tout Midtown et son armée de tours ; sur l'autre, ce sont les gratte-ciel de Downtown, à commencer par la tour Jenga de Herzog & de Meuron. À l'intérieur, la brique blanchie répond au cuir des profonds sofas. Chinatown oblige, les cocktails sont servis avec une petite touche asiat bienvenue (whisky japonais, thé, gingembre ou poivre

NEW YORK

du Sichuan), à des prix relativement raisonnables.

Ⓣ Mr Fong's (plan 1, D5, **302**) : 40 Market St (et Madison). Ⓜ (F) E Broadway. Tlj 17h-4h. Pas d'enseigne, juste une entrée sur un coin de rue, étayée par une colonne en fonte. Un bar gouailleur qui détonne dans la quiétude nocturne de ce bout de Chinatown. Petite salle aux lumières tamisées avec son comptoir, son juke-box vintage, ses quelques banquettes et un rien d'exotisme. Clientèle d'habitués trentenaires aux discussions animées, sirotant cocktails, bières et verres de vin, aux tarifs très abordables.

Ⓣ Epistrophy Cafe (zoom 2, C4, **138**) : voir plus haut « Où manger ? ».

Shopping

Une foule de boutiques chinoises proposant quantités de pacotilles décoratives kitsch à souhait. C'est l'endroit pour acheter des T-shirts « I love NY », pléthore de bricoles pour les enfants...

❀ Di Palo's (zoom 2, C4, **503**) : 200 Grand St (et Mott). Ⓜ (J) Bowery ou (J, N, Q, R, 6) Canal St. Tlj 9h-18h30 (16h dim). Ouverte depuis 1925, cette appétissante épicerie fine italienne demeure l'un des derniers vestiges authentiques de Little Italy : fabuleuses charcuteries, pâtes et huiles d'olive, sans oublier les fromages, vins et cafés bien sûr ; on craque !

❀ Hong Kong Supermarket (zoom 2, C4, **516**) : 157 Hester St (et Elizabeth). Ⓜ (D) Grand St. Tlj 8h-20h (11h-23h ven). Ce supermarché asiat vaut le coup d'œil pour s'immerger dans l'ambiance Chinatown. Sur 2 niveaux, les chinoiseries côtoient quelques basiques de l'alimentation US. Un immense rayon de thé, une pittoresque poissonnerie et, bien sûr, plein de choses assez surprenantes et qu'on n'est pas toujours en mesure d'identifier !

❀ Sun's Organic Garden (zoom 2, C5, **629**) : 79 Bayard St (et Mott). Ⓜ (J, N, Q, R, 6) Canal St. Tlj sauf lun 12h (11h30 sam)-18h. Boutique ultraspécialisée dans les thés, tisanes et plantes médicinales du monde entier, en vrac dans des bocaux et bio pour la plupart. Tous les mélanges sont réalisés par la proprio qui connaît bien son affaire. Le choix étant colossal, il faut prendre le temps de discuter de vos petits bobos et de vos goûts, pour qu'elle vous dégote le remède ou le breuvage adéquats.

❀ Aji Ichiban (zoom 2, C5, **216**) : 37 Mott St (et Pell). Ⓜ (J, N, Q, R, 6) Canal St. Tlj 10h-20h. Le spécialiste du fruit exotique confit (kiwi, goyave, mangue, gingembre, prune, etc.), mais aussi du cracker salé revisité : poissons et calamars séchés... Bref, plein d'idées pour impressionner les copains à l'apéro ! Dégustation gratuite.

❀ Wing On Wo & Co (zoom 2, C5, **136**) : 26 Mott St (entre Pell et Chatham Sq). ● wingonwoand.co ● Ⓜ (J, N, Q, R, 6) Canal St. Tlj 11h-18h. Ouvert en 1925, c'est le plus vieux magasin du quartier, dont les rayonnages en bois patiné livrent toutes sortes de céramiques chinoises, anciennes ou récentes, kitsch ou élégantes : vases, services à thé, statuettes... Mon tout à des prix raisonnables et dans une ambiance à la Tintin dans Le Lotus bleu !

❀ Pearl River Mart (zoom 2, C4, **535**) : 395 Broadway (et Walker). ● pearlriver.com ● Ⓜ (N, Q, R, W, 4, 6) Canal St. Tlj 10h-19h20. Un poil excentrée de l'effervescence de Chinatown, c'est une incroyable boutique – ouverte en 1971 – qui mérite le déplacement pour ses innombrables chinoiseries, vêtements traditionnels, céramiques, lampions et Bouddhas en tout genre. On aime !

❀ Cocoblues (zoom 2, C4, **536**) : 178b Hester St (et Mulberry). Ⓜ (J, N, Q, R, 6) Canal St. Tlj 11h-19h (18h dim). Coincée entre 2 échoppes de souvenirs, cette microboutique livre de belles et élégantes illustrations d'artistes sur le thème de NYC. Un art work décliné sous forme d'affiches, de cartes postales, de mugs, de badges...

Où se faire faire un massage chinois ?

■ **Foot Heaven** *(zoom 2, C5, 89)* : *16 Pell St (entre Mott et Bowery).* ☎ *212-962-6588.* ● *footheavennyc. com* ● Ⓜ *(J, N, Q, R, 6) Canal St. Tlj 10h-minuit. Résa pas nécessaire. Compter 25-40 $ (pieds), 10-45 $ (dos).* Si vous voulez tenter l'expérience d'un authentique massage chinois (selon la méthode *Tui Na*) ou d'une réflexologie plantaire, cet institut – sombre et pas très intime – est réputé pour son sérieux, même s'il ne paie pas de mine. Pas de méprise toutefois, un « massage du dos » est ici un massage énergique et puissant, pas forcément décontractant sur le coup, car il appuie là où ça fait mal ! La sensation de détente vient après, une fois tous les points dénoués. Si vous avez une appréhension, optez plutôt pour une réflexo des pieds, idéale après une longue journée de trek urbain.

À voir

CHINATOWN

Ⓜ *(J, N, Q, R, 6) Canal St.*

🎎 🚶 L'expérience culturelle d'un monde parallèle ; *à vivre de préférence le dimanche,* jour où le marché envahit le quartier. Les plaques de rues sont en anglais et en chinois, comme les journaux d'ailleurs... Les experts noteront que la grande majorité des résidents s'expriment en cantonais plutôt qu'en mandarin et cohabitent avec de nombreuses autres communautés asiatiques. Ici, on peut naître, vivre et mourir sans jamais avoir parlé un mot d'anglais !
Les tripots et fumeries d'opium de la fin du XIXᵉ s ont disparu, mais on trouve encore d'*étonnantes pharmacies* qui vendent des herbes, des racines et des remèdes de la médecine traditionnelle chinoise. Et si vous êtes adepte des *massages,* c'est THE quartier ! Dans les *épiceries,* on dégote thé, *seafood* séchée (moules, pétoncles, huîtres, méduses, concombres de mer...) et surtout de beaux fruits exotiques. C'est d'ailleurs le seul coin de Manhattan où l'on voit autant d'étalages de fruits et légumes. Ceux des poissonneries sont particulièrement divertissants ! Et si vous voulez encore du pittoresque, faites donc un tour sur *Mott Street,* entre Hester et Grand Streets, où les magasins d'alimentation sont vraiment à touche-touche.

➤ Descendez, par exemple, à la station *East Broadway* de la ligne de métro F *(plan 1, D4),* puis remontez vers l'ouest par Canal et Mott Streets qui vous paraîtront alors curieusement touristiques par rapport au « tout chinois » d'East Broadway. Rendez-vous sur *Chatham Square (angle E Broadway et Mott ; zoom 2, C5),* une place pivot du quartier chinois où l'on trouve un monument dédié aux descendants chinois tombés pour défendre la démocratie et, un peu plus loin, à l'angle de Bowery et Division Streets, une *statue de Confucius.* Empruntez la tortueuse *Doyers Street* qui rejoint Pell Street. Si aujourd'hui, dans les nombreux salons de coiffure, on manie les ciseaux avec dextérité, il n'y a pas si longtemps c'était ici un véritable coupe-gorge où sévissaient les gangs chinois. Ceux-ci opéraient grâce à un réseau de souterrains dont seuls les initiés connaissent les entrées aujourd'hui. Le soir, réfugiez-vous plutôt à l'*Apotheke (9 Doyers St),* l'un de nos speakeasies favoris (voir plus haut « Où boire un verre ? Où sortir ? »). Et à 2 pas, au 29 Mott Street, remarquez l'*église de la Transfiguration,* qui fut irlandaise, italienne, puis aujourd'hui chinoise. Les messes y sont célébrées en mandarin, en cantonais et en anglais.

NEW YORK *(side margin)*

🏃 *Mahayana Buddhist Temple (zoom 2, C4)* **:** *133 Canal St (pratiquement au pied du Manhattan Bridge). Tlj 8h30-18h.* Même si elle n'en a pas l'air, cette ancienne salle de cinéma pour adultes accueille depuis 1997 un lieu de culte dominé par un immense bouddha doré assis ; lui-même cerné d'offrandes et de baguettes d'encens. Tenue décente exigée.

🏃 *Columbus Park (zoom 2, C5)* **:** *angle Mulberry et Bayard St.* Les vieux Chinois s'y retrouvent pour jouer au mah-jong, aux cartes, aux dés, pratiquer le tai-chi-chuan, discuter pendant que les gamins skatent ou jouent au ballon...

🏃 Autre ambiance, plus effervescente, au *Sarah Roosevelt Park (zoom 2, C4)*, plus au nord, le long de Chrystie Street. Le week-end, tout ce que le quartier compte de gosses et d'ados joue des parties de foot, de basket... À l'angle de Chrystie et Delancey Streets, venez donc en semaine – plutôt le matin quand il fait beau – pour découvrir une nuée d'oiseleurs et leurs piafs chanteurs de toutes les couleurs. Les cages en bambou sont accrochées à des filins dans un jardinet planté d'espèces exotiques. Les stars, ce sont les *hua mei,* ces grives aux étonnants yeux clairs. L'élevage de ces favoris des empereurs et des poètes chinois pour leur chant de parade serait une tradition multiséculaire...

🏃 *Museum of Chinese in America – MOCA (zoom 2, C4)* **:** *215 Centre St (entre Grand et Howard).* ● *mocanyc.org* ● Ⓜ *(J, N, Q, R, Z, 6) Canal St. Tlj sauf lun 11h-18h (21h jeu). Entrée : 12 $; réduc ; gratuit 1ᵉʳ jeu du mois.* Intéressant petit musée consacré aux Chinois des États-Unis, dans un élégant bâtiment ancien réhabilité. Ici, les photos noir et blanc, coupures de presse anciennes et autres vieux objets hétéroclites évoquent d'abord les relations historiques de la Chine avec l'Occident, puis avec les États-Unis. Sans compter la communauté chinoise immigrée à travers le temps, ses métiers de prédilection, les peurs et les fantasmes qu'elle a suscités, son engagement dans la Seconde Guerre mondiale et dans les mouvements sociaux des décennies suivantes... Mon tout parachevé de témoignages contemporains de Sino-Américains connus pour leur réussite. Aussi d'intéressantes petites expos temporaires.

LITTLE ITALY

Ⓜ *(J) Bowery ou (J, N, Q, R, 6) Canal St.*

🏃 Essentiellement concentrée sur quelques blocs le long de *Mulberry Street (zoom 2, C4)*, Little Italy est une attraction touristique un peu *has been* dans la mesure où le Dragon s'est déjà taillé une belle part de pizza ! Il fut pourtant une époque où il valait mieux ne pas s'intéresser aux conversations des autres, surtout si elles étaient en italien. D'ailleurs, ici le mot « mafia » ne se prononçait jamais. La Cosa Nostra avait même réussi à faire interdire aux États-Unis toute utilisation officielle de ce terme, prétendant qu'il constituait une atteinte raciste à l'image des Italo-Américains ! Ces temps-là sont révolus et les descendants de l'immigration italienne ont progressivement migré vers le Bronx, Brooklyn (voir les films de Martin Scorsese), le Queens, ou vers l'Upper East Side pour ceux qui ont vraiment réussi dans la vie !

🏃 *Police Building (zoom 2, C4)* **:** *240 Centre St (entre Grand et Broome).* Reconnaissable à ses 2 lions à l'entrée, ce colossal édifice de 1909 a été le siège de la police de New York pendant 65 ans. Aujourd'hui, ce sont des appartements...

– Ne manquez pas les 2 grandes manifestations très colorées qui animent les rues du quartier : fin mai pour la *fête de San Antonio di Padova* et mi-septembre à l'occasion de la *fête de San Gennaro.*

SOHO ET NOLITA

> ● Pour se repérer, voir le plan détachable 1 et le zoom détachable 2 en fin de guide.

SoHo, c'est l'abréviation de « South of Houston Street ». Lorsque les loyers du « Village » (Greenwich) sont devenus prohibitifs, les artistes ont émigré dans ce quartier d'entrepôts pour les reconvertir en ateliers et logements : les fameux lofts new-yorkais ! Dans les années 1970, SoHo était le territoire des peintres Robert Rauschenberg et Roy Lichtenstein (l'un des maîtres du pop art). Un âge d'or hélas révolu, les loyers étant devenus à leur tour très, très chers.

Il n'empêche, le quartier – aujourd'hui ancré dans une branchitude chic – réserve toujours une foule de merveilles architecturales à découvrir, notamment des immeubles à structure en fonte, les fameux *cast-iron buildings,* datant du XIXe s. On y trouve aussi quelques restos tendance, plusieurs belles galeries d'art surfant sur le pop art, des boutiques de vêtements et d'objets vintage ; et de plus en plus d'enseignes du luxe international, qui demeurent finalement les seules à pouvoir se payer des loyers toujours plus délirants ! Une véritable course au fric qui rend de moins en moins vivant l'un de nos quartiers préférés...

Enfin, à quelques rues de SoHo, à l'est de Lafayette Street et au nord de Little Italy, on trouve le petit quartier très à la mode de NoLiTa (North of Little Italy), où règne une ambiance plus simple et tout aussi agréable. Faites donc un petit tour dans ce coin, autour de Prince, Spring, Mott, Elizabeth ou Mulberry Streets. Ici, pas d'édifices en fonte, mais des petits cafés et boutiques *trendy,* moins tape-à-l'œil.

Où dormir ?

De bon marché à plus chic

🛏 **City Rooms NYC – SoHo** *(zoom 2, C4, 62)* : *120 Lafayette St (et Canal).* ☎ 212-925-4378. ● *cityrooms.nyc* ● Ⓜ *(6) Canal St. Résa à l'avance conseillée. Doubles 80-230 $.* Impeccablement situé au carrefour de SoHo, de Little Italy, de Chinatown et de Tri-BeCa, entretenu et looké, c'est l'un de nos meilleurs plans dans la gamme des petits hôtels *low-cost.* Aucune faute de goût dans la grosse vingtaine de chambres, pas bien grandes, mais toutes avec parquet blond, murs blancs, salle de bains à l'italienne et déco sobre et soignée, bien dans l'air du temps : *mural* symbolisant New York en tête de lit, caisses de bois recyclé en guise de chevet, portants indus'...

🛏 **Arlo Hotel – SoHo** *(plan 1, B4, 56)* : *231 Hudson St (et Canal).* ☎ 212-342-7000. ● *arlohotels.com* ● Ⓜ *(1,* *2) Canal St. Doubles 130-290 $.* Ce bâtiment moderne en brique propose d'abord des parties communes spacieuses, design et confortables, avec un charmant patio verdoyant, 2 bars, des fauteuils et des canapés dépareillés pour autant de petits coins cosy. Dans les étages, plus de 300 chambres, toutes petites mais design et modulables, un peu à la manière d'une cabine de bateau ; le concept étant de passer le plus clair de son temps dans les salons. Accueil pro et sympa.

Très chic

🛏 ☂ 🍴 **Citizen M Hotel – Bowery** *(zoom 2, C4, 53)* : *189 Bowery (et Delancey).* ☎ 212-372-7274. ● *citizenm. com* ● Ⓜ *(J) Bowery. Doubles 135-300 $.* Récemment sortie de terre, cette tour noire vitrée livre de jolies petites chambres bien équipées, aménagées

NEW YORK

NEW YORK

avec du mobilier et des objets design. Ici aussi, le concept est d'inviter les voyageurs à s'attarder dans les charmantes parties communes : superbe bar carré dans une fosse, agrémenté d'une foule d'objets design cultes, rangés dans une immense bibliothèque. Aussi un *rooftop bar*, le **Cloud M,** dont les baies vitrées offrent une vue spectaculaire ! Puis en redescendant, on admire la cage de l'escalier de service, décorée par une foule d'artistes de *street art* renommés. Un véritable et inattendu *MoSa (Museum of Street art)*, dont on suit les variations et nuances au fil des 20 étages, pour finir par s'exprimer soi-même à la craie sur un tableau noir ! Accueil adorable et pro.

🏠 🔭 **The Nolitan Hotel** *(zoom 2, C4, 35)* : *30 Kenmare St (entre Elizabeth et Mott).* ☎ *212-925-2555.* ● *nolitanhotel. com* ● Ⓜ *(J) Bowery ou (6) Spring St. Doubles standard 150-400 $.* Un énième hôtel design qui se démarque, celui-ci, par sa situation au poil et un style résolument jeune et hipster. Une soixantaine de chambres lumineuses, mixant déco industrielle et esprit vintage, tout en privilégiant les vues urbaines (les plus chères en angle ou avec balcon). Nos préférées se trouvent, bien sûr, dans les étages supérieurs. Beau lobby avec salon-bibliothèque en creux, *rooftop* panoramique... Bref, branché mais chaleureux, intime et convivial.

🏠 **SoHo Grand Hotel** *(zoom 2, B-C4, 21)* : *310 W Broadway (entre Grand et Canal).* ☎ *212-965-3000.* ● *sohogrand. com* ● Ⓜ *(A, C, E) Canal St. Doubles standard 160-450 $.* Au cœur de SoHo, un autre établissement ultrachic et branché dans le style « grand hôtel des années 1900 ». Le hall de réception et le bar, absolument somptueux, en seraient même un peu intimidants de design ! Chambres plus conventionnelles, contemporaines, spacieuses, discrètement élégantes et rehaussées de quelques touches fantaisistes, comme le papier peint des salles de bains...

🏠 🔭 **The James Hotel – SoHo** *(zoom 2, B4, 143)* : *27 Grand St (et Thompson).* ☎ *212-465-2000 ou 1-888-JAMES-78.* ● *jameshotels. com* ● Ⓜ *(A, C, E) Canal St. Doubles standard 270-500 $.* Le *James* joue la carte du design urbain écolo-chic et arty. Les matériaux utilisés sont locaux ou recyclés, y compris pour le building moderne lui-même, tout en verre, béton et bois de récup. Dans les chambres, parquet et tons naturels assez foncés, larges baies sur la ville et salle de bains – chocolat noir – entièrement vitrée ! Mais le must, c'est le **Jimmy Rooftop Bar** (voir plus bas « Où boire un verre ? Où sortir ? »), dont la terrasse – dotée d'une piscinette – s'avance telle une figure de proue sur Manhattan, avec l'Hudson River et le One World Trade Center en vue ! Très bon resto aussi, signé d'un des grands noms de la nouvelle cuisine américaine.

Où manger ?

Spécial petit déjeuner et brunch

🍴 🥐 🍽 **Maman** *(zoom 2, C4, 141)* : *239 Centre St (entre Broome et Grand).* ☎ *212-226-0700.* Ⓜ *(6) Spring St. Tlj 7h (8h w-e)-18h. Moins de 10 $.* Cette petite pâtisserie franco-canadienne *trendy* sert de délicieuses viennoiseries et autres parts de cake aux accents *Frenchies,* sans oublier muffins, cookies... Impec pour un petit déj frugal. La dînette se poursuit au lunch, avec des quiches, salades et sandwichs. Sans parler de la pause goûter. Quelques tables et chaises dans une déco vintage qui nous plaît. Une belle adresse côté gourmandises !

🍴 🥐 🍽 **Sadelle's** *(zoom 2, C4, 197)* : *463 W Broadway (entre W Houston et Prince).* ☎ *646-757-5477.* Ⓜ *(A, C, E) Spring St. Tlj 8h30-14h30 (20h30 jeu-sam, 17h dim). Résa conseillée. Sandwichs 16-26 $, plats 16-40 $.* Ambiance SoHo chic dans cette élégante salle post-indus' un rien branchée, mélangeant brique, métal et bois, autour de cette grande tablée centrale en marbre blanc. Juste quelques plats à la carte, spécialités de fruits de mer et de poissons fumés, dont on garnit sandwichs et bagels au comptoir à l'entrée. À emporter si on veut, miam ! Aussi un trio soupe-salade-omelette pas trop cher à toute heure. Et quelques plats élaborés et originaux le soir, mais plus onéreux aussi. Une bonne adresse à dimensions variables. On s'est ré-ga-lés !

☞ ⟶ 🍴 **Balthazar** (zoom 2, C4, 272) : 80 Spring St (angle Crosby). ☎ 212-965-1414. Ⓜ (6) Spring St. Tlj 7h30 (9h w-e)-minuit (23h dim). Résa conseillée. Plats 15-35 $. Vaste brasserie à la parisienne, pleine du matin au soir ! Le décor – vintage en diable – est exceptionnel et l'atmosphère bourdonnante. Idéal pour un petit déjeuner ou un brunch raffiné. À côté, la **Balthazar Bakery** propose toutes sortes de viennoiseries, pains fantaisie, sandwichs-baguette, tartes, etc., aux intonations Frenchies, mais pas que...

☞ Et aussi : **Pi Greek Bakerie, Westbourne, Café Habana, Fanelli's Café, Jack's Wife Freda** et, pour les plus fortunés, **Aquagrill** et **Estela.** Voir plus loin.

Sur le pouce

|●| ⟶ **Canal Street Market** (zoom 2, C4, 168) : 265 Canal St (entre Lafayette et Broadway). Ⓜ (N, Q, R, W, 4, 6) Canal St. Tlj 10h-20h. Plats 5-13 $. Un street food market bien dans son époque. Chinatown étant à 2 pas, l'essentiel des stands lorgne vers l'Asie, mais aussi la fresh and healthy food. Coin agréable avec tables hautes pour consommer sur place. Une autre partie du marché accueille une ribambelle de jeunes créateurs locaux d'artisanat (bijoux, T-shirts, papeterie...).

|●| ⟶ **Taqueria La Esquina** (zoom 2, C4, 132) : 114 Kenmare St (entre Cleveland Pl et Lafayette). ☎ 646-613-7100. Ⓜ (C, E, 6) Spring St. Tlj 11h-1h (1h30 ven-sam). Plats 5-10 $. Cette taqueria populaire est campée dans un antique diner avec façade en aluminium ondulé et enseigne lumineuse indiquant « The Corner Deli » ; photogénique en diable ! Les tacos, un peu chiches mais délicieux, sont préparés en direct, tout

comme les quesadillas et ensaladas, puis servis sur l'étroit comptoir collé contre la vitrine. Leur **Café La Esquina** next door – sur Lafayette Street – sert grosso modo la même cuistance mais on y est plus confortablement installé, dans une belle déco trendy qui double l'addition (plats 10-18 $) ! Mais le plus amusant, c'est certainement la grotte qui se cache là-dessous (voir plus loin « Très chic »)...

|●| ⟶ **Taïm – Nolita** (zoom 2, C4, 109) : 45 Spring St (et Mulberry). Ⓜ (6) Spring St ou (J) Bowery. Plats 8-11 $. Fort du succès de son petit comptoir de Greenwich Village, le temple du falafel version gourmet a ouvert cette annexe un chouia plus spacieuse, avec de larges baies vitrées donnant sur un angle de rue. Une quinzaine de tabourets en métal orange pour poser ses fesses, pas plus. Reportez-vous au descriptif complet dans « Greenwich et West Village. Où manger ? ».

⟶ Et aussi : **Dean & Deluca** (zoom 2, C4, 501), pour ses sandwichs, plateaux de sushis et soupes à emporter ainsi que les bretzels et autres focacce du rayon boulangerie-pâtisserie. Quelques comptoirs et chaises hautes au fond du magasin pour poser une fesse ! Idéal aussi pour se composer un pique-nique. Voir « Épicerie fine » plus loin.

De bon marché à prix moyens

|●| ⟶ ☞ 🍴 🍷 **Pi Greek Bakerie** (zoom 2, B-C4, 104) : 512 Broome St (et Thompson). ☎ 212-226-2701. Ⓜ (1, 2) Canal St. Tlj 7h (8h dim)-20h. Plats 6-12 $. Ce petit local lumineux et haut de plafond abrite un gentil resto-pâtisserie grec. À la carte, salades, sandwichs et soupes. On se régale aussi de petits plats méditerranéens simples et appétissants, à choisir dans la vitrine. Et pour finir (ou commencer !), voici de savoureuses pâtisseries traditionnelles à dévorer dès le petit déj, sur quelques tables. Vins du pays au verre, mais pas donnés. Une belle adresse, girly en diable !

|●| ⟶ ☞ **Westbourne** (zoom 2, B4, 146) : 137 Sullivan St (entre W Houston

NEW YORK

et Prince). ☎ 347-534-3050. Ⓜ *(C, E) Spring St. Tlj 8h-22h. Plats 9-16 $.* Gentil petit resto, bien connu des gens du quartier qui se succèdent dès le petit déj et à toute heure de la journée. Cadre rustique avec de grosses tables en bois et un bout de la cuisine ouverte sur la salle. Dans l'assiette, *fresh & healthy food* inspirée par la West Coast ; déclinée dans des petits plats originaux, savoureux et bien présentés. Et comme le patron est une patronne, mon tout est saupoudré d'une belle touche *girly*. On aime !

|●| *Nom Wah – Nolita (zoom 2, C4, 149) : 10 Kenmare St (entre Bowery et Elizabeth).* ☎ 646-478-8242. Ⓜ *(J) Bowery. Plats 6-13 $.* La version branchée et *street food* de la vénérable institution de Chinatown, tenue par une bande de jeunes sympa dans un cadre néo-indus', avec musique électro de circonstance. On commande et on paie sur des bornes iPad, puis le cuistot vous appelle quand c'est prêt ! *Dim sum, noodle soups,* riz arrangés ; bref, une petite panoplie de plats simples et goûteux, à dévorer avec des couverts en plastique sur quelques tables et chaises hautes.

🍴 *Black Tap (zoom 2, B4, 178) : 529 Broome St (et Sullivan).* ☎ 917-639-3089. Ⓜ *(1, 2) Canal St. Burgers 15-20 $.* Juste un comptoir et quelques tabourets dans cet étroit resto réputé pour l'excellence de ses burgers, goûteux et bien servis. Également d'impressionnants *crazy shakes* enrobés de bonbons et de chocolat, qui valent eux aussi le déplacement ! Le tout sur fond de musique rap, qui séduit une clientèle de jeunes Blacks-Blancs-Latinos branchés. Une bonne adresse – très tranche de vie – qui dénote dans le quartier !

|●| 🍴 *Café Habana (zoom 2, C4, 142) : 17 Prince St (et Elizabeth).* ☎ 212-625-2001. Ⓜ *(6) Spring St. Tlj 10h-22h (9h-minuit mer-sam). Plats 6-20 $.* Cadre de *diner* américain avec façade en Inox et mobilier en formica, pour une cuisine cubano-mexicaine roborative qui tient ses promesses. Bonne ambiance distillée par la jeunesse branchée du quartier. Et juste à côté, voici *Habana To Go (229 Elizabeth St),* l'annexe qui cuisine à emporter,

avec une poignée de places assises. Succursale à Brooklyn *Habana Outpost (757 Fulton St ; ouv aux beaux jours seulement),* bien connu pour son agréable terrasse.

De prix moyens à plus chic

|●| *Tacombi – Fonda Nolita (zoom 2, C4, 108) : 267 Elizabeth St (entre Prince et E Houston).* ☎ 917-727-0179. Ⓜ *(N, R) Prince St ou (D, F) Broadway-Lafayette St. Plats 4-8 $; repas 20-25 $.* Éclairé par des loupiotes multicolores, un ancien garage reconverti en cantoche latina, où trône un combi Volkswagen bidouillé en *food truck* ! Au menu, des tacos et des *quesadillas* bien relevés, servis à l'unité (en prévoir 3 pour être calé !), à accompagner de bières mexicaines ou de bons jus de fruits frais. Pas vraiment donné, mais l'ambiance vire souvent au festif, car *la vida es un carnaval !*

🍴 |●| *Rubirosa (zoom 2, C4, 111) : 235 Mulberry St (entre Prince et Spring).* ☎ 212-965-0500. Ⓜ *(6) Spring St. Résa conseillée. Pizzas dès 20 $ (1ʳᵉ taille, bien pour 2 pers), plats 13-29 $.* C'est une solide affaire familiale de Staten Island, qui remonte aux années 1960. Les pizzas y sont délicieuses, les ingrédients de qualité et le cadre mignon comme tout, dans un style désuet charmant. Et pour les amateurs, aussi des *antipasti,* des pâtes, des salades, des sandwichs et quelques *secondi* plus sérieux. Armez-vous de patience car c'est souvent blindé !

|●| *Bo Cà Phê (zoom 2, C4, 115) : 222 Lafayette St (entre Spring et Broome).* ☎ 646-882-1939. Ⓜ *(6) Spring St. Tlj 9h30-minuit (22h30 dim-lun). Plats 14-23 $.* Une petite cantine franco-vietnamienne toute colorée, montée par des *Frenchies* en plein cœur de NoLiTa. Les prix sont raisonnables et la cuisine fusion se montre goûteuse, parfumée et pleine d'idées. On recommande !

🍴 *Pizzeria Lombardi's (zoom 2, C4, 147) : 32 Spring St (et Mott).* ☎ 212-941-7994. Ⓜ *(6) Spring St. Résa conseillée. Pizzas dès 19 $ (bien pour*

2 pers). C'est la toute 1re pizzeria de New York, ouverte en 1905 ! On y cuit toujours – dans un four à charbon – la fameuse pâte croustillante élaborée par Gennaro Lombardi. Le ténor napolitain Caruso l'adorait, autant que les ouvriers du coin. Copieux, mais attention, les *toppings* (garnitures) sont à ajouter à la *margherita* de base. Déco chaleureuse – boiseries et photos de famille – avec toiles cirées à carreaux, typiquement italienne. Une institution souvent bondée !

Ⅰ Ⅰ⊙Ⅰ ⊑ ⇌ *Fanelli's Café* (zoom 2, C4, **351**) : 94 Prince St (et Mercer). ☎ 212-226-9412. Ⓜ (N, R) Prince St. Tlj 10h-2h. Plats 13-18 $. Parmi les plus vieilles adresses de SoHo (1847) et même de New York ; bien connue des gens du quartier, des artistes... et aussi des voyageurs ! Avec ses murs tapissés de photos d'anciens boxeurs, le cadre sombre et patiné plaira aux nostalgiques des vieux pubs. On s'entasse jusque dans la petite salle du fond, coudes sur la toile cirée pour un *fish & chips* très prisé, un burger ou autres sandwichs, soupes, salades, pâtes, omelettes, pizzas... Belle ambiance chaleureuse et bruissante dès le breakfast.

Ⅰ⊙Ⅰ *Uncle Boons* (zoom 2, C4, **326**) : 7 Spring St (entre Bowery et Elizabeth). ☎ 646-370-6650. Ⓜ (J) Bowery. Tlj 17h30-23h (minuit ven-sam). Résa obligatoire. Plats 15-30 $. L'un des *hot spots* du quartier ! Un formidable thaï mijotant des plats goûteux et dépaysants, pour tous les appétits et presque toutes les bourses (*small plates* pour goûter). Aussi d'intéressants cocktails revisités par la maison. Cadre sombre mais chaleureux, rehaussé de quelques chinoiseries décoratives choisies et d'un éclairage tamisé, mais sans intimité.

Ⅰ⊙Ⅰ ⇌ ⊑ *Jack's Wife Freda* (zoom 2, C4, **115**) : 224 Lafayette St (entre Spring et Broome). ☎ 212-510-8550. Ⓜ (6) Spring St. Tlj 8h30-23h (minuit jeu-sam, 22h dim). Plats 13-30 $. Blindé dès le petit déj dans une joyeuse ambiance *friendly*, on s'y régale à toute heure des classiques US revisités avec soin : sandwichs, salades et quelques plats plus élaborés, généreusement servis.

Très chic

Ⅰ⊙Ⅰ ⊑ *Aquagrill* (zoom 2, B4, **134**) : 210 Spring St (et 6th Ave). ☎ 212-274-0505. Ⓜ (C, E) Spring St. Plats 15-37 $. Le bac à huîtres à l'entrée donne le ton ! Les New-Yorkais au pied marin se retrouvent ici pour déguster fruits de mer et poissons. Mais vous n'entendrez guère les mouettes car, côté décibels, c'est plutôt ambiance de criée ! Le midi, sandwichs et salades aux saveurs du large, en plus des plats élaborés selon le *catch of the day*. Cadre élégant et soigné, avec terrasse couverte sur rue. Une bonne pêche, donc, dans ce quartier où le poisson se fait plutôt rare ! Accueil sympa en français.

Ⅰ⊙Ⅰ *Brasserie La Esquina* (zoom 2, C4, **132**) : 114 Kenmare St (entre Cleveland Pl et Lafayette). ☎ 646-613-7100. Ⓜ (C, E, 6) Spring St. Tlj 12h-2h. Résa obligatoire bien à l'avance. Plats 11-47 $. Le genre de resto ultrabranché qui ne s'improvise pas à la dernière minute ! Difficile de le deviner, mais au sous-sol de la modeste *Taqueria La Esquina* (voir plus haut « Sur le pouce ») se cache une « grotte » prisée des noctambules. L'assiette, originale bien qu'un peu chiche, tient la route ; et les desserts sont excellents ! Un détail : n'oubliez pas votre lampe de poche pour lire la carte et votre porte-voix pour passer commande, car l'ambiance est digne d'une boîte de nuit !

Ⅰ⊙Ⅰ ⊑ *Estela* (zoom 2, C4, **364**) : 47 E Houston St (entre Mott et Mulberry). ☎ 212-219-7693. Ⓜ (D, F) Broadway-Lafayette St. Tlj 17h30-23h30 (23h dim-jeu), plus ven-dim 11h30-15h. Résa impérative. Plats 18-40 $. La table qui fait le buzz depuis qu'un certain Barack O. y a fait chauffer sa carte bleue ! Taper dans les plats les plus chers, car les portions ne sont pas très généreuses. Mais c'est l'un des meilleurs gastros du pays, revu à la sauce new-yorkaise, original et un poil orienté vers la Méditerranée. Et au piano, un chef uruguayen talentueux, Ignacio Mattos, qui privilégie les saveurs et les textures. Le président avait de bons indics ! Longue salle bordée de quelques box, d'un comptoir en marbre et pleine d'une clientèle branchée enthousiaste !

NEW YORK *(side tab)*

Épicerie fine

❀ *Dean & Deluca (zoom 2, C4, **501**) :* *560 Broadway (et Prince).* Ⓜ *(N, R) Prince St. Tlj 7h (8h w-e)-20h.* Le must de la gastronomie fine en plein SoHo, que cette véritable institution créée dans les années 1970. Tout y est joliment présenté. Pas donné, mais vaut au moins le coup d'œil, notamment pour l'architecture typiquement new-yorkaise. Beaucoup de produits italiens, français... Le samedi, jour des courses, il y a foule !

Coffee shops, glaces et pâtisseries

☕ *Housing Works Bookstore Café (zoom 2, C4, **144**) :* *126 Crosby St (entre Prince et Houston).* Ⓜ *(D, F) Broadway-Lafayette St. Tlj 10h-21h (18h ven-sam).* Une belle librairie d'occasion qui sent bon le papier jauni et le café, avec mezzanine en bois et atmosphère studieuse et décontractée. On y bouquine en sirotant son *espresso*. *Housing Works* est l'équivalent d'*Emmaüs* et participe à la réinsertion des *homeless* et des personnes atteintes du sida. Juste à côté, la boutique de vêtements, accessoires et déco, pour faire des trouvailles...

🍴☕ *Little Cupcake Bakeshop (zoom 2, C4, **532**) :* *30 Prince St (et Mott).* Ⓜ *(N, R) Prince St. Tlj 7h30 (8h w-e)-23h (minuit ven-sam).* L'avantage de cette pâtisserie, c'est qu'on peut s'y poser le temps de déguster son fabuleux cupcake – la grande spécialité maison – décliné dans toutes les couleurs et saveurs possibles ! Aussi des cheese-cakes, des cookies, des *layer cakes,* des *pies* et des glaces bio. Atmosphère façon bonbonnière, qui ne désemplit pas. Bien aussi pour un petit déj gourmand.

🍦 *Rice to Riches (zoom 2, C4, **109**) :* *37 Spring St (entre Mott et Mulberry).* Ⓜ *(6) Spring St ou (J) Bowery. Portion dès 8,50 $.* C'est une gentille boutique futuristico-revival, pleine d'humour avec ses maximes maison à 3 balles et son comptoir en forme de grain de riz ! Bon choix de *rice puddings* (riz au lait) nature ou aromatisés, délicieusement régressifs et servis avec toutes sortes de *toppings* (en supplément). Dommage que la 1re taille ne puisse contenir qu'un seul parfum. On aime quand même !

🍰 *Eileen's Special Cheesecake (zoom 2, C4, **431**) :* *17 Cleveland Pl (et Broome).* Ⓜ *(C, E, 6) Spring St. Tlj 9h-21h (10h-19h sam-dim).* Aucun effort de déco dans cette pâtisserie de poche, mais les cheese-cakes maison valent le détour ! Malgré leur aspect très américain, ils sont délicieux, surtout en version *plain* (nature) !

☕ *Happy Bones (zoom 2, C4, **121**) :* *394 Broome St (entre Centre et Mulberry).* Ⓜ *(4,6) Spring St. Tlj 7h30 (8h w-e)-19h.* Tout petit troquet, avec son percolateur en guise de mobilier et ses piliers de comptoir qui viennent faire le plein de caféine ! Simple, efficace et sympa.

Où boire un verre ? Où sortir ?

Le soir venu, certaines rues de SoHo restent désespérément calmes, la faute aux boutiques chicos qui squattent les pas de portes. Voici quelques adresses sûres où vous trouverez toujours quelqu'un pour trinquer !

🍸 *Mother's Ruin (zoom 2, C4, **320**) :* *18 Spring St (et Elizabeth).* Ⓜ *(J) Bowery ou (6) Spring St. Tlj 11h-4h.* De bons cocktails, de la bière, du vin, une petite carte de plats à partager, des murs en brique et juste ce qu'il faut de lumière pour ne pas se cogner dans le voisin ! Il n'en fallait pas plus pour faire de ce petit bar – bien dans son époque – le repaire de la jeunesse post-étudiante et autres trentenaires du coin, prête à lever le coude n'importe quel soir de semaine !

🍸 *Sweet and Vicious (zoom 2, C4, **326**) :* *5 Spring St (entre Elizabeth et*

Bowery). Ⓜ *(J) Bowery. Tlj 14h (13h w-e)-4h.* Grand bar rustique tout en bois, fréquenté par des grappes de jeunes qui socialisent bruyamment le long de l'interminable comptoir les soirs de week-end, sur des airs de musique pop. Cour intérieure gentiment taguée, où la fête se prolonge parfois, *frozen margarita* à la main et clope au bec ! Plus calme en semaine. Une adresse de nuit avec laquelle il faut compter, c'est sûr !

🍷 **The Ship** *(zoom 2, C4,* **385***) : 158 Lafayette St (entre Grand et Howard).* Ⓜ *(4, 6) Canal St. Tlj 17h-1h (3h ven-sam).* Caché au sous-sol d'un *cast iron building* de Lafayette St, ce magnifique bar à cocktails vous transporte dans les cales imaginaires d'un navire très *trendy*. Belle hauteur sous plafond et déco particulièrement inspirée, avec murs de brique claire et énormes tuyaux d'aération descendant du plafond, le tout subtilement éclairé. Cocktails classiques ou inventifs, à choisir selon l'humeur de l'équipage, toujours nombreux !

🍷 **Milano's Bar** *(zoom 2, C4,* **364***) : 51 E Houston St (entre Mott et Mulberry).* Ⓜ *(D, F) Broadway-Lafayette St. Tlj 10h-4h.* Tenu par des femmes à qui on ne la fait pas, un de ces rades usés – ici on dit *dive bar* – qui traversent les époques sans bouger d'un pouce. Depuis les années 1920, il abreuve des générations de clients qui ont placardé leurs photos sur les murs, gravé leurs initiales sur les tables poissantes, piétiné les carreaux lavés à grands seaux de javel ! La télé crachote dans un coin, le jukebox inonde de vieux tubes. La bière n'est pas chère, l'atmosphère populaire et, les soirs de fin de semaine, se frayer un chemin dans cet étroit repaire relève de l'exploit ! Musique live certains soirs.

🍷 ← **Jimmy Rooftop Bar** *(zoom 2, B4,* **143***) : 27 Grand St (et Thompson).* Ⓜ *(A, C, E) Canal St. Tlj 17h-1h (2h jeu-sam).* Payez-vous ce petit luxe ! Au sommet du très chic *James Hotel – SoHo,* un bar hype pour siroter des cocktails à prix pas déraisonnables du tout ! Ici, la terrasse – avec piscinette – offre une vue formidable à presque 360°, mais le panorama est tout aussi superbe depuis la salle du bar, avec ses luminaires chromés et ses fauteuils en velours bleu nuit. Une adresse vite prise d'assaut.

NEW YORK

Où écouter de la musique ? Où danser ?

♪ 🕺 **S.O.B.'s** *(***Sound of Brazil's** *; plan 1, B4,* **451***) : 204 Varick St (et W Houston).* ● *sobs.com* ● Ⓜ *(1) Houston St. Groupe presque ts les soirs. Cover charge 10-25 $.* THE hot spot pour les aficionados des rythmes latinos et caribéens, mais aussi de hip-hop, de R'n'B, de reggae et de soul. *S.O.B.'s* est l'un des endroits les plus actifs de la scène musicale new-yorkaise ! La caïpirinha est bonne et on y danse jusqu'au bout de la nuit, sur de la musique live comme aux sons des DJs. Évitez d'y manger, en revanche.

Shopping

Vêtements

Broadway est le temple du shopping ! Sur la portion entre **4ᵗʰ Street au nord et Canal Street au sud** s'alignent la plupart des **enseignes internationales bien connues des touristes** : *Nike, Levi's, Converse, Hollister, Urban Outfitters, Victoria's Secret...* À vous de bien comparer les modèles et les prix, les produits d'appel en vitrine cachant parfois des tarifs plus élevés à l'intérieur... Mais difficile quand même de faire de bonnes affaires !

Dans les jolies rues de *SoHo,* c'est le royaume **du luxe européen...** Même sans velléité d'achat, n'hésitez pas à entrer dans ces boutiques de grandes marques pour admirer **l'architecture cast-iron** emblématique du quartier, mise en scène de manière époustouflante par des décorateurs de renom, par exemple chez *Paul Smith, Louis Vuitton, Saint Laurent* et *Dior,* sur

NEW YORK

Greene St... Et pour les *fringues branchées*, ça se passe dans le minuscule quartier de *NoLiTa* (North of Little Italy), investi par les boutiques des créateurs, notamment sur Elizabeth Street. Attention, elles ouvrent vers 10h-11h et ferment entre 19h et 22h.

✿ *Levi's Store – SoHo* (zoom 2, C4, **504**) : *495 Broadway (entre Spring et Broome).* Ⓜ *(6) Spring St ou (N, R) Prince St.* Du denim sous toutes les coutures et même un *tailor shop* au beau milieu du magasin, où l'on peut faire raccommoder son vieux jean préféré, où même customiser un article en rayon avec toutes sortes de broderies !

✿ *Nike – SoHo* (zoom 2, C4, **514**) : *529 Broadway (et Spring).* Ⓜ *(N, R) Prince St ou (6) Spring St.* Le n° 1 mondial de la chaussure de sport a vu les choses en grand dans ce building high-tech revisitant l'architecture *cast-iron* originelle : 5 000 m² répartis sur 5 niveaux et truffés d'écrans digitaux ! À dispo, tous les nouveaux produits de la marque, ses séries limitées, un comptoir de personnalisation et même un demi-terrain de basket pour perfectionner ses *dunks* !

✿ *Converse* (zoom 2, C4, **501**) : *560 Broadway (et Prince).* Ⓜ *(N, R) Prince St.* La plus grande boutique du monde de la célèbre marque de baskets, déclinées ici dans tous les prix, coloris et graphismes imaginables ! Si votre bonheur n'est pas en rayon, il est possible de vous faire réaliser une paire sur mesure, en personnalisant votre design ; compter alors 2 jours de délai. Pas donné, tout ça ! Également vêtements et accessoires plus abordables.

✿ *Hollister* (zoom 2, C4, **525**) : *600 Broadway (angle Houston).* Ⓜ *(D, F) Broadway-Lafayette St.* La célèbre marque californienne de prêt-à-porter déballe sa marchandise – estampillée de la fameuse mouette – dans la pénombre et la musique boum-boum de cette boutique de style baroco-postindus'. Souvent des *clearances* à tout casser !

✿ *Madewell* (zoom 2, C4, **519**) : *486 Broadway (et Broome).* Ⓜ *(N, R) Prince St.* C'est la ligne femme de *J. Crew.* Même style *preppy* (chic cool), tendance « week-end décontracté

dans les Hamptons ». Et juste à côté, la boutique hommes de *J. Crew.*

✿ *OMG – The Jeans Store* (zoom 2, C4, **537**) : *542 Broadway (entre Prince et Spring).* Ⓜ *(6) Spring St.* Pour acheter des jeans *Levi's* à prix plancher, c'est ici que ça se passe ! Aussi d'autres vêtements de la marque et plusieurs autres *locations* sur Broadway.

✿ *Only Hearts* (zoom 2, C4, **542**) : *230 Mott St (entre Prince et Spring).* Ⓜ *(N, R) Prince St.* Petite marque de lingerie féminine en connexion intime avec l'imagination de sa talentueuse créatrice. Un joli choix de culottes, de soutifs ou de nuisettes *lifeslyle*, basiques ou hyper sexy ; le tout *made in NY in green textiles.* On aime !

✿ *Roots* (zoom 2, C4, **544**) : *228 Elizabeth St (entre Houston et Prince).* Ⓜ *(N, R) Prince St ou (D, F) Broadway-Lafayette St.* On a un gros faible pour cette célèbre marque canadienne de vêtements *leasure wear*, bien connue pour son logo en forme de castor ! Des sweats moelleux, des T-shirts graphiques et, si vous avez des sous, de superbes *award jackets* à customiser.

Librairie

✿ 🕮 *McNally Jackson* (zoom 2, C4, **502**) : *52 Prince St (et Lafayette).* Ⓜ *(N, R) Prince St.* Formidable librairie indépendante, à la fois riche, pointue et où l'on feuillette tranquillou les ouvrages. Le rayon « New York » est bien fourni, ça nous intéresse ! Sur place, petite cafét servant thés, cafés, bricoles salées et sucrées à grignoter : soupes, sandwichs, bagels, scones, muffins...

Déco et accessoires de mode

✿ *MoMA Design Store* (zoom 2, C4, **531**) : *81 Spring St (et Crosby).* Ⓜ *(6) Spring St.* De la babiole-gadget originale à l'objet design, on débusque mille et une belles idées de cadeaux à tous les prix ! Librairie d'art au sous-sol. Un total d'achat supérieur à 150 $ donne droit à 2 entrées gratuites au MoMA !

✿ *Manhattan Portage* (zoom 2, C4, **616**) : *258 Elizabeth St (entre Houston* et Prince). **M** *(N, R) Prince St ou (D, F) Broadway-Lafayette St.* Sous ce nom se cache aussi une mythique marque de sacs new-yorkais (désormais fabriqués en Chine !), dont on trouve ici un très large choix, à tous les prix. Ces besaces plutôt sobres – qui étaient à l'origine celles des coursiers de la ville – sont réputées pour leur solidité.

✽ *PIQ – SoHo (zoom 2, C4, 545) : 420 Broadway (et Canal).* **M** *(N, Q, R, W, 4, 6) Canal St.* Parmi la foule de souvenirs *cheap* sur NY, c'est surtout pour les sacs et objets colorés, signés du célèbre designer Marc Tetro, qu'on recommande cette boutique.

✽ *Artists & Fleas – SoHo (zoom 2, C4, 547) : 568 Broadway (et Prince).* **M** *(N, R) Prince St.* Autre annexe du réputé *Artists & Fleas* de Williamsburg à Brooklyn, un bel étalage d'artisanat de qualité : vêtements, sacs, bijoux fantaisie, etc., fabriqués par des petits créateurs locaux. De belles idées cadeaux !

Boutiques spécialisées

✽ *Babeland (zoom 2, C4, 517) : 43 Mercer St (entre Grand et Broome).* **M** *(6) Spring St. Interdit aux moins de 18 ans.* Entrez sans gêne dans ce sex-shop chic entièrement dédié au plaisir féminin et fréquenté par les filles classe du quartier. Dans les rayons, une foule de sex-toys aux couleurs, formes et matières extravagantes, d'amusants gadgets et plein de livres sur le sujet avec de bons conseils pour explorer son corps et à transmettre à ses amants !

✽ *REI (zoom 2, C4, 593) : 303 Lafayette St (et Houston).* **M** *(B, D, F, M) Broadway-Lafayette St.* La mecque de l'équipement sportif *outdoor*, dans un *landmark* architectural du quartier : le Puck Building. On y trouve à la fois l'excellente marque maison, mais aussi les griffes techniques bien connues des sportifs exigeants pour la montagne, le ski, le camping, la rando, le vélo...

✽ **@** *Apple Store – SoHo (zoom 2, C4, 566) : 103 Prince St (et Greene).* **M** *(N, R) Prince St. Connexion wifi gratuite.* Boutique immense et design installée dans une ancienne poste, où l'on trouve tous les derniers joujoux de la marque à la pomme.

À voir

🎭 Connu pour ses galeries d'art, ce quartier chic recèle *2 joyaux de l'art contemporain* signés Walter de Maria et appartenant à la prestigieuse Dia Art Foundation (● diaart.org ●). La 1ʳᵉ, **The New York Earth Room** *(zoom 2, C4 ; 141 Wooster St, interphone 2B puis escalier raide jusqu'au 1ᵉʳ étage ; tte l'année sauf de mi-juin à mi-sept, mer-dim 12h-15h, 15h30-18h ; GRATUIT),* installée là en 1977, demeure très basique et quasi en odorama avec ses 140 t de terre végétale réparties dans les 1 100 m² d'un loft de SoHo ! La 2ᵈᵉ, **The Broken Kilometer** *(zoom 2, C4 ; 393 W Broadway ; mêmes horaires ; GRATUIT),* datant de 1979, serait plutôt une route vers l'infini semée de 500 barres de cuivre de 2 m de long, soit 1 km mises bout à bout... Des œuvres à la fois étonnantes, loufoques et d'une extrême simplicité.

🏃 👦 *New York City Fire Museum (plan 1, B4) : 278 Spring St (entre Varick et Hudson).* ● nycfiremuseum.org ● **M** *(C, E) Spring St ou (1) Houston St.* ♿ *Tlj 10h-17h. Entrée : 10 $; 5 $ pour les 3-12 ans ; réduc.* Dédié aux valeureux pompiers de New York, ce petit musée est situé dans une ancienne **caserne de style Beaux-Arts** (1904). Expo de **vieux véhicules :** grande échelle

POMPIER À 4 PATTES

À l'époque où les voitures des pompiers de New York étaient tirées par des chevaux, des chiens dalmatiens leur ouvraient la route – courant et aboyant – pour prévenir les passants et stopper les chevaux des autres attelages. Depuis la mécanisation des véhicules, ce chien demeure la mascotte du NY Fire Department.

en bois, pompes à bras puis à vapeur, dont certaines hippomobiles ; et puis des photos noir et blanc, des écussons, des médailles, des outils, etc. Les chevaux tenaient une place aussi importante que les hommes jusqu'à la mécanisation des véhicules en 1922. À côté, le *Fire Safety Learning Center,* dédié aux enfants, explore de manière ludique les causes d'incendies domestiques et la manière de les prévenir dans chaque pièce de la maison... Une autre salle détaille – avec photos et gravures – les *grands incendies que connut New York* au cours de son histoire, occasionnant la mort de 778 firemen entre 1865 et 2001 ; ce, avant l'hécatombe due à l'effondrement des tours jumelles. D'ailleurs, de nombreux Américains viennent se recueillir ici devant l'émouvant *petit mémorial en hommage aux 343 pompiers disparus ce 11 septembre 2001...* À l'étage, encore d'étonnantes carrioles et une remarquable collection de casques à travers les âges, de vraies œuvres d'art ! Sans oublier les seaux à eau décorés, les 1ers extincteurs à pompe...

⚜ Petite *boutique* si vous souhaitez rapporter un souvenir authentique du NYFD, dont une partie du prix est dédiée aux œuvres des pompiers.

🎨 Parmi les nombreuses galeries d'art du quartier de SoHo, 2 lieux d'exposition originaux se font presque face dans *Wooster Street* (zoom 2, C4) : **The Drawing Center** (n° 35 ; ● drawingcenter.org ● ; mer-dim 12h-18h – 20h jeu ; entrée 5 $, réduc), qui présente des expos temporaires dédiées uniquement au dessin sous toutes ses formes, plutôt dans le registre contemporain ; et le **Leslie – Lohman Museum of Gay and Lesbian Art** (n° 26 ; ● leslielohman.org ● ; mer-dim 12h-18h – 20h jeu ; GRATUIT mais donation suggérée de 10 $) qui, avec les 30 000 œuvres de sa collection (surtout des photos et des dessins accrochés par roulement), se revendique comme le seul centre d'art au monde consacré à l'art contemporain gay et lesbien... Pas immense mais original.

🎨 *Saint Patrick's Old Cathedral* (zoom 2, C4) : entrée sur Mott St (angle Prince). Ⓜ (6) Spring St. De style gothique, c'est la plus ancienne des églises catholiques de NYC, construite au début du XIXe s avec la fortune d'un certain Pierre Toussaint, esclave haïtien qui devint le coiffeur le plus réputé du Tout-NY ! Libéré en 1807, il était un fin prédicateur ; et que le diocèse de New York voudrait bien voir canonisé... Sa dépouille repose désormais à Saint Patrick's Cathedral sur 5th Avenue. Dans la rubrique people, sachez aussi que l'évêque Dubois, enterré ici, usa ses fonds de culotte sur les mêmes bancs qu'un certain Robespierre. Et puis le petit Martin Scorsese y fut enfant de chœur tout en étudiant à l'école Saint-Patrick juste en face !

🎨 *International Center of Photography Museum* (zoom 2, C4) : 250 Bowery (entre E Houston et Prince). ● icp.org ● Ⓜ (F) 2 Ave. Tlj sauf lun 10h-18h. Dernière admission 45 mn avt. Entrée : 14 $; réduc ; gratuit moins de 15 ans. Une gigantesque collection de plus de 200 000 photos présentées au compte-gouttes lors d'expos temporaires thématiques, renouvelées tous les 3 mois (se renseigner). Le tout exposé dans un espace moderne aéré. Une visite de qualité pour les fanas du genre. Café sur place.

Itinéraire architectural dans SoHo (du sud au nord)

🎨🎨🎨 Démarrez la balade à l'angle de Canal et de Greene Streets (plan Itinéraire SoHo). Ici commence un long ensemble de *cast-iron buildings (immeubles à armature de fonte),* du n° 6 au n° 76 de Greene Street. Cette technique de construction, apparue au milieu du XIXe s en Angleterre, offrait plusieurs avantages par rapport au bois : primo, elle réduisait les risques d'incendie – un risque qu'encouraient les nombreux entrepôts de textile de New York ; secundo, la préfabrication d'éléments standardisés permettait une construction plus facile, rapide et à moindres frais. En outre, ce type de structure aux murs moins épais autorisait un nombre important d'étages, favorisant le percement de grandes baies afin de laisser entrer l'air et la lumière. Enfin, le décor des façades était travaillé de façon très esthétique et à faible coût, pour être finalement zébrées par des escaliers de secours métalliques. La construction de tels immeubles cessa avec l'avènement des charpentes d'acier et des ascenseurs...

➤ L'un des immeubles à armature de fonte les plus connus est situé aux nos 28-30, **The Queen of Greene Street** *(plan Itinéraire SoHo, A),* tout gris et construit en 1872 par l'architecte I. F. Duckworth. Son toit mansardé et ponctué de lucarnes est orné d'un pavillon central de style Second Empire.

➤ Au carrefour de Broome et de Greene Streets *(plan Itinéraire SoHo, B),* plusieurs buildings intéressants à touche-touche. Notamment, à l'angle sud-ouest : le **Gunther Building** (nos 469-475), édifié en 1871-1872 avec d'inhabituelles fenêtres d'angle incurvées et une corniche de toit, simple mais marquée. En face, à l'angle nord-est (nos 466-468), notez, sur cet immeuble de 1860, les longues colonnes encadrant les fenêtres sur 2 étages, dites de *sperm candle style* pour leur ressemblance avec les chandelles fabriquées à base d'huile de cachalot *(sperm whale)*... Et à l'angle nord-ouest, jetez enfin un œil à la galerie **Eden Fine Art** *(470 Broome St ; ● eden-gallery.com ● ; tlj 9h-21h),* exposant des œuvres contemporaines, gaies et colorées. Les amateurs de pop art seront séduits !

➤ Poussez plus haut dans Greene Street jusqu'au **King of Greene Street Building,** aux nos 72-76 *(plan Itinéraire SoHo, C),* aussi l'œuvre de l'architecte I. F. Duckworth, en 1873. C'est un bel exemple de style Renaissance française et Second Empire, flanqué des classiques sorties de secours métalliques. Du porche à la corniche supérieure, ses rangées de colonnes corinthiennes donnent à l'ouvrage une forte impression tridimensionnelle.

➤ Retour en arrière sur **Broome Street** ; au **no 451** *(plan Itinéraire SoHo, D),* immense et spectaculaire building de 1896, l'un des plus hauts de SoHo. Il est très fin malgré sa grande hauteur et ses derniers étages sont assez travaillés : brique et pierre taillée.

➤ À l'angle de Broadway, au no 490 *(plan Itinéraire SoHo, E),* se dresse le **Haughwout Building,** construit en 1857. Considéré comme « le Parthénon de l'architecture *cast-iron* aux États-Unis », il fut le 1er dans son genre à être classé sur la liste des *landmarks.* John P. Gaynor et Daniel D. Badger, pour les détails de la façade, sont les concepteurs de ce superbe palais vénitien Renaissance édifié pour un fabricant de porcelaine, alors fournisseur officiel de la Maison Blanche... Comme quoi, les marchés publics, ça rapporte ! Des arches flanquées de colonnes

PLUS VITE, PLUS HAUT, PLUS FORT !

Elisha Otis, fondateur de la plus grande société d'ascenseurs du monde, est aussi l'inventeur du « parachute », un système qui freine la chute de l'ascenseur en cas de rupture de câble. Il en fit la promotion de façon spectaculaire à l'exposition du Crystal Palace de Londres, en 1853, en faisant sectionner les câbles de sécurité alors qu'il se trouvait lui-même à l'intérieur de la cabine ! Cette invention, qui le rend célèbre, eut un impact considérable sur le développement des gratte-ciel.

corinthiennes encadrent les fenêtres du bâtiment. Remarquez la corniche délicate qui domine une série de frises très travaillées. Sachez que ce building fut aussi le 1er équipé d'un ascenseur pour passagers Otis, fonctionnant avec un treuil à vapeur ! Pause shopping possible chez **Levi's Store SoHo,** au 495 Broadway, chez **Madewell,** au no 486, la ligne pour jeunes femmes chic et cool de **J. Crew** (boutique homme sur place), ou encore **Nike – SoHo,** au 529 Broadway *(plan*

NEW YORK

*Itinéraire SoHo, **504, 519** et **514**).* En remontant Broadway, au n° 504, on admire au passage la façade élancée d'un *cast-iron* construit en 1860, qui abrite aujourd'hui le grand magasin ***Bloomingdale's.***

➤ Arrivé à ***Spring Street,*** prenez à gauche. Au ***n° 101** (plan Itinéraire SoHo, **F**),* à l'angle de Mercer Street, ce *cast-iron* qui brille de sobriété, contrairement à beaucoup d'autres, était la résidence-atelier de l'***artiste plasticien Donald Judd,*** un des pères du minimalisme en sculpture (visite possible mais destinée aux spécialistes : ● *judd.wpengine.com* ●). C'est aujourd'hui le seul *cast-iron* du quartier à n'avoir pas été divisé en appartements. Les grandes surfaces vitrées entourées de colonnes élancées lui donnent un aspect léger, lumineux et aéré. Dans la même rue, au 81 Spring Street (angle Crosby), arrêt shopping à la ***MoMA Design Store** (plan Itinéraire SoHo, **531**),* proposant une foule de gadgets originaux et des objets design à tous les prix... Et juste en face, au 80 Spring Street (angle Crosby), la brasserie « à la parisienne » ***Balthazar** (plan Itinéraire SoHo, **272**),* au décor rétro exceptionnel, est impec pour un petit déj ou un brunch raffiné, de même qu'une pâtisserie ou un sandwich sur le pouce à la ***Balthazar Bakery.***

Parvenu à Prince Street, tournez à droite vers Broadway après une pause au ***Fanelli's Café** (plan Itinéraire SoHo, **351**),* l'un des plus vieux pubs de New York conservé dans un jus pittoresque (voir plus haut « Où manger ? »). Pile-poil à l'angle nord-ouest de Prince Street et Broadway, baissez les yeux sur les discrets ***dessins ciselés*** dans le granit du trottoir ***par l'artiste japonais Ken Hiratsuka** (plan Itinéraire SoHo, **G**).* Il mit 2 ans à réaliser cette œuvre illégale (1983-1984), de nuit, souvent interrompu par les patrouilles de police ! New York compte désormais une quarantaine de « méfaits » artistiques de ce sculpteur libre comme l'air. En relevant les yeux, vous remarquerez la boutique très design de la marque de luxe italienne ***Prada.*** Rem Koolhaas, architecte néerlandais ultra-créatif, a conçu ici un espace hors du commun. Superbe plan incliné qui se prolonge en un élégant escalier de bois blond. Ne manquez pas d'emprunter les étonnants ascenseurs circulaires, totalement transparents ! Sur le trottoir d'en face, entrez donc chez ***Artists & Fleas – SoHo** (plan Itinéraire SoHo, **547**),* regroupant des petits créateurs locaux de vêtements, sacs, bijoux fantaisie, etc. ; annexe du réputé *Artists & Fleas* de Williamsburg à Brooklyn.
Un peu plus bas, toujours sur le même trottoir, toujours sur Broadway, la plus grande boutique du monde de la célèbre marque de baskets ***Converse** (plan Itinéraire SoHo, **501**).* Cette grande artère compte de nombreuses boutiques de grandes marques internationales de vêtements et de chaussures... Sans oublier la ravissante épicerie fine ***Dean & Deluca** (plan Itinéraire SoHo, **501**),* où l'on peut faire une pause gourmande rapide (et debout !), histoire de recharger les batteries.

➤ Aux n°s 561-563 de Broadway, le ***Little Singer Building** (plan Itinéraire SoHo, **H**)* fut construit en 1905 par Ernest Flagg pour le célèbre fabricant de machines à coudre. Sa curieuse façade de 12 étages à structure d'acier est décorée de balcons en fer forgé et d'éléments en terre cuite, sans oublier le verre... Son design préfigure celui des gratte-ciel modernes. Sur le trottoir d'en face, un petit tour chez ***OMG – The Jeans Store** (plan Itinéraire SoHo, **537**),* pour acheter des jeans *Levi's* et d'autres vêtements de la célèbre marque à prix copains !

➤ Continuez sur Broadway vers le nord jusqu'à Houston Street, en passant par le spectaculaire magasin baroco-postindustriel de prêt-à-porter californien ***Hollister,*** au n° 600 *(plan Itinéraire SoHo, **525**).* Voir « Shopping » plus haut. En prenant à droite, à l'angle de Lafayette Street, arrêtez-vous devant le ***Puck Building** (plan Itinéraire SoHo, **I**).* Construite en 1886 pour abriter le célèbre magazine satirique *Puck* et sa maison d'édition, cette immense structure en brique est percée de baies cintrées créant une belle harmonie dans sa façade Rundbogenstil, alliance de romantisme et d'éléments Renaissance. Statue dorée de Puck au-dessus de la

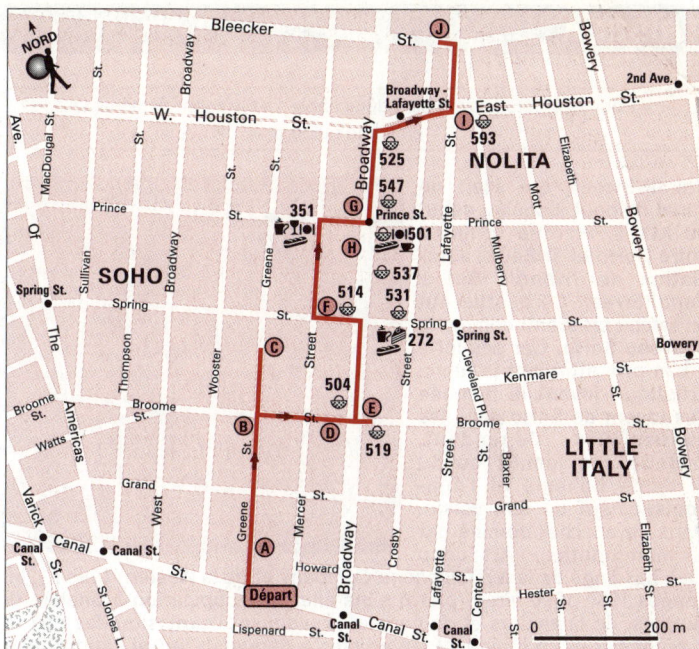

ITINÉRAIRE SOHO

A	The Queen of Greene Street		
B	Gunther Building		
C	The King of Greene Street Building		
D	451 Broome Street		
E	Haughwout Building		
F	101 Spring Street (atelier-résidence de Donald Judd)		
G	Dessins de Ken Hiratsuka		
H	Little Singer Building		
I	Puck Building		
J	Bayard Condict Building		

Où faire une pause ?

272	Balthazar
351	Fanelli's Café
501	Converse et épicerie Dean & Deluca
504	Levi's Store – SoHo
514	Nike – SoHo
519	Madewell et J. Crew
525	Hollister
531	MoMA Design Store
537	OMG – The Jeans Store
547	Artists & Fleas – SoHo
593	REI

monumentale entrée et une autre au coin de la Mulberry Street. Notez l'inscription sur le calepin que ce petit bonhomme tient à la ceinture : « *What fools these mortals be* », soit : « Quels imbéciles, ces mortels » ! Le building abrite aujourd'hui le magasin *REI (plan Itinéraire SoHo, 593),* spécialisé dans les équipements de sports *outdoor.*

➤ Enfin, remontez Lafayette Street et, parvenu à Bleecker Street, au n° 65, le **Bayard Condict Building** *(plan Itinéraire SoHo, J),* en face de Crosby Street. Ne pas rater ce magnifique édifice classé de 1899, à l'ornementation délicate ; le seul building de New York construit par le maître de l'école d'architecture de Chicago, Louis H. Sullivan. Ce père des gratte-ciel a influencé les grands architectes d'aujourd'hui, dont son assistant, le célèbre Frank Lloyd Wright (le Guggenheim Museum, c'est lui !).

TRIBECA

> ● Pour se repérer, voir le plan détachable 1 et le zoom détachable 2 en fin de guide.

Canal Street, qui était un canal d'égout jusqu'au début du XIXᵉ s, marque la limite entre SoHo et TriBeCa, abréviation de *Triangle Below Canal Street.* Ce quartier fut un temps pressenti comme le nouveau SoHo. Car ses lofts à bas prix attiraient la faune artistique fuyant la flambée des loyers de SoHo dans les années 1970. Cependant, TriBeCa n'a jamais connu ni l'âme bohème ni l'épanouissement de son voisin. Dans ce quartier dominé par 2 « mammouths » Art déco – les buildings de la *NY Telephone Company* et de la *Western Union* –, les années 1980-1990 virent plutôt s'installer une population branchée de yuppies, de financiers et de people, provoquant l'explosion des prix de l'immobilier et contraignant les artistes à déguerpir. Aussi l'atmosphère du quartier demeure-t-elle aujourd'hui assez neutre, entre galeries d'art, antiquaires et designers, sans oublier ses restos-bars qui jouent souvent la carte du haut de gamme... Et puis levez donc le nez vers le tout récent *56 Leonard,* ce longiligne gratte-ciel résidentiel – signé Herzog & de Meuron – devenu le nouvel emblème du quartier. Vraiment étonnant ! Une « Lego Tower » de 250 m de haut (entre West Broadway et Church Street), avec ses balcons ouverts comme des tiroirs et sa sculpture du plasticien Anish Kapoor encastrée au rez-de-chaussée !

LE PLUS PETIT MUSÉE DE NEW YORK

Il est aménagé dans une cage d'ascenseur (donc 5 m² ; entrée gratuite), au 4 Cortlandt Alley (zoom 2, C5), une ruelle au sud de Canal Street, entre Broadway et Lafayette Street. Ce passage glauque, tout graffé et zébré d'escaliers métalliques, est un des décors fétiches des équipes de cinéma. On le retrouve dans de nombreux films, quitte à véhiculer toujours le même cliché – forcément erroné – sur les rues de New York !

LES « GRANDES OREILLES » DE NEW YORK

En plein cœur de Manhattan, au 33 Thomas Street (entre Church et Worth ; zoom 2, C5), ce curieux building de 167 m de haut aux allures de forteresse – sans fenêtres et couvert de plaques roses – serait l'un des principaux centres d'espionnage de l'Agence de sécurité américaine, la fameuse NSA ! Inauguré en 1974 et doté de 29 étages avec 3 sous-sols, il serait capable de résister à une attaque nucléaire. Big Brother recueillerait là une foule d'infos sensibles issues des communications téléphoniques passées à travers le monde.

LE PARRAIN DE TRIBECA

L'acteur **Robert De Niro** a un peu délaissé son quartier natal de Little Italy pour investir à TriBeCa : maison de production *(TriBeCa Films),* plusieurs restos et un hôtel très haut de gamme. La star y organise aussi, au printemps, un festival de cinéma (le *TriBeCa Film Festival*) qui attire le gratin des acteurs... Son petit pâté de maisons, situé entre Greenwich, Franklin et North Moore Streets, est d'ailleurs surnommé le « Bobby Row » !

Où dormir ?

🛏 **The Frederick Hotel** (zoom 2, B-C5, **33**) **:** 95 W Broadway (et Chambers). ☎ 212-566-1900. ● frederickhotelnyc. com ● Ⓜ (1, 2, 3, A, C) Chambers St. Doubles 160-350 $. Tout proche du World Trade Center, cet immeuble ancien abrite un hôtel rénové de fond en comble ! Plus de 130 chambres, plutôt petites mais tout confort : déco sobre et moderne black & white, dotées de jolies salles de bains avec un plan de Manhattan incrusté dans le carrelage, histoire de prévoir les visites de la journée en prenant sa douche ! Celles sur rue sont lumineuses mais plus bruyantes aussi. Honorable rapport qualité-prix-accueil dans ce quartier chérot.

🛏 **The Roxy Hotel** (zoom 2, C5, **88**) **:** 2 6th Ave (et Church). ☎ 212-519-6600. ● roxyhotelnyc.com ● Ⓜ (1, 2) Franklin St. Doubles 185-400 $. L'intérêt principal de cet immense hôtel nouvelle génération campé dans un bâtiment de brique du XIXe s, ce sont ses parties communes : hall vaste comme une gare avec petits concerts en fin de journée, coffee shop, bar-lounge, club de jazz en sous-sol et même... une salle de cinéma (voir plus loin « Où boire un verre ? Où sortir ? ») ! Les chambres, disposées autour d'un atrium aux dimensions colossales, sont plus classiques, avec quelques touches d'originalité, comme ces carreaux de mosaïque colorée dans les salles de bains.

🛏 **Duane Street Hotel** (zoom 2, C5, **60**) **:** 130 Duane St (et Church). ☎ 212-964-4600. ● duanestreethotel.com ● Ⓜ (1, 2, 3, A, C) Chambers St. Doubles 200-350 $. Petit hôtel indépendant d'une quarantaine de chambres plus ou moins grandes, mais confortables et dotées d'une déco sobre : murs noirs, quelques tableaux évoquant la Grosse Pomme et gentille petite salle de bains. Bon accueil pro.

🛏 📶 **Aka Smyth Hotel – TriBeCa** (zoom 2, B-C5, **22**) **:** 85 W Broadway. ☎ 212-587-7000. ● smythtribeca. com ● Ⓜ (1, 2, 3, A, C) Chambers St. Doubles 210-600 $. Hôtel chic affichant un design épuré tendance. Parties communes chaleureuses, mariant bois, tons chauds, cadres aux murs, étagères à beaux livres, quelques objets d'art bien choisis et ce feu de cheminée qui crépite en hiver ! Quant aux chambres, elles sont spacieuses et affichent un style sobre de bon ton et de splendides salles de bains en carrelage mosaïque. Certaines avec vue sur le One WTC. Sur place, resto-bar **Little Park** (plats 19-38 $), mijotant une bonne cuisine modern American « farm to table » de saison, dans un décor classe mais décontract.

Où manger ?

Spécial petit déjeuner et brunch

🍴 🍽 **Square Diner** (zoom 2, B5, **154**) **:** 33 Leonard St (et Varick). ☎ 212-925-7188. Ⓜ (1) Franklin St. Tlj 6h-21h (7h30-16h w-e). Plats 9-15 $, brunch 19 $. En plein TriBeCa cossu, ce diner détonne avec son style à l'ancienne : forme de wagon, boiseries intérieures, box en formica et moleskine... On s'y régale de soupes, salades, sandwichs, burgers... Bref, rien que des classiques US bien ficelés et servis à prix étonnamment doux. Clientèle familiale chic du quartier le week-end.

🍴 🍽 **Bubby's** (zoom 2, B5, **505**) **:** 120 Hudson St (angle Moore). ☎ 212-219-0666. Ⓜ (A, C, E) Canal St. Tlj 8h-22h (23h ven-sam). Plats 13-25 $. Une institution du quartier, où l'ambiance fleure bon les retrouvailles entre potes ! Déco old school, lumineuse et délicieusement vintage, tirant même sur le champêtre. Dans l'assiette, bonne cuisine américaine familiale : soupes, salades, burgers, sandwichs, etc. ; le tout concocté avec des ingrédients de qualité – bio et « km 0 » –, puis servi copieusement (une assiette pour 2 suffit !), mais à des prix un poil surévalués. Une belle adresse quand même, pour tous les budgets.

NEW YORK

Et aussi : le supermarché bio **Whole Foods Market** (bon rapport qualité-prix), **Zucker's Bagels & Smoked Fish** et, dans un registre plus chic, **The Odeon,** le resto **Little Park** du **Aka Smyth Tribeca Hotel** (voir plus haut) ; sans oublier **Kaffe 1668 South** et **Tiny's & The Bar Upstairs** (voir plus bas).

Sur le pouce

Zucker's Bagels & Smoked Fish (zoom 2, B5, **179**) : *146 Chambers St (et Hudson).* (A, C) Chambers St. *Tlj 6h30-17h30. Bagels et sandwichs 5-13 $.* De délicieux bagels, garnis à sa convenance avec une foule de produits frais, dont du fameux poisson fumé. Également de généreux sandwichs, salades... Quelques tables et chaises pour reprendre son souffle après la visite du quartier du World Trade Center. Une adresse qui ne désemplit pas !

De prix moyens à plus chic

Walker's (zoom 2, B5, **117**) : *16 N Moore St (angle Varick).* ☎ 212-941-0142. (1) Franklin St. *Tlj 11h-4h. Plats 9-24 $.* Élégant vieux pub des années 1880, concoctant les classiques américains copieux, avec quelques détours par l'Italie. Voir aussi les *special's...* À dévorer dans un dédale de salles largement patinées. Le midi, ambiance business cool ; et le soir, chaleureux repaire d'habitués volontiers gouailleurs ! Bonne panoplie de *draft beers* (bières pression).

Coffee shops et pâtisseries

La Colombe (zoom 2, C4, **161**) : *319 Church St (et Lispenard).* (N, Q, R, W, 4, 6) Canal St. *Tlj 7h30 (8h30 w-e)-18h30.* Au pied de l'imposant Telephone Building, *La Colombe* est l'un des *coffee houses* favoris des New-Yorkais amateurs de vrai bon café. Voir le descriptif complet plus loin, chapitre « East Village, NoHo et Lower East Side ».

Whole Foods Market (plan 1, B5, **139**) : *270 Greenwich Ave (et Warren).* (1, 2, 3) Chambers St. *Tlj 7h-23h.* Pour le descriptif de cette formidable chaîne de supermarchés bio, voir « East Village, NoHo et Lower East Side » et « Union Square et Flatiron District ». Au rez-de-chaussée, épicerie, pâtisserie, *salad bar* et plats cuisinés en libre-service, sans oublier le *coffee bar* aux caisses. À l'étage, vaste et lumineuse cafétéria, bien plus chaleureuse qu'un resto U, avec petit espace salon pour se poser.

Trattoria Gigino (zoom 2, B5, **172**) : *323 Greenwich Ave (et Duane).* ☎ 212-431-1112. (1, 2, 3) Chambers St. *Plats 16-25, menus 31-35 $.* D'abord une longue salle rustique, dont la déco rappelle un peu les vieilles maisons de la campagne italienne. À la carte, de savoureuses pâtes, pizzas et autres *secondi* de la Grande Botte, mitonnés avec soin et servies copieusement. Une institution dans le quartier depuis plus de 25 ans !

Très chic

The Odeon (zoom 2, B-C5, **322**) : *145 W Broadway (et Thomas).* ☎ 212-333-0507. (1, 2, 3, A, C) Chambers St. *Tlj 8h (10h w-e)-23h (minuit mer-sam). Plats 16-37 $.* C'est la brasserie des gens influents de NY, qui apprécient le cadre élégant et le service discret et stylé. Au menu, cuisine US de qualité, avec des consonances *Frenchy* dans certains plats, *so chic* ! On se régale dès le petit déj et pour pas trop cher non plus à l'heure du lunch. Plus rude pour le porte-feuille en soirée, mais pourtant bondé !

Kaffe 1668 South (plan 1, B5, **139**) : *275 Greenwich Ave (et Warren).* (1, 2, 3) Chambers St. *Tlj 7h-21h (20h dim). Plats 10-13 $.* Un *coffee shop* spacieux, beau comme un *tea shop,* avec sa grande tablée en bois épais et ses moutons pour unique déco. Un cadre rustico-scandinave où le budget – caféine du monde dans tous ses états – ne prend pas trop la tasse. Idéal pour le petit déj. Et puis des soupes, sandwichs, salades et *healthy bowls* à bouloter en journée ! Une adresse d'habitués.

☕🍴 Duane Park Patisserie *(zoom 2, B5, 287)* : *179 Duane St.* Ⓜ *(1, 2, 3) Chambers St. Tlj 8h-19h (17h dim).* Un petit côté rétro plane dans cette pâtisserie créée par Madeline Lanciani, une chef pâtissière de renom, tombée dans le moule quand elle était enfant. Âgée de 10 ans, elle gagne son 1ᵉʳ trophée avec une recette de cupcakes qui séduit toujours les papilles des gourmands d'aujourd'hui, bravo ! Quelques tables en formica pour la dégustation, agrémentée d'un café ou d'un chocolat. Et juste en face, au nº 184, le petit comptoir à café **The Laughing Man** *(tlj 6h-18h)* appartient à l'acteur Hugh Jackman qui soutient, avec sa fondation, les petits producteurs colombiens... Faites comme lui, commandez un *Flat White,* le cappuccino australien !

☕🍴 Billy's Bakery *(zoom 2, C5, 330)* : *75 Franklin St (entre Church et Broadway).* Ⓜ *(1) Franklin St. Tlj 8h-20h (11h-18h w-e).* Succursale d'une bonne pâtisserie de Chelsea à la déco fifties. Voici de bons cafés, des cupcakes et des cheese-cakes confectionnés sous vos yeux. À savourer sur 3 tables en formica dans une alléchante odeur de beurre et de sucre !

Où boire un verre ? Où sortir ?

Ce n'est pas dans ce quartier cossu et placide que vous passerez vos plus fiévreuses soirées !

🍷🍴 Tiny's & The Bar Upstairs *(zoom 2, B-C5, 322)* : *135 W Broadway (entre Thomas et Duane).* Ⓜ *(1, 2, 3, A, C) Chambers St. Tlj 8h (9h w-e)-23h (minuit ven-sam, 22h dim). Plats 14-35 $.* C'est l'adorable petite maison rose bicentenaire, coincée entre 2 immeubles. À l'intérieur, plafond bas, vieux parquet et feu de cheminée, le tout éclairé à la bougie. Même les toilettes sont mimi tout plein ! Il faut gravir les marches pour trouver le comptoir du bar – *tiny* lui aussi – planqué au-dessus du resto. Une adresse confidentielle et pleine de charme, idéale pour siroter un cocktail raffiné ou un verre de vin en amoureux. Bien aussi pour le petit déj ou le brunch.

🍷🎵 Bars et club du Roxy Hotel *(zoom 2, C5, 88)* : *2 6ᵗʰ Ave (angle Church).* ● *roxyhotelnyc.com* ● Ⓜ *(1, 2) Franklin St.* Outre l'immense et confortable **Roxy Lounge** qui occupe tout le hall de l'hôtel et propose des concerts en fin de journée, le *Roxy* dispose aussi d'un élégant club de jazz en sous-sol, **The Django.** Décor intime de cabaret, avec petite scène et quelques tables de bistrot. Cocktails, petites assiettes et concerts de belle qualité. Aussi un bar tropical coloré, le **Paul's Cocktail Lounge,** où vous siroterez des mixtures très suaves. Un vrai jeu de piste !

🍷🎵 City Vineyard *(plan 1, B5, 384)* : *233 West (et N Moore), Pier 26.* ● *cityvineyardnyc.com* ● Ⓜ *(1, 2) Canal St ou Franklin St. Tlj 16h30 (11h w-e)-22h (21h dim).* Ancré sur le Pier 26, ce resto-bar offre une terrasse panoramique formidable pour siroter des verres de vin au fil de l'Hudson. On n'a pas testé la cuisine. Concerts réguliers.

Shopping

🎁🧸 Playing Mantis *(zoom 2, B5, 505)* : *32 N Moore St.* ● *friendlynantis.com* ● Ⓜ *(A, C, E) Canal St.* Boutique dédiée aux enfants, derrière sa devanture rouge pétard. Un petit paradis « anti-made in China » du jouet en bois travaillé, des maisons de poupée, des dînettes et autres mobiles ou déguisements... Poussez au moins la porte pour le coup d'œil !

NEW YORK

GREENWICH ET WEST VILLAGE

> • Pour se repérer, voir le plan détachable 1 et le zoom détachable 4 en fin de guide.

En explorant ces 2 quartiers anciens de Manhattan, on a vraiment la curieuse impression d'être dans un village au cœur de la ville ! Plantation hollandaise de tabac au XVIIe s, puis quartier résidentiel anglais, Greenwich et West Village deviennent le terrain d'élection des immigrants du XIXe s. Les écrivains Mark Twain et Edgar Allan Poe s'y établissent. Dans les années 1910, les loyers défiant toute concurrence, une population de jeunes aux idées neuves et anticonformistes s'y installe à son tour, conférant à ce district l'appellation de « bohème de Manhattan ». Débarquent ensuite les avant-gardistes (Pollock, Hopper) et les beatniks (Kerouac, Ginsberg, Dylan), qui voient les années fifties et sixties transformer Greenwich en temple de la culture underground. Norman Mailer y fonde le journal bien connu : *The Village Voice*...
Depuis, dominé par la puissante *NYU (New York University)*, le quartier s'est largement embourgeoisé, repoussant l'avant-garde culturelle, d'abord vers SoHo, puis vers East Village, Lower East Side et plus récemment Williamsburg, DUMBO et Bushwick à Brooklyn.
Si le Village demeure la scène de jazz la plus réputée du Tout-NY, il attire désormais aussi les touristes et s'est un peu empâté ! Cela dit, à l'extrémité nord de West Village, le Meatpacking District – ancien quartier de l'emballage de la viande – s'impose aujourd'hui comme le théâtre d'une intense activité, avec ses galeries d'art, magasins de créateurs, restos-bars chics, hôtels de luxe, sans oublier le brillant *Whitney Museum.* Quant à la *High Line,* la promenade suspendue aménagée en voie verte sur une ancienne ligne de chemin de fer aérienne désaffectée, elle offre au promeneur – petit ou grand – une formidable perception de la ville en tout point singulière, foncez-y !

Où dormir ?

De prix moyens à plus chic

🛏 *The Jane Hotel* (plan 1, A3, 315) : 113 Jane St (et West). ☎ 212-924-6700. • thejanenyc.com • Ⓜ (A, C, E, 1, 2, 3) 14 St. Cabines 2 pers 100-135 $; doubles avec sdb 200-275 $. En bordure de l'Hudson River et à 2 pas du Meatpacking District, cet ancien et monumental foyer pour marins – qui accueillit en 1912 les survivants du *Titanic* – a subi depuis un sérieux lifting. Le lobby donne le ton avec son ambiance victorienne et ses grooms en livrée. Quant aux chambres, ce sont de minuscules cabines simples ou doubles (lits superposés), semblables aux bannettes de *3rd class* d'un vénérable *liner* transatlantique ! Simples et charmantes, même si pas

super bien insonorisées et sans vue. En revanche, 2 salles de bains par étage seulement, c'est un peu juste ! Également de spacieuses chambres meublées à l'ancienne, avec de jolies salles de bains rétro ; certaines donnant sur l'Hudson River, d'autres avec terrasse privée sur l'arrière. Une adresse décalée, plus fêtards que familles.
🛏 *Washington Square Hotel* (zoom 4, B3, 40) : 103 Waverly Pl (et Washington Sq). ☎ 212-777-9515. • washingtonsquarehotel.com • Ⓜ (A, C, D, E, F) W 4 St. Doubles 150-350 $. Idéalement situé en bordure de Washington Park, cet élégant immeuble abrite un hôtel indépendant, agréable et familial, cosy et feutré, décoré sur le thème Art déco. Belles chambres, petites mais d'un bon niveau de confort, avec de jolies salles de bains. Celles des 8-9e étages ont vue sur l'Empire State Building ou sur

le parc ; toujours mieux que certaines, aux étages inférieurs, peu lumineuses. Fitness et spa. Très bon accueil.

≜ *The Marlton Hotel* *(zoom 4, B3, 77)* **:** *5 W 8th St (entre 5th et 6th Ave).* ☎ *212-321-0100.* Ⓜ *(A, C, D, E, F) W 4 St. Doubles standard 225-365 $.* Ce bâtiment ancien s'ouvre d'abord sur un chaleureux salon rétro, avec cheminée qui crépite en hiver. À dispo, une centaine de chambres, plutôt petites mais confortables et dont la déco marie à merveille vintage et design. Bon accueil pro.

Très, très chic

≜ ⬀ *The Standard Hotel – High Line* *(plan 1, A3, 92)* **:** *848 Washington St (et 13th).* ☎ *212-645-4646.* ● *standardhotels.com* ● Ⓜ *(A, C, E) 14 St. Doubles standard 185-400 $.* Le *Standard* n'a rien de standard et reste à la pointe en matière d'hôtel de luxe design et branché. Le bâtiment, tout béton et verre sur pilotis au-dessus de la High Line, est remarquable, inspiré par Le Corbusier. Plus de 300 chambres décorées sur le thème paquebot des années 1950 et offrant toutes des vues panoramiques incroyables sur le Meatpacking District et l'Hudson River, car les murs sont vitrés du sol au plafond !

Douche XXL ouverte sur la chambre ; l'adresse idéale pour une nuit d'amour ! D'ailleurs, une des scènes les plus *hot* du film *Shame* a été tournée ici... Au 18e étage, un *rooftop* version pelouse et chaises longues et surtout ***The Top of The Standard,*** un bar délirant, doré du sol au plafond, avec une vue formidable ; et puis ***Le Bain,*** une boîte de nuit qui prend le relais dans la soirée (voir « Où boire un verre ? »)... Également ***The Standard Grill,*** le resto du rez-de-chaussée (voir « Où manger ? ») ; et ***The Standard Plaza,*** au pied de l'hôtel, minipatinoire en hiver.

≜ ⬀ *Gansevoort Hotel – Meatpacking* *(plan 1, B3, 375)* **:** *18 9th Ave (entre 12th et 13th).* ☎ *212-206-6700.* ● *gansevoorthotelgroup.com* ● Ⓜ *(A, C, E) 14 St. Doubles 225-500 $.* Lui aussi en plein Meatpacking District, le *Gansevoort* vit dans l'ombre de son prestigieux voisin *The Standard.* Moins impressionnant, il n'en demeure pas moins confortable. Ses chambres, glamour et sophistiquées, sont éclairées par d'immenses baies vitrées. Petite touche d'originalité : les grandes photos de mode prises dans l'hôtel, que l'on retrouve un peu partout. Fitness, spa et piscine sur le toit, accolée à un bar-terrasse, avec vue à 360° et spectaculaires couchers de soleil sur l'Hudson River.

Où manger ?

Spécial petit déjeuner et brunch

🍴 🍷 🥐 📷 |●| *Pasticceria Rocco* *(zoom 4, B3, 327)* **:** *243 Bleecker St (entre Carmine et Cornelia).* Ⓜ *(A, C, D, E, F) W 4 St-Washington Sq. Tlj 7h30-minuit (1h ven-sam). Plats 6-15 $.* Cette pâtisserie italienne est l'endroit rêvé dès le petit déj, quand *dolci* et *biscotti italiani* donnent le change aux classiques pancakes, *waffles* et autres *eggs.* Un choix énoooorme et de bons produits ; aussi pour le lunch et le *dinner* où burgers, sandwichs, paninis, wraps, etc., prennent le relais. Sans oublier la pause cappuccino gourmande au goûter ! Une excellente adresse à

dimensions variables et pas ruineuse. On aime !

📷 🍷 *Oatmeals* *(zoom 4, B3, 334)* **:** *120 W 3rd St (et 6th Ave).* Ⓜ *(A, C, D, E, F) W 4 St. Tlj 7h (8h w-e)-17h.* Bowls *5-8 $.* C'est un tout petit local où des fifilles aimables préparent en un tour de main de délicieux *oatmeals* qu'on choisit en 3 tailles, avec les *toppings.* Quelques chaises le long d'un comptoir. Impec avant de débuter une bonne journée de visite.

🥐 *Murray's Bagels* *(zoom 4, B3, 288)* **:** *500 6th Ave (entre 12th et 13th).* Ⓜ *(F, M) 14 St. Tlj 6h-19h (18h w-e). Bagels et sandwichs 5-15 $.* Parmi les meilleurs bagels de Manhattan, confectionnés à l'ancienne et à dévorer sur les quelques chaises. Une quinzaine de variétés et le double de garnitures, sucrées et salées. Également des salades, sandwichs classiques et des formules petit déj. Copieux, pas trop cher et typiquement new-yorkais !

🍴 |●| **Grey Dog** *(zoom 4, B4, 350)* : *49 Carmine St (et Bedford).* ☎ 212-462-0041. Ⓜ *(A, C, D, E, F) W 4 St-Washington Sq. Tlj 7h30 (8h15 w-e)-22h (21h dim). Plats 13-15 $.* Longue salle à la déco rustique – *farm style* – pour une clientèle d'habitués, dès les aurores. Il faut dire que les petits déj sont généreux et les ingrédients de qualité, mitonnés en omelettes, sandwichs, soupes et autres spécialités US bien ficelées… Une bonne adresse, efficace et abordable tout au long de la journée.

🍴 Et aussi : **By Chloe, Bus Stop Café, Rosemary's, Le Baratin, Cowgirl, The Standard Grill, Miss Lily's,** ou encore **Bluestone Lane Coffee, Caffè Reggio, Blue Note.** Voir plus loin.

Sur le pouce

🍴 🥖 Dans **MacDougal Street** *(zoom 4, B3-4, 153 ; entre Bleecker et W 3rd)*, toute une variété de mini-échoppes de cuisine étrangère devant lesquelles les étudiants font la queue à midi pour se sustenter vite fait bien fait pour moins de 10 $ et ainsi aller pique-niquer sur le Washington Square voisin. Essayez, par exemple, **Mamoun's Falafel** (n° 119), spécialisé dans… devinez quoi ! On recommande aussi l'excellent vietnamien **Saigon Shack** (n° 114) pour ses sandwichs baguette *(bành mi)* et ses grosses soupes de nouilles *(pho)* ; puis le **Thelewala** (n° 112), un indien pour les adeptes des *Calcutta rolls* ; ou enfin direction l'Italie avec **Artichoke Basille's Pizza** (n° 111), pour ceux qu'une part de pizza botterait plus.

🥖 **Faicco's** *(zoom 4, B3, 434)* : *260 Bleecker St (entre Morton et Leroy).* Ⓜ *(A, C, D, E, F) W 4 St-Washington Sq. Tlj 9h-18h (14h dim). Sandwich env 13 $.* Ouverte en 1900, c'est une épicerie fine italienne où charcuteries, fromages et *antipasti* nous étourdissent de senteurs ! Bref, de quoi se

faire concocter de succulents sandwichs, pas donnés mais ultra-copieux. À dévorer sur les bancs de Washington Square, tout proche.

🥖 **Taïm – West Village** *(zoom 4, B3, 158)* : *222 Waverly Pl (et 7th Ave).* Ⓜ *(1, 2, 3) 14 St. Plats 9-13 $.* Le spécialiste du néofalafel, qu'on peut déguster sur un comptoir avec plusieurs chaises hautes pour poser une fesse. Exigu et pas très confortable, mais ultra-frais et… délicieux (c'est la traduction de *taïm* en hébreu !). Aussi des sandwichs, assiettes variées, salades, *mezze,* etc., et de bons smoothies. À recommander aux végétariens.

🥖 |●| **Murray's Cheese** *(zoom 4, B3, 434)* : *254 Bleecker St (entre Morton et Leroy).* Ⓜ *(A, C, D, E, F) W 4 St. Tlj 8h (9h dim)-21h. Sandwich moins de 10 $.* Suivez l'odeur jusqu'à ce *deli* proposant une foule de fromages américains et européens. Aussi du pain maison et un peu de charcut pour se faire préparer un succulent sandwich. Sans parler des bons produits de l'épicerie fine… Bref, de quoi composer un sérieux pique-nique ! Quelques chaises sur place. Et à 2 pas, le **Murray's Cheese Bar** (n° 264) propose de vrais repas *(plats 14-30 $)* combinant fromages et vins, mais pas donnés… Une adresse étonnante !

|●| 🥖 **Morton Williams Associated Supermarket** *(zoom 4, C4, 170)* : *130 Bleecker St (et LaGuardia Pl).* Ⓜ *(D, F) Broadway-Lafayette St. 24h/24. Moins de 10 $.* Ce supermarché propose un *salad bar* bien fourni, un appétissant buffet de plats cuisinés, des sandwichs copieux, des sushis… Le lieu idéal pour préparer un pique-nique à dévorer sur Washington Square, tout proche. Aussi quelques tables à l'entrée. Pensez à respecter les feux rouges à la caisse !

Bon marché

🥖 **Pizzeria Numero 28** *(zoom 4, B4, 163)* : *28 Carmine St (et Bleecker).* Ⓜ *(A, C, D, E, F) W 4 St-Washington Sq. Pizzas 14-50 $ selon taille.* D'excellentes pizzas – parmi les meilleures de la Grosse Pomme – copieusement garnies d'ingrédients goûteux et cuites au feu de bois en 3 tailles. Également un format familial maousse ; et puis des pâtes et des salades. On s'est régalés ! Service en italien, empressé.

|●| Menkoi Sato *(zoom 4, B3, 362)* : *7 Cornelia St (et 4th).* Ⓜ *(A, C, D, E, F) W 4 St-Washington Sq. Tlj sauf mar. Plats 12-15 $.* Si le local de ce resto japonais ne paie pas de mine, les *ramen* y sont délicieux et le staff très souriant. On en sort repu et sans avoir délesté son porte-monnaie, *good play !*

⇢ |●| By Chloe *(zoom 4, B4, 300)* **:** *185 Bleecker St (et MacDougal).* Ⓜ *(A, C, D, E, F) W 4 St-Washington Sq. Plats 6-12 $.* « *100 % vegan and house made daily* » ; telle est la promesse tenue de cette néocantoche servant pâtes, salades, burgers et sandwichs. Pas cher et plein de goût ; le tout avec couverts en plastique et assiettes en carton – façon *street food* – pour une clientèle jeune, étudiante et branchée. Miroirs vieillis, chaises dépareillées, et puis cette longue tablée centrale pour faire des rencontres. À côté, **Sweets by Chloe** vend d'excellentes pâtisseries, tout aussi véganes (voir plus bas « Cafés, pâtisseries et glaces »).

⇢ Bareburger *(zoom 4, C4, 512)* : *535 LaGuardia Pl (et Bleecker).* Ⓜ *(N, R) Prince St ou (A, C, D, E, F) W 4 St-Washington Sq. Burgers-frites 15-17 $.* Une minichaîne de burgers gourmets, avec des ingrédients 100 % *organic and natural* et des compositions savoureuses ! On choisit sa viande (bœuf, canard, bison, dinde...), son pain et son fromage, type de bacon et condiments. Les végans optent pour le *Beyond* ou *Impossible Burger*. Même les frites sont bonnes et les petites sauces qui vont avec ! Déco écolo, tout en matériaux recyclés, à mi-chemin entre la grange de ferme et *Ma cabane au Canada* ! Terrasse sur la verdure de la rue.

De prix moyens à plus chic

|●| ☎ Bus Stop Café *(zoom 4, B3, 353)* : *597 Hudson St (et Bethune).* ☎ *212-206-1100.* Ⓜ *(A, C, E) 14 St.* *Tlj 7h-23h. Plats 12-22 $.* On a un gros faible pour ce petit resto *old style,* avec ses petits box et ses fenêtres en bois. Dans l'assiette, savoureuse et copieuse cuisine maîtrisée aux accents méditerranéens, doublée de quelques *special's of the day* soignés. Aussi des omelettes, des sandwichs, des paninis, des wraps, etc., pour ne pas se ruiner. Une excellente adresse dès le petit déj.

|●| ☎ Rosemary's *(zoom 4, B3, 113)* : *18 Greenwich Ave (et W 10th).* ☎ *212-647-1818.* Ⓜ *(A, C, D, E, F) W 4 St-Washington Sq. Tlj 8h-23h (minuit ven-sam). Plats 14-28 $.* Cette vaste trattoria-*enoteca* cultive à fond le style fermier urbain, car les aromates et certains fruits et légumes poussent sur le toit-terrasse ! La cuisine, rustique, saine et à consonance italienne, tient ses promesses ; dans un décor campagnard revisité, à la fois spacieux, chaleureux et... rugissant ! Et pour les petits appétits ou les fauchés : *focacce* et salades, à accompagner d'un verre de vin de la Grande Botte ! Bien aussi au petit déj. Accueil sympa.

|●| ⇢ Rafele *(zoom 4, B3-4, 112)* : *29 S 7th Ave (entre Bedford et Morton).* ☎ *212-242-1999.* Ⓜ *(1) Christopher St-Sheridan Sq ou (A, C, D, E, F) W 4 St. Plats 14-30 $.* Un vrai bon italien qui ne se la joue pas *fashion victim,* car il mise tout sur sa typique et savoureuse cuisine de trattoria, réalisée dans les règles de l'art. Les nombreux habitués viennent d'ailleurs pour ça ! Aussi de bonnes pizzas. Ouverte sur la cuisine, la salle, au décor sans prétention mais chaleureux, séduit les adeptes d'authenticité, plutôt que de branchitude. Dernier bon point : les prix, qui savent se tenir pour le quartier.

|●| ☎ Le Baratin *(zoom 4, B3, 113)* : *26 Greenwich Ave (entre 10th et 11th).* ☎ *212-933-1080.* Ⓜ *(A, C, D, E, F) W 4 St-Washington Sq. Tlj 17h (11h w-e)-minuit (1h ven-sam). Plats 18-25 $.* Envie d'un bœuf bourguignon, de moules marinière ou d'un tartare au couteau ? Ce *casual French bistro* – tenu par des jeunes *Frenchies* dynamiques et sympa – mijote quelques classiques franchouillards bien tournés et pleins de goût. On a aussi aimé ce curieux burger au camembert, pour faire dans la nuance ! Et laissez donc une place pour les bons desserts maison *Hexagone style...* mon tout servi dans une petite salle décorée de vieilles affiches françaises, à des prix qui se tiennent. Belle ambiance fraternelle et même festive !

|●| *Tacombi – West Village* (zoom 4, B3, **171**) : *255 Bleecker St (et Cornelia).* ☎ 646-964-5984. Ⓜ *(A, C, D, E, F) W 4 St-Washington Sq. Tacos 4-8 $; repas 20-25 $.* Une cantoche latina (sœur de celle de NoLiTa), installée ici dans un beau local ancien en brique, avec verrière indus' sur rue et déco vintage sympa. Une foule de *nice people* branchés viennent s'envoyer des tacos et des *quesadillas* servis à l'unité (en prévoir 3 pour être calé !) et de bons jus de fruits frais. Pas donné, mais ambiance enthousiaste, *muy buena !*

|●| 📷 *Miss Lily's* (zoom 4, B4, **520**) : *132 W Houston St (et Sullivan).* ☎ 646-588-5375. Ⓜ *(A, C, D, E, F) W 4 St-Washington Sq. Plats 8-28 $.* Gentil resto jamaïcain installé dans un décor de *diner* vintage revisité disco-reggae, ultra-coloré, un peu façon bar de plage ! Côté fourneaux, spécialités de là-bas sucrées et salées, assez épicées mais adoucies par les fruits servis en jus, cocktails et desserts. Aussi des sandwichs le midi pour les fauchés.

|●| 📷👫 *Cowgirl* (zoom 4, B3, **169**) : *519 Hudson St (entre Charles et W 10th).* ☎ 212-633-1133. Ⓜ *(1) Christopher St-Sheridan Sq. Plats 8-25 $.* Impec en famille, un resto tout droit sorti du Far West, à la déco vintage et décalée très réussie. Côté cuisine, c'est du tex-mex roboratif tendance *deep-fried* ; et ce dès le petit déj ! Pas franchement régime, mais les salades sont fraîches et bien garnies, les *frozen margaritas* du tonnerre et les burgers tiennent la route. Au fond, une partie bar-lounge cosy avec canapés et fausse cheminée. Musique live certains soirs.

Très chic

|●| *Untitled* (plan 1, A3, **522**) : *au rdc du Whitney Museum.* Lire plus loin « À voir. Meatpacking District et la High Line ».

|●| *Tomoe Sushi* (zoom 4, B-C4, **210**) : *172 Thomson St (entre Bleecker et Houston).* ☎ 212-777-9346. Ⓜ *(A, C, D, E, F) W 4 St. Tlj sauf le midi dim-lun. Plats 10-35 $.* Si vous résistez aux files d'attente (venir tôt !) et si votre porte-monnaie est plutôt bien rempli, vous aurez la chance de goûter à ces succulents sushis ! Le cadre en bois clair est quelconque, le service un peu brut, mais le poisson y est exquis de fraîcheur et de finesse. Foncez !

|●| 🍷 *Barbuto* (plan 1, A-B3, **235**) : *775 Washington St (et 12th).* ☎ 212-924-9700. Ⓜ *(A, C, E) 14 St. Plats 24-32 $.* Ce bistrot néorital est installé dans un ancien garage Rolls-Royce, avec murs en brique et portes coulissantes qui s'ouvrent comme par magie aux beaux jours pour ensoleiller la salle. On a alors l'impression de manger dans la rue, en plein Meatpacking District ! Les produits locaux et de saison s'imposent et les viandes sont délicieuses et cuisinées de façon subtile. Pizzas seulement le midi. Bien aussi pour se poser au bar et siroter un verre avec les nombreux habitués en soirée.

|●| 📷 *The Standard Grill* (plan 1, A3, **92**) : *848 Washington St (et W 13th).* ☎ 212-645-4100. Ⓜ *(A, C, E) 14 St. Tlj 7h-23h30 (0h30 ven-sam). Plats 14-38 $.* C'est le resto du très branché *Standard Hotel – High Line,* ouvert dès l'heure du petit déj. Cuisine américaine revisitée : grillades, salades, sandwichs, moules-frites et fameux burger à prix raisonnables compte tenu de la qualité du service et du décor : un classique bistrot style Nouvelle-Angleterre, ouvrant sur une vaste brasserie aux voûtes carrelées façon métro, avec box en bois et canapés Chesterfield.

Cafés, pâtisseries et glaces

Cafés

☕ *Think Coffee* (zoom 4, C3, **331**) : *248 Mercer St (et 3rd).* Ⓜ *(6) Bleecker*

St ou (A, C, D, E, F) W 4 St. Tlj 7h (8h w-e)-22h. Le repaire des étudiants de la prestigieuse et voisine *NYU,* tous greffés à leur clavier de Mac ! Cadre spacieux, différents coins et recoins, pour une ambiance fraternelle. Cafés issus du commerce équitable et aussi quelques trucs simples à grignoter dès le petit déj, du genre viennoiseries, bagels, sandwichs, quiches...

☕ *Stumptown Coffee Roasters* (zoom 4, B3, *305*) : *30 W 8*th *St (et MacDougal).* Ⓜ *(A, C, D, E, F) W 4 St. Tlj 7h-20h.* Le café new-yorkais nouvelle génération, branché à tous points de vue, dans une vaste et chaleureuse salle que fréquentèrent jadis Jack Kerouac et Allen Ginsberg, car c'était alors une librairie. *Espresso* ou *regular*, rien que du torréfié maison et frais moulu, dans une ambiance « *me, myself and my Mac* » studieuse et posée (on peut s'asseoir !), sur fond de murs en brique et de mobilier en bois clair. Côté service, ça dépote, car il en passe du monde !

☕ ▯◐▯ ☞ *Bluestone Lane Coffee* (zoom 4, B3, *373*) : *55 Greenwich Ave (et Perry).* Ⓜ *(A, C, D, E, F) W 4 St. Tlj 8h-18h. Plats 11-16 $.* Minisalle toute vitrée surfant gaiement sur le mode *neighborhood*. Au petit déj pour un granola, au lunch pour des petits plats goûteux, inspirés et pas chers. Le tout suivi d'un petit kawa providentiel avant de piquer du nez ! Pour une dînette ou un brunch à toute heure, il y a toujours une bonne raison de passer par le *Bluestone*. Foncez !

☕ ☞ *Jack's Stir Brew Coffee* (zoom 4, B3, *307*) : *138 W 10*th *St (entre Greenwich Ave et Waverly Pl).* Ⓜ *(1) Christopher St-Sheridan Sq. Tlj 6h30 (7h w-e)-19h.* Belle atmosphère de quartier dans ce microcafé où tout est bio, du précieux grain au lait de la vallée de l'Hudson. Mais si on a la chance de s'attabler pour siroter, on est quand même un peu dans le passage des habitués qui font la queue !

☕ ☞ *Caffè Reggio* (zoom 4, B3-4, *153*) : *119 MacDougal St (et 3*rd*).* Ⓜ *(A, C, D, E, F) W 4 St. Tlj 9h-3h (4h30 ven-sam). Plats 12-13 $, brunch 16-17 $.* Inauguré en 1927, il aurait introduit le cappuccino aux États-Unis, bravo ! L'occasion aujourd'hui de déguster un bon café – sur des tables en marbre à touche-touche – dans un pittoresque décor italien Belle Époque, avec une alcôve, un antique et superbe percolateur et de vieux tableaux patinés par le temps. Mon tout accompagné d'une pâtisserie, d'un sandwich...

Pâtisseries et glaces

🍰 *Magnolia Bakery* (zoom 4, B3, *318*) : *401 Bleecker St (et 11*th*).* Ⓜ *(1) Christopher St-Sheridan Sq. Tlj 10h-22h30 (23h30 ven-sam).* La spécialité de cette excellente pâtisserie, ce sont les cupcakes colorés, rendus célèbres par les héroïnes branchées de la série TV *Sex and the City* ! Les cheese-cakes, *banana puddings* et autres « gâteaux à étages » sont aussi fameux ! À déguster dans le petit parc en face. Et si vous êtes fan de la série, la maison de Carrie Bradshaw se trouve tout près (*66 Perry St, et Bleecker*).

🍰 *Molly's Cupcakes* (zoom 4, B4, *308*) : *228 Bleecker St (et Carmine).* Ⓜ *(A, C, D, E, F) W 4 St. Tlj 8h (midi lun)-22h (minuit ven-sam).* La différence avec *Magnolia Bakery* (lire ci-dessus), c'est que chez *Molly*, on peut s'asseoir ; donc plus confortable en famille, notamment sur les curieux sièges-balançoires suspendus au bord du comptoir ! Dans leur style (ricain tradi bien crémeux), les cupcakes tiennent leurs promesses.

🍰 *Sweets by Chloe* (zoom 4, B4, *300*) : *185 Bleecker St (entre MacDougal et Sullivan).* Ⓜ *(A, C, D, E, F) W 4 St-Washington Sq.* Pas encore convaincu par la pâtisserie végane ?! Ce comptoir à la devanture *girly* vous est grand ouvert. Cookies au beurre de cacahuètes, cupcakes, *lemon bars, pies* crémeuses ; bref, on retrouve la panoplie des pâtisseries US mais en version saine et tout aussi addictive. Alors pourquoi se priver ?!

🍦 *Grom* (zoom 4, B3-4, *319*) : *233 Bleecker (et Carmine).* Ⓜ *(A, C, D, E, F) W 4 St.* Ne résistez plus ! Le célèbre glacier italien confectionne ses succulentes *gelati* avec des produits de haute qualité, essentiellement bio et issus du commerce équitable. Parfums crémeux classiques et sorbets de saison (voir les *special's* du mois) ; à des prix un peu élevés, mais pour des saveurs incomparables.

Big Gay Ice Cream Shop *(zoom 4, B3, 222)* : *61 Grove St (et 7th Ave).* Ⓜ *(1) Christopher St-Sheridan Sq.* Voici le glacier iconique du Village, spécialisé dans les *ice creams* crémeux, à l'italienne. Peu de parfums, mais de nombreux *toppings* à ajouter dessus, parfois surprenants ! Si vous manquez d'idées, laissez-vous guider par une création toute faite, comme le *Salty Pimp*, un must ! Ingénieux, le cône en plastique pour éviter que la glace ne dégouline sur les doigts ; trop forts, ces Ricains !

Où boire un verre ?

Vous voici dans un quartier plébiscité par les noctambules, même si East Village, Lower East Side et Williamsburg à Brooklyn lui volent de plus en plus la vedette...

Marie's Crisis *(zoom 4, B3, 345)* : *59 Grove St (et 7th Ave).* Ⓜ *(1) Christopher St-Sheridan Sq. Tlj 16h-4h. Pas de* cover charge, *mais donation bienvenue dans le bocal sur le piano.* Piano-bar devenu l'un des classiques du Village, parfois plein à craquer les soirs de week-end. On y déboule pour écouter les grands standards des comédies musicales de Broadway. Le pianiste est le seul musicien « officiel », la partie chant étant assurée avec brio (avec qui ?!) par le public, constitué d'habitués de tous bords : jeunes et moins jeunes, gays ou hétéros, branchés ou non, ce sont parfois de vrais virtuoses ! Bref, une ambiance extra et unique à New York.

Arthur's Tavern *(zoom 4, B3, 345)* : *57 Grove St (et 7th Ave).* ● *arthurstavernnyc.com* ● Ⓜ *(1) Christopher St-Sheridan Sq. Tlj 18h30-3h. Pas de* cover charge, *mais juste un seau pour « tiper » les musicos.* Quasi accolé à *Marie's Crisis,* un autre vénérable bar bien patiné, ouvert en 1937, qui présente l'avantage de proposer tous les soirs un concert live jazz ou rythm & blues. Clientèle assez mûre.

Little Branch *(zoom 4, B4, 348)* : *20 S 7th Ave (et Leroy St).* Ⓜ *(1) Houston St. Tlj 19h-3h.* Encore un de ces speakeasies à l'entrée invisible pour qui ne sait pas où le trouver ! Pas d'enseigne, tirer la porte juste à l'angle des 2 rues pour dévaler un escalier décati jusqu'à cette petite cave animée, alignant des box caressés par la lueur des bougies. Vaste choix de cocktails et des standards du jazz joués en live, presque tous les soirs. Belle atmosphère, joyeuse et relax, entre *happy few* tout sourire d'avoir déniché l'improbable !

Julius *(zoom 4, B3, 349)* : *159 W 10th St (et Waverly Pl).* Ⓜ *(1, 2) Christopher St-Sheridan Sq. Tlj 13h (12h w-e)-4h.* C'est un *dive bar* chaleureux à tendance *gay friendly,* adoré des habitués du Village. Ici, ni *cover* ni liste d'attente, on se pose au comptoir et on commande sa pinte ou son whiskey sans faire de manières. Ça drague gentiment dans les coins et ça trinque bruyamment sous la bannière étoilée aux couleurs de l'arc-en-ciel, le genre « make America gay again » ! Atmosphère authentique et relax.

The Top of the Standard *(plan 1, A3, 92)* : *au 18e étage du Standard Hotel – High Line, 848 Washington St (et 13th).* Ⓜ *(A, C, E) 14 St. Tlj 16h-21h (minuit dim-mar).* Aussi surnommé « Boom Boom Room », cet incroyable bar ultra-hype rend hommage au designer de *Windows of the World,* le fameux bar-resto panoramique des Twin Towers : déco dorée du sol au plafond, avec un bar-corolle et des canapés mordorés très seventies où se lover en se prenant pour le loup de Wall Street ! Vue époustouflante – y compris depuis les toilettes – et cocktails pas inabordables pour le lieu. En fin de soirée, c'est la *penthouse discothèque* **Le Bain** *(mer-jeu 22h-4h, ven-sam 16h-4h, dim 22h-3h)* qui prend le relais, avec des DJs renommés. En été, on ouvre même une piscinette au milieu du *dance floor* et une crêperie sur la terrasse ! Attention, *dress code* vraiment sélect (robe, veste, chemise...). Enfin, nos lecteurs qui préfèrent les ambiances plus rustiques pourront investir les tablées du **Standard Biergarten** *(lun-jeu 16h-1h,* *ven-sam 12h-2h, dim 12h-1h)* installé au rez-de-chaussée, sous la High Line, où pintes, saucisses et bretzels les attendent ; mon tout servi par une *schöne Fraulein* !

Ⅱ ⅹ *The Monster* (zoom 4, B3, **347**) : *80 Grove St (et 4th).* Ⓜ *(1) Christopher St-Sheridan Sq. Tlj 16h (14h w-e)-4h.* « *Proudly and gayly serving the LGBT community since 1970* » ; telle est la profession de foi de ce piano-bar au style très Broadway, le plus célèbre du genre dans le quartier. Clientèle quinqua très masculine, ambiance soft mais décor un poil coquin, avec une amusante collection de zizis posée au-dessus du bar ! La discothèque du sous-sol propose chaque soir de folles soirées thématiques, entre « Latin night » et shows drag-queens. *Tea dance* du dimanche très courue, dès 18h.

Ⅱ *Employees Only* (zoom 4, B3, **359**) : *510 Hudson St (et Christopher).* Ⓜ *(1) Christopher St-Sheridan Sq. Pas d'enseigne, repérer le néon « Psycho » derrière la fenêtre. Tlj 18h-4h. Venir tôt pour pouvoir entrer !* Long speakeasy Art déco à l'atmosphère plus pub que Prohibition, où l'on joue des coudes pour accéder au comptoir, quel que soit le jour de la semaine. Excellents cocktails maison, bien sûr, mais aussi

une diseuse de bonne aventure à l'entrée, pour se faire tirer les cartes avant la bière ! Quelques tables pour un peu d'intimité, mais pas trop, si tant est qu'il y en ait une de libre... On peut aussi y manger, jusque tard (pas donné !).

Ⅱ *White Horse Tavern* (zoom 4, B3, **342**) *:* *567 Hudson St (et 11th).* Ⓜ *(1) Christopher St-Sheridan Sq. Tlj 11h-2h (4h ven-sam).* Ouvert en 1880, c'est l'un des plus vieux pubs du Village – populaire mais tranquille – avec sa devanture *black & white* et son intérieur boisé patiné ; repaire des buveurs de bière et de whisky. Jack Kerouac en sortait souvent rond comme une queue de pelle et Dylan Thomas s'y serait envoyé son dernier verre !

Ⅱ 🍴 *Corner Bistro* (zoom 4, B3, **159**) *:* *331 W 4th St (et Jane).* Ⓜ *(A, C, E) 14 St. Tlj 11h30 (12h dim)-4h. Burgers-frites 8-10 $.* Atmosphère tamisée dans ce vieux bistrot du Village – véritable institution new-yorkaise – affichant un décor chaleureusement patiné. On vient ici pour boire une bière entre potes, accompagnée d'un honnête (sans plus !) burger, servi avec des frites dans une assiette en plastoc. En face, jetez un œil à la devanture de la chocolaterie *Li-Lac Chocolates,* particulièrement inventive et alléchante !

Où écouter du bon jazz, du blues, du rock ?

Les institutions du Village

♪ *Small's* (zoom 4, B3, **393**) *:* *183 W 10th St (entre 4th St et 7th Ave).* ● smallsjazzclub.com ● Ⓜ *(1) Christopher St-Sheridan Sq. Tlj dès 19h (sets à 19h30, 22h30 et 1h, plus 16h w-e).* Cover charge 20 $ *(pour tte la soirée dim-jeu, pour chaque show ven-sam)* ; *réduc étudiants.* Tout petit par la taille (une cinquantaine de places), au bas d'un escalier étroit, *Small's* fait partie des grands classiques du jazz à Greenwich Village. Les formations musicales y sont toujours d'excellente qualité et les touches du vieux Steinway en ont vu défiler des doigts de fée ! Confort modeste (bancs et chaises en bois) mais atmosphère intimiste assez

unique, au plus près des musiciens. Venir dès le 1er set pour être sûr de rentrer, car c'est vraiment minuscule et, dès le 2e, la file d'attente à l'extérieur est impressionnante !

♪ *Village Vanguard* (zoom 4, B3, **352**) *:* *178 S 7th Ave (et 11th).* ● village vanguard.com ● Ⓜ *(1) Christopher St-Sheridan Sq. Tlj dès 19h30 (sets à 20h30 et 22h30).* Cover charge 35 $ *(parfois plus pour les grosses pointures).* Entre lumières faiblardes et peintures écaillées, le *Vanguard* n'a point besoin de faire brillante figure, car sa large réputation n'est plus à faire. La maison distille le meilleur jazz depuis plus de 8 décennies et de nombreuses pointures, comme John Coltrane, y ont été enregistrées... Chaque groupe programmé pose ses amplis pour

NEW YORK

1 semaine complète, lundi exclu, car c'est le soir du *Vanguard Jazz Orchestra* qui assure un set hebdomadaire depuis 1966 !

♪ 🎷 *Blue Note* (zoom 4, B3, **354**) : *131 W 3rd St (entre MacDougal et 6th Ave).* ● *bluenote.net* ● Ⓜ *(A, C, D, E, F) W 4 St. Tlj dès 18h (sets à 20h et 22h30, plus parfois à 0h30 ven-sam). Brunch dim à 11h30 et 13h30, env 40 $.* Cover charge 17-85 $. Célèbre boîte de jazz, fréquentée par une clientèle plutôt huppée. La salle n'est pas trop grande, mais agréable et cosy. Les moins fortunés restent au bar : bonne vue de la scène et acoustique impeccable, même si on est un peu serré et parfois gêné par la porte. Maceo Parker, Sarah Vaughan, Maynard Ferguson, Ray Charles, Milt Jackson s'y sont produits ! Et d'autres célébrités viennent parfois faire un bœuf. Concerts tous les soirs et aussi pendant le *Sunday brunch.* Détail important : même avec une résa, arriver au moins 30 mn avant l'heure indiquée, sous peine de vous voir refuser l'entrée si c'est complet !

♪ *Terra Blues* (zoom 4, C4, **358**) : *149 Bleecker St (entre Thompson et LaGuardia).* ● *terrablues.com* ● Ⓜ *(A, C, D, E, F) W 4 St. Tlj dès 18h30 (sets à 19h et 22h).* Cover charge env 15 $. L'empire du blues ! Tabourets hauts, bouteilles de whisky qui scintillent derrière le bar et guitares qui fouillent le fond de l'âme ! Concerts de très bon niveau presque chaque soir avec, en général, un solo en début de soirée, puis un groupe à partir de 22h. Beaucoup d'ambiance ! Accueil parfois un peu rude.

♪ *Bitter End* (zoom 4, C4, **358**) : *147 Bleecker St (et Thompson).* ● *bitterend.com* ● Ⓜ *(A, C, D, E, F) W 4 St. Tlj 19h-1h (4h ven-sam).* Cover charge env 10 $. C'est dans ce bar énergique et poisseux, ouvert en 1961, que le grand public a découvert Bob Dylan, Curtis Mayfield, Eric Clapton, Stevie Wonder, Norah Jones et... Lady Gaga ! Les groupes se succèdent tout au long de la nuit : on peut même apporter son casse-dalle, pour tenir le choc. Surtout du rock, mais aussi du hip-hop, du R'n'B, de la country... L'accueil laisse parfois à désirer :

portiers peu avenants et serveurs pousse-conso. Bons plans, les *jam sessions* du lundi, durant lesquelles viennent se déchaîner quelques pointures habituées des grandes scènes ; et la scène ouverte à tous le samedi après-midi (dès 13h).

♪ *Café Wha ?* (zoom 4, B3-4, **153**) : *115 MacDougal St (et Minetta Ln).* ● *cafewha.com* ● Ⓜ *(A, C, D, E, F) W 4 St. Tlj sauf lun dès 20h (sets à 21h, plus 23h30 ven-sam et parfois 18h30 ven et dim). Sur résa.* Cover charge 10-15 $. Né en 1959, ce n'était au départ qu'un rade en sous-sol pour oiseaux de nuit à la Kerouac. Mais la scène de ce café-concert ouvert à tous les talents est vite devenue l'épicentre du beat et du folk dans le Village, propulsant quelques grands noms vers la légende comme Fred Neil, Bob Dylan, Jimi Hendrix, Bruce Springsteen, Kool & the Gang... Aujourd'hui, le club est loin d'être aussi défricheur : funk le mardi et, le reste de la semaine, un groupe maison qui propose des soirées *Tribute* dédiées à des légendes de la pop et revisite les hits des 50 dernières années.

Les inclassables !

♪ *Fat Cat* (zoom 4, B3, **355**) : *75 Christopher St (et 7th Ave).* ● *fatcatmusic. org* ● Ⓜ *(1) Christopher St-Sheridan Sq. Tlj 14h (12h ven-dim)-5h. 3-4 sets chaque soir dès 18-19h.* Club cover env 5 $. Ambiance gentiment bordélique dans ce sous-sol mal éclairé du Village ! Ici se cache un club de jazz qui squatte une salle de billard, où l'on joue aussi au ping-pong et... au *shuffleboard* ! En soirée, la bonne programmation musicale s'apprécie installé sur les fauteuils dépareillés face à la mini-scène ou dans le fond, une queue de billard à la main !

♪ *Le Poisson Rouge – LPR* (zoom 4, B4, **453**) : *158 Bleecker St (entre Thompson et Sullivan).* ● *lpr.com* ● Ⓜ *(A, C, D, E, F) W 4 St. Tlj dès 18h. Résa recommandée.* Cover charge 12-50 $. Un concept assez original, croisement entre un bar-lounge design, une galerie d'art contemporain et une salle de concerts et spectacles.

Excellente programmation, dans tous les styles de musique (même du classique), mais aussi des spectacles de burlesque, du théâtre, de la danse... Parfois un peu déroutant, mais très créatif.

Shopping

Mode, beauté

🌸 *Stella Dallas* (zoom 4, C3, **533**) : 218 Thompson St (entre Bleecker et W 3ʳᵈ). Ⓜ (A, C, D, E, F) W 4 St. Tlj 8h-21h. Une petite boutique assez pointue en matière de vintage, car spécialisée dans les vêtements et accessoires pour femmes des années 1950 à 1980 ; très bien classés, par styles, couleurs et matières...

🌸 *Beacon's Closet* (zoom 4, B3, **306**) : 10 W 13ᵗʰ St (entre 5ᵗʰ et 6ᵗʰ Ave). Ⓜ (F, M) 14 St. Chaîne de vêtements vintage assez géniale dans son genre (voir les détails à Williamsburg, Brooklyn). Même les vendeuses sont d'époque, du look *Petite Maison dans la prairie* à *Ma sorcière bien-aimée* ! Beaucoup de monde le week-end.

🌸 *C. O. Bigelow Apothecaries* (zoom 4, B3, **180**) : 414 6ᵗʰ Ave (et 8ᵗʰ). Ⓜ (A, C, D, E, F) W 4 St. Tlj 7h30 (8h30 w-e)-21h (19h sam, 17h30 dim). La plus vieille pharmacie d'Amérique, ouverte en 1838. Thomas Edison serait venu s'y procurer un baume apaisant pour soigner une vilaine brûlure causée lors d'une expérience sur sa grande invention : l'ampoule à filament ! Outre la petite ligne de beauté et de parfums maison (odeurs délicieuses et prix raisonnables), on y trouve aussi – dans les antiques rayonnages – quelques produits à l'ancienne typiquement américains présentés dans des packagings vintage, notamment pour entretenir sa barbe de hipster !

Boutiques spécialisées

🌸 *The Evolution Store* (zoom 4, C3, **624**) : 687 Broadway (et 3ʳᵈ). Ⓜ (4, 5, 6) Bleecker St. Boutique originale, spécialisée dans les sciences naturelles : météorites, dents de requin et de dinosaure, coquillages, squelettes d'animaux, bestioles naturalisées, cristaux et même des bijoux fantaisie dans le ton... Un cabinet de curiosités qui vaut le coup d'œil !

🌸 *Mc Nulty's Tea & Coffee Co.* (zoom 4, B3, **433**) : 109 Christopher St (entre Hudson et Bleecker). Ⓜ (1) Christopher St-Sheridan Sq. En vrac, en sachet, en grain... Pas de dégustation, mais on vend ici depuis 1895 une foule de thés et de cafés, séparément ou mélangés (une invention maison !). Un décor d'un autre âge tout en bois rustique où s'entassent sacs, bonbonnes, balances Roberval et autres mesures en cuivre dans d'exquis effluves.

🌸 🐾 *Forbidden Planet* (zoom 4, C3, **543**) : 832 Broadway (entre 12ᵗʰ et 13ᵗʰ). Ⓜ (L, N, Q, R, 4, 5, 6) 14 St-Union Sq. Tlj 9h (10h dim)-minuit (22h dim-mar). Clientèle aussi décontractée qu'éclectique dans cette boutique de bouquins et de B.D. de science-fiction. Vend aussi des jouets et des gadgets style *Star Wars*, figurines de super-héros, mugs... Grand choix de spécimens rares !

Livres, musique et photos

🌸 *Strand Bookstore* (zoom 4, C3, **543**) : 828 Broadway (et 12ᵗʰ). Ⓜ (L, N, Q, R, 4, 5, 6) 14 St. Tlj 9h30-22h30. Inaugurée en 1927, une immense librairie de bouquins d'occasion ou en solde (à l'extérieur, certains *coffee-table books* sont bradés 2-5 $!). Littérature, histoire, art, tourisme... En tout, près de 30 km de rayonnages ! Super rayon de livres sur New York, des cartes postales sympa, de beaux magnets et une sélection originale de *tote bags* (sacs shopping en toile) aux messages et graphismes littéraires et engagés.

🌸 *House of Oldies* (zoom 4, B4, **350**) : 35 Carmine St (entre Bleecker et Bedford). Ⓜ (A, C, D, E, F) W 4 St-Washington Sq. Tlj sauf dim-lun 10h-17h. « *No CDs, no cassettes, just records* » ; tel est le credo de cette incroyable petite boutique de disques

NEW YORK

vinyles, figée dans un jus cinquante-naire et offrant un choix pharaonique ! On y vient de tout NY pour acheter des perles.

⊛ *Guitar Center – Union Square* *(zoom 4, B3, 534) : 25 W 14th St (entre 5th et 6th Ave).* Ⓜ *(F, M) 14 St. Tlj 10h-21h (19h dim).* Ici tout ce qui se gratte, se tapote ou se pianote trouvera résonance. Sur 2 niveaux, un mégastore plein d'auditoriums où, casque sur les oreilles, chacun y va de sa petite démo. Un passage obligé pour les musicos et leurs aficionados !

⊛ *Frantiques Gallery (zoom 4, B4, 350) : 37 Carmine St (entre Bleecker et Bedford).* Ⓜ *(A, C, D, E, F) W 4 St-Washington Sq. Tlj 11h (13h lun)-19h.* Petite galerie de photos noir et blanc (NY, grands photographes, nus...), que le proprio chine en courant brocantes et ventes aux enchères. Pour tous les budgets, de 20 à 10 000 $; originaux ou retirages, tout est clair ! Aussi des affiches, photogravures, lithos... Accueil passionné en français.

À voir

NEW YORK

Itinéraire architectural et historique dans Greenwich Village

✵✵✵ Après un solide petit déj chez *Oatmeals,* au 120 West Third Street *(plan Itinéraire Greenwich Village, 334),* l'itinéraire commence à *Washington Square (plan Itinéraire Greenwich Village),* le siège de la plus grande université privée de la ville, la prestigieuse *NYU (New York University)* qui compte près de 52 000 étudiants, répartis sur toute la ville. Au sud de la place – au 70 Washington Square South – se dresse d'ailleurs la silhouette rouge de la *Elmer Holmes Bobst Library,* la bibliothèque principale de la NYU, réalisée entre 1967 et 1973 par les architectes Philip Johnson et Richard Foster. Entrée réservée aux étudiants, mais jetez un œil à l'impressionnant atrium.

➤ Si *Washington Square Park (plan Itinéraire Greenwich Village, A)* servit de fosse commune au début du XIXe s (20 000 corps reposent sous vos pieds !) et de lieu d'exécution capitale avant cela, il est aujourd'hui animé par une foule bien vivante, particulièrement le week-end, où de petits concerts sont régulièrement donnés. Toute la semaine, des joueurs d'échecs tentent de gagner quelques dollars en défiant les amateurs sur des tables aménagées. Attention, les règles ne sont pas toujours claires et si vous gagnez, vous aurez parfois du mal à obtenir votre dû ! Au sud de cette place, la *Judson Memorial Church,* achevée en 1892 à la mémoire d'un missionnaire en Birmanie, est remarquable pour son clocher de style Renaissance italienne et ses vitraux. À l'opposé, sur Washington Square North, quelques *maisons de style Greek Revival* (nos 19-26 et nos 12-1). Le peintre Edward Hopper vécut au no 3 (de 1913 jusqu'à sa mort en 1967), tout comme l'écrivain Dos Passos qui y écrivit son célèbre *Manhattan Transfer...*

➤ Marquant l'entrée de la place, côté 5th Avenue, c'est surtout l'arc de triomphe de style Beaux-Arts inspiré par ceux de Rome et de Paris qui retient l'attention. Ce *Washington Square Arch (plan Itinéraire Greenwich Village, B)* fut érigé en 1892 (d'abord en bois à titre d'essai, puis en marbre blanc) pour commémorer le centenaire de l'accession à la présidence de George Washington... En 1916, le surréaliste Marcel Duchamp grimpa à son sommet pour proclamer la « République libre et indépendante de Washington Square » !

➤ Cheminant sur 5th Avenue, engagez-vous dans *Washington Mews (plan Itinéraire Greenwich Village, C),* une jolie ruelle partiellement pavée ; bordée d'anciennes écuries des années 1850, qui furent transformées en charmantes maisons et ateliers d'artistes vers 1930.

ITINÉRAIRE GREENWICH VILLAGE

A	Washington Square Park	**P**	Jardins de l'église Saint Luke's
B	Washington Square Arch		in the Fields
C	Washington Mews	**Q**	Maison la plus étroite de New York
D	De Forest House		
E	Church of the Ascension		🍴 🥖 🍷 🍦 🛍 💺 ⊗ **Où faire une pause ?**
F	First Presbyterian Church		
G	LGBT Community Center	**113**	Rosemary's et Le Baratin
H	NYC AIDS Memorial	**163**	Pizzeria Numero 28
I	The Second Cemetery of the Spanish	**180**	C. O. Bigelow Apothecaries
	and Portuguese Synagogue	**222**	Big Gay Ice Cream Shop
J	Jefferson Market Courthouse	**288**	Murray's Bagels
K	Patchin Place	**318**	Magnolia Bakery
L	Gay Street	**334**	Oatmeals
M	Sheridan Square	**350**	House of Oldies et Frantiques Gallery
N	66 Perry Street	**353**	Bus Stop Café
	(façade de *Sex and the City*)	**373**	Bluestone Lane Coffee
O	Grove Street et façade de *Friends*	**433**	Mc Nulty's Tea & Coffee Co.

➤ En remontant toujours 5th Avenue, faites quelques pas dans 10th Street pour découvrir aux nos 7 et 9 la façade assez détonnante de la **De Forest House** (plan *Itinéraire Greenwich Village, **D***) datant de 1887. On la doit à Lockwood de Forest, un entrepreneur fou d'art oriental indien : profusion de feuillages, d'oiseaux, de fleurs et même des éléphants... Le tout sculpté dans du teck, un bois si dur que la façade affiche encore fièrement son âge, sans une seule ride.

➤ À l'angle de 10th Street et de 5th Avenue se dresse la **Church of the Ascension** (plan *Itinéraire Greenwich Village, **E***), en grès rouge et de style néogothique, achevée en 1841. En face, au no 39, belle façade aux balcons ornés de faïence. Notez que, comme souvent à New York, ce type de décoration se situe en bas et en haut des immeubles mais jamais au milieu, sans doute pour faire des économies et satisfaire en même temps le regard du passant et celui du curieux qui lève la tête !

➤ Puis, entre 11th et 12th Streets, bordée d'un peu de verdure, voici la **First Pres-byterian Church** (plan *Itinéraire Greenwich Village, **F***), également de style néogothique (1846) et remarquable par son clocher, aussi en grès rouge. Juste en face, au n° 43, d'imposantes colonnes corinthiennes encadrent le porche d'un immeuble, formant un mélange original et élégant, avec des baies vitrées de style Art nouveau.

➤ Prenez à gauche dans 12th Street. Un coup de barre sur le chemin ? Les bagels réputés de **Murray's** au 500 6th Avenue *(plan Itinéraire Greenwich Village, 288)* devraient faire l'affaire ! Remontez 6th Avenue jusqu'au prochain bloc et tournez à gauche dans la résidentielle West 13th Street. Après avoir dépassé quelques tronçons de **maisons anciennes** à perrons surélevés, un **building Art déco** (n° 123), puis **The Village Presbyterian Church** (nos 141-145) dotée d'un fronton *Greek Revival* ; on arrive, à l'angle de 7th Avenue, devant

> ### SEX IS LIFE
>
> *En 1989, en pleine épidémie du sida, le LGBT Community Center de Greenwich Village demande à Keith Haring, le pape du pop art, lui-même malade et engagé aux côtés d'Act Up, de peindre l'une de ses salles. Il choisit les toilettes pour hommes du 2nd Floor où, sur 4 murs, les phallus exultent très explicitement, engagés dans différentes actions triviales ! Intitulée Once Upon a Time, cette fresque joyeuse et orgiaque exprime toute la rage de vivre et de liberté du jeune artiste, quelques mois avant sa mort.*

The Church of the Village, où une plaque commémore le tout 1er meeting du mouvement LGBT ; c'était en mars 1973... En face, jetez un œil à « l'hôpital-paquebot » tout blanc et continuez jusqu'au **LGBT Community Center** *(plan Itinéraire Greenwich Village, G)* au 208 West 13th Street. Ce centre lesbien, gay, bisexuel et transgenre abrite au 1er étage *(2nd Floor-room 205)* une vraie curiosité en accès libre : les anciennes **toilettes pour hommes customisées par Keith Haring** ! Descendez ensuite 7th Avenue jusqu'à 12th Street. Là, dans ce petit parc triangulaire, se dresse le **NYC AIDS Memorial** *(plan Itinéraire Greenwich Village, H)*, petite structure métallique blanche, anguleuse et aérienne, avec des bancs ; et au sol, une foule de noms gravés dans le granit... *forever* ! Descendre encore 7th Avenue. Une petite faim ? Prendre à gauche Greenwich Avenue pour rejoindre le **Bluestone Lane Coffee** *(plan Itinéraire Greenwich Village, 373)*, au n° 55 ; idéal à toute heure pour un café gourmand ou, au moment du lunch, des petits plats goûteux, inspirés et pas chers. Retour vers 7th Avenue, puis tourner à droite dans 11th Street, pour découvrir aux nos 72-76 : **the Second Cemetery of the Spanish and Portuguese Synagogue** *(plan Itinéraire Greenwich Village, I)*. C'est l'un des 3 cimetières de cette 1re congrégation juive de New York (1805-1829) et le plus petit de Manhattan...

➤ Descendre alors 6th Avenue jusqu'à l'angle de 10th Street. Vous voici au pied de la **Jefferson Market Courthouse** *(plan Itinéraire Greenwich Village, J)* et sa tour fantaisiste. Ce grand édifice en brique construit en 1877 dans un style gothique victorien, autrefois cour de justice et prison pour femmes, abrite aujourd'hui une bibliothèque. Cette tour, comme de nombreuses autres, servait de vigie pour repérer les éventuels incendies dans la ville...

➤ Derrière la *Courthouse*, jetez un œil à l'étonnante impasse un brin verdoyante, comme abandonnée derrière des grilles : **Patchin Place** *(plan Itinéraire Greenwich Village, K)*. Elle est bordée de maisons du XIXe s et au fond, contre le mur, on aperçoit le dernier réverbère à gaz de New York, qui fonctionne aujourd'hui avec une ampoule ! Des emplettes à faire dans ce carrefour névralgique du Village ? Voir notamment **C. O. Bigelow Apothecaries** *(plan Itinéraire Greenwich Village, 180)*, au 414 6th Avenue, la plus vieille pharmacie d'Amérique ! Et en cas de grosse ou de petite faim à toute heure, rendez-vous chez **Rosemary's** *(plan Itinéraire Greenwich Village, 113)*, au 18 Greenwich Avenue, bien apprécié pour sa cuisine rustique et saine, aux intonations italiennes. Et pour ceux qui ont le mal du pays,

Le Baratin *(plan Itinéraire Greenwich Village, 113)*, au 26 Greenwich Avenue, un *casual French bistro* mijotant quelques classiques franchouillards bien menés, ainsi qu'un curieux burger au camembert !

➤ La petite **Gay Street** *(plan Itinéraire Greenwich Village, L)*, entre Christopher et Waverly Place, reflète bien aujourd'hui la forte présence de la communauté homosexuelle dans le quartier, mais s'appelait déjà comme ça avant son arrivée ! Alignement de maisons de style fédéral et *Greek Revival*. Les fans de **Jimi Hendrix** feront un petit pèlerinage au 52 West 8th Street (et 6th Avenue), où il s'installa à la fin des années 1960. Certaines chambres furent alors transformées en studio où il enregistra quelques titres...

➤ En marchant sur **Christopher Street** – l'une des rues les plus « folles » de la ville ! –, on dépasse le **Northern Dispensary,** un curieux bâtiment en brique de forme triangulaire (1817), avant de rejoindre **Sheridan Square** *(plan Itinéraire Greenwich Village, M)*. Cette place porte le nom du général nordiste Philip Sheridan, érigé ici en statue dans le minuscule **Christopher Park** et connu pour cette phrase édifiante datant de la guerre de Sécession : « Un bon Indien est un Indien mort ! » En 1863, les *Draft Riots*, les émeutes les plus meurtrières de l'histoire des États-Unis (2 000 morts !), se déroulèrent ici... Contraste étonnant, ce parc accueille aussi les statues de 2 couples homosexuels (gay et lesbien) réalisées par le plasticien

LES ORIGINES DE LA *GAY PRIDE*

Le 28 juin 1969, la police fit une descente au Stonewall Inn, *un bar gay de Greenwich Village : 200 homosexuels en furent éjectés. Un jeune Portoricain les injuria et leur lança une canette de bière. Les homos contre-attaquèrent à coups de jets de bouteilles et de pierres. Les policiers durent se réfugier dans le bar et plusieurs furent blessés. Depuis juin 1970, la* Gay Pride *commémore – partout dans le monde – ces émeutes du* Stonewall, *qui marquent chez les gays américains le début d'une reconnaissance sociale et de l'existence de leurs droits... Le périmètre autour du* Stonewall Inn *a été classé* National Monument *en 2016, par le président Obama. Il fallut 50 ans pour que le chef de la police de NY présente des excuses publiques à la communauté homo, en 2019.*

NEW YORK

américain George Segal pour célébrer le *Gay Rights Movement*. On note que le raide général Sheridan tourne le regard dans la direction opposée, tout en offrant son postérieur à la devanture du mythique bar **Stonewall Inn**, 53 Christopher St (voir encadré plus haut) ! Dans ce quartier, plusieurs bars et scènes musicales renommées pour écouter du jazz en soirée et un glacier dégoulinant d'originalités : **Big Gay Ice Cream Shop** *(plan Itinéraire Greenwich Village, 222)* au 61 Grove Street.

➤ De Sheridan Square, les groupies de la série TV *Sex and the City* pousseront jusqu'au **66 Perry Street** *(plan Itinéraire Greenwich Village, N)*, charmante rue résidentielle verdoyante et bordée de maisons anciennes, pour un inévitable selfie devant la maison de Carrie Bradshaw, alias Sarah Jessica Parker ; reconnaissable à son escalier et son perron chic. Et pour parachever le pèlerinage, continuez un bloc de plus jusqu'à la **Magnolia Bakery** *(plan Itinéraire Greenwich Village, 318)* au 401 Bleecker Street. Bons cupcakes et cheese-cakes à emporter, rendus célèbres par les héroïnes branchées de la série ! Pour une cuisine plus sérieuse, rendez-vous au **Bus Stop Café** *(plan Itinéraire Greenwich Village, 353)* au 597 Hudson Street, petit resto à l'ancienne mijotant de savoureux et copieux plats d'inspiration méditerranéenne...

➤ Un petit bout de Bleecker Street, la principale artère commerçante du West Village et un écart à droite sur Christopher Street. Là, au n° 109, voici **Mc Nulty's Tea & Coffee Co.** *(plan Itinéraire Greenwich Village, 433)*, une pittoresque boutique ancienne datant de 1895, vendant thés et cafés en vrac dans d'exquises senteurs ! Retour sur Bleecker Street, puis encore à droite **Grove Street,** bordée de pittoresques petits immeubles comme échappés d'une carte postale, avec clôtures en fer forgé et escaliers de secours agrippés aux façades. Les nostalgiques de la série *Friends* quant à eux reconnaîtront peut-être la façade de l'immeuble où habite la bande de copains, à l'angle de Bedford Street *(plan Itinéraire Greenwich Village,* **O***)*, au-dessus du resto *Little Owl* (et non du café *Central Perk* !).

➤ À 2 pas, au 487 Hudson Street, ô miracle : un havre de paix où l'on entend le piaf-piaf des oiseaux : les **jardins de l'église Saint Luke's in the Fields** *(plan Itinéraire Greenwich Village,* **P***)*, organisés en un patchwork d'espaces verts, autour d'une école et d'un square confidentiel. Pléthore de bancs bienvenus pour le pique-nique.

➤ Retour sur Bedford Street, pour terminer la balade au n° 75 1/2 avec la **maison la plus étroite de New York** *(plan Itinéraire Greenwich Village,* **Q***)*, bâtie à l'emplacement d'un ancien passage de 2,90 m de large ! Si vous avez les crocs après cette balade, rendez-vous tout près, au 28 Carmine Street, chez **Numero 28** *(plan Itinéraire Greenwich Village,* **163***)*, l'une des meilleures pizzerias de la Grosse Pomme, à prix copains ! Puis rendez-vous en face chez **House of Oldies** *(plan Itinéraire Greenwich Village,* **350***)* au 35 Carmine Street, pour farfouiller dans les rayons de cette incroyable boutique de disques vinyles anciens. Et juste à côté, au n° 37, prenez le temps de découvrir NY en noir et blanc chez **Frantiques Gallery** *(plan Itinéraire Greenwich Village,* **350***)*, une passionnante galerie de photos anciennes pour tous les budgets...

Meatpacking District et la High Line
(plan 1, A-B3)

🍴🍴 Le *Meatpacking District* est un mouchoir de poche situé au nord-ouest de Greenwich Village, délimité par les 14th Street, 9th Avenue, Gansevoort Street et Hudson River. Littéralement : le « quartier de l'emballage de la viande », il doit historiquement son nom au marché aux viandes installé ici dès le début du XXe s. Les abattoirs et usines d'emballages ayant pour la plupart déménagé dans le Bronx, les lieux ont été investis par plusieurs hôtels de luxe design, des galeries d'art et des boutiques de créateurs de mode. Ces grands lofts confèrent au quartier – classé Monument historique depuis 2003 – **un look industriel chic et branché.** Évidemment, une flopée de restos et de bars ont suivi le mouvement (avec la faune et les tarifs « raccords » !), rejoints aujourd'hui par de plus en plus d'enseignes internationales et haut de gamme... Tout le quartier, en pleine mutation, construit d'ailleurs à tour de bras. Les galeries sont pour la plupart installées sur 14th Street (entre Washington Street et Greenwich Avenue) et certaines ont même conservé les crochets à bestiaux de l'époque ouvrière et de vieux murs en brique un peu décrépits, façon « décadence travaillée ». Pour l'image cliché du quartier, jetez donc un œil au carrefour des 9th Avenue, Greenwich Avenue et Gansevoort Street. Avec ses vieux pavés et ses buildings *(cast-iron* et brique), on se croirait presque dans un décor de film ; coupez !

🍴🍴🍴 🚶‍♀️ ⇐ **The High Line** *(plan 1, A1-2-3) : départ au sud à l'angle de Gansevoort et Washington St, mais plusieurs autres entrées possibles le long du parcours qui s'étire au nord jusqu'à 34th St, entre 11th et 12th Ave (compter 1h de balade d'un bout à l'autre).* ● *thehighline.org* ● Ⓜ *(A, C, E, L) 14 St-8 Ave (au sud) ; ou (7) 34 St-Hudson Yards (au nord).* ♿ *(ascenseurs : angle Gansevoort et Washington, 14th, 16th, 23rd et 30th St ; plus rampe 34th St). Accès tlj 7h-22h (23h juin-sept ; 19h déc-mars). GRATUIT. Vélos et rollers interdits. Toilettes au niveau de Gansevoort et aussi 16th St.*
Cette **formidable promenade paysagère suspendue,** aménagée le long d'une ancienne ligne de chemin de fer aérienne construite de 1929 à 1934, est doublée

d'une longue et belle histoire. Après le déclin du trafic dans les années 1960 (concurrence des camions et des autoroutes oblige), les trains de marchandises – déchargeant viandes et autres produits laitiers directement dans les entrepôts du quartier – se sont arrêtés de circuler en 1980. Puis la « Life Line of New York » fut désaffectée, vite envahie par la nature et on envisagea même de la détruire à la fin des années 1990. Mais les riverains (la styliste Diane de Fürstenberg en tête) se sont mobilisés en une association portant le projet de la transformer en espace public, librement inspiré de la fameuse **coulée verte de**

L'AVENUE DE LA MORT

Les trains n'ont pas toujours circulé sur cette ligne aérienne reconvertie en coulée verte suspendue. Au milieu du XIXe s, le chemin de fer passait en pleine rue et les accidents de circulation étaient si nombreux que 10th Avenue fut surnommée « Death Avenue ». Pendant près de 80 ans, on ne trouva comme solution que de placer en tête de convoi des hommes à cheval, appelés « West Side Cowboys », agitant des drapeaux rouges le jour et des lumières la nuit. Ce n'est qu'en 1929, lors d'une restructuration du quartier, qu'on décida enfin de surélever cette voie de chemin de fer par sécurité.

Paris. Finalement, d'études en travaux, la High Line a vu le jour par tronçons entre 2009 et 2014. Et le succès auprès des New-Yorkais comme des touristes dépasse toutes les espérances : 8 millions de visiteurs par an ! Les week-ends d'été, imaginez le monde au coude à coude...

La visite

Ce jardin suspendu à 10 m de hauteur, **véritable trait d'union entre la ville et la nature,** offre une perception tout à fait singulière. Conçue comme un parcours zen et verdoyant, la High Line est jalonnée d'aires de repos et de pique-nique (avec chaises, bancs et même transats coulissant sur les rails), d'estrades en bois pour profiter de certains points de vue sur la ville, de petits solariums et de fontaines. Même les oiseaux ne sont pas oubliés avec leur nichoir géant aux allures d'œuvre d'art ! « Là-haut », on n'entend pas le bruit des voitures, à peine celui du vent (glacial en hiver) qui s'engouffre entre les buildings. Tous les éléments datant des années 1930 ont été conservés, à l'instar des rails, envahis par la végétation. Même le nouveau pavement en béton et la forme des bancs épouse le tracé des voies où s'invitent çà et là quelques œuvres d'art... Quant aux plantes, elles ont volontairement été sélectionnées pour leur côté sauvage, naturel, rappelant l'état de friche de la ligne pendant de longues années... Été comme hiver, on y chemine à pied, en profitant d'**échappées inédites sur la ville et l'Hudson River,** encore plus belles au soleil couchant.

Quelques repères architecturaux

L'air de rien, la High Line offre l'occasion d'une **ludique leçon d'architecture,** depuis les petits bâtiments industriels du Meatpacking District jusqu'aux buildings dernier cri du XXIe s. Certains sont vraiment remarquables, à commencer – plein sud – par le **Whitney Museum** de Renzo Piano (voir le descriptif complet ci-après). Un bloc au-dessus, enjambant la High Line, un immeuble de style moderniste inspiré par Le Corbusier : **The Standard Hotel – High Line,** surnommé le *« peep show motel »* à cause de ses chambres et salles de bains toutes vitrées ! Juste après, à cheval lui aussi sur les voies, voici le **Cristal,** siège de la créatrice Diane von Fürstenberg, égérie d'Andy Warhol et mécène de la High Line. Ensuite, on traverse le massif bâtiment de brique du **Chelsea Market** (voir chapitre « Chelsea »). On passe alors au-dessus de 10th Avenue : l'amphithéâtre de **Tenth Avenue Square,** composé d'une série de gradins, plonge vers une large baie vitrée percée dans l'acier du viaduc. L'endroit idéal pour faire une pause ou pique-niquer, tout en profitant d'une vue extraordinaire sur l'architecture du quartier.

Un peu plus loin sur la gauche, le *IAC Building* de Frank O. Gehry, semblable à un iceberg (au niveau de la 18th Street, face aux Chelsea Piers). Et juste derrière : la *tour Jean Nouvel* et ses fenêtres en camaïeu de bleu-gris (au niveau de 19th Street, face aux Chelsea Piers) avec, en vis-à-vis côté est, la silhouette mythique de l'*Empire State Building...* Puis à droite, sur 23rd Street, c'est le paquebot en brique du *London Terrace Towers* qui attire le regard, relayé par plusieurs récents immeubles résidentiels de luxe, recouverts d'Inox et de verre, et parfaitement intégrés dans le paysage urbain : le *HL 23*, signé Neil Denari, vers la gauche, toujours au niveau de 23rd Street ; un bloc plus loin sur la droite (entre 23rd et 24th Streets) : le *245 10th* ; puis le superbe *520 West 28th*, aux formes rondes et généreuses, signées *Zaha Hadid...* On n'ose imaginer le prix des appartements ! Plusieurs escaliers permettent ici de redescendre vers le quartier des galeries, coincé entre la High Line et l'Hudson (voir chapitre « Chelsea »).

La fin du parcours est tout aussi spectaculaire, avec une section dédiée à l'art contemporain, *High Line Plinth* (au niveau de 30th Street) et surtout la découverte du vaste ensemble de *Hudson Yards,* nouveau quartier de buildings high-tech (entre 30th et 34th Streets). Ce projet pharaonique, qui représente l'investissement immobilier privé le plus important de l'histoire des États-Unis, entend redessiner le visage de Manhattan. Jardins, hôtels, restos, boutiques et centre culturel viennent donner vie à cet étonnant espace urbain, qui se rêve en Rockefeller Center du XXIe s ! Pour attirer ici investisseurs et promeneurs, mais surtout donner une signature à cet ensemble hétérogène, les concepteurs ont misé sur un ovni architectural, *The Vessel* (le navire). Future icône de New York, cette plate-forme monumentale, située au milieu des tours rutilantes d'Hudson Yards, est constituée de 154 escaliers et 80 plates-formes d'observation : un véritable labyrinthe, mais vertical ! 2 500 marches et 1,5 km de voies partent ainsi à l'assaut du ciel, offrant des vues inédites sur le quartier, l'Hudson River et, de l'autre côté, le New Jersey. On la surnomme déjà « la tour Eiffel new-yorkaise ». À ses pieds, le centre d'art *The Shed* déploie ses espaces d'exposition à la demande, grâce à une structure roulante unique au monde. *Last but not least,* un observatoire, le *Hudson Yards Observation Deck*, permet d'embrasser Manhattan depuis le 100e étage de la tour 30 Hudson Yards. Sa passerelle transparente, située à 304 m de haut, promet de beaux vertiges ! Et tout au bout de la High Line, l'industrieux dépôt de trains du Long Island Rail Road devrait, à terme, être recouvert lui aussi par un jardin s'étendant jusqu'à l'Hudson...

🏛🏛🏛 ⇐ *Whitney Museum of American Art* (plan 1, A3) **:** 99 Gansevoort St. ● whitney.org ● Ⓜ (A, C, E, L) 14 St-8 Ave. Tlj sauf mar (tlj juil-août) 10h30-18h (22h ven-sam). Dernière admission 1h avt. Entrée : 25 $; réduc ; gratuit jusqu'à 18 ans ; donation libre ven 19h-22h. Audioguide gratuit. Espace enfants.

Inauguré en 2015, le nouveau bâtiment du Whitney est un remarquable écrin tout en espace et lumière, signé par le « starchitecte » italien *Renzo Piano*, qui avait accouché en son temps du révolutionnaire Centre Pompidou à Paris. Ce qui marque le plus dans le profil de ce *colossal paquebot urbain amarré devant l'Hudson River et au pied de la High Line,* ce sont ses formes asymétriques qui se fondent dans le paysage alentour. Une fois à l'intérieur, c'est un bain de lumière qui enveloppe les visiteurs dans les différents espaces d'exposition, grâce aux larges ouvertures vers le sud et la statue de la Liberté, le cœur de ville à l'est et l'Hudson River à l'ouest. Le spectaculaire plateau du 5e, dédié aux happenings en tous genres artistiques, est une véritable prouesse architecturale : 1 600 m² avec vue de part et d'autre, le tout sans aucun point porteur (mais il peut être cloisonné selon les besoins, devenant ainsi moins séduisant) ! Autre grande originalité du musée, la *superposition de terrasses extérieures panoramiques donnant sur la High Line,* conçues comme des galeries d'art modulables en plein air. On suggère de commencer la visite par le 8e niveau, puis de descendre tranquillement.

Les collections

Ce musée avant-gardiste, consacré exclusivement à l'**art américain des XXᵉ et XXIᵉ s,** a été fondé en 1930 par une sculptrice, la très riche Gertrude Vanderbilt Whitney. Elle créa le célèbre *Whitney Studio Club,* rassemblant les meilleurs artistes américains du moment. Aujourd'hui encore, la mission du Whitney est d'encourager les jeunes talents. Rien dans le musée n'est permanent, tout est toujours en mouvement, à l'image de sa vision de l'art. La collection – de haute volée – comprend près de 22 000 sculptures, peintures et dessins du XXᵉ et XXIᵉ s, créés par quelque 3 000 artistes et présentés sous forme d'accrochages avant-gardistes. Le Whitney est surtout connu pour posséder *la plus importante collection d'œuvres d'Edward Hopper :* plus de 3 000 pièces léguées après sa mort par la famille du peintre ! Mais loin d'être visibles en permanence car elles tournent dans des expos internationales, on vous prévient ! Au mieux, vous en verrez juste une petite poignée. Et puis aussi au catalogue : Andy Warhol, Jean-Michel Basquiat, Jackson Pollock, Roy Lichtenstein, Robert Rauschenberg, Mark Rothko, Arshile Gorky, Man Ray, Georgia O'Keeffe, Jeff Koons, Alexander Calder... Bref, ce fonds permanent, exposé par roulement, est parfois minimisé au profit d'expos temporaires aux thématiques pointues, pas toujours accessibles pour le commun des mortels, autant prévenir encore ! Cela étant, l'architecture du lieu, grandiose, vaut la visite à elle seule et la muséographie a justement été pensée pour faciliter la lecture aux visiteurs : outre la clarté naturelle des lieux, des salles hautes de plafond, des cimaises suffisamment espacées, de confortables canapés pour se poser un instant avec la mouvante New York en toile de fond, des échanges presque naturels entre les étages... Bref, *un musée qui respire,* qui offre de lire ou de relire l'histoire contemporaine de toute une nation à travers ses artistes et qui s'en donne les moyens !

NEW YORK

|●| ↑ **Studio Café :** *au 8ᵗʰ Floor (ferme 1h avt le musée). Plat env 15 $.* Le plus *casual* des 2 restos du musée (gérés – comme au MoMA – par le restaurateur à succès Danny Meyer), avec vue panoramique et terrasse extérieure l'été.
|●| Untitled *(plan 1, A3, 522) : au rdc (accès indépendant du musée, ouv aussi aux non-visiteurs).* ☎ 212-570-3670. *Résa conseillée. Plats 15-30 $.* Excellente table « modern American with a twist », dans une cage de verre avec vue « cinématographique » sur la pointe sud de la High Line. Le design est aussi épuré que les assiettes sont colorées et flamboyantes. Juste quelques plats de saison à la carte, mijotés avec des ingrédients locaux et travaillés avec art !
⊛ **Librairie-boutique,** avec quelques pièces de créateurs locaux (donc prix au diapason !).

Itinéraire le long de l'Hudson River

🏃🏃 ← C'est un itinéraire à la fois vivifiant en hiver et rafraîchissant en été le long de l'**Hudson River Park** (● hudsonriverpark.org ●), *un parc longiligne débutant à The Battery (Battery Park), au sud, puis montant jusqu'au Pier 99, au niveau de 59ᵗʰ Street, au nord.* On peut ainsi l'entamer dès Lower Manhattan (voir ce chapitre pour le tronçon jusqu'au *Pier 34*) ou rejoindre les bords de l'Hudson en cours de route... Le long de cette belle balade au fil de l'eau, on croise quelques clichés de l'Amérique contemporaine : joggers, roller-skaters et cyclistes fonçant tête baissée en exhibant leurs tatouages ; saxophonistes esseulés livrant concert aux cormorans piailleurs à l'extrémité d'un *pier* ; ou sexas énamourés traînés par leur chien-chien fraîchement toiletté ! Cette promenade presque bucolique, déstressante, peut donc se réaliser *à pied ou à vélo.* Dans le 1ᵉʳ cas, on conseille de faire l'aller par le front de l'Hudson River et le retour par la High Line (compter une bonne demi-journée).

➤ **Pier 40** *(plan 1, B4) :* c'est l'un des temps forts de l'Hudson River Park, malgré ses airs extérieurs de docks défraîchis, avec une **base nautique** où l'on peut pratiquer aviron, *paddle board* et kayak (● *nykayak.com* ● et voir la rubrique « Sports et loisirs » dans « Hommes, culture, environnement » en fin de guide). Également des terrains de sport (base-ball, trapèze, etc.) et un atelier de construction navale...

➤ Poursuivez vers le nord jusqu'au **Pier 45.** Belle promenade en bois cernant une vraie pelouse pour bronzer et humer l'air du large avec les tours du New Jersey en toile de fond. Poussez jusqu'à l'extrémité de la jetée pour une très belle vue sur Lower Manhattan. Un café en été, quelques tables pour pique-niquer sous les ormes de Sibérie. Des oiseaux migrateurs viennent se poser ici en hiver.

➤ Le **Pier 46** voisin est plus court mais possibilité de jouer à la baballe ou de faire de la gym sur la pelouse synthétique tandis que, l'été, des rangers font découvrir aux enfants l'écosystème de la rivière à partir d'expériences...

➤ Au niveau du **Pier 51,** belle aire de jeux pour enfants en forme de bateau et de quoi se rafraîchir en été. C'est par là, à 2 pas, que commence la **High Line,** l'ancienne voie de chemin de fer suspendue, transformée en coulée verte. Pour la rejoindre, traverser la West Side Highway en direction de Gansevoort Street.

➤ Au niveau du **Pier 54,** derrière le vieux portail rouillé de la compagnie maritime *Cunard-White Star Line,* les vieilles jetées démolies sont petit à petit remplacées par un grand espace futuriste : une île dédiée aux festivals et aux concerts avec 2 passerelles d'accès...

➤ Le long **Pier 57** achève sa restauration intégrale, derrière sa belle architecture fifties. Avançant sur l'Hudson River, il est cerné d'une promenade et compte un *rooftop park* et une petite marina.

➤ Les **Piers 59 à 62 – Chelsea Piers,** inaugurés en 1910 pour accueillir les plus gros paquebots transatlantiques, sont aujourd'hui reconvertis en un **immense complexe de sports et de loisirs** : practice de golf en plein air, piscine couverte, terrains de basket et de beach-volley, mur d'escalade, patinoire, bowling, *sundecks*, etc. (● *chelseapiers. com* ●). Restos sur place. Et juste à côté, on trouve aussi le plus grand espace vert de l'Hudson River Park, entre les **Piers 62 et 64,** avec jeux d'eau pour enfants, manège, *skate park,* pelouses pour bronzer et de quoi se restaurer. D'ici, vous pouvez rattraper la High Line.

> ## PIER TO PIRE
>
> Le Titanic *aurait dû accoster dans la liesse à l'emplacement actuel des Chelsea Piers le 16 avril 1912, si le sort n'en avait pas décidé autrement. Les survivants, sauvés par le RMS Carpathia, débarquèrent, eux, au Pier 54. C'est également au Pier 54 qu'en 1907, le liner Lusitania acheva son voyage inaugural. Et de là aussi qu'il appareilla le 1er mai 1915, avant d'être torpillé par les Allemands au large de l'Irlande le 7 mai (1 300 morts !). Une tragédie qui décida les États-Unis à entrer dans la Première Guerre mondiale... Enfin, c'est au Pier 88 qu'était amarré le mythique paquebot français Normandie en 1942, lorsqu'il chavira suite à un incendie.*

➤ Le **Pier 66** marque la fin de la partie la plus agréable de la promenade. D'ici, vous pouvez embarquer à bord d'un voilier ou louer un kayak pour naviguer sur l'Hudson River (voir rubrique « Sports et loisirs » dans « Hommes, culture, environnement » en fin de guide), ou encore prendre un verre, en été, sur le pont du **Frying Pan** (● *pier66maritime.com* ●), vieux bateau-phare coulant une paisible retraite, amarré au ponton (lire plus loin « Où boire un verre ? Où sortir ? » à Chelsea).

➤ Le **Pier 79** livre un bâtiment Art déco, flanqué d'une construction moderne en verre, gare maritime de la compagnie **NY Waterway** (● *nywaterway.com* ●), traversant la rivière pour le New Jersey. Alors qu'à quelques encablures, le *Pier 83* demeure une escale du *NY Water Taxi (●* nywatertaxi.com ●) et de la compagnie *Circle Line Sightseeing Cruises (●* circleline42.com ●), qui proposent tous 2 des croisières dans le port de NY...

➤ Rendez-vous au *Pier 84* pour s'initier au *paddle board* ou au kayak *(●* man hattankayak.com ●), mais aussi pour louer un vélo, prendre un cours de danse, pratiquer l'aviron... Sur place : jeux pour les enfants, pelouse pour la bronzette et resto. Enfin, visiter le *porte-avions Intrepid* au *Pier 86* (rubrique « À voir » dans « Times Square et Theater District »). De là, on peut redescendre à pied vers le Meatpacking District en empruntant la High Line au niveau de 34th Street, peu après l'héliport.

EAST VILLAGE, NOHO ET LOWER EAST SIDE

> ● Pour se repérer, voir le plan détachable 1 et le zoom détachable 3 en fin de guide.

NEW YORK

Les vagues d'immigration successives ont amené dans Lower East Side les Ukrainiens, les Polonais, les juifs d'Europe centrale, les Irlandais, les Italiens, les Portoricains puis les Latinos. À cette « immigration ethnique » est venue s'ajouter celle des musiciens de jazz, des artistes en tout genre, des poètes et des écrivains, puis, dans les années 1960, celle des hippies et enfin des punks. Peu à peu, une partie de Lower East Side située dans le carré Broadway, 14th Street, Houston Street et East River s'est démarquée, prenant le nom d'East Village.

East Village a longtemps souffert d'une très mauvaise image en raison de la pauvreté, de la violence et des problèmes de drogue qui y sévissaient.
Dans les années 1960, le quartier a attiré les beatniks et autres refuzniks de tout poil, qui en ont fait le pendant sur la côte est du quartier de *Haight Ashbury* à San Francisco. Puis, au début des années 1980, *Saint Mark's Place* devint le pôle de la bohème radicale et de la contre-culture. De 1988 à 1992, *Tompkins Square*

ALPHABET CITY DE A À Z

Ce quartier situé au cœur d'East Village tient son nom du quadrillage constitué par les Avenues A, B, C et D – les seules portant une lettre à Manhattan – autour de Tompkins Square Park. Du temps où Alphabet City *était plutôt malfamée, il y avait un dicton qui signifiait grosso modo que plus on allait vers l'East River, plus on risquait sa peau !* « Avenue A, you're All right. Avenue B, you're Brave. Avenue C, you're Crazy. Avenue D, you're Dead ! »

connut des moments agités. Devenu le rendez-vous des dealers de drogues dures, le parc se transforma en refuge pour des centaines de SDF. Au final, ces derniers furent chassés, puis les squats vidés. Depuis, *East Village* se transforme peu à peu en un nouveau *SoHo*. Mais seule *Alphabet City* – les 4 avenues à l'est de 1st Avenue – résiste un peu encore à la « gentrification ». Outre l'atmosphère branchée et novatrice qui y règne, c'est aussi l'un des quartiers les plus sympa pour dîner, prendre un verre ou sortir.
Plus décontracté et plus underground qu'*East Village,* notamment en ce qui concerne la vie nocturne, *Lower East Side – L.E.S.* pour les initiés ! – demeure le coin à la mode à Manhattan, du moins dans sa partie nord-ouest, entre Delancey et Houston Street. Après avoir longtemps abrité, dans des conditions souvent précaires, les vagues d'immigrants, le quartier est

aujourd'hui très en vogue. Les restos et bars poussent comme des champignons, cultivant son côté bohème et créatif. Ludlow et Rivington Streets sont les 2 artères de cette animation nocturne. Et de jour, c'est sur Orchard Street que ça se passe ; là fleurissent galeries d'art et petites boutiques de créateurs...

Enfin, *NoHo* (acronyme de *North of Houston Street*) est le petit triangle branché formé par Houston Street, Broadway et Bowery, en fait l'extension de NoLiTa.

Adresse utile

🅸 *Lower East Side Visitor Center* (plan 1, D4, **4**) : 54 Orchard St (entre Grand et Hester). ● les.nyc ● Ⓜ (F, J) Delancey-Essex St. Tlj 10h-18h (12h-17h w-e).

Où dormir ?

NEW YORK

De bon marché à prix moyens

🛏 🍴 *The Bowery House* (zoom 3, C4, **156**) : 220 Bowery (entre Prince et Spring). ☎ 212-837-2373. ● theboweryhouse.com ● Ⓜ (J) Bowery ou (6) Spring. Réception au 2e étage. Cabins (1-2 pers) 70-150 $. Installé dans un ancien foyer pour soldats de la *World War I*, au retour du front, le lieu a conservé sa trentaine de minuscules cabines-couchettes des années 1920. Insonorisation inexistante car plafond ouvert (compensant l'absence de fenêtre pour l'essentiel), mais propreté sans faille, matelas confortables et... boules *Quies* fournies ! Le tout se partageant de belles salles de bains *in style*. On vient évidemment plus pour la situation – à la lisière de SoHo – et le *rooftop* où l'on passe des films l'été, que pour la piaule en elle-même, somme toute assez *roots*. Les adeptes des auberges de jeunesse y navigueront comme des poissons dans l'eau !

🛏 *Hotel Mimosa* (plan 1, D5, **81**) : 79 Division St (et Eldridge). ☎ 212-343-4243. ● hotelmimosany.com ● Ⓜ (F) E Broadway. Doubles 90-200 $. Entre Chinatown et Lower East Side, ce petit immeuble moderne – face au métro aérien – renferme une trentaine de chambres pratiques et propres, à défaut d'avoir un charme renversant. Salles de bains rétro. Tarifs selon taille. Accueil charmant et pro.

🛏 *The Allen Hotel* (zoom 3, D4, **93**) : 88 Allen St (et Broome). ☎ 212-965-8898. ● theallenhotel.com ● Ⓜ (D) Grand St. Doubles 90-340 $. Bien placé – à la lisière des vieux quartiers de NY –, cet hôtel récent livre une quarantaine de chambres fonctionnelles et bien équipées, aux aménagements standardisés sans charme. Parties communes un poil kitsch. Accueil pro et gentil.

De prix moyens à très chic

🛏 *Orchard Street Hotel* (zoom 3, D4, **80**) : 163 Orchard St (entre Stanton et Rivington). ☎ 212-804-8088. ● orchardstreethotel.com ● Ⓜ (F) 2 Ave. Doubles 130-290 $; pas de petit déj. Coincé entre 2 bâtiments anciens en brique, c'est un immeuble moderne étroit et tout en étages. Lobby décoré de planches de bois brut, pour se la jouer design. À dispo, une quarantaine de chambres petites, pratiques et propres, avec mobilier sommaire en mélamine. Celles situées dans les étages élevés jouissent d'une jolie vue panoramique, surtout dans les angles du building. Accueil sympa et pro.

🛏 *Gatsby Hotel* (zoom 3, C4, **74**) : 135 E Houston St (et Forsyth). ☎ 212-358-8844. ● gatsbyhotelnyc.com ● Ⓜ (F) 2 Ave. Doubles 130-300 $; pas de petit déj. Ce building en brique abrite des chambres plus ou moins grandes, fonctionnelles, dotées d'un mobilier moderne tout simple et de couleurs sobres. Certaines, nos préférées, donnent sur la verdure du Sarah D. Roosevelt Park, sur le côté. Même si quelques petites finitions s'imposent, c'est une adresse idéalement située pour rayonner – à pied – dans les vieux quartiers sympa et pittoresques de Manhattan. Accueil discret et gentil.

De très chic à très, très chic

🏠 ⚓ **Hotel Indigo – Lower East Side** (zoom 3, D4, **17**) : 171 Ludlow St (entre Houston et Stanton). ☎ 212-237-1776. ● hotelindigolowereastside. com ● Ⓜ (F, J) Delancey St-Essex St. Doubles standard 180-350 $. Ce flagship de l'enseigne Indigo brille par son design arty pointu et ses vues qui vous happent dès le lobby, tout vitré et inondé de lumière, au 14e étage ! Près de 240 belles chambres confortables – avec vue à partir du 8e étage – et toutes pourvues d'une élégante déco alliant design et vintage, assortie de belles salles de bains. Sans compter le rooftop bar (voir « Où boire un verre ? Où sortir ? ») qui enroule un panorama à 360° sur tout New York, avec terrasses découvertes et piscine-couloir de nage donnant sur l'Empire State Building ; féerique le soir ! Bref, une adresse exceptionnelle et au top !

🏠 ⚓ **Public Hotel** (zoom 3, C4, **173**) : 215 Chrystie St (entre Houston et Stanton). ☎ 212-735-6000. ● publichotels. com ● Ⓜ (F, J) 2 Ave. Doubles standard 235-395 $. Ce magnifique hôtel design, qui appartient à Ian Schrager, père des 1ers « boutiques-hôtels », a été conçu par les « starchitectes » suisses Herzog & de Meuron. Élégant immeuble en béton de style moderniste. Chambres magnifiques de dépouillement, tout en baies vitrées, où bois

et béton dialoguent avec harmonie. Les plus élevées jouissent de vues à couper le souffle sur l'iconique New Museum ou Midtown. Immenses parties communes, resto design, concept store, rooftop bar perché au dernier étage et boîte de nuit au sous-sol. N'en jetez plus ! Accueil un poil prétentieux, dommage...

🏠 **Lafayette House** (zoom 3, C3, **213**) : 38 E 4th St (entre Bowery et Lafayette). ☎ 646-306-5010. ● lafayettenyc. com ● Ⓜ (6) Bleecker St. Doubles 290-440 $. Envie d'indépendance ? Dans ce quartier qui bouge, ce B & B niché dans une maison ancienne a conservé tout son charme du XIXe s. On y entre et on en sort à sa guise en se prenant pour un vrai New-Yorkais ! Certes, ce n'est pas donné, mais vous aurez une cheminée dans votre charmante suite, une grande salle de bains et du mobilier d'époque tellement accueillant. L'une des chambres s'ouvre même sur le jardin. Accueil aux petits soins. Ça change du design, du standard policé et finalement... on ne paie guère plus cher !

🏠 **The Bowery Hotel** (zoom 3, C3-4, **94**) : 335 Bowery (entre 2nd et 3rd Ave). ☎ 212-505-9100. ● theboweryhotel.com ● Ⓜ (6) Bleecker St. Doubles standard 345-575 $. Malgré sa construction récente, tout est fait « à l'ancienne » dans ce magnifique hôtel où l'on est accueilli par des portiers stylés. Au rez-de-chaussée, le lobby, les salons et le bar – à la déco somptueusement victorienne – sont classe et cosy. Canapés et fauteuils en velours cramoisi, tapis persans fanés, jardin d'hiver, cheminée avec vrai feu qui crépite en hiver, on aime ! Plus de 130 chambres tout confort oscillant entre design et tradition, avec de jolies baies vitrées sur la ville et teddy bear on duty sur chaque lit, pour ronfler tranquille ! Resto italien. Spa et fitness.

NEW YORK

Où manger ?

East Village et Lower East Side sont des **hauts lieux de la cuisine à Manhattan,** avec en prime une immense variété de restos pour autant d'ambiances.

NEW YORK

Dans East Village et NoHo

Spécial petit déjeuner et brunch

🍴 |●| *Mud* (zoom 3, C3, **253**) : 307 E 9th St (entre 1st et 2nd Ave). ☎ 212-228-9074. Ⓜ (6) Astor Pl. Tlj 7h30 (8h w-e)-minuit. Plats 11-14 $, brunch 21 $. Tout en longueur et en brique, cet étroit café-resto très *peace and love* sert d'excellents cafés et cappuccinos, à siroter de préférence dans la charmante courette couverte. Mais *Mud* sert aussi le petit déj – toute la journée ! – et de délicieux plats, simples mais bien tournés : soupes *healthy* goûteuses, salades toutes fraîches, sandwichs, omelettes... et d'excellents desserts maison. Bon fond sonore qui plaira à tous les nostalgiques de Woodstock.

🍴 |●| *Veselka* (zoom 3, C3, **185**) : 144 2nd Ave (et 9th). ☎ 212-228-9682. Ⓜ (6) Astor Pl. Ouv 24h/24. Plats 11-19 $. Ouverte en 1954, la petite échoppe de la communauté ukrainienne est devenue une institution du quartier ! Grande salle avec de larges baies vitrées garnies de quelques plantes vertes et une fresque cinématographique au fond. Clientèle variée : vieux clients de toujours, artistes... Au menu : sandwichs, soupes, salades, burgers, spécialités ukrainiennes et d'Europe de l'Est, pâtisseries maison et des petits déj servis toute la journée ; le tout à prix raisonnables. On aime !

🍴 Et aussi : ***Tompkins Square Bagels, San Marzano, Westville – East, B Bar & Grill, Supper, Saxon & Parole*** et ***Veniero's.*** Voir plus loin.

Sur le pouce

🍴 *Tompkins Square Bagels* (zoom 3, D3, **269**) : 165 Ave A (entre 10th et 11th). Ⓜ (L) 1 Ave. Tlj 7h-19h (17h w-e). Bagels et sandwichs 5-12 $. De délicieux bagels fabriqués dans le gros four au fond de la boutique et accommodés avec une foule de bons ingrédients, dont du poisson fumé. Quelques tables et chaises pour se poser, à moins que vous ne préfériez les bancs du parc d'en face. Une adresse *street food* qu'affectionnent les *Easterners* (les gens du quartier, quoi !).

Harry & Ida's (zoom 3, D3, **200**) : 189 Ave A (entre 11th et 12th). Ⓜ (L) 1 Ave. Sandwichs 12-18 $, menu sandwich combo 15 $. Gentille déco rustique « à l'ancienne » dans ce micro-*deli* ouvert dans les sixties. Au menu, de succulents sandwichs garnis de viandes ou d'anguilles fumées, dont le *Pastrami* (bœuf mariné et fumé) assurément un must ! Une petite tablée centrale et un comptoir bordé de quelques tabourets pour poser une fesse. On aime !

Caracas Arepa Bar (zoom 3, D3, **427**) : 91 E 7th St (entre 1st et Ave A). Ⓜ (6) Astor Pl. Plats 9-11 $. La version vénézuélienne du snack US. En guise de burgers, une sélection d'*arepas*, petits pains chauds fourrés à tout un tas de bonnes choses : porc rôti, chorizo grillé, poulet, avocat, fromage, haricot noir... Dépaysant, à l'image du cadre, juste une poignée de tables mimi, drapées de toiles cirées bariolées, quelques souvenirs du pays ; le tout baigné dans une formidable odeur de friture !

De bon marché à prix moyens

|●| *Tim Ho Wan* (zoom 3, C3, **196**) : 85 4th Ave (et 10th). ☎ 212-228-2800. Ⓜ (6) Astor Pl. Résa obligatoire. Plats 5-8 $. Une perle ! De savoureux *dim sum*, frais et préparés avec soin dans la cuisine ouverte où s'affole une armada de cuisiniers en tenue blanche. À dévorer sans compter avec une soupe ou un riz arrangé ; debout au comptoir ou dans la salle proprette au décor orientalisant. Excellent rapport qualité-prix-accueil. C'est sûr, on reviendra !

|●| 🍴 *San Marzano* (zoom 3, C3, **122**) : 117 2nd Ave (et 7th). ☎ 212-777-3600. Ⓜ (F) 2 Ave. Plats 8-10 $. On est séduit par cette petite usine à *pasta fresca casalinga* (pâtes fraîches maison), dont on choisit la forme et la sauce. Aussi des paninis et des salades à dévorer... avec un pichet

de sangria, *why not !* Le tout servi avec le sourire dans une grande salle lumineuse, à la déco néo-indus'. Une formule simple mais excellente et pas chère du tout, qui séduit jeunes et familles, dans une ambiance amicale et animée. On recommande !

🍜 **Martina** *(zoom 3, C3, 227)* : 198 E 11th St (et 3rd Ave). ☎ 646-747-6635. Ⓜ *(6) Astor pl. Tlj sauf lun 17h (11h jeu-dim)-22h. Pizzas 12-17 $.* C'est la pizzeria-cantoche de Danny Meyer, le businessman-restaurateur à la tête de *Shake Shack,* entre autres... Déco minimaliste pour des pizzas soignées et garnies de bonnes choses, sur une pâte fine comme on aime. Pour une pause rapide le midi, c'est parfait !

🍽 **Mighty Quinn's Barbeque** *(zoom 3, C3, 230)* : 103 2nd Ave (entre 6th et 7th). ☎ 212-677-3733. Ⓜ *(F) 2 Ave. Plats 10-21 $.* Vu les tarifs, vous ne serez pas seul à faire la queue dans cette cantoche au look industriel, spécialisée dans la savoureuse bidoche grillée au feu de bois, servie comme dans le Tennessee. Comprendre : dans des barquettes jetables en carton, avec des couverts en plastoc ! Mon tout hyper copieux (on peut aisément se passer des *sides* optionnels) et arrosé de bières locales.

De prix moyens à plus chic

🍜🍽 **Pizzeria Double Zero** *(zoom 3, C3, 195)* : 65 2nd Ave (entre 3rd et 4th St). ☎ 212-777-1608. Tlj 17h (15h jeu-ven, 12h w-e)-23h (minuit jeu-sam). Pizzas 18-20 $, plats 10-23 $. Une autre pizzeria de haute volée, mais 100 % végane cette fois, dans un cadre contemporain épuré et tendance. Ici, on ne cherche pas à reproduire des ersatz caoutchouteux de viande ou de fromage, on travaille les saveurs et les textures à partir de graines germées, de plantes... Beaucoup plus créatif et goûteux ! En plus des pizzas, des plateaux de « fromages » artisanaux (à base de cajou) et quelques desserts appétissants.

🍜🍽 **Pizzeria Lil' Frankie's** *(zoom 3, C-D4, 240)* : 19 1st Ave (entre 1st et 2nd). ☎ 212-420-4900. Ⓜ *(F) 2 Ave. Tlj 16h (11h w-e)-2h (4h ven-sam). Plats*

11-23 $. « Juste un four en brique et des p'tits gars de Naples », telle est la recette de cette réussite ! Dans l'assiette, de délicieuses pizzas croustillantes à consommer à la lampe de poche tant la lumière est aussi tamisée que la farine ; mais aussi des pâtes maison, des salades et une volée d'*antipasti.* Impressionnante carte des vins italiens. En soirée, la foule est au coude à coude dans un vacarme assourdissant ! Aussi quelques tables plus tranquilles dans le jardinet à l'arrière...

🍽 **Ippudo** *(zoom 3, C3, 250)* : 65 4th Ave (entre 9th et 10th). ☎ 212-388-0088. Ⓜ *(6) Astor Pl. Plats 16-17 $.* Point de sushis, ni de sashimis dans ce japonais ultra-populaire et un rien branché. On se régale exclusivement de *ramen,* ces fameuses soupes de nouilles copieuses – spécialité de la maison – qu'on agrémente de *toppings* en supplément. Grande salle à la déco design boisée, avec grandes tablées et comptoirs communs. Venez tôt car c'est vite plein !

🍽 **Soba-ya** *(zoom 3, C3, 194)* : 229 E 9th St (entre Stuyvesant et 2nd Ave). ☎ 212-533-6966. Ⓜ *(6) Astor Pl. Lunch menu 21-25 $, earlybird menu (17h30-19h) 22 $, plats 11-26 $.* Mais que sont donc ces *sobas* qu'on savoure en soupe ? Des pâtes de sarrasin confectionnées sous vos yeux et qui s'accommodent d'un bouillon parfumé. Vous voici au Japon, déco comprise, chez le demi-dieu de New York en la matière de cuistance. Plats en 2 ou 3 tailles, le *regular* faisant très bien l'affaire. Superbes desserts. Pour un repas raffiné et dépaysant sans plomber votre budget, ne cherchez pas plus loin.

🍽 **Momofuku Noodle Bar** *(zoom 3, C-D3, 151)* : 171 1st Ave (entre 10th et 11th). ☎ 212-777-7773. Ⓜ *(L) 1 Ave. Plats 10-19 $.* Cette longue salle tout enrobée de bois clair, sobre, élégante et chaleureuse, est l'une des cantoches zen branchées de David Chang, le chef à succès. On y dévore essentiellement des *ramen* (soupes de nouilles) au comptoir face aux cuistots, ou sur des grandes tablées bruyantes. La carte change tous les jours, selon le marché et l'humeur du chef.

NEW YORK

🍴 🍽 👨‍🍳 **Westville – East** (zoom 3, D3, **269**) : 173 Ave A (angle 11th). ☎ 212-677-2033. Ⓜ (L) 1 Ave. Plats 10-24 $. Ici, les bons burgers ont la cote, de même qu'une sélection de plats américains typiques et bien travaillés : salades, sandwichs, hot-dogs... Sans oublier les today's market specials : toutes sortes de légumes frais – déclinés à la vapeur, frits ou en purées – qui font aussi la réputation de ce petit bistrot. Ambiance jeune et estudiantine et du monde pour le week-end brunch.

🍴 **Avant Garden** (zoom 3, D3, **177**) : 130 E 7th St (entre 1st Ave et Ave A). ☎ 646-922-7948. Ⓜ (6) Astor Pl. Tlj 17h-22h (23h ven-sam). Résa très conseillée. Plats 12-22 $. Juste quelques bons petits plats bien goûteux et aux textures inattendues dans ce resto végan qui fait la joie des gens du quartier et la nôtre aussi ! Salle chaleureuse mais un poil enfumée car la cuisine est ouverte, bordée par un long comptoir. Une belle entrée en matière si c'est votre 1re fois !

🍴 🍽 🍷 **B Bar & Grill** (zoom 3, C3, **213**) : 40 E 4th St (angle Bowery). ☎ 212-475-2220. Ⓜ (6) Bleecker St. Tlj 11h (10h w-e)-2h (4h ven-sam, 1h dim). Plats 12-21 $. Très agréable décor à mi-chemin entre le Martini bar et l'American grill des sixties, sous de vieilles poutres, avec boiseries et lustres vintage. Salle spacieuse et haute de plafond, qui s'ouvre sur une courette plantée de quelques arbres, idéale aux beaux jours. Quel cadre formidable ! Dans l'assiette, cuisine américaine classique (salades, burgers, pizzas, omelettes...) et abordable, avec quelques petits accents du monde. C'est bien fait et servi avec le sourire ! Fait aussi tacos bar côté Bowery.

De plus chic à très chic

🍴 **Pylos** (zoom 3, D3, **177**) : 128 E 7th St (entre 1st Ave et Ave A). ☎ 212-473-0220. Ⓜ (6) Astor Pl. Tlj sauf lun-mar midi. Plats 14-32 $. Tout en longueur, cruches au plafond, un resto crétois moderne baigné d'un gentil brouhaha et fréquenté par une clientèle assez éclectique-chic. Ici, on se donne rendez-vous pour la rustic Greek home cooking, ensoleillée et travaillée tout en finesse avec les produits frais du marché. Carte des vins qui douille. On s'est régalés !

🍴 **Hasaki** (zoom 3, C3, **186**) : 210 9th St (et Stuyvesant). ☎ 212-473-3327. Ⓜ (6) Astor Pl. Tlj sauf lun et le midi mar-jeu. Plats 18-27 $. Dans cette rue littéralement investie par la communauté jap de NY, une petite salle en contrebas de la rue, avec toute la sobriété boisée des décors japonais et une courette-jardin aux beaux jours. Élégants assortiments de sushis et sashimis, mais pas seulement. Très bon, très frais !

🍴 👨‍🍳 **Supper** (zoom 3, D4, **150**) : 156 E 2nd St (entre Ave A et Ave B). ☎ 212-477-7600. Ⓜ (F) 2 Ave. Tlj 16h (10h w-e)-minuit (1h ven-sam). Résa obligatoire. Plats 18-28 $. CB refusées. Les Easterners ne tarissent pas d'éloges sur ce resto italien au cadre rustique. Quel spectacle de se mettre au bar avec vue sur le piano et ses cuistots sud-américains hyperactifs, caramba ! On se régale d'une cuisine savoureuse, bien mijotée et soignée, avec quelques today's specials : pâtes, risottos... Belle carte des vins de la Grande Botte. On aime !

🍴 👨‍🍳 **Saxon & Parole** (zoom 3, C4, **165**) : 316 Bowery St (et Bleecker). ☎ 212-254-0350. Ⓜ (6) Bleecker St. Tlj 18h (17h ven, 10h w-e)-23h. Plats 17-36 $, brunch 8-24 $. Briques peintes en blanc, bois et métal néo-indus' ; tel est l'élégant cadre de cette adresse frime qui porte le nom de 2 chevaux. Dans le box des spécialités, une cuisine « made in USA » revisitée avec doigté : viandes, poissons, pots maison à partager, ou le tout combiné dans la même assiette ! Desserts du même pedigree.

🍴 **Momofuku Ssäm Bar** (zoom 3, C3, **202**) : 207 2nd Ave (et 13th). ☎ 212-254-3500. Ⓜ (L) 1 Ave. Plats 12-32 $. Un autre resto signé David Chang, le chef d'origine coréenne, pionnier de la new cuisine asiatique branchée. Déco sobre, élégante et boisée ; le tout baigné par une lumière tamisée. Le lieu idéal pour un dîner en tête à tête ! Côté fourneaux, on mélange des influences (japonaises, américaines...) et des saveurs fines et épicées. On s'est régalés !

Dans Lower East Side

Spécial petit déjeuner et brunch

🌶 |❂| 🍰 **Clinton St Baking Company** (zoom 3, D4, **217**) : 4 Clinton St (et Houston). ☎ 646-602-6263. Ⓜ (F) 2 Ave. Tlj sauf dim soir 8h (9h w-e)-16h (17h dim), 17h30-23h. Pas de résas. Plats 9-18 $. Pour beaucoup, c'est le meilleur breakfast de New York ! Les classiques américains – French toast, pancakes, eggs Benedict, omelettes... – y sont réinterprétés et allégés tout en restant copieux. Et attenante au resto, ne ratez pas l'excellente **bakery**, où l'on se pose pour boire un café, accompagné de muffins, cookies et autres pâtisseries US bien fraîches (moins cher que du côté resto). D'un côté comme de l'autre, c'est bondé le week-end !

🌶 |❂| **Egg Shop** (zoom 3, C4, **182**) : 151 Elizabeth St (entre Kenmare et Broome). ☎ 646-666-0810. Ⓜ (J, Z) Bowery. Tlj 8h-16h. Plats 10-16 $. Petite salle très NY style, chaleureuse et cosy, avec comptoir en zinc et chaises d'école. Dans l'assiette, les œufs sont mis en scène dans de bonnes recettes – salées ou sucrées – originales et pleines de saveurs. Une adresse que les habitués du quartier affectionnent pour sa formule brunch, servie toute la journée à prix justes.

🌶 Et aussi : **Freemans, Russ & Daughters Cafe, Dudley's, Cafe Petisco, Katz's Delicatessen, Whole Foods Market** et **The Fat Raddish.** Voir plus loin.

Sur le pouce

🍰 🍰 **Russ & Daughters Shop** (zoom 3, C4, **229**) : 179 E Houston St (entre Orchard et Allen). Ⓜ (F) 2 Ave. Tlj 8h-18h (19h jeu). Bagels et sandwichs 11-23 $. Depuis 1914, cette belle épicerie fine à l'ancienne est réputée pour la qualité de ses poissons fumés : toutes sortes de saumon, thon, esturgeon, truite... À choisir pour se faire composer un succulent bagel, agrémenté d'appétissantes garnitures variées à base de cream cheese, de câpres, d'oignons... Enfin, pour faire passer le hareng, des délices chocolatées, petits gâteaux (rugelach traditionnels, entre autres) et de superbes fruits secs. Et forte de son succès, la maison a aussi ouvert à 2 pas un café stylé – façon diner chic – dans Orchard Street (voir plus loin).

🍰 **Black Seed Bagels** (zoom 3, C4, **236**) : 170 Elizabeth St (près de Delancey). Ⓜ (J) Bowery. Tlj 7h-17h. Bagels et plats 5-16 $. Intérieur simple et chaleureux en brique et en bois, avec quelques tables et chaises hautes. Une ambiance étonnamment calme malgré le défilé des fidèles venus déguster les fameux bagels maison garnis à la demande. Leur originalité ? Le pain est cuit dans un four à bois. Résultat extra-frais et croustillant pour des portions juste comme il faut. Aussi quelques salades. La belle adresse ; emballez, c'est pesé !

🍰 **Cheeky Sandwiches** (plan 1, D4, **183**) : 35 Orchard St (entre Hester et Canal). Ⓜ (F) E Broadway. Tlj 7h (8h w-e)-21h (minuit ven-sam). Sandwichs 6-10 $. Microlocal un poil enfumé et qui ne paie pas de mine, pour cette petite adresse de quartier. Au tableau, une rafale de sandwichs goûteux et originaux, dont certains vég ; concoctés sous vos yeux éblouis par autant de simplicité ! Aussi quelques desserts maison et de quoi s'asseoir, ouf ! Accueil et prix copains. On aime !

De bon marché à prix moyens

|❂| 🍰 **Vanessa's Dumpling House** (zoom 3, D4, **246**) : 118a Eldridge St (entre Grand et Broome). Ⓜ (D) Grand St. Dès 2 $ les 4 dumplings ! Une vraie bonne affaire que cette petite cantoche proprette avec cuisine ouverte, réputée pour ses assortiments de délicieux dumplings maison (raviolis grillés et autres bouchées vapeur), servis à prix plancher. Tout est préparé simplement sous vos yeux, derrière le comptoir. Également des soups, noodles, sandwichs... et quelques chaises et tables pour se poser. Foncez !

NEW YORK

NEW YORK

I●I ☕ ↑ *Dudley's* (zoom 3, D4, **127**) : 85 Orchard St. ☎ 212-925-7355. Ⓜ (F, M, J, Z) Delancey St. Tlj 9h-minuit au moins. Plats breakfast et lunch 10-18 $, le soir 15-18 $. Très mignon petit resto typiquement new-yorkais au cœur de l'animation du L.E.S., avec une agréable terrasse aux beaux jours. Tout est sain et frais (plusieurs options véganes), à des prix intéressants pour Manhattan. Leur *brown rice bowl* a la cote chez les habitués, tout comme le poulet rôti-frites (excellentes !) et les œufs Benedict aux champignons.

I●I *Ivan Ramen* (zoom 3, D4, **192**) : 25 Clinton St (et Stanton). ☎ 646-678-3859. Ⓜ (F) 2 Ave. Ramen 15-16 $. Un monde fou dans ce jap branchouille de L.E.S. À la carte, voici de délicieux *ramen* (soupes de nouilles) classiques ou originaux. À dévorer dans une belle salle au mobilier design, ouverte sur la cuisine et agrémentée de quelques dessins colorés façon mangas... Venir tôt car vite bondé. Accueil souriant et pro. On recommande !

I●I ☕ 🍷 *Whole Foods Market* (zoom 3, C4, **309**) : 95 E Houston St (entre Chrystie et Bowery). Ⓜ (F) 2 Ave. Tlj 7h-23h. Plats 6-10 $. Un supermarché de produits bio, dont on retrouve plusieurs enseignes en ville. Au rez-de-chaussée, superbe *salad bar* et buffet de plats cuisinés de toutes sortes, aussi appétissant que goûteux ! Et en mezzanine, grande cafét largement vitrée avec encore d'autres *corners* (asiat, BBQ...). Là, on partage de grandes tables dans une ambiance familiale. Sans oublier *Allegro,* le *coffee roastery* ouvert sur la rue et idéal pour le petit déj avec son lot de pâtisseries US bien fraîches et de cafés.

De prix moyens à plus chic

I●I ☕ *Cafe Petisco* (plan 1, D4, **124**) : 189 E Broadway (et Jefferson). ☎ 212-387-0366. Ⓜ (F) E Broadway. Tlj 18h (8h30 w-e)-23h. Plats 12-25 $. Perdu au fin fond de L.E.S., c'est un bon petit café de quartier, fréquenté dès le petit déj par ses habitués dans une belle ambiance fraternelle. Cuisine généreuse et soignée, à consonance

méditerranéenne. Salades, burgers, sandwichs, paninis et des plats plus sérieux et maîtrisés. À déguster dans une salle simple et chaleureuse, ouverte sur l'animation de la rue. Service gentil et discret.

I●I 🍴 ☕ *Katz's Delicatessen* (zoom 3, D4, **211**) : 205 E Houston St (et Ludlow). ☎ 212-254-2246. Ⓜ (F) 2 Ave. Tlj 8h-22h45 (2h45 mar, 24h/24 ven-sam). Sandwichs 12-24 $, plats 6-30 $. L'un des plus anciens *delis* de New York (1888), devenu une institution qui se mérite (souvent la queue) ! On y va aussi pour son décor : une immense cantoche où pendouillent des bataillons de salamis et où fut tournée la formidable scène de l'orgasme simulé dans le film *Quand Harry rencontre Sally...* Ceux qui veulent se rejouer la scène pourront s'asseoir à la fameuse table du film et commander la même chose, whaoooou le pied ! On prend un ticket à l'entrée et on paie à la sortie. Dans l'assiette, point de 7e ciel, mais une grosse bouffe américaine d'inspiration Europe de l'Est sans aucune finesse avec, en vedette, le fameux sandwich au pastrami. Mais le folklore du lieu et l'atmosphère *old New York* valent vraiment le coup, et même dès le petit déj.

I●I *Souvlaki* (zoom 3, D4, **166**) : 116 Stanton St (entre Essex et Ludlow). ☎ 212-777-0116. Ⓜ (F, J) Delancey St-Essex St. Plats 8-30 $. Murs blanchis à la chaux, volets bleus et faux bougainvilliers, ce petit grec s'est recréé en intérieur une ruelle façon Cyclades ! Ç'aurait pu être kitsch, c'est juste sympa et bon. Une agréable étape, pour se requinquer d'un *souvlaki* roulé dans du pain pita, d'aubergines marinées ou de frites maison saupoudrées de feta, avant de poursuivre son chemin – ou sa soirée – dans ce quartier jalonné de bars.

De plus chic à très chic

I●I *Kiki's* (plan 1, D4-5, **184**) : 130 Division St (et Orchard). ☎ 646-882-7052. Ⓜ (F) E Broadway. Plats 10-28 $. Vieilles poutres, murs en brique faussement décrépis et lumière tamisée en soirée pour une ambiance plus intime. À la carte, délicieuse cuisine aux accents méditerranéens mettant en scène poisson et fruits de mer. Sans oublier les viandes grillées, miam ! Une bonne adresse de quartier, souvent blindée d'habitués.

IOI ☞ ▼ Freemans (zoom 3, C4, **274**) : *Freeman Alley (petite impasse au niveau du 8 Rivington St, entre Bowery et Christie).* ☎ *212-420-0012.* Ⓜ *(J) Bowery. Plats 16-35 $.* Une adresse nichée au fond d'une petite impasse discrète. À l'intérieur, on se croirait dans une vieille maison de campagne et pas du tout à NY ! Plancher, banquettes en cuir, miroirs, tableaux, trophées de chasse, animaux empaillés, tout est patiné ! On sert de l'*American comfy food*, entendez une bonne cuisine ricaine tradition-nelle et un brin rustique. Brunch quotidien et aussi de nombreux adeptes en soirée autour du bar à cocktails...

IOI ☞ ▼ Russ & Daughters Cafe (zoom 3, D4, **357**) : *127 Orchard St (entre Rivington et Delancey).* ☎ *212-475-4881.* Ⓜ *(F, J, M) Delancey-Essex St. Tlj 10h (8h w-e)-22h. Plats 10-23 $ (hors caviar !).* Le *sit-in* de l'épicerie fine du bout de la rue (voir plus haut), dans une charmante atmosphère de *diner* rétro-chic et chaleureux, qui nous plaît ! À la carte, la spécialité maison depuis 4 générations : les poissons fumés, déclinés en salades, omelettes, plateaux, etc., mais aussi en bagels, une autre spécialité plus abordable. Ne négligez pas non plus les desserts et les cocktails pour autant ! Service stylé. Une belle adresse, finalement pour toutes les bourses.

IOI ☞ The Fat Raddish (plan 1, D4, **183**) : *17 Orchard St (entre Hester et Canal).* ☎ *212-300-4053.* Ⓜ *(F) E Broadway. Tlj 17h30-minuit (22h dim-mar) + brunch w-e 11h-15h30. Plats 12-30 $.* Longue salle très *NY fashion*, avec murs en brique faussement défraîchis, un peu de ferraille indus' et des lumières douces en soirée. Le menu baigne dans le concept branché *farm to table*. Des recettes simples, ori-ginales et pleines de saveurs, qui mettent en valeur le goût brut des aliments bio locaux et de saison, dans de petites portions. Pas donné même si le brunch semble la bonne option pour découvrir cette adresse sans se ruiner.

Coffee shops, pâtisseries et glaces

Dans East Village et NoHo

🍴 ☕ Veniero's (zoom 3, C3, **225**) : *342 E 11th St (entre 1st et 2nd Ave).* Ⓜ *(L) 1 Ave. Tlj 8h-minuit (1h ven-sam).* Dans cette 11th Street rendue célèbre par le film *Ragtime* de Milos Forman, voici l'une des pâtisseries les plus anciennes (1894) et réputées de Manhattan. C'est bien simple, on se croirait en Italie ! Des tonnes de *biscotti e dolci italiani*, mais aussi les traditionnelles pâtis-series US (cheese-cakes, *carrot cakes*, cookies...), un brin revisitées. Aussi des glaces maison et un salon de thé au fond. Une adresse formidable qui a un succès fou, dès le petit déj !

🍴 Moishe's Kosher Bake Shop (zoom 3, C3, **122**) : *115 2nd Ave (et E 7th).* Ⓜ *(6) Astor Pl. Tlj sauf sam 7h-21h (19h ven).* Boulangerie juive tra-ditionnelle, qui régale le quartier depuis les années 1970. Goûter aux *rugelach* (petits croissants de pâte feuilletée fourrés de fruits secs, noix, chocolat...), la reine des pâtisseries d'Europe cen-trale, aïe, aïe, aïe ! Le gâteau au fro-mage blanc (plain cheese strudel) est aussi excellent. À emporter seulement.

☕ Levain Bakery (zoom 3, C4, **284**) : *59 Bleecker St (et Lafayette).* Ⓜ *(6) Bleecker St/Lafayette St.* Succur-sale de la fameuse pâtisserie d'Upper West Side (voir ce chapitre), célèbre pour ses cookies de compétition, les meilleurs de tout New York ! Denses et fondants à la fois... Totalement addic-tifs ! Quelques places assises mais à emporter surtout.

☕ La Colombe (zoom 3, C3, **311**) : *400 Lafayette St (et E 4th).* Ⓜ *(D, F) Broadway-Lafayette ou (6) Astor Pl. Tlj 7h30 (8h30 w-e)-18h30.* Cette minichaîne fondée à Philadelphie par 2 passionnés du café est aussi la coque-luche des bobos new-yorkais, qui font sagement la queue autour du comptoir central pour commander leur nectar.

NEW YORK

Pas de carte, pas de prix affichés (ça fait partie du concept !), mais on vous prépare le café exactement comme vous l'aimez. Cadre très *NY style* et situation en angle, avec vue sur les immeubles caractéristiques du quartier.

🍦 *Van Leeuwen* (zoom 3, C3, **248**) : 48 ½ E 7th St (entre 1st et 2nd Ave). Ⓜ (6) Astor Pl. Excellent glacier artisanal dans une jolie petite échoppe à la déco vintage. Parfums de saison seulement, élaborés à partir de produits locaux naturels. Vaste salle chaleureuse à l'ancienne et fond musical bien dosé.

☕ *Ninth Street Espresso* (zoom 3, D3, **395**) : 341 E 10th St (entre Ave A et B). Ⓜ (L) 1 Ave. Tlj 7h-19h. Contrairement à beaucoup de *coffee shops*, on trouve largement de quoi se poser un moment dans celui-ci et aussi un appréciable effort de déco sur fond de murs blanchis. Et dans les tasses : cafés bio torréfiés maison.

Dans Lower East Side

🥧 ☕ *Petee's Pie Company* (zoom 3, D4, **335**) : 61 Delancey St (entre Allen et Eldridge). Ⓜ (F, J, M, Z) Delancey-Essex St. Coup de cœur pour les délicieuses tartes aux fruits et autres cheese-cakes de cette petite échoppe artisanale, qu'affectionnent les habitant du L.E.S. À dévorer au comptoir, accompagnés d'un thé ou un café. C'est sûr, on reviendra !

☕ 🍴 *Irving Farm Coffee Roasters* (zoom 3, D4, **155**) : 88 Orchard St (et Broome). Ⓜ (F, J, M) Delancey St-Essex St. Tlj 8h-20h. À 2 pas du Tenement Museum, un café typiquement new-yorkais, en angle de rue, avec ses grandes baies vitrées donnant sur les immeubles zébrés d'escaliers métalliques. Impec pour siroter les bons cafés torréfiés maison. On y grignote sain aussi : sandwichs, bagels, salades et petits déj.

☕ *Ludlow Coffee Supply* (zoom 3, D4, **725**) : 176 Ludlow St (entre Stanton et E Houston). Ⓜ (F, J, M) 2 Ave.

Tlj 7h-23h. Le café spécial *Instagram*, avec sa déco cosy dans l'air du temps, sa clientèle hipster et sa situation dans l'une des rues les plus pittoresques de L.E.S. Canapés, plantes vertes, bois, béton ciré... Un vrai décor de magazine ! Quelques grignotages pour accompagner son *latte* : *avocado toast*, *banana toast*, *oatmeal bowl*, ce genre de choses...

🍩 ☕ *Doughnut Plant* (zoom 3, D4, **715**) : 379 Grand St (entre Essex et Norfolk). Ⓜ (F, J) Delancey St-Essex St. Tlj 6h30-20h (21h ven-sam). Cette petite échoppe dotée de quelques places assises sert les meilleurs *doughnuts* de New York, déclinés à tous les parfums et surtout, croyez-nous, d'une légèreté et d'un moelleux incomparables ! Excellents cafés et *chai tea* aux herbes fraîches d'Inde. On aime !

🍩 ☕ *Sugar Sweet Sunshine* (zoom 3, D4, **316**) : 126 Rivington St (entre Essex et Norfolk). Ⓜ (F, J, M) Delancey St-Essex St. Tlj 8h (10h w-e)-22h (23h ven, 19h dim). Mignonne pâtisserie spécialisée dans les cupcakes, ces petits gâteaux ronds nappés d'un glaçage coloré au beurre ; un péché typiquement new-yorkais ! Aussi des cheesecakes, *pies*, *layercakes*... Grand choix de thés et prix doux. Atmosphère bohème-cosy-arty du Lower East Side, sur fond d'alléchantes odeurs de sucre et de beurre !

🍦 *Ice & Vice* (plan 1, D4, **208**) : 221 E Broadway (et Clinton). Ⓜ (F) E Broadway. Tlj 13h (12h w-e)-22h (23h ven-sam). Perdu au fin fond de L.E.S., ce glacier inattendu concocte des *ice creams* aux parfums aussi délicieux qu'originaux. Quelques tables et chaises pour se poser. Parmi les meilleures glaces de NY que nous ayons dévorées !

🍦 *Il Laboratorio del Gelato* (zoom 3, D4, **329**) : 188 Ludlow St (et E Houston). Ⓜ (F) 2 Ave. Tlj 7h30 (10h w-e)-22h (minuit ven-sam). Un grand labo tout blanc au look minimaliste, genre hôpital, avec un *front desk* servant une foule de parfums souvent étonnants...

Où boire un verre ? Où sortir ?

Ce quartier en mouvance perpétuelle vibre au rythme d'une *effervescence* de bars, concentrés notamment sur *Saint Mark's Place*, *Bowery*, autour du **Tompkins Square Park** et vers **Rivington Street...** Et il y en a pour tous les goûts ! De vieux rades pour *bikers* repentis, des pubs irlandais, des décors délurés, des clubs de rock ou de jazz, des speakeasies improbables – remake des bars clandestins de la Prohibition – où l'on *shake* des cocktails dernier cri... Le week-end, il y a foule ; il est alors compliqué d'accéder à certains speakeasies, à moins de réserver.

Dans East Village et NoHo

Angel's Share *(zoom 3, C3, 215)* : *8 Stuyvesant St (et 9th).* Ⓜ *(4, 6) Astor Pl. Dans le resto* Village Yokocho*. Tlj 18h-1h30 (2h jeu, 2h30 ven-sam).* Coup de cœur pour ce speakeasy caché à l'arrière d'un joli resto jap, où l'ambiance sereine invite à la détente et à une dégustation approfondie. Les barmen experts, à l'aise dans leurs costumes seyants, préparent de délicieux cocktails, parmi les meilleurs de la Grosse Pomme. Des angelots peints au-dessus du bar veillent sur les buveurs... aux anges !

McSorley's Old Ale House *(zoom 3, C3, 367)* : *15 E 7th St (entre 2nd et 3rd Ave).* Ⓜ *Astor Pl. Tlj 11h (13h dim)-1h.* C'est la plus vieille taverne irlandaise de New York (1854), fréquentée jadis par Abraham Lincoln *himself* ! Sa chaise traîne d'ailleurs sous les toiles d'araignée derrière le comptoir, tout comme l'affiche originale (1865) réclamant la tête de son meurtrier, parmi un fatras de photos et de coupures de presse d'un autre âge. Vieilles cloisons en bois patiné, sol couvert de sciure, odeur de houblon... Bref, c'est rustique et assez masculin, pour ce bar qui a été interdit aux femmes jusqu'en 1970 ! L'endroit s'enorgueillit aussi de n'avoir jamais fermé, même pendant la Prohibition. Et on y sert toujours la bière par paires de demi-pintes. Seulement 2 variétés : une blonde, une brune !

Sake Bar Decibel *(zoom 3, C3, 371)* : *240 E 9th St (entre Stuyvesant et 2nd Ave).* Ⓜ *(6) Astor Pl. Tlj 18h-3h (1h dim).* Ne pas rater la micro-enseigne discrète et descendez l'escalier vers cette cave craspouille – à mi-chemin entre le squat et la fumerie ! – recouverte de graffitis, d'affiches et de calligraphies évoquant le pays du Soleil-Levant. Dans les godets, une foule de sakés aux saveurs subtiles, des cocktails sur la même base et quelques tapas typiques des *izakaya* japonaises. Lumières tamisées, ambiance jeune (mais pas que !) et décalée. Étonnant !

Beauty Bar *(zoom 3, C3, 368)* : *231 E 14th St (entre 2nd et 3rd Ave).* Ⓜ *(L) 3 Ave. Tlj 17h (14h w-e)-4h.* Installé dans un ancien salon de beauté figé dans les années 1960 avec ses murs à paillettes, ce bar vaut vraiment le détour : serveuses gouailleuses lookées pin-up, comptoir en formica, étagères où s'entassent les flacons d'eau de Cologne, perruques, vieilles pubs... On peut même siroter son cocktail sous les cloches des sèche-cheveux rétro, tout en se faisant vernir les ongles (drink & manucure *env 10 $*) ! Décoiffant, non ?!

Please Don't Tell *(zoom 3, D3, 336)* : *113 Saint Mark's Pl (entre 1st Ave et Ave A).* Ⓜ *(6) Astor Pl ou (L) 1 Ave. Tlj 18h-2h (4h ven-sam).* Une énorme saucisse rouge marquée « *Eat Me* » jaillit de la façade, annonçant un banal fast-food à hot-dogs. Là, faufilez-vous dans la cabine téléphonique rouge, à gauche en entrant. Composez le 1... et le mur s'ouvre sur une hôtesse, dévoilant un minuscule speakeasy à mi-chemin entre le vintage sixties et le pavillon de chasse ! Si vous voulez compter parmi les *happy few,* pointez-vous dès l'ouverture ou réservez. Sinon, il ne vous restera plus qu'à vous rabattre sur les hot-dogs et les jeux vidéo des années 1980 !

The Blind Barber *(zoom 3, D3, 395)* : *339 E 10th St (entre Ave A et B).* Ⓜ *(L) 1 Ave. Tlj sauf dim 18h-4h.* Besoin de se faire tailler la barbe ou les cheveux ? Repérez la boutique vintage de ce VRAI coiffeur-barbier (tlj 11h-20h – 18h dim) ; une porte coulissante au fond du salon donne accès à un improbable speakeasy. Blindé le week-end, on conseille plutôt de venir tôt en semaine pour se taper la discute plus tranquillou sur une banquette ou mieux, tenir salon dans la petite bibliothèque d'un autre âge avec miroir et loupiotes intimistes. À la carte, des cocktails soignés et originaux, qui ne coupent pas les pattes !

NEW YORK

Pouring Ribbons (zoom 3, D3, *366*) : *225 Ave B (entre 13th et 14th).* Ⓜ *(L) 1 Ave. Tlj 18h-2h.* Perché au-dessus d'un *wine & liquors shop*, un grand speakeasy au cachet feutré et rétro, très Art déco. Musique pop en fond, comptoir qui serpente, grands canapés et petites tables rondes pour qui recherche plus d'intimité. Énorme choix de *spirits & cocktails* maison quelque peu onéreux, qu'on choisit en se fiant à la jauge que propose la carte, du *familiar* au plus *adventurous*...

The Wayland (zoom 3, D3, *356*) : *700 9th St (et Ave C).* Ⓜ *(L) 1 Ave. Tlj 16h (11h w-e)-4h.* Élégant et chaleureux bar rétro aux lumières tamisées, prisé par une jeunesse chic et décontractée, chemise à carreaux et cravate adroitement dénouée, qui s'entasse bruyamment par grappes le long du grand comptoir en marbre. Quelques tables pour siroter et même grignoter, sur fond de jazz live *(dimmer)* luttant pour concurrencer le brouhaha des éclats de voix ou aux sons des DJs.

KGB Bar (zoom 3, C3, *381*) : *85 E 4th St (entre 2nd et 3rd Ave) ; à l'étage.* ● *kgbbar.com* ● Ⓜ *(6) Astor Pl. Tlj 19h-4h.* Ancien siège de l'*American-Ukrainian League* (1947) et du bar qui allait avec, le *KGB* (qui ne signifie rien d'autre que *Kraine Gallery Bar* pour ne pas se mettre hors la loi !) était essentiellement fréquenté par les sympathisants communistes. À l'étage, avec ses murs rouges, ses portraits de dignitaires soviétiques et ses affiches du Parti, il est désormais devenu un bar cosy et un *hot spot* littéraire, où des auteurs viennent lire des extraits de leurs livres et discuter avec un public pas vraiment adepte de la lutte des classes. Que veux-tu coco, Lénine et *Le Capital,* c'est vintage !

Dans Lower East Side

Mr Purple (zoom 3, D4, *17*) : *171 Ludlow St (entre E Houston et Stanton St). Au 15e étage de l'hôtel* Indigo L.E.S. Ⓜ *(F, J) Delancey St-Essex St. Tlj 16h (11h w-e)-2h (3h mer, 4h jeu-sam).* Un *rooftop* doté d'un panorama époustouflant à 360° sur tout New York, espace lounge-resto à la déco design particulièrement réussie, bar avec vue et terrasses extérieures ouvertes à tout casser, avec même une piscinette ! Clientèle mode, musique *loud* et éclairage ultra-tamisé pour laisser la vedette aux lumières de la ville. Le week-end, la fête commence dès l'après-midi. *Amazing !*

The Back Room (zoom 3, D4, *291*) : *102 Norfolk St (entre Revington et Delancey).* Ⓜ *(J, M, Z) Essex St. Tlj 18h30-2h (4h ven-sam).* Pas d'enseigne, juste un escalier qui plonge dans le sous-sol... Laissez-vous guider par les ampoules blafardes jusqu'à cet étonnant speakeasy aux allures de maison close ! Fond jazzy ou rock, selon l'humeur, tentures de velours cramoisies, vieilles photos colorisées de *beauties* dénudées, cheminée qui crépite en hiver et lustres vintage distillant une lumière tamisée à souhait. Un lieu étonnant pour siroter des cocktails originaux – servis dans des tasses à thé – pour faire comme si c'était encore la Prohibition !

169 Bar (plan 1, D4, *379*) : *169 E Broadway (entre Rudgers et Jefferson).* Ⓜ *(F) E Broadway. Tlj 11h30-4h.* Perdu au fin fond de L.E.S., un *dive bar* plus que centenaire, mais qui se défend bien ! Déco d'un autre âge : colonnes d'acier soutenant le plafond bas, banquettes laminées, murs en brique garnis de trucs hétéroclites, vieux billard... Sans parler des habitués de bon poil qui descendent des godets jusqu'au bout de la nuit ! Et comme le patron est originaire de New Orleans, on profite d'une super bande-son jazzy et de petits snacks louisianais genre *po' boy* ou huîtres au Tabasco...

Beauty & Essex (zoom 3, D4, *191*) : *146 Essex St (entre Stanton et Rivington).* Ⓜ *(F, J) Delancey St-Essex St. Tlj 17h30 (17h sam, 18h dim)-23h (minuit mer-jeu, 1h ven-sam) + w-e 11h30-15h.* On entre par une petite brocante psychédélique qui ne laisse rien deviner du décor glamour et sophistiqué de ce vaste speakeasy caché dans l'arrière-boutique, sur 2 niveaux ! Tentures gris-bronze, lustres façon méduse et murs en moumoute le long de la cage d'escalier créent une atmosphère très *posh,* prisée des quadras au portefeuille un rien lesté. Grande partie resto, avec éclairage savant et serveurs affairés ou lounge feutré et rougeoyant, pour prendre le temps de goûter aux délicieux cocktails maison.

🍸 **Top Hops** (zoom 3, D4, **44**) : *94 Orchard St (entre Delancey et Broome).* Ⓜ️ *(D) Grand St ou (F, J) Delancey St-Essex St. Tlj 13h (12h ven-dim)-minuit (1h jeu, 2h ven-sam, 22h dim).* Accoudé au comptoir en demi-lune de ce bar adoré des dingos du houblon,

faites votre choix parmi les 700 bières – pression et bouteille – venues du monde entier ! Décryptez aussi le tableau – façon *Dow Jones* – où sont inscrites à la craie la vingtaine d'élues à la pression du moment, leurs degré d'alcool, origine et style (*pils, stout, IPA*, etc.). Sans risquer le délit d'initié, on conseille the *flight of the day*, assortiment de plusieurs petits verres pour étancher sa curiosité sans trop débourser. Gloups !

Où écouter de la bonne musique live ?

Ce ne sont pas les endroits qui manquent ! Au programme : jazz, country, folk, rock, hard-rock... Souvent un petit *cover charge* ou un nombre de boissons minimum exigé, mais ça ne va pas bien loin. Notez qu'une pièce d'identité *(ID)* est toujours réclamée ; **les moins de 21 ans** étant refoulés, car hors *drinking age* !

🎵 **Rockwood Music Hall** (zoom 3, D4, **369**) : *192-196 Allen St (entre Houston et Stanton).* ● *rockwoodmusichall. com* ● Ⓜ️ *(F) 2 Ave. Tlj dès 18h-19h (15h w-e). Gratuit ou cover charge 10-15 $.* Pas facile de se frayer un passage ici certains soirs ! Au programme, 3 bars de poche avec chacun sa scène, où se succèdent une foule de jolies voix et de petites formations de folk, de country ou de rock, dans une ambiance attentive et décontractée. Une quinzaine de concerts par soir ! Et pas mal de bons groupes en devenir...

🎵 **Nublu** (zoom 3, D3, **361**) : *151 Ave C (entre 9th et 10th).* ● *nublu.net* ● Ⓜ️ *(F) 2 Ave ou (F, J) Essex St. Tlj 20h-4h. Cover charge 10-20 $. Aussi une annexe au 62 Ave C.* Derrière sa façade hyper sobre, voici l'un des clubs de jazz les plus excitants de New York, qui programme tous les nouveaux talents de ce style musical en plein renouveau. Super shows tout au long de la semaine, où le latin jazz, la soul ou le hip-hop s'invitent parfois. Le club organise chaque année plusieurs festivals.

🎵 **Arlene's Grocery** (zoom 3, D4, **365**) : *95 Stanton St (entre Ludlow*

et Orchard). ● *arlenesgrocery.net* ● Ⓜ️ *(F) 2 Ave. Tlj 16h (15h ven-dim)-4h. Concerts mer-sam 19h ou 20h. Gratuit ou cover charge 5-12 $.* Petite salle, petit *stage* original, bonne sono ; telles sont les 3 mamelles de cette adresse 80 % rock ! L'ex-petite épicerie d'Arlene distille à présent des concerts en sous-sol chaque soir, mais aussi un original karaoké rock, voire punk-metal, assuré par un vrai groupe chaque lundi. Si vous avez envie de déballer vos tripes, c'est là le moment !

🎵 **Pianos** (zoom 3, D4, **391**) : *158 Ludlow St (entre Stanton et Rivington).* ● *pianosnyc.com* ● Ⓜ️ *(F) 2 Ave. Tlj 14h-4h. Concerts 18h ou 19h. Gratuit ou cover charge 8-10 $.* Derrière la façade rétro d'un ancien facteur de pianos, un grand bar débraillé avec DJs, dans lequel s'entassent joyeusement de jeunes gens rugissants et hilares, venus profiter de la bière pas chère et des concerts du soir donnés dans une salle à l'arrière ou à l'étage. Programmation éclectique : du rock au raï ; plusieurs *bands* se produisant dans la soirée...

🎵 **Mercury Lounge** (zoom 3, D4, **329**) : *217 E Houston St (entre Essex et Ludlow).* ● *mercuryloungenyc.com* ● Ⓜ️ *(F) 2 Ave. Tlj dès 18h30. Cover charge 10-15 $.* L'une des scènes de rock indépendant les plus réputées de New York ! Du coup, la file d'attente a tendance à s'étirer le long du trottoir pour venir écouter plusieurs groupes chaque soir...

🎵 **Nuyorican Poets Café** (zoom 3, D3-4, **388**) : *236 E 3rd St (entre Ave B*

NEW YORK

et C). ● *nuyorican.org* ● Ⓜ *(F) 2 Ave. Tlj dès 18h30. Cover charge 8-12 $.* Fondé en 1973 dans ce quartier alors infréquentable, c'est l'un des points de fusion des cultures new-yorkaise et portoricaine. À sa manière, il reflète bien les changements sociologiques

et culturels d'East Village. Belle salle, pas grande mais cosy, genre hangar, pour une programmation qui varie chaque soir : jazz, latin jazz, hip-hop, afro-cuban... Et puis aussi poésie, théâtre, etc.

Shopping

Sur 9th Street, entre Avenue A et 2nd Avenue, beaucoup de petits magasins : *brocanteurs et antiquaires, vintage, déco...* De quoi chiner tranquillement loin des foules des grandes avenues. Sauf exceptions, les adresses suivantes sont généralement ouvertes entre 11h-12h et 19h-20h.

Boutiques spécialisées

⚜ 🏃 *Economy Candy (zoom 3, D4, 538) : 108 Rivington St (entre Essex et Ludlow).* Ⓜ *(F, J) Delancey St-Essex St. Tlj 9h (10h sam-lun)-18h.* Ouverte en 1937, cette échoppe de bonbons à l'ancienne devrait assouvir toutes les frustrations enfantines : des friandises en veux-tu en voilà, empilées du sol au plafond, rétro ou d'aujourd'hui et de toutes formes, couleurs, textures... de la plus chimique à la plus naturelle ! Bref, plein d'idées cadeaux originales.

⚜ 🏃 *Dinosaur Hill (zoom 3, C3, 185) : 306 E 9th St (entre 1st et 2nd Ave).* Ⓜ *(6) Astor Pl.* Magasin de jouets *old school* où l'on trouve tout ce qui pend, saute, couine ou cajole, depuis les peluches originales jusqu'aux marionnettes, des cubes en bois aux vêtements faits main... Des idées de cadeaux plein la hotte !

⚜ 🏃 *New York Costumes – Halloween Adventure Store (zoom 3, C3, 214) : 104 4th Ave (et 11th). Autre entrée au 808 Broadway, juste derrière.* Ⓜ *(6) Astor Pl ou (N, R) 8 St-NYU.* Un supermarché du déguisement, classé par thèmes. Tellement grand qu'un plan est disponible à l'entrée ! Choix colossal et mauvais goût assumé, complètement délirant. Aussi une foule de farces et attrapes et un rayon magie... À côté, la version *gothic*-Renaissance de la même maison, brrr !

Mode et beauté

⚜ *John Varvatos (zoom 3, C4, 539) : 315 Bowery (entre 1st et 2nd).* Ⓜ *(D, F) Broadway-Lafayette ou (6) Bleecker St.* On indique cette boutique de mode masculine de luxe style rocker 70's pour son emplacement mythique : dans les murs du *C.B.G.B.,* le lieu de naissance du rock underground ; là même où débutèrent les B-52's, Blondie, Patti Smith... Quelques éléments du décor d'origine sont toujours là ! Pèlerinage obligatoire pour les nostalgiques, mais pour les achats, produisez d'abord un disque d'or ! Cela dit, quelques rails d'occase au fond du magasin, près de la couturière qui fait les retouches en live.

⚜ *Kiehl's (zoom 3, C3, 527) : 109 3rd Ave (et 13th).* Ⓜ *(L) 3 Ave.* C'est la maison mère de la fameuse marque new-yorkaise de cosmétiques, où l'on est accueilli par le célèbre squelette « Mr Bones » et ses congénères ! Créé en 1851, *Kiehl's* est connu pour son engagement dans les grandes causes. La partie ancienne du magasin d'apothicaire est toujours là...

⚜ 🏃 *Blades (zoom 3, C4, 549) : 659 Broadway (entre Bleecker et Bond).* Ⓜ *(6) Bleecker St.* Magasin spécialisé dans le *streetwear* tendance, influencé par l'univers du skateboard et du *rollerblade* : fringues, baskets, sacs... Pas donné, mais assurément le bonheur de vos ados !

⚜ *Moscot (zoom 3, D4, 506) : 108 Orchard St (et Delancey).* Ⓜ *(F, J, M, Z) Delancey-Essex St.* Créée en 1915, cette entreprise familiale de lunetterie est bien connue pour ses modèles rétro, de nouveau dans l'air du temps et adoptés par une foule de stars du showbiz. Une (re)fabrication de haute qualité pour environ 300 $ la paire (quand même !).

Livres et disques

🏵 **Saint Mark's Comics** (zoom 3, C3, 508) : 11 Saint Mark's Pl (et 2ⁿᵈ Ave). Ⓜ (6) Astor Pl. Tlj 10h (9h mer, 11h dim)-23h (1h mer-sam). Toutes les bandes dessinées US et mangas d'aujourd'hui et surtout d'hier, avec pas mal de vintage des années 1960 et tous les produits dérivés : posters, T-shirts et poupées, de Betty Boop à Superman...

🏵 **Tenement Museum Store** (zoom 3, D4, 717) : lire plus loin « À voir. Lower East Side ». Belle sélection de livres sur New York et sur l'immigration new-yorkaise, fac-similés de vieux journaux, gadgets et souvenirs bien choisis... On aime !

À voir

EAST VILLAGE

Broadway, 14th Street, Houston Street et East River sont les 4 artères qui délimitent East Village. Ce quartier fit longtemps partie du Lower East Side avant de prendre son nom spécifique. En 1988, cédant aux demandes des yuppies nouvellement installés, les autorités ont fermé **Tompkins Square** la nuit, afin d'en évacuer les centaines de marginaux et de SDF établis ici depuis des années. La résistance de ces derniers ainsi que la violence policière qui s'ensuivit ont contribué à radicaliser la population résidente à l'endroit du processus de « gentrification » de leur quartier. Depuis, le développement de la vie nocturne aidant, cette vindicte s'est quelque peu assagie...

Aujourd'hui, le quartier assiste à la fermeture progressive des petits commerces de proximité, au profit des boutiques de fringues et surtout des restos et des bars branchés qui dopent la vie nocturne, notamment autour de **Saint Mark's Place** – l'autre nom de la 8th Street –, à l'ouest du parc public Tompkins. Outre la diversité sociale, voire « ethnique », c'est la cohabitation entre l'ancien et le nouveau mode de vie qui rend donc ce quartier intéressant...

East Village côté nature

🍴 Pour goûter le côté nature de l'East Village, rendez-vous au **Tompkins Square Park** (zoom 3, D3), véritable poumon vert du quartier, grand, carré, arboré, avec des myriades de bancs et des tables pour pique-niquer... On y accompagne ses enfants aux jeux et son chien au vaste *dog run* qui lui est réservé ; pas malheureux, les toutous !

🍴 Puis enfoncez-vous dans le secteur d'**Alphabet City** (zoom 3, D3) – constitué par les Avenues A à D situées à l'est du parc – pour

LES AREUH D'HARE

La secte d'inspiration hindoue Hare Krishna fit ses 1ers pas – non pas en Inde – mais bien dans l'East Village en 1966. Et Tompkins Park, dans lequel son inventeur charismatique Bhaktivedanta Swami Prabhupada dansait, fut l'épicentre du lancement. Ce mouvement mystique s'appuie sur un mantra que les adeptes doivent réciter des centaines de fois par jour : « Hare Krishna, Krishna Krishna, Hare Hare, Hare Rama, Hare Rama, Rama Rama, Hare Hare. »

découvrir les nombreux petits **community gardens** (jardins communautaires) qui caractérisent ces quelques blocs. On est toujours bien dans Manhattan ! **À l'angle de East 6th Street et Avenue B** se trouve l'un de ces jardins aménagés sur des terrains vacants appartenant à la Ville de New York. Menacés par la spéculation

NEW YORK

immobilière, ils ont été rachetés par des organismes de protection de l'environnement (notamment *Green Thumb*) soutenus financièrement par la chanteuse Bette Midler... Les gens du quartier s'y retrouvent pour discuter ou lire des poésies, comme au *Creative Little Garden,* au 530 East 6th Street (entre Avenue A et B). Toujours dans le même genre, le *6BC Botanical Garden,* agrémenté de bassins et de fleurs, se trouve dans East 6th Street (entre Avenue B et C). Et il y en a encore plein d'autres à découvrir !

Itinéraire architectural dans NoHo et East Village

Pour découvrir les richesses architecturales du quartier, cela se passe essentiellement à l'ouest de Tompkins Square Park ; là où se situent aussi la plupart des lieux pour sortir, restos et boutiques. D'ailleurs, nous indiquons ici quelques adresses...

➤ *Saint Mark's Church in the Bowery* (plan Itinéraire NoHo et East Village, *A*) : 131 E 10th St (et 2nd Ave). Cette élégante église de style géorgien tardif fut élevée en 1799 sur la propriété de l'ancien gouverneur Peter Stuyvesant, dont la tombe se trouve dans le cimetière attenant. Son grand-père, Petrus, a aussi eu droit à son buste... Le clocher de style *Greek Revival* fut ajouté en 1828 et le porche d'inspiration italienne en 1854. Magnifique jardin fleuri aux beaux jours et bel orgue à l'intérieur. Un véritable havre de paix au cœur de ce quartier animé. L'église est aussi parfois le lieu d'initiatives culturelles, le pasteur permettant l'organisation de spectacles (danse, concerts...) en dehors des offices, malin !

➤ *Renwick Triangle* (plan Itinéraire NoHo et East Village, *B*) : à partir de l'église Saint Mark's in the Bowery, *East 10th Street* offre la représentation typique d'une rue du XIXe s : perrons caractéristiques, élégants frontons de porte, rangées d'arbres... Dans cette même rue, entre 2nd et 3rd Avenue, s'étendait la propriété de Peter Stuyvesant, l'homme qui fonda New York. Son petit-fils fit ouvrir plusieurs rues en 1787, avec un plan triangulaire inhabituel pour Manhattan : *Stuyvesant Street* épouse ainsi exactement l'allée qui menait à *The Bowerie* (« la ferme »), la maison de maître du domaine... Une petite fringale ? Quelques pas encore sur West 10th Street et entrez donc chez *Tim Ho Wan* (angle 4th Ave ; plan Itinéraire NoHo et East Village, *196*) ; un chinois réputé pour l'excellence de sa cuisine, à prix copains ; une vraie perle ! Et en sortant, faites donc un petit crochet par chez *New York Costumes – Halloween Adventure Store* (104 4th Ave ; plan Itinéraire NoHo et East Village, *214*), énorme et délirant supermarché du déguisement et de la farce et attrape, au mauvais goût assumé !

➤ *Grace Church* (plan Itinéraire NoHo et East Village, *C*) : 802 Broadway (et E 10th). Beau travail *Gothic Revival* signé James Renwick Jr. – l'architecte de la cathédrale Saint-Patrick de New York – qui produisit là, en 1846, alors qu'il avait à peine 23 ans, le chef-d'œuvre de sa vie ! On remarque surtout les 46 vitraux et le joli chœur. Concerts d'orgue réguliers.

➤ *Astor Place* (plan Itinéraire NoHo et East Village, *D*) : plusieurs styles architecturaux se télescopent sur cette place où ont parfois lieu, aux beaux jours, des petits concerts improvisés gratuits. Si vous descendez dans la *station de métro,* notez les petits panneaux en céramique représentant des castors, dont la fourrure fit la fortune de l'empire financier Astor... En face, impossible de manquer le *Cooper Union Building* (plan Itinéraire NoHo et East Village, *E*), édifié en 1859 par Peter Cooper, ingénieur, industriel à succès et, de surcroît, philanthrope. Il construisit la 1re locomotive à vapeur (la *Tom Thumb*), travailla sur le câble transatlantique et développa le télégraphe avec Samuel F. B. Morse. Voici donc le 1er building construit avec des poutres métalliques, en l'occurrence des rails de chemin de

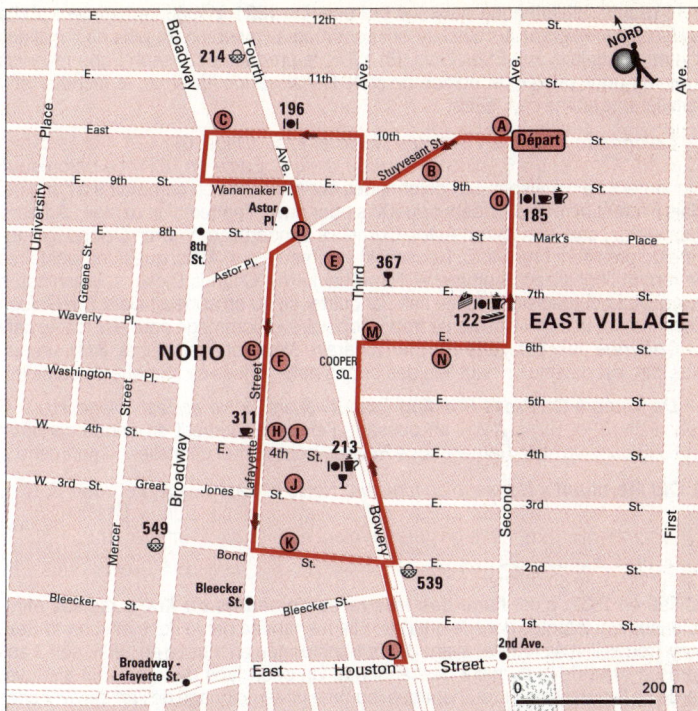

ITINÉRAIRE NOHO ET EAST VILLAGE

A	Saint Mark's Church in the Bowery	**O**	Deutsches Dispensary
B	Renwick Triangle		
C	Grace Church		**|●| ☕ 🥖 🍴 🍷 🍴 ✿ Où faire une pause ?**
D	Astor Place	**122**	Moishe's Kosher Bake Shop
E	Cooper Union Building		et San Marzano
F	Joseph Papp Public Theater	**185**	Veselka
G	Colonnade Row	**196**	Tim Ho Wan
H	De Vinne & Co Press Building	**213**	B Bar & Grill
I	Old Merchant's House	**214**	New York Costumes – Halloween
J	Great Jones Street		Adventure Store
K	Bond Street	**311**	La Colombe
L	Fresque murale	**367**	McSorley's Old Ale House
M	41 Cooper Square	**539**	John Varvatos
N	Ukrainian Museum	**549**	Blades

fer (de taille standard, pratique !). De style Renaissance italienne, en grès rouge, il devait être le 1er collège privé gratuit (aujourd'hui, c'est une école d'art et d'architecture... payante !). Cooper s'était souvenu qu'il n'avait pas pu faire d'études. Une plaque côté nord rappelle qu'en 1860, Lincoln y fit un speech retentissant qui contribua à son élection présidentielle (le fameux « Le droit fait la force »).

➤ **Joseph Papp Public Theater** (plan Itinéraire NoHo et East Village, **F**) : 425 Lafayette St (entre Astor Pl et E 4th). ● publictheater.org ● Construit en 1849 par le financier John Jacob Astor, ce bâtiment massif est l'ancienne Astor Library, la 1ʳᵉ grande bibliothèque publique gratuite. De 1921 à 1965, le bâtiment abrita la *Hebrew Immigrant Aid Society* qui contribua à l'insertion de plus de 4 millions d'immigrants juifs aux États-Unis. En 1965, le producteur Joseph Papp mobilisa l'opinion pour sauver cet édifice de style Renaissance italienne, le racheter et y installer une scène de théâtre.

➤ **Colonnade Row** *(plan Itinéraire NoHo et East Village, G)* : *428-434 Lafayette St (entre Astor et E 4ᵗʰ), juste en face du théâtre.* Édifié en 1831, ce pittoresque alignement de 4 maisons aux colonnades corinthiennes en comptait 9 à l'origine. Mais 5 furent démolies au début du XXᵉ s pour ouvrir l'entrée d'un garage ! Adresse de prestige, car John Jacob Astor, Cornelius Vanderbilt et Warren Delano (grand-père du président Franklin D. Roosevelt) y demeuraient. Aussi quelques locataires de renom l'habitèrent, comme William Thackeray, Charles Dickens, Washington Irving... La bourgeoisie fortunée finit par quitter ce qu'on appelait alors *The Golden Coast* (la « côte d'Or »), devenue trop « populaire ». Dommage pour eux, car le café **La Colombe** *(400 Lafayette St ; plan Itinéraire NoHo et East Village, 311),* un peu plus loin, est devenu un haut lieu des bobos new-yorkais en manque de caféine !

➤ **De Vinne & Co Press Building** *(plan Itinéraire NoHo et East Village, H)* : *393 Lafayette St (et E 4ᵗʰ).* À voir en passant, l'élégant bâtiment en brique construit en 1886 dans un style *Romanesque Revival,* pour abriter un atelier d'imprimerie...

🏃 **Old Merchant's House** *(plan Itinéraire NoHo et East Village, I et zoom 3, C3)* : *29 E 4ᵗʰ St (entre Lafayette et Bowery).* ● *merchantshouse.org* ● Ⓜ *(6) Astor Pl. Tlj sauf mar-mer 12h-17h (20h jeu). Dernière admission 30 mn avt. Entrée : 15 $; réduc ; gratuit moins de 12 ans. Visite guidée (1h) gratuite à 14h (plus 18h30 jeu). Cahier de visite en français.*
Édifiée en 1832, c'est *l'une des très rares demeures du XIXᵉ s* restées mira-culeusement intactes dans le quartier. Elle fut habitée par le riche marchand Sea-bury Tredwell et sa famille, avant d'être transformée en musée en 1936, soit 3 ans après la mort de la dernière descendante. Un court laps de temps qui a sauve-gardé ce lieu dans un jus authentique, comme un témoignage de l'art de vivre chez l'élite marchande du XIXᵉ s. Aujourd'hui, la maison revit aussi grâce aux soirées culturelles qui s'y déroulent (concerts de musique de chambre, lectures, expos, etc.) et aux visites de nuit mensuelles... à la recherche du fantôme !
La façade est de style Federal, tandis qu'à l'intérieur c'est le *Greek Revival* qui domine sur 5 niveaux. Au rez-de-chaussée, voir les *two parlors* (salon et salle à manger), joliment meublés, et agrémentés de portraits de Seabury Tredwell et de sa femme. Au sous-sol, la *kitchen* (cuisine), dotée de son imposant fourneau à char-bon en fonte d'origine et d'un évier en stéatite *(soapstone)* qui était alimenté par une citerne de 16 000 litres, enterrée dans le jardin attenant. Au 1ᵉʳ étage, notez les belles et sobres cheminées de marbre – seul moyen de chauffage jusqu'en 1933 – et le décor de colonnes ioniennes rappelé dans l'encadrement des portes qui sépa-rent les 2 chambres à coucher. Joli mobilier d'origine : armoire à colonnes avec pieds en forme d'animaux, lampes qui brûlaient à l'huile de baleine, lits à baldaquin. Enfin, au dernier étage se trouvent les modestes chambres des domestiques...

➤ **Great Jones Street** *(plan Itinéraire NoHo et East Village, J)* : toute la rue offre un échantillonnage architectural intéressant. Aux *nᵒˢ 42-44,* un bel exemple de caserne de pompiers de 1898, construit dans le style *French Beaux-Arts* et tou-jours en activité. Au *nᵒ 39,* façade en céramique blanche ornementée. Au *nᵒ 31,* le bâtiment des *Beinecke Stables* et son jumeau ; alliance de brique peinte en rouge et de corniches noires...

➤ Même remarque pour **Bond Street** *(plan Itinéraire NoHo et East Village, K),* la rue suivante, où les réalisations architecturales modernes vivent en harmonie avec de plus anciennes. Au *nᵒ 24,* des danseuses dorées évoluent gracieuse-ment depuis 1998 le long de la façade néo-Renaissance construite en 1893 et abritant aujourd'hui le *Gene Frankel Theatre...* Au *nᵒ 40,* les architectes suisses

Herzog & de Meuron revisitent le *cast-iron* avec un spectaculaire immeuble résidentiel de grand luxe (2007) au rez-de-chaussée « gaudiesque » ; une œuvre d'art en soi ! Au **n° 54** (angle Bowery), l'ancienne *Bond Street Bank* de 1874 – devenue théâtre en 1963 – est un petit chef-d'œuvre en *cast-iron* de style *French Second Empire*. Et parce qu'à NY, l'habit fait forcément le moine, rendez-vous au magasin **Blades** (*659 Broadway ; plan Itinéraire NoHo et East Village, 549*), spécialisé dans le *streetwear* tendance, influencé par l'univers du skateboard et du *roller-blade* ; bref, le bonheur de vos ados !

➤ Descendez Bowery jusqu'à East Houston. À l'angle nord-ouest, la grande **fresque murale** (*plan Itinéraire NoHo et East Village, L*) est régulièrement repeinte par des artistes de *street art* commandités par la Ville. Puis en remontant Bowery, repérez la boutique de vêtements branchés très rock 70's **John Varvatos** (*plan Itinéraire NoHo et East Village, 539*) au n° 315. Il s'agit de l'ancien *C.B.G.B.*, le lieu de naissance du rock underground où débutèrent les B-52's, Blondie, Patti Smith... Et parce que le rock ça donne soif, rendez-vous pour un canon au **B Bar & Grill** (*40 E 4th St ; plan Itinéraire NoHo et East Village, 213*), au très agréable décor à mi-chemin entre le *Martini bar* et l'*American grill* des sixties, bien connu aussi pour sa cuisine US classique aux accents du monde et son comptoir à tacos sur rue. Toujours sur Bowery vers le nord, puis sur la droite : 3rd Avenue. Là, au **41 Cooper Square** (*plan Itinéraire NoHo et East Village, M*), notez la faille qui zèbre la façade de ce spectaculaire immeuble de 2009 à la silhouette audacieuse, qui abrite le centre académique de la *Cooper Union*. Une réalisation de l'architecte américain Thom Mayne, champion des bâtiments basse consommation... Envie d'une p'tite bière ? À 2 pas, au 15 East 7th Street, poussez donc la porte de la vieille taverne irlandaise **McSorley's Old Ale House** (*plan Itinéraire NoHo et East Village, 367*) et trinquez à la mémoire du 1er président américain assassiné, Abraham Lincoln !

🐟 **Ukrainian Museum** (*plan Itinéraire NoHo et East Village, N et zoom 3, C3*) : 222 E 6th St (entre 2nd et 3rd Ave). ● ukrainianmuseum.org ● Tlj sauf lun-mar 11h30-17h. Fermé j. fériés américains et ukrainiens. Entrée : 8 $; réduc ; gratuit moins de 12 ans. À l'initiative de l'*Ukrainian National Womens League of America* (une institution créée en 1925), c'est un intéressant petit musée consacré à la culture de cette communauté. Les collections sont présentées sur 3 niveaux à travers des expos thématiques qui tournent régulièrement. Beaucoup d'art populaire traditionnel ou contemporain, de magnifiques vêtements brodés aux couleurs chatoyantes, des objets en bois, des céramiques, des bijoux, mais aussi des tableaux et des sculptures. Bel artisanat vendu à la *gifts shop*. En sortant, escale possible à la boulangerie juive traditionnelle **Moishe's Kosher Bake Shop** (*115 2nd Ave ; plan Itinéraire NoHo et East Village, 122*), pour une petite grignote « ethnique » dans l'esprit de la balade. Et *next door*, **San Marzano** (*117 2nd Ave ; plan Itinéraire NoHo et East Village, 122*) mitonne de bons plats de pâtes maison à prix doux, qu'on accompagne volontiers d'un pichet de sangria, gloups !

➤ **Deutsches Dispensary** (*New York Public Library ; plan Itinéraire NoHo et East Village, O*) : 137 2nd Ave (entre 8th et 9th). Bâti en 1884 par l'architecte William Schnickel, on finit la balade devant cet intéressant édifice doté d'ornements en terre cuite, qui abritait d'un côté un dispensaire allemand construit dans le style Renaissance italienne et de l'autre la 1re bibliothèque de prêt de Manhattan, de style

---

« THE MOSAIC MAN » PERSISTE ET SIGNE !

Impossible de se balader dans l'East Village sans remarquer les mosaïques de Jim Power qui décorent le mobilier urbain, notamment autour de Saint Mark's Place. Travaillant depuis plus de 30 ans avec des matériaux recyclés, ce « super artiste » farfelu et ancien SDF a réalisé près de 80 œuvres qui rendent hommage aux travailleurs et autres (super) héros de NY.

NEW YORK

victorien tardif... Et pour ne pas terminer la balade sur un petit creux, rendez-vous – 24h/24 – juste en face chez *Veselka (144 2nd Ave ; plan Itinéraire NoHo et East Village, 185)*, institution du quartier concoctant sandwichs, spécialités ukrainiennes et d'Europe de l'Est, pâtisseries maison... Sachez aussi qu'il existe dans le coin, autour de *Saint Mark's Place,* tout un choix de bars, de restos et de boutiques originales...

LOWER EAST SIDE

Si East Village demeure un foyer de la contre-culture des sixties, Lower East Side est toujours associé à l'immigration pauvre de New York, malgré la « gentrification » généralisée de tout le secteur qui voit se développer galeries d'art et boutiques de petits créateurs de mode, aux côtés d'une foule de restos et de bars de plus en plus *trendy*. Sans compter la construction récente – tout au sud du L.E.S. – de gratte-ciel en verre, qui présagent une transformation profonde et très prochaine du visage de ce quartier éminemment historique ; au grand dam de ses habitants...

L'immigration juive

Les *1ers juifs* – au nombre de 23 – arrivèrent à New Amsterdam (New York) en *1654.* D'origines séfarades, et principalement ibères, ils avaient été chassés du Brésil quand les Portugais prirent la ville de Recife aux Hollandais. Ils passèrent d'abord par la case prison sur ordre de Peter Stuyvesant, 1er magistrat de la ville, alors à la solide réputation d'antisémite.

En 1664, New Amsterdam passa aux mains des Anglais et devint New York. *Lower East Side n'était alors qu'un verger, d'où le nom d'Orchard Street...* La communauté juive se développa très lentement. Au moment de la Révolution américaine, elle ne comptait guère plus de 2 000 membres. C'est *entre 1820 et 1850* que se produisit la *1re vague d'immigration vraiment significative* (200 000 personnes), provenant principalement d'Allemagne et de Bohême, fuyant répression et pauvreté.

Puis, voulant échapper aux sanglants pogroms tsaristes, la *2de vague arriva entre 1881 et 1924,* jusqu'à ce qu'en 1925 le gouvernement américain stoppe l'immigration. En tout, 5 millions de juifs passèrent par New York et un tiers d'entre eux s'installèrent dans Lower East Side, où l'on comptait alors 5 fois plus d'habitants que dans le reste de la ville. Beaucoup de familles résidaient à 8-10 personnes par pièce, dans des *logements collectifs appelés tenements,* transformés le jour en ateliers de confection. En 1910, on estime que près de 600 000 personnes vivaient ici dans des conditions très misérables...

Au plus fort de l'immigration, on compta *jusqu'à 300 synagogues et des dizaines de théâtres de langue yiddish.* Cependant, pour beaucoup, Lower East Side ne fut qu'un lieu de transition, le temps d'une génération. Mais, alors que le métro entraînait le déplacement et la création d'autres communautés vers Brooklyn, le Bronx, Queens, Upper East Side et Upper West Side de Manhattan, L.E.S. se vidait petit à petit de sa communauté. Ainsi, nombre de synagogues fermèrent, les journaux en yiddish mirent la clé sous la porte et, victime du vieillissement de sa population et de l'américanisation des nouvelles générations, le quartier perdit de sa singularité. Aujourd'hui, il n'y reste guère plus que 20 000 juifs.

🍴🍴 *Tenement Museum (zoom 3, D4) :* 103 Orchard St (et Delancey). ● tenement. org ● Ⓜ (F, J, M, Z) Delancey-Essex St. Tlj 10h-18h30 (20h30 jeu). Plusieurs visites guidées thématiques (Building Tours, Meet the Residents, etc. ; voir horaires en ligne) obligatoires, en anglais (1h-1h30). Résa des billets conseillée : en ligne, sur place ou par tél (☎ 877-975-3786). Tarif : 25 $; réduc. Livret de visite en français. Organise aussi plusieurs promenades guidées (Neighborhood Walking Tours) en anglais à travers le quartier (même prix). **Important :** les enfants doivent avoir

plus de 6 ans pour participer à l'essentiel des visites guidées, sauf pour Meet the Residents (w-e seulement) ; c'est alors gratuit pour eux.
Plus qu'un vrai musée, il s'agit d'une association culturelle qui propose de faire découvrir – à travers différentes visites guidées thématiques en petits groupes – ce *tenement* d'époque et *les conditions de vie de ses résidents : de modestes immigrants au début du XXᵉ s* (on en compta près de 7 000 entre 1863 et 1935). Même si on ne visite pas tous les appartements de l'immeuble (il faudrait pour cela faire tous les *Building Tours* !), il s'agit là d'un excellent complément à la découverte du musée de l'Immigration d'Ellis Island...

Cette partie de Manhattan est une vaste ferme quand Jacob Astor – un milliardaire enrichi par le commerce de la fourrure, celle du castor notamment – en fait l'acquisition en 1814. Puis l'homme d'affaires se sépare de son domaine au bénéfice de la *Dutch Reformed Congregation*, qui décide d'installer dans le quartier les 1ʳᵉˢ vagues d'immigrants, allemands pour la plupart. Fleurissent alors, dès 1833, *les tenements, ces mini-immeubles aménagés pour entasser le plus de personnes possible.* En 1850, ce type d'habitation connaît un véritable développement, avec parfois plus de 20 appartements de 2 pièces (chambre + salon + cuisine, soit 30 m²) par bâtiment, où s'installent dans un 1ᵉʳ temps des familles essentiellement allemandes. Le quartier aura d'ailleurs tôt fait d'être surnommé « Kleindeutschland », la Petite Allemagne. Aussi des familles irlandaises, comme les Moore (1869) dont on visite l'appartement, figé dans le temps...

Au rez-de-chaussée du bâtiment se trouve une taverne-brasserie servant à la fois de centre d'accueil pour les immigrants et de lieu de vie de la communauté. Puis, entre 1881 et 1910, déferle une nouvelle vague d'immigration d'environ *1,5 million de juifs venus d'Europe centrale.* La communauté s'implante dans ces *tenements*, afin d'y établir des ateliers de confection. Au départ, il n'y a *ni électricité ni eau courante* ; et les w-c communs se trouvent dans la cour, à côté d'un robinet d'eau général... En 1935, une loi de prévention anti-incendie sonne le glas de ce genre d'habitation. Le remplacement des escaliers de bois étant jugé trop coûteux, les immeubles sont peu à peu désaffectés et l'immigration se déplace vers Brooklyn et dans le Queens. Certains *tenements* servent alors d'entrepôts pour les magasins du quartier, ce qui leur évite d'être squattés et explique qu'ils aient été conservés « dans leur jus »... Aujourd'hui, en dépit de la « gentrification » du quartier, ce sont les dernières vagues d'immigration – hispanophone (Puerto Rico et République dominicaine, notamment) et asiatique – qui tentent de prendre l'ascenseur social du Lower East Side.

🕸 *Boutique-librairie :* très bien fournie en ouvrages sur le quartier, sur New York et l'immigration. Au fond, projection en continu d'un *film* de 30 mn, très intéressant.

🏃 *New Museum (zoom 3, C4) :* 235 Bowery (et Prince). • new museum.org • Ⓜ (6) Bowery. Tlj sauf lun 11h-18h (21h jeu). Entrée : 18 $; réduc ; gratuit moins de 18 ans et pour ts jeu 19h-21h (donation libre). Terrasse (Sky Room) *ouv w-e seulement.*
Ce musée, dédié à l'art contemporain, est surtout connu pour l'originalité de son bâtiment, dessiné par le groupe d'architectes japonais SANAA : un empilement de blocs blancs décentrés, aux proportions inégales, recouverts de filets en aluminium. L'effet visuel est saisissant ! À l'intérieur,

GRANDEUR ET DÉCADENCE DE BOWERY

Bowery – la plus vieille artère de Manhattan – était à l'origine un sentier indien, transformé par le gouverneur Peter Stuyvesant en voie d'accès desservant sa propriété rurale. Au XIXᵉ s, Bowery est un quartier chic qui se pare de théâtres, devenant le Broadway de l'époque. Mais la mise en service du métro aérien transforme le coin en un lieu de perdition fréquenté par les gangsters et les homeless. Aujourd'hui, avec le développement artistique lié à l'installation du New Museum, le quartier revient en grâce.

les expos temporaires donnent au visiteur l'occasion d'entrer dans des œuvres géantes, pour ne pas se limiter à la seule contemplation. Pointues, celles-ci intéressent surtout un public averti. Jolie vue sur le quartier depuis la terrasse du *7th Floor*.

|●| 🍴 ⊛ Petit *café* design et boutique au rez-de-chaussée.

Itinéraire historique dans Lower East Side (zoom 3, D4)

🏃🏃 Balade historique dans ce *creuset de l'immigration, principalement juive,* que fut Lower East Side. Aujourd'hui, une petite quarantaine de nationalités cohabite dans le quartier.

Pendant longtemps, le *patrimoine architectural* se dégrada ou fut modifié. La communauté asiatique, dynamique, en pleine expansion et en quête de nouveaux espaces, occupa nombre d'anciens édifices juifs, publics ou religieux, vacants ou abandonnés. Ce changement sociologique inéluctable, les télescopages culturels et architecturaux qu'il entraîne, ne sont pas, dans cette balade, les éléments les moins intéressants ! Des clins d'œil insolites, émouvants... Depuis quelque temps cependant, conscients de la disparition dramatique d'un riche patrimoine, des organismes culturels, des historiens, des amoureux de la culture juive tentent de sauvegarder et de mettre en valeur un certain nombre de sites... Avant d'attaquer la balade, pourquoi ne pas prendre un solide petit déj ou un en-cas au *Cafe Petisco* (189 E Broadway ; plan Itinéraire Lower East Side, 124), un bon petit bistrot de quartier qui brille par sa belle ambiance fraternelle et sa cuisine généreuse et soignée, à consonance méditerranéenne... Puis, rendez-vous tout au sud du Lower East Side historique, à la limite de Lower Manhattan et à l'entrée de Chinatown, pour débuter la balade sur Chatham Square où trône la *statue de Lin Xezu* (1785-1850), pionnier chinois de la guerre contre les drogues...

➤ *L'un des plus anciens cimetières juifs d'Amérique* (plan Itinéraire Lower East Side, A) : 55 St James Pl (et Oliver). Ce minuscule cimetière de la communauté juive espagnole, aujourd'hui noyé dans le paysage urbain, ferma en 1833. Il daterait de 1656 et la tombe la plus ancienne, celle de Benjamin Bueno de la Mesquita, de 1683.

➤ À côté, aux 4-6 Oliver Street (et Henry), la *Mariners Temple Baptist Church* (plan Itinéraire Lower East Side, B) date de 1843. C'est la plus ancienne église baptiste de New York, dans un étonnant style *Greek Revival.* La grosse cloche de navire, devant, rappelle qu'elle fut longtemps le lieu de culte des marins et des navigateurs.

➤ Emprunter Division Street, passer sous le Manhattan Bridge pour tourner à gauche dans Eldridge Street. Les fans de la trilogie de *Cédric Klapisch* reconnaîtront au n° 9 le petit immeuble typique de Chinatown où habite Xavier (Romain Duris), dans le film *Casse-tête chinois* (plan Itinéraire Lower East Side, C). Juste en face :

🏃 *Museum at Eldridge Street Synagogue* (plan Itinéraire Lower East Side, D et plan 1, D4-5) : 12 Eldridge St (entre Canal et Division). ● eldridgestreet.org ● Ⓜ (F) E Broadway. Tlj sauf sam 10h-17h (15h ven). Entrée : 14 $; réduc ; gratuit moins de 5 ans et pour tous lun (donation libre). Visite guidée (1h) gratuite en anglais ttes les heures (dernier départ 1h avt fermeture). Livret explicatif en français. Dans ce quartier aujourd'hui très chinois, elle fut *la 1re synagogue construite en 1887 par les immigrants d'Europe de l'Est.* Superbe façade avec des réminiscences romanes, gothiques et mauresques (baies en fer à cheval), beaux vitraux... Au sous-sol, un petit musée montre des vidéos et des tables interactives sur l'histoire de la communauté juive de NY ; le tout émaillé d'objets emblématiques, de vieilles

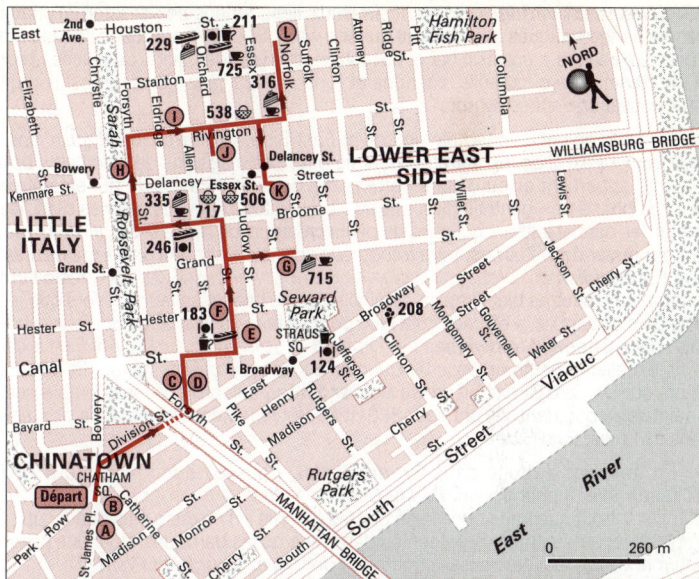

ITINÉRAIRE LOWER EAST SIDE

A	Cimetière juif
B	Mariners Temple Baptist Church
C	Appartement
	du film *Casse-tête chinois*
D	Museum at Eldridge Street Synagogue
E	Metrograph
F	Orchard Street
G	Pickle Guys
H	Forsyth Street
I	Rivington Street
	(First Warsaw Congregation)
J	Galerie Perrotin
K	The Market Line (ancien Essex Market)
L	La plus ancienne synagogue de
	New York

🍴🍷🍜🍸🍺🌯	**Où faire une pause ?**
124	Cafe Petisco
183	The Fat Raddish et Cheeky
	Sandwiches
208	Ice & Vice
211	Katz's Delicatessen
229	Russ & Daughters Shop
246	Vanessa's Dumpling House
316	Sugar Sweet Sunshine
335	Petee's Pie Company
506	Moscot
538	Economy Candy
715	Doughnut Plant
717	Tenement Museum Store
725	Ludlow Coffee Supply

photos... Puis un escalier mène à l'intérieur de la synagogue. Voûte polychrome avec coupole, peinture en trompe l'œil (faux marbre), gros lustre central, parquet usé et bancs des fidèles en bois (les hommes en bas ; les femmes à l'étage). Au fond, l'*arche sainte* (contenant les rouleaux de la Torah) en bois de noyer est surmontée d'une superbe rosace aux tons bleus. Au milieu, le *bêma*, sorte d'estrade avec pupitre aussi en noyer, était utilisé pour la lecture des textes sacrés... Avec le départ progressif de la communauté juive du L.E.S., la synagogue est devenue un musée en 1987... Bref, une visite intéressante et qui fait écho au *Museum of Jewish Heritage* de Lower Manhattan...

🍴 **Metrograph** (plan Itinéraire Lower East Side, **E** et plan 1, D4) : *7 Ludlow St (entre Canal et Hester).* ● *metrograph.com* ● Ⓜ *(F) E Broadway. Entrée : 12-15 $; réduc.* Cet ancien entrepôt en brique a été transformé en un *cinéma* *délicieusement vintage,* projetant de vieux films américains et internationaux par séries thématiques (programme sur site web). Et pour rester dans l'ambiance « dernière séance », aussi un bar et un resto simple (salades, parts de quiche...) sur la mezzanine, avec fauteuils, canapés et fond musical jazzy. Bref, un bel endroit pour passer une soirée sympa.

➤ Véritable colonne vertébrale de Lower East Side, **Orchard Street** *(plan Itinéraire Lower East Side, F),* autrefois connue pour ses magasins de vêtements bon marché, appartient aujourd'hui à cette partie de Lower East Side qui est entrée dans sa phase de « gentrification » et de « branchitude », où les galeries d'art, les restos, les bars et autres boutiques de petits créateurs de mode ont pignon sur rue. Et pour rester dans l'atmosphère *trendy,* allez donc casser une petite graine chez **The Fat Raddish** *(17 Orchard St ; plan Itinéraire Lower East Side, 183),* resto *farm to table* aux recettes bio, simples, originales et pleines de saveurs... Alors que les amateurs de simplicité efficace iront *next door* se faire concocter un goûteux sandwich chez **Cheeky Sandwiches** *(35 Orchard St ; plan Itinéraire Lower East Side, 183),* excellente petite adresse de quartier qui ne paie pas de mine... Et puis de retour sur Orchard Street, on croise **Hester Street,** aujourd'hui considérablement « asiatisée » qui, dans les années 1880-1900, fut la rue commerçante la plus animée de Lower East Side !

➤ En tournant à droite dans **Grand Street,** poussez donc jusqu'au *n° 357* (et Essex Street) pour trouver **Pickle Guys** *(plan Itinéraire Lower East Side, G ; tlj sauf sam),* boutique traditionnelle de pickles comme il n'en reste plus beaucoup ! Il s'agit de légumes vinaigrés présentés dans de grosses barriques. Pour une pause gourmande immédiate, poussez donc *next door* chez **Doughnut Plant** *(379 Grand St ; plan Itinéraire Lower East Side, 715)* pour dévorer les meilleurs *doughnuts* de New York ! Et à 2 pas, ne ratez pas non plus *les meilleures glaces de NY* chez *Ice & Vice (221 E Broadway ; plan Itinéraire Lower East Side, 208),* une adresse inattendue perdue dans ce fin fond de L.E.S., slurp ! Ensuite, revenez sur vos pas, puis à droite Orchard Street, à gauche Broome Street et encore à gauche sur Eldridge Street. Là, ceux qui ont encore les crocs se mettront à table chez **Vanessa's Dumpling House** *(118a Eldridge St ; plan Itinéraire Lower East Side, 246),* cantoche réputée pour ses assortiments de délicieux *dumplings* maison, servis à prix plancher... En sortant, prendre Broome Street à gauche, puis Forsyth Street à droite.

➤ Là, sur **Forsyth Street** *(plan Itinéraire Lower East Side, H),* rue bordée d'un petit parc tout en longueur, quelques vieux édifices intéressants et un alignement de façades aux styles et couleurs disparates ; certaines joliment ouvragées comme celle dans les tons blanc et brique délicieusement meringuée au *n° 110* (et Broome Street). Aux *n°s 100-104* (entre Grand et Broome Streets), des immeubles au style plus italien avec de belles corniches. Et de l'autre côté du square, au *101 Chrystie Street* (et Grand Street), immeuble en brique rouge avec encadrements de fenêtres en pierre blanche abondamment ornementées... Un petit creux ?! Ne manquez pas les délicieuses tartes aux fruits et autres cheese-cakes de **Petee's Pie Company** *(plan Itinéraire Lower East Side, 335),* petite échoppe artisanale qu'affectionnent les habitués du quartier. Un vrai coup de cœur, miam !

➤ Sur **Rivington Street,** voir au *n° 58* l'ancienne **First Warsaw Congregation** *(plan Itinéraire Lower East Side, I),* de confession juive (1903). Aujourd'hui transformée en lofts d'artistes, elle montre une intéressante façade et un style éclectique avec son gros oculus central... Petit crochet au 130 Orchard St pour jeter un œil aux expos en cours de la prestigieuse *galerie Perrotin (plan Itinéraire Lower East Side, J).* Souvent des artistes de renom (Murakami et cie) et une belle librairie au rez-de-chaussée aussi. Retour sur Rivington St.

Au *n° 108,* plein d'idées de cadeaux originaux dans l'échoppe de bonbons à l'ancienne **Economy Candy** *(plan Itinéraire Lower East Side, 538).* Et, toujours au rayon des douceurs : d'appétissants cupcakes dans la mignonne pâtisserie **Sugar Sweet Sunshine** *(plan Itinéraire Lower East Side, 316),* au *n° 126.*

➤ **The Market Line** (plan Itinéraire Lower East Side, **K**) : Broome St, entre Clinton et Essex. Ce nouvel et énorme food hall, le plus grand de tout New York, devrait compter une centaine d'enseignes, locales pour certaines. L'idée étant d'offrir un panel de saveurs typiquement new-yorkaises et dans l'air du temps. Les échoppes si pittoresques de l'**ancien Essex Market** voisin (datant des années 1940) seront relocalisées ici mais, évidemment, l'esprit ne sera plus le même. À 2 pas, laissez donc la curiosité vous pousser chez le fabricant de lunettes **Moscot** (108 Orchard St ; plan Itinéraire Lower East Side, **506**), réputé depuis 1915 pour ses modèles rétro, de nouveau dans l'air du temps et adoptés par les stars du showbiz ! Et juste en face, on aime bien la **Tenement Museum Store** (103 Orchard St ; plan Itinéraire Lower East Side, **717**), proposant une belle sélection de livres sur New York, gadgets et souvenirs bien choisis...

➤ **La plus ancienne synagogue de New York** (plan Itinéraire Lower East Side, **L**) : 172 Norfolk St (entre Stanton et Houston). Édifiée en 1849. Façade décatie rouge avec fenêtres trilobées et portail vaguement gothique ; le tout inspiré de la cathédrale de Cologne en Allemagne. À l'intérieur, autel doré à la feuille d'or...
Et pour finir cet itinéraire sur une gentille note historico-culinaire, rendez-vous à 2 pas chez **Katz's Delicatessen** (205 E Houston St ; plan Itinéraire Lower East Side, **211**), l'un des plus vieux delis de New York (1888) et véritable institution locale ! Ou bien, pour un succulent sandwich sur le pouce, c'est à l'épicerie fine « à l'ancienne » **Russ & Daughters Shop** (179 E Houston St ; plan Itinéraire Lower East Side, **229**) que ça se passe... depuis 1914 ! Et si c'est juste pour une pause café, **Ludlow Coffee Supply** (176 Ludlow St ; plan Itinéraire Lower East Side, **725**) est l'incarnation parfaite de la mue trendy du quartier.

CHELSEA

● Pour se repérer, voir le plan détachable 1 en fin de guide.

Chelsea n'est pas seulement cette carte postale de Manhattan montrant des ruelles ourlées de maisons en brique rouge caressées par le vert des grands arbres, non ! Car d'un bloc à l'autre, les ambiances sont étonnamment différentes. Il y a d'abord le Chelsea bohème et artiste, de la 20th à la 25th Street (entre 9th et 11th Avenue) : un quartier d'entrepôts rebaptisé Galleries District et traversé par la High Line, l'ancienne ligne de chemin de fer suspendue transformée en coulée verte. Vient ensuite, avec ses nombreux commerces et restos, le Chelsea animé et populaire, entre 23rd et 34th Street. Puis le quartier gay, regorgeant d'adresses branchées dans le rectangle compris entre 16th et 20th Street et 6th et 8th Avenue.
Chelsea, devenu en quelques années the place to be, tient encore le devant de la scène avec le pharaonique projet de Hudson Yards qui occupe le tronçon nord de la High Line (entre 30th et 34th Street). Un quartier novateur de plus d'un million de m² dont la pièce maîtresse est l'escalier géant The Vessel, déjà élevé au rang d'icône de la ville !

UN PEU D'HISTOIRE

En 1850, consécutivement à la construction de la voie ferrée de l'Hudson River le long de 11th Avenue, la classe ouvrière vient habiter dans ce qui ressemblait alors au **Chelsea de Londres.** L'ambiance change. Le quartier connaît alors une période d'**activité théâtrale intense.** Puis, suite au redéploiement des salles sur Broadway, parallèlement au développement du cinématographe, le secteur devient un lieu très prisé des réalisateurs. Malheureusement, avec la fermeture de la ligne de chemin de fer en 1930, Chelsea retombe dans une douce léthargie. Ce sont les *antiquaires* installés dans 9th Avenue et le marché aux fleurs de 6th Avenue qui redonneront au quartier un certain élan. Le *Galleries District*, la *High Line* et le nouveau quartier des *Hudson Yards* ont aujourd'hui pris le relais.

Où dormir ?

De prix moyens à plus chic

🏠 **City Rooms NYC Chelsea** (plan 1, B2, **34**) : *368 8th Ave (entre 28th et 29th).* ☎ 917-475-1285. ● *facebook* ● Ⓜ *(A, C, E) 23 ou 34 St. Doubles 100-230 $.* Avec son homologue de SoHo, c'est l'un de nos bons plans dans la gamme des petits hôtels abordables. Une petite trentaine de chambres, pas vraiment spacieuses, mais nickel et bien lookées : parquet blond, murs blancs avec *mural* évoquant New York en guise de tête de lit, salle de bains à l'italienne, quelques touches d'indus'... Boissons chaudes à dispo dans le minilobby. Une très bonne adresse !

🏠 **The Leo House** (plan 1, B2, **30**) : *332 W 23rd St (entre 8th et 9th Ave).* ☎ 212-929-1010. ● *leohousenyc. org* ● Ⓜ *(C, E) 23 St. Résa conseillée min 3 mois à l'avance. Doubles 180-300 $, familiales (4-6 pers) 260-420 $.* Installé dans un bel immeuble ancien depuis 1889, c'est un hôtel tenu par une institution catholique, où tout le monde est bienvenu ! Atmosphère un chouia austère, mais chambres impeccables et rénovées pour la plupart (à demander en priorité), toutes avec toilettes et lavabo ; les moins chères se partagent la douche. Tarifs intéressants surtout en haute saison, sinon on trouve de meilleurs rapports qualité-prix ailleurs. Salon commun bien cosy avec cheminée, laverie, jardin et même une chapelle.

🏠 **Holiday Inn Express Madison Square** (plan 1, B2, **95**) : *232 W 29th St (entre 7th et 8th Ave).* ☎ 212-695-7200. ● *midtownnychotel.com* ● Ⓜ *(1, 2, 3) 28 St. Doubles 130-300 $.* Pas de surprise – ni bonne ni mauvaise – dans cet hôtel de chaîne comptant 13 étages. Chambres étroites dans l'ensemble, mais modernes et confortables, dans les tons bleu et beige. Literie douillette.

Accueil pro. Une solution centrale avantageuse pour ne pas flamber tous ses dollars dans l'hébergement et les transports !

🏠 **Colonial House Inn** (plan 1, B2, **76**) : *318 W 22nd St (entre 8th et 9th Ave).* ☎ 212-243-9669. ● *colonialhouseinn. com* ● Ⓜ *(C, E) 23 St. Double env 150 $, suites (2-5 pers) 280-400 $. Petit déj inclus.* Un *B & B* installé dans une demeure de 1850, à l'atmosphère un brin désuète. Une vingtaine de petites chambres fonctionnelles, dont la moitié sans salle de bains mais cheminée pour certaines. Également 2 suites, une avec cuisine, l'autre avec patio verdoyant et jacuzzi. Et cerise sur le gâteau : la petite terrasse du toit et ses transats pour bronzer !

De plus chic à très chic

🏠 ☂ **Hilton New York Fashion District** (plan 1, B2, **32**) : *152 W 26th St (entre 6th et 7th Ave).* ☎ 212-858-5888. ● *www3.hilton.com* ● Ⓜ *(C, E, 1) 23 St. Doubles 170-450 $.* Mannequins en devanture, tableau de bobines de fil façon Mondrian derrière le *front desk*, dans cet hôtel de standing, on se la joue haute couture ; clin d'œil au quartier : le Fashion District ! Déco contemporaine sobre dans les chambres, qui gagnent en lumière dans les étages supérieurs. À partir du 16e, vue sensationnelle sur l'Empire State Building d'un côté, et de l'autre sur une forêt de citernes et la Freedom Tower au loin. Même panorama depuis le beau *roof-top*, vitré l'hiver, découvert en été.

🏠 **Chelsea Pines Inn** (plan 1, B3, **500**) : *317 W 14th St.* ☎ 212-929-1023. ● *chelseapinesinn.com* ● Ⓜ *(A, C, E) 14 St ou (L) 8 Ave. Doubles 210-350 $.* Petit hôtel de charme, malin et vintage, installé dans un mignon immeuble de brique prolongé d'une cour-jardin à l'arrière. Plus d'une vingtaine de chambres confortables, chacune dédiée à un acteur de l'âge d'or de Hollywood, et dont les murs sont placardés de vieilles affiches de films.

🛏 🍴 *Dream Downtown* *(plan 1, B3, 75)* : *355 W 16th St (et 9th Ave). ☎ 212-229-2559. ● dreamhotels.com ● Ⓜ (A, C, E) 14 St ou (L) 8 Ave. Doubles 275-450 $.* Derrière cette façade en Inox, percée de hublots comme un paquebot, tout baigne dans le luxe clinquant tendance seventies. Réception dorée, plantes vertes, on se croirait dans un *James Bond* début Roger Moore ! Chambres tout confort et du même tonneau : papier peint à pastilles argenté, mobilier moulé à la *Orange mécanique* et rideau de douche en cotte de mailles très *Barbarella* ! Et puis piscine avec *beach club* miamiesque, dont on aperçoit le fond depuis le lobby, *rooftop* au 12e étage et boîte de nuit ultra-branchée au sous-sol. Bref, un style original qui en fera rêver plus d'un, mais à condition d'avoir les sous !

🛏 *The Maritime Hotel* *(plan 1, B3, 75)* : *363 W 16th St (entre 8th et 9th Ave). ☎ 212-242-4300. ● themaritimehotel. com ● Ⓜ (A, C, E) 14 St ou (L) 8 Ave. Doubles 250-450 $.* Même architecte et même esprit transatlantique que le *Dream Downtown* pour cet hôtel à la fière façade truffée de hublots. La réception cossue et chaleureuse invite déjà au voyage avec des tons bleus et un mobilier rétro. Les 130 chambres ne sont pas très grandes pour les *standard,* mais très originales, façon cabine de paquebot de 1re classe ! Au bout de chaque couloir, de jolies vues à la dérobée et une ambiance générale reposante, voire feutrée, à 20 000 lieues de l'agitation. Un port d'attache plein de personnalité pour rayonner dans Manhattan !

🛏 🍴 *Hôtel Americano* *(plan 1, A2, 221)* : *518 W 27th St (entre 10th et 11th Ave). ☎ 212-216-0000. ● hotel-americano.com ● Ⓜ (C, E) 23 St. Doubles 265-365 $.* Sur le parcours de la High Line, un building à l'architecture pointue, mais pas intimidante, et une soixantaine de chambres entièrement vitrées offrant des vues urbaines incroyables ! Très original, le lit posé sur une plate-forme en bois intégrée dans la chambre, inspiré des *ryokan* (auberges japonaises). Mais la cerise sur le gâteau, c'est le *rooftop bar* haut perché avec sa petite piscine en été et une vue privilégiée.

NEW YORK

Où manger ?

Spécial petit déjeuner et brunch

🍴 🍷 *Eisenberg's Sandwich Shop* *(plan 1, B-C2, 232)* : *174 5th Ave (entre 22nd et 23rd). Ⓜ (N, R) 23 St. Tlj 6h30 (9h w-e)-20h (18h sam, 17h dim). Plats 6-15 $.* Eisenberg's fait exploser le taux de cholestérol des New-Yorkais depuis 1929 ! Une longue salle typique, patinée et graillonneuse, parcourue par un comptoir bordé de tabourets en moleskine rouge derrière lequel s'activent une bardée de cuistots. Dans cette vieille institution, on sert le breakfast toute la journée, mais aussi sandwichs, burgers et quelques salades à des prix qui datent certainement de l'ouverture : café et thé à 2 $! Une ambiance *Old New York* de plus en plus rare dans ce Manhattan gentrifié.

🍷 🍴 *The City Bakery* *(plan 1, B-C2, 234)* : *3 W 18th St (entre 5th et 6th Ave). Ⓜ (L, N, Q, R, 4, 5, 6) 14 St-Union Sq. Tlj 7h30 (8h sam, 9h dim)-18h. Moins de 10 $.* Dans un immeuble *cast-iron,* un vaste espace style *NY loft* à l'ambiance de cantine qui ne désemplit pas depuis plus de 25 ans ! Les aficionados y font la queue – en famille le week-end – pour le *pretzel croissant* et le fameux *hot chocolate,* épais et crémeux, mais très sucré. Le must est de le demander avec chamallow maison plongé dedans ! Aussi un *salad bar* varié, et quelques plats *comfy* pas donnés mais plutôt bien tournés.

🍷 🍴 *Malibu Diner* *(plan 1, B2, 243)* : *163 W 23rd St (entre 6th et 7th Ave). Ⓜ (1, 2) 23 St. Ouv 24h/24. Plats 8-20 $.* Si ce *diner* n'a pas vu le crayon d'un architecte depuis les années 1980, c'est que l'essentiel

NEW YORK

est dans l'assiette ! Rendez-vous des habitués du quartier à toute heure, pour un copieux breakfast (servi 24h/24 !), un sandwich, un *jumbo burger*, une salade, un panini, une omelette... Sans parler des bons desserts maison. Bref, les classiques de la cuisine US bien exécutés, et sans chichis. Une adresse efficace, aux antipodes du *fashion system* ; c'est aussi ça, NY !

☞ Et aussi : **Chelsea Market, Sullivan Street Bakery, Eisenberg's Sandwich Shop, Empire Diner, Friedman's, Cookshop** et **Foragers.** Voir plus loin.

Sur le pouce

▮●▮ 🍴 **Chelsea Market** (plan 1, A-B3, **709**) : *75 9th Ave (entre 15th et 16th).* Ⓜ *(A, C, E) 14 St. Lun-sam 7h-21h, dim 8h-20h. Moins de 15 $.* Le Chelsea Market – avec ses épiceries fines, ses boulangeries-pâtisseries et ses petits restos – offre autant d'endroits gourmets pour se poser et casser une graine ! Pourquoi ne pas se faire confectionner un excellent sandwich ou un hot-dog à la boucherie-rôtisserie **Dickson's Farmstand Meats** ? Ou bien rendez-vous chez le poissonnier **Lobster Place,** pour déguster debout une large section de produits de la mer : huîtres, *rolls*, sushis, soupes, et *why not* du homard en barquette pour 30 $; le tout accompagné d'un petit verre de blanc ! Aussi des sandwichs, burgers et salades chez **Friedman's Lunch.** Envie d'exotisme ? Direction l'israélien **Miznon** pour ses fameuses pitas chaudes à toutes les sauces. Côté pâtisseries, **Doughnuttery, Amy's Bread, Fat Witch Bakery** ou le salon de thé **Sarabeth's,** sans oublier les milk-shakes et autres glaces de **Creamline.**

🥖 **Murray's Bagels** (plan 1, B2, **251**) : *242 8th Ave (entre 22nd et 23rd).* Ⓜ *(C, E) 23 St. Tlj 6h30-20h (18h w-e). Bagels et sandwichs 5-15 $.* Les bagels de *Murray* ne manquent pas de fans ! Et pour cause : une foule de petits pains différents confectionnés à l'ancienne, et un choix énorme de garnitures sucrées et salées. Aussi des sandwichs classiques, des salades et des

formules petit déj. Copieux, abordable et très *NY style* !

▮●▮ ✿ **Whole Foods Market** (plan 1, B2, **190**) : *250 7th Ave (entre 24th et 25th).* Ⓜ *(1) 23 St. Tlj 7h-23h. Plats 6-10 $ et buffet au poids.* Un des magasins de la grande chaîne de supermarchés bio, au délicieux *salad bar* et autre buffet de plats cuisinés ; sans oublier un rayon sandwichs, pâtisserie... Bref, de quoi se constituer un bon pique-nique, car le lieu ne dispose pas d'espace cafétéria où s'asseoir.

De bon marché à prix moyens

▮●▮ 🥖 🍴 **Sullivan Street Bakery** (plan 1, B2, **140**) : *236 9th Ave (et 24th).* Ⓜ *(C, E) 23 St. Tlj 7h30-16h (17h ven-sam). Moins de 15 $.* Un long comptoir et quelques tables pour se poser dans un cadre sobre, enrobé de bois clair. Dans l'assiette, de vrais bons paninis classiques ou revisités, des parts de pizza et de *focaccia*, des soupes, des salades, d'adroites suggestions du jour et de formidables pâtisseries maison... à se damner ! Bien aussi pour un café gourmand en journée.

▮●▮ 🥖 🍸 ✿ **Eataly** (plan 1, B-C2, **187**) : *200 5th Ave (entre 23rd et 24th).* Ⓜ *(C, E, 1) 23 St. Tlj 9h-23h. Ts les prix.* Ni plus ni moins la plus grande épicerie du monde dédiée à la gastronomie italienne ! Au détour des appétissants rayons, plusieurs *corners* et restos à thème : *pasta* et pizza, *formaggi* et *salumi*, poisson, végan, sans oublier les paninis, *gelati*, pâtisseries, l'*espresso bar*... Vraiment pour tous les goûts et toutes les bourses ! Et, perchée sur le *rooftop* du bâtiment – avec vue inédite sur le Flatiron Building –, la brasserie **Birreria** (plats 12-30 $) est une version ritalo-new-yorkaise-néo-indus' du *Biergarten.* Selon la saison, pas toujours des pâtes, mais des assiettes de charcuterie-fromage à picorer avec une bière maison ou un verre de vin. Et des plats plutôt rustiques, mettant en valeur les bons produits de la maison.

🍔 **Bareburger** (plan 1, B2, **337**) : *153 8th Ave (et 18th).* Ⓜ *(A, C, E) 14 St* ou (L) 8 Ave. Burgers-frites 15-17 $. On aime bien cette petite chaîne de burgers gourmets et bio, campée dans un décor écolo sympa, façon cabane de trappeur (voir le descriptif dans « Greenwich et West Village. Où manger ? »).

|●| ⏛ Cafe el Presidente – Tacombi (plan 1, B2, **556**) : 30 W 24ᵗʰ St (entre 5ᵗʰ et 6ᵗʰ Ave). Ⓜ (C, E, 1) 23 St. Plats 6-8 $, repas env 20 $. Ces Mexicains-là ont franchi sans problème la frontière américaine ! Au menu : tacos et quesadillas servis du matin au soir dans un cadre de cantoche vintage, revu à la sauce new-yorkaise. Et de bons jus de fruits frais...

|●| ⇔ Pepe Giallo (plan 1, A2, **257**) : 195 10ᵗʰ Ave (et 22ⁿᵈ). Ⓜ (C, E) 23 St. Tlj sauf dim midi. Plats 10-20 $, lunch menu 10 $. Bon petit resto italien concoctant paninis, pasta et quelques secondi plus sérieux. Le tout savoureux et servi à prix justes. Vins italiens au verre très abordables aussi. À dévorer sur place ou à emporter en balade le long de la High Line, toute proche.

De plus chic à très chic

|●| ☕ Empire Diner (plan 1, A2, **425**) : 210 10ᵗʰ Ave. ☎ 212-335-2277. Ⓜ (A, C, E) 23ᵗʰ St. Tlj 8h-1h. Plats 15-25 $. Ce somptueux diner de style Art déco, construit en 1946 à la gloire de l'Empire State Building, a vu son décor classé magnifiquement restauré. Lustres globes, chaises compas, sol de mosaïques et habillage chromé lui donnent un de ces cachets ! Il accueille désormais un agréable restaurant servant une cuisine américaine moderne, bien dans l'air du temps : avocado toast, œufs dans tous leurs états, salades ou burgers. Une halte plaisante pour déjeuner sur le chemin de la High Line. Le street artist Kobra a habillé le mur au-dessus du diner d'une fresque revisitant le mont Rushmore avec les visages d'Andy Warhol, Keith Haring, Jean-Michel Basquiat et Frida Kahlo.

|●| ⇔ ☕ Friedman's (plan 1, B2, **175**) : 132 W 31ˢᵗ St (entre 6ᵗʰ et 7ᵗʰ Ave). ☎ 212-971-9400. Ⓜ (1, 2) 28 St. Tlj 7h30-22h. Brunch w-e 8h30-16h. Résa

très conseillée. Plats 12-27 $. Petit resto branché dans un cadre de bois brut, façon cabane sobre et soignée. Dans l'assiette, cuisine US simple mais d'aujourd'hui : burgers, salades, sandwichs, et aussi des plats plus élaborés et plus chers aussi. Mon tout mijoté avec des ingrédients sains et goûteux. Le resto est doublé d'une cantine à bagels qui ne désemplit pas à l'heure du lunch (fermé le soir).

|●| Blossom (plan 1, A-B2, **137**) : 187 9ᵗʰ Ave (entre 21ˢᵗ et 22ⁿᵈ). ☎ 212-627-1144. Ⓜ (C, E) 23 St. Plats 18-25 $. Un resto bio et végan de haute volée qui enthousiasme même les plus réfractaires ! La carte donne envie, les délicieux effluves qui se dégagent des fourneaux aussi, et les assiettes réjouissent yeux et transportent les papilles ! Rien de tristounet ici, bien au contraire, à l'image de l'élégant cadre zen, reposant et parsemé de plantes vertes. Aussi une annexe dans l'Upper West Side.

|●| ☕ Cookshop (plan 1, A2, **380**) : 156 10ᵗʰ Ave (et 20ᵗʰ). ☎ 212-924-4440. Ⓜ (C, E) 23 St. Tlj 8h-23h. Résa très conseillée. Plats 15-30 $. La cantine chic de quartier nouvelle génération, au design vaguement scandinave et aux vastes espaces lumineux, saupoudré de plantes vertes. Un cadre soigné pour une excellente cuisine américaine revisitée, saine et copieuse, à base de produits en direct de la ferme. Service énergique dans un joyeux brouhaha, dès le petit déj. Terrasse aux beaux jours. Un succès fou, même si le soir, étrangement, les tarifs s'envolent !

|●| ☕ Foragers (plan 1, B2, **247**) : 233 8ᵗʰ Ave (et 22ⁿᵈ). ☎ 212-971-9400. Ⓜ (1, 2) 23 St. Tlj 8h-22h (21h dim). Salad bar au poids ; soir plats 25-35 $, menu 45 $. D'abord une petite épicerie fine de produits bio en provenance des fermes alentour ; doublée d'un appétissant salad bar servant de bons petits plats cuisinés, que l'on dévore dans la salle attenante qui se transforme en vrai resto le soir. Place alors à une cuisine modern American tendance farm to table, donc plus élaborée et plus chère. Une adresse bien dans l'air du temps !

NEW YORK

NEW YORK

Où boire un café ou un chocolat ?
Où manger une pâtisserie ?

🍴🍷 ***Sullivan Street Bakery*** *(plan 1, B2, 140) :* voir plus haut « Où manger ? ».

🍷 **Café Grumpy** *(plan 1, B2, 460) : 224 W 20th St (entre 7th et 8th Ave).* Ⓜ *(1) 18 St. Tlj 7h (7h30 sam)-20h (19h30 dim).* L'un de ces endroits dont New York raffole : un petit café de quartier qui sent bon le grain fraîchement moulu, et où tout le monde « wifise » à gogo sur son Mac. Ambiance rêveuse, jeune et décontractée.

🍴🍷 **The City Bakery** *(plan 1, B-C2, 234) :* voir plus haut « Où manger ? Spécial petit déjeuner et brunch ».

🍷 **Doughnut Plant** *(plan 1, B2, 715) : 220 W 23rd St (entre 7th et 8th Ave).* Ⓜ *(1, C, E) 23 St. Tlj 7h-22h (minuit jeu-sam).* Au rez-de-chaussée du mythique *Chelsea Hotel,* voici le temple du *doughnut* revisité avec légèreté et créativité par un pâtissier talentueux. Rien à voir avec ceux de Homer Simpson ni des chaînes du genre, croyez-nous ! On aime aussi la déco à la gloire du beignet troué, mais en version arty, et les ferronneries du comptoir datant de la construction de l'immeuble (1884). Quelques places assises, vite prises d'assaut, histoire de siroter son café tranquillou.

🍷 ↑ **Intelligentsia Coffee** *(plan 1, A2, 430) : 180 10th Ave (entre 20th et 21st).* Ⓜ *(C, E) 23 St. Dans l'enceinte du* High Line Hotel. *Tlj 7h-18h (19h ven-sam).* Adorable petit café bien planqué dans cet ancien séminaire néogothique (XIXe s), pittoresque bâtiment en brique reconverti en boutique-hôtel chic et charme. À l'intérieur, atmosphère faussement surannée de vieux manoir (peu de places assises) ; et à l'extérieur, superbe jardin-terrasse avec son *coffee truck,* pour siroter aux beaux jours, après une balade sur la High Line. On se croirait alors en Angleterre !

🍴🍷 **Billy's Bakery** *(plan 1, B2, 330) : 184 9th Ave (entre 21st et 22nd).* Ⓜ *(C, E) 23 St. Tlj 8h30 (9h w-e)-23h (minuit ven-sam, 21h dim).* Une des bonnes pâtisseries de NY, réputée pour ses cupcakes, cheese-cakes, *pies,* brownies... Cadre charmant, façon cuisine des fifties avec 2 tables en formica, papier peint à fleurs et tons pastel assortis aux gâteaux !

Où boire un verre ? Où sortir ?

🍸 **Bathtub Gin** *(plan 1, B2, 314) : 132 9th Ave (entre 18th et 19th).* ☎ 646-559-1671. Ⓜ *(1) 18 St. Résa conseillée le w-e.* Qui croirait que se cache un bar derrière ce *coffee shop* banal, le *Stone Street Coffee Company* ?! On vient y siroter un *espresso* en journée sans se douter qu'à la nuit tombée, derrière une porte dérobée, vibre un speakeasy, revival électrique du New York de la Prohibition ; une caverne jazzy, punchy, offrant un vrai saut dans le temps du décor jusqu'au veston des mixologistes ! Plafond en laiton, parquet lustré, canapés rayés, lampes à franges et, au milieu, la baignoire, toute cuivrée. Même les toilettes semblent d'époque. Excellents cocktails, surtout à base de gin mais pas que et quelques *finger foods* pour les petites faims.

🍸 ∞ ♪ ↑ **The McKittrick Hotel** *(plan 1, A2, 328) : 542 W 27th St (entre 10th et 11th Ave).* ☎ 212-904-1883. ● *mckittrickhotel.com* ● Ⓜ *(C, E) 23 St. Résa conseillée.* Cet hôtel désaffecté des années 1930 – qui inspira Hitchcock pour son film *Vertigo* – a été entièrement reconverti en complexe conceptuel pour noctambules branchés, le maître mot étant la mise en scène ! Une partie accueille le show ***Sleep No More*** : une expérience théâtrale multisensorielle et hallucinatoire de 3h, très *Eyes Wide Shut,* dans l'univers du *Macbeth* de Shakespeare *(résa obligatoire en ligne ; billet dès 100 $; vestiaire obligatoire 4 $).* Également un autre spectacle, plus court, ***Flight*** *(45 $)* et encore tout plein d'événements expérimentaux dans le même esprit (es-tu là ?). Les spectateurs se retrouvent ensuite au jazz-bar ***Manderley,*** où concerts et cocktails permettent de refaire surface dans une ambiance Prohibition... Quant au *rooftop* resto-bar ***The Lodge at Gallow Green*** *(tlj 17h-minuit ; dès 10h le w-e, jusqu'à 1h ven-sam),* c'est un agréable jardin-serre touffu et panoramique. Concerts de jazz fréquents. Évitez d'y manger en revanche, pas exceptionnel et cher.

The Tippler *(plan 1, A3,* ***338****) : 425 W 15th St (entre 9th et 10th Ave).* Ⓜ *(A, C, E) 14 St. Tlj dès 16h.* Pas vraiment d'enseigne, juste un mot allumé : « OPEN » ! Cet immense bar, à mi-chemin entre le pub et le speakeasy, a pris possession de la cave du Chelsea Market. Murs en brique, piliers d'acier, tapis élimés et tables de bois. Derrière le long comptoir en marbre, on agite les shakers et les bières artisanales coulent à flots. Ambiance cool et fraternelle dès le brouhaha de l'*afterwork beer,* que vient souligner une playlist pop-rock.

Barcade *(plan 1, B2,* ***457****) : 148 W 24th St (entre 6th et 7th Ave).* Ⓜ *(F, N, R) 23 St. Tlj 12h-2h (4h ven-sam). Interdit moins de 21 ans.* Comme son nom l'indique, vaste bar à jeux d'arcade version *old school.* À vous les Pacman, Street Fighter, Daytona USA et autres jeux Atari et Sega du bon vieux temps, mais de nouveau à la mode ! Une soirée animée en perspective, d'autant que la liste des bières locales est impressionnante. Quelques plats pour éviter le *game over.*

The Raines Law Room *(plan 1, B3,* ***363****) : 48 W 17th St (entre 5th et 6th Ave).* Ⓜ *(F) 14 St.* Atmosphère feutrée et service distingué dans ce speakeasy au décor Années folles très élégant, lové dans le soubassement d'un immeuble (pas d'enseigne, *of course,* il faut tirer la sonnette !). Cocktails originaux, à siroter dans de confortables Chesterfield agencés en alcôve, dans une ambiance bien tamisée, idéale pour un tête-à-tête.

Frying Pan *(plan 1, A2,* ***370****) : Pier 66, au bout de W 26th St.* Ⓜ *(C, E) 23 St. Mai-sept (plus avr et oct quand la température dépasse les 18 °C !), tlj 12h-minuit.* Bâti en 1929, ce vénérable *lightship* à la retraite servait jadis aux gardes-côtes de phare mobile pour signaler des récifs. C'est l'un des derniers survivants du genre, et encore, il s'en est fallu de peu. Dans les années 1970, le *Frying Pan* coula corps et biens et resta 3 ans sous l'eau avant d'être renfloué, puis remorqué jusqu'ici. Désormais, il est amarré à une vieille barge qui traversait l'Hudson avec des wagons de train, elle-même transformée en bar-grill, et l'on profite du coucher de soleil sur la rivière, bercé par le crissement des amarres.

Shopping

Mode, vintage

Dave's New York *(plan 1, B3,* ***564****) : 581 6th Ave (entre 16th et 17th).* Ⓜ *(F) 14 St ou (L) 6 Ave.* Si vous cherchez un jean *Levi's* classique, c'est dans cette caverne d'Ali Baba que vous trouverez les moins chers de NYC *(env 50 $).* En revanche, n'espérez pas trouver les dernières coupes à la mode, surtout pour femme ! Également d'autres marques à des prix intéressants : *Carhartt, Schott, The North Face, Timberland, Columbia, Sorel, Wrangler,* etc., sans oublier les marques « made in USA » : chaussures tout-terrain, chemises de bûcheron...

Chelsea Market *(plan 1, A-B3,* ***709****) : 75 9th Ave (entre 15th et 16th).* Ⓜ *(A, C, E) 14 St.* Plusieurs enseignes intéressantes regroupées dans ce marché 2.0 : ***Anthropologie*** (vêtements pour femmes bohème chic), ***Pearl River Mart*** (bazar asiatique), ***Artists & Fleas*** (créateurs locaux et souvenirs originaux), etc.

Pippin *(plan 1, B3,* ***564****) : 112 W 17th St (entre 6th et 7th Ave).* Ⓜ *(F, 1, 2, 3) 14 St.* L'un des meilleurs choix à New York en matière de bijoux fantaisie vintage. Beaucoup de pièces colorées pas très chères, des fifties aux années 1980. Ne pas hésiter à ouvrir les tiroirs où sont rangés d'autres trésors, puis à passer à l'arrière où des meubles et des objets anciens du quotidien sont mis en scène dans la reconstitution d'un intérieur de maison d'époque ; avec encore plus de bijoux et une garde-robe à la Audrey Hepburn !

Disques

☸ **Jazz Record Center** *(plan 1, B2, 565)* : *236 W 26th (entre 7th et 8th Ave)*. Ⓜ *(1) 28 St. Au 8e étage, appart 804. Tlj sauf dim.* Sans doute l'un des meilleurs disquaires de jazz à New York ! Tous ceux qui ont fait pleurer leurs instruments aimeront cet improbable appart-magasin tenu par Fred Cohen, un vrai puits de science. Plus de 30 000 vieux vinyles, mais aussi des CD, DVD, livres, posters… Également des revues spécialisées gratuites pour les dates des concerts new-yorkais.

Enfants

☸ 🏃 **Lego Store** *(plan 1, B-C2, 187)* : *200 5th Ave (et 23rd)*. Ⓜ *(F, 6) 23 St.* Situation de choix pour cet autre *flagship* de la marque, planté pile à la pointe du Flatiron Building, et encastré dans le magasin *Eataly*. Quelques boîtes de construction mettant en scène NY : architecture, super-héros… Voir aussi la maquette du quartier en briquettes. Salle de jeux pour les enfants au fond.

Boutiques spécialisées

☸ **B & H** *(plan 1, B1, 513)* : *420 9th Ave (et 34th)*. ● *bhphotovideo.com* ● Ⓜ *(A, C, E) 34 St-Penn Station. Tlj sauf ven ap-m et sam.* Réputé mondialement, voici le plus grand magasin d'appareils photo, vidéo, audio et informatique de la Big Apple, tenu par des juifs orthodoxes. Un choix dingue, un monde fou, un système de livraison des achats fascinant (levez la tête !) et des prix vraiment intéressants. N'oubliez pas les taxes !

☸ **Chisholm Larsson Gallery – Vintage Posters** *(plan 1, B2, 337)* : *145 8th Ave (entre 17th et 18th)*. ● *chisholm-poster.com* ● Ⓜ *(A, C, E) 14 St.* Installé depuis plus de 35 ans à Chelsea, le francophone Robert Chisholm a rassemblé plus de 60 000 affiches anciennes originales de cinéma (dont 10 % du cinéma français), de propagande (notamment soviétique), de spectacles et autres publicités d'antan.

☸ **Bed, Bath & Beyond** *(plan 1, B2, 529)* : *620 6th Ave (entre 18th et 19th)*. Ⓜ *(F) 14 St.* Dans l'un des *landmarks* architecturaux du quartier, tout pour équiper sa maison. Le rayon cuisine est impressionnant, avec une batterie d'ustensiles et gadgets typiquement américains à rapporter chez soi.

☸ 🏃 **Abracadabra** *(plan 1, B2, 554)* : *19 W 21st St (entre 5th et 6th)*. Ⓜ *(F) 23 St.* Les farces et attrapes version NYC ! Postiches, masques et tatouages, du plus trash au plus kitsch, et une foultitude d'artifices pour effets spéciaux, des déguisements en veux-tu en voilà, plus ou moins de bon goût, et tout plein d'articles pour magiciens en herbe ou patentés. Demandez à l'illusionniste de service qu'il vous montre un de ses trucs et n'oubliez pas de faire vomir Frankenstein à l'entrée ! On ne vous dit pas à Halloween…

À voir

🔫 **The Vessel, The Shed et le nouveau quartier de Hudson Yards** *(plan 1, A1-2)* : *au niveau de 11th Ave et W 30th St.* Ⓜ *(7) 34 St. Vessel accessible tlj 10h-21h. GRATUIT, mais résa tickets conseillée via* ● *hudsonyardsnewyork.com* ● *Sinon, possible de tenter sa chance sur place le jour même, dès 9h30.*
– Le **Vessel** (« vaisseau »), c'est le curieux ovni posé au milieu de ce nouveau quartier futuriste, plutôt un complexe de gratte-ciel ciblé business-luxe, sorti de terre en 2019 à l'extrémité nord de la High Line. Cette sorte de grosse ruche de science-fiction, de 45 m de haut, est composée de quelque 150 passerelles métalliques interconnectées couleur marron cuivré servant de **plates-formes d'observation**. Le jeu consistant uniquement à grimper dessus et déambuler dans ce labyrinthe sans fin pour prendre les photos les plus dingues ! Les vues sur les architectures les plus diverses de la ville et l'Hudson River y sont évidemment ultra-photogéniques et la structure elle-même permet des angles géométriques très originaux.

– **The Shed :** en face du Vessel, sur la même plaza. Signé par le cabinet d'architecture qui avait déjà réalisé la High Line, ce grand « container » totalement modulable (sa toiture-coque est coulissante, montée sur roues géantes !) abrite **salles de spectacles et d'expos** pour des performances variées.

– **Hudson Yards Observation Deck :** au 100e étage de la tour 30 Hudson Yards. Ouverture fin 2019. ● hudsonyardsnewyork.com ● Et de 4 observatoires à Manhattan ! Après l'Empire State Building, le Rockefeller Center et le One WTC, celui-ci, perché à 304 m de hauteur, offre une situation inédite, en surplomb de l'Hudson River. Et surtout une expérience à sensations puisque la passerelle est suspendue au-dessus du vide, avec un plancher de verre sur la pointe de la terrasse !

|●| 🍷 ⊛ Nombreux **restos, fast-foods tendance, food halls, cafés et boutiques** dans la zone commerciale située entre les tours **10** et **30 Hudson Yards** (entre 30 et 34th St et 10th Ave). Pour les boutiques, positionnement luxe assumé ! Par contre, de tout pour la partie alimentation.
Voir aussi le texte consacré à la High Line dans la rubrique « À voir » du chapitre « Greenwich et West Village ».

🐾🐾🐾 ⇐ **The High Line** (plan 1, A1-2-3) : une douzaine d'entrées possibles le long du parcours, de l'angle de Gansevoort et Washington St dans le Meatpacking District, jusqu'à la W 34th St (entre 10th et 11th Ave). ● thehighline.org ● Voir le descriptif dans « Greenwich et West Village ».

🐾🐾 **Le long de l'Hudson River** (plan 1, A2) : c'est certainement l'autre High Line, celle d'en bas ! Poursuite de cet itinéraire commencé à l'extrême pointe sud de Manhattan – via Greenwich, West Village et Meatpacking District – le long duquel s'égrènent des dizaines de piers, en ruine, rénovés, ou aménagés pour les loisirs. Joggeurs, poussettes trendy à trois roues, skaters... tous avec leurs écouteurs vissés dans les oreilles ! Voir notre descriptif dans « Greenwich et West Village ».

🐾 **Chelsea Market** (plan 1, A-B3) : 75 9th Ave (entre 15th et 16th). ● chelseamarket.com ● Ⓜ (A, C, E) 14 St. Lun-sam 7h-2h du mat, dim 8h-22h. Bordée par la **High Line,** ce spacieux bâtiment en brique datant de 1913 abrita naguère la fabrique de gâteaux Nabisco, puis une imprimerie. La reconversion en marché couvert, qui date de la fin des 90's, met en valeur le passé industriel du lieu. On y trouve des dizaines de commerces alimentaires (frais et de qualité) et comptoirs de restauration rapide

L'ART DE L'OREO

Oreo, le biscuit le plus vendu au monde, fut créé en 1912 dans le four de l'usine Nabisco, devenu aujourd'hui le Chelsea Market. Commercialisé pour concurrencer les biscuits anglais, l'Oreo est dégusté par une majorité d'Américains selon un cérémonial précis. On tourne d'abord les 2 biscuits pour les décoller de la partie crémeuse centrale, puis on lèche la crème à la vanille avant de tremper les biscuits dans un verre de lait. Un vrai rite qui se passe d'élégance !

mais gourmet. Pour faire ses courses (les prix sont plutôt corrects), manger un morceau ou simplement visiter les lieux en flânant. En 2018, Google a racheté l'immeuble pour y installer ses bureaux.

🐾🐾 **The Museum at FIT** (Fashion Institute of Technology ; plan 1, B2) : 227 W 27th St (et 7th Ave). ● fitnyc.edu/museum ● Ⓜ (1) 28 St. Tlj sauf dim-lun et j. fériés 12h-20h, sam 10h-17h. GRATUIT. Le **musée de la Mode** possède 50 000 vêtements et accessoires datant du XVIIIe s à nos jours, dont 4 000 paires de chaussures et de très nombreux tissus ; les plus anciens datant du Ve s. Cette importante collection est présentée par roulement à travers de passionnantes expos temporaires et thématiques, souvent plus riches que celles du Costume Institute au Metropolitan Museum. Tous les plus grands couturiers sont représentés (y compris

les créateurs contemporains) : Paul Poiret, Chanel, Balenciaga, YSL, Dior, Cour-
règes, Vivienne Westwood, Manolo Blahnik, Roger Vivier...

🏃🏃 **Rubin Museum of Art** *(plan 1, B2-3) :* *150 W 17th St (entre 6th et 7th).* ● *rubin
museum.org* ● Ⓜ *(A, C, E) 14 St. Tlj sauf mar 11h-17h (21h mer, 22h ven, 18h w-e).
Entrée : 19 $; réduc ; gratuit moins de 12 ans, et pour les ven 18h-22h. Différentes
visites guidées gratuites en anglais (se renseigner).* Avec plus de 2 000 peintures,
sculptures et textiles anciens dans son fonds permanent, ce musée est l'un des
plus grands du monde occidental entièrement consacrés à la culture himalayenne
et au bouddhisme tibétain. Autour d'un élégant escalier en colimaçon, la muséographie met admirablement en valeur les œuvres sur 5 niveaux. À découvrir, la
saisissante reconstitution d'un temple, une foule de statuettes dorées, des mandalas colorés et des meubles délicatement peints... De nombreux artistes contemporains y sont aussi régulièrement exposés, souvent en relation directe avec les
œuvres maîtresses qui les ont inspirés.

🍸 ☕ Agréable *Café Serai* au rez-de-chaussée (accessible même sans visiter le
musée), qui sert d'excellents thés tout au long de la journée et s'anime tous les
vendredis soir pour des soirées DJs et cocktails *(18h-22h).* Également un chouette
gift shop.

🏃 **KGB Espionage Museum** *(plan 1, B2) :* *245 W 14th St (entre 7th Ave et 8th Ave).*
● *kgbespionagemuseum.org* ● Ⓜ *(1, 2, 3, A, C, E, L) 14 St. Tlj 10h-20h. Entrée :
25 $; réduc. Avec visite guidée très intéressante : env 44 $.* Ce nouveau petit
musée constitue un surprenant retour à l'époque de la guerre froide en plein cœur
de Manhattan ! Musique soviétique en fond sonore, vous pourrez découvrir une
riche collection de gadgets utilisés par les services de renseignements bolché-
viques, le tout très bien mis en scène. Ceci dit, pas sûr que se faire prendre en
photo dans ces funestes uniformes soit de très bon goût.

Itinéraires dans Chelsea

🏃 Nous avons découpé cet itinéraire en plusieurs étapes, pour satisfaire tous les
centres d'intérêt. La balade commence le long de 6th Avenue *(Ladie's Mile)* et de
ses grands magasins, puis longe 23rd Street, avec notamment des **édifices cast-
iron et Art déco.** Puis cap sur les **vieilles maisons brownstones** de Chelsea... et
les **galeries d'art** qui ont délogé les entrepôts, entre 10th et 11th Avenues.

6th Avenue – Ladie's Mile

➤ Avant de commencer la balade sur **6th Avenue** *(angle 18th),* on peut recharger ses
batteries chez **The City Bakery** *(3 W 18th St ; plan Itinéraire Chelsea, 234),* nichée
dans un vaste espace très *NY* style qui ne désemplit pas depuis plus de 25 ans !
Leur chocolat chaud est réputé. Puis retour sur **6th Avenue.** Là, à la charnière des
XIXe et XXe s, sa portion située entre 18th et 23rd Street s'appelait le « Ladie's Mile »,
car elle était arpentée par d'élégantes New-Yorkaises en mode shopping dans les
grands magasins de l'époque. En témoignent aujourd'hui les remarquables et massifs bâtiments qui abritent parfois toujours de grandes enseignes.

➤ À l'angle nord-ouest du **625 6th Avenue** *(et 18th),* un bel exemple de *cast-iron
building (plan Itinéraire Chelsea, A),* construit en 1876. Juste en face, au **n° 620 (B),**
édifice plus monumental de 1896 avec d'immenses colonnes de bronze encadrant
l'entrée principale et soutenant de larges voûtes ouvragées et un balcon. Il abrita
la **Siegel-Cooper Company,** un *big store,* une véritable ville dans la ville. Aujour-
d'hui, on y trouve, entre autres, le magasin **Bed, Bath & Beyond** *(plan Itinéraire
Chelsea, 529).*

➤ En remontant, côté droit, entre 19th et 20th Streets, au **n° 650,** voir en passant
l'immeuble **Cammeyer's,** de style italien (fonte et brique rouge), élevé en 1893.

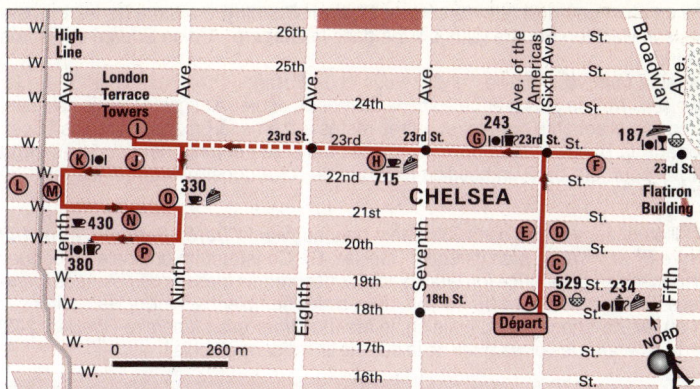

ITINÉRAIRE CHELSEA

NEW YORK

A	625 6th Avenue	**M**	The Guardian Angel Roman Catholic Church
B	620 6th Avenue (Siegel-Cooper Company)	**N**	The General Theological Seminary
C	Canmeyer's	**O**	401 21st Street
D	Church of the Holy Communion et 655 6th Avenue (Hugh O'Neill Store)	**P**	20th Street
E	Cimetière de la première congrégation juive d'Amérique		📷 🍴 🎁 🛍 🍷 🌐 **Où faire une pause ?**
F	32 West 23rd Street (Stern Brothers Department Store)	**187**	Eataly et Lego Store
G	163 West 23rd Street (Traffic Building)	**234**	The City Bakery
H	Chelsea Hotel	**243**	Malibu Diner
I	London Terrace Towers	**330**	Billy's Bakery
J	22nd Street	**380**	Cookshop
K	Empire Diner	**430**	Intelligentsia Coffee
L	Boutique Comme des Garçons	**529**	Bed, Bath & Beyond
		715	Doughnut Plant

➤ De l'autre côté de 20th Street, la **Church of the Holy Communion** (*plan Itinéraire Chelsea, D*), de style *Gothic Revival,* date de 1846. Elle a longtemps abrité une boîte de nuit mythique des eighties-nineties *(Limelight)* avant d'être reconvertie en club de gym ! En face, au **n° 655,** le **Hugh O'Neill Store,** un *cast-iron building* érigé en 1876, qui fut jadis un empire de la machine à coudre ! Son patron, Hugh O'Neill, voulait en faire entrer une dans chaque foyer !

➤ Contournez le bâtiment par 21st Street à gauche pour découvrir une vraie curiosité : coincé entre deux immeubles, un minuscule cimetière ombragé ; l'un des trois **cimetières de la première congrégation juive d'Amérique, d'origines espagnole et portugaise** (*plan Itinéraire Chelsea, E*).

23rd Street

➤ De retour sur 6th Avenue, empruntez 23rd Street sur la droite. Au milieu du bloc (**32 West 23rd Street** ; *plan Itinéraire Chelsea, F*) se dresse le gigantesque et splendide **Stern Brothers Department Store** (voir les initiales « S. B. » entrelacées au-dessus de la porte). Les enfants d'un couple d'immigrants pauvres, les Stern, avaient créé là un petit empire : le plus grand magasin de New York, jusqu'à la construction du *Siegel-Cooper Store*. Abritant aujourd'hui une grande enseigne, l'immeuble montre une superbe façade blanche *cast-iron* ouvragée, avec de fines colonnes. Là, il vous suffit de pousser jusqu'au bout de 23rd Street, pour apercevoir

– si ce n'est pas déjà fait – le célèbre *Flatiron Building* en forme de fer à repasser, sur Madison Square (plus d'infos dans le chapitre « Union Square et Flatiron District »).

Là, si la faim vous tiraille, rendez-vous chez *Eataly (200 5th Ave ; plan Itinéraire Chelsea, 187),* la plus grande épicerie du monde dédiée à la gastronomie italienne, avec ses alléchants *corners* et autres restos à thème, à prix raisonnables ! Et en sortant, la panse bien remplie, emmenez donc vos enfants *next door,* au *Lego Store* pour leur offrir un building iconique de NY à construire en briquettes *(200 5th Ave ; plan Itinéraire Chelsea, 187)...*

➤ Retour sur vos pas dans 23rd Street pour admirer le *Traffic Building,* au *no 163 (entre 6th et 7th Ave ; plan Itinéraire Chelsea, G).* Construction originale en briques disposées en quinconce (on dirait du bois), décorée de frises et de colonnes torsadées. En haut, à la base du fronton, deux aigles semblent surveiller les environs... Et au rez-de-chaussée du building, le *Malibu Diner (plan Itinéraire Chelsea, 243)* sert – 24h/24 – les classiques de la cuisine US et sans chichis !

➤ Traversez 7th Avenue pour observer, à gauche, le mythique *Chelsea Hotel (222 W 23rd St ; plan Itinéraire Chelsea, H),* célébré par Leonard Cohen dans sa chanson éponyme, écrite en l'honneur de Janis Joplin... Ouvert en 1884 en tant que « coopérative d'appartements », il devint hôtel en 1905. Le bâtiment, superbe et extravagant, fut dessiné par le studio Hubert (architecte né en France et inventeur du duplex !). Difficile d'en définir le style ; certains parleront de *Queen Anne,* d'autres de gothique victorien. Mais ce qui est sûr : sa structure est de type

> ## CHELSEA PEOPLE
>
> Le Chelsea Hotel a *toujours eu des hôtes illustres. En 1912, il accueille des rescapés du* Titanic. *On y rencontra aussi* Mark Twain, Sarah Bernhardt, Dylan Thomas, Thomas Wolfe, Nelson Algren *(l'amant de Simone de Beauvoir),* Arthur Miller, William Burroughs *ou encore* Bob Dylan *(chambre no 205...),* Andy Warhol *(qui y tourne son film* Chelsea Girls*),* Patti Smith *et* Robert Mapplethorpe, Milos Forman... *Y a séjourné, enfin, dans la chambre no 100,* Nancy Spungen... *sans doute assassinée par son compagnon* Sid Vicious, *le bassiste des Sex Pistols.*

Florida cast-iron. Le toit est plutôt exubérant et la jolie série de balcons est en acier richement orné...

Malheureusement, cet *hôtel légendaire,* dont les « invités » pourraient remplir un bottin mondain, a vécu ses dernières heures en 2011. Son classement comme patrimoine culturel en 1981 n'a pas suffi à tenir en respect l'ogre de la rentabilité immobilière à outrance. Et tant pis pour l'exception culturelle ! Pendant 50 ans, c'est toute la *bohème artistique de New York* qui le fréquenta assidûment, métamorphosant ce vieux coucou en un lieu de rencontres, de débats, de créations. Un musée vivant en quelque sorte, car les artistes résidents (certains l'ont habité pendant 35 ans !) avaient coutume de laisser quelques œuvres en compensation. C'est la fin d'un mythe, la mort d'une époque où tout était permis... La direction de l'hôtel a changé de main, sa destinée aussi. On parle d'une réouverture imminente... Quelques appartements devraient toujours être loués à des artistes en résidence, comme au bon vieux temps, mais cette refonte totale du *Chelsea Hotel* pourrait bien lui coûter son âme !

➤ Impossible de passer par là sans mentionner une autre référence du quartier, au rez-de-chaussée du *Chelsea Hotel, Doughnut Plant (plan Itinéraire Chelsea, 715),* le temple du *doughnut* de qualité revisité, miam-miam !

Chelsea Historic District

➤ La balade continue sur *23rd Street.* Tout le bloc entre 23rd et 24th Streets et 9th et 10th Avenues est occupé par le *London Terrace Towers (plan Itinéraire*

Chelsea, I), remarquable et imposant immeuble de brique à la façade superbement dessinée. Un vaste « paquebot » construit en 1930, et qui abrite plus de 1 500 logements.

➤ Dans *22nd Street (plan Itinéraire Chelsea, J),* une des belles rues plantées d'érables et de chicots du Canada *(coffeetree),* vous voilà dans le Chelsea Historic District. Les grands édifices laissent maintenant place aux maisons individuelles de différentes hauteurs et teintes (trottoir de gauche). Côté droit de la rue, aux *nos 443-445,* l'œil est attiré par la façade en brique multicolore du *Frederic Fleming House.* Son entrée ouvragée contraste avec la simplicité de la façade.

➤ À l'angle de 10th Ave et 22nd St, le mythique *Empire Diner (plan Itinéraire Chelsea, K),* resto typique tout Inox, taillé comme un wagon de train et surplombé d'un *mural* signé du *street artist* Kobra. C'est là qu'Andy Warhol venait acheter ses sandwichs... En continuant sur 22nd St, juste après le pont de la High Line, repérer la façade toute graffitée et pousser la porte vitrée ogivale. Le tunnel futuriste mène à la boutique de *Comme des Garçons (plan Itinéraire Chelsea, L),* conçue par Rei Kawakubo, la styliste de la marque japonaise. Break possible à quelques pas de là au *Roth Bar,* le café-librairie arty déjanté de la *galerie Hauser & Wirth (548 W 22nd St ; tlj sauf dim-lun).* Revenez ensuite sur vos pas pour descendre 10th Avenue où le *n° 193* abrite *The Guardian Angel Roman Catholic Church (plan Itinéraire Chelsea, M),* édifiée en 1930, dans un style italien romantique assez fantaisiste. Amusez-vous à détailler la façade, ses sculptures fines présentant une galerie complète de personnages ailés ou non...

➤ Engagez-vous alors à gauche dans *21st Street :* longue rangée de belles maisons. Tout le bloc entre 20th et 21st Street est occupé depuis 1825 par *The General Theological Seminary (plan Itinéraire Chelsea, N).* En cas de fatigue, pause récupératrice dans son paisible jardin *(entrée au 440 21st St ; lun-ven 10h-17h30).* Sa *Christoph Keller Jr Library* est la plus riche bibliothèque ecclésiastique du pays... Jetez aussi un coup d'œil à la *chapel of the Good Sheperd,* et particulièrement à ses imposantes portes en bronze et son retable en marbre ciselé en niches à statues.

➤ Au *n° 401* (angle 9th Ave ; *plan Itinéraire Chelsea, O)* se dresse la *deuxième plus vieille maison* (1832) du Chelsea Historic District, construite en *Federal Style,* reconnaissable à sa corniche simple sur façade sobre, ses lucarnes de toit, et sa porte d'entrée de côté...
Les gourmands traverseront alors 9th Avenue pour déguster cupcakes et gâteaux américains dans le cadre rétro de la *Billy's Bakery (184 9th Ave ; plan Itinéraire Chelsea, 330).*

➤ Dans *20th Street (plan Itinéraire Chelsea, P),* au *n° 404, la plus vieille maison* du Chelsea Historic District, construite en brique en 1830. Toute simple et de style *Federal* ; l'encadrement de sa porte fut plus tardivement remanié à la sauce *Greek Revival...* Du *n° 406* au *n° 418,* une rangée de maisons *Greek Revival* (1839-1840), considérées comme le plus bel ensemble de ce style aux États-Unis. Deux élégantes rampes en fonte – surmontées chacune d'un ananas – ornent l'escalier du *n° 416,* comme un symbole de bienvenue. Rares aussi sont les petites fenêtres de grenier encadrées par des couronnes sculptées dans le bois et non pas en béton, comme on pourrait le croire. Ce petit bout de rue d'une grande harmonie apparaît souvent au cinéma ou dans les séries TV...
Les fans de Kerouac iront voir le petit immeuble en brique du *454 West 20th Street* (et 10th Avenue), où il vécut en 1951 et écrivit une grande partie de son livre mythique *On the road...* Pour clore cette balade, on vous propose un café dans le jardin d'un ancien séminaire néogothique *so British,* à l'*Intelligentsia Coffee (dans le High Line Hotel, 180 10th Ave ; plan Itinéraire Chelsea, 430).* Et si vous êtes en

appétit, allez donc casser une graine chez **Cookshop** *(156 10th Ave ; plan Itinéraire Chelsea, 380),* un resto dans l'air du temps, qui revisite la cuisine américaine avec les ingrédients des fermes du coin.

Galleries District *(plan 1, A2)*

À l'ouest de 10th Avenue, entre 20th et 25th Streets, s'étend la dernière « frontière » de Chelsea : dans les années 1990, suivant le mouvement initié par le *Dia Center for the Arts,* les galeries d'art ont investi cette zone de garages et d'entrepôts au bord de l'eau. On en dénombre aujourd'hui environ 250, sans compter les ateliers qui ne se visitent pas, comme ceux de **Jeff Koons...** La plupart se cachent dans les immeubles, ce qui fait que – malgré leur nombre – elles ne s'offrent pas au premier regard. Vous serez sans doute surpris par le cadre et l'espace dont disposent certaines, de quoi faire rêver même les plus grands musées français ! Installé dans le quartier, **Larry Gagosian,** qui possède une douzaine de galeries éponymes, est sans doute le marchand le plus puissant de la planète... Voici donc une courte sélection des galeries les plus influentes sur le marché de l'art mondial ; à voir autant pour la beauté de leur espace que pour les œuvres exposées : **Paula Cooper Gallery** *(524 W 26th St),* **Gagosian Gallery** *(522 W 21st St et 555 W 24th St),* **Gladstone Gallery** *(530 W 21st St),* **Matthew Marks Gallery** *(523 W 24th St),* **Dia:Chelsea** *(535, 541 et 545 W 22nd St),* **Pace Gallery** *(537 W 24th St),* **Luhring Augustine Gallery** *(531 W 24th St)* et **Metro Pictures** *(519 W 24th St).* Pour éviter de vous casser le nez, sachez que les galeries sont généralement fermées le dimanche et le lundi. La balade est particulièrement agréable vers le milieu d'après-midi et avec un temps clément, mais sans intérêt le soir car tout est fermé, à moins de tomber sur le dernier vernissage (et le « défilé de mode » qui s'ensuit dans la rue !), ces derniers ayant souvent lieu le jeudi à partir de 18h.
Autre particularité du *Galleries District* : il est traversé par la **High Line,** cette coulée verte aménagée sur une ancienne voie de chemin de fer suspendue (voir « Greenwich et West Village »). Au coucher du soleil, les reflets des rayons sur ces structures métalliques créent un bel effet visuel.

➤ Si, après la visite des galeries, vous en redemandez encore et que vous disposez d'un peu de temps, sautez dans un train pour vous rendre, en 1h30, au nord de New York dans ce *musée d'exception dédié à l'art contemporain* :

🏴🏴🏴 🏃 *Dia:Beacon :* 3 Beekman St, à **Beacon.** ● diaart.org ● *Depuis la gare Grand Central Terminal, prendre la Metro-North Railroad – direction Poughkeepsie – jusqu'à « Beacon Station » ; puis 5 mn à pied (panneaux). Train ttes les heures pdt les heures d'ouverture du musée. Billet combiné train-musée (env 40 $; réduc) ; infos :* ● web.mta.info/mnr/html/getaways/outbound_diabeacon.htm ● *Horaires du musée : avr-oct, tlj sauf mar-mer 11h-18h ; en hiver, ven-lun 11h-16h (plus jeu nov-déc). Entrée : 15 $; réduc ; gratuit moins de 12 ans.* Fondée en 1974, la Dia Art Foundation possède *l'une des plus importantes collections d'art contemporain* (des années 1960 à aujourd'hui) des États-Unis, et continue à soutenir et à mettre en place des projets d'envergure, dont la qualité est reconnue au niveau international. Rien que le lieu est exceptionnel : une usine de papeterie datant de 1929, plantée sur les bords de l'Hudson River. Le site s'étend sur plus de 2 ha, et les volumes monumentaux permettent d'accueillir des œuvres aux dimensions impressionnantes ! Bref, *un lieu véritablement mis au service de l'art et des artistes.* Quelques temps forts de la visite, histoire de vous mettre en bouche : l'art mathématique et géométrique de Sol LeWitt, les installations lumineuses de Dan Flavin, le sol infini de Walter de Maria, la galerie des « cratères » de Richard Serra, l'araignée géante de Louise Bourgeois... À noter que la vallée de l'Hudson, destination de week-end prisée des New-Yorkais, est d'une grande richesse artistique et culturelle. Près de Dia:Beacon, mais sur l'autre rive de l'Hudson, *Storm King Art Center* est un must aussi : même esprit mais les sculptures monumentales sont en plein air, dans un parc immense, splendide à l'automne. ● stormking.org ●

UNION SQUARE, FLATIRON DISTRICT ET NOMAD

● Pour se repérer, voir le plan détachable 1 en fin de guide.

Quartier situé à l'est de Broadway, 5th Avenue, entre 14th et 42nd Street. Union Square marque la limite entre le sud de Manhattan (avec son tracé de rues pas toujours rectiligne) et le nord de l'île, quadrillée en damier. Cette place immense, bordée par de remarquables buildings anciens, est le cœur battant du quartier et un point de rendez-vous incontournable chez les New-Yorkais. De nombreuses manifestations publiques ont aussi lieu ici, une tradition contestataire qui remonte au XIXe s. Mais ce qui attire le plus les foules, c'est le fabuleux

UNE USINE À VIP

La célèbre Factory *d'Andy Warhol était située, de 1968 à 1973, au 33 Union Square West (il s'agit de sa seconde Factory : la première, mythique, se trouvait sur 47th Street, aujourd'hui un parking). Au 6e étage de ce studio-galerie-club, le pape du pop art produisait à la chaîne ses sérigraphies et recevait toute la jet-set. C'était la boîte de nuit idéale puisqu'on pouvait y danser aussi bien avec Mick Jagger ou David Bowie que le clochard du coin ! Warhol fut victime d'une tentative d'assassinat dans le hall de cet immeuble, perpétrée par Valerie Solanas, une activiste.*

marché fermier *(greenmarket)* qui se tient ici 4 jours par semaine et réunit une grosse centaine de producteurs de la région. Trois autres petits parcs donnent à ce secteur résidentiel un côté british : Gramercy Park, Madison Square et Stuyvesant Square. Un aspect noble et propret qui s'explique par l'histoire paisible de ces rues, habitées par de grandes familles bourgeoises. En revanche, beaucoup d'agitation aux alentours de Broadway et de 32nd à 34th Street...

Où dormir ?

Bon marché

🏠 **Hotel 31** *(plan 1, C2, 39) :* 120 E 31st St *(entre Park et Lexington Ave).* ☎ 212-685-3060. ● hotel31. com ● Ⓜ (6) 33 St. *Doubles avec sdb partagée 100-150 $, avec sdb privée 130-250 $.* Au-delà de l'imposant porche à colonnes, on découvre un hôtel de 60 chambres sans histoire, très correct, rénové récemment en mode *old style* (on aime ou pas). Chambres nickel, avec salle de bains privée pour les plus chères. Celles avec sanitaires communs ont un prix vraiment raisonnable pour Manhattan. Pas de parties communes, hormis la toute petite réception. Un bon rapport qualité-prix-situation.

🏠 **Americana Inn** *(plan 1, B1, 37) :* 69 W 38th St *(entre 5th et 6th Ave).* ☎ 212-840-6700. ● theamerica nainn.com ● Ⓜ *(N, Q, R, W) Times Sq-42 St. Réception à l'étage. Doubles 100-200 $.* À deux pas de l'Empire State Building, un petit *budget hotel* simple et bien tenu, lumineux, d'un bon rapport qualité-prix, surtout en basse saison. Chambres impeccables avec lavabo, 5 salles de bains communes par palier, irréprochablement propres, et même une kitchenette par étage avec frigo et micro-ondes. En revanche, assez bruyant côté rue (fréquent à NYC). Bon accueil.

🏠 **Carlton Arms Hotel** *(plan 1, C2, 42) :* 160 E 25th St *(entre Lexington et*

3rd Ave). ☎ *212-684-8337 ou 212-679-0680.* ● *carltonarms.com* ● Ⓜ *(6) 23 St. Résa indispensable longtemps à l'avance en saison. Doubles avec sdb partagée 80-130 $, avec sdb privée 90-160 $.* Hôtel indescriptible, décoré du sol au plafond par des artistes différents depuis les années 1980 (fresques, mosaïques, détails décalés...). C'est bien simple, il n'y a pas un seul centimètre carré de libre, même dans les chambres ! Toutes sont assez basiques niveau confort : pas de TV, literie neuve mais *cheap*, salles de bains simples et communes pour la moitié d'entre elles. Pas de ménage pendant le séjour, en revanche serviettes et draps changés sur demande. Une atmosphère unique (on adore !), mais à réserver à nos lecteurs routards vrais de vrais, aux graffeurs et branchés *street art*.

🏠 *American Dream Hostel (plan 1, C2, 46) : 168 E 24th St (entre Lexington et 3rd Ave).* ☎ *212-260-9779.* ● *americandreamhostel.com* ● Ⓜ *(6) 23 St. Singles 95-110 $; doubles 150-170 $; petit déj compris.* Une petite AJ sans grande animation, proposant de petites chambres basiques (*single*, double et triple), avec lits superposés et lavabo. Salle de bains nickel à chaque étage, cuisine commune impec aussi, minisalon. L'ensemble a été rénové dans un style actuel assez sympa, mais le prix reste un peu surévalué.

De prix moyens à plus chic

🏠 |●| 🍽 ↑ *Pod 39 (plan 1, C1, 61) : 145 E 39th St (entre Lexington et 3rd Ave).* ☎ *212-865-5700.* ● *the podhotel.com* ● Ⓜ *(S, 4, 5, 6, 7) Grand Central-42 St. Doubles 100-300 $; formule petit déj pas chère.* *Pod* fut le pionnier du concept d'hôtel-capsule urbain branché au bon rapport qualité-ambiance-prix. Les chambres-cabines, minuscules mais ultra-fonctionnelles, sont assez confortables, avec une touche design bienvenue. Le w-c/douche dans la chambre manque toutefois un peu d'intimité. Plusieurs types :

single, queen ou lits superposés (*bunk*). Attention, certaines ont des fenêtres aveugles. Aux beaux jours, un *rooftop* d'anthologie au 17e étage, avec vue sur l'Empire State Building et le Chrysler (voir « Où boire un verre ? »).

🏠 ↑ *Arlo Hotel NoMad (plan 1, C2, 52) : 11 E 31st St (entre Madison et 5th Ave).* ☎ *212-806-7000.* ● *arlo hotels.com* ● Ⓜ *(R, W) 28 St ou (6) 33 St. Doubles 125-300 $.* Encore un hôtel-capsule, abritant 250 microchambres doubles aux airs de cabines de bateau, ergonomiques et stylées. Même taille pour toutes, seule la vue diffère, les plus chères bénéficiant de panoramas exceptionnels (le building compte 31 étages), comme si le lit était suspendu dans le ciel ! Autres points forts de l'hôtel : sa situation hyper centrale et ses parties communes conviviales, à l'image de ce *rooftop bar* au dernier étage, avec vue à 360° sur une forêt de buildings emblématiques.

🏠 *The Evelyn Hotel (plan 1, C2, 714) : 233 5th Ave (et 27th St).* ☎ *855-468-3501.* ● *theevelyn.com* ● Ⓜ *(N, R, 6) 28 St. Doubles 125-400 $.* Un nouveau boutique-hôtel impeccablement situé, dont le style Art déco revu au goût du jour nous a bien plu. Pas très grandes, les chambres sont néanmoins élégantes et chaleureuses. Très beau lobby dominé par une verrière et *coffee shop* bien pratique pour une collation ou le café-viennoiseries du matin.

🏠 *Lex Boutique Hotel (plan 1, C2, 36) : 67 Lexington Ave (entre 25th et 26th).* ☎ *646-439-7901.* ● *lexhotelnyc. com* ● Ⓜ *(6) 28 St. Doubles 120-250 $, petit déj compris.* Un hôtel idéalement placé, à deux pas du Flatiron Building. Chambres assez grandes pour New York, bien tenues, à la déco sobre et de bon goût. Personnel très accueillant, qui n'hésitera pas à vous conseiller de bonnes adresses dans le quartier, et bon rapport confort-prix. Petite terrasse sur le toit pour faire une pause avec vue sur le Chrysler Building.

🏠 *Life Hotel (NoMad ; plan 1, B-C1-2, 43) : 19 W 31st St (entre Broadway et 5th Ave).* ☎ *212-615-9900.* ● *lifehotel.*

com ● **Ⓜ** *(D, F, N, Q, R) 34 St. Doubles 150-350 $.* Immeuble en pierre et brique à la façade élégante (1893), où étaient situés les locaux de *Life Maga-zine*, et qui a gardé son entrée aristo-cratique. Récemment rénové de fond en comble, l'hôtel rend hommage à cette époque sur un air contemporain-vintage du meilleur effet. Dans les chambres, lits en fer forgé, parquet et boiseries d'un blanc immaculé sont mis en valeur par des luminaires design. Magnifiques salles de bains rétro, avec mosaïques, marbre et robinets cuivrés. Pour compléter, élé-gant resto dans le lobby *(Henry)* et speakeasy planqué au bas d'un esca-lier *(Gibson + Luce)*, où l'on sirote de fameux cocktails.

▲ *Best Western Premier Herald Square (plan 1, B-C1, 41) : 50 W 36ᵗʰ St (entre 5ᵗʰ et 6ᵗʰ Ave).* ☎ *212-776-1024.* ● *bestwesternnewyork.com* ● **Ⓜ** *(D, F, N, Q, R) 34 St. Doubles 100-300 $, petit déj-buffet inclus.* Un hôtel de chaîne, oui, mais d'un très bon rap-port qualité-situation-prix (surtout en basse et moyenne saison). D'abord, l'architecture toute vitrée sur rue livre des vues urbaines extra, surtout à par-tir du 13ᵉ étage. L'arrière donne direc-tement sur l'Empire State Building voisin, mais sans les grandes baies vitrées. On salue aussi la déco actuelle des chambres, les plus belles étant les 4 *king executive* aux 16ᵉ et 17ᵉ étages (à peine plus chères). Bar avec ter-rasse sur l'arrière. Dommage, la salle du petit déj (en sous-sol) est un peu déprimante.

▲ *Holiday Inn Express Times Square South (plan 1, B1, 45) : 60 W 36ᵗʰ St (entre 5ᵗʰ et 6ᵗʰ Ave).* ☎ *212-897-3388.* ● *ihg.com/holidayin nexpress* ● **Ⓜ** *(D, F, N, Q, R) 34 St. Doubles 120-300 $, petit déj-buffet inclus.* Là encore, le gros atout de cet hôtel de chaîne impeccablement situé, ce sont les vues, côté rue comme côté cour, où l'on se retrouve quasi nez à nez avec l'Empire State Building ! Du 14ᵉ au 19ᵉ étage, c'est même très impressionnant. Sinon, aménagement fonctionnel, standar-disé mais moderne, douche tropicale dans les salles de bains (petites mais coquettes).

De très chic à très, très chic

▲ *Freehand (plan 1, C2, 85) : 23 Lexington Ave (entre 23ᵗʰ et 24ᵗʰ St).* ☎ *212-475-1920.* ● *freehandhotels. com/new-york* ● **Ⓜ** *(4, 6) 23 St. Doubles 200-350 $; quadruple en lits superposés env 340 $.* Après Miami, Chicago et L.A., le groupe *Freehand* a investi cet immeuble de brique colos-sal, construit en 1925. Dès le lobby, la chaleureuse déco invite les hôtes à intégrer la « communauté artistique » qui gravite ici. Le grand salon du 1ᵉʳ étage, avec tapis chinés, fauteuils modernistes et cascades de plantes, évoque la Californie des 1950's. Même esprit cosy dans les chambres (décli-nées en 9 types), avec un style vintage et actuel, dominé par le bois. 2 restos : *Studio* (plats fusion méditerranéens abordables, voir « Où manger ? ») et *Simon & The Whale* (plus gourmet) ainsi qu'une cantoche saine et pas chère au rez-de-chaussée *(Smile to Go)*. Un pas-sage au *George Washington Bar* ou au *Broken Shaker,* installé sur le toit, per-met de visiter l'hôtel et de goûter à son atmosphère pour le prix d'un cocktail (voir plus loin « Où boire un verre ? »).

▲ *Ace Hotel (plan 1, B-C2, 84) : 20 W 29ᵗʰ St (et Broadway).* ☎ *212-679-2222.* ● *acehotel.com/newyork* ● **Ⓜ** *(N, Q, R, W) 28 St. Doubles et suites 200-600 $.* L'hôtel urbain et branché par excellence, toujours dans le coup. D'emblée, le vaste lobby où pianotent dans la pénombre des dizaines de geeks, à la lueur de lampes antiques, donne le ton : tout, de la clientèle hipster à la déco mêlant moderne et vintage, est hyper pointu. Quant aux chambres, accessibles par des cou-loirs aux lignes industrielles, elles se partagent entre 7 catégories différen-tes : de la double avec lits superposés façon dortoir chic aux suites. Dans tous les cas, c'est très tendance, un poil déjanté, mais pas toujours très fonc-tionnel (rien pour ranger ses affaires). Sur place, un excellent *coffee shop (Stumptown Coffee Roasters),* un bon gastro-pub *(The Breslin),* un *oyster bar* et une sandwicherie de bagels *(Black Seed Bagels).*

NEW YORK

NEW YORK (texte latéral vertical)

▲ *The NoMad Hotel* (plan 1, B-C2, **79**) : *1170 Broadway (et 28th).* ☎ *212-796-1500.* ● *thenomadhotel.com* ● Ⓜ *(N, R) 28 St. Doubles standard env 300-600 $.* Ce superbe immeuble de style Beaux-Arts, à l'esthétique néo-classique baroque, était l'écrin rêvé pour le décorateur Jacques Garcia, fan du style cocotte. Le lobby, tout en noir et vieil or, est à l'image du reste : un summum de raffinement. Dans les chambres, c'est la grande classe à l'ancienne, mais avec tout le confort moderne. Tête de lit en cuir frappé, parquet en érable, tapis ancien, tableaux, gravures... Un paravent damassé cache timidement une baignoire sur pieds (il y a aussi une douche à l'italienne bien cloisonnée !). Les plus petites (32 m^2 quand même) ont des vues moins dégagées, mais restent lumineuses. Au rez-de-chaussée, magnifique resto installé sous une verrière, *The Atrium,* où il fait bon déjeuner. 2 bars complètent la longue liste des *amenities* : *The Library,* dans un salon-bibliothèque et le *NoMad Bar,* envahi par une foule chic et bruyante.

▲ *The William* (plan 1, C1, **48**) : *24 E 39th St (et Madison Ave).* ☎ *646-922-8600.* ● *thewilliamnyc.com* ● Ⓜ *(S, 4, 5, 6, 7) Grand Central-42 St. Doubles 250-350 $.* Dans 2 *brownstones* reliées entre elles, un boutique-hôtel à la fois intime (une trentaine de chambres, rare à New York) et personnalisé. De leur passé de club universitaire, les parties communes ont conservé une ambiance british ultra-cosy et tamisée, avec boiseries, canapés Chesterfield et cheminée en marbre. Contraste total dans les chambres colorées très 70's, pop et high-tech ! Toutes différentes, certaines avec cuisine et terrasse, même les *standard* sont top, avec literie dernier cri et superbes salles de bains. Au sous-sol, un pub à l'ancienne qui fait resto, *The Shakespeare.*

▲ *The Roger* (plan 1, C2, **47**) : *131 Madison Ave (angle 31st).* ☎ *212-448-7000.* ● *therogernewyork.com* ● Ⓜ *(6) 28 St. Doubles standard 160-500 $, petit déj inclus.* Dans un building ancien en pierre et brique, un boutique-hôtel au style cosy-feutré

chic et harmonieux, certes moins looké que les précédents mais moins intimidant aussi. Canapés Chesterfield en velours bleu-gris, murs de brique blanchie, bar en cuir capitonné, plancher clair et luminaires design. Quelques portraits en noir et blanc de rock stars. Voilà pour le lobby. Vous serez séduit par l'atmosphère chaleureuse et décontractée, que l'on retrouve aussi dans les belles chambres tout confort, à la déco sobre et raffinée du même acabit. Certaines (plus chères *of course*) ont même de petites terrasses privées ! En mezzanine du lobby, un café-resto sert une sélection de produits gourmets made in NY (viennoiseries de *Balthazar,* etc.).

Spécial folie

▲ *Gramercy Park Hotel* (plan 1, C2, **97**) : *2 Lexington Ave (et Gramercy Park).* ☎ *212-920-3300 ou 866-784-1300 (résas).* ● *gramercyparkhotel.com* ● Ⓜ *(6) 23 St. Doubles 400-1 000 $!* Ouvert en 1925, le mythique *Gramercy Park Hotel* accueillit 80 ans durant de nombreux et prestigieux artistes et écrivains (Humphrey Bogart y a même fêté son mariage). Métamorphosé dans les années 2000 par le peintre et cinéaste Julian Schnabel, il demeure un des hôtels les plus spectaculaires de New York. Les tarifs des chambres atteignent d'ailleurs des sommets ! Pour le prix, les clients ont quand même le privilège d'avoir la clé du jardin privé devant l'hôtel, accessible seulement aux résidents du quartier...

Entrez au moins dans l'hôtel pour voir l'impressionnant lobby à colonnes, avec lustres de Venise, lourdes tentures de velours rouge, cheminées italiennes et fauteuils Renaissance, qui donne un bon aperçu du reste. Un goût hétéroclite, qui évoque Hearst Castle, en Californie. Mais le clou reste l'extraordinaire collection d'œuvres d'art moderne qui, par roulement, décore les lieux : on y a croisé Basquiat, David LaChapelle, Damien Hirst et même Andy Warhol...

Où manger ?

Spécial petit déjeuner et brunch

☛ Voir plus loin **Daily Provisions, Whole Foods Market, 2ⁿᵈ Avenue Deli, Irving Farm Coffee Roasters** et enfin **ABC Kitchen** et **230 Fifth** pour leur brunch du week-end.

Sur le pouce, de très bon marché à bon marché

≋ ↑ **Shake Shack** (plan 1, C2, **203**) : *au milieu de Madison Square Park (et 23ʳᵈ).* Ⓜ *(N, R) 23 St. Burgers-frites env 8-12 $.* Au milieu des arbres, c'est le petit kiosque d'où s'étire une longue, longue file d'attente... Cela ne décourage pas pour autant les New-Yorkais ni les touristes, qui patientent sagement pour commander burgers, hot-dogs et *shakes* de fast-food mais « signés » par le l'entrepreneur-restaurateur Danny Meyer. Extra en été (pas de salle abritée, mais tables et chaises dans le jardin avec lampes chauffantes en hiver). D'autres succursales à Manhattan et ailleurs, mais c'est ici que tout a commencé.

≋ |●| ☛ **Daily Provisions** (plan 1, C2, **204**) : *103 E 19ᵗʰ St (et Park Ave S).* Ⓜ *(6) 23 St. Tlj 7h (8h w-e)-21h. Sandwichs 10-14 $. Cash refusé, CB seulement.* Créée par le fondateur de *Shake Shack* et du *Union Square Café* voisin, cette petite boulangerie-sandwicherie gourmet tient toutes ses promesses. À base d'excellents produits (le pain, notamment), les sandwichs sont juste fameux. Même celui au brocoli, c'est vous dire ! Aussi une délicieuse et copieuse *kale salad*, du bon café, un chocolat chaud-crème fouettée-chamallows *amazing*, des pâtisseries et encore des glaces de chez *Salt & Straw* à Portland. Les seuls bémols au final : l'attente, donc venir avant midi ou après 14h30, et très peu de place pour se poser.

|●| **Sons of Thunder** (plan 1, C1, **148**) : *204 38ᵗʰ St (entre 2ⁿᵈ et 3ʳᵈ Ave).* Ⓜ *(4, 5, 6, 7) Grand Central. Lun-sam 11h30-21h. Poke bowls 10-14 $.* Petite cafét de charme, située non loin du Chrysler Building, qui sert d'excellents *poke bowls* (bol de riz et poisson à la mode hawaïenne) pour un prix ultra-raisonnable. On choisit parmi les différents riz et poissons, et on y ajoute les *toppings* de son choix (qui font monter l'addition). On mange ainsi sainement, bien installé dans l'agréable salle éclairée par une verrière. Une option idéale pour manger vite et bien.

|●| ⊛ **Union Square Greenmarket** (plan 1, C3) : *sur Union Sq, côté 17ᵗʰ St et Union Sq W.* Ⓜ *(L, N, Q, R, W, 4, 5, 6) Union Sq. Lun, mer et ven-sam 8h-18h.* Lire plus loin, dans la rubrique « Shopping », le descriptif de ce marché fermier historique.

De bon marché à prix moyens

|●| ☛ **Whole Foods Market** (plan 1, C3, **511**) : *4 Union Sq S (angle Broadway).* Ⓜ *(L, N, Q, R, 4, 5, 6) Union Sq. Tlj 7h-23h.* Cette chaîne de supermarchés bio, qui a largement contribué au succès de la vague *organic* aux USA, propose un superbe buffet de crudités, soupes, plats chauds souvent originaux (végétariens, latinos, asiatiques, indiens...), desserts, etc. Bien aussi pour un petit déj (bons bagels, scones, etc.) à emporter ou à déguster à l'étage dans une grande salle avec vue panoramique sur Union Square et l'Empire State Building en arrière-plan. C'est logiquement un des plus fréquentés...

|●| **Mandoo Bar** (plan 1, C1-2, **285**) : *2 W 32ⁿᵈ St (et 5ᵗʰ Ave).* Ⓜ *(D, F, N, Q, R) 34 St-Herald Sq. Plats 11-17 $.* Dans la rue des restos coréens, voici une petite cantine zen tout en longueur, spécialisée dans les *dumplings* (ou *gyoza*), préparés en devanture avec une fascinante dextérité. Nos préférés : les frits (ou bouillis) au porc et légumes. Aussi des plats de riz ou de nouilles copieux et appétissants, les *bibimbob* notamment.

Prix moyens

I●I *Tacombi* (plan 1, B-C1, **419**) : 23 W 33rd St (entre 5th Ave et Broadway). Ⓜ (1, 2, 3) 34 St ou (6) 33 St. Tacos et quesadillas 4-8 $, repas env 20 $. Inspirée des *taquerias* mexicaines, l'enseigne *Tacombi* née à NoLiTa (voir descriptif dans ce quartier) n'en finit pas de faire des rejetons. Il faut dire que le concept est festif, les assiettes sont colorées, les jus gorgés de soleil et les cocktails à base de mezcal et tequila passent tout seuls. Notons que celui-ci est idéalement situé au rez-de-chaussée de l'Empire State Building, avec un bon paquet de places assises en plus !

I●I 🕭 *2nd Avenue Deli* (plan 1, C1, **420**) : 162 E 33rd St (entre Lexington et 3rd Ave). ☎ 212-689-9000. Ⓜ (6) 33 St. Tlj 7h-23h. Plats 15-32 $. Malgré ses tarifs prohibitifs, le *2nd Avenue Deli* est un monument de la cuisine juive d'Europe de l'Est. Carte vraiment exhaustive. Les sandwichs (au pastrami chaud notamment) sont énormes et goûteux. Le *Instant Heart Attack* (« mort subite ») est un pur plaisir calorique où le pain est remplacé par 2 galettes de pommes de terre genre *rösti* allemand. Mais il serait dommage de passer à côté des poissons fumés, des *knishes* (croquettes aux pommes de terre, aux épinards, à la viande) ou des *blintzes* et des *pierogen* polonais.

I●I *Jongro BBQ* (plan 1, B1-2, **421**) : à l'étage du 22 W 32nd St (entre Broadway et 5th Ave) ; dans le hall de l'immeuble, prendre l'ascenseur jusqu'au 2nd Floor. ☎ 212-473-2233. Ⓜ (D, F, N, Q, R) 34 St-Herald Sq. Plats lunch 10-15 $. BBQ 26-60 $. En plein dans Koreatown, à deux pas de l'Empire State Building, ce temple du barbecue coréen recrée l'atmosphère d'un village traditionnel, version XXIe s (K-pop à tue-tête !). Toutes les tables sont équipées d'une plaque chauffante, avec hotte aspirante, donc pas d'odeur de cuisson. Formules déjeuner compétitives mais tout le monde vient pour le barbecue, assez cher mais tellement convivial. Végétariens bienvenus !

I●I 🍷 *Pete's Tavern* (plan 1, C2, **414**) : 129 E 18th St (et Irving Pl). ☎ 212-473-7676. Ⓜ (L, N, Q, R, 4, 5, 6) Union Sq. Tlj 11h-2h30. Plats lunch 8-12 $, le soir burger env 15 $ et plats 20-25 $. Une institution que cette chaleureuse taverne ancestrale au décor typiquement américain (voir plus loin « Où boire un verre ? »). La cuisine y est honnête, sans plus, mais difficile de se tromper avec les burgers. Le midi, le rapport qualité-ambiance-prix est vraiment satisfaisant, surtout en étant aussi confortablement installé. Idéal en famille.
– Sans oublier *le fameux burger de Keens Steakhouse,* voir plus loin « Très, très chic ».

De plus chic à très chic

I●I 🕭 🍷 *Studio* (plan 1, C2, **85**) : à l'étage de l'hôtel Freehand, 23 Lexington Ave (entre 23rd et 24th St). ☎ 212-475-1920. Ⓜ (4, 6) 23 St. Ouv du mat au soir. Plats 18-25 $. C'est le resto branché de l'hôtel *Freehand* (voir « Où dormir ? »), un groupe qui a le chic pour transformer des buildings historiques en des lieux ultra-*trendy* avec une déco dernier cri et chaleureuse en même temps. On y sert une cuisine *modern American* tendance fusion méditerranéenne, pas très copieuse (les frites pour accompagner l'excellent burger sont à prendre en plus) mais bien représentative de la scène culinaire d'aujourd'hui. Fond sonore présent, comme souvent. Très agréable aussi pour y boire un thé dans l'après-midi, lové dans les fauteuils du salon en enfilade, dans la profusion de plantes vertes.

I●I ♪ *Blue Smoke* (plan 1, C2, **244**) : 116 E 27th St (entre Park et Lexington Ave). ☎ 212-447-7733. Ⓜ (6) 28 St. Plats 16-35 $. On ne présente plus ce temple du BBQ attenant à un club de jazz réputé, le *Jazz Standard* (voir plus loin). Dans l'assiette : d'excellentes et copieuses pièces de viande et volaille grillées au barbecue avec toutes sortes de bois parfumés (du pommier notamment). Parmi le choix de *ribs* (accompagnements à prendre en plus), on conseille les *Texas Salt & Pepper,* fondants et sans excès de sauce. Savoureux *brisket* (poitrine de bœuf) aussi, et puis des sandwichs et burgers moins chers, le tout servi dans une salle de brasserie spacieuse et moderne, toute de brique et de bois. Atmosphère décontractée et super fond musical.

I●I ☛ *ABC Kitchen (plan 1, C2, 188) : 35 E 18th St (et Broadway). Autre accès via le magasin de déco ABC Home sur Broadway.* ☎ 212-475-5829. Ⓜ *(L, N, Q, R, 4, 5, 6) Union Sq. Résa vivement conseillée (min 1h de queue sinon). Plats 25-40 $ (pâtes et pizzas 17-30 $) ; lunch menu env 40 $.* Une des nombreuses tables de Jean-Georges Vongerichten, chef étoilé d'origine alsacienne à la tête d'une quarantaine de restos dans le monde ! Celui-ci présente le meilleur de la nouvelle cuisine américaine locavore et *organic,* dans un décor indescriptible de toute beauté, revisitant le thème de la nature. Clientèle chic et mode, en accord avec le lieu. À un bloc vers le nord (38 East 19th Street), *ABC Cocina* et *ABCV* déclinent le même concept en version fusion et végane.

I●I *Hangawi (plan 1, C1-2, 242) : 12 E 32nd St (entre 5th et Madison Ave).* ☎ 212-213-0077. Ⓜ *(6) 33 St. Le midi en sem, menu env 25 $ (4 miniplats) ; le soir, menu 65 $ (2 pers min) ou plats 20-30 $.* Une véritable expérience. Toute boisée, la salle élégante et zen est surélevée pour permettre aux tables, situées à peine au-dessus du niveau du plancher, de dissimuler un espace pour les jambes. On a par conséquent l'impression de manger par terre (il y a tout de même des coussins). Effet visuel garanti, d'autant que les serveurs sont en costume traditionnel et les convives en chaussettes

(on se déchausse obligatoirement !). Et la cuisine ? Coréenne, végétarienne, sans gluten, elle se révèle à la hauteur du cadre : sophistiquée, savoureuse et servie avec art. Le végétarien préféré de Nicole Kidman !

Très, très chic

I●I *Keens Steakhouse (plan 1, B1, 237) : 72 W 36th St (et 6th Ave).* ☎ 212-947-3636. Ⓜ *(D, F, N, Q, R) 34 St-Herald Sq. Lun-ven 12h-22h30, sam 17h-22h30, dim 17h-21h30. Steaks 26-41 $ le midi, 44-60 $ le soir ; burger 20 $.* Si vous voulez vous taper un vrai steak à l'américaine, un excellent burger ou des huîtres Rockefeller dans un décor *old New York,* très *Mad Men,* c'est ici qu'il faut casser le petit cochon. Tout y est : la qualité de la viande, « rassie » 28 jours en chambre de maturation, le décor de vieille taverne sombre et basse de plafond (ouverte depuis 1885 !), le service stylé. Rendez-vous des acteurs, producteurs, écrivains et éditeurs du Herald Square District, la taverne accueillait aussi un club privé et possède la plus importante collection au monde de pipes en terre à long tuyau (couvrant murs et plafonds). Une tradition anglaise qui remonte au XVIIe s, lorsque les voyageurs laissaient leur joujou dans leur auberge favorite. Dans une vitrine à l'entrée, ne manquez pas ceux de Theodore Roosevelt et Buffalo Bill, membres du club. Plein de coins et recoins, dont une partie pub plus décontractée, où l'on sert la même cuisine et un bar servant des cocktails *old-fashioned.*

NEW YORK

Où boire un café ?

♨ ☛ I●I *Studio (plan 1, C2, 85) : au 1er étage de l'hôtel* Freehand, *23 Lexington Ave (entre 23rd et 24th St).* ☎ 212-475-1920. Ⓜ *(4, 6) 23 St.* Besoin d'un break ou envie de humer la branchitude new-yorkaise à moindres frais ? Direction le grand salon du 1er étage évoquant la Californie des 1950's. Confortablement installé dans un fauteuil moelleux, on sirote

son café en détaillant la déco ultra-pointue de ce nouvel hôtel *trendy* qui en jette.

♨ I●I ☛ *Irving Farm Coffee Roasters (plan 1, C2, 413) : 71 Irving Pl (entre 18th et 19th).* Ⓜ *(L, N, Q, R, W, 4, 5, 6) 14 St-Union Sq.* Charmant et chaleureux café typiquement new-yorkais, niché à l'entresol d'un immeuble *brownstone.* Toujours plein à craquer, car la réputation du café torréfié par la maison, dans la vallée de l'Hudson, a largement dépassé les frontières du quartier (plusieurs succursales *Irving Farm* à Manhattan). À siroter tranquillement, avec éventuellement une pâtisserie. Également des paninis, salades et sandwichs.

🖙 *Birch Coffee* (plan 1, C2, **415**) : *21 E 27th St (entre 5th et Madison Ave).* Ⓜ *(R, W, 6) 28 St.* Bien placé près du Flatiron, un café new-yorkais d'aujourd'hui, avec son petit look indus', ses tables communales et son coin bibliothèque. Le café est délicieux, tout comme les scones au cheddar et ciboulette.

Où boire un verre ?

Pas mal de pubs autour de Union Square, furieusement animés dès la sortie des bureaux. C'est aussi un coin où les hôtels branchés proposent presque tous des bars très courus (voir plus haut).

🍸 *Lillie's* (plan 1, C2-3, **401**) : *13 E 17th St (entre Broadway et 5th Ave).* Ⓜ *(L, N, Q, R, 4, 5, 6) 14 St-Union Sq. Tlj 11h45-4h (11h w-e).* Ouvert en 1901, cet immense et adorable pub victorien semble tout droit sorti d'une boutique d'antiquaire : miroirs biseautés, lustres, tableaux d'époque, vitraux... Pas de quoi en faire une bonbonnière compassée pour autant car dès la sortie des bureaux, les rares canapés et les 2 tables donnant sur la rue sont prises d'assaut, et les retardataires se tassent alors le long de l'interminable comptoir en marbre, dans une ambiance rugissante. Une institution ! *Succursale à Times Square, 249 W 49th St (et 8th Ave).*

🍸 ⌂ *George Washington Bar et Broken Shaker* (plan 1, C2, **85**) : *23 Lexington Ave (entre 23rd et 24th St). Dans l'hôtel* Freehand. ● *freehandhotels.com/new-york* ● Ⓜ *(4, 6) 23 St. Ouvre à partir de 17h30.* Le superbe hôtel *Freehand* (voir « Où dormir ? ») renferme 2 bars séduisants. Au 1er étage, les mixologistes du *George Washington Bar* servent leurs élixirs dans une bibliothèque cossue, sous un large portrait du 1er président américain. L'atmosphère est à la fois intime et animée, particulièrement propice aux rencontres. Sur le toit de l'hôtel, le *Broken Shaker* et sa large terrasse mixe cocktails originaux et jolies vues sur la ville. La déco ethnico-vintage a un cachet fou avec tous ces objets chinés. Succès oblige, essayer de venir tôt pour être sûr de pouvoir y accéder.

🍸 *Oscar Wilde* (plan 1, B2, **409**) : *45 W 27th St.* Ⓜ *(N, Q, R, W) 28 St.* Ce vaste pub baroque dédié à Oscar Wilde possède l'un des décors les plus extraordinaires de New York ! L'immense bar, qui détient un record de longueur, fait déjà figure de monument : robustes colonnes, horloge incrustée dans le marbre, bronzes délicats portant des torches... Au fond, pièce plus intime avec cheminée, genre salle des trophées. Grand choix de bières et whiskies mais également une belle carte de cocktails. Comme disait Oscar, « on peut résister à tout, sauf à la tentation » !

🍸 *Old Town Bar and Restaurant* (plan 1, C2, **400**) : *45 E 18th St (entre Park Ave et Broadway).* Ⓜ *(L, N, Q, R, W, 4, 5, 6) 14 St-Union Sq. Lunven 11h30-1h, sam 12h-2h, dim 13h-minuit.* Fondé en 1892, c'est l'un des plus vieux pubs de Manhattan, ancien speakeasy pendant la Prohibition. Il a fière allure avec son long comptoir en acajou et marbre, ses box à l'ancienne et ses hauts plafonds en *tin ceiling* ouvragé (voir aussi les urinoirs d'époque !). Populaire chez les écrivains irlandais ou irlandoaméricains et toujours plein en fin de semaine. Fait aussi resto, dans une 2de salle à l'étage.

🍸 *Pete's Tavern* (plan 1, C2, **414**) : *129 E 18th St (et Irving Pl).* Ⓜ *(L, N, Q, R, W, 4, 5, 6) Union Sq. Tlj 11h-2h30 (3h jeu, 4h ven-sam).* Vieille taverne datant de 1864. Célèbre pour n'avoir jamais fermé (déguisée en boutique de fleurs pendant la Prohibition), elle fut l'antre de O'Henry, chroniqueur de la vie newyorkaise, mais Scorsese, Brad Pitt ou Patti Smith sont également passés par là (voir la galerie de photos de célébrités)... Un bar et deux belles salles à la déco traditionnelle de pub, pour une ambiance toujours animée. On y mange aussi (voir « Où manger ? » plus haut). Si vous êtes là au moment des fêtes, déco de Noël surréaliste !

▼ ♪ *Middle Branch* *(plan 1, C1, 420)* : *154 E 33rd St.* Ⓜ *(6) 33 St. Tlj 17h-2h. Live music dim soir.* Insoupçonnable. Un immeuble borgne, 3 marches descendant sous le niveau de la rue. À droite, une porte, et, derrière, un speakeasy cosy, plongé dans la pénombre, bercé de swing. Beau choix de cocktails, originaux, à siroter dans des canapés de cuir ou sur des tables hautes. Pourquoi ne pas tenter un *1933*, rhum et liqueur de poire, pour arroser la date de la fin de la Prohibition ? Même maison que *Little Branch* à Greenwich.

▼ 🍴 ↑ *230 Fifth* *(plan 1, C2, 470)* : *230 5th Ave (entre 26th et 27th).* Ⓜ *(R, W) 28 St. Tlj 16h-4h. Dernière entrée à 2h. Brunch w-e 10h-16h (buffet 30 $,* *15 $ 5-12 ans).* Ce qui distingue le *230* des autres *rooftops,* c'est son immense terrasse accessible toute l'année : avec plantes vertes, palmiers, larges parasols et un aménagement de bric et de broc plutôt sympa, elle offre une vue sur l'Empire State Building et le Chrysler. Peignoir à dispo pour ceux qui auraient un peu froid ! Très sympa pour le brunch. Également un *Penthouse Lounge* au cadre kitsch, que l'on a moins aimé... Consos pas données mais avec cette vue...

▼ ↑ *Pod 39 Rooftop* *(plan 1, C1, 61)* : *145 E 39th St (entre Lexington et 3rd Ave).* Ⓜ *(S, 4, 5, 6, 7) Grand Central-42 St. Ouverture saisonnière selon météo (dès avr en général), tlj 16h-2h.* Cet hôtel-capsule urbain branché (voir « Où dormir ? » plus haut) cache au 17e étage un *rooftop* original et intimiste, offrant des vues sur l'Empire State Building et le Chrysler à travers les arches et colonnes corinthiennes du bâtiment, de style Renaissance italienne (1919).

Où écouter du bon jazz ?

♪ *Jazz Standard* *(plan 1, C2, 244)* : *116 E 27th St (entre Park et Lexington Ave).* ☎ *212-576-2232.* ● *jazzstandard. com* ● Ⓜ *(6) 28 St. Concerts tlj à 19h30 et 21h30. Cover charge 25-30 $.* Un club de jazz dont la réputation n'est plus à faire dans la nuit new-yorkaise. Chaque soir, programme de grande qualité avec des jazzmen qui ont bien roulé leur bosse ou de jeunes talents. Un truc super, sur leur site : la *Music Library,* pour écouter une sélection de live des meilleurs musiciens passés ici ! Et en cas de petite faim, on peut commander les *ribs* du *Blue Smoke,* fameux resto mitoyen qui fait partie de la maison (voir plus haut).

Shopping

Librairie

❀ *Barnes & Noble* *(plan 1, C2-3, 530)* : *33 E 17th St (entre Broadway et Park Ave).* Ⓜ *(L, N, Q, R, W, 4, 5, 6) 14 St.* On vous l'indique pour sa situation, pile sur Union Square, et aussi parce que les grandes librairies se font malheureusement de plus en plus rares à New York...

Produits bio

❀ *Union Square Greenmarket* *(plan 1, C3)* : *Union Sq S.* Ⓜ *(L, N,* *Q, R, W, 4, 5, 6) Union Sq. Lun, mer et ven-sam 8h-18h.* Qui a dit que les Américains mangeaient mal ? Pour se convaincre du contraire, venez donc arpenter les allées de ce marché bio créé en 1976, dont les étals regorgent de bonnes et belles choses provenant des fermes des environs : fruits, légumes, fleurs, fromages, volailles, pains, gâteaux et tartes, *pretzels,* confitures, vin et cidre, miel (celui récolté sur les toits de New York est au prix du caviar !), sirop d'érable, etc. À chaque saison ses plaisirs et son camaïeu de couleurs : citrouilles et courges à l'automne, fruits rouges et tomates en été...

✹ *Whole Foods Market (plan 1, C3, 511) : 4 Union Sq S (angle Broadway).* Ⓜ *(L, N, Q, R, 4, 5, 6) Union Sq.* Voir « Où manger ? » plus haut.

Sports

✹ *Paragon Sports (plan 1, C2-3, 571) : 867 Broadway (angle 18th).* Ⓜ *(L, N, Q, R, W, 4, 5, 6) Union Sq.* Ouvert en 1908, l'un des temples du sport de New York, sur 3 niveaux. Tout le nécessaire pour presque toutes les disciplines. Marchandises de qualité, avec beaucoup de petites marques mais aussi le meilleur des grandes.

Mode, déco

✹ *Fishs Eddy (plan 1, C2, 591) : 889 Broadway (et 19th St).* Une boutique de vaisselle spécialisée sur le thème NY. Un peu de vintage (provenant de vieux stocks de restos) mais surtout du neuf. Pas mal pour des petits souvenirs.

✹ *Anthropologie (plan 1, C3, 592) : 85 5th Ave (et 16th).* Ⓜ *(L, N, Q, R) 14 St.* La marque *Anthropologie* est bien connue des fashionistas pour ses pièces hippie chic très originales (vêtements femme et déco). Pas donné, mais très intéressant pendant les soldes. Tout à côté, le *flagship* (magasin amiral) de *J. Crew,* la marque de vêtements *casual* chic toujours dans le coup, et le seul qui accueille les 3 collections, femme, enfant et homme.

Spécial enfants

✹ *Camp (plan 1, C2-3, 594) : 110 5th Ave (et 16th St).* Ⓜ *(L, N, Q, R) 14 St.* Derrière les rayonnages de cette boutique bobo de jeux éducatifs pour enfants se cache un parc d'aventures dans une forêt magique avec des stands pour jouer aux petites voitures, à la marchande, au cheval... Une halte récompense pour vos petits enfants.

Adults only

✹ *Museum of Sex (plan 1, C2, 714) : 233 5th Ave (et 27th).* Ⓜ *(N, R, 6) 28 St.* Tlj 10h30-22h (23h ven-sam). Interdit moins de 18 ans. Rien de vulgaire ici mais des sex-toys colorés et arty, des beaux livres, des accessoires rigolos et autres gadgets décalés, bref, de tout pour tous les goûts ! Voir le descriptif du musée plus loin.

À voir

🏃🏃🏃 👫 ← *Empire State Building (plan 1, B-C1) : 350 5th Ave (entre 33rd et 34th).* ● esbnyc.com ● Ⓜ *(B, D, F, V, N, Q, R, W) 34 St ou (6) 33 St.* Tlj 8h-2h du mat (dernier ascenseur à 1h15). Entrée (86e étage) : selon saison 36-40 $ (env 100 $ au coucher du soleil) ; 31-33 $ 6-12 ans ; gratuit moins de 6 ans ; audioguide en français inclus (de quoi tuer le temps dans la file d'attente). Compter respectivement 57-63 $ et 51-57 $ pour le 102e étage en plus. La **résa sur Internet** (2 $ de plus par billet) comme le **CityPass** permettent d'éviter la queue aux caisses et aux kiosques automatiques (mais pas les suivantes...). Avec le CityPass, accès seulement au 86e étage mais 2de visite de nuit à condition de revenir le même j. Seul l'Express Pass (Premium Experience) permet de « squeezer » ttes les queues, mais encore faut-il débourser un forfait de 175 $... ; ts **billets en vente sur place ou en ligne** mais **surtout pas auprès des rabatteurs sur le trottoir** qui ne sont pas habilités (arnaque assurée !).
– Conseils : **montez-y soit le matin à l'ouverture, soit à l'heure du déjeuner ou alors après 23h (20h en hiver),** pour éviter de faire la queue trop longtemps, et jouir de la vue en toute sérénité. Car les touristes choisissent généralement la fin de l'après-midi pour admirer New York dans tous ses états : de jour, puis au coucher du soleil, et enfin *by night.* Certes, c'est le meilleur moment, mais quelle pression ! La queue y est la plus longue de la journée, avec au moins 1h d'attente pour acheter votre ticket et autant pour arriver en haut ! En plus, les files d'attente sont savamment étudiées pour qu'on ait toujours l'impression d'être arrivé au bout. Eh non, il y en a encore une derrière !

Un peu d'histoire

Construit en 1930, en pleine dépression économique, ce gratte-ciel était un défi du capitalisme américain, un acte d'optimisme et de confiance. Mais les affaires étaient dans un tel marasme que les promoteurs eurent du mal à louer les bureaux ; à tel point d'ailleurs qu'on surnomma l'édifice d'« Empty State Building ». Il fut construit en 1 an et 45 jours, et inauguré par le président Hoover le 1er mai 1931. En 1933, King Kong l'escalada. Aujourd'hui, 15 000 New-Yorkais y ont leur bureau et le bâtiment possède même son propre code postal : 10118. Après l'effondrement des Twin Towers le 11 septembre 2001, il redevint une douzaine d'années durant le plus haut gratte-ciel de Manhattan (448 m au bout de la flèche), le temps que le nouveau One WTC atteigne sa hauteur totale de 541 m. De nuit, on le repère de loin grâce à ses *éclairages* qui varient d'un jour à l'autre, selon les événements : rouge et vert à Noël, rose pour la Saint-Valentin, orange-noir-blanc le soir d'Halloween... ou bien tout noir lors d'événements tragiques. Avant de prendre l'ascenseur, admirez **le beau hall d'entrée Art déco** tout en marbre avec une représentation en relief de l'immeuble, réalisée en aluminium.

> ## À VOS MARCHES, PRÊTS, PARTEZ !
>
> *La course la plus difficile du monde a lieu chaque année en février dans les escaliers de l'Empire State Building. 1 576 marches à gravir sans s'étouffer dans l'étroite cage d'escalier, depuis le hall d'entrée jusqu'à la terrasse de l'emblématique gratte-ciel. Une course verticale en somme, à laquelle participent un maximum de 450 sportifs (au-delà, ce serait dangereux) depuis 1978. Les meilleurs franchissent la ligne d'arrivée en 10-12 mn...*

Au 86e étage

En 1 mn à peine, l'ascenseur s'élève jusqu'au 80e étage ! Coup d'œil en passant à la petite expo retraçant la construction du gratte-ciel, avant d'emprunter un autre ascenseur qui grimpe jusqu'au 86e étage, situé à 320 m au-dessus de 5th Avenue : impressionnant ! Le jour comme la nuit, le spectacle est vraiment extraordinaire. Du haut de cet observatoire, les cheveux au vent (même en plein été, prévoir une petite laine, car ça souffle vraiment !), on se rend bien compte qu'on est sur une île : côté ouest on voit le New Jersey et, côté est, Queens et Brooklyn ainsi que les ponts qui les relient à Manhattan. Mais les vues les plus spectaculaires demeurent sur les côtés nord et sud. Nord d'abord, avec tous les gratte-ciel de Midtown, le poumon vert Central Park puis, au loin, le Bronx ; sud ensuite, où l'on se croirait dans un décor du comics *Sin City* en regardant la cité volante du Financial District, sans oublier la statue de la Liberté et l'entrée du mythique port de New York. Un musicien de jazz accompagnera vos découvertes nocturnes du jeudi au samedi soir. Seul bémol peut-être, depuis cet observatoire on ne peut évidemment pas admirer la silhouette star de l'Empire State Building lui-même.

> ## À L'ÉPOQUE, LES TOURS ÉTAIENT SOLIDES !
>
> *En juillet 1945, un bombardier s'écrasa contre l'Empire State Building, à hauteur du 79e étage. L'immeuble résista au choc ! Le brouillard était tel que le pilote dit à la tour de contrôle : « Je ne vois même pas l'Empire State ! » 14 morts au total, et une rescapée miracle qui survécut à la chute de son ascenseur depuis le 75e étage. Elle eut droit aux honneurs du Guinness des records.*

Au 102e étage

Encore un peu plus haut, encore plus cher, et pas indispensable car la vue sur New York n'apporte honnêtement pas grand-chose de plus. Et le fait d'être derrière une vitre vous prive des sensations de la ville, de ses bruits notamment !

NEW YORK

|●| 🚋 ***Tacombi*** *(plan 1, B-C1, 419) :* *au rdc de l'ESB, sur 33rd St.* Voir descriptif de cette *cantina-taqueria* plus haut, dans « Où manger ? ».

🍴 ***Koreatown*** *(plan 1, B-C1) :* *W 32th St (entre Broadway et l'intersection de Broadway et 5th Ave).* Petite enclave coréenne à un bloc de la grosse animation touristique de Herald Square et de l'Empire State Building. Sur cette petite portion de 32nd Street (surnommée *Korea Way*), gargotes, restos, échoppes couleur locale et bars à karaoké sont alignés à touche-touche, occupant aussi les différents étages des immeubles. Une curiosité.

🎭 ***Morgan Library & Museum*** *(plan 1, C1) :* 225 Madison Ave (et 36th). ● the morgan.org ● Ⓜ (6) 33 St. Mar-jeu 10h30-17h, ven 10h30-21h, sam 10h-18h, dim 11h-18h. Entrée (audioguide en anglais compris) : 22 $; réduc ; gratuit moins de 12 ans et pour ts ven 19h-21h et, à l'exception des galeries d'expos temporaires, mar 15h-17h, dim 16h-18h. Accès libre au café et resto.
Splendide édifice de style néo-Renaissance construit en 1906 par McKim, Mead et White pour accueillir la collection du banquier John Pierpont Morgan, agrandi par Renzo Piano. L'architecte du Centre Pompidou à Paris a réalisé une cage de verre et d'acier lumineuse qui sert de *piazza* communiquant avec les anciens bâtiments. Ici ou là, quelques vitrines mettent en valeur une sélection de belles pièces d'art religieux médiéval (ciboires, reliquaires...).
– *Morgan Library and Study (rez-de-chaussée) :* nous voici donc dans la *library* de 1906. On entre d'abord dans le bureau de Mr Morgan, remarquable par son plafond à caissons du XIVe s, acheté en Europe par McKim, Mead et White, démonté en plusieurs parties pour être transporté par bateau jusqu'à New York et recomposé ici. Notez également les vitraux du XVe et du XVIIe s, qui proviennent de monastères et d'églises suisses. Dans un coin de la pièce, une porte discrète mène à un petit réduit voûté où le financier entreposait sa collection de manuscrits du Moyen Âge. Parmi les œuvres d'art exposées, une *Madone et Saints* du Pérugin et trois tableaux du peintre flamand Hans Memling : un portrait d'homme avec un œillet à la main, considéré comme un des plus beaux tableaux de la Morgan, et deux panneaux appartenant à l'origine à un triptyque (remarquable visage ridé de la sœur agenouillée). Également un superbe polyptyque espagnol en bois doré et peint (XIVe s), illustrant des épisodes de la vie du Christ, deux portraits de Morgan père et fils (même attitude et même moustache !), des porcelaines et de ravissantes majoliques...
– *Le bureau du bibliothécaire :* on ressort du bureau de Mr Morgan pour pénétrer dans la rotonde, tout en marbres de différentes couleurs et plafond en mosaïques, qui donne, côté gauche, sur un bureau richement décoré, autrefois dévolu au bibliothécaire. On y découvre de rares pièces, comme ces sceaux cylindriques en albâtre (3500-2900 av. J.-C.), des tablettes cunéiformes, statuettes égyptiennes et sumériennes, bijoux en or, du temps des invasions (Ve-XIe s). Une mise en bouche avant de découvrir avec émerveillement la bibliothèque.
– *La bibliothèque :* fabuleuse ! Sur les rayonnages, pas mal d'auteurs français, et des ouvrages religieux en veux-tu, en voilà. Mais la pièce maîtresse est, bien sûr, la célèbre et rarissime bible de Gutenberg de 1455, le premier livre imprimé du monde. Seule une cinquantaine d'exemplaires de cette bible subsistent encore aujourd'hui en état divers de conservation, sur les 180 édités à l'époque. Et la Morgan Library en possède trois ! De même, collection exceptionnelle de manuscrits : notamment (mais la collection tourne) du roi John d'Angleterre en latin gothique daté de 1205, des *Capitaines courageux* de Rudyard Kipling, partitions originales de Mozart, Schubert, Brahms, évangiles superbement enluminés, etc.
– *Clare Eddy Thaw Gallery, Morgan Stanley Gallery (rez-de-chaussée) et Engelhard Gallery (1er étage) :* salles consacrées aux expos thématiques temporaires (Hemingway, Matisse, Warhol...). Le fonds richissime comprend également quelque 1 300 manuscrits médiévaux, ainsi que les éditions originales de *Babar* et du *Petit Prince* ! Belle boutique et librairie en fin de visite.

|●| ☍ *Morgan Café* (prix abordables) et *Morgan Dining Room* (resto haut de gamme situé dans l'ancienne salle à manger de la famille Morgan), tous 2 au rez-de-chaussée. *Résas au* ☎ *212-683-2130*.

🏃 Plus à l'est, les fans d'archi pousseront jusqu'à la East River au niveau de 35ᵗʰ St pour découvrir l'une des dernières folies architecturales de New York, l'*American Copper Buildings (plan 1, D1)*. Il s'agit en fait de deux tours résidentielles (dont l'une paraît comme brisée), reliées entre elles par une passerelle vertigineuse. Réalisées par l'agence SHoP Architects, elles ont été saluées pour leur originalité. N'hésitez pas à embarquer sur un *ferry en partance pour Queens (embarcadère au pied des tours, ligne Astoria ou East River, billet 2,75 $)* pour avoir un panorama complet sur cette jolie *skyline*.

🏃🏃 *Flatiron Building (plan 1, C2) : au cœur du bloc formé par 5ᵗʰ Ave, Broadway, 22ⁿᵈ et 23ʳᵈ St.* Ⓜ *(N, R) 23 St.* Au sud de *Madison Square Park,* voici l'un des buildings les plus emblématiques de New York, le premier gratte-ciel de la ville, en forme de fer à repasser (d'où son nom !). Construit en 1902 dans le style néo-Renaissance, il épouse l'angle très aigu formé par le croisement de Broadway et de 5ᵗʰ Avenue. Si l'on se place dans l'axe du building, il a l'air squelettique même s'il mesure quand même 87 m de haut. Pas de visite possible, on admire juste sa silhouette de l'extérieur (et de jour seulement, car il n'est pas éclairé la nuit...), en jetant éventuellement un œil, à travers les baies vitrées, à la « proue » de l'immeuble qui accueille une minigalerie d'art. Deux blocs plus loin, sur Madison Avenue et 24ᵗʰ Street, se dresse la *Met Life Clock Tower* (1909), inspirée du Campanile de la place Saint-Marc à Venise. Noter l'amusant « pont des Soupirs » reliant les beaux immeubles de part et d'autre de 24ᵗʰ Street ! Toujours sur Madison Avenue, entre 26ᵗʰ et 27ᵗʰ Street, le building de la *New York Life Insurance Company,* reconnaissable à son toit-clocher tout doré, est un chef-d'œuvre de l'architecture néogothique.

🏃 *Gramercy Park (plan 1, C2) : sur Lexington Ave (entre 20ᵗʰ et 21ˢᵗ).* Ⓜ *(6) 23 St.* Charmant petit square entouré de résidences bourgeoises. On se croirait un peu à Londres. Il suffit d'aller sur Park Avenue, à seulement un bloc de là, pour retrouver l'ambiance new-yorkaise. Détail insolite : le square est privé, et seuls les habitants du quartier en ont la clé (et les clients du très sélect *Gramercy Park Hotel*) ! C'est l'unique jardin de la ville à être régi de la sorte. Il est toujours fermé au public... sauf le 24 décembre... pendant une heure pile poil (de 18 à 19h) ! À 2 blocs de là *(angle 3ʳᵈ Ave et 22ⁿᵈ Ave ; plan 1, C2),* une curiosité du quartier : le *resto allemand Rolf's,* connu surtout pour sa déco de Noël kitschissime en place quasiment toute l'année (sauf juin-août). Une canopée de boules multicolores dégringolent en grappes du plafond, il faut le voir pour le croire ! Contentez-vous d'un coup d'œil, la partie cuisine étant moins éblouissante.

🏃 *Museum of Sex (plan 1, C2) : 233 5ᵗʰ Ave (et 27ᵗʰ).* ● museumofsex.com ● Ⓜ *(N, R, 6) 28 St. Tlj (sauf Thanksgiving et Noël) 10h30-23h (minuit ven-sam). Derniers tickets vendus 2h avant la fermeture. Interdit moins de 18 ans. Entrée : 18,50 $.* Il eût été surprenant qu'un tel musée n'existe pas à New York, d'autant que la ville a joué, depuis le XIXᵉ s, un rôle crucial dans l'évolution et la libération des mœurs et attitudes de la population américaine vis-à-vis du sexe. Le lieu explore, à travers des expositions changeantes (et un matériel très explicite !), l'histoire, l'évolution et la portée culturelle de la sexualité humaine dans son ensemble. Tous les arts sont représentés, avec parfois quelques grands noms : peinture, photo, sculpture, cinéma, B.D., manga, magazines (*L'Écho des savanes...*), etc. Bref, un musée à la fois sérieux et complet (qui aborde aussi les questions de santé, médecine et contraception), et surtout pas racoleur comme on pourrait le craindre.
✿ *Boutique* assez amusante, forcément (voir plus haut « Shopping »). D'ailleurs, on entre par là, histoire de vous mettre en bouche.

TIMES SQUARE ET THEATER DISTRICT

● Pour se repérer, voir les plans détachables 1 et 2 en fin de guide.

Délimité par 59th Street, 34th Street, 6th Avenue et l'Hudson River, Theater District brille par ses attractions touristiques et ses spectacles en tout genre. Point d'orgue du quartier et rendez-vous incontournable de tous les touristes ou presque, *Times Square* se trouve à l'angle de Broadway et de 44th Street. Cette place doit son nom au journal *New York Times* : d'abord installé au sud de Manhattan, le célèbre quo-

9, 8, 7, 6, 5, 4, 3, 2, 1... !

Le 31 décembre, à Times Square, une énorme boule en cristal scintillante descend en 60 s depuis l'un des buildings de la célèbre place aux mille néons, afin de marquer la dernière minute de l'année. Une foule gigantesque en profite alors pour scander le plus célèbre des comptes à rebours. Cette coutume, inaugurée en 1907, se déroule depuis sans discontinuer.

tidien déménagea sur 42nd Street au Nouvel an 1904. Quelques semaines plus tard apparut la première publicité sur l'immeuble d'une banque, à l'angle de Broadway et de 46th Street. Times Square était né !
Quartier des cinémas et des théâtres (les fameux shows de Broadway !), ce fut longtemps l'un des endroits les plus extraordinaires et symboliques de New York, malgré sa mauvaise réputation. Débauche de néons, de publicités scintillantes et agressives, c'était le point de chute des laissés-pour-compte de l'Amérique, tout un monde de Noirs en manque et de Blancs décavés, *gogo girls,* strip-teaseuses et clients pochtronnés...
Mais le quartier s'est littéralement métamorphosé lors du passage de Rudolph Giuliani à la mairie de NY (voir « Histoire » dans « Hommes, culture, environnement » en fin de guide). Ainsi, dès le début des années 1990, Times Square s'est attelé à rénover ses théâtres, ériger des tours de bureaux et des grands hôtels à donner le vertige, et ouvrir de nombreux commerces (des chaînes pour la plupart) tous plus clinquants les uns que les autres.
Contrairement aux New-Yorkais qui évitent volontiers le périmètre de Times Square (on les comprend), de nombreux touristes viennent à New York rien que pour ça. Pour cette débauche de lumière, cette saturation visuelle générée par toutes ces publicités qui défilent simultanément sur des dizaines d'écrans géants... La nuit, on se croirait en plein jour ! Si le passage est obligé et la photo mythique, vous constaterez qu'entre la foule, les voitures et le bruit, l'atmosphère devient vite oppressante. Et puis il y a tellement d'autres choses à découvrir à New York...

Adresses utiles

ℹ NYC Information Center at Macy's (plan 1, B1, **1**) **:** 151 W 34th St (angle Broadway). Ⓜ (D, F, N, Q, R) 34 St. Tlj 9h (10h sam, 11h dim)-19h. Minibureau d'infos touristiques au rez-de-chaussée du grand magasin (en mezzanine). Quelques brochures et un plan de la ville, vente du *CityPass, NYC Explorer Pass* et du

NY Pass. Pas de résas de comédies musicales.
ℹ NYC Information Center – Times Square (plan 2, G11, **5**) **:** Broadway (entre 43rd et 44th, sur la partie piétonne de Times Sq, en face du Hard Rock Café). Ⓜ (N, Q, R, S, 1, 2, 3, 7) Times Sq-42 St. Tlj 9h-18h. Juste un container rose où l'on peut se procurer

NEW YORK

un plan de Manhattan et acheter un *CityPass*. Peu d'infos sinon.

■ *Billetterie TKTS Times Square : sous l'escalier rouge, au centre de la patte-d'oie formée par Broadway et 47th St. ● tdf.org ●* Ⓜ *(N, Q, R, S, 1, 2, 3, 7) Times Sq-42 St. Réduc de 25-50 % sur les places les plus chères (billet d'orchestre env 60 $ + frais). Vente pour les spectacles du soir même tlj 15h (14h mar)-20h (19h dim) ; vente pour les spectacles en matinée, mer-dim 10h-14h (11h-15h dim). CB refusées pour certains petits shows off-Broadway.* Sont affichés les **spectacles pour lesquels il reste des places disponibles le jour même.** Faites la queue bien avant. Attention, en général 2 files d'attente, une pour le théâtre et une autre pour les *musicals*. Des différents comptoirs *TKTS,* c'est celui où il y a le plus de monde...

Où dormir ?

De bon marché à prix moyens

🏠 ↑ *Pod Times Square (plan 1, B1, 57) : 400 W 42nd St (et 9th Ave).* ☎ *212-844-POD-ROOM. ● thepo dhotel.com/pod-times-square ● Doubles 100-200 $ (1 lit double ou 2 lits simples superposés). Pod,* c'est un concept d'hôtel-capsule compensant la minitaille des chambres (aménagées néanmoins avec soin dans un style très contemporain) par des parties communes ultra-conviviales. Celui-ci est un mastodonte tout béton de 23 étages à 2 blocs de Times Square, abritant 700 « cabines », avec des vues typiquement new-yorkaises dans certaines. Énorme resto-bar avec grande terrasse tout autour. Idéal pour un jeune couple ou 2 copains-copines venant pour la 1re fois à NY, mais pas du tout adapté en famille.

De prix moyens à plus chic

🏠 *Room Mate Grace (plan 2, G11, 25) : 125 W 45th St (entre 6th et 7th Ave).* ☎ *212-354-2323. ● room-matehotels. com/en/grace ●* Ⓜ *(B, D, F, M) 42 St-Bryant Park. Doubles 120-300 $.* À 2 mn de Times Square, cet hôtel sexy et coloré est idéal pour un séjour au cœur du New York touristique. Clinquant lobby où l'on est accueilli par un personnel aux petits soins, souvent polyglotte. Entièrement rénovées, les chambres confortables, un poil exiguës, se révèlent particulièrement

chaleureuses avec leurs papiers peints iconoclastes. Salles de bains beaucoup plus sobres, carrelées de noir ou de blanc. Petite piscine intérieure (rare à New York), où l'on peut aussi bien faire des longueurs... que boire un bon cocktail !

🏠 *414 Hotel (plan 2, F-G11, 83) : 414 W 46th St (entre 9th et 10th Ave).* ☎ *212-399-0006. ● 414hotel.com ●* Ⓜ *(A, C, E) 42 St-Port Authority. Doubles 160-380 $, petit déj inclus.* Sommes-nous bien à New York, à 5 mn à peine de Times Square ? En découvrant ce petit immeuble de caractère en brique rouge, la table commune en bois et la cheminée du salon d'accueil, on pourrait en douter ! C'est justement la force de ce petit hôtel, qui joue à fond la carte de la pension de famille, version moderne : à peine une vingtaine de chambres de style contemporain, rénovées, coquettes et confortables, et, pour couronner le tout, une courette bien agréable pour siroter un café au calme. On vous offre même fromage et vin en fin de journée. Micro-ondes à dispo. Vraiment sympa.

🏠 *Moxy (plan 1, B1, 28) : 485 7th Ave (entre 36th et 37th St).* ☎ *212-967-6699. ● marriott.com/hotels/travel/nycox-moxy-nyc-times-square ●* Ⓜ *(B, D, F, M, N, Q, R, W) 34 St-Herald Sq Station. Doubles 110-300 $. Quadruples avec lits superposés 200-360 $.* Avec le succès de l'hôtellerie cool et alternative, les chaînes hôtelières cherchent à séduire les *Millenials* (la génération Y, quoi). *Marriott* s'est prêté à l'exercice avec pas mal de réussite. Immense hôtel de 400 chambres, qui cultive une ambiance jeune et branchée, à quelques pas de Times Square. Chambres étroites mais fonctionnelles, dans un style sobre rehaussé de petites touches vintage. Vastes parties communes, resto de fruits de mer *(Legasea)*, bars, et l'un des plus grands *rooftops* de New York, le *Magic Hour* (voir plus loin « Où boire un verre ? »). Wifi supersonique, cours de yoga ou soirées pyjama ajoutent encore un peu de fun.

🛏 *Staybridge Suites Inn* (plan 1, B1, **49**) : *340 W 40th St (entre 8th et 9th Ave).* ☎ *212-757-9000.* ● *ihg. com* ● Ⓜ *(A, C, E) 34 St. Doubles 130-400 $, copieux petit déj-buffet inclus.* C'est le gros hôtel standardisé haut de gamme, fonctionnel et confortable. Si sa situation face à la gare de bus le rend un peu bruyant, il peut faire valoir pas mal d'atouts : les chambres, plus grandes que la moyenne dans le quartier, qui sont en fait des petits studios, avec cuisine équipée. Et les buffets dînatoires offerts 3 soirs par semaine (en général du lundi au mercredi) avec la possibilité d'emporter ce qu'on veut dans des boîtes jetables ! Idem au buffet du breakfast.

De plus chic à très chic

🛏 ✝ *Citizen M Times Square* (plan 2, G11, **99**) : *218 W 50th St (entre Broadway et 8th Ave).* ☎ *212-461-3638.* ● *citizenm.com* ● Ⓜ *(1, 2, C, E) 50 St. Doubles 160-400 $.* Un concept de boutique-hôtel design jeune et original qui mise tout sur l'accueil (pro mais cool) et la convivialité de ses parties communes : salon TV, bibliothèque, lounge, bar, resto, agréable patio et *rooftop bar* au 21e étage (intime, car réservé aux *guests* de l'hôtel). Les 230 chambres-cabines sont minuscules mais avec lit *king-size* (largeur de la piaule = longueur du lit, pas 1 cm de plus !) et déco épurée. Tout est contrôlé par une tablette tactile : rideaux, température de la pièce et même les effets de lumière multicolore ! Super pour les jeunes couples. Une oasis urbaine branchée qui détonne franchement à Times Square.

🛏 🏃 *Tryp by Wyndham Times Square South* (plan 1, B1, **51**) : *345 W 35th St (entre 8th et 9th Ave).* ☎ *212-600-2440.* ● *tryptimessquaresouth. com* ● Ⓜ *(A, C, E) 34 St. Doubles 150-440 $; family rooms 4, 6 ou 8 pers 250-600 $.* Encore un hôtel de chaîne récent et pêchu ! Le lobby donne le ton, accueillant et chaleureux avec une partie gastro-bar et une autre dans l'esprit bibliothèque. Du bois blond, des petites touches de couleur bien dosées. Les chambres sont dans le coup aussi, parquet clair, confort et style actuels, mention spéciale pour les immenses *family rooms.* Certaines sont de véritables apparts-lofts high-tech (avec cuisine équipée et coin salle à manger) et peuvent loger jusqu'à 8 personnes. Situation bien commode, à quelques enjambées du métro, à mi-chemin entre Times Square et Chelsea.

🛏 🏃 ✝ *Novotel Times Square* (plan 2, G11, **90**) : *226 W 52nd St (et Broadway).* ☎ *212-315-0100.* ● *novotel.com* ● Ⓜ *(1) 50 St. Doubles et quadruples 150-500 $.* L'unique *Novotel* des USA bénéficie d'un emplacement emblématique au cœur de Times Square ! Et quelle vue depuis sa terrasse panoramique, son lobby-lounge aux vastes espaces ouverts avec bar, resto, jeux vidéo pour les enfants (XBox, tablettes Samsung) et des chambres, toutes situées au-delà du 9e étage (à partir du 15e, le spectacle est carrément féerique) ! Elles affichent un style contemporain doublé d'un excellent niveau de confort et, fait rare, les fenêtres s'ouvrent ! Le revers de la médaille, c'est que c'est énorme (500 chambres...) mais en famille, on n'est pas déçu.

🛏 *Hudson* (plan 2, G10, **58**) : *356 W 58th St (et 9th Ave), pas d'enseigne à l'extérieur.* ☎ *212-554-6000.* ● *morganshotelgroup.com/hudson/ hudson-new-york* ● Ⓜ *(A, C, D, 1) 59 St-Columbus Circle. Doubles 100-350 $.* L'un des premiers boutiques-hôtels design de New York, conçu par Philippe Starck. Pas vraiment intime avec ses 900 chambres, mais quel style ! Ici, tout est décalé, tout accroche le regard, à commencer par le lobby avec ses escaliers mécaniques, son étonnante verrière géante couverte de lierre, son comptoir Art nouveau ou encore l'élégant salon-bar-bibliothèque-billard. Coffrées de bois façon Frank Lloyd Wright, les chambres sont en revanche trop petites (sauf pour celles à 2 lits avec salle de bains plus grande), mais les vastes parties communes compensent. Multiples espaces pour manger *(Umami Burger)* ou boire un verre, comme dans le délicieux patio verdoyant.

⌂ *Yotel (plan 2, F11, 91)* : *570 10th Ave (et 42nd). ☎ 646-449-7700. ● yotel newyork.com ● Ⓜ (A, C, E) 42 St-Port Authority. Doubles 130-400 $.* Inspiré des hôtels-capsules japonais et des 1res classes dans les avions, le *Yotel* propose des « cabines » au design high-tech avec de belles vues sur la ville, où la fonctionnalité est poussée à l'extrême (lits escamotables). Ici, on s'enregistre comme à l'aéroport, et la consigne à bagages est entièrement robotisée. Dommage que les prix ne soient pas proportionnels à la taille des chambres, car la nuitée reste fort chère... Il faut dire que le confort est haut de gamme et la déco signée par un cabinet d'archi de renom. Les toilettes auraient même pu être un peu plus intimes... Resto, bar-lounge, grande terrasse et salle de gym.

⌂ *Courtyard by Marriott Manhattan – Central Park (plan 2, G10, 119)* : *1717 Broadway (entrée sur 54th). ☎ 212-324-3773. ● marriott.com ● Ⓜ (1) 50 St. Doubles 150-400 $.* Le gros atout de cet hôtel de chaîne récent et tout vitré, situé à mi-chemin entre Times Square et Central Park : les vues urbaines incroyables du 20e au 30e étage (en dessous, on est trop encaissé et au-delà, la tour est occupée par des condos). À la réservation, bien insister d'ailleurs pour obtenir un étage élevé. Pour le reste, des chambres pas trop petites à la déco contemporaine plutôt design, dans des tons sobres avec quelques touches de couleurs. Salon-lounge en surplomb de la rue. Laverie à pièces.

NEW YORK

Où manger ?

Sur Broadway, entre 35th et 59th Street, et autour de Times Square, on trouve essentiellement des restos touristiques insipides. Pour plus d'authenticité, il faut s'éloigner de quelques blocs pour rejoindre *Hell's Kitchen,* vieux quartier populaire compris entre 8th et 10th Avenue, et 42nd et 57th Street.

Spécial petit déjeuner et brunch

☞ *Amy's Bread (plan 2, G11, 249)* : *672 9th Ave (entre 46th et 47th). Ⓜ (C, E) 50 St. Lun-sam 7h (8h w-e)-22h (23h ven-sam). Formules petit déj et en-cas 5-10 $. Succursales au Chelsea Market, 75 9th Ave (et 15th), et dans le Village, 250 Bleecker St (entre 6th et 7th Ave). CB refusées.* Une petite boulangerie dont la réputation rayonne dans tout NYC ! Voici donc une foule de délicieuses pâtisseries, scones, muffins, *carrot cake,* etc., sans oublier les petits déj à la française pour les nostalgiques des tartines beurre-confiture. Également de délicieux pains, sandwichs, pizzas, soupes et salades pour le lunch. Une poignée de tables mais pas de toilettes. Et attenant, un minicomptoir servant des breakfasts américains *(The Pantry by Amy's Bread).*

☞ Et aussi : *City Kitchen, Whole Foods Market, Dean & Deluca* et *Ellen's Stardust Diner.* Voir plus loin.

Sur le pouce et *street food*

|●| ⩚ Pile sur *Times Square,* au pied du grand escalier panoramique rouge *(angle 47th St, Broadway et 7th Ave ; plan 2, G11, 289),* quelques *stands Gourmet* proposent des BBQ, hot-dogs, *dumplings* et snacks divers. À boulotter entouré des écrans géants.

|●| *Halal Guys (New York's Best Halal Food ; plan 2, G11, 435)* : *à l'angle NW et SW de 53rd St et 6th Ave (un autre food truck 1 bloc au-dessous, 53rd St et 7th Ave, derrière la sculpture rouge HOPE). Ⓜ (D, E) 7 Ave. Tlj 10h-4h (5h ven-sam). Env 7 $.* Attention, ne pas confondre avec les *Halal Food* dans les roulottes chromées que l'on trouve

à tous les coins de rue ; celui-ci, on le repère à sa file d'attente. Surtout le samedi soir : il faut parfois patienter 20 mn avant d'obtenir sa dose de *chicken and rice* ou d'agneau *(gyro)* ! C'est bon (car bien cuit et épicé juste comme il faut), arrosé au besoin de sauce blanche (la sauce rouge est ultra-*spicy*, attention !), et accompagné de riz et d'un morceau de pain. Vraiment inattendu pour de la *street food* traditionnelle.

|●| 🛖 City Kitchen *(plan 2, G11, 55) : 700 8th Ave (et 44th) ; en étage, entrée attenante à celle de l'hôtel* Row NYC *(ou directement par le lobby).* Ⓜ *(N, Q, R, S, 1, 2, 3, 7)* 42 St-Times Sq. Un petit *food hall* bien d'aujourd'hui, avec son décor rétro-indus' et ses enseignes tendance : les *doughnuts* de chez *Dough, Luke's* et ses fameux *lobster rolls*, des *ramen*, bien sûr, et autres tacos... Pratique, car pas mal de places assises, avec vue plongeante sur l'animation de 8th Avenue.

|●| 🥢 Gotham West Market *(plan 2, F11, 120) : 600 11th Ave (entre 44th et 45th).* Ⓜ *(A, C, E)* 42 St-Port Authority Bus Terminal. Un *street food market* modeste par la taille mais attrayant, qui offre de bonnes options pour déjeuner en sortant de l'*Intrepid, Sea, Air & Space Museum.* Minitour du monde en perspective avec les *ramen* originaux de *Ivan Ramen Slurp Shop*, les chinoiseries de *Jianbing Company* ou les tapas d'*El Colmado*. En dessert, on craque forcément pour les glaces de *Ample Hills* !

|●| 🛖 🏵 Whole Foods Market *(plan 2, G10, 261) : au sous-sol du* Time Warner Center, 10 Columbus Circle. Ⓜ *(A, C, D, 1)* 59 St-Columbus Circle. Tlj 7h-23h. Ce supermarché bio est un bon plan pour acheter les ingrédients d'un pique-nique gourmet à Central Park : sandwichs, pizzas, salades ou plats chauds tous plus appétissants les uns que les autres mais gare à la balance, on paie au poids. S'il fait mauvais, possibilité de s'asseoir dans une grande salle à manger en sous-sol. Et pour ceux qui préféreraient un vrai resto, le pub On Tap *(tlj 12h-23h),* tout de bois vêtu, sert quelques plats bien ricains *(max 15 $)* accompagnés de bières artisanales.

|●| 🥢 🏵 🍵 Dean & Deluca NY Times Café *(plan 1, B1, 436) : 620 8th Ave (et 40th).* Ⓜ *(N, Q, R, S, 1, 2, 3, 7)* 42 St-Times Sq. Tlj 7h (8h w-e)-20h. Env 8-12 $. Tous les gourmets connaissent l'épicerie-traiteur *Dean & Deluca.* Cette annexe de la maison mère créée à SoHo en 1977 occupe le rez-de-chaussée de l'immeuble high-tech du *NY Times,* réalisé par Renzo Piano. Choix ici plus restreint (salades, sandwichs, sushis, pâtisseries), mais l'espace fort agréable, très haut de plafond et entièrement vitré, avec des tables pour se poser. Pratique pour un lunch rapide et sain. Dans le même immeuble mais à l'angle de 41st Street, **Schnippers Quality Kitchen** sert des burgers style *Shake Shack* et ferme plus tard, à 23h.

Bon marché

🥢 Burger Joint at Le Parker Meridien *(plan 2, G10, 422) : 119 W 56th St (entre 6th et 7th Ave).* Ⓜ *(F, N, Q, R)* 57 St. Burger-frites env 15 $. Dans le lobby de cet hôtel de luxe, derrière l'immense rideau à gauche après la réception, se cache un *burger joint* aux airs de cafét universitaire, avec les murs graffités, les banquettes défoncées, la musique forte... Totalement décalé ! Pas de choix, c'est burger-frites et basta, mais vous aurez votre mot à dire sur la cuisson et la garniture. Simple et bon, mais portions congrues. Attention, l'adresse est très courue, prévoir de faire la queue et de réserver une place assise (surtout le midi). Pensez à remplir le bon de commande qui se trouve juste avant la porte d'entrée (existe en français), on vous appellera dès qu'elle sera prête.

|●| Margon *(plan 2, G11, 226) : 136 W 46th St (entre 6th et 7th Ave).* Ⓜ *(D, F)* 47-50 St-Rockefeller Center. Tlj sauf dim 7h-17h. Sandwichs et plats 8-10 $. Les employés du quartier ont fait de cet étroit boui-boui cubain leur cantine du midi. La plupart optent pour le *sandwich cubano* (dinde, jambon, pickles et fromage coulant) servi avec 2 accompagnements (fameuses bananes plantains) mais les plats du jour ne sont pas mal non plus et tout aussi copieux. Prendre son tour dans la queue, mais réserver en amont une place assise en posant un vêtement dessus.

🍴 *Shake Shack* (plan 2, G11, **203**) : *691 8th Ave (et 44th).* Ⓜ *(A, C, E) 42 St-Port Authority. Succursale sur Herald Sq, près de chez Macy's, 1333 Broadway (et 36th ; plan 1, B1, 203).* Ⓜ *(N, Q, R, W) 34 St-Herald Sq. Burgers-frites env 10-12 $.* Voir descriptif de cette petite chaîne de burgers dans le chapitre « Union Square... », où se trouve le kiosque d'origine.

De bon marché à prix moyens

🍴 *Pure Thai Cookhouse* (plan 2, G11, **224**) : *766 9th Ave (entre 51st et 52nd).* ☎ *212-581-0999.* Ⓜ *(C, E) 50 St. Plats 10-17 $.* Cet étroit resto thaï, façon cantine de rue revue à la sauce new-yorkaise, est une perle de *Hell's Kitchen* et ça se sait. Attendez-vous donc à patienter aux heures chaudes... Spécialités de woks et de nouilles maison (recette familiale), servies sautées ou en soupe. Sain, savoureux, parfumé à souhait et d'un remarquable rapport qualité-prix. À déguster sur fond de hits thaïlandais bien pêchus. Si c'est plein, tentez votre chance 2 blocs plus bas chez *Taladwat* (n° 714), c'est la même maison.

🍴 *Beyond Sushi* (plan 1, B1, **219**) : *134 W 37th St (entre Broadway et 7th Ave).* ☎ *212-564-0869.* Ⓜ *(N, Q, R, W, 1, 2, 3, 7) 42 St-Times Sq ou (A, C, E) 34 St. Repas 12-17 $.* Une petite chaîne spécialisée dans les sushis végans, frais et originaux (les *spicy mango* sont savoureux) mais qui sert aussi des *dumplings,* salades de nouilles ou riz, *noodle soups.* Le tout *green, green, green !* Cette succursale est particulièrement spacieuse et aérée, avec des tons clairs et une musique zen. Très agréable pour un lunch *healthy.*

🍴 *Black Iron Burger* (plan 1, B1, **233**) : *245 W 38th St (entre 7th et 8th Ave).* ☎ *646-476-3116.* Ⓜ *(N, Q, R, W, 1, 2, 3, 7) 442 St-Times Sq. Burgers 12-15 $, frites en plus.* Tout en longueur, un *sports bar* typiquement américain où l'on vient descendre une bière et

mordre dans un vrai bon gros burger bien *juicy,* tout en gardant un œil sur le match en cours. Le *Black Iron Burger* est tout simple mais diablement efficace avec sa mayo au raifort. Et les frites à l'ail valent aussi le coup de fourchette. À quelques blocs de Times Square, c'est une aubaine.

🍴 *Ippudo* (plan 2, G11, **239**) : *321 W 51st St (entre 8th et 9th Ave).* ☎ *212-974-2500.* Ⓜ *(C, E) 50 St. Ramen env 15 $ (midi et soir).* Succursale d'une de nos excellentes adresses d'East Village, spécialisée dans les *ramen,* ces soupes de nouilles japonaises à la fois copieuses et subtilement parfumées. Cadre de cantine design avec table-comptoir centrale donnant sur les cuisines et salle attenante en entresol, très sobre. Un peu bruyant, en revanche (souvent le cas à NY...).

🍴 *Obao* (plan 2, G11, **312**) : *647 9th Ave (entre 45th et 46th).* ☎ *212-245-8880.* Ⓜ *(N, Q, R, S, 1, 2, 3, 7) 42 St-Times Sq. Lunch 10-13 $. Plats 12-18 $.* Un excellent thaï, bluffant pour son rapport qualité-prix. Tout de bois vêtu, on adore son éclairage orangé et chaud, ses 4 000 cloches dorées suspendues au plafond à l'étage et ses bouddhas bienveillants au rez-de-chaussée. Dans cette atmosphère zen, on se régale de copieux et savoureux plats *modern-thaï-viet* (un mix de tout ça) servis avec sourire et délicatesse. *Succursales à Midtown (222 E 53rd, entre 2nd et 3rd Ave) et sur Financial District (38 Water St, angle Coenties Slips).*

🍴 *Carmine's* (plan 2, G11, **241**) : *200 W 44th St (entre 8th Ave et Broadway).* ☎ *212-221-3800.* Ⓜ *(N, Q, R, S, 1, 2, 3, 7) 42 St-Times Sq. Résa très conseillée. Plats familiaux à partager, 28-40 $.* Immense resto italien au chaleureux décor à l'ancienne et à l'atmosphère rugissante. Les Américains adorent, car les portions sont énormes : quand vous commandez un plat de pâtes (une bonne vingtaine de choix), c'est carrément un saladier pour 3-4 personnes qu'on vous apporte ! L'idée, c'est de venir en famille ou en bande pour partager avec sa tablée (ramené au nombre de personnes, ça fait pas cher !). Très festif et convivial mais toujours bondé (sans résa, compliqué... ou alors venir tôt ou tard).

NEW YORK

⊜ 5 Napkin Burger (plan 2, G11, **286**) : 630 9th Ave (et 45th). ☎ 212-757-2277. Ⓜ (N, Q, R, S, 1, 2, 3, 7) 42 St-Times Sq. Plats 15-20 $. Les amateurs de burgers « gourmets » sont à l'honneur dans cette petite chaîne spécialisée. Murs carrelés de blanc, box et banquettes de moleskine, long comptoir avec en arrière-plan les bouteilles du bar tout éclairées. Effectivement, il faut bien 5 napkins (serviettes) pour venir à bout de son énorme burger sans ravager son T-shirt ! Également des sushis, quelques salades et des burgers veggie ou au thon pour les réfractaires à la chose carnée.

De prix moyens à plus chic

I●I Ootoya (plan 1, B1, **252**) : 141 W 41st St (entre Broadway et 6th Ave). ☎ 212-704-0833. Ⓜ (D, F) 42 St-Bryant Park ou (N, Q, R, S, 1, 2, 3, 7) Times Sq-42 St. Plats complets 15-30 $. Au cœur de Times Square, ce restaurant traditionnel japonais (de chaîne, certes, mais originaire d'Asie) est un havre de paix inattendu ! Décor épuré, clientèle majoritairement asiatique, service tout en délicatesse et spécialités de teishoku, autrement dit des plats principaux variés, présentés sous forme de plateau-repas avec du riz, une soupe miso et un flan aux œufs (egg custard). Très copieux et complet. Présentation raffinée, beaucoup de saveurs. Le tofu est maison, un délice.

I●I Yakitori Totto (plan 2, G10, **59**) : 251 W 55th St (entre Broadway et 8th Ave), au 1er étage. ☎ 212-245-4555. Ⓜ (A, C, D, 1) 59 St-Columbus Circle. Résa conseillée. Tlj sauf le midi w-e. Plats lunch 10-15 $; le soir, repas env 30 $. Ce tout petit resto japonais situé à l'étage (ne pas confondre avec celui du rez-de-chaussée, hors de prix) est spécialisé dans les yakitoris, mais malgré le grand choix, se distingue de tout ce qu'on peut trouver dans le registre « brochettes à la chaîne ». Petites assiettes absolument délicieuses, à piocher dans la longue carte et à partager avec sa tablée. Les gyoza (raviolis) sont aussi à tomber.

I●I ☞ ⍩ Ellen's Stardust Diner (plan 2, G11, **455**) : 1650 Broadway (et W 51st). ☎ 212-956-5151. Ⓜ (N, Q, R, S, 1, 2, 3, 7) 42 St-Times Sq. Tlj 7h-minuit. Plats 15-25 $ en moyenne. Ce diner au décor fifties fut créé par Miss Subway 1959. Le truc original (et très Times Square), c'est que serveurs et serveuses sont tous chanteurs de music-hall et gagnent ici leur vie en attendant de décrocher un contrat à Broadway. La cuisine n'a rien de transcendant, l'addition est surcotée (puisqu'on paie aussi les prestations musicales), mais on passe un bon moment à écouter les grands standards des comédies musicales interprétés quasi non-stop par ces jeunes artistes. Toujours bondé, donc venir plutôt en horaires décalés.

Café, pâtisseries et glaces

🍰 Little Pie Company (plan 2, F11, **258**) : 424 W 43rd St (entre 9th et 10th Ave). Ⓜ (A, C, E) 42 St-Port Authority. À l'écart de l'agitation de Broadway, cette petite pâtisserie sans décor particulier avec tables et comptoir est idéale pour démarrer la journée ou pour recharger les batteries. Excellentes tartes aux parfums envoûtants (southern pecan, three berries, banana-coconut, key lime...), d'après des recettes de grand-mère, et puis aussi de très bons muffins, scones, cheese-cakes...
🍰 Underwest Donuts (plan 2, F11,

256) : 638 W 47th St (et 12th Ave). Ⓜ (C, E) 50 St. Tlj jusqu'à 17h (15h dim). Juste en face de l'Intrepid, il faut entrer dans le carwash (lavage de voiture) pour trouver cet insolite petit comptoir à doughnuts tout frais, planqué entre la rampe de lavage et le magasin d'accessoires auto. Une rangée de tabourets seulement mais, aux beaux jours, plus sympa de les déguster sur les bancs du pier, face à l'Hudson River.
☕ Zibetto Espresso Bar (plan 2, G10, **333**) : 1385 6th Ave (entre 56th et 57th).

(M) *(F) 57 St.* Le vrai petit café italien. Minuscule, juste un comptoir en marbre pour boire debout son *ristretto*, son cappuccino ou son chocolat chaud. Quelques tiramisù et *cannoli* pour accompagner le nectar, torréfié sur place. Le meilleur café de Manhattan ! *What else ?*

🍴 *Grom* *(plan 2, G10, **254**) : 1796 Broadway (et 58th).* **(M)** *(N, Q, R) 57 St-7 Ave ou (A, C, D, 1) 59 St-Columbus Circle. Env 6 $.* Le secret de fabrication de ce glacier italien haut de gamme, posé en face du musée du Design et de Central Park : des fruits de saison exclusivement pour les sorbets (donc en hiver, seulement pomme, poire, mandarine...), du bon lait entier et des œufs bio, aucun colorant ni additif. L'hiver, ils servent aussi un onctueux chocolat chaud avec de la crème fouettée en option.

Où boire un verre ?

Quartier hautement touristique, Times Square concentre théâtres, *rooftops* de grands hôtels et clubs de jazz. Pour plus d'authenticité, poussez un peu plus à l'ouest vers Hell's Kitchen : on y trouve encore de sympathiques bars de quartier.

🍷 *Jimmy's Corner* *(plan 2, G11, **290**) : 140 W 44th St (entre 6th et 7th Ave).* **(M)** *(N, Q, R, S, 1, 2, 3, 7) 42 St-Times Sq. Tlj 11h30-4h.* Une perle improbable qui a survécu à la commercialisation outrancière de Times Square. Ouvert en 1971 par un boxeur (Jimmy Glenn), ce *dive bar* a conservé son cachet *roots* d'origine, en témoignent les souvenirs aux murs et sur les tables, Mohammed Ali en tête. Ici, la bière est encore à 3 $!

🍷 *Lillie's* *(plan 2, G11, **292**) : 249 W 49th St (et 8th Ave).* **(M)** *(C, E) 50 St. Tlj 11h-4h.* On adore ce pub victorien et son décor d'époque ultra-chargé aux airs de manoir hanté : long bar surmonté de colonnes, vitraux, plafond à caissons, balustrades tarabiscotées et murs criblés de tableaux et gravures... Souvent bondé dès la sortie des bureaux mais quelle ambiance ! Succursale à Union Square *(13 E 17th St, entre Broadway et 5th Ave).*

🍷 *R Lounge at Two Times Square* *(plan 2, G11, **452**) : entrée par le Renaissance Hotel, 714 7th Ave (et W 48th).* **(M)** *(N, R) 49 St. Tlj 17h-23h30 (12h30 sam, minuit ven-sam).* Ce bar d'hôtel n'est pas le plus *trendy* de la ville (déco un peu ringarde), mais la vue panoramique sur Times Square, en surplomb de la place, y est digne d'une carte postale et les consommations restent abordables (rare dans ce genre de lieu !). Très agréable aussi pour boire un thé ou un café l'après-midi, cerné par tous les écrans lumineux mais au calme !

🍷 *Rudy's* *(plan 2, G11, **193**) : 627 9th Ave (entre 44th et 45th St).* **(M)** *(A, C, E) 42 St-Port Authority Bus Terminal. Tlj 8h (12h dim)-4h. Bière 3 $.* Une véritable légende de Hell's Kitchen que ce *dive bar* poisseux bourré d'étudiants. Une vraie aubaine avec ses bières à prix modique, à 10 mn seulement de Times Square ! Déco vintage bien dans son jus, où des lustres à vitraux peinent à éclairer les banquettes en skaï rouge. Attention, le *Rudy's* pourrait bien devenir votre QG pour l'apéro...

🍷 *Lilly's Craft and Kitchen* *(plan 2, G11, **199**) : 675 9th Ave (entre 46th et 47th St).* **(M)** *(A, C, E) 50 St. Tlj 11h-4h.* Un autre classique de Hell's Kitchen (à ne pas confondre avec *Lillie's*, le bar victorien ; lire plus haut). Genre de pub version US, avec un long comptoir, des murs de brique et des écrans pour retransmettre les grands événements sportifs. Grand choix de bières à la pression (20 pompes) et une ambiance animée dès la fin d'après-midi, grâce à un *happy hour* généreux. *Pub food* nourrissante pour ceux qui ont un petit creux. Pour vivre à la new-yorkaise.

🍷 ☂ *Magic Hour* *(plan 1, B1, **28**) : 485 7th Ave (entre 36th et 37th).* **(M)** *(B, D, F, M, N, Q, R, W) 34 St-Herald Sq. Lun-ven 16h-2h (4h ven), w-e 11h30-4h (23h dim).* Un *rooftop* perché au 18e étage de l'hôtel Moxy (voir « Où dormir ? »), qui se définit comme le plus vaste de New York et offre de superbes vues sur l'Empire State Building.

Pas moins de 3 bars servent de subtils cocktails, que l'on peut déguster bien installé sur la terrasse ou perché sur un élégant carrousel, qui scintille à la nuit tombée.

▼ The Aviary NYC (hôtel **Mandarin Oriental** ; plan 2, G10, **468**) : 80 Columbus Circle (mais entrée par 60th). Ⓜ (A, C, D, 1, 2) 59 St-Columbus Circle. Tlj 17h-minuit. Dès l'ouverture des portes de l'ascenseur au 35e étage, le regard est hypnotisé par la vue fantastique. Les immenses baies vitrées, qui occupent tout l'espace disponible, font de Central Park et des gratte-ciel qui l'environnent un spectacle saisissant. Alors on se cale benoîtement dans les fauteuils du lounge chic et cosy, et c'est presque distraitement qu'on commande une bière ou un excellent thé parfumé (les cocktails plombant nettement plus le budget).

▼ ↑ Bar 54 Rooftop Lounge (plan 2, G11, **404**) : 135 W 45th St (entre Broadway et 6th Ave). Ⓜ (N, Q, R, 1, 2, 3, 7) 42 St-Times Sq. Tlj 16h-1h (2h jeu-ven). Au 54e étage de l'hôtel Hyatt Times Square, le rooftop le plus haut de Manhattan. Salons cosy à la déco d'inspiration seventies, amusantes bulles transparentes et chauffées sur la terrasse pour se réfugier en hiver, vue vertigineuse (mais un peu obstruée par les nombreuses tours environnantes). Pas donné mais le ciel de New York a un prix.

▼ ↑ St Cloud Rooftop (**Knickerbocker Hotel** ; plan 1, B1, **403**) : 6 Times Sq (entrée par 42nd). Ⓜ (N, Q, R, S, 1, 2, 3, 7) 42 St-Times Sq. Tlj 17h-minuit (1h ven-sam). Dominant Times Square, cet hôtel mythique à la façade haussmannienne où passèrent, dans les années 1920, Rockefeller, Scott Fitzgerald et Caruso (sa femme accoucha dans une des suites), a été rénové à

grands frais. C'est sur son rooftop (St. Cloud) que fut créé le cocktail Martini (si, si !). Mur végétal, canapé en cuir, long bar chromé, terrasse chauffée en hiver, l'ambiance est à la fois chic et intime. Et on ne parle pas de la vue ! Les consommations, pas données, ne sont pas inabordables.

▼ ↑ The Press Lounge (plan 2, F11, **402**) : au 16e étage du Ink48 Hotel, 653 11th Ave (entre 47th et 48th). Ⓜ (C, E) 50 St. Tlj 17h-1h (2h mer-jeu, 3h ven-sam, minuit dim). Sublime vue pour ce bar d'hôtel installé sur une vaste terrasse, encadrée par un bar vitré. Ambiance lounge assez sage, avec poufs et banquettes en osier pour siroter un cocktail dans la chaleur de l'été ou au coin du poêle l'hiver. Times Square scintille d'un côté pendant que l'Hudson River glisse doucement de l'autre...

▼ ↑ Hudson's at Pier 81 (plan 1, A1, **412**) : bateau amarré au Pier 81, au bout de 41st St. ● hudsonsnyc.com ● Ⓜ (A, C, E) 42 St-Port Authority. Départs le soir, en général à 18h30 ; janv-mars, sam seulement (toujours vérifier j. et horaires de départ sur leur site). Sans résa, donc arriver en avance l'été pour avoir une place en terrasse. Une croisière-apéro qui a la bonne idée d'être gratuite, seules les consos sont payantes. La partie resto est sans intérêt, c'est le bar qui vaut le coup, surtout l'immense terrasse-lounge sur le pont supérieur. Pour environ 7 $ (le prix d'une bière, les cocktails sont plus chers), le bateau fait un tour de 1h30 à 2h jusqu'aux abords de la statue de la Liberté et retour. Même principe avec la compagnie voisine, **North River Lobster Company,** mais à la belle saison uniquement, et avec des lobster rolls pour accompagner les drinks.

Où écouter de la musique ?

Bonne programmation en général dans les clubs du secteur, mais réservation indispensable en saison pour espérer en profiter. Pour les budgets serrés, mieux vaut aller à Harlem !

♪ Birdland (plan 2, G11, **465**) : 315 W 44th St (entre 8th et 9th Ave).

● birdlandjazz.com ● Ⓜ (N, Q, R, S, 1, 2, 3, 7) 42 St-Times Sq. Tlj, 3 sets/ soir, généralement à 17h30, 19h ou 21h et 23h (sauf lun pour ce dernier). Cover charge 25-50 $ selon groupe + 10 $ min de conso/set. Plats 15-35 $. « The jazz corner of the world », indique l'enseigne de ce club chic et élégant largement réputé dans NYC, et dont le nom rend hommage au grand Charlie Parker. C'est sa 3e adresse, on est loin du sous-sol enfumé des années 1950-1960 sur Broadway et des 1,50 $ de *cover charge* ! Très bonne programmation avec régulièrement des pointures, à écouter en dînant ou en sirotant un cocktail au bar. Salle cosy enveloppée d'une lumière tamisée et d'une atmosphère intime, un peu celle du film *Bird* de Clint Eastwood...

♪ *Dizzy's Club (plan 2, G10, 261) : au centre commercial* Time Warner Center, *10 Columbus Circle (angle Broadway et 60th), 5th Floor.* ● *jazz. org/dizzys* ● Ⓜ *(A, B, C, D, 1) 59 St-Columbus Circle. Accessible par les ascenseurs situés à droite du hall principal. Sets à 19h30 et 21h30 (plus 23h30 mar-sam, sans résa). Cover charge 20-50 $ (5 $ mar-mer à 23h15, plus 10 $ min de conso/set (5 $ seulement au bar).* En lien avec le complexe *Jazz at Lincoln Center,* ce petit club de jazz très couru est installé dans le *Time Warner Center,* sur Columbus Circle. Ses larges baies vitrées, qui donnent sur Central Park, offrent un cadre féerique *by night.* Tous les soirs, programmation de qualité.

♪ *Iridium Jazz Club (plan 2, G11, 455) : 1650 Broadway (et 51st).* ● *theiridium.com* ● Ⓜ *(1) 50 St. Sets tlj à 20h ou 20h30 (et 22h30 certains j.). Cover charge 15-35 $ (parfois plus si grosse pointure), plus 15 $ min de conso (boisson ou dîner).* Ex-QG du guitariste Les Paul, pionnier mythique de la gratte électrique décédé en 2009, l'*Iridium* est une petite institution dans Midtown pour écouter de très bons concerts de jazz, de blues et parfois de rock. On s'y installe au coude à coude sur de longues tables, dans un cadre hésitant entre le *diner* et le club, décoré de guitares passées entre les doigts de célébrités (Eric Clapton, Paul McCartney...). Si le repas, quasi obligatoire, n'est pas d'une grande qualité, c'est tout l'inverse sur scène, où passent régulièrement des grands. L'*Iridium* s'est même doté d'un studio d'enregistrement pour immortaliser ses concerts !

♪ *Carnegie Hall (plan 2, G10, 454) : 887 7th Ave (angle 57th).* ● *carnegiehall. org* ● Ⓜ *(N, Q, R) 57 St-7 Ave. Box-office ouv 11h (12h dim)-18h, et jusqu'à 30 mn après le début du concert. Places dès 25-35 $. Vente de quelques billets à 10 $ le j. même du show dès l'ouverture du box-office (rush tickets) jusqu'à 1h avt le concert. Également des billets à 50 % du tarif normal concernant les places avec vue partielle ou peu d'espace pour les jambes.* Inaugurée en 1891 par Tchaïkovski, qui dirigeait alors le New York Philharmonic, voici l'une des plus mythiques salles de concerts de NYC (l'équivalent de Pleyel à Paris), réputée pour sa forme en fer à cheval capitonné de velours rouge qui lui donne chic et chaleur tout en lui concédant une acoustique parfaite (on s'y passe de micros). Avec ses quelque 2 800 places, elle est la scène de tous les genres et attire les plus grands noms du showbiz. Les Beatles s'y sont produits, tout comme Édith Piaf, Benny Goodman et sa clarinette, Madonna, Sting, Steevie Wonder, Jane Birkin... On compte également quelques scientifiques à s'y être exprimés, comme Einstein, ou encore des hommes politiques, tels Roosevelt, Martin Luther King, JFK... Qu'on se le dise, monter sur la scène du Carnegie Hall est une véritable consécration !

Où jouer au bowling ?

🎳 *Bowlmor Lanes (plan 2, G11, 360) : 2222 W 44th St (entre 7th et 8th Ave).* ● *bowlmor.com* ● Ⓜ *(N, Q, R, S, 1, 2, 3, 7) Times Sq-42 St. Tlj 14h (12h ven, 11h w-e)-minuit (2h ven-sam). Tarifs : 6-12 $/pers la partie selon j. et heure, sinon 22 $ lun après 20h (unlimited bowling). Loc chaussures : env 7 $/pers. Interdit moins de 21 ans sans parent ven-sam après 21h.* Près de 50 pistes réparties dans différentes sections aux décors sur le thème de New York (Chinatown, Art déco...), toutes inondées d'une musique assourdissante. Possibilité de se restaurer (enfin, de se nourrir) et plusieurs bars. Deux autres adresses à Chelsea et Queens.

Shopping

Spécial enfants et ados

✦ ☖ *M&M's World* (plan 2, G11, **518**) : *1600 Broadway (et 48th).* Ⓜ *(N, R) 49 St.* Pour ceux qui veulent vivre à fond l'expérience américaine, voici LA boutique à ne pas rater. Outre les célèbres cacahuètes enrobées de chocolat déclinées ici dans toutes les couleurs (et même personnalisables !), on trouve pléthore de gadgets à leur effigie. Faut le voir pour le croire !

✦ ☖ *Hershey's Times Square* (plan 2, G11, **572**) : *20 Times Square Building, 701 7th Ave (angle W 47th St).* Ⓜ *(N, Q, R, W) 49 St.* Le royaume de la marque *Hershey's*, véritable institution du chocolat US (beaucoup de sucre et à peine de cacao, pas pour les vrais amateurs de choco, donc !), créée en 1892 dans la région de Chicago (du matériel vintage le rappelle).

✦ ☖ *Midtown Comics* (plan 1, B1, **581**) : *200 W 40th St (angle 7th Ave), au 1er étage.* Ⓜ *(N, R, S, 1, 2, 3, 7) 42 St-Times Sq.* Sur 2 niveaux, le paradis des fans de comics et mangas. Immense choix d'albums évidemment, dont de très nombreuses raretés (des séries épuisées, des collectors...), mais aussi tous les produits dérivés possibles : statuettes, T-shirts, déguisements, magnets, DVD... Deux autres adresses à Grand Central et Downtown.

Grands magasins, mode, sports

Nombreuses enseignes de chaîne alignées en rang serré **le long de 34th St, autour de Broadway.**

✦ *Macy's* (plan 1, B1) : *151 W 34th St (angle Broadway).* Ⓜ *(D, F, N, Q, R) 34 St.* Ce magasin plus que centenaire est l'un des plus grands au monde avec ses 100 000 m² sur 10 étages ! En avril, ne manquez pas le *Macy's Flower Show*, une tradition aussi attendue que l'arbre de Noël du Rockefeller Center : vitrines et rayons du rez-de-chaussée sont envahis de fleurs en tout genre, transformant le magasin en un somptueux jardin odorant.

Miniguichet de l'office de tourisme *NYC & Company* en mezzanine du rez-de-chaussée.

✦ *Urban Outfitters* (plan 1, B1, **263**) : *1333 Broadway (et 35th).* Ⓜ *(D, F, N, Q, R) 34 St-Herald Sq.* Pile en face de *Macy's*, cet énorme *concept store* façon entrepôt décrépi abrite le must de la branchitude urbaine en matière de fringues et accessoires pour hommes et femmes, dans ce style cool-vintage-rock qui est la marque de fabrique de l'enseigne. Les prix savent se tenir, mais le plus sage est de viser le rayon permanent des soldes.

✦ *Time Warner Center* (plan 2, G10, **261**) : *10 Columbus Circle (angle Broadway et 58th).* Ⓜ *(A, C, D, 1) 59 St-Columbus Circle.* Centre commercial de luxe doté d'une architecture toute vitrée (2003), offrant de beaux points de vue sur Columbus Circle et la pointe sud de Central Park. 2 plantureuses sculptures de Botero montent la garde dans l'atrium. Nombreuses enseignes à tendance haut de gamme : le supermarché bio *Whole Foods Market* avec une cafét, les marques américaines de fringues *J. Crew* et *Lucky Brand,* la papeterie *Papyrus,* le bar à jus *Jamba Juice...* Le complexe abrite aussi l'un des restos les plus réputés de la ville, *Per Se,* mais on vous prévient, le menu est à plus de 300 $!

✦ *Levi's Store* (plan 2, G11, **265**) : *1501 Broadway (entre 43rd et 44th).* Ⓜ *(N, Q, R, S, 1, 2, 3, 7) Times Sq-42 St.* Si une envie de jean vous taraude à la sortie d'une comédie musicale, pas de problème, la boutique est ouverte jusqu'à minuit ! Au moment des soldes de janvier et de juillet, les réductions atteignent des sommets, de quoi remplir les valises.

✦ *Yankees Clubhouse Shop* (plan 1, B1, **589**) : *245 W 42nd St.* Ⓜ *(N, Q, R, S, 1, 2, 3, 7) 42 St-Times Sq.* Arrêt incontournable pour les fans de cette mythique équipe de base-ball : T-shirts, casquettes, souvenirs en tout genre... Vente des billets pour leurs matchs au Yankee Stadium.

NEW YORK

⚜ *Clothing Line Sample Sale :* coordonnées de ces *ventes privées* plus loin, dans « À voir », avec le descriptif de Garment District.

Musique

⚜ *Guitar Center (plan 2, G11, 241) : 218 W 44ʰ St (entre 7ʰ et 8ʰ Ave). En sous-sol, descendre l'escalator.* Ⓜ *(A, C, E) 42 St Port Authority. Tlj 10h-23h (minuit ven-sam, 22h dim).* Le temple de la gratte, du DJ et du musicos en général. Salle acoustique pour essayer les instruments sur place.

Boutique de musée

⚜ *Museum of Arts and Design (MAD ; plan 2, G10) : 2 Columbus Circle (et 59ʰ).* Ⓜ *(A, C, D, 1, 2) 59 St-Columbus Circle. Tlj 10h-19h (21h jeu, 11h-18h dim).* Magnifique sélection de bijoux contemporains (à la hauteur de la collection du musée) dont quelques pièces de créateurs new-yorkais. Et puis de la déco, des foulards, un peu de vaisselle et de verrerie, le tout signé par des artistes. Horriblement cher, mais original et pointu.

À voir

🦇🦇🦇 ⫯↟ ⇜ *Times Square (plan 1, B1) :* des dizaines d'écrans publicitaires géants diffusent un flot d'images 24h/24 et illuminent tout le quartier le soir venu... Un des visages mythiques de New York. Atmosphère évidemment ultra-touristique, mais visite incontournable, à faire de préférence à la nuit tombée (encore plus magique, et ce malgré la foule !). Pour une vue panoramique, monter l'escalier rouge qui sert de toit au kiosque *TKTS*. Vision assez étrange d'une foule compacte venue admirer les écrans de pub géants... Le plus grand, d'une hauteur de 8 étages et d'une longueur équivalente à celle d'un terrain de football américain, occupe carrément tout un bloc (sur 7ʰ Avenue, entre 45ʰ et 46ʰ Street) !

🦇 ⫯↟ *Madame Tussauds (plan 1, B1) : 234 W 42ⁿᵈ St (entre 7ʰ et 8ʰ Ave).* ● *madametussauds.com/newyork* ● Ⓜ *(N, Q, R, S, W, 1, 2, 3, 7) 42 St-Times Sq. Dim-mar 10h-20h, mer-sam 10h-22h. Entrée (trop) chère : à partir de 36 $; 30 $ 3-12 ans ; réduc via leur site internet : env 30 $.* Malgré les files d'attente et le prix d'entrée délirant (comparé au MoMA ou au Met, par exemple...), ce musée de cire continue d'attirer des hordes de touristes qui viennent uniquement pour se prendre en selfie avec leurs stars préférées. La visite est organisée en plusieurs sections où évoluent les figures, qui tournent selon les aléas de l'actualité.

RIEN À CIRER !

Née à Strasbourg en 1761, Marie Tussaud apprit l'art de modeler la cire chez un médecin-sculpteur. Elle se fit la main en réalisant les figures de l'époque : Voltaire, Rousseau, Benjamin Franklin, avant d'être engagée à Versailles où elle créa les portraits de Louis XVI et de sa famille. Sympathisante royaliste, elle fut arrêtée par les révolutionnaires mais graciée pour ses talents de sculpteur ! Elle réalisa alors les masques mortuaires de Marie-Antoinette, Marat et Robespierre. Exilée en Angleterre, elle ouvrit à Londres son musée à l'âge de 74 ans. Depuis, d'autres ont été créés à New York donc, Amsterdam, Las Vegas, Hong Kong...

Franchement, ils pourraient en sortir des réserves, car il n'y en a pas tant que ça. À cela s'ajoutent quelques attractions un peu bidon et payantes en plus du billet d'entrée. Bref, l'ensemble est bien pauvre et l'intérêt limité, même avec des ados.

🦇 *Carnegie Hall (plan 2, G10) : 881 7ʰ Ave (angle 57ʰ).* ● *carnegiehall.org* ● *tours@carnegiehall.org* ● Ⓜ *(N, Q, R) 57 St-7 Ave. La meilleure façon de le visiter est d'assister à un spectacle. Sinon, visite guidée organisée (sept-juin seulement, lun-ven à 11h30, 12h30, 14h et 15h, sam à 11h30 et 12h30). Les visites sont* *annulées en cas de spectacle ou de répétitions. Tarif : 17 $; réduc.* Pour l'histoire du Carnegie Hall, voir plus haut « Où écouter de la musique ? ».

※※ Times Square Church *(plan 2, G11) : 237 W 51st St (entre Broadway et 8th Ave).* ● *tscnyc.org* ● Ⓜ *(1, C, E) 50 St. Service dim à 10h, 15h et 18h et mer à 19h (durée : 2h). GRATUIT mais donation bienvenue.* Pour ceux qui n'auraient pas le temps de « monter à Harlem » pour assister à une messe gospel de 3-4h, cette église (éminemment touristique) est une expérience intéressante, qui en dit long sur le rapport des Américains à la religion : leur ferveur frisant parfois le fanatisme, leur facilité à s'exprimer aussi librement en public (il faut les voir chanter et danser !) et le caractère commercial et bien-pensant de la cérémonie. La 1re heure est consacrée au gospel (chœur d'une centaine de personnes). Le texte des chants défile sur un écran géant façon karaoké, entrecoupé de pubs et prières en tout genre, du vœu de guérison à l'augmentation de salaire en passant par l'achat de la nouvelle voiture (ça marche vraiment pour les bagnoles ?) ! Place ensuite aux 45 mn de prêche du pasteur, traduit en simultané (casque à retirer à l'étage du hall). Ça se passe dans un théâtre à l'italienne d'un kitsch absolu, converti en église en 1987. Ceux qui ne comptent pas rester jusqu'à la fin iront s'installer au balcon.

※ Garment District *(plan 1, B-C1) : entre 5th et 9th Ave, et 34th et 42nd St.* ● *garmentdistrictnyc.com* ● Ⓜ *(N, Q, R, S, 1, 2, 3, 7) 42 St-Times Sq.* Depuis près d'un siècle, ce quartier est celui de la mode, des créateurs (grands ou petits) aux fabricants de tissu. C'est ici qu'a longtemps été conçue et même fabriquée une grosse partie de l'industrie vestimentaire américaine. Aujourd'hui, si certains créateurs sont toujours implantés dans le secteur (comme Calvin Klein et Donna Karan, par exemple), la fabrication se fait ailleurs. Les usines et autres show-rooms ont laissé la place aux grandes chaînes comme *Old Navy* et consorts. On peut toutefois espérer faire encore quelques bonnes affaires dans une solderie *(sample sale)* qui écoule chaque semaine *(lun-jeu 10h-18h ou 19h)* des pièces de créateurs à prix cassés : *261 W 36th St (entre 7th et 8th Ave), au 2e étage. Dates des prochaines ventes sur leur site* ● *clothingline.com* ●

※※ ⚞ Intrepid Sea, Air & Space Museum *(plan 2, F11) : Pier 86 (angle W 46th St et 12th Ave), au bord de l'Hudson River.* ● *intrepidmuseum.org* ● Ⓜ *(C, E) 50 St ou bus M42 depuis Times Sq. Avr-oct, tlj 10h-17h (18h w-e et j. fériés) ; le reste de l'année, tlj (sauf Thanksgiving et Noël) 10h-17h. Entrée : 33 $; 24 $ 5-12 ans ; gratuit moins de 4 ans (inclus dans le CityPass) et certains vendredis soir pour tous (se renseigner sur le site internet). Audioguide 7 $. Attention, les attractions (simulateurs) sont en plus : 10 $ chacune ou pass 27 $ pour les 3... Demander le plan à l'entrée, indispensable pour se repérer.*

Inauguré en 1943, le **porte-avions** *Intrepid* commença sa carrière au cours de la Seconde Guerre mondiale avant de reprendre du service pendant la guerre froide et celle du Vietnam. Il joua même un rôle dans la conquête de l'espace en récupérant plusieurs capsules de spationautes, notamment pour la mission *Mercury*. C'est un musée flottant depuis 1982, qui intéressera surtout les passionnés de marine et d'aviation. Mesurant 275 m sur 93 m, il abritait 3 500 marins et jusqu'à 103 avions. Le niveau principal *(Hangar Deck)* correspond à la partie musée à proprement parler avec vitrines interactives, petits films et nombreuses animations. Les simulateurs de vol sont payants comme le *XD Theater,* le *G-Force* ou le *Transporter FX (sur le quai)*, malheureusement trop chers pour quelques minutes de « vol ». Ne manquez pas de jeter un œil à la monumentale hélice de l'*Intrepid* (12 247 kg !). Il en fallait quatre comme elle pour déplacer le porte-avions.

La visite se poursuit ensuite dans la tour de contrôle du pont d'envol *(Flight Deck)* : la salle de navigation et de commandement, les quartiers de l'équipage avec les couchettes, la cuisine, la salle à manger, etc. Sur le pont également

sont entreposés une bonne vingtaine d'engins de guerre : le surprenant *A-12 Blackbird* (un des
plus rapides du monde), l'hélico
Bell AH-15 utilisé au Vietnam, le
Tomcat de Tom Cruise dans le
film *Top Gun,* un *Super-Étendard*
de la marine française... On peut
aussi admirer la navette spatiale
Space Shuttle Enterprise dans
le pavillon édifié exprès pour

LANCE-PIERRES

*Sur les porte-avions, la piste est trop
courte (environ 70 m) pour que l'aéro-
plane puisse décoller par ses propres
moyens. On utilise donc une cata-
pulte qui permet de propulser l'avion
à 100 nœuds (185 km/h) en quelques
secondes.*

elle. Pour finir, ne pas manquer la visite du sous-marin nucléaire *USS Growler,*
amarré au quai. Il rôdait dans les eaux du Pacifique ouest durant la guerre froide
de 1960 à 1963. Les passionnés qui auront réservé à l'avance une visite guidée
spéciale pourront explorer un des avions de ligne *Concorde* sur le quai à côté du
porte-avions *(15 $ en plus du billet d'entrée ; 12 $ 5-12 ans ; ça commence à faire
chérot...).*

🏹🏹 **MAD (Museum of Arts and Design** ; plan 2, G10) **:** 2 Columbus Circle
(et 59th). ● *madmuseum.org* ● Ⓜ *(A, C, D, 1) 59 St-Columbus Circle. Mar-dim
10h-18h (21h jeu). Entrée : 16 $; réduc ; gratuit moins de 18 ans. Donation libre
jeu dès 18h.* Un musée tout à fait étonnant, plutôt pour un public averti, dans
un building en béton des sixties entièrement rhabillé de brique translucide,
offrant des vues panoramiques aux visiteurs. Son objectif : appréhender les
multiples processus de la création, du travail artisanal sur des matières premières au numérique dernier cri, à travers les œuvres d'artistes et de designers
du monde entier. Difficile de rester indifférent devant ces créations avant-
gardistes, décalées, pointues, grandioses, loufoques (le musée porte bien
son nom !)... présentées dans le cadre d'expositions temporaires uniquement.
Seule la galerie de bijoux est permanente et encore, les modèles exposés
(modernes et anciens) tournent constamment. N'hésitez pas à ouvrir les tiroirs,
il y a encore plein de trésors à découvrir ! Enfin, possibilité de rencontrer et
de discuter art et technique avec les jeunes artistes travaillant dans les *open
studios* du musée.
🏵 ▌●▌ Belle *boutique* (exceptionnellement chère !) et resto *Robert,* chic et panoramique, avec formidable perspective sur Central Park. *Tlj 11h30-23h30 (1h
lounge). Lunch encore abordable (sandwichs et burgers 15-20 $), dîner plus cher
(plats 25-40 $) et vins hors de prix...*

🏹 **Spyscape** (plan 2, G10) **:** 928 8th Ave (et 55th). ● *spyscape.com* ● Ⓜ *(C, E)
50 St. Tlj 10h (9h w-e)-21h. Entrée : 44 $; réduc.* Un musée immersif certes
très cher mais qui ravira les passionnés d'espionnage. Avant de commencer
la visite, on vous donne un bracelet. Il s'agit en fait du badge qui permet de
passer les **challenges** du parcours : il suffit de le scanner contre les pastilles
lumineuses associées aux différentes activités. Ainsi votre nom apparaît à
l'écran et vos résultats sont enregistrés au fur et à mesure. La visite commence
par un briefing rapide qui nécessite quelques rudiments d'anglais. Puis elle
s'articule autour de 6 thèmes : **cryptage, dissimulation, surveillance, hac-
king, forces spéciales, et renseignements.** Chaque section abrite des objets
liés à l'espionnage (dont une machine allemande Enigma ainsi que la « Bombe »
qui a permis d'en percer le mystère), des activités et des tests psychologiques
qui permettront d'établir votre profil d'espion jusqu'au debriefing. Mais au-
delà du divertissement, cette visite immersive entend très sérieusement exposer l'histoire de l'espionnage et mettre en garde contre ses excès, sur un ton
inquiétant qui n'est pas sans rappeler *1984* de George Orwell (avec un focus
sur l'affaire Snowden et les lanceurs d'alerte notamment). Finalement, on est
assez loin de l'univers glamour de James Bond (malgré l'amusante collection
de gadgets présentée à la fin).

NEW YORK

MIDTOWN

● Pour se repérer, voir les plans détachables 1 et 2 en fin de guide.

Midtown et Wall Street sont les quartiers qui représentent le mieux le gigantisme de la ville de New York. Tout y est démesuré : la foule, les avenues bordées d'immenses gratte-ciel, sortes de grands canyons à perte de vue qui donnent l'impression d'être devenu lilliputien... Comme tout bon touriste, vous déambulerez le nez en l'air pour profiter de l'architecture créative de ces bâtiments ! Ces derniers temps, la tendance est au « toujours plus haut », particulièrement autour de la pointe sud de Central Park où les promoteurs rivalisent d'ambition pour construire des gratte-ciel résidentiels aussi luxueux que longilignes, avec vue imprenable sur le poumon vert de la ville. Au détriment des promeneurs du parc, qui se voient, eux, privés de soleil... le comble !
L'activité du quartier bat son plein pendant les heures de boulot, quand une marée de cols blancs envahit les rues, tous engagés dans une course contre la montre effrénée (time is money, c'est bien connu). Le trafic y est alors dément et, au milieu du concert des sirènes de police et de pompiers, les chauffeurs de taxis paraissent tous en être à leur 10e tasse de café !
Ce rythme trépidant ne fait pas de Midtown l'endroit le plus reposant pour flâner ou siroter un verre en terrasse. Pourtant, il arrive qu'à la pause de midi ces mêmes New-Yorkais sortent profiter du soleil estival en envahissant les rares espaces verts du coin. Le quartier devient alors un observatoire privilégié du mode de vie de toute une population, qui profite aussi de ces rares instants de loisir pour faire les boutiques...
Car il faut bien dépenser l'argent gagné pendant toutes ces journées de travail à rallonge ! Tout au long de ces interminables artères commerciales, dont la plus fameuse est bien sûr la mythique 5th Avenue, Midtown aligne ses hôtels de luxe et ses grands magasins, qui rivalisent de magnificence, d'extravagance et, bien sûr, d'architecture. Raison pour laquelle aussi, à la différence de Lower Manhattan, ce n'est pas désert le week-end... Enfin, à Noël et au Nouvel An, l'ambiance est magique, avec des illuminations et des sapins à tous les coins de rue.

Où dormir ?

Pratiquement aucune possibilité d'hébergement « Bon marché » et à « Prix moyens » dans ce quartier chic. Si vous tenez à séjourner dans le secteur, piochez plutôt dans les chapitres « **Union Square et Flatiron District** » et « **Times Square et Theater District** ».

De très chic à très, très chic

🛏 **Library Hotel** (plan 1, C1, **63**) : 299 Madison Ave (et 41st). ☎ 212-983-4500. ● libraryhotel.com ● Ⓜ (D, F) 42 St-Bryant Park. Doubles 250-450 $,

petit déj inclus. Hôtel de charme spécial bibliophiles et papivores ! Pile en face de la NY Public Library, dans un bel immeuble Art déco. Son concept est inspiré de la classification décimale de Dewey, développée au XIXe s. Chacun des 10 étages est dédié à un thème : philosophie, beaux-arts, histoire-géo... et les 60 chambres ont leur bibliothèque explorant un sujet particulier : botanique, astronomie... Confort douillet, avec belle vue sur les buildings environnants. Parties communes fort agréables : rooftop (en partie couvert), salle de lecture cosy avec boissons et pâtisseries à volonté, et wine and cheese offert en fin de journée. Pour les sportifs, *pass* gratuit dans les *NY Sports Clubs* (le plus proche est à 5 blocs). Une excellente adresse.

■ **One Central Park** *(plan 2, G10, 67)* : *1414 6th Ave (et 58th).* ☎ *833-625-4111.* ● *1hotels.com/central-park* ● Ⓜ *(N, Q, R, F) 57 St. Doubles 200-500 $.* À 2 pas de Central Park, nouveau boutique-hôtel éco-chic et branché sur le thème du végétal, trait d'union *green* entre la City et le poumon vert de la ville. Les matériaux bruts dominent, le bois en tête, sous toutes ses formes : souche, tranche d'arbre, branches, planches, mousses dégringolantes... Plus de 200 chambres zen et luxueuses mais pas toutes avec belle vue malheureusement.

■ **Bryant Park Hotel** *(plan 1, C1, 82)* : *40 W 40th St (entre 5th et 6th Ave).* ☎ *212-869-0100.* ● *bryantparkhotel. com* ● Ⓜ *(D, F) 42 St-Bryant Park. Doubles avec vue sur le parc 250-550 $.* L'hôtel a investi le premier gratte-ciel Art déco de la ville : l'impressionnant *American Radiator Building* (1924), tout en brique noire. Un chef-d'œuvre architectural peint par Georgia O'Keeffe. Si l'intérieur s'avère dépouillé comparé au style flamboyant de la façade, l'hôtel est très apprécié pour sa situation, au pied de Bryant Park,

animé été comme hiver, et pour ses chambres donnant dessus. La déco minimaliste (tout blanc et bois blond) manque un peu d'originalité, mais le niveau de confort est excellent et le service impeccable sans être guindé. Resto japonais au décor spectaculaire et cave gothique branchée pour boire un verre le soir *(open bar pour les guests 17h-18h en sem).*

■ **The Algonquin** *(plan 2, G11, 87)* : *59 W 44th St (entre 5th et 6th Ave).* ☎ *212-840-6800.* ● *algonquinhotel.com* ● Ⓜ *(N, Q, R, S, 1, 2, 3, 7) 42 St-Times Sq. Doubles 200-500 $.* Depuis 1902, l'*Algonquin* est l'hôtel historique du monde littéraire. Simone de Beauvoir et Gertrude Stein y descendaient, le magazine *The New Yorker* fut fondé dans ses murs (les clients de l'hôtel reçoivent toujours gratuitement) et William Faulkner y rédigea son discours avant de recevoir le prix Nobel en 1950. Rénové dans un style colonial d'une grande élégance, l'hôtel a conservé son atmosphère littéraire. Superbe lobby avec ses colonnes peintes en noir, plantes vertes luxuriantes, fauteuils et canapés invitant à la paresse... Chambres petites mais raffinées. Un bémol, l'insonorisation, faiblarde dans certaines.

NEW YORK

Où manger ?

Difficile de trouver de bons plans de restos pour se poser dans ce quartier de bureaux. Beaucoup de petites chaînes ou des endroits où acheter des trucs sympathiques, mais à emporter surtout.

Spécial petit déjeuner et brunch

🕱 **Ess-a-Bagel, Buttercup Bake Shop** et **Whole Foods Market.** Voir plus loin.

Très bon marché

🍴 🕱 **Ess-a-Bagel** *(plan 2, H11, 116)* : *831 3rd Ave (angle 51st).* Ⓜ *(6) 51 St. Tlj 6h-21h (17h w-e). Attention, fermé*

plusieurs j. au moment des grandes fêtes juives. Env 5-10 $. Employés et habitants du quartier affectionnent cette échoppe vieillotte, célèbre depuis les seventies pour ses excellents bagels garnis d'un large choix d'assortiments salés et sucrés, à manger sur les quelques tables ou à emporter. Bon choix également de sandwichs au pastrami typiques des *delis* juifs. Idéal aussi pour le petit déj.

Bon marché

🍴 **Xi'an Famous Foods** *(plan 2, G-H10-11, 162)* : *37 W 54th St (entre 5th et 6th Ave).* Ⓜ *(E) 5 Ave-53 St. Tlj 11h-20h30. Plats 6-12 $. Pas de w-c.* Zéro cadre, une poignée de places assises en rang d'oignons face au

NEW YORK

mur, rien pour poser sa parka en hiver et pourtant, quel succès pour cette minichaîne new-yorkaise spécialisée dans la cuisine de Xi'an ! Il faut dire que les prix sont tout doux et les nouilles sautées et soupes copieuses, bien parfumés et volontiers *spicy* (demander *mild* et rajouter si besoin un peu d'huile pimentée maison). Celui-ci a eu la bonne idée de s'installer juste en face du MoMA ! *Succursale quelques blocs plus au sud : 24 W 45th St (entre 5th et 6th Ave ; plan 2, H11, 162).* Ⓜ *(D, F) 42 St-Bryant Park.*

⏺🍽 **Dining Concourse de Grand Central Station** *(plan 2, H11, 323) : au sous-sol de la gare de Grand Central.* Ⓜ *(S, 4, 5, 6, 7) 42 St-Grand Central. Repas 10-15 $.* Un *food court* typiquement américain, pratique pour un déjeuner sur le pouce ou une pause en cours de route. Possibilité de choisir un plat à un stand et le dessert dans un autre, on s'assied ensuite où on veut. Voici nos enseignes préférées (que l'on retrouve ailleurs dans NY) :
– **Shake Shack :** burgers (même en version breakfast), hot-dogs, crèmes glacées et bière de Brooklyn.
– **Zaro's Bakery :** d'excellents et énormes *deli sandwichs*, wraps et bagels garnis de produits d'une grande fraîcheur. De bons croissants également. Le top de la sandwicherie.
– **Magnolia Bakery :** cupcakes colorés, cheese-cake au citron, gâteaux à étages bien *creamy*... Une de nos pâtisseries favorites.
– **Doughnut Plant :** le pionnier du *doughnut* artisanal, tout frais et décliné dans des parfums de saison.

⏺🍽 **Whole Foods Market** *(plan 2, H10, 321) : 226 E 57th St (entre 2nd et 3rd Ave).* Ⓜ *(4, 5, 6) 59 St. Tlj 7h-23h. Plat au poids env 10 $.* Voir le descriptif de ce supermarché bio haut de gamme dans la rubrique « Times Square et Theater District. Où manger ? ». À noter que cette succursale possède également un vaste espace à l'étage, tout en baie vitrée, pour s'attabler et déguster les suggestions du jour.

⏺ **Five Guys** *(plan 2, H10, 205) : 43 W 55th St (entre 5th et 6th Ave).* Ⓜ *(E) 5 Ave-53 St ou (6) 51 St. Burger-frites env 12 $.* Un honnête fast-food de chaîne, plébiscité pour ses

burgers-frites mais aussi ses hot-dogs et *grilled cheese.* On peut demander tous les *toppings* pour le même prix : champignons et oignons grillés, poivrons... Bien copieux, mais on ne choisit pas la cuisson : c'est *well done* (bien cuit) pour tout le monde. Cacahuètes entières à volonté, pour patienter. Zéro cadre et confort sommaire, mais au cœur de Midtown, aussi près du MoMA, on ne va pas faire la fine bouche.

De prix moyens à plus chic

Pour commencer, 2 **food halls** de la même enseigne. Ces « marchés 2.0 » réunissant sous un même toit différents stands de restauration rapide mais gourmet sont la nouvelle marotte des New-Yorkais pour un repas sur le pouce et pas trop cher :

⏺🍽 **Urbanspace@Vanderbilt** *(plan 2, H11, 293) : 230 Park Ave (et 45th).* Ⓜ *(S, 4, 5, 6, 7) 42 St-Grand Central. Lun-ven 6h30-21h, w-e 9h-17h. Repas 10-20 $.* Ce *food hall,* ouvert à côté de la gare Grand Central, sous une halle de structure métallique, réunit les hits du moment : les pizzas locavores de **Roberta's** à Bushwick, les *lobster rolls* du **Red Hook Lobster Pound,** les *doughnuts* de chez **Dough** et le café de chez **Toby's Estate,** mais aussi tacos, chinois, thaï, coréen, japonais... En tout, une vingtaine de comptoirs où l'on peut retirer le plat de son choix pour le déguster sur de grandes tablées au centre de la halle, dans un joyeux brouhaha.

⏺🍽 **Urbanspace@570 Lex** *(plan 2, H11, 280) : 570 Lexington Ave (et 51st St).* Ⓜ *(6) 51 St. Tlj 6h30 (7h dim)-21h.* Un autre *food hall* nouvelle génération au rez-de-chaussée du flamboyant *General Electric Building,* fleuron de l'Art déco. Une vingtaine de stands au choix, parmi lesquels : *empanadas,* chaussons bao, ramen, pizzas, falafels... Pas mal de places assises dans un cadre industriel plaisant.

⏺🍽 **Luke's Lobster** *(plan 2, H11, 290) : 207 E 43rd St (et 3rd Ave).* Ⓜ *(S,*

4, 5, 6, 7) 42 St-Grand Central. Plats 10-20 $. À 2 blocs de Grand Central, on a apprécié les grandes tablées conviviales et l'esprit *seafood shack* (cabane à fruits de mer) typique de Nouvelle-Angleterre. Mais le vrai plus aux beaux jours, c'est cette grande terrasse en renfoncement entre 2 immeubles donc protégée de la circulation. Idéale pour croquer dans un *lobster roll* (petit pain au homard) ou lamper une *clam chowder* (soupe crémeuse aux palourdes).

I●I *Sakagura (plan 2, H11, 220) :* 211 *E 43rd St (entre 2nd et 3rd Ave).* Ⓜ *(S, 4, 5, 6, 7) 42 St-Grand Central. Ouv le soir tlj, plus le midi lun-ven. Le midi, formules 13-23 $ et menu dégustation 36 $; le soir, l'addition monte vite (*small plates à la carte). Ce resto-bar à saké est l'une de nos adresses les plus mystérieuses : il faut entrer dans un triste immeuble gardé par un vigile puis descendre un escalier à gauche... pour découvrir une authentique *izakaya* : une auberge traditionnelle japonaise ! Pour éviter le coup de bambou, venez plutôt le midi, vous profiterez tout autant de la fine cuisine. Et n'oubliez pas le petit tour aux toilettes, aménagées dans d'authentiques barriques de saké.

De plus chic à très chic

I●I 🍸 *Grand Central Oyster Bar & Restaurant (plan 2, H11, 323) :* au sous-sol de Grand Central Station. Ⓜ *(S, 4, 5, 6, 7) 42 St-Grand Central. Tlj sauf dim 11h30-21h30. Plats 25-40 $. Résa en ligne conseillée :* ● *oysterbarny.com* ● Ce vaste resto centenaire, ouvert peu après sa construction de la gare en 1913, est un incontournable pour déguster poisson et fruits de mer. La fraîcheur est à toute épreuve, et le choix fabuleux (une vingtaine de variétés d'huîtres) ! 4 lieux : la grande salle sous les voûtes, le lounge intime face à l'entrée, les longues tables conviviales pour les pressés ou le saloon au fond à droite (avec aussi un long comptoir). Énorme sélection de vins du monde entier (chers !) et bières locales microbrassées. Très agréable aussi d'ailleurs pour y boire un verre seulement. Un must dans son genre, malgré le service brusque et le vacarme ambiant dû à la hauteur sous plafond.

NEW YORK

Cafés, pâtisseries

Cafés

🍵 *Blue Bottle Coffee (plan 1, B-C1, 332) :* 54 W 40th St (entre 5th et 6th Ave). Ⓜ *(D, F) 42 St-Bryant Park.* Cette enseigne californienne, dans le même esprit que *La Colombe* et *Stumptown Coffee Roasters,* a rapidement conquis les New-Yorkais, qui ne jurent plus que par le bon café passé à l'ancienne. Quelques tabourets hauts seulement pour s'asseoir, mais Bryant Park vous tend les bras pour siroter un cappuccino à l'ombre des magnifiques buildings. Le chocolat chaud vaut aussi le coup.

🍵 *Ground Central Coffee Co (plan 2, H11, 339) :* 155 E 52nd St (entre Lexington et 3rd Ave). Ⓜ *(E, M) 5 Ave-53 St.* Un petit café mimi comme tout, avec son coin salon-bibli au fond, ses fauteuils et canapés moelleux pour s'enfoncer en sirotant son *latte.* Très agréable en hiver.

🍵 *Swedish Seamen's Church Café (plan 2, H11, 340) :* 5 E 48th St (entre 5th et Madison Ave). Pas d'enseigne, juste une sonnette. Ⓜ *(D, F) 47-50 St-Rockefeller Center. Tlj 12h-18h (16h w-e).* Insolite et suranné, ce café-bibliothèque au rez-de-chaussée d'une église suédoise dédiée aux marins du pays ! L'avantage, c'est qu'on peut y boire un café ou un thé, confortablement installé au cœur de Midtown. Quelques grignotages nordiques également.

Pâtisseries

🍰 *Magnolia Bakery (plan 2, G11, 318) :* 1240 6th Ave (et 49th). Ⓜ *(D, F) 47-50 St-Rockefeller Center.* Pas de places assises dans cette succursale de la fameuse pâtisserie de Greenwich Village spécialisée dans les cupcakes (voir commentaire dans ce chapitre), située au pied du Rockefeller Center. Heureusement, la file d'attente est quand même moins démoniaque ici !

🍰 **Lady M** (plan 1, B-C1, **332**) : 36 W 40th St (entre 5th et 6th Ave). Ⓜ (D, F) Bryant Park. Décor minimaliste façon laboratoire pour cette pâtisserie américaine d'inspiration française aux accents japonais. Le signature cake est le « Mille Crêpes », un millefeuille de crêpes ultra-fines caramélisé au-dessus (existe en version au thé). Cher (env 9 $ la part) mais exquis, crémeux et léger à la fois. Tables pour la dégustation, sinon Bryant Park est juste en face.

🍰 **Buttercup Bake Shop** (plan 2, H11, **275**) : 973 2nd Ave (entre 51st et 52nd). Ⓜ (6) 51 St. Banana pudding (riche mais ô combien addictif !), cupcakes, cheese-cakes, etc., telles sont les douceurs typiquement américaines que vous dégusterez sans compter dans cette bonne petite pâtisserie avec atelier de fabrication derrière. Le décor ne paie pas de mine mais on ne boude pas pour autant les quelques places assises !

Où boire un verre ?

Ambiance yuppie dans ces bars chics et chers, bien à l'image du quartier.

🍸 🍴 **PJ Clarke's** (plan 2, H10, **310**) : 915 3rd Ave (angle 55th). Ⓜ (N, R, 4, 5, 6) 59 St. Tlj 11h30-2h (10h sam-dim). Installé dans une pittoresque maison basse de 1868 en brique rouge cernée de gratte-ciel, ce pub vieilli dans son jus – véritable institution – a abreuvé des générations de New-Yorkais depuis sa création en 1884. À l'intérieur, boiseries et verrières, vieilles pendules et grand bar en bois où il faut jouer des coudes pour siroter sa bière ou gober une paire d'huîtres, parmi les quadras en bras de chemise tout juste sortis du bureau. On peut aussi y manger des pubs classics assez chers, autour des nappes à carreaux de la salle ronflante à l'arrière. Beaucoup d'ambiance en fin de semaine, sur fond de standards rock ou jazz.

🍸 **The Refinery Rooftop** (plan 1, B1, **406**) : 63 W 38th St (entre 5th et 6th Ave). Ⓜ (D, F) Bryant Park. Tlj 16h (11h30 pour le lunch)-1h (3h ven-sam). Au 13e étage, avec une belle vue sur l'Empire State Building, un rooftop efficace et aux consommations encore abordables. On apprécie l'espace couvert, convivial et chaleureux, mêlant briquette rouge, sol en carreaux de terre cuite et cheminée en hiver, ainsi que sa terrasse semi-ouverte éclairée par des photophores. Ambiance détendue, calme en semaine.

🍸 **The Campbell** (plan 2, H11, **405**) : accès par Vanderbilt Ave, il faut sortir de Grand Central Terminal. Ⓜ (S, 4, 5, 6, 7) 42 St-Grand Central. Tlj minuit-2h. Étonnant de trouver un tel endroit dans une gare ! En fait, il s'agit de l'appartement qu'occupait dans les années 1920 le magnat de la finance J. W. Campbell, restructuré et rénové depuis avec beaucoup de goût. Grande salle de style néoflorentin avec plafond à caissons peint, meubles sculptés, murs en marbre et cheminée monumentale. Atmosphère intime et ambiance jazzy. Le bar est assez classe (et pas donné !), alors ne vous y pointez pas en jean déchiré. Mezzanine plus intime en haut, pour une vue plongeante sur les lieux.

Où écouter du bon jazz ?

🎵 **Saint Peter's Church** (plan 2, H11, **464**) : 619 Lexington Ave (angle 54th). ● saintpeters.org ● Ⓜ (6) 51 St. Décidément, tout est très concentré, voire imbriqué à Manhattan. Un exemple, cette église luthérienne installée sous la Citicorp Tower, qui culmine à 274 m ! La congrégation s'est fait pas mal d'argent en vendant son vaste terrain à la Citicorp, il y a quelques décennies, à la condition qu'une nouvelle église soit intégrée dans le complexe. Tous les dimanches à 18h s'y tiennent les *Jazz Vespers*, cérémonies religieuses ponctuées d'« intermèdes musicaux » interprétés par des artistes de talent.

C'est gratuit. La messe est suivie d'un goûter auquel les ouailles sont chaleureusement conviées. Des concerts sont aussi proposés les mercredis à 13h *(donation conseillée : 10 $)*.

Shopping

Mode

❀ **Vans** *(plan 2, H11,* **548***) :* *530 5th Ave (et 45th St).* Ⓜ *(D, F) 47-50 St-Rockefeller Center.* Le *flagship* de la marque californienne dédiée aux sports de glisse et alternatifs. Leur modèle phare de tennis en toile date de la création, en 1966. Celui sans lacets (le *Slip On*), à damiers noir et blanc, a été popularisé au cinéma par Sean Penn en 1982.

❀ **Anthropologie** *(plan 2, G-H11,* **552***) :* *45 Rockefeller Plaza (entre 50th et 51st).* Ⓜ *(D, F) 47-50 St-Rockefeller Center.* Une marque de vêtements pour femmes (née à Philadelphie) qu'on aime particulièrement pour son style original et raffiné, tendance vintage, rétro ou bohème chic. Cher, mais vraiment unique. Également de la belle vaisselle et de la déco. Les boutiques valent le coup d'œil.

❀ **J. Crew** *(plan 2, G-H11,* **546***) :* *30 Rockefeller Plaza (50th St, entre 5th et 6th Ave).* Ⓜ *(D, F) 47-50 St-Rockefeller St.* La marque *casual* chic stylée pour hommes et femmes, tendance « week-end dans les Hamptons ». Cher, mais le coin des soldes réserve des surprises.

❀ **Brooks Brothers** *(plan 2, H11,* **598***) :* *346 Madison Ave (et 44th).* Ⓜ *(S, 4, 6, 7) 42 St-Grand Central.* Depuis 1818, *Brooks Brothers* fait la loi en matière de chemises pour hommes. Cette institution, très prisée par le monde de la finance, est le fournisseur officiel des présidents américains depuis Abraham Lincoln, à l'exception de Jimmy Carter et Ronald Reagan (Trump n'est pas très client non plus). Du classique, également décliné en *leisure wear* B.C.B.G. Prix convenables vu la qualité, surtout en promo. *D'autres boutiques au 901 Broadway (et 20th St ; quartier Flatiron)*

et 1270 6th Ave (et 50th St, près du Rockefeller Center).

❀ **Abercrombie & Fitch** *(plan 2, H10,* **621***) :* *720 5th Ave (et 56th).* Ⓜ *(N, R) 5 Ave-59 St.* On ne présente plus cette marque *casual*, bien connue des ados pour ses gros sweats douillets à capuche estampillés, T-shirts et chemises à carreaux. Les boutiques sont toutes conçues sur le même principe : éclairages ultra-tamisés, musique assourdissante façon boîte de nuit et sent-bon maison *(Fierce)* vaporisé à tout-va pour l'ambiance olfactive.

❀ **Hollister** *(plan 2, H11,* **588***) :* *668 5th Ave (entre 52nd et 53rd).* Ⓜ *(E) 53 St.* C'est le magasin amiral de la ligne californienne d'*Abercrombie,* un poil moins chère, pour une qualité et un style équivalents. La boutique vaut le détour elle aussi, avec sa devanture noire et ses écrans à l'intérieur retransmettant en live Huntington Beach (la plage des surfeurs à Los Angeles). N'oublions pas le staff de jeunes recrutés pour leur plastique, déambulant en tongs et maillot de bain !

❀ **Ugg Australia** *(plan 2, H10,* **626***) :* *600 Madison Ave (et 58th).* Ⓜ *(N, R) 5 Ave-59 St.* Pour les fans des fameuses bottes fourrées australiennes, pas super élégantes mais douillettes, toujours fashion et adaptées à la météo hivernale à New York. Modèles pour hommes, femmes, enfants, bébés et accessoires : gants, chaussons, sacs... Quelques soldes mais jamais sur les classiques.

❀ **Uniqlo** *(plan 2, H11,* **588***) :* *666 5th Ave (et 53rd).* Ⓜ *(6) 51 St ou (E, M) Lexington Ave-53 St.* C'est le *flagship* de la chaîne de prêt-à-porter japonaise (avec son alter ego de Tokyo à Ginza), spécialisée dans les fringues sobres et basiques, déclinées dans plein de couleurs et à prix doux. Architecture d'avant-garde (signée

Masamichi Katayama), conçue comme une immense et lumineuse cathédrale de la fringue. Son triple escalator monte directement au 3e étage et on accède aux autres par des escaliers aux lumières flashy...

Bijoux

✺ *Tiffany & Co* (plan 2, H10, *595*) : *727 5th Ave (et 57th).* Ⓜ *(N, R) 5 Ave-59 St.* Bijouterie culte immortalisée à l'écran par Blake Edwards dans *Breakfast at Tiffany's (Diamants sur canapé)* avec la délicieuse Audrey Hepburn, d'après le roman de Truman Capote. Clin d'œil au film, il existe maintenant un *Blue Box Café* au 4e étage du magasin, où l'on peut prendre un petit déj... pour 30 $ quand même ! Si vous voulez vous offrir un petit souvenir à peu près abordable, montez au 3e, au rayon des *charms* (breloques). Compter une centaine de dollars le petit cœur en argent gravé de la célèbre mention : « *Please return to Tiffany & Co* ». Pour la petite histoire : c'est à la tête d'une modeste bijouterie que *Charles Tiffany* commença, dès le milieu du XIXe s, à acquérir une certaine notoriété en rachetant aux aristocrates parisiens des parures de bijoux qu'il exposait ensuite dans sa boutique new-yorkaise... et qui connurent un rapide succès. Son fils est l'illustre maître verrier et décorateur d'intérieur *Louis Comfort Tiffany,* dont on peut voir les fabuleuses créations colorées (vitraux, lampes...) au Metropolitan Museum.

Spécial enfants

✺ 🧒 *Nintendo World* (plan 2, H11, *599*) : *10 Rockefeller Plaza (48th St, entre 5th et 6th Ave).* Ⓜ *(D, F) 47-50 St-Rockefeller St.* Vous voulez faire plaisir à vos enfants après une journée dans les musées ? Voici le temple de la console de jeux avec Nintendo Switch à tester gratuitement ! Également des tas de produits dérivés à l'effigie de Mario et ses copains, et une vitrine-musée de la marque...

✺ 🧒 *FAO Schwartz* (plan 2, H11, *599*) : *30 Rockefeller Plaza (49th St, entre 5th et 6th Ave).* Ⓜ *(D, F) 47-50 St-Rockefeller St.* Un des rares magasins

de jouets de NY, version édulcorée de la célèbre enseigne de la 5e Avenue, fermée depuis 2015. Le piano à pied de Tom Hanks dans *Big* a retrouvé sa place, pour le bonheur des fans. Sélection restreinte de joujoux mais jolis peluches et doudous, et puis la situation sur Rockefeller Plaza est idéale pour les touristes.

✺ 🧒 *Lego Store* (plan 2, H11, *625*) : *620 5th Ave (entrée sur Rockefeller Plaza).* Ⓜ *(D, F) 47-50 St-Rockefeller St.* La boutique qui ravira les inconditionnels des petites briques danoises. Quelques éditions typiquement américaines dans la série *Architecture* qui sont malheureusement assez chères (Empire State Building et autres), et un mur de briquettes multicolores pour composer ses propres créations.

✺ 🧒 *American Girl Place* (plan 2, G-H11, *619*) : *75 Rockefeller Plaza.* Ⓜ *(D, F) 47-50 St-Rockefeller St.* Le concept de ce magasin : s'occuper de sa poupée comme d'une vraie personne. On commence par élire celle de son choix (de préférence la plus ressemblante à votre petite fille), puis on choisit les 2 vêtements et accessoires assortis, et même un petit animal de compagnie, avant de passer dans un vrai salon de coiffure et de lui offrir une tasse de thé dans un vrai restaurant. Il y a aussi une clinique pour les poupées malades... que l'on vous rendra avec une blouse d'hôpital et un certificat de bonne santé ! À prendre impérativement au 2d degré (voire plus) ou comme une bonne leçon de consommation à l'américaine.

Boutiques de sport

✺ *NBA Store* (plan 2, H11, *602*) : *545 5th Ave (angle 45th).* Ⓜ *(E) 5 Ave-53 St.* La boutique officielle de la fameuse *NBA (National Basketball Association).* Immense, sur 3 niveaux ! Grand choix de vêtements à l'effigie de votre équipe favorite. Au sous-sol, les fans apprécieront les ballons et T-shirts dédicacés de joueurs stars.

✺ *Nike House of Innovation 000* (plan 2, H11, *515*) : *650 5th Ave (et W 52nd St).* Ⓜ *(D, F) 47-50 St.* Le nouveau *flagship* de la marque. Sur

6 niveaux, toutes les dernières créations en matière de running, basket-ball, base-ball, ou tout simplement sportswear. Pas vraiment moins cher qu'en France mais de belles pièces qu'on ne trouve pas partout. Les fans de sneakers fileront au 4e niveau où les murs sont tapissés de baskets. Customisation de modèles mythiques (Air Force 1, Cortez...) pour 150 $. À voir aussi pour l'architecture du lieu (extérieure et intérieure).

☸ **Yankees Clubhouse Shop** (plan 2, H10, **589**) : *110 E 59th St (entre Park et Lexington Ave).* Ⓜ *(N, R, 4, 5, 6) 59 St.* Arrêt indispensable pour les fans de l'équipe de base-ball chérie des New-Yorkais : fringues, accessoires, souvenirs et vente des billets pour leurs matchs au Yankee Stadium dans le Bronx.

Boutiques de musées

☸ **MoMA Design & Book Store** (plan 2, H10-11) : *11 W 53rd St (entre 5th et 6th Ave).* Ⓜ *(E) 5 Ave-53 St. Tlj 9h30-18h (20h ven).* La boutique du MoMA est une référence dans le monde du design, on vous met au défi d'en ressortir bredouille ! Plein d'idées de cadeaux originaux et stylés à (à peu près) tous les prix.

☸ 👯 **New York Transit Museum Store** (plan 2, H11, **323**) : *dans Grand Central Station, Park Ave et 42nd St.*

Ⓜ *(S, 4, 5, 6, 7) Grand Central-42 St.* Au rez-de-chaussée, à l'ouest du grand hall, derrière les escaliers, c'est la boutique du formidable musée des Transports en commun (qui, lui, se trouve à Brooklyn). On y trouve les classiques T-shirts, mugs, magnets à l'effigie des stations de métro, mais plein d'autres produits dérivés, des idées de cadeaux sympa et un immense circuit de train électrique qui fera la joie des enfants et des passionnés de la vie du rail.

Marchés

☸ **Grand Central Market** (plan 2, H11, **323**) : *dans Grand Central Station, au niveau de Lexington Ave et 43rd St.* Ⓜ *(S, 4, 5, 6, 7) Grand Central-42 St. Lun-ven 7h-21h, sam 10h-19h, dim 11h-18h.* Un marché dans une gare ? C'est dire si Grand Central est unique. Ce marché aux étals alléchants est en réalité une petite galerie reliant Lexington au hall principal, réunissant plusieurs enseignes d'épicerie fine : fruits, légumes et fruits secs de chez *Eli Zabar*, charcuterie et fromages de chez *Murray's*, crab cakes de *Pescatore*, pâtisseries de *Zaro's*... Bien sûr, ce n'est pas donné, mais difficile de rester insensible !

☸ **Whole Foods Market** (plan 2, H10, **321**) : *226 E 57th St (entre 2nd et 3rd Ave).* Ⓜ *(4, 5, 6) 59 St. Tlj 8h-23h.* Voir « Où manger ? » plus haut.

À voir

🎭🎭🎭 **MoMA (Museum of Modern Art** ; plan 2, H10-11) : *11 W 53rd St (entre 5th et 6th Ave),* avec aussi une entrée sur 54th St (où s'achètent les billets). ● moma.org ● Ⓜ *(E) 5 Ave-53 St. Tlj (sauf Thanksgiving et Noël) 10h30-17h30 (20h ven). Entrée : 25 $; réduc ; **gratuit moins de 16 ans et pour ts ven dès 16h.** Entrée au MoMA PS 1* incluse dans les 2 sem qui suivent (sauf sam juil-août, voir chapitre « Queens » plus loin), à 15 mn de là en métro. Audioguide en français gratuit (carte d'étudiant, carte d'identité ou permis de conduire exigés comme caution, **passeport non accepté**). Compter 2-3h de visite.
Évitez de vous pointer à l'ouverture, c'est là qu'il y a le plus de monde ! En fin de matinée, c'est moins dense. Lors des nocturnes gratuites du ven, les files d'attente, pourtant impressionnantes, avancent très vite. En revanche, attente au vestiaire (gratuit) très longue.
Avec le Metropolitan, c'est l'un des musées à ne pas rater ! **Créé en 1929 par trois collectionneuses riches et audacieuses,** le MoMA est alors **le premier musée d'Art moderne du monde,** à une époque où le public comme la critique sont plutôt hermétiques à cette nouvelle esthétique. Les Cézanne, Gauguin, Seurat et Van

NEW YORK

Gogh y sont à l'honneur parmi une centaine de toiles exposées dans un grand appartement de la 5th Avenue (angle 57th Street) prêté par le milliardaire Rockefeller... Puis, le succès venant, la collection de tableaux et sculptures s'agrandit, pour finalement déménager en 1939 à son adresse actuelle. Modernisé en 2004 par le Japonais Yoshio Taniguchi, salué pour son architecture épurée et aérée, le MoMA est aujourd'hui à nouveau en rénovation. Une nouvelle extension est en construction, dans **une tour adjacente** à laquelle **Jean Nouvel** a collaboré, impliquant quelques « mouvements » dans les collections du musée. Avec près de 150 000 œuvres, le MoMA compte aujourd'hui *la plus importante collection d'art moderne et contemporain au monde,* également ouverte à la photographie, au cinéma, à l'architecture et au design. Autant dire que *les œuvres sont présentées par roulement.* Nous décrivons simplement un échantillon d'entre elles et des artistes incontournables que vous découvrirez au fil des salles, mais certains ne seront peut-être pas exposés le jour de votre passage. Et puis *renseignez-vous sur les nombreuses expos temporaires* du moment pour affiner votre parcours.

– *Important : on conseille d'effectuer la visite en descendant à partir du 4e étage (5th Floor),* le 5e et dernier étage *(6th Floor)* étant consacré à des expos temporaires.

LES NYMPHÉAS À l'ORIGINE DE L'ABSTRACTION AMÉRICAINE

Boudés par le public et la critique à leur présentation, Les Nymphéas *furent considérés comme la plus grave erreur artistique de Claude Monet... En 1955, le directeur du MoMA fait l'acquisition d'un panneau des* Nymphéas *resté dans l'atelier du peintre (les autres sont exposés au musée de l'Orangerie à Paris). Alfred Barr a compris que ce dernier Monet allait révolutionner l'art. Les artistes américains comme Clyfford Still, Barnett Newman, Mark Rothko ou Jackson Pollock sont immédiatement fascinés par cette spontanéité, par ces formes estompées, dissoutes. C'est en découvrant Monet qu'ils inventèrent le mouvement de l'expressionnisme abstrait.*

Le 4e étage (5th Floor), 1880-1950

On y trouve *les chefs-d'œuvre qui ont forgé la réputation du MoMA,* organisés par thématiques, un véritable festin artistique ! Avec *Les Demoiselles d'Avignon, Picasso* fustige une beauté féminine en offrant une provocatrice tranche de vie dans un bordel, certaines dames dénudées portant des masques africains... Le cubisme est abordé en globalité, à travers Juan Gris, Braque, Fernand Léger, Robert Delaunay, les Russes Malevitch et Popova. Puis viennent les futuristes avec notamment Gino Severini, les dadaïstes avec Picabia, Man Ray et Duchamp, les surréalistes dont *La Naissance du monde* de *Miró,* les montres molles de *La Persistance de la mémoire* de *Dalí* jouxtent des Magritte et des Ernst. Admirez encore des *Gauguin* de la période tahitienne, le Douanier Rousseau avec *Le Rêve* (où les éléments de décor sont aplatis et superposés sans perspective, comme au théâtre), *Van Gogh* et sa *Nuit étoilée,* ses *Oliviers* ou encore son *Portrait de Joseph Roulin,* figé avec barbe et fleurs.

SUR LE PONT

Contrairement à ce que l'on pourrait croire, le célèbre tableau des Demoiselles d'Avignon *(exposé au MoMA) n'a rien à voir avec la ville française. L'acte de naissance du cubisme qui révolutionna la peinture est en fait un vibrant hommage aux filles de joie de Barcelone qui travaillaient à l'époque dans la carrer d'Avinyó, vieille rue du centre... Une toile si subversive que Picasso la dissimula pendant 9 ans.*

Matisse nous invite à une vraie rétrospective de ses œuvres (dont la vibrante *Danse*), dans une salle qui lui est dédiée. Également une élégante section autour des sculptures de *Brancusi,* avec ses êtres hybrides et si stylés, encadrées de compositions de *Mondrian* et d'œuvres angoissantes de *De Chirico. Monet* apparaît à travers des grands formats étudiant les nuances et

UN BATEAU À L'ENVERS

En 1961, on exposa Le Bateau *de Matisse au MoMA. Une de ses dernières œuvres constituées de papiers découpés. Il fallut 47 jours pour que l'on remarque que le tableau était accroché à l'envers. Plus de 100 000 personnes l'avaient admiré sans s'en rendre compte.*

reflets d'un étang entouré de verdure ; une préfiguration des fameux *Nymphéas* (que l'on peut admirer, entre autres, à l'Orangerie à Paris). Pêle-mêle encore, on trouve de nombreux *Cézanne* dont un célèbre *Autoportrait* et son non moins fameux *L'Estaque,* des Degas, Seurat, Derain, Arp, Klee, Breton, Kandinsky, Klimt, Frida Kahlo, Ruscha et on en passe...
Cette section se termine par quelques-uns des artistes américains les plus emblématiques : *Jackson Pollock* et ses *drippings* (dont la technique consiste à laisser couler la peinture sur la toile), les aplats de *Mark Rothko* (de plus en plus sombres jusqu'à devenir noirs l'année de son suicide), la célèbre bannière étoilée de *Jasper Johns,* et bien sûr l'iconique *Edward Hopper* dont vous verrez peut-être *Gas* (la station-service au milieu de nulle part) et *House by the Railroad,* qui inspira Hitchcock pour son *Bates Motel* de *Psychose...*

Le 3e étage (4th Floor), 1940-1980
Les musts plus récents du MoMA, exposés là encore par roulement. La priorité est donnée ici à l'*art américain,* qui prend le pas sur le Vieux Continent au lendemain de la Seconde Guerre mondiale. Un peu moins accessible que l'étage supérieur mais très intéressant et varié visuellement parlant. Le *pop art* est bien représenté, avec *Andy Warhol* et ses boîtes de soupe Campbell's et *Roy Lichtenstein...* On retiendra encore *Cy Twombly,* Barnett Newman, Rauschenberg, de Kooning.

Le 2e étage (3rd Floor)
Consacré aux expos temporaires d'art contemporain et aux happenings en tout genre. Aussi une section dédiée à la *photographie,* dont les clichés varient selon les expos.

Le rez-de-chaussée (1st Floor)
Aux beaux jours, promenez-vous dans le *Abby Aldrich Rockefeller Sculpture Garden,* pour admirer de magnifiques sculptures dont la célébrissime *Chèvre de Picasso* (son ventre est constitué d'un panier en osier), la *rose géante de Isa Genzken* et même une *entrée de métro parisien 1900* signée Hector Guimard. Les passionnés de *cinéma* ne manqueront pas les trois salles (accès payant et indépendant du musée, sauf pour certaines séances accessibles avec le billet d'entrée du musée), où sont projetés des films qui ont marqué leur époque. Enfin, la très belle *boutique du musée* au rez-de-chaussée (voir plus haut « Shopping »), la riche librairie à l'entresol du 1er étage, et le resto-bar très chic et hors de prix, *The Modern.*
I●I Aux 2e et 5e niveaux, deux *cafétérias, Cafe 2* et *Terrace 5* (qui jouit d'une vue aérée), excellentes mais un peu chères et où l'on fait souvent la queue. Rien à voir quand même avec le double étoilé très réputé *(The Modern)* où il faut compter 90 $ au bar et 150 $ au resto...

🏃 *Rockefeller Center (plan 2, G-H11) :* entre 5th et 6th Ave d'une part, W 48th et W 51st St d'autre part. ● *rockefellercenter.com* ● Ⓜ (D, F) 47-50 St-Rockefeller Center. Visite guidée de 75 mn, en anglais seulement (pas passionnante) tlj ttes les 30 mn 10h-17h30, puis 19h-19h30 (billets en vente au guichet de l'observatoire de

NEW YORK

Top of the Rock ou en ligne, 25 $; env 38 $ pour la montée à Top of the Rock, lire plus loin). Plan (payant) très utile pour se repérer parmi les buildings. **Ensemble de 22 gratte-ciel bâtis sur 9 ha.** La Rockefeller Plaza (esplanade transformée en patinoire l'hiver, horriblement chère et surpeuplée la plupart du temps) en est le centre, sous la garde d'une statue dorée de Prométhée dominant la fontaine. Mignonne petite allée du centre depuis cette place vers 5th Avenue parsemée de fleurs, de sculptures, et de bancs pour faire une petite pause. Réalisé en pleine dépression économique des années 1930, le Rockefeller Center constitue, avec ses rues, boutiques et équipements culturels, un modèle d'intégration urbaine pour de nombreux architectes contemporains. Vendu aux Japonais, puis racheté, seul le sapin de 25 m de haut, symbole de la prospérité retrouvée après le krach de 1929, demeure immuable : on le dresse depuis cette époque, chaque 1er mardi de décembre, à 18h précises ; et l'une des grandes stars de l'année presse alors un bouton allumant 20 000 ampoules en même temps. Si le tour guidé du complexe ne vaut pas le coût (et le coup), il faut bien sûr monter en haut de l'observatoire, **Top of the Rock** (voir ci-après) et entrer au moins dans le hall de l'**International Building** (c'est gratuit), au 45 Rockefeller Plaza et 50th Street, pour admirer son impressionnant hall en marbre vert avec plafond en cuivre, du plus pur style Art déco. Les éclairages qui habillent les murs latéraux sont une création des années 1970 : 16 000 feuilles d'acier patinées d'or en équilibre le long de câbles.

iol ☛ **Food Court :** au sous-sol du Rockefeller Center (Concourse Level). Pratique pour grignoter ou boire un coup en cas de besoin mais l'espace n'a aucun charme. Parmi les enseignes représentées : **Blue Bottle Coffee** (excellents cafés et chocolat chaud), **Prêt à Manger** (sandwichs), **Hale & Hearty** (soupes), **Jamba Juice** (jus et smoothies).

🏃🏃🏃 🕴 ⬅ **Top of the Rock** (plan 2, G-H11) : 30 Rockefeller Plaza, entrée sur W 50th St, entre 5th et 6th Ave. ● topoftherocknyc.com ● Ⓜ (B, D, F, M) 47-50 St-Rockefeller Center. Tlj 8h-minuit (dernière montée à 23h). **Résa en ligne conseillée.** Si vous n'avez pas réservé à l'avance, possibilité de le faire directement sur place au guichet ou aux bornes ; selon affluence, vous aurez un ticket pour tt de suite ou pour plus tard dans la journée. Ticket : 38 $; 36 $ seniors ; 32 $ 6-12 ans. Inclus dans le CityPass. Compter 10 $ de plus durant le coucher du soleil. Tickets « Sun & Stars » (pour y retourner de nuit) : 56 $, 45 $ enfants. C'est l'**observatoire du Rockefeller Center,** situé aux 67e, 69e et 70e étages du NBC Building. Passé une montée expresse en ascenseur au plafond vitré, on admire à partir des trois terrasses d'observation à l'air libre (protégées par des parois vitrées qui entravent un peu la vue) l'architecture de Manhattan dans toute sa grandeur, notamment au soleil couchant (le moment le plus prisé)... Tout aussi grisant que l'Empire State Building, notamment parce qu'on peut justement profiter de la vue sur ce dernier et sur Central Park. Le panorama est d'ailleurs très différent puisqu'on est ici au cœur de Midtown, entouré d'une forêt de gratte-ciel d'où émergent les vertigineuses tours bardant 57th St. Bref, l'un ne remplace pas l'autre, idéalement il faudrait faire les deux !

∞ **Radio City Music Hall** (plan 2, G11) : 1260 6th Ave (angle 50th). ● radiocity.com ● Ⓜ (B, D, F, M) 47-50 St-Rockefeller Center. Achat des billets en ligne ou à la boutique attenante, tlj 10h-18h.

ERREUR DE CASTING

Pour décorer le hall d'entrée du Radio City Music Hall, Nelson Rockefeller fit appel aux plus grands peintres de l'époque. Diego Rivera fut choisi, artiste talentueux mais surtout communiste ! Il s'en est fallu de peu que le temple du capitalisme décomplexé de la richissime famille ne soit orné des visages de Lénine et de Marx. La réaction du commanditaire ne se fit pas attendre : la fresque originale fut détruite. On peut néanmoins en apercevoir une reproduction au musée des Beaux-Arts de Mexico.

Places 60-150 $. Créée par Rockefeller, c'est la plus grande salle de spectacle de New York : 6 000 places. Le style Art déco domine partout. Le hall est un bijou et l'auditorium est grandiose, évoquant la vision du soleil couchant sur l'océan à bord d'un paquebot. Pour en profiter, le mieux est d'assister à un concert ou à un spectacle, la visite guidée *(chère : 30 $)* laissant un peu sur sa faim. À Noël, ne manquez pas le **Christmas Spectacular** des **Rockettes,** un vrai show à l'américaine réglé au millimètre, mettant en scène la troupe de danseuses historique de la maison dans une chorégraphie synchronisée.

🎬 **Grand Central Station** *(plan 1, C1 et plan 2, H11)* : *42nd St (et Park Ave).* ● *grand centralterminal.com* ● Ⓜ *(S, 4, 5, 6, 7) 42 St-Grand Central.* La plus ancienne gare de New York est connue pour son **immense hall de style Beaux-Arts,** où 750 000 New-Yorkais pressés prennent le train chaque jour pour le Connecticut ou le nord de Manhattan. Ne faites pas comme eux, levez la tête pour admirer le splendide plafond représentant les constellations du zodiaque, qui brillent grâce à de petites lampes halogènes. Le hall, éclairé par des verrières

LES MURS ONT DES OREILLES

Au sous-sol de la gare, entre le resto Oyster Bar et le Dining Concourse, se trouve une voûte dont la courbure porte le son. Pour en faire l'expérience, placez-vous le nez contre un des quatre piliers et parlez à voix basse à la personne située contre le pilier diagonalement opposé. Elle vous entendra comme si vous étiez à côté d'elle ! La Whispering (chuchotements) Gallery est un des lieux de rendez-vous les plus prisés à NYC pour les demandes en mariage, particulièrement le jour de la Saint-Valentin !

de 25 m de haut, a des allures de cathédrale. Marbres polis, lustres dorés à l'or fin, chandeliers... Même les guichets sont des œuvres d'art ! L'horloge qui chapeaute le kiosque d'info au centre du hall est d'une précision implacable : elle varie seulement de 1 s tous les 20 milliards d'années ! C'est ici que Hitchcock tourna une des fameuses scènes de *La Mort aux trousses.* Bref, le décor vaut vraiment le détour et, en plus, on trouve sur place un superbe **marché** *(Grand Central Market)* avec des produits d'une grande fraîcheur, un **food court** au sous-sol (le *Dining Concourse)* avec des enseignes de qualité, un espace gourmet très haut de gamme dédié à la cuisine scandinave *(Great Northern Food Hall)* et un excellent resto de *seafood,* véritable institution new-yorkaise, le **Oyster Bar & Restaurant** (voir « Où manger ? »)...

🎬 **Chrysler Building** *(plan 1, C1 et plan 2, H11)* : *entrée sur Lexington Ave, au niveau de 42nd St.* Ⓜ *(S, 4, 5, 6, 7) 42 St-Grand Central.* Reconnaissable à sa grande flèche d'acier haute de 30 m qui en a fait l'un des symboles les plus élégants de Manhattan. Construit en 1930 par l'architecte William Van Alen, ce gratte-ciel de 77 étages est au summum du style Art déco, que l'on pourrait qualifier ici de « flamboyant ». Le hall d'entrée – tout en marbre et aluminium – vaut vraiment le coup d'œil. Remarquez les portes d'ascenseur décorées de fleurs de lotus... La flèche évoque une calandre de

MANHATTANHENGE

Si vous êtes à New York le 18 mai ou le 12 juillet, ne manquez pas le parfait alignement du soleil couchant avec les grandes rues orientées est-ouest de Manhattan. Ce spectacle rappelle la disposition des menhirs de Stonehenge, d'où son nom. Pour l'admirer, postez-vous dans une rue entre la 14th St et le quartier de Washington Heights à Harlem. Notre spot favori ? Sur la 42nd St, au niveau de 2nd Ave pour voir s'embraser la flèche du Chrysler Building. Le phénomène inverse se produit au moment du solstice d'hiver mais pour le lever du soleil.

NEW YORK

voiture, et les gargouilles sont inspirées des emblèmes du capot de la Chrysler Plymouth de 1929. Le bâtiment est occupé par des bureaux et ne se visite pas.

🍴🍴 **Daily News Building** *(plan 1, C1) : entrée au 220 42nd St (angle 2nd Ave).* Ⓜ *(S, 4, 5, 6, 7) 42 St-Grand Central.* Un autre bel exemple d'architecture Art déco dans le quartier. Il est achevé en 1930 d'après les plans de John Mead Howells et de Raymond Hood (l'architecte du Rockefeller Center) pour accueillir les bureaux du **Daily News,** l'un des quotidiens les plus lus aux États-Unis. Mais la véritable originalité de l'édifice réside dans le lobby où un **globe monumental** trône au milieu de la boussole représentée sur le carrelage au sol. Les amateurs reconnaîtront le décor du *Daily Planet,* le journal fictif qui apparaît dans les films **Superman** réalisés par Richard Donner.

🍴🍴 *United Nations (ONU ; plan 1, D1) : sur 1st Ave, entre 42nd et 48th St. Guichet de contrôle d'identité pour les tours guidés face à l'entrée (à l'angle de 46th St et 1st Ave).* Ⓜ *(S, 4, 5, 6, 7) 42 St-Grand Central. Visites guidées seulement (dont 1-3/j. en français), départ ttes les 15-45 mn (sauf pause déj). Lun-ven 9h-16h45 (fermé certains j. fériés, voir le calendrier sur Internet). Arriver au moins 45 mn en avance pour passer les contrôles de sécurité à l'entrée (prévoir une pièce d'identité). Consultez la liste des objets interdits sur le site avant la visite. Durée : 1h.* **Il est préférable de réserver ses billets en ligne à l'avance (env 2 mois en hte saison),** *sur ● visit.un.org ●, sinon, un tiers des billets sont réservés pour une vente sur place le j. même (1er arrivé, 1er servi). Prix : env 20 $ selon saison (+ 2 $ de frais/billet) ; réduc. Interdit moins de 5 ans. Une fiche d'info bien faite (gratuite et en français) est à retirer au* Visitor Center *du sous-sol (escalier à droite dans le hall).*

Vous voici dans l'enceinte des Nations unies, donc **en territoire spécial et non aux États-Unis** ! L'ONU se compose en fait de plusieurs bâtiments reliés les uns aux autres, et la visite vous entraîne à travers ce grand complexe, évitant toutefois la haute tour de verre, qui abrite le secrétariat.

Avant même qu'une ville n'ait été élue pour accueillir le siège des Nations unies, on envisageait qu'il puisse se trouver sur un navire sillonnant en permanence les océans... Le bâtiment de l'ONU a quand même des allures de paquebot amarré au bord de l'East River ; est-ce un hasard ?

Sur un ton évidemment très consensuel et enthousiaste, la visite (malgré tout passionnante) explique l'origine, la fonction et les missions des différents services de l'ONU, et permet de voir certaines des salles qui leur correspondent, les plus connues étant celle de l'**Assemblée générale** (la plus grande) où siègent les 193 pays membres, et la salle du **Conseil de sécurité** (que l'on voit souvent à la TV quand il y a de grosses crises). Naturellement, les grands problèmes planétaires sont évoqués : on apprend, par exemple, que le monde dépense chaque année 1 747 milliards de dollars dans l'armement (voir le cadran qui montre en temps réel la dépense du jour !) alors que le budget alloué à l'ONU ne dépasse pas 10 milliards. Néanmoins, l'accent est mis sur les « Objectifs de développement durable », les 17 axes effectifs du plan d'action engagé par l'ONU en 2015 pour garantir un avenir meilleur dès 2030 sans porter atteinte à l'environnement. Enfin, on découvre encore, au fil de la visite, les dons de différents États, à savoir des œuvres d'art (toutes très symboliques), disséminées un peu partout à l'intérieur des bâtiments (la liste exhaustive avec photos et commentaire est consultable au *Visitor Center* ainsi que sur l'application mobile qui permet en plus de les localiser facilement sur une carte interactive). Certaines valent vraiment le coup d'œil, notamment le **pendule de Foucault,** en entrant à droite, et le **grand vitrail de Chagall,** juste après. Profitez-en également pour vous attarder aux expositions temporaires, souvent de qualité.

Enfin, le jardin est maintenant fermé pour raisons de sécurité. Dommage pour sa belle roseraie et ses sculptures. On peut toutefois voir la sculpture offerte par le Luxembourg à l'entrée, représentant un **gigantesque revolver au canon noué,** ce qui a le mérite d'être clair...

❀ *Boutique* du monde (assez kitsch), *librairie* et **poste**. Un truc très rigolo : on peut faire faire des planches de **timbres** estampillés des Nations unies avec sa propre photo dessus. Succès assuré auprès de la famille et des copains ! Il faut impérativement poster les cartes sur place (bureau de poste au sous-sol), car ces timbres ne sont valables que dans l'enceinte des Nations unies.

|●| *Delegates Dining Room :* ● *delegatesdiningroom-un.com ● Lun-ven 11h30-14h. Résa impérative (facile sur leur site), passeport obligatoire aussi. Menu 3 plats env 40 $.* C'est la cantine chic des Nations unies, ouverte à tous en semaine à condition d'être vêtu « *business casual* » (jeans, short et baskets proscrits !). Le prix est un peu élevé pour le midi mais on y déjeune au milieu des diplomates, avec vue sur l'East River.

➤ Si vous êtes dans le coin de l'ONU, un coup d'œil sur l'architecture des buildings de **Tudor City** vaut la grimpette *(42nd St, entre 1st et 2nd Ave)*. Ce petit quartier sur les hauteurs avec vue sur l'East River et sur le bâtiment des Nations unies a des airs d'Angleterre. On est ici au calme, loin de l'effervescence new-yorkaise. Des séquences mythiques de *Taxi Driver* de Scorsese et de la trilogie des *Spiderman* y furent tournées.

🗽 **New York Public Library** *(plan 1, B-C1)* : *5th Ave (entre 41st et 42nd). ● nypl.org ●* Ⓜ *(D, F) 42 St-Bryant Park ou (7) 5 Ave. Lun-sam 10h-18h (20h mar-mer), dim 13h-17h. GRATUIT. Sur résa, visites guidées gratuites du bâtiment lun-sam à 11h et 14h, dim à 14h (durée 1h) ; intéressant mais un peu longuet.* Construit en 1902 dans le style Beaux-Arts, cet édifice, classé Monument national, vaut vraiment le coup d'œil. Voici donc la deuxième bibliothèque du pays, après celle du Congrès à Washington. Elle possède plus de 4,5 millions de livres, à consulter sur place. Plusieurs salles de lecture mais la plus spectaculaire est la superbe **Rose Room,** de la taille d'un terrain de foot avec une hauteur équivalente à cinq étages ! Une salle de lecture bien d'aujourd'hui dans un décor d'hier. Sur les vénérables tables lustrées, plus de bouquins, seulement des ordis... Levez les yeux car c'est surtout le plafond, majestueux et superbement ouvragé, qui vaut le détour, notamment pour son trompe-l'œil de ciels nuageux, encadré d'or fin. Aussi de bonnes expos, disséminées dans le bâtiment.

🗽🗽 **Bryant Park** *(plan 1, B1)* : *6th Ave (entre 40th et 42nd). ● bryantpark.org ●* Ⓜ *(D, F) 42 St-Bryant Park.* Ce charmant petit parc, un des favoris des New-Yorkais, est bordé par la *New York Public Library* et de superbes buildings de toutes époques et tous styles architecturaux ; voir notamment le *Radiator Building,* chef-d'œuvre Art déco tout en brique noire incrustée de dorures (1924), et la *Bank of the America Tower* (2009), dont la flèche culmine à 370 m, ce qui en fait un des plus hauts buildings de la ville. Particulièrement agréable aux beaux jours, avec ses tables et chaises de jardin ombragées par de beaux arbres. Plein d'activités possibles, au gré des saisons : ping-pong, pétanque, échecs et prêt de jeux de société, carrousel pour les enfants, salle de lecture en plein air (avec livres de la *NY Public Library* à dispo), festival de cinéma les lundis soir d'été... Et ce n'est pas tout, de fin octobre à début mars, la grande pelouse centrale se transforme en patinoire *(gratuite, seule la loc de patins est payante mais chère, env 15 $).* Enfin, Bryant Park se targue d'avoir **les toilettes publiques les plus chics de tout New York** ! Leur dernière rénovation en date a coûté la bagatelle de 250 000 $...

|●| Parmi les différents restos implantés dans le parc, on conseille le **Bryant Park Café** *(ouv de mi-avr à nov),* adossé à la *New York Public Library.* Ne pas confondre avec le *Bryant Park Grill,* qui est la version haut de gamme, donc plus chère *(ouv tte l'année).* En plein air, sous de vastes parasols, on déguste de grandes salades, des plats de pâtes ou des grillades, le tout copieux et plutôt bon, pour un prix encore raisonnable *(plats 15-25 $).* Dès la sortie des bureaux, les jeunes employés du quartier viennent s'accouder dans la partie bar. Bref, une immersion très new-yorkaise, limite *Sex and the City* ! D'autres kiosques de restauration rapide dans le parc.

Itinéraire architectural dans Midtown

Voici quelques petites *notions d'architecture* pour apprécier à leur juste valeur les chefs-d'œuvre qui font de certaines rues de Manhattan un véritable musée à ciel ouvert. Bien sûr, levez les yeux tout le temps et laissez-vous distraire par d'autres buildings que ceux que nous décrivons (il y en a tellement !). *Enjoy !*
– *Style Art déco (1925-1940) :* façades en brique, terre cuite ou pierre polie aux lignes verticales, ornées d'éléments décoratifs travaillés et souvent géométriques. Emblèmes : Empire State Building et Chrysler Building.
– *Style international (1940-1970) :* apparition des premières tours de verre, béton et acier, sans aucune ornementation, semblables à d'immenses monolithes érigés au-dessus de grandes esplanades. Emblème : Seagram Building.
– *Style postmoderne (à partir de 1975) :* verre et acier toujours, mais lignes moins lisses, avec des références historiques et de la fantaisie en plus.

➤ Rendez-vous à l'angle de West 57th Street et 8th Avenue, au pied de la *Hearst Tower (plan Itinéraire Midtown, A),* le premier gratte-ciel « vert » de New York (en forme de serre géante). Commandité en 1927 par le magnat de la presse William Randolph Hearst qui voulait y établir le siège de son empire, le building fut interrompu 2 ans plus tard à cause de la crise de 1929. Seule la base était construite... C'est l'architecte anglais Norman Foster qui acheva le projet... près de 80 ans plus tard ! Sans toucher à la façade Art déco, il la chapeauta d'une tour avant-gardiste et écolo, construite en matériaux recyclés.

➤ À un bloc de l'angle 57th St et Broadway, se dresse la silhouette scintillante de *Central Park Tower (plan Itinéraire Midtown, B),* véritable délire architectural pour milliardaire. Ni plus ni moins la plus haute tour résidentielle de la planète, avec un toit perché à 472 m surmonté d'une antenne s'élançant à... 541 m ! On doit cette construction à Adrian Smith, l'architecte de la Burj Khalifa de Dubaï, plus haute tour du monde.

➤ Remonter un bloc sur Broadway et tourner à droite dans 58th Street. À l'angle de 7th Avenue se trouve l'immeuble *Alwyn Court (plan Itinéraire Midtown, C),* construit en 1909 et abritant aujourd'hui le restaurant *Petrossian.* Sa façade, finement travaillée en terre cuite dans le style Renaissance, est une pure merveille. Les salamandres couronnées au-dessus de l'entrée rappellent d'ailleurs le symbole de François Ier.

➤ Repartez vers l'est dans 57th Street. La silhouette en cascade bleutée du *One57 (plan Itinéraire Midtown, D),* de l'architecte français *Christian de Portzamparc* (2013), fut le premier gratte-ciel pour milliardaires de la rue. Cette luxueuse tour de logements, qui abrite aussi un hôtel 5 étoiles, culmine à 306 m, soit la même hauteur que la tour Eiffel.

➤ Continuer sur 57th Street. Avant l'angle avec la 6e Avenue, au no 111, la *Steinway Tower* (411 m !) sera (pour combien de temps ?) la plus fine de la ville avec une base de 18 m de large. Au bloc suivant, entre 5th et 6th Avenue, s'élance une tour de verre noir encastrée dans un cadre de pierre de travertin, réalisée en 1974 par Skidmore, Owings et Merrill, et baptisée aujourd'hui *Solow Building (plan Itinéraire Midtown, E).* Sa base évasée et ses grosses croix de Saint-André nécessaires au contreventement du bâtiment font toute son originalité.

➤ Avant de traverser 5th Avenue, remarquer en passant sur la gauche l'immeuble Art déco de *Bergdorf Goodman,* la boutique du joaillier *Tiffany* au carrefour opposé et tourner à gauche dans 57th Street.

🏪 Pour les amateurs, pause *shopping* possible dans le quartier, le long de 5th et Madison Avenue : *Tiffany* donc, mais aussi *Nike, Abercrombie,* *Hollister* (voir la rubrique « Shopping » plus haut ; *plan Itinéraire Midtown,* respectivement **595, 515, 621, 588**)...

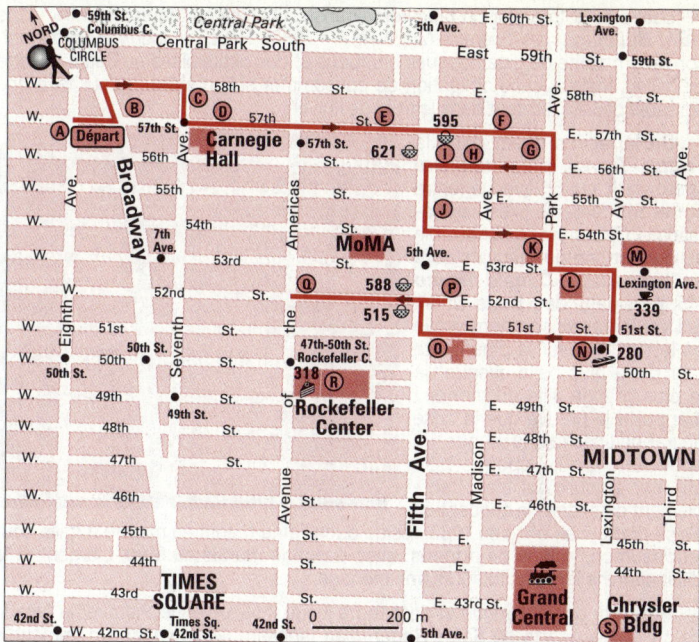

ITINÉRAIRE MIDTOWN

A	Hearst Tower	O	Saint Patrick's Cathedral
B	Central Park Tower	P	Austrian Cultural Forum
C	Alwyn Court	Q	CBS Building
D	One57	R	Rockefeller Center
E	Solow Building	S	Chrysler Building
F	Fuller Building		
G	432 Park Avenue		**Où faire une pause ?**
H	IBM Building	280	Urbanspace@570 Lex
I	Trump Tower	318	Magnolia Bakery
J	Saint Regis	339	Ground Central Coffee Co
K	Lever House	515	Nike Town
L	Seagram Building	588	Hollister et Uniqlo
M	Citicorp Center	595	Tiffany & Co
N	General Electric Building	621	Abercrombie & Fitch

➤ À l'angle de 57th Street et Madison, le ***Fuller Building*** (plan Itinéraire Midtown, **F**), avec son élégante structure de granit noir surmontée d'une tour en pierre, typiquement Art déco (1928-1929).

➤ Difficile maintenant d'échapper à cette espèce d'aiguille (ou de règle d'écolier) qui jaillit au milieu des gratte-ciel : c'est la tour ***432 Park Avenue*** (plan Itinéraire Midtown, **G** ; au n° 432 de la très huppée Park Avenue, entre 56th et 57th Street), une résidence de grand luxe de 426 m de haut dont l'ambition est d'offrir à ses richissimes résidents un panorama à 360° sur toute la ville et notamment Central Park. Largement conspuée par les New-Yorkais et considérée par certains comme une verrue architecturale, c'est néanmoins une prouesse technique. Pour éviter qu'elle ne se brise sous l'effet du vent, un vide de 2 étages (sans fenêtres) a été aménagé tous les 12 étages.

➤ Suivre 56th Street sur un bloc vers l'ouest. À l'angle de Madison, entrer dans l'*IBM Building* (*plan Itinéraire Midtown, H* ; 1983). Haut, lumineux et verdoyant, son atrium abrite de gigantesques bambous et des petits oiseaux. Petite buvette au milieu, mais aucune obligation de consommer si l'on s'assoit pour faire une agréable pause... surtout dans le froid de l'hiver !

➤ De là, accès direct dans la *Trump Tower* (*plan Itinéraire Midtown, I),* sur 5th Avenue (entre 56th et 57th Streets). C'est le château de *Citizen Kane* accessible au quidam, né du mauvais goût de l'inénarrable *Donald Trump* (45e président des États-Unis), qui voulait avoir son nom gravé en lettres d'or sur la plus haute tour de la plus belle avenue de la plus grande ville du monde ! Il apporta la preuve que la crise ne frappait pas tout le monde. La nouveauté (pour l'époque bien sûr, car aujourd'hui c'est terriblement daté) dans la conception

COMBIEN POUR LE SEPTIÈME CIEL ?

C'est un principe : à New York, la réglementation urbaine indique pour chaque quartier une hauteur moyenne à respecter. Mais pas maximale ! Ce qui signifie que si cette moyenne n'est pas atteinte, des architectes peuvent construire une tour nettement plus grande... à condition de racheter les droits de ciel (air rights) des voisins ! Ce fut le cas de la Trump Tower. Et aujourd'hui, les tours vertigineuses de 57th Street profitent aussi du filon.

de ce gratte-ciel, érigé en 1983, réside dans l'atrium, tout en marbre d'Italie couleur saumon, mâtiné de dorures, avec cascade murale au fond. L'argent et la distinction ne font pas toujours bon ménage...

➤ Ressortir par 5th Avenue et descendre jusqu'à 55th Avenue. Admirer la façade de style Beaux-Arts du *Saint Regis* (*plan Itinéraire Midtown, J).* Un immeuble haussmannien à l'échelle new-yorkaise ! Propriété de John Jacob Astor (qui détenait aussi une partie du *Waldorf Astoria* et périt sur le *Titanic*), l'hôtel fut entre autres le *home sweet home* de Salvador Dalí et de sa muse Gala.

➤ Tourner à gauche dans 54th Street. À l'angle de Park Avenue (côté droit) se dresse la *Lever House* (*plan Itinéraire Midtown, K),* qui, en 1952, fut la première tour de verre et d'acier de New York et le premier gratte-ciel entièrement climatisé et équipé de baies vitrées fixes. Mini-expos d'art contemporain dans le hall *(entrée libre).*

➤ Juste en face, à l'angle opposé de 53rd Street et Park Avenue, se détache le *Seagram Building* (*plan Itinéraire Midtown, L),* tout noir, de Mies Van der Rohe, et Philip Johnson pour la décoration intérieure (1958). Sa sobriété, ses proportions parfaites et l'élégance de ses « murs-rideaux » en font encore un des plus beaux buildings de New York, malgré la concurrence de sa nouvelle tour jumelle et des impressionnantes tours qui poussent comme des champignons dans ce secteur. De là, on aperçoit la silhouette gainée d'aluminium du *Citicorp Center* (1977), à l'angle de Lexington Avenue et de 53rd Street *(plan Itinéraire Midtown, M).* On le reconnaît de très loin grâce à son sommet biseauté culminant à 274 m. À l'abri de ses piliers se nichent la surprenante *Saint Peter's Church* (un véritable défi architectural !) ainsi qu'un complexe commercial avec un atrium, très agréable pour une pause déjeuner.

➤ Descendre Lexington Avenue jusqu'à l'angle de 51st Street pour admirer le *General Electric Building* (RCA Victor Building), chef-d'œuvre de l'Art déco érigé en 1931 *(plan Itinéraire Midtown, N).* Remarquable sommet travaillé à la manière d'une flèche de cathédrale gothique. Le rez-de-chaussée abrite un *food hall* bien pratique pour casser la croûte, *Urbanspace@570 Lex* (*plan Itinéraire Midtown, 280).* Pause café possible aussi au *Ground Central Coffee Co* (*plan Itinéraire Midtown, 339).*

➤ Poursuivre dans 51st Street en direction de l'ouest, jetez un œil en passant à *Saint Bartholomew's Church* (sur la gauche), complètement inattendue dans le décor avec son look italo-byzantin. À l'angle de 5th Avenue se dresse sur la droite l'*Olympic Tower* (1976, réalisée par Skidmore, Owings & Merrill). Commanditée par Aristote Onassis, c'est une boîte de verre de 51 étages dominant *Saint Patrick's Cathedral* (1878) à laquelle elle sert de miroir *(plan Itinéraire Midtown, O)*. Le contraste entre le gratte-ciel et l'élégante église de style néogothique est une image forte de

BEN MON COCHON !

Tout au fond de la cathédrale Saint-Patrick, à l'extérieur de la chapelle de la Vierge, un cochon dodu (plutôt un monstre à pattes courtes en fait) grimpe sur une colonne. Mais que fait-il là ? Personne n'en sait rien. Juste un architecte qui a voulu rigoler ?

New York. La taille de Saint Patrick's peut paraître un peu insignifiante, mais en entrant, on se rend mieux compte de ses dimensions : 100 m de long sur 50 m de large... Une vaste campagne de rénovation a redonné tout son éclat au marbre blanc de la façade.

➤ Remontez 5th Avenue sur un bloc et tournez à droite dans 52nd Street pour découvrir l'originale silhouette gris foncé de l'*Austrian Cultural Forum* (2002, Raimund Abraham) évoquant une colonne vertébrale ou un totem *(plan Itinéraire Midtown, P)*. Très étroit (moins de 8 m), pas très haut non plus (24 étages), il détonne pourtant franchement parmi les autres buildings de la rue et demeure un des projets architecturaux les plus audacieux de ces années. Revenez sur vos pas, traversez 5th Avenue et continuez sur 52nd Street.

➤ À droite, à l'angle de 52nd Street et 6th Avenue s'élance la façade noire et massive du *CBS Building (plan Itinéraire Midtown, Q)*, surnommé par les New-Yorkais « the Black Rock » (« le Rocher Noir ») et réalisé en 1965 par le célèbre architecte et designer finlandais Eero Saarinen, connu pour son terminal TWA de l'aéroport JFK. Les amateurs de palaces d'exception pourront faire un petit détour par la 53rd Street pour voir le *Baccarat Hotel,* face au MoMA. L'un des plus luxueux hôtels de la ville avec sa façade spectaculaire composée de panneaux de verre prismatiques, son hall d'entrée de 2 000 verres éclairés de l'intérieur, son bar Second Empire aux lustres imposants. Ce temple de cristal Baccarat est français, môssieur !

➤ Sur 6th Avenue, au niveau des 52nd-51st Streets, notez la *photogénique enfilade de gratte-ciel de même style* (« international ») et de même hauteur, ajoutés dans les années 1960 au complexe du Rockefeller Center.

➤ Possibilité de terminer la balade par deux fleurons du style Art déco, le *Rockefeller Center (plan Itinéraire Midtown, R)*, à trois blocs au sud (pause gourmande possible chez *Magnolia Bakery* ; *plan Itinéraire Midtown, 318*) et bien sûr le *Chrysler Building (plan Itinéraire Midtown, S)*, un peu plus loin (voir textes détaillés plus haut). Les insatiables pousseront jusqu'au *Fred French Building* au 551 5th Avenue (et 45th Street), dont le hall est une curiosité du style Art déco babylonien (1927), inspiré du film muet hollywoodien *Intolérance*, de D. W. Griffith. Voir les portes d'ascenseur en bronze, les voûtes peintes d'animaux mythiques dorés et les lustres délicats.

UPPER EAST SIDE

● Pour se repérer, voir le plan détachable 2 en fin de guide.

À l'est de Central Park, de East 59th à East 96th Street, s'étend le quartier le plus chic de Manhattan, tout au moins le long de Park et Madison Avenues. Au pied des immeubles cossus gardés par des concierges en

NEW YORK

livrée, des *dog keepers* promènent par grappes le long des boutiques de luxe des toutous miniatures impeccablement toilettés. Ici, le prix du mètre carré des appartements ferait pâlir d'envie les propriétaires parisiens de Saint-Germain-des-Prés.

Jusqu'à la fin de la guerre civile, l'Upper East Side était le lieu de villégiature estivale des New-Yorkais. Aux XVIIIe et XIXe s, l'urbanisation gagna la zone, qui devint le quartier des industriels milliardaires. Les hôtels particuliers des familles Carnegie, Vanderbilt, Whitney, etc. colonisaient alors 5th Avenue, face à Central Park. Ensuite, ce fut le coin des stars : Greta Garbo, Marilyn, Marlene Dietrich, Elia Kazan, George Gershwin et Paul Newman, entre autres, y habitèrent. Les jazzmen Charlie Parker et Benny Goodman y passèrent les dernières années de leur vie. Martin Scorsese, Madonna et Woody Allen y vivent encore...

Mais l'Upper East Side, c'est aussi et surtout le quartier des musées. Entre East 70th et East 104th Street, 5th Avenue prend le nom symbolique de Museum Mile, vous comprendrez vite pourquoi en découvrant ce qui vous attend dans la rubrique « À voir » ! Plus à l'est, et notamment sur 1st et 2nd Avenues, le quartier devient plus populaire, avec des commerces *old school* (bouchers, barbiers, *delis*...) et de nombreux bars et restos distillant une ambiance bien plus relax. Quant à la corne coincée contre la rivière, entre East 80th et East 90th Street, elle est toujours appelée Yorkville, du nom d'une ancienne colonie allemande et d'Europe de l'Est, dont il reste encore quelques signes résistant au temps...

Où dormir ?

Peu d'hôtels, ou alors hors de prix, dans ce fief de la haute bourgeoisie. Mieux vaut loger de l'autre côté du parc, à Upper West Side, ou plus au sud.

Où manger ?

Spécial petit déjeuner et brunch

♜ *Orwashers* (plan 2, H-I9, **157**) : 308 78th St (entre 1st et 2nd Ave). Ⓜ (6) 77 St. Tlj 7h30-20h (8h-18h dim). Une excellente boulangerie casher ouverte depuis 1916 et qui ne cesse de faire des adeptes dans le quartier. Sur les étalages : une foule d'appétissants muffins, cookies, *rolls,* croissants et toutes sortes de pains fantaisie fabriqués maison.

♜ *Two Little Red Hens* (plan 2, H-I8, **255**) : 1652 2nd Ave (entre 85th et 86th). Ⓜ (4, 5, 6) 86 St. Lun-jeu 7h30-21h, ven-sam 8h-22h, dim 8h-20h. Bons classiques de la pâtisserie US plébiscités par les habitants du quartier : les alléchantes *pies* aux fruits sont tout simplement extra. À emporter plutôt, car les places assises sont rares.

♜ Et aussi : ***Russ & Daughters*** *(tlj sauf mer et sam),* **Bluestone Lane** et **Café Sabarsky** *(petit déj servi tlj sauf mar).* Voir plus loin.

Sur le pouce

|●| ♜ 🍴 🍷 *Heavenly Rest Stop by Bluestone Lane* (plan 2, H8, **276**) : 1085 5th Ave (et 90th). Ⓜ (4, 5, 6) 86 St. Tlj 7h30-18h (19h ven-sam). Brunch tlj jusqu'à 16h. En-cas et brunch 8-18 $. « Divin » petit café blotti dans une église épiscopale, à côté du Guggenheim. Quelques tables aussi dehors, face à Central Park. Parfait pour un brunch de produits frais, une bonne salade, un jus de fruits ou un vrai expresso.

|●| 🍴 🍷 *Dean & Deluca* (plan 2, H8, **279**) : 1150 Madison Ave (et 85th). Ⓜ (4, 5, 6) 86 St. Tlj 7h (8h w-e)-20h. Une des annexes de l'épicerie fine-traiteur de

SoHo (voir ce chapitre), bien pratique pour se concocter un pique-nique gourmand ou boire un bon café au comptoir dans une atmosphère typiquement new-yorkaise.

|●| 🍴 🍴 Agata & Valentina *(plan 2, I9,* **277***) : 1505 1ˢᵗ Ave (et 79ᵗʰ).* ⓜ *(6) 77 St. Tlj 8h-21h. En-cas et plats 7-15 $.* Une vaste et appétissante épicerie italienne, parfaitement approvisionnée en produits de 1ᵉʳ choix. Mais ce qui attire vraiment les foules, ce sont ses rayons traiteur : un comptoir à pizzas bien fines (vendues à la coupe), un autre pour les soupes et les salades, et un dernier avec les plats chauds du jour, les paninis et desserts. Après avoir déposé son butin à l'une des tables, il ne reste plus qu'à commander un *espresso...* et basta !

Bon marché

🍴 Jackson Hole Burger *(plan 2, H10,* **223***) : 232 E 64ᵗʰ (entre 2ⁿᵈ et 3ʳᵈ Ave).* ☎ *212-371-7187.* ⓜ *(F) 63 St. Burgers et sandwichs 10-15 $. Menu enfants max 10 $.* Difficile de trouver une table abordable dans ce quartier huppé ! Aussi cet adorable petit resto à la déco ricaine pur jus est-il une aubaine. On se croirait dans un vieux saloon ! Au choix, une vingtaine d'énormes burgers bien garnis, de salades et sandwichs qui combleront les plus gros appétits, servis dans 2 petites salles basses de plafond aux murs criblés d'affiches de western et objets hétéroclites décalés.

|●| Cascabel Taqueria *(plan 2, H-I9,* **281***) : 1556 2ⁿᵈ Ave (et 81ˢᵗ).* ☎ *212-717-8226.* ⓜ *(6) 77 St. Plats 10-18 $.* Néo-*taqueria* au décor plutôt new-yorkais, tout de même constellée de dessins bariolés de catcheurs de *lucha libre* pour la touche latino. Tacos de toutes sortes frais et bien garnis, servis par paires dans des écuelles en Inox façon cantoche. Copieux burritos, bon guacamole (le *medium* est déjà bien épicé) et *daily specials* variant tous les jours. Cool, convivial et pas cher, surtout dans ce quartier, mais ils se rattrapent sur les boissons. En soirée, plein à craquer. Quelques tables sur le trottoir.

🍴 👟 Shake Shack *(plan 2, H8,* **203***) : 154 E 86ᵗʰ St (entre Lexington et 3ʳᵈ Ave).* ⓜ *(4, 5, 6) 86 St. Env 12-15 $.* Voir descriptif de cette petite chaîne de burgers dans le chapitre « Union Square... », où se trouve le kiosque d'origine.

Prix moyens

🍴 J. G. Melon *(plan 2, H9,* **324***) : 1291 3ʳᵈ Ave (et 74ᵗʰ).* ☎ *212-744-0585.* ⓜ *(6) 77 St. Tlj 11h30-3h min. Burger-frites env 20 $. CB refusées.* Indéboulonnable, ce pub *old school* ouvert en 1972 n'a guère changé depuis. Quelques tables dans l'angle de la devanture à l'entrée, mais il y a aussi une autre petite salle au fond, sinon on n'hésite pas à jouer des coudes au bar pour déguster leur fameux bacon cheeseburger accompagné d'une pinte. Les pommes frites sont aussi excellentes (à commander en plus), la salade d'épinards au bacon et champignons pas mal non plus. Le reste ne mérite guère qu'on s'y attarde. Toujours bondé, venez plutôt en horaires décalés.

|●| Poke Restaurant *(plan 2, I8,* **198***) : 343 E 85ᵗʰ St (entre 1ˢᵗ et 2ⁿᵈ Ave).* ☎ *212-249-0569.* ⓜ *(4, 5, 6) 86 St. Tlj sauf dim 17h-22h30 min. Repas env 20 $; plateau de sushis dès 25 $. CB refusées.* Vos papilles ne tariront pas d'éloges sur ce bon sushi bar japonais dont les prix ont su rester simples. Dans l'assiette, de délicieux sushis, sashimis, *rolls*, etc. Autre bonne surprise : c'est un *BYOB*, donc on apporte sa propre bouteille de vin... et on limite encore un peu plus l'addition. Venir tôt car toujours plein. Un bémol toutefois : la salle est bruyante.

|●| Candle Café *(plan 2, H9,* **228***) : 1307 3ʳᵈ Ave (entre 74ᵗʰ et 75ᵗʰ).* ☎ *212-472-0970.* ⓜ *(6) 77 St. Plats 12-25 $.* Qui, après un repas ici, irait encore dire que la cuisine végétarienne est triste et ennuyeuse ? La carte n'aligne que des plats préparés avec soin et inventivité, à base de produits bio et « *farm to table* » (direct du producteur fermier au consommateur). On s'en lèche les babines ! Également de bons jus de fruits frais, bières bio (et cocktails *veggie*) à siroter dans un joli bistrot aux tentures beiges. Une adresse garantie 100 % *eco-friendly* !

NEW YORK

NEW YORK

|●| ☕ 🍷 **Russ & Daughters** (plan 2, H8) : au sous-sol du Jewish Museum, 1109 5ᵗʰ Ave (et 92ⁿᵈ). Ⓜ (6) 96 St. Tlj sauf mer et sam (resto ouv sam mais sur résa seulement, 11h (9h dim)-16h (17h45 dim). L'annexe de la vénérable épicerie juive du Lower East Side ; voir descriptif du musée plus loin.

De prix moyens à plus chic

|●| 🍷 **Toloache** (plan 2, H9, 206) : 166 E 82ⁿᵈ St (entre Lexington et 3ʳᵈ Ave). ☎ 212-861-4505. Ⓜ (6) 96 St. Le soir seulement. Plats 10-30 $. Repas 40-50 $. Un délicieux resto mexicain, qui fait le plein presque tous les soirs. Ambiance chic et déco aux accents mauresques, avec azulejos et lustres orientaux. Bar en arc de cercle, où l'on déguste de bons cocktails avant de s'attaquer à la cuisine. Les classiques sont revisités avec créativité : guacamole généreux, enchiladas parfaitement relevées, tacos et ceviche archi frais. Quelques options végétariennes.

Où boire un café ou un chocolat ?
Où déguster une glace ?

🍷 🌿 **Café Sabarsky** (plan 2, H8, 411) : dans la Neue Galerie, 1048 5ᵗʰ Ave (angle 86ᵗʰ). Ⓜ (4, 5, 6) 86 St. Tlj sauf mar 9h-18h (21h jeu-dim). Face à Central Park mais caché dans le musée d'Art autrichien de la ville (réputé pour ses Klimt et Egon Schiele), voici un authentique café viennois de la grande époque où il fait bon se poser en hiver. Boiseries, cheminée, piano, tables et chaises bistrot... Devant un bon chocolat chaud nappé de crème fouettée et une Linzertorte, on se croirait vraiment à Vienne. On peut aussi s'installer au **Café Fledermaus** (au sous-sol), dans un décor noir et blanc style Sécession viennoise des plus réussi. Carte et horaires identiques.

🍦 🚶 **Serendipity 3** (plan 2, H10, 423) : 225 E 60ᵗʰ St (entre 2ⁿᵈ et 3ʳᵈ Ave). ☎ 212-838-3531. Ⓜ (N, R, 4, 5, 6) 59 St. Glaces 15-25 $! En 1954, des copains débarquent à New York avec l'intention d'y faire du théâtre. Finalement, ils laissent tomber le théâtre, ou plutôt... créent le leur : Serendipity, un lieu d'un kitsch assumé évoquant vaguement Alice au pays des merveilles, avec une horloge géante, des lustres style Tiffany qui tombent de partout, des miroirs et des boules à facettes disco... Rien n'a bougé et l'on y déguste toujours la même chose : des sundaes (coupes glacées), énormes, outrageous même, si on y met le prix ! Grande spécialité de « chocolat chaud glacé ». Seul bémol, la foule (souvent 1h d'attente même au cœur de l'hiver !).

🌿 **Two Little Red Hens** (plan 2, H-I8, 255) : 1652 2ⁿᵈ Ave (entre 85ᵗʰ et 86ᵗʰ). Ⓜ (4, 5, 6) 86 St. Voir « Spécial petit déjeuner et brunch » plus haut.

Où boire un verre ? Où jouer au billard ?

🍷 **Treadwell Park** (plan 2, I10, 428) : 1125 1ˢᵗ Ave (angle 62ⁿᵈ). Ⓜ (F, Q) Lexington Ave-63 St. Tlj 16h (14h jeu-ven, 11h w-e)-2h. Grand Biergarten couvert « en dur », avec ses grandes tablées en bois, ses tables de ping-pong, son baby et ses flippers. Volume sonore XXL, 21 bières à la pression et près de 50 bouteilles : pratique pour faire une pause avant ou après une balade sur Roosevelt Island. Si vous avez un petit creux, partagez donc un bretzel géant ! Sinon, le pop-corn est gratuit et à volonté.

🍷 **Ethyl's** (plan 2, H8, 408) : 1629 2ⁿᵈ Ave (entre 84ᵗʰ et 85ᵗʰ St). Ⓜ (Q) 86 St. Tlj 16h-4h. Happy hours jusqu'à 19h (5 $ la conso). Une taverne étonnante de vitalité, que l'on ne s'attendait pas à trouver dans ce coin de la Grosse Pomme. Décor rougeoyant de cabaret, avec de gros clins d'œil aux années 1970. On se jette une bière ou un cocktail avant de profiter de soirées thématiques déjantées, entre DJs férus de disco, *tributes* rock ou shows de *go-go girls*. Décoiffant. Si vous avez une petite faim, goûtez au Fi-Dola Burger à... 5 $.

🍸 *Brandy's Piano Bar* *(plan 2, H8, 407)* **:** *235 E 84th St (entre 2nd et 3rd Ave).* ● *brandyspianobar.com* ● **Ⓜ** *(4, 5, 6) 86 St. Happy hours 16h-20h, concerts 21h30-3h. Pas de cover charge, mais 2 boissons min pdt les concerts.* On a beaucoup aimé traîner dans ce petit bar d'habitués, en écoutant de bons groupes de musique live reprenant les grands standards du rock, pop, jazz...

Très fréquenté le week-end, mais parfois désert en semaine. *Happy hours* volontiers *gay friendly*.

🍸 *East Side Billiards* *(plan 2, H8, 733)* **:** *163 E 86th St (entre Lexington et 3rd Ave), au 1er étage.* **Ⓜ** *(4, 5, 6) 86 St. Tlj 14h (13h w-e)-2h (4h ven-dim). Env 12 $/h par pers. Interdit moins de 18 ans après 20h.* Immense salle de billard alignant 16 *Brunswick Gold Crown III* (les tables les plus réputées). 5 joueurs maximum par table. Également une baby-foot et une table de ping-pong, pour qui craindrait de lacérer le tapis. Dans les « MP3 juke-box », près de 400 000 chansons !

Shopping

Grands magasins

🏬 *Bloomingdale's* *(plan 2, H10, 612)* **:** *entrée principale sur Lexington Ave (entre 59th et 60th).* **Ⓜ** *(N, R, 4, 5, 6) 59 St.* Un superbe grand magasin, où toutes les grandes marques ont pignon sur rayon. Pour les gourmands, la pâtisserie *Magnolia Bakery* a un *corner* au rez-de-chaussée.

🏬 *Barneys New York* *(plan 2, H10, 622)* **:** *660 Madison Ave (et 61st).* **Ⓜ** *(N, R, 4, 5, 6) 59 St.* Grand magasin extrêmement chic et cher, spécialisé dans les créateurs les plus en vue (un peu l'équivalent du *Bon Marché* à Paris). Totalement branché, sélection pointue de vêtements, chaussures, sacs et accessoires pour fashionistas exigeantes. À voir surtout pendant les soldes parce qu'au prix fort, ça calme...

Mode

🏬 *Ralph Lauren* *(plan 2, H9, 614)* **:** *867 Madison Ave (angle 72nd).* **Ⓜ** *(6) 68 St.* Tout l'univers de ce mythe de l'élégance américaine réuni dans un sublime hôtel particulier de style Tudor. N'hésitez pas à y entrer car de nombreux détails d'époque ont été conservés. Si vos moyens vous le permettent, les prix sont un poil moins élevés qu'en France... Succursale sur le trottoir d'en face, consacrée à la gamme *leisure wear* de la marque, ainsi qu'aux vêtements pour enfants.

Boutiques spécialisées

🏬 *Albertine* *(plan 2, H9, 11)* **:** *972 5th Ave (entre 78th et 79th).* **Ⓜ** *(6) 77 St. Tlj 11h-19h (18h dim).* C'est la librairie française de New York, avec un vaste choix de classiques et de nouveautés sur 2 niveaux. Bons conseils de lecture de l'équipe francophone. Nombreux guides de voyage également, dont votre collection favorite pour toute l'Amérique. Voir aussi le descriptif dans le chapitre « Informations et adresses utiles » au début du guide.

🏬 *Kitchen Arts & Letters* *(plan 2, H8, 617)* **:** *1435 Lexington Ave (entre 93rd et 94th).* **Ⓜ** *(6) 96 St. Tlj sauf lun mat et dim (et sam en juil-août).* Une librairie spécialisée dans les bouquins de cuisine du monde entier (et la plus grande du monde dans le genre, dit-on !). Ils changent régulièrement le thème de leur vitrine : riz, chocolat... Idéal pour trouver des recettes de grand-mère américaine, et réaliser chez vous en rentrant les musts de la pâtisserie US : cookies, muffins, *pies*, etc.

🏬 🚶 *Dylan's Candy Bar* *(plan 2, H10, 585)* **:** *1011 3rd Ave (angle 60th).* **Ⓜ** *(N, R, 4, 5, 6) 59 St.* Bienvenue dans le monde merveilleux de Dylan (la fille de Ralph Lauren), spécialiste des bonbons ! Cette immense maison de Dame Tartine d'un nouveau genre regorge de sucreries et autres douceurs, à admirer (les escaliers sont en bonbons), à dévorer et à offrir : *jelly*

NEW YORK

NEW YORK

beans à tous les parfums, barres chocolatées et chewing-gums d'antan... Dur de résister !

Boutique de musée

⊛ **Metropolitan Museum Store** *(plan 2, H8-9) : 1000 5th Ave (au niveau de 82nd).* ● *metmuseum.org* ● Ⓜ *(4,* *5, 6) 86 St.* Tlj 10h-17h15 (20h45 ven-sam). La boutique du Met (voir le descriptif ci-après) est un passage obligé. À l'image du musée, donc immense et très attractive, avec une foultitude de produits dérivés de ses œuvres emblématiques et une section librairie particulièrement fournie.

À voir

Très pratique pour visiter le quartier : les **bus 1, 2 et 3 parcourent tout 5th Avenue** dans le sens nord-sud (jusqu'à Washington Square à Greenwich Village), desservant au passage tous les musées d'Upper East Side. Dans le sens de la remontée, le trajet se fait sur la parallèle, **Madison Avenue.**

The Metropolitan Museum of Art
(The Met 5th Avenue ; plan 2, H8-9)

🏛🏛🏛 🕴 *S'il n'y a qu'un musée à visiter à New York, c'est bien celui-là !* Seuls le Grand Louvre à Paris, le British Museum à Londres et le musée de l'Ermitage à Saint-Pétersbourg peuvent rivaliser avec le Met. Le Met, c'est 250 000 œuvres exposées (sur les quelque 2 millions que compte le musée !) dans 270 salles représentant une vingtaine de départements sur une surface totale de 180 000 m² ; le tout couvrant 6 000 ans d'histoire et visité chaque année par plus de 6,2 millions de personnes ! Le Met, c'est aussi *la plus riche collection d'art américain au monde, d'art de l'Égypte ancienne* en dehors d'Égypte, et l'un des plus importants regroupements de *peintures et sculptures européennes,* sans oublier les *arts décoratifs* des cinq continents, depuis les débuts de l'histoire à nos jours... L'originalité du Met, c'est d'être constitué à 87 % de *collections privées,* fondées personnellement et non dans un souci d'investissement.
Enfin, c'est encore un musée en mouvement, qui ne cesse d'être aménagé, restauré, et des salles, voire des sections entières, peuvent être fermées pour rénovation ou par manque de personnel. Faudra revenir !
La muséographie est exceptionnelle. Tout est mis en œuvre pour rendre votre visite agréable et dynamique : des jardins chinois aux espaces aérés et lumineux habités par des statues, en passant par des façades entières de bâtiments remontées ici et des *period rooms...* Ces salles présentent des reconstitutions d'intérieurs caractéristiques d'une époque sont l'une des marques de fabrique du Met. L'accent mis sur le côté théâtral est une véritable invitation à déambuler à votre guise dans ce musée car, de toute façon, même en une année, vous ne pourriez admirer tous les objets un à un ! Enfin, le Met a ceci d'américain qu'il y a tout, et certainement le meilleur de tout ! Un best of de ce que l'homme a su créer, en quelque sorte.

Un peu d'histoire

Bizarrement, ce n'est pas aux États-Unis mais à Paris, en 1866, que l'idée de créer un musée pouvant concurrencer les plus grands musées d'Europe a germé dans la tête d'une poignée de riches Américains soucieux de faire connaître l'art européen à leurs concitoyens. Ils ont réuni subventions philanthropiques, leaders d'opinions et œuvres d'art de diverses collections privées d'amateurs éclairés pour enfin ouvrir le Metropolitan Museum of Art *en 1880* en plein centre de Manhattan. Conçu pour accueillir un musée (à la différence du Louvre), le bâtiment de style néoclassique date du début du XXe s, et il n'a pas cessé depuis d'être agrandi par de nouvelles ailes. Il appartient, avec son terrain, à la Ville de New York, alors que les collections demeurent la propriété du musée. L'accord signé avec le Whitney Museum (relocalisé depuis 2015 dans le Meatpacking District, au sud de Manhattan) prévoit l'exploitation, jusqu'en 2020 seulement, de l'édifice de Marcel Breuer (élève du Bauhaus) à l'angle de Madison Avenue et de 75th Street, renommé *The Met Breuer.* Des expositions temporaires du Met, confrontant toutes les formes d'art et toutes les époques, y sont présentées *(infos sur ● metmuseum.org/ visit/plan-your-visit/met-breuer ● ; voir aussi descriptif plus loin, dans « Les autres musées d'Upper East Side »).*

Renseignements pratiques

Le Met se trouve sur le côté est de Central Park, entre 80th et 84th St (entrée sur 5th Ave, au niveau de 82nd St ; plan 2, H8-9). ● metmuseum.org ● Ⓜ (4, 5, 6) 86 St. Tlj 10h-17h30 (21h ven-sam).

*Entrée : 25 $; réduc ; gratuit moins de 12 ans. Inclus dans le CityPass. **Précision importante** : le ticket d'entrée, valable 3 j. (mais 1 j. seulement avec le City-Pass), donne accès aux 3 sites du Metropolitan Museum : Met 5th Ave, Met Breuer (situé à 5 blocs plus au sud) et Met Cloisters, l'une des sections médiévales du Met, située au nord de Manhattan. **Audioguide** (en français) : 7 $.*

Excellentes visites guidées gratuites en français : « Chefs-d'œuvre du musée » lun-ven à 11h (parfaite introduction aux richesses du Met) ; « Art moderne » mar à 13h30 ; « Art américain » jeu à 13h30 ; « Arts du monde islamique » lun à 13h30. Durée : 1h. Commentaires éclairants, prodigués par des guides passionnants ultra-calés. Par sécurité, vérifiez sur le site officiel du musée, avant de vous déplacer, que le tour est bien programmé car il arrive qu'il soit annulé. *Nombreuses autres visites guidées thématiques en anglais, gratuites aussi (voir site internet et, sur place, demander le programme des visites du jour : « What's on Today »).*

ⓘ *Point info : au milieu du hall d'entrée.* Indispensable de récupérer le *plan général gratuit* en français, le programme des visites du jour, ainsi que le plan détaillé des *European Paintings and Sculptures Galleries* et celui de l'*American Wing,* pour mieux vous y retrouver dans ces fabuleuses parties du musée... Pour les *enfants,* plein de *livrets-jeux thématiques* et une affiche pliée en quatre, représentant les collections du musée à la manière de *Charlie !* Un super souvenir pour les gamins. *Pour se restaurer sur place,* 3 endroits proposant le même menu *(soupe 6 $, sandwich ou salade 13-15 $ et bien sûr boissons)* et un self :

|●| *The American Wing Café* *(1st Floor) : tlj 10h-16h30 (20h15 ven-sam).* Cadre très agréable, avec sa vue sur le Engelhard Court, grande verrière ouvrant sur l'aile américaine.

|●| 🥤 *The Petrie Court Café* *(1st Floor) : tlj 11h30-16h.* Café-resto lumineux attenant au hall de sculptures. On déjeune avec un œil sur les *Bourgeois de Calais* et l'autre sur l'obélisque de Central Park.

|●| 🍷 *The Great Hall Balcony Café & Bar : café tlj 10h-16h45 (15h30 ven-sam) et bar ven-sam 16h-20h30 (musique classique live 17h-20h).* Au balcon du grand hall d'entrée (assez bruyant du coup).

|●| *The Cafeteria (Ground Floor) : accessible derrière le hall médiéval. Tlj 11h30-16h (18h ven-sam). Env 15-20 $.* Cadre de cantoche, mais pratique pour les familles et ceux qui veulent un repas chaud pas trop, trop cher.

🍷 |●| *The Cantor Roof Garden Café :* voir plus loin.

🍽 Enfin, pour un en-cas plus populo, direction la rangée de *food trucks* installés à l'extérieur devant l'entrée du musée, pour un hot-dog à dévorer sur les marches du Met ou sur les quelques tables disposées sur le parvis.

NEW YORK

Orientation

Les œuvres sont exposées principalement sur 2 niveaux :
Le rez-de-chaussée (1st Floor) présente les antiquités gréco-romaines et égyptiennes, le temple de Dendur, l'art médiéval, les arts décoratifs européens, une partie de l'art américain, les armes et armures, l'art d'Afrique, d'Océanie et des Amériques, la collection Robert Lehman et un pan de l'art du XXe s ; le *1er étage (2nd Floor)* montre les arts asiatiques, les instruments de musique, l'art islamique, les antiquités du Proche-Orient, les peintures et sculptures européennes du XIIIe s au XIXe s, une autre partie des antiquités gréco-romaines, de l'art du XXe s et de l'art américain, et enfin des dessins, estampes et photographies.
Au *sous-sol (Ground Floor)* se trouve uniquement la petite section mode et costumes.
Bis repetita, n'oubliez pas de prendre le *plan gratuit du musée* au bureau d'information, indispensable pour se repérer : notez bien que *les pointillés rouges représentent les principaux axes de circulation dans le musée*. Et n'hésitez pas à *solliciter les gardiens de salles* qui vous traceront le chemin pour aller d'un point à un autre sur votre plan.

Les incontournables du Met

Il est totalement impossible de tout voir en 1 jour. Pour une première visite, on conseille de commencer par une des *visites guidées gratuites en français* (idéalement celle des chefs-d'œuvre du Met, voir plus haut) puis de vous concentrer sur *2 ou 3 sections bien précises, choisies selon vos goûts artistiques.* Mais ne ratez pas ces *incontournables* :
– *Le temple égyptien de Dendur* (1st Floor, salle 131).
– *Le Charles Engelhard Court* (1st Floor, salle 700) *:* immense patio avec statues et de sublimes vitraux de Tiffany et John LaFarge.
– La reconstitution d'un *salon emblématique de l'architecte américain Frank Lloyd Wright* (1st Floor, salle 745) et toute l'*American Wing,* probablement la plus riche collection d'art américain qui soit, et qu'on ne peut voir qu'aux États-Unis.
– La *grille de Valladolid* et le hall de sculptures médiévales *(1st Floor, salle 305).*
– La série de *period rooms européennes* (1st Floor, salles 501-507 puis 523-528 et 545-547).
– La petite *Annonciation de Botticelli* (collection R. Lehman, 1st Floor, salle 952).
– Le *plafond de cérémonie d'une maison kwoma,* en Nouvelle-Guinée (1st Floor, salle 354).
– *Les 5 tableaux de Vermeer* (sur la quarantaine de toiles exécutées par le maître hollandais, 2nd Floor, salle 632).
– Sans oublier la *fabuleuse collection des impressionnistes français* (2nd Floor).

Art médiéval *(1st Floor)*

Apprêtez-vous à ne découvrir que des chefs-d'œuvre, à commencer par l'énorme *salle 305* évoquant l'intérieur d'une église où s'élève la majestueuse *grille de Valladolid* (bon point de repère pour s'orienter dans le musée) qui séparait, façon jubé, le chœur de la nef de la cathédrale (1763). Tout autour, remarquable sélection de *retables et statues polychromes,* dont 2 intéressantes représentations de la Vierge en majesté, réalisées à 250 ans d'écart : l'une à l'époque romane (raide et stoïque) et l'autre en plein gothique international (beaucoup plus maternelle). *Salle 306,* le « trésor médiéval » où l'on n'aura jamais admiré des *vitraux* des XVe et XVIe s de si près, une émouvante pietà de 1515 et une débauche d'*orfèvrerie* religieuse, calices, ciboires, encensoirs, reliquaires, crucifix, triptyques en ivoire ciselé, tous plus riches les uns que les autres... *Salle 307,* un pur chef-d'œuvre, des *lambris provenant de la chartreuse de Pavie* (Lombardie), festival de délicats motifs en os gravé et bois ciselé, figurant légendes et mythologie...

Collection Robert Lehman *(1st Floor)*

En travaux jusqu'en 2020 mais les chefs-d'œuvre sont concentrés sur une surface restreinte, presque encore mieux ! On l'atteint après avoir traversé la salle médiévale. Si le Met regroupe les œuvres d'art par périodes, pays, etc., la collection Lehman échappe à cette règle, car cette donation avait pour condition expresse que l'intégrité de la collection personnelle de M. Lehman soit respectée. D'où le côté intimiste : on se croirait dans sa demeure, avec les tables, tapisseries aux murs, lustres et sa somptueuse collection de peintures, allant *du Quattrocento aux postimpressionnistes,* en passant par l'école flamande. Un vrai musée dans un musée avec une liste de chefs-d'œuvre impressionnante. En vrac, une petite *Annonciation* de Botticelli (probablement le joyau de la collection Lehman, *salle 952),* superbe *Princesse de Broglie* d'Ingres, drapée dans un taffetas bleu étincelant dont on entendrait presque le « froufrou », contrastant avec le brocart jaune du fauteuil, les célèbres *Jeunes filles au piano* de Renoir, *Nu devant un miroir* de Balthus, l'amusante composition de Félix Vallotton pour son *Coin de rue à Paris, Leisure Time in an Elegant Setting* du Hollandais Pieter de Hooch, dont les effets de lumière rappellent Vermeer. Et puis encore Hans Memling, Rembrandt, El Greco, Goya, Pierre Bonnard, Matisse, Vuillard, et même un rare bébé de Van Gogh.

Arts décoratifs et sculptures européennes *(1st Floor)*

C'est *l'une des sections les plus époustouflantes,* comprenant de nombreuses *period rooms,* ces salles somptueusement meublées et décorées recréant l'atmosphère caractéristique d'une époque, d'un courant. On passe ainsi d'un salon d'apparat à l'intimité d'une chambre... et on s'y croit vraiment. Ces *period rooms* sont concentrées dans 2 sections repérables sur le plan distribué à l'entrée : *salles 501-507 puis 523-528 et 545-547.* Parmi nos coups de cœur, vous y découvrirez : le *cabinet du palais ducal de Gubbio,* tout en marqueterie de bois en trompe l'œil, réalisé à la fin du XVe s par un atelier florentin *(salle 501)* ; la *chambre à coucher baroque du palais Sagredo à Venise,* doté d'un incroyable plafond et décorée d'angelots *(salle 507). Salles 523 à 528,* la France est à l'honneur avec une série d'ambiances XVIIe-XVIIIe s sur fond de lambris dorés et porcelaine de Sèvres : fastueux *salons de réception provenant d'hôtels particuliers* et *chambre Lauzun* avec un lit monumental dans lequel on recevait plus qu'on ne dormait ! *Salle 545,* très *rare devanture de boutique parisienne du XVIIIe s,* récupérée par le musée dans les années 1920 (mais pourquoi le Louvre a-t-il laissé partir un tel patrimoine ?...). Et puis encore, non loin de là, la *chambre de Louis XIV* au château de Rambouillet, tendue de velours rouge, avec une cheminée sculptée et le lit royal de 1700, orné de tentures décrivant les saisons *(salle 531).* Voir aussi l'*immense patio andalou datant du XVIe s,* avec une élégante loggia à colonnade richement sculptée par des artistes lombards, typique de l'art de la Reconquista *(salle 534).* Enfin, sous un vaste atrium inondé de lumière, entre 2 bâtiments *(salle 548),* on découvre une *galerie de sculptures.* Les grands classiques sont à l'honneur, de Canova avec un *Pâris* chichement vêtu à Carpeaux (et son célèbre *Ugolin et ses fils)* en passant par Bourdelle (l'*Héraklès archer)* et Rodin et ses fameux *Bourgeois de Calais.*

I●I Si vous voulez faire une pause, le *Petrie Court Café* est juste à côté.

Galerie des armes et armures *(1st Floor)*

Les amateurs d'armures de guerre et de parade seront aux anges. Dans cette sublime collection, on est accueilli, *salle 371,* par quatre chevaliers fièrement montés sur des chevaux caparaçonnés, décorés de scènes légendaires comme David et Goliath (tout un symbole !). L'*armure d'Henri VIII,* roi d'Angleterre, révèle bien

NEW YORK

combien il était corpulent. Voir aussi *(salle 374)* celle du **roi de France Henri II,** véritable œuvre d'art décorée de la tête aux pieds.

Autre merveille d'orfèvrerie, ce rarissime « sallet » (casque à l'antique) du nord de l'Italie en forme de **tête de lion,** réalisé à la fin du XVe s en cuivre doré à l'or fin *(salle 373).* Si réaliste que la truffe de l'animal en paraît presque humide ! Les artisans avaient jadis plusieurs casquettes : ils étaient armuriers et orfèvres en même temps, ce qui explique ce travail d'ornementation que l'on retrouve aussi sur les épées au manche serti de pierreries.

Changement de décor *salle 377,* où l'on est transporté dans les films de Kurosawa avec ces **magnifiques armures japonaises,** dont une datant du début du XIVe s, pièce rarissime.

Art américain *(1st, 2nd et 3rd Floors)*

Cette vaste section **(The American Wing)** s'organise sur 3 niveaux à partir d'un immense et magnifique patio qui sert de vestibule d'entrée, le **Charles Engelhard Court,** oasis de lumière agrémentée de sculptures et de **fantastiques vitraux de Louis Comfort Tiffany.** Tout à la fois décorateur, paysagiste, architecte, designer (et fils du fondateur de Tiffany & Co, le célèbre joailler de 5th Avenue), il adorait le verre et la nature et a magnifiquement combiné les 2 éléments. Sa technique était très particulière : Tiffany plissait le verre, le froissait, le superposait pour donner de la perspective et travaillait les couleurs et la lumière à la manière impression-niste. Avec l'aide de ses collaborateurs, il a révolutionné l'art du vitrail en créant une multiplicité de textures et en se servant du métal pour créer des contours aux formes. Admirer l'effet de profondeur du célèbre *Autumn Landscape,* avec l'eau qui semble couler vers le spectateur.

L'*American Wing* couvre 300 ans d'histoire à travers peintures, sculptures, mobi-lier, arts décoratifs et, ici encore, de nombreuses **reconstitutions d'intérieurs** de différentes époques **(period rooms),** réparties sur 2 niveaux : *1st Floor* surtout *(salles 724-725, 728-729, 734 et 737 à 745)* et *2nd Floor (salles 718-721).* Parmi nos coups de cœur, le **Panorama du château de Versailles** *(salle 735, dans une rotonde),* un style très en vogue au XIXe s pour donner aux gens l'illusion de voya-ger ; la *salle 743,* regroupant de splendides pièces de mobilier et d'arts décoratifs fin XIXe-début XXe s (sous influence clairement japonisante), notamment plusieurs **magnifiques vitraux et lampes Tiffany** (les amateurs de lampes du maître verrier iront aussi au *NY Historical Society,* qui en expose une centaine).

On débouche alors sur un salon de toute beauté *(salle 745)* pro-venant d'une demeure conçue en 1914 par l'architecte de génie **Frank Lloyd Wright.** L'une des toutes premières maisons « orga-niques » du père du Guggenheim. Immenses baies vitrées ouvertes sur l'extérieur, nature omnipré-sente dans les motifs décoratifs et briques apparentes couleur d'automne (inspiration japonaise très nette aussi ici). La prouesse architecturale consiste à avoir créé un sentiment d'intimité dans une pièce aussi grande (110 m²), grâce notamment au ce plafond qui apporte de la chaleur.

Au niveau supérieur, la peinture reprend le dessus, présentée selon un parcours chronologique

FRANK LLOYD WRIGHT, LE PÈRE DE L'ARCHITECTURE AMÉRICAINE

Pour cet anticonformiste, les volu-mes intérieurs devaient déterminer la forme extérieure d'une maison et non l'inverse. Il réalisa ainsi quelque 300 Prairie Houses, où murs et cloi-sons s'effaçaient pour laisser entrer la nature. Ses constructions étaient des œuvres totales (il concevait tout : mobilier, luminaires et objets de déco compris), 100 % américaines et non plus inspirées de l'architecture euro-péenne, comme c'était le cas jusqu'à lui. Aujourd'hui encore, ses réalisations sont d'une étonnante modernité.

et thématique. On passera un peu rapidement l'époque coloniale pour s'intéresser aux portraits de commande de **John Singleton Copley,** qui peignait ses personnages entourés d'attributs représentant leur milieu social *(salle 748).* Au XVIIIᵉ s, la composition est encore très conventionnelle, certaines toiles de Copley ont un style presque photographié. Ce n'est qu'au XIXᵉ s qu'émerge la 1ʳᵉ véritable école américaine (au sens artistique), la **Hudson River School** *(salles 759-761),* caractérisée par de grands formats représentant des paysages idéalisés et magnifiés par une lumière extraordinaire, portant un message moral : une Nature créée par Dieu pour l'Homme et pour les Américains. Ses chefs de file sont Thomas Cole, Frederic Edwin Church et **Albert Bierstadt,** dont on peut admirer ici **The Rocky Mountain's, Lander's Peak,** un paysage de montagne (inspiré des Alpes) avec des Indiens Shoshone vivant en harmonie avec la nature. Mais la **guerre de Sécession** vient transformer la société, les artistes ont à cœur de rendre hommage aux héros du conflit le plus meurtrier de leur histoire. Le **triptyque de Thomas Waterman Wood, A Bit of War History** *(salle 762)* en est un terrible exemple. *Salle 763,* étonnante peinture en trompe l'œil d'une incroyable précision, façon collage dadaïste avant-gardiste, **A Bachelor's Drawer,** de John Haberle. Salle suivante *(763),* focus sur **Thomas Eakins,** le plus grand peintre réaliste américain (il avait étudié l'anatomie et se passionnait pour l'étude du corps en mouvement). *Salle 765,* c'est la représentation du Grand Ouest, avec entre autres les célèbres **bronzes d'Indiens à cheval du sculpteur Frederic Remington.** Les dernières salles *(766-770)* sont un concentré de **sublimes portraits de femmes de la fin du XIXᵉ-début XXᵉ,** signés des impressionnistes **William Merritt Chase** (aguichante *Carmencita,* la danseuse de Séville), **Childe Hassam, Mary Cassatt,** la seule femme impressionniste américaine... Et enfin **John Singer Sargent,** peintre de société *(salle 771)* avec cette *Madame X,* considérée par l'artiste comme l'une de ses plus belles réussites. La femme moderne qui a fait fortune était l'un de ses sujets de prédilection...

Pour l'**art américain du XXᵉ s,** direction la section *Modern and Contemporary Art* (lire plus loin). Alors que, jusqu'ici, les artistes américains avaient mis leurs pas dans ceux de leurs homologues européens, après la guerre de 1914-1918 et le basculement du monde, ce sont les mouvements d'art américain qui font figure de précurseurs et deviennent source d'inspiration pour le monde entier.

MULTI-TÂCHES

Mary Cassatt, la seule Américaine affiliée au mouvement impressionniste, vécut près de 60 ans en France et fut proche d'Edgar Degas. Elle joua un rôle de marchand d'art auprès des riches Américains, leur faisant notamment découvrir les impressionnistes. C'est à elle que l'on doit la présence massive d'œuvres de ce courant dans les musées américains. Toute la 1ʳᵉ série des œuvres de Degas (chevaux, jeunes filles à la toilette et danseuses) est par exemple réunie au Met !

Temple de Dendur *(1ˢᵗ Floor)*

Le clou du département des antiquités égyptiennes. Dans cette immense salle vitrée donnant sur Central Park, on a remonté pièce par pièce un temple offert par le gouvernement égyptien aux États-Unis en 1965, en remerciement de l'aide apportée au sauvetage des sublimes temples d'Abou Simbel. Resté sur place, le temple que nous admirons aujourd'hui aurait été submergé par le lac Nasser, formé par le barrage d'Assouan... La seule condition de ce don était que le monument fût toujours visible depuis l'extérieur du musée, à travers les baies vitrées. Il est donc éclairé 24h/24. Édifié par l'empereur Auguste sous la période romaine, au Iᵉʳ s av. J.-C. à la fin de l'époque ptolémaïque, il est dédié à la déesse Isis, mère des dieux égyptiens, représentée à l'intérieur du temple dans différentes postures. Les bas-reliefs sont sculptés en creux, à l'inverse de ceux de l'extérieur où l'on reconnaît Isis, Osiris et Horus, leur enfant, avec un doigt dans la bouche. Il y a même des graffitis du XIXe s, datant des débuts du tourisme en Égypte ! Petite pièce d'eau pour figurer le Nil, au bord de laquelle on peut faire une pause rafraîchissante.

Antiquités égyptiennes *(1st Floor)*

Remettez-vous de vos émotions ! En poussant la porte située devant la façade du temple de Dendur, on accède maintenant aux collections égyptiennes comptant parmi **les plus belles au monde.** En vrac : sarcophages polychromes magnifiquement conservés ; mobilier funéraire (bandelettes, barques funéraires, amulettes, céramiques, bijoux, papyrus, etc.) sorti des tombes ; trois statues en granit rose de la reine Hatchepsout, datant du XVe s av. J.-C., retrouvées en mille morceaux au cours de fouilles entreprises par le musée lui-même, puis soigneusement reconstituées. Pour donner un peu de vie à tout cela, ne manquez pas **les 13 maquettes en bois peint mises au jour dans la tombe de Meketrê,** qui sont autant de scènes de la vie quotidienne (la boulangerie, la brasserie, le grenier à grain, etc.) et la reconstitution assez impressionnante de la tombe de Perneb, trouvée à Saqqarah. Brrr... Voir également les trois figures de la tombe de Merti, censées être la représentation du gouverneur provincial à différents moments de sa vie, les beaux portraits dits « du Fayoum » et l'impressionnant livre des Morts...

Collections grecques et romaines *(1st et 2nd Floors)*

Ces salles de toute beauté présentent au visiteur des **objets de la vie quotidienne à Rome et dans le reste de l'Italie** (Pompéi), puis une foule de **statues** en marbre ou bronze. Voici nos coups de cœur : *salle 150,* magnifique collection de **vases grecs attiques** (700 av. J.-C.), dont les personnages dessinés à « figures rouges » représentent les grands événements de la mythologie. Ce sont certainement les céramiques les plus abouties de l'art grec ancien, en témoigne ce cratère montrant Hercule tirant Nessos par les cheveux et tout simplement considéré comme l'un des plus beaux au monde... Également des « vases » plus anciens, aux décors plus archaïques. **Casques** finement ciselés de scènes de combat et statuettes des Cyclades qui inspirèrent sans doute le grand Brancusi ! *Salle 154,* stèle de marbre de la période archaïque, la plus ancienne connue, figurant un jeune homme et une petite fille (530 av. J.-C.). *Salle 153,* relief représentant une copine de Dionysos dansant (beau travail sur les plis). Énorme colonne et chapiteau de marbre du temple d'Artémis de Sardis. *Salle 161,* fascinante **armure complète d'un guerrier grec** du IVe s av. J.-C. (l'hoplite : casque, thorax, cnémides). La *salle 165* est une *chambre de villa romaine* reconstituée, recouverte de fresques (50-40 av. J.-C.). *Salle 168,* un *lit romain* dans un état exceptionnel (Ier-IIe s apr. J.-C.). Dans le patio, orgie de sculptures et bustes, dont un beau Dionysos s'appuyant sur une femme. Remarquables **sarcophages sculptés.** À l'étage, statues hellénistiques et romaines de Chypre.

Collections africaines, latino-américaines et océaniennes *(1st Floor)*

Salle 350, fascinants arts africains : **masques** divers dont de magnifiques exemples du Burkina-Faso et de Guinée – on reste scotché par ces figures qui séduisirent tant Picasso –, bibles enluminées d'Éthiopie, défenses d'éléphant ciselées et belles cariatides yoruba du Nigeria. Surtout, ne pas manquer la pittoresque collection de **plaques de bronze qui ornaient les palais du Bénin** *(salle 352).* Dans la partie océanienne *(salles 353-355),* dont les œuvres impressionnent non seulement par leur beauté mais aussi par leur taille, voir notamment d'impressionnants *totems de Nouvelle-Guinée,* où des personnages super-posés sont sculptés dans un seul tronc d'arbre. Également de magnifiques *canoës de cérémonie* ornés de figures mi-homme, mi-animal et de tortues, ainsi qu'une longue barque et d'insolites habits en écorce délicatement ornés. Enfin, impossible de rater le *monumental plafond de cérémonie d'une maison kwoma* créé tout spécialement pour le Met et composé de 270 panneaux de bois peints de motifs liés aux divinités, esprits et ancêtres *(salle 354).* Côté Amériques, *salle 357,* vous serez ébloui par l'exceptionnelle et incroyable collection de *masques et d'objets rituels en or* mis au jour dans des tombes de l'Empire inca. Pro-di-gieux ! Ces trésors, découverts lors de fouilles archéologiques en Amérique du Sud, sont rarissimes, car les conquistadors avaient pour coutume de les fondre en lingots avant de les rapatrier en Espagne ! Une hérésie pour les Précolombiens qui considéraient que l'or n'était « soleil » qu'une fois travaillé. De même, superbes *couteaux de cérémonie* ornés de pierres précieuses et des bijoux de la culture *moche* (en fait très beaux !) ornés de mosaïque d'opales, bijoux en or du Panamá, de Colombie, du Costa Rica, poteries peintes, vases en argent des Chimú du Pérou... Puis encore les chefs-d'œuvre aztèques et mayas... N'en jetez plus !

Peintures européennes du XVIᵉ au XVIIIᵉ s *(2ⁿᵈ Floor)*

Revenez à l'entrée principale, et cette fois, montez au 1ᵉʳ étage *(2ⁿᵈ Floor).* Face à vous s'ouvre la galerie des toiles européennes du XIIIᵉ au début XIXᵉ s, avec des chefs-d'œuvre italiens, espagnols, français, flamands, hollandais et anglais. Les *grands maîtres* se bousculent : Giotto, Titien, le Caravage, Vélasquez, Goya, David mais aussi Van Eyck, Bruegel l'Ancien, Lucas Cranach, Vermeer, Rembrandt... sans compter leurs talentueux élèves !

École italienne

L'école florentine est représentée, *salle 602,* avec *L'Épiphanie* de *Giotto,* qui a peint en un seul tableau l'Annonce de la naissance de Jésus faite aux bergers (au second plan) et l'Adoration des Mages (au premier plan). Dans la série « primitifs religieux », *Fra Angelico* signe une belle *Crucifixion* et des retables d'anthologie. Émouvante *Vierge à l'Enfant* de *Duccio di Buoninsegna,* le plus grand peintre siennois de son temps (fin XIIIᵉ-début XIVᵉ), qui marque l'apparition du sentiment dans la peinture. Le petit Jésus a bien l'air d'un bébé (et non d'un homme) et il semble vouloir toucher sa maman. Un trésor inestimable et la plus grosse acquisition du Met (45 millions de dollars, en 2004). *Salle 603,* le grand Ghirlandaio et *Fra Filippo Lippi,* le maître de Botticelli, ainsi que le Pérugin. *Salle 606,* on reste béat devant le Christ portant la couronne d'épines, l'air si triste, d'Antonello de Messine. Idem devant l'*Adoration des bergers* de *Mantegna* (même salle), d'une grande qualité narrative et d'un réalisme s'inspirant de l'école flamande. Plus *Bellini,* Carlo Crivelli et *Méditation sur la Passion,* un étonnant *Carpaccio,* dans le genre ! Place ensuite, *salle 607,* aux Vénitiens et à la généreuse étreinte de *Vénus et Adonis* de *Titien* (XVIᵉ s) et pas moins géniale, sa vision de *Vénus et du Joueur de luth...* Suit *Mars et Vénus* (encore elle !) réunis par l'amour de *Véronèse* et des œuvres du *Tintoret.* Puis, *salle 608,* *Raphaël* nous transporte avec sa *Madone à l'Enfant* et son manteau piqueté, près de saint Jean-Baptiste dans sa peau de bête. Un peu plus loin, *salle 619,* les « photographes » de Venise (et d'ailleurs) de l'époque : *Guardi, Canaletto* et *Bellotto. Salle 621,* place au *Caravage* et à ses suiveurs. On admire l'utilisation magistrale du clair-obscur dans *Le Reniement de saint Pierre,* véritable marque de fabrique du peintre (le cinéma retiendra ses leçons !). Réalisme tout à fait nouveau pour l'époque (début XVIIᵉ s), le peintre retranscrivant délicatement la psychologie des personnages : remarquez l'attitude de contrition de l'apôtre Pierre, qui se défend de connaître le Christ. Stop ou encore ? Terminez par la *salle 622,* presque entièrement dédiée à *Tiepolo.*

NEW YORK

NEW YORK

École espagnole

Ne pas manquer les toiles de **Goya,** et ses portraits d'aristocrates *(salle 612)* ainsi que *Les Majas au balcon*, prises sur le vif, avec derrière elles deux intrigants voilés. Ce tableau inspirera Manet et son célèbre *Balcon,* comme un hommage au génie de Goya. *Salle 610,* le portrait de *Juan de Pareja* de **Vélasquez** a quant à lui été acquis pour une misère : 5 millions de dollars !

Suivent inévitablement les acolytes : **Zurbarán, Murillo** et **Ribera.** Dans un style différent, la célèbre *Vue de Tolède* du **Greco** (1597, *salle 611*) a vraiment de quoi donner des cauchemars, tandis que le portrait du cardinal tout à côté se révèle extrêmement moderne.

École française

Salle 614, **David** nous emballe avec son *Lavoisier et sa femme* (une vraie pub pour le Siècle des lumières !), mais beaucoup moins avec *La Mort de Socrate,* très théâtrale, trop classique, peinte à l'aube de la Révolution française. On lui préfère la fraîcheur, le charme, la légèreté et le sens de la lumière d'**Élisabeth Vigée-Lebrun** dans son portrait de *Madame Grand (salle 613).* Noter la manière très flamande dans les *Œufs cassés* de Greuze. *Salles 615 et 616,* tous les grands du XVIIIe s, les **Chardin, Fragonard,** Pater, **Boucher,** Van Loo, **Watteau** et son *Mezzetin,* personnage de la commedia dell'arte qui, déçu par l'amour, gratte sa guitare. *Salle 618,* la superbe *Madeleine repentie* et la *Diseuse de bonne aventure* de **Georges de La Tour,** qui semble avoir retenu les leçons de clair-obscur du Caravage. On s'amuse du jeu des complices qui font les poches de la naïve victime ! Puis **Poussin** *(salle 617),* **le Lorrain** (le mentor de Turner) et tant d'autres...

Écoles flamande et allemande

Salle 641, délicats portraits de Dieric Bouts et d'Hugo Van der Goes, mais surtout **Hans Memling,** qui nous attire par la grâce de sa *Vierge à l'Enfant et sainte Catherine d'Alexandrie.* Au passage, une sublime *Crucifixion* et le *Jugement dernier* de **Jan Van Eyck** (noter la délicieuse représentation de tous les supplices de l'Enfer !). La magie continue avec les toiles et triptyques de **Gérard David,** l'un des plus riches ensembles de cet artiste. Attachante *Nativité avec anges* de Bernaert Van Orley (tout en tendresse et finesse du paysage), puis plusieurs œuvres marquantes de Joos Van Cleve, les *Adoration des Mages* de Quentin Metsys et de Jérôme Bosch et puis le must : la grande *Annonciation* de Hans Memling, aux couleurs éclatantes. *Les Moissonneurs* de **Bruegel l'Ancien** (XVIe s) est l'un des 5 tableaux que le peintre a consacrés aux différents mois de l'année et aux activités humaines *(salle 642)* ; les autres toiles étant restées en Europe, à Vienne notamment. *Salle 643,* beaucoup de **Lucas Cranach,** dont le *Martyr de sainte Barbara* et les portraits tout en finesse d'Albrecht Dürer, de Hans Holbein le Jeune...

École hollandaise

Rembrandt s'impose comme le héros de cette section avec une vingtaine de tableaux. Son *Aristote contemplant le buste d'Homère (salle 637)* est un véritable hymne à la pensée (voir la pile de bouquins à l'arrière-plan), incarnée ici par quelques grands personnages, à savoir Homère et Aristote, bien sûr, mais aussi Alexandre le Grand, représenté sur le médaillon d'Aristote, pendant au bout de la chaîne (noter le traitement presque impressionniste des maillons qui illuminent son habit). Tous trois sont unis par la relation de maître à disciple : Alexandre le Grand fut l'élève d'Aristote qui, lui, rend hommage à Homère, le père de l'*Illiade* et de l'*Odyssée.* Ce tableau, qui a coûté 5 millions de dollars au Met, a pu être acheté en 1961 grâce à de nombreux dons. Ne manquez pas non plus son *Homme au costume oriental,* magistral. Dans *Bellona,* on n'en finit pas d'admirer son travail sur la lumière... Abordons maintenant, *salle 632,* les tableaux de **Vermeer,** dont les célèbres *Portrait d'une jeune femme* (portrait curieux et énigmatique, presque ingrat mais qui semble être un visage d'apparition), *Allégorie de la Foi catholique* et *Jeune femme à la cruche* (noter la dominante de bleu que l'on retrouve partout, y compris dans la coiffe blanche). Quand on sait que seulement une quarantaine de tableaux lui ont été attribués, dont cinq sont exposés au Met, on jauge encore mieux leur valeur ! Dans la même salle, une curiosité, la *Visite* de Pieter de Hooch, qu'un critique français attribuait plutôt à Vermeer, à cause de sa géniale distribution de la lumière !

École anglaise

Tous les grands sont là, formidablement représentés *(salle 629).* **Gainsborough** (qui se réclamait de l'influence de Van Dyck), dont le portrait de *Grace Dalrymple Elliot* enchante par son élégance et ses délicates couleurs. Puis George Romney, John Hoppner, sir Joshua Reynolds et Thomas Laurence, ces immenses portraitistes. De ce dernier, la magnifique *Elizabeth Farren* et, surtout, les charmants *Enfants Calmady,* d'une grâce totalement confondante et qui le consacrèrent digne successeur de Reynolds !

Instruments de musique *(2nd Floor)*

Une section petite, néanmoins très riche. On peut y voir un clavecin *(harpsichord)* complètement rococo, *le plus vieux piano du monde,* construit en 1720 et sorti tout droit du palais des Médicis à Florence. Finement marqueté, mais outrageusement décoré de clinquantes figures de bronze (de 1838). Également un étrange *trumpet marine* du XVIIIᵉ s, une belle guitare italienne incrustée d'ivoire, un baryton de Bohême de 27 cordes, ainsi que quelques très curieux instruments aux formes assez biscornues, d'origine apache, sioux, africaine ou asiatique. Vous noterez aussi l'extrême variété des cornemuses, binious, *bag pipes,* vielles à roue et autres *gaitas...*

Arts asiatiques *(2nd Floor)*

Un exquis moment de « zénitude » dans la galerie d'art japonais ! Les **paravents** font rêver. D'une formidable finesse d'exécution, ils décoraient les intérieurs japonais en illustrant généralement les saisons ou les grandes batailles (comme celle de *Ichinotami* et *Yashima* au XVIIᵉ s)... D'autres batailles, tout aussi joliment calligraphiées sur de longs rouleaux. Beaux **vêtements brodés.** Remarquez en passant la très sobre et non moins spectaculaire **fontaine d'Isamu Noguchi,** taillée dans un seul bloc de basalte. Aucune onde ne fait trembler l'eau qui pourtant s'écoule gentiment ! Continuer tout droit à travers les boîtes laquées, vêtements, estampes (viens donc voir ma collection !) et autres statues japonaises, avant de traverser ce *jardin chinois* reconstitué – l'**Astor Court** –, d'une tranquillité extraordinaire. Tout y est : pavillon, rochers, plantes, eau... Fascinants arts de la Chine d'ailleurs ! *Salles 209 et 210,* les délicates **terres cuites polychromes Tang** (VIIᵉ-Xᵉ s) et, remarquez, *salle 207,* ce splendide ensemble chameau et cavalier Tang... Romantiques paysages montagnards traditionnels sur rouleaux verticaux. Superbes **intérieurs chinois dans le style Ming** ; puis formidable collection de **bouddhas** de Thaïlande, du Cambodge, du Laos ou même du Shanxi (Chine) ; et encore de magnifiques statues des dieux hindous, céramiques, bronzes, etc. Ne surtout pas manquer, *salle 241,* les arts indiens et de l'Himalaya. En particulier, l'admirable **coupole d'un temple du Gujarat,** chef-d'œuvre de ciselage de bois précieux, comme de la dentelle... encadrée d'une ravissante loggia et balustrades

NEW YORK

sculptées. Accès ensuite, en mezzanine, aux arts népalais et aux **manuscrits enluminés du Rajasthan. Mandalas tibétains** de toute beauté, comme ce *Yamantaka* détruisant la divinité de la Mort (du XVIIIᵉ s). Nombreux bouddhas de bronze népalais. Dans les arts indonésiens, section Java, on tombe sur une ravissante collection de **clochettes de cérémonie** et de délicieux petits bronzes. Hallebardes aux formes particulièrement sophistiquées *(salle 246).* La culture hindoue au Vietnam fournit une superbe statuaire figurant Vishnou. *Salle 208,* bouddhas période Yuan (XIIIᵉ et XIVᵉ s), ainsi que des bouddhas en bois polychrome des Xᵉ et XIᵉ s. *Salle 240,* admirables bronzes indiens.

Peintures et sculptures européennes des XIXᵉ s et début XXᵉ s *(2nd Floor)*

Une **fabuleuse collection,** notamment d'œuvres **impressionnistes** acquises par les Américains à un moment où, en Europe, on ne s'y intéressait pas encore... Plusieurs **Van Gogh,** dont un *Autoportrait* peint des deux côtés de la toile par souci d'économie. Rappelez-vous que, de son vivant, il ne vendit qu'une seule toile... L'orgie artistique se poursuit avec une série de marbres et bronzes signés **Rodin.** Du bronze encore avec les statuettes de **Degas,** représentant des danseuses, en relais avec sa série de tableaux, dont la célèbre *Classe de danse,* où le peintre fait une incursion discrète à l'Opéra de Paris. Parmi les fameux portraits de femmes par **Renoir,** on retiendra celui de *Madame Charpentier,* qui lança l'artiste. Et puis **Monet, Manet.** De ce dernier, *La Femme au perroquet,* clin d'œil à la toile éponyme de Courbet, fit scandale en 1866, après *Le Déjeuner sur l'herbe* et *Olympia.* Victorine Meurent (le modèle favori du peintre) y est représentée en déshabillé rose pâle avec un perroquet pour mascotte, cet oiseau terriblement indiscret et à connotation sexuelle. Ambiance tristoune au *Lapin agile,* où Picasso se représente dans une tenue d'Arlequin, en très charmante compagnie. Et puis la chère Sainte-Victoire du grand **Cézanne** (une des cinq versions qui existent) et encore des toiles de Courbet, Sisley, Corot, Gauguin, Signac, Seurat, Ingres, Toulouse-Lautrec, Daumier, Millet, Matisse, Géricault, Delacroix... Deux **Klimt** et un superbe **Egon Schiele** complètent cette prodigieuse section. Enfin, ne manquez pas la *period room* **Wisteria Dining Room,** reconstitution d'un **salon parisien des années 1910,** le seul ensemble Art nouveau du Met.

Arts moderne et contemporain *(1st et 2nd Floors)*

Un musée dans le musée. Vous pouvez y consacrer une demi-journée, tant les chefs-d'œuvre sont légion (et bien moins de monde qu'au MoMA !). La collection, dont les œuvres sont présentées de façon thématique, montre autant de choses et de styles différents que l'expression « Art du XXᵉ siècle » permet.
On commence par **l'avant-garde et l'importante collection de cubistes** (Braque, Léger, Gris... légués récemment par la famille d'Estée Lauder), accompagnés de quelques Picasso *(Portrait de Gertrude Stein)* ou Matisse de différentes époques. Retour sur la naissance de l'**abstraction** autour d'œuvres de Klee et Kandinsky, avec plusieurs toiles de Georgia O'Keeffe en contrepoint, aussi inspirantes que mystérieuses. Ensuite, place à quelques **réflexions autour du corps** avec une collection de meubles modernistes (Eames, Aalto, Bertoia...) et des toiles de Balthus, Léger ou Modigliani, qui exaltent toutes le magnétisme de la femme. Passionnante section consacrée aux **représentations de la modernité** dans l'entre-deux-guerres, à travers le thème du travail, de l'industrie ou de la ville : on s'installe au restaurant avec **Hopper** *(Tables for Ladies),* on prend une vraie leçon d'histoire des États-Unis devant la fresque *America* de Thomas Hart Benton et on découvre l'Amérique en crise des années 1930 chez Reginald Marsh. Ensuite, place aux **expérimentations surréalistes** : toiles rêveuses de De Chirico, Paul Delvaux ou Yves Tanguy et *Crucifixion* de Dalí (une fusion du catholicisme, des mathématiques et de la science !).

Au 2ᵉ étage, exceptionnelle collection *pop art* avec tous les maîtres du genre : Andy Warhol, bien sûr (*Mao, Marilyn* et *Nine Jackies,* réalisé dans les mois qui suivirent l'assassinat de Kennedy), mais aussi Roy Lichtenstein (*Stepping Out,* inspiré des *comics books*) ou Jasper Johns et son *White Flag* (pour la version en couleur, il faudra aller au MoMA). On s'arrête ensuite sur la peinture gestuelle de *Jackson Pollock,* les fonds monochromes de *Rothko* appelant à la méditation ou la manière des *expressionnistes abstraits,* essentiels dans l'histoire artistique de New York. Joan Mitchell, Willem De Kooning ou Cy Twombly sont tous de la partie ! Pour

CHOC ARTISTIQUE

Plus connu pour ses sérigraphies de bouteilles de Coca, soupes Campbell's et portraits de stars, Andy Warhol a aussi représenté la mort violente : les accidents de la route, assassinats et exécutions relatés dans les faits divers des journaux. Sa série de chaises électriques dans une chambre d'exécution vide met le doigt sur la controverse politique autour de la peine de mort aux États-Unis. L'artiste montre aussi de manière brutale tout le prodige et le malaise de cette société de consommation, dénonçant la saturation de l'information véhiculée par les médias dans un gloubiboulga indigeste.

finir, quelques *sculptures* avec un marbre de Noguchi, sculpteur américano-japonais dont l'atelier-musée du Queens se visite (voir chapitre correspondant). Bref, il y en a vraiment pour tous les goûts, d'autant que le musée acquiert régulièrement de nouvelles réalisations et que les œuvres précitées sont présentées par roulement.

Art de l'Islam et art ancien du Proche-Orient *(2ⁿᵈ Floor)*

Cette nouvelle collection d'art islamique *(la plus complète au monde)* présente plus de 12 000 pièces, datant du VIIᵉ au XXᵉ s. Elle reflète le champ culturel et historique de la civilisation islamique, du Maroc jusqu'à l'Extrême-Orient. Fascinantes *calligraphies* du IXᵉ au XIIIᵉ s *(salles 450-451),* **mihrab en mosaïques polychromes,** céramiques, astrolabes et autres pièces d'exception qui pouvaient servir d'échange entre le monde arabe et l'Europe pendant le Moyen Âge *(salles 452-453-454).* Importante collection de tapis, de taille démesurée ou de prière, aux formes florales géométriques. La *salle 461* est une reconstitution d'une *salle de réception syrienne à Damas* pendant la période ottomane (notez la décoration raffinée et les poèmes inscrits aux murs). Voir également un *jeu d'échecs du XIIᵉ s,* l'un des plus anciens au monde. Filer ensuite dans les *salles 400-401* de la section consacrée à l'art ancien du Proche-Orient, pour voir les impressionnants monuments centaures et bas-reliefs néo-assyriens du *palais reconstitué d'Ashurnasirpal II de Nimrod* (883 av. J.-C.). Au passage, d'autres trésors de la Mésopotamie, de l'Anatolie et de l'Iran. Quant aux *stèles syriennes de Palmyre,* elles véhiculent forcément de fortes émotions depuis la récente destruction d'une grande partie du site...

Costume Institute *(Ground Floor)*

La plus importante collection de ce genre au monde, réunissant plus de 35 000 costumes, robes et accessoires, du XVᵉ s à nos jours. En raison de la fragilité des textiles, les pièces sont présentées par roulement, dans le cadre de toutes petites expos thématiques (deux par an).

Roof Garden

Au final (ouf !), prendre l'ascenseur pour le *toit-terrasse avec ses expositions de sculptures* *(ouv seulement de mi-avr à oct).* Vue superbe sur la *skyline* entourant

Central Park. Les riches donateurs exigent même de voir leurs sculptures sur le toit du musée quand ils descendent à NYC, histoire de les apercevoir depuis leurs terrasses des immeubles environnants. Classe, non ?

¶ ↑ *Cantor Rooftop Garden Bar* (de mi-avr à oct, tlj 11h-16h30 – 22h ven-sam), où prendre un cocktail en tête à tête avec Manhattan.

Les autres musées d'Upper East Side

🎭 ⊛ *Guggenheim* (plan 2, H8) : *1071 5th Ave (et 89th).* ● guggenheim.org ● Ⓜ *(4, 5, 6) 86 St. Tlj 10h-17h30 (20h mar et sam). Entrée : 25 $; réduc ; gratuit moins de 12 ans. Inclus dans le CityPass + Explorer Pass. Audioguide en anglais compris.*

L'expo temporaire en cours occupe l'essentiel du musée, soit toute la rotonde, cette galerie longue de 800 m grimpant en spirale et dominée par une coupole qui fait office de puits de lumière. Le reste du Guggenheim présente – dans la petite Thannhauser Gallery – une infime partie de la très riche collection permanente du musée, faute de place ! On ne vient donc pas pour ces quelques œuvres mais pour admirer cette architecture mythique et unique. Cependant, convenons que le prix d'entrée très élevé peut être dissuasif si le thème de l'expo ou l'artiste ne vous parle pas spécialement (et si vous n'êtes pas branché plus que ça par l'architecture).

– *Conseil pour la visite :* prendre l'ascenseur jusqu'en haut et descendre tranquillement le long de la spirale. Frank Lloyd Wright *himself* avait imaginé les choses ainsi !

Le bâtiment

Il a été édifié en 1951 par *le père de l'architecture moderne américaine : Frank Lloyd Wright.* Sa construction délicate dura près de 10 ans, de sorte que Guggenheim lui-même, propriétaire des collections, ne le vit jamais terminé. On comprend, en voyant cette grosse « machine à laver », selon ses détracteurs, que Wright était un architecte hors du commun, et que ce bâtiment est une œuvre d'art en soi. En plus des gratte-ciel qu'il bannissait, il déplorait aussi les maisons américaines du XIXe s « en forme de boîtes », et préférait les constructions basses, en harmonie avec leur environnement, et dont la forme découle de la fonction. Raison pour laquelle le musée est construit en spirale, car pour lui, cela devait permettre de mieux exposer des œuvres dans leur chronologie et leur continuité... Dans ses plans d'origine, le building était rouge écarlate, la couleur de la création selon Wright. Depuis 2019, le Guggenheim fait partie des 8 constructions de Frank Lloyd Wright classées au Patrimoine de l'UNESCO.

Les collections

Outre les expos temporaires qui occupent l'essentiel de l'espace, le musée est célèbre pour posséder la plus importante collection de *Kandinsky* jamais cataloguée (195 tableaux). Toutes ces œuvres ont été réunies par le richissime Solomon Guggenheim, propriétaire de mines et grand amateur d'art, avec l'aide de sa femme, Irène de Rothschild. À cela vient s'ajouter une série non négligeable

> ## UNE MÉCÈNE TRÈS AVISÉE
> En 1943, le peintre Jackson Pollock se retrouve au chômage pour alcoolisme. Peggy Guggenheim, la nièce de Solomon, le prend sous son aile en lui faisant signer un contrat qui le rémunère 150 $ par mois... en échange de 60 % sur la vente de ses tableaux. Quelques années plus tard, sa toile N° 5 sera vendue 140 millions de dollars !

de toiles d'impressionnistes et de postimpressionnistes, parmi lesquelles des chefs-d'œuvre de Renoir, Cézanne, Pissarro, Toulouse-Lautrec, Van Gogh, Chagall, Monet, Degas, Léger, Picasso, Manet, Gauguin, Braque, Pollock... Seule la

Thannhauser Gallery, aux 1er et 2e niveaux, abrite en permanence une infime partie de ces œuvres, qui tournent régulièrement.

☕ *Café 3 : au 3rd Floor.* Assez agréable pour une pause café face à Central Park et au Réservoir. En revanche, trop cher payé pour y manger un sandwich (rien à moins de 16-18 $!).

🏃🏃🏃 *Frick Collection (plan 2, H9) : 1 E 70th St (et 5th Ave).* ● frick.org ● Ⓜ (6) *68 St-Hunter College. Mar-sam 10h-18h, dim 11h-17h. Fermé une dizaine de j. fériés dans l'année (voir site internet). Entrée : 22 $; réduc ; donation libre mer 14h-18h. Interdit moins de 10 ans. Audioguide en français compris.* **Travaux de rénovation et d'extension prévus à partir de mi-2020 (les œuvres rejoindront alors le bâtiment du Met Breuer au 945 Madison Ave et 75th, jusqu'à la réouverture).**
Vous voici dans l'**époustouflant hôtel particulier** de Henry Clay Frick (le bien nommé !), riche industriel de Pittsburgh (1849-1919), construit en 1913 dans un mélange hybride de styles européens du XVIIIe s. Ce musée, ouvert en 1935, présente sa collection personnelle d'œuvres d'art d'une incroyable densité, constituée sans relâche pendant près de 40 ans. Un musée à taille humaine et chaleureux, et c'est là tout son charme car on a, dans une certaine mesure, l'impression d'être un invité qui se balade dans la demeure de son hôte : vous remarquerez d'ailleurs qu'aucun cordon de sécurité ne protège les œuvres, pourtant exceptionnelles. À ne pas manquer. Commencez par le petit film projeté toutes les 30 mn dans le salon de musique.
– *Salle Boucher :* les fresques murales de cette chambre ont été réalisées autour de 8 panneaux peints vers 1750 par François Boucher pour la marquise de Pompadour (« pompe l'amour », disaient ses amants !). Ces panneaux représentent les Arts et les Sciences. Également des porcelaines de Sèvres et autres meubles du XVIIIe s.

> ## THANK YOU DARLING !
> *En 1912, le milliardaire Frick réserve une cabine luxueuse à bord du Titanic. Sa femme souffrant d'une entorse à la cheville, il annule son voyage, attristé. Il le sera beaucoup moins par la suite.*

– *Anteroom :* salle consacrée aux **peintres primitifs religieux.** De Jan Van Eyck, une *Vierge à l'Enfant* (1440) : grande richesse de détails, comme les pierreries de la couronne que porte Élisabeth de Hongrie à droite. Également *Trois soldats* de Bruegel l'Ancien (1568) et *Purification du Temple* du Greco (1600). Dans une petite rotonde attenante, superbe Greco (il est placé là lorsqu'il est chassé de sa salle par certaines expos temporaires) et *Annonciation* de Filippo Lippi (environ 1440).
– *Dining Room :* Frick y donnait deux repas par semaine. Décor anglais XVIIIe s, où naturellement la peinture british est à l'honneur, avec notamment **Gainsborough,** George Romney, John Hoppner. On a particulièrement flashé pour la sublime *Frances Duncombe* de Gainsborough et le superbe travail sur la lumière, le drapé, les magiques tonalités de bleus...
– *West et East Vestibule :* orné de quatre galants tableaux de François Boucher représentant les quatre saisons sous la forme d'un délicat marivaudage.
– *South Hall :* de **Vermeer,** *Enfant à sa leçon de musique* et *Officier et Jeune fille,* avec leur légendaire lumière dorée ; puis *Madame Boucher* peinte par Boucher dans un joyeux bric-à-brac (1743) et un tableau de Renoir, *Mère et Enfants.* Également un beau Whistler.
– *Salle Fragonard :* c'est ici que les dames avaient coutume de se retirer après dîner, contemplant les 11 œuvres géantes – rachetées à prix d'or au Met – ornant les murs de la pièce. Les quatre plus grandes, de part et d'autre de la cheminée et sur le mur sud, évoquent les quatre âges de l'amour. Elles furent commandées par la comtesse du Barry qui, finalement, les renvoya à son auteur parce qu'elle ne les aimait pas, la capricieuse !

NEW YORK

– **Living Hall :** deux portraits de **Titien** très contrastés, réalisés au début et à la fin de la carrière de l'artiste, celui d'un jeune homme anonyme, séduisant et sensible, et le portrait de l'auteur Pietro Aretino, un homme mûr qui dégage puissance et richesse (superbe palette mordorée). De Hans Holbein le Jeune, *Sir Thomas More* (1527) : admirez le plissé des manches en velours rouge, le délicat rendu du col en fourrure, l'or du collier… et approchez-vous pour détailler les rides autour de ses yeux et sa barbe naissante. Quel réalisme ! À l'opposé, un autre portrait de Hans Holbein représentant l'ennemi mortel de Thomas More, *Thomas Cromwell* ; *Saint Jérôme* du Greco ; et *Saint François* de Giovanni Bellini. Frick devait aussi affectionner les mélanges de styles, comme en témoignent les vases et les lampes japonais et les bronzes Renaissance !

– **Library :** collection de livres anciens, recueils encyclopédiques couvrant tous les domaines des sciences, des arts et même… de la richesse ! Quelques titres croustillants, un temps oubliés par les conservateurs bien-pensants, vous feront sourire. Bien sûr, quelques tableaux ornent la pièce, comme le splendide et romantique *Lady Peel* de Thomas Lawrence ; *Lady Innes* de Gainsborough ; la gracieuse *Lady Hamilton* de George Romney ; *Mortlake Terrace* et le *Port de Calais* de Turner qui commencent à annoncer l'abstraction flamboyante de l'ultime période ; la *Cathédrale de Salisbury* de Constable ; et un grand portrait de Henry Clay Frick *himself*.

– **North Hall :** encore d'autres tableaux ; atmosphère glaciale de *Vétheuil en hiver* de Monet, qui aurait été peint depuis une barque ; *Répétition* de Degas, montrant des danseuses au palais Garnier de Paris, thème de prédilection de l'auteur et une *Corrida* de Manet, olé ! Également une lumineuse *Comtesse d'Haussonville* d'Ingres. Et puis une pure merveille que cette console en marbre bleu ornée d'éléments décoratifs en bronze, un des meubles les plus coûteux de l'histoire, fabriqué en France à la fin du XVIII° s. Sans oublier 2 bustes de Houdon.

– **West Gallery :** toutes les toiles sont accrochées dans une véritable galerie d'art éclairée par une immense verrière, voulue par M. Frick pour montrer les œuvres à ses visiteurs. Le Lorrain, puis Van Dyck et un *Village avec moulin à eau parmi les arbres* de Meindert Hobbema. Extraordinaire *Port de Dieppe* de **Turner,** faisant face à celui de *Cologne*… Divers portraits de Hals ; *Le Cheval blanc* de Constable ; la délicate *Déposition* de Gérard David ; Véronèse ; de **Rembrandt,** impressionnant *Autoportrait,* monumental *Cavalier polonais,* ainsi qu'un portrait de *Nicolaes Ruts.* Mélancolique *Lac* de Corot ; *Maîtresse et Servante* de **Vermeer** ; le Greco et aussi **Vélasquez** avec un magnifique *Philippe IV d'Espagne.* Pour rester avec les Espagnols, admirez aussi le *Duke of Osuna* de Goya et dans un autre style la puissance de *La Forge.*

– **Enamel Room :** dans cette petite salle prolongeant la West Gallery, découvrez quelques primitifs italiens avec le *Couronnement de la Vierge* de Veneziano ; *La Tentation du Christ* de Duccio di Buoninsegna (début du XIV° s) ; *Flagellation du Christ* de Cimabue (1280) ; Piero della Francesca, etc. Cette pièce devait accueillir le bureau de M. Frick, mais elle fut finalement consacrée à l'exposition de sa remarquable collection d'émaux de Limoges et de coffrets (XVI° et XVII° s), toujours en place.

– **Oval Room** *(rotonde) :* la salle la plus dépouillée de toutes, qui se partage les faveurs de quatre superbes portraits de **Whistler** (le seul artiste américain représenté à la Frick Collection, hormis le portrait de Washington par Gilbert Stuart que l'on peut voir dans la *Library*).

– **East Gallery :** *La Comtesse Daru* de David, un *Portrait de femme* de Goya, plusieurs Van Dyck, *La Fileuse de laine* de Greuze et pour finir *Le Cheval blanc* de John Constable. Après cette orgie d'œuvres sublimes, vous aurez bien mérité une petite pause dans l'adorable et romantique **Garden Court.** Noter que l'*East Gallery* est parfois utilisée pour des expos temporaires, ses œuvres sont alors réparties sur d'autres galeries. Également des expos temporaires dans la *Portico Gallery* et dans l'*Oval Room.*

🏃🏃 **The Met Breuer** *(plan 2, H9)* **:** *945 Madison Ave (et 75ᵗʰ).* ● metmuseum.org/visit/met-breuer ● Ⓜ *(6) 77 St. Tlj sauf lun 10h-17h30 (21h jeu-ven). Entrée : 25 $ (billet valable 3 j., combiné avec Met 5ᵗʰ Ave et Met Cloisters, 1 j. seulement avec le*

CityPass*) ; réduc ; gratuit moins de 12 ans. **Fermeture définitive prévue courant 2020** pour accueillir pendant quelque temps la Frick Collection en travaux.
Ce singulier building, réalisé en 1966 par Marcel Breuer, élève du Bauhaus et l'un des architectes du siège de l'Unesco à Paris, fut le siège du Whitney Museum jusqu'à son déménagement en 2015 au pied de la High Line. Depuis 2016 et pour une durée finalement plus courte que prévu, il est devenu une annexe du Metropolitan Museum accueillant **exclusivement des expos temporaires,** pointues mais accessibles et variées, confrontant toutes les époques et tous les arts. Des œuvres du Met, mais pas seulement. L'édifice, rebaptisé en l'honneur de son créateur, vaut vraiment la peine qu'on en dise deux mots : si le Guggenheim est tout en courbes, le Whitney, lui, est tout en angles, « brutal » ; si le Guggenheim est blanc et lisse, le Whitney, lui, est gris et rugueux. L'architecte Marcel Breuer a voulu prendre le contre-pied du Guggenheim en construisant cette pyramide inversée plaquée de granit noir, une vraie sculpture géante où même les rares fenêtres ont un air bizarre. Le design intérieur, dont il faut saluer la récente rénovation, est tout aussi remarquable, respectant l'esthétique de la structure tout en améliorant les infrastructures.
☕ **Flora Coffee :** au rdc.
🍴🍷 **Flora Bar :** resto haut de gamme monté par l'équipe de l'adresse branchée Estela à SoHo.

🚶🚶 **Neue Galerie** (plan 2, H8) **:** 1048 5th Ave (angle 86th). ● neuegalerie.org ● Ⓜ (4, 5, 6) 86 St. Tlj sauf mar-mer 11h-18h. Entrée : 22 $; réduc ; gratuit 1er ven du mois 18h. Interdit moins de 12 ans, et les moins de 16 ans doivent être accompagnés.
Installée dans une belle demeure édifiée en 1914 par Carrère & Hastings (mêmes architectes que la NY Public Library), la Neue Galerie est spécialisée dans l'art allemand et autrichien de 1890 à 1940.
La collection permanente est présentée au 2e étage, par roulement. Elle se compose d'œuvres de Gustav Klimt et d'Egon Schiele, mais aussi d'Oskar Kokoschka, August Macke, Max Beckmann, Ernst Ludwig Kirchner, les architectes autrichiens Josef Hoffman, Otto Wagner et Adolf Loos, sans oublier le mouvement du Bauhaus, avec Marcel Breuer et Ludwig Mies Van der Rohe... La période expressionniste est également présente avec les nus radicaux de Christian Schad, ainsi qu'Otto Dix et Georg Grosz. Seule certitude, celle de pouvoir admirer l'iconique **Portrait d'Adèle Bloch-Bauer I,** revêtue d'or et de bijoux et peinte à la façon des mosaïques que Klimt avait su apprécier à Ravenne, en Italie. L'histoire de ce tableau est racontée dans le film Woman in Gold avec Helen Mirren, sorti en 2015. Au 3e étage, **expos temporaires** autour de thèmes variés.

☕ Au rez-de-chaussée, le décor et l'ambiance du magnifique **Café Sabarsky** (plan 2, H8, **411** ; tlj sauf mar 9h-21h, 18h lun et mer) vous transportent tout droit à Vienne : pas donné et très fréquenté, mais il faut au moins y prendre un café viennois pour l'ambiance.
✱ **Boutique** de livres d'art et petite section dédiée au design (cher, mais de fort belles choses).

🚶 **Cooper Hewitt** (plan 2, H8) **:** 2 E 91st St (et 5th Ave). ● cooperhewitt.org ● Ⓜ (4, 5, 6) 86 St. Tlj 10h-18h (21h sam). Entrée : 18 $ (16 $ en ligne) ; gratuit moins de 18 ans. Donation libre sam 18h-21h. Rattaché à la prestigieuse Smithsonian Institution de Washington, ce musée des **arts décoratifs** (inspiré à sa création de son homologue parisien mais récemment agrandi et relooké par Diller Scofidio + Renfro, les architectes de la High Line) est établi dans une magnifique demeure de style néogothique. Comptant une soixantaine de pièces, elle fut la résidence d'Andrew Carnegie, l'un des hommes les plus fortunés d'Amérique... Époustouflante abondance des ornements intérieurs : panneaux muraux, plafonds et surtout incroyable escalier en bois ; une richesse qui contraste avec le style épuré des pièces de design qui y sont présentées... Ne pas manquer la Teak Room, salon-bibliothèque de la famille Carnegie, tout en boiseries de teck ciselées à la mode asiatique, très en vogue au XIXe s. Les œuvres exposées dans le musée tournent souvent, mais l'idée directrice est de présenter des pièces de tous styles, toutes époques, toutes fonctions, et de les confronter ensemble, unies par une couleur, une forme, une texture, un motif, une ligne ou une fonction. Un parti pris non conventionnel et pas toujours facile à suivre, car trop brouillon... Si vous êtes vraiment branché design, le MAD à Columbus Circle est bien plus étonnant à notre avis (voir « Times Square et Theater District »).

☸ **Boutique** pour les amateurs de design un peu pointu et librairie du même niveau. Peu de petits prix...

🍴 *Jewish Museum (plan 2, H8) : 1109 5th Ave ; entrée sur 92nd St.* ● *thejewishmu seum.org* ● Ⓜ *(6) 96 St. Tlj sauf mer, j. fériés et fêtes du calendrier juif, 11h-17h45 (20h jeu, 16h ou 17h45 ven selon période de l'année). Entrée : 18 $; réduc ; gratuit moins de 18 ans et pour ts sam. Donation libre jeu 17h-20h. Parfois, supplément pour les expos temporaires. Audioguide en anglais compris, et visites guidées gratuites, a priori en sem à 12h15, puis (sauf ven) 14h15 et 15h15.* Installé dans une somptueuse demeure néogothique édifiée en 1908 par le ban-quier Félix Warburg (en désaccord avec son beau-père prétendant que les fastes de la maison provoqueraient des réactions antisémites), cet intéressant musée présente de nombreuses expos temporaires consacrées à des artistes juifs et sur des thèmes parfois assez pointus.
Seul le 3e étage expose par roulement la collection permanente du musée (plus de 30 000 objets ; tableaux, objets de culte, vêtements, photos...) dans une présen-tation moderne et aérée, selon des axes ou des angles de vue particuliers. Ne vous attendez pas à un parcours historique mais plutôt à des questionnements sur l'identité juive et son rapport au monde.
Au 4e étage, expo interactive spéciale enfants, où ils pourront se mettre dans la peau d'un archéologue.

🍽 ☕ 🍺 *Russ & Daughters : au sous-sol du musée. Tlj sauf mer et sam (resto ouv sam pour le* Shabbat Brunch *mais sur résa seulement ; 50 $/ pers !). Sandwich bagel env 15 $. Plats 10-26 $.* Une annexe de l'épicerie fine centenaire du Lower East Side. La par-tie resto (mignonne comme tout) est souvent bondée, mais on peut aussi commander au comptoir un bagel garni d'excellent saumon fumé et de *cream cheese,* à déguster juste en face, sur les bancs de Central Park. Pas donné, donné, mais les produits sont excel-lents et le poisson fumé est tranché à la demande.

🍴🍴 *Museum of the City of New York (plan 2, H7) : 1220 5th Ave (entre 103rd et 104th).* ● *mcny.org* ● Ⓜ *(6) 103 St. Tlj 10h-18h. Entrée : 18 $; réduc ; gratuit moins de 20 ans.* Installé depuis 1923 dans un superbe hôtel particulier (voir l'escalier et son rideau de lumières), cet intéressant musée a pour mission de retracer l'évo-lution et les transformations de la Big Apple sous toutes ses coutures, principa-lement au travers d'expositions thématiques temporaires (architecture, mode, grands événements, etc.). Un documentaire de 20 mn présente les grandes lignes historiques qui marquèrent la ville de ses origines à nos jours, prolongé par une passionnante et nouvelle section sur l'histoire de New York *(NY at its Core)* ainsi qu'une expo permanente sur l'activisme new-yorkais (pour l'abolition de l'escla-vage, le vote des femmes, la tolérance entre religions, contre la récente gentrifi-cation...). Prévoir un peu de temps pour les 3 galeries chronologiques de **NY at its Core,** notamment pour étudier les cartes interactives montrant l'évolution étourdissante de la ville, ses différentes vagues d'immigration et comment la densité, la diversité et l'argent l'ont façonnée. On se rend compte que tout ce qui revient en force aujourd'hui (microbrasseries, fermes urbaines...) n'est qu'un retour aux sources ! Après cette rétrospective synthétique et visuelle, la dernière salle présente le New York du futur. Le clou, c'est l'immense écran diffusant des projets d'aménagement urbain dans lesquels on se retrouve intégré ! Enfin, les **amateurs de maisons de poupée** ne manqueront pas la **Stettheimer Dollhouse,** curiosité du musée, puisque les tableaux qui ornent ses murs sont de véritables œuvres

d'art miniatures. On peut ainsi admirer une réplique de *Nu descendant un escalier* de Marcel Duchamp, de la taille d'un timbre-poste !
🍴 ⊕ *Café* et *boutique.*

🍴 *Museo del Barrio (plan 2, H7) : 1230 5ᵗʰ Ave (et 104ᵗʰ). ● elmuseo.org ● Ⓜ (6) 103 St. Mer-sam 11h-18h, dim 12h-17h. Donation suggérée : 9 $; réduc ; gratuit moins de 12 ans et seniors le mer.* Ce musée a pour vocation de préserver et de promouvoir la culture latino-américaine (30 % de la population new-yorkaise et 40 % des élèves de *public schools*), et plus particulièrement celle de la communauté portoricaine. Il partage son espace entre d'intéressantes expositions temporaires et une toute petite collection permanente qui s'efforce de toucher à tout : objets traditionnels, artisanat populaire, art contemporain ainsi qu'une sélection d'œuvres notables d'artistes reconnus qui, soit sont issus de la communauté, soit traitent du sujet (Orozco, Diego Rivera, Frida Kahlo, Picabia ou Motherwell).
🍴 ⊕ *Café* et *boutique.*

À faire

🏃🏃 🏃🏃 ⚘ *Roosevelt Island Tram (plan 2, H-I10) : départ à l'angle de 60ᵗʰ St et 2ⁿᵈ Ave. Ⓜ (N, R, 4, 5, 6) 59 St. Tlj 6h-2h (3h30 ven-sam) ; départs ttes les 7-15 mn selon heure.* Ce petit tram aérien, suspendu par des câbles à 90 m au-dessus de l'East River, parcourt le kilomètre qui sépare Manhattan de Roosevelt Island en 3 mn chrono. Pour seulement 2,75 $ le trajet (*MetroCard* seulement), on bénéficie d'une vue inédite sur le Queensboro Bridge, surtout à la lumière du soleil couchant. Le survol vaut le coup et, à l'arrivée, la balade jusqu'à la pointe sud de Roosevelt Island s'impose.

🏃🏃 ⚘ *Roosevelt Island et Franklin D. Roosevelt Four Freedoms Park (plan 2, I11) : tlj sauf mar, de 9h au coucher du soleil. GRATUIT. ● fdrfourfreedomspark. org ●* À la sortie du tram ou bien du métro (ligne F, arrêt Roosevelt Island), marcher vers le sud en longeant l'East River. Sur votre gauche (face à Queens), s'étend le campus futuriste de l'université de pointe *Cornell Tech*, financé entre autres par l'ancien maire philanthrope Michael Bloomberg. Une pléiade de « starchitectes » a travaillé sur ce vaste projet de nouvelle « Silicon Island ».
En 10-15 mn, vous arriverez au sud de la petite île. Traversez le petit *Southpoint Park* et passez devant les vestiges fantomatiques d'un vieil hôpital, jadis spécialisé dans le traitement de la variole. La pointe de l'île a été transformée en jardin-mémorial dédié au 32ᵉ président, Franklin Roosevelt, et à son discours des 4 Vérités, prononcé en 1941. Dessiné par l'architecte moderniste-brutaliste Louis Kahn en 1973 (1 an avant sa mort), il fut donc réalisé près de 40 ans plus tard, une fois New York sorti de sa crise économique. Le monument en granit, d'une pureté minérale émouvante, fait face à un panorama exceptionnel, avec Manhattan d'un côté et, de l'autre, Long Island City (Queens) et son enseigne vintage de Pepsi devant les condos résidentiels. Vue fantastique sur l'ONU, le Chrysler, l'Empire State Building et, en arrière-plan, toutes les tours de Midtown. Un lieu paisible, loin de l'effervescence de la ville et carrément magique au coucher du soleil et au printemps, quand les cerisiers du Japon sont en fleur.

UPPER WEST SIDE

● Pour se repérer, voir le plan détachable 2 en fin de guide.

Fief d'une importante communauté juive, ce quartier tout en longueur situé à l'ouest de Central Park est limité par West 59ᵗʰ Street et Columbus Circle

au sud, et par West 110ᵗʰ Street au nord. Il fait bon vivre et se balader dans Upper West Side, où les terrasses fleurissent, tout comme les restos et les boutiques de mode, pour une ambiance quand même plus décontractée que dans le quartier cousin d'en face, East Side. La présence de Columbia University et de ses nombreux étudiants y est certainement pour beaucoup... L'architecture de cette partie de New York est aussi particulièrement riche et intéressante (perles de l'Art déco, belles *brownstones,* ces maisons en grès rouge...), et les bâtiments demeurent à taille humaine. De plus, où que vous soyez, la verdure n'est pas loin, Upper West Side étant bordé à l'est par Central Park, « le poumon de NY », et à l'ouest par Riverside Park. Culturellement parlant, le quartier n'est pas en reste avec son Lincoln Center, « *the biggest cultural center in the world* », comme le nomment les New-Yorkais. Construit au milieu des années 1950-1960 pendant le mouvement de rénovation urbaine de New York (alors que le quartier était encore économiquement faible...), il abrite une vingtaine de salles de spectacle, dont le très prestigieux Metropolitan Opera (dit « Met », comme le musée).

Où dormir ?

De très bon marché à bon marché (AJ)

⌂ *Hostelling International New York* (plan 2, F7, **65**) : 891 Amsterdam Ave (et 103ʳᵈ). ☎ 212-932-2300. ● hinewyork. org ● Ⓜ (1) 103 St. Réception 24h/24. Lits en dortoir 4-12 lits 50-70 $; quadruples avec sdb privée 200-280 $. Prévoir 3 $ en plus pour les non-membres. La plus grande AJ des États-Unis (et la 2ᵉ du monde : 700 lits !), dans un élégant édifice de style gothico-victorien. Dortoirs mixtes ou non (4-12 lits), et chambres pour 4 personnes avec ou sans salle de bains privée. Nombreux services : machines à laver, cuisine spacieuse et impeccable, café, petite boutique d'alimentation, salons, billards, consoles de jeux... et toutes sortes d'animations quotidiennes, souvent gratuites. Très complet donc, parfaitement bien tenu, atmosphère extra, et la dernière bonne surprise, c'est la vaste cour intérieure (avec tables et chaises) prolongée par un jardin. Accueil pro.

⌂ *Broadway Hotel and Hostel* (plan 2, F7, **68**) : 230 W 101ˢᵗ St (et Broadway). ☎ 212-865-7711. ● broadwayhotelnyc. com ● Ⓜ (1) 103 St. Réception 24h/24. Dortoirs (2 lits seulement) 30-75 $; doubles avec sdb privée 80-250 $, avec sdb partagée 50-150 $. Entre l'*hostel* et le *budget hotel.* Les chambres doubles version hôtel ont le confort de base nécessaire (celles avec juste lavabo

et salle de bains partagée sont encore moins chères) et les doubles version dortoir sont évidemment basiques, mais propres (douches et sanitaires sur le palier). On échappe aux chambrées suffocantes mais l'isolation phonique n'est, cela dit, pas le point fort de la maison. Salon TV avec coin cuisine pour se bricoler un frichti. Un bon rapport qualité-situation-prix.

⌂ *International Student Center* (plan 2, G8, **64**) : 38 W 88ᵗʰ St (et Central Park W Ave). ☎ 212-787-7706. ● nystudentcenter.org ● Ⓜ (C, B) 86 St. Réception 8h-23h. Lits en dortoir 30-50 $. Prévoir une caution de 10 $ pour la clé. Acceptent les « jeunes » 18-35 ans ! Dans une jolie rue résidentielle et calme, à deux pas de Central Park, c'est l'un des hébergements les moins chers de New York, donc la providence des budgets serrés. Et une curiosité dans son genre. Car cette auberge est plus proche d'une maison particulière que d'un hôtel : agencée dans une belle *brownstone,* meublée de bric et de broc, elle abrite plusieurs dortoirs (de 8 à 10 lits, 40 en tout), dont certains mixtes, tous avec salle de bains (sur le palier pour les femmes). Ensemble pas tout neuf mais propre et impeccablement tenu. Salon confortable au sous-sol et cuisine colorée à dispo. On laisse ses valises à la réception pendant le séjour.

⌂ *Jazz on the Park Hostel* (plan 2, G7, **66**) : 36 W 106ᵗʰ St (et Central Park

W Ave). ☎ 212-932-1600. ● *jazzho stels.com* ● Ⓜ *(C, B) 103 St. Ouv 24h/24. Lits en dortoir 20-70 $, doubles 60-125 $.* À 50 m de Central Park, une AJ répartie entre 2 bâtiments proposant des petits dortoirs sympa et propres (de 2 à 8 lits en version mixte ou non), avec sanitaires sur le palier. Également 3 chambres doubles et une familiale avec salle de bains. Terrasses l'été, petit bar et TV au rez-de-chaussée, espace lounge de style indus' avec billard au sous-sol pour les soirées festives et coin cuisine avec frigo et micro-ondes. Bonne ambiance et bon accueil.

De bon marché à prix moyens

🛏 *Newton Hotel (plan 2, F8, 69) : 2528 Broadway (entre 94ᵗʰ et 95ᵗʰ).* ☎ *212-678-6500.* ● *thehotelnewton.com* ● Ⓜ *(1, 2, 3) 96 St. Doubles avec sdb privée env 110-300 $, avec sdb partagée 100-200 $.* Dans un beau bâtiment, un hôtel sans histoire abritant une centaine de chambres dépourvues de tout charme (dont 12 suites avec kitchenette), juste confortables et fonctionnelles. On vous l'indique surtout pour les chambres avec salle de bains sur le palier, de confort équivalent aux autres (frigo et micro-ondes) mais nettement moins chères.

De prix moyens à très chic

🛏 *Arthouse Hotel (plan 2, F9, 72) : 2178 Broadway (et 77ᵗʰ).* ☎ *212-362-1100.* ● *nylo-nyc.com* ● Ⓜ *(1) 79 St. Doubles 120-350 $.* À 2 blocs d'une station de métro, un boutique-hôtel relooké dans ce style actuel industriel-vintage. Lobby-lounge très accueillant avec ses différents espaces : bar, bibliothèque... Murs de brique, sol en béton, banquettes en velours rouge, poufs en cuir capitonné et éclairages tamisés. Dans les chambres (avec vue panoramique pour les plus chères), parquet, bois clair, tête de lit bleu nuit et œuvres d'artistes locaux. Petit manque d'insonorisation dans certaines. Au 16ᵉ étage, terrasse donnant sur Central Park. Service un peu brouillon et souvent de l'attente aux ascenseurs.

🛏 *The Lucerne (plan 2, F9, 73) : 201 W 79ᵗʰ St (angle Amsterdam Ave).* ☎ *212-875-1000.* ● *thelucernehotel. com* ● Ⓜ *(1) 79 St. Doubles 180-400 $.* Ce bel hôtel datant de 1904, à la superbe façade rouge de style Beaux-Arts mâtiné de baroque, fidélise sa clientèle classique par son style cosy rassurant. Passé le porche monumental, on trouve un lobby accueillant avec colonnades, puis des chambres au diapason, confortables, douillettes et soignées. Accueil et service impeccables. Pour le petit déj (en supplément), le resto français de l'hôtel, *Nice Matin*, est bien coté à NYC dans cette catégorie (15 % de réduc pour les clients de l'hôtel).

🛏 *Hotel Belleclaire (plan 2, F9, 71) : 2175 Broadway (et 77ᵗʰ St).* ☎ *212-362-7700.* ● *hotelbelleclaire.com* ● Ⓜ *(1) 79 St. Doubles 100-300 $.* Hôtel cossu ouvert en 1903, à l'architecture Art nouveau Sécession. Comme souvent à New York, les chambres ne sont pas bien spacieuses, mais contemporaines d'allure, gaies avec leurs têtes de lit capitonnées d'un beau rouge, et bien équipées (frigo...). Certaines ont même une jolie vue sur l'Hudson River. Accueil pro et sympa. Un bémol : l'absence de double vitrage est problématique si on loge côté Broadway.

NEW YORK

Où manger ?

Spécial petit déjeuner et brunch

🍽 |●| *Zabar's (plan 2, F9, 507) : 2245 Broadway (et 80ᵗʰ).* Ⓜ *(1) 79 St. Lun-sam 8h-19h30 (20h sam), dim 9h-18h.* La cafét attenante à cette épicerie typique du Old New York qu'on aime attire les locaux par ses formules de petit déj pas chères. Lire plus loin « Shopping ».

🍽 ↑ *Sarabeth's (plan 2, F9, 270) : 423 Amsterdam Ave (entre 80ᵗʰ et 81ˢᵗ).*

☎ *212-496-6280.* Ⓜ *(111) 79 St. Petit déj en sem et brunch w-e 8h-16h env 15-25 $ (résa conseillée).* Une autre institution ! La *success story* de Sarabeth a commencé en 1981 quand elle a ouvert une petite boulangerie proposant du pain et de la confiture maison. La belle a aujourd'hui plusieurs adresses dans New York et ailleurs, et sa marque d'épicerie fine... Au menu du breakfast et du brunch, des omelettes réussies, des assiettes joliment présentées et savoureuses. Sympa aussi pour le déjeuner et le dîner (carte variée à l'américaine), notamment le jeudi soir lorsqu'il y a des concerts de jazz *(18h-21h).* Belle terrasse.

☞ Et aussi : ***Absolute Bagels, Jacob's Pickles*** *(breakfast tlj et brunch version vieux Sud le w-e),* ***Good Enough to Eat*** *(breakfast tlj jusqu'à 16h),* **Barney Greengrass the Sturgeon King** (pour son fameux *bagel lox*), **Levain Bakery** et **Magnolia Bakery** (pour leurs pâtisseries typiquement ricaines). Voir plus loin.

Sur le pouce, bon marché

🍴 ☞ **Absolute Bagels** *(plan 2, F7, 528)* : *2788 Broadway (entre 107ᵗʰ et 108ᵗʰ).* Ⓜ *(1) 110 St. Tlj 6h-21h. Env 5-10 $.* Le cadre : nul. L'ambiance : quelle ambiance ? La seule chose qui compte ici, ce sont les bagels. Préparés à la demande (visez la dextérité des pâtissiers), ils ont une consistance idéale et la croûte est croustillante à souhait. On les choisit nature, au sésame, aux raisins, *everything* (piquetés de sel, oignon, ail, pavot), puis on les garnit de ses ingrédients préférés. Grande variété de *cream cheese* aromatisés sucrés ou salés. Délicieux... et bien costaud ! Quelques tables pour se poser.

🍴 🏃 **Shake Shack** *(plan 2, G9, 203)* : *366 Columbus (entre 77ᵗʰ et 78ᵗʰ).* Ⓜ *(1) 79 St. Burgers-frites env 10-12 $.* En face du Museum of Natural History, voici une des succursales du kiosque de Madison Square Park qui attire les foules (voir « Union Square et Flatiron District »). Un fast-food sans surprise, toujours blindé (de Français notamment). Plus agréable un jour ensoleillé

pour croquer dans son burger à Central Park. Précisez bien la cuisson (du vrai bœuf Angus), sinon on vous le servira à point d'office. Milk-shakes et crèmes glacées customisées aussi.

🍴 **Zabar's** *(plan 2, F9, 507)* : *2245 Broadway (et 80ᵗʰ).* Ⓜ *(1) 79 St. Lunsam 8h-19h30 (20h sam), dim 9h-18h. Plats 8-10 $.* Lire plus haut « Spécial petit déjeuner et brunch » et plus loin « Shopping ».

Prix moyens

🍴 🍷 ☕ **Maison Pickle** *(plan 2, F8, 189)* : *2315 Broadway (entre 83ʳᵈ et 84ᵗʰ St).* Ⓜ *(1, C) 86 St. Plats 15-30 $.* Un coup de cœur pour cette grande et superbe brasserie d'aujourd'hui, spécialisée dans les cocktails et les classiques de la cuisine US réalisés dans la tradition. Des sandwichs au bœuf *French dip* typiques de Los Angeles (trempés dans du jus de viande) aux *mac & cheese* en passant par le poulet frit, les portions sont énormes ! Un plat suffit pour 2. En dessert, vertigineux gâteau à étages, à partager aussi. En prime, de fameux cocktails et une collection exhaustive de whiskeys.

🍴 ☕ **Jacob's Pickles** *(plan 2, F8, 160)* : *509 Amsterdam Ave (entre 84ᵗʰ et 85ᵗʰ).* ☎ *212-470-5566.* Ⓜ *(1, C) 86 St. Tlj 10h (9h w-e)-2h (4h ven-sam). Plats 15-25 $; plats, breakfast et brunch 11-17 $.* L'esprit du Deep South revu à la new-yorkaise, dans un très beau cadre rustico-industriel. On s'y régale de spécialités du Sud, bien cuisinées et servies en portions énormes (certains plats sont pour 2). Les pickles (légumes vinaigrés) sont maison, à goûter absolument en entrée et pourquoi pas en version *fried* comme dans le Sud. Pour faire descendre tout ça, vraie *lemonade, root beer* pression, cocktails traditionnels et, bien sûr, toute une cargaison de bières artisanales des quatre coins des États-Unis. Brunch le weekend, ultra-prisé cela va sans dire...

🍴 ☕ **Good Enough to Eat** *(plan 2, G8, 125)* : *520 Columbus Ave (et 85ᵗʰ).* ☎ *212-496-0163.* Ⓜ *(1) 86 St. Plats 12-20 $.* Une de nos adresses les plus anciennes, fidèle au poste depuis plus de 30 ans même si elle a déménagé à un petit bloc de son lieu d'origine. Toujours la même chaleureuse déco fermière assortie d'une cuisine américaine style *comfy food,* plutôt saine. Le midi, le *combo* (soupe et demi-sandwich) fait le job. Également de bonnes *pies* en dessert. Breakfast servi tous les jours en semaine jusqu'à 17h.

🍴 *5 Napkin Burger (plan 2, F8, 286) :* 2315 Broadway (et 84th). ☎ 212-333-4488. Ⓜ (1) 86 St. Burgers 15-17 $, frites en plus (la portion est pour 2). Minichaîne de vrais restos de burgers, née à New York, proposant au moins une dizaine de variétés différentes (classiques ou revisités, avec bœuf, agneau, thon mi-cuit, poulet, dinde), accompagnés de frites maison dans un beau décor de brasserie-boucherie indus' tout carrelé de blanc.

De prix moyens à plus chic

🍴 👜 *Barney Greengrass the Sturgeon King (plan 2, F8, 294) : 541 Amsterdam Ave (entre 86th et 87th).* ☎ 212-724-4707. Ⓜ (1) 86 St. Tlj sauf lun 8h30-16h (17h w-e). Plats 10-35 $. CB refusées le w-e. Ouverte depuis 1929, cette épicerie-*delicatessen* « dans son jus », et toujours dans la même famille, est spécialisée dans le saumon fumé maison (*lox*) et l'esturgeon, qui ont régalé évidemment de nombreux people. À emporter ou à déguster sur place de multiples façons dans un cadre typiquement *old New York,* avec formica, sol en lino et fresques murales

représentant La Nouvelle-Orléans. La carte est longue comme le bras mais attention, les assiettes de poisson fumé sont très chères ; bagels et sandwichs garnis sont plus abordables.

🍴 👜 *The Smith (plan 2, G10, 283) : 1900 Broadway (entre 63rd et 64th St).* ☎ 212-496-5700. Ⓜ (1) 66 St. Tlj 7h30 (9h w-e)-minuit ou moins. Plats 18-35 $ midi et soir. Pile en face du Lincoln Center, grande brasserie au décor très américain, mix de style bistrot Art déco et industriel. Carte éclectique (et maîtrisée), pour tous les goûts : grillades, poissons, salades, *oyster bar* et l'indéboulonnable burger. Les plats les plus chers sont ultra-copieux (presque pour 2). Bières locales et quelques vins des Finger Lakes et de Long Island (État de NY). Bien pratique avant ou après un spectacle.

🍴 🏃 *Carmine's (plan 2, F8, 297) : 2450 Broadway (et 91st).* ☎ 212-362-2200. Ⓜ (1) 86 St. Résa conseillée pour dîner. Plats gargantuesques pour 3 pers 25-45 $ (env 15 $ le midi mais portions individuelles). Resto-bar très prisé des New-Yorkais, heureux de se retrouver dans cette immense salle digne d'un décor de cinéma, où ventilos, lampes et une accumulation de vieilles photos aux murs distillent une ambiance d'un autre temps... Au menu, cuisine italienne rustique et ultra-copieuse à partager, c'est d'ailleurs ce qui fait le succès de la maison puisqu'un plat peut nourrir au moins 3 personnes. Ne venez donc pas à 2, sauf si vous êtes très gros mangeurs ! En revanche, ils se rattrapent sur les vins (coup de bambou).

Pâtisseries

🍰 ☕ *Levain Bakery (plan 2, F9, 284) : maison mère (minuscule !) au 167 W 74th St (entre Columbus et Amsterdam Ave) et succursale récente plus spacieuse au 351 Amsterdam Ave (entre 76th et 77th St).* Ⓜ (1, 2, 3) 72 St. En entresol ; pas forcément très visible (et c'est tout petit). Les meilleurs cookies de Manhattan d'après le *NY Times.* Et on approuve ! Très denses (presque un repas à eux seuls ou alors partagez-les à 2), croustillants dehors, moelleux au

cœur, avec le chocolat qui coule dans la bouche... Le *dark chocolate chip* est un must (doublé d'une bombe calorique), mais tout est bon de toute façon (scones, muffins...). Minicomptoir pour s'accouder ou Central Park à 2 blocs. Énormément de monde le week-end. Succursales aussi à Harlem (bien moins fréquentée), Upper East Side et NoHo.

🍰 ☕ *Magnolia Bakery (plan 2, G9, 318) : 200 Columbus Ave (et 69th).* Ⓜ (1)

66 St-Lincoln Center. L'antenne locale de la pâtisserie de Greenwich Village rendue célèbre par les héroïnes de *Sex and the City* (et désormais exportée à Dubaï, Tokyo, Moscou...). On y retrouve les meilleurs cupcakes de New York et toute une panoplie de cheese-cakes, *carrot cakes* et « gâteaux à étages » typiquement ricains, mais réellement délicieux ici. Venir une fois revient à prendre un abonnement ! Sympa aussi pour le breakfast (muffins, cakes...), d'autant qu'il y a ici une petite salle au charme rétro pour s'asseoir, ce qui n'est pas le cas des autres.

Beard Papa's (plan 2, F9, **317**) : *2167 Broadway (entre 76th et 77th).* (1) 79 St. Les Japonais et les gens du quartier se régalent des choux à la crème de *Beard Papa's* depuis 1952. Voici donc un vrai repaire de gourmands ! Pour environ 3 $ pièce, ces choux sont garnis à la demande d'une sorte de crème pâtissière ultra-aérienne (les saveurs changent chaque semaine mais la nature est déjà extra et pas trop sucrée), une vraie merveille... Une poignée de places assises seulement.

Où boire un verre ? Où écouter du jazz ?

Maison Pickle (plan 2, F8, **286**) : *2315 Broadway (entre 83rd et 84th St).* (1, C) 86 St. Cette vaste brasserie très américaine, revisitée avec un twist actuel et connue pour sa *comfort food* de qualité, a aussi de la bouteille en matière de cocktails. Sans parler de l'extraordinaire collec de whiskeys ! L'avantage, c'est qu'on peut commencer par un verre et poursuivre avec un vrai bon plat à se partager (les portions sont XXL).

Smoke Jazz Club (plan 2, F7, **466**) : 2751 Broadway (et 106th). ● smokejazz.com ● (1) 103 St. Tlj 17h (15h dim)-3h (1h dim-lun, 2h mar). Sets à 19h, 21h, 22h30 (plus 23h45 mer-dim). Cover charge en sem 9-12 $, plus dépense min 20 $/set ; ven-sam, cover 15-45 $ selon soirée. En principe, pas de cover au dernier set, ni au jazz brunch du dim. Petit club chaleureux et intimiste avec lumière tamisée et canapés en velours rouge, pour dîner (prix moyens) ou boire un verre en écoutant du jazz live de très bon niveau. L'un des plus réputés dans la nuit de West Side, mais pas donné au final : avant de s'installer, bien vérifier le montant du *cover charge* et des dépenses minimum en conso, très variables selon le jour et l'heure !

Boat Basin Café (plan 2, F9, **417**) : *tt au bout de W 79th St, au bord de l'Hudson River.* ● boatbasincafe.com ● (1) 79 St, bus M79 « crosstown ». Pour atteindre le café, au croisement de W 79th St et Riverside Dr, il faut continuer vers l'Hudson et passer sous la route par un escalier (panneaux) ; c'est là, « sous » le rond-point. Ouv 12h-23h30 (23h lun-mer, 22h dim), avr-oct seulement, et selon météo. En plein air, sous des arcades ou en terrasse, le bar fait face à l'Hudson River et à une petite marina : superbe vue et couchers de soleil romantiques à souhait. Le soir, éclairage aux lampions, et concerts de musique classique certains week-ends. Possibilité de se restaurer simplement : burgers, sandwichs. Plutôt une bonne surprise !

Shopping

Vêtements, chaussures

Century 21 (plan 2, G10, **618**) : *1972 Broadway (entre 66th et 67th).* (1, 2, 3) 66 St-Lincoln Center. C'est le petit frère du temple du dégriffé qui fait face au World Trade Center. Plus petit, pas mal de grandes marques (luxe même) vendues à moitié prix mais qui restent chères malgré tout.

Harry's Shoes (plan 2, F8, **628**) : *2299 Broadway (et 83rd).* (1) 86 St. Grande boutique de chaussures pour hommes et femmes (depuis 1931) avec une bonne sélection de marques américaines, prisées des Français : *Ugg,*

Sorel, Hunter et plein d'autres moins connues mais de qualité... En hiver, pas mal de bottes fourrées ou en cuir waterproof. Le magasin enfants est un bloc au-dessus, au 2315 Broadway.

☸ **The North Face** (plan 2, F9, **615**) : 2101 Broadway (angle 73ʳᵈ). Ⓜ (1, 2, 3) 72 St. La célèbre marque de vêtements de montagne, d'exploration et de loisirs s'est offert un landmark architectural pour son flagship new-yorkais : le Ansonia Building, chef-d'œuvre de style Beaux-Arts (1903). Un peu moins cher qu'en France et promos régulières sur de nombreux articles.

Spécial enfants

☸ 🕴**American Museum of Natural History** (plan 2, G9) : Central Park W et 79 St. Ⓜ (A, B, C) 81 St. Tlj (sauf Thanksgiving et Noël) 10h-17h45. Vêtements, bijoux, sacs, objets de déco et gadgets inspirés par les collections du musée d'Histoire naturelle ainsi que tout un tas de jeux éducatifs et livres en relation avec les sciences.

Épicerie fine et supermarchés bio

☸ **Zabar's** (plan 2, F9, **507**) : 2245 Broadway (et 80ᵗʰ). Ⓜ (1) 79 St. Lun-sam 8h-19h30 (20h sam), dim 9h-18h. Une des premières épiceries fines de New York. Amoncellement de pâtisseries, charcuteries, fromages, olives, bagels, cafés odorants cohabitant avec toute une quincaillerie d'articles ménagers (à l'étage)... Le saumon fumé passe pour être le meilleur de la ville. Pour une grignote pas chère, les apple strudels et knishes (pâtés de pommes de terre) ont leurs adeptes ; en vente aussi au coin de la rue, à la cantoche de la même maison mais sans charme, elle. Clientèle pas toute jeunette.

☸ **Trader Joe's** (plan 2, F9, **627**) : 2073 Broadway (et 72ⁿᵈ). Ⓜ (1, 2, 3) 72 St. Tlj

8h-22h. Cette chaîne de supermarchés bio est devenue en un rien de temps le QG des New-Yorkais bobo-écolo. Plusieurs adresses dans la Big (et Green) Apple, mais celui-ci est très grand et peut-être un peu moins fréquenté que les autres (c'est relatif bien sûr !). Prix très attractifs pour la qualité.

☸ 🍴 **Whole Foods Market** (plan 2, G7, **181**) : 808 Columbus Ave (et 97ᵗʰ). Ⓜ (1, 2, 3) 96 St. Tlj 7h-23h. Voir le descriptif de ce supermarché bio haut de gamme dans « Times Square et Theater District. Où manger ? ». À noter que cette succursale possède également un vaste espace avec mur végétal pour s'attabler et déguster les suggestions du jour.

Papeterie, livres et disques

☸ **Paper Source** (plan 2, G9, **523**) : 309 Columbus Ave (entre 74ᵗʰ et 75ᵗʰ). Ⓜ (1, 2, 3, C) 72 St. Une de ces papeteries dont les Anglo-Saxons ont le secret : cartes originales pour toutes les occasions, papiers imprimés graphiques et vintage, superbes calendriers et autres gadgets et petits cadeaux.

☸ **Westsider Rare & Used Books** (plan 2, F9, **609**) : 2246 Broadway (entre 80ᵗʰ et 81ˢᵗ). Ⓜ (1) 79 St. Des montagnes de bouquins. Occasions éclectiques et nombreuses premières éditions pour les collectionneurs. À l'extérieur, les bargains à 1-5 $.

☸ **Westsider Records** (plan 2, F9, **611**) : 233 W 72ⁿᵈ St (près de Broadway). Ⓜ (1, 2, 3) 72 St. L'alter ego du bouquiniste, version vinyles (plus de 30 000 !). Surtout du classique, mais aussi du jazz, du rock, de la musique ethnique, un grand choix de variété étrangère, des musiques de films, etc. Nombreux CD et livres anciens également.

À voir

🕴 **Lincoln Center** (plan 2, F-G10) : 70 Lincoln Center Plaza (angle Broadway et Columbus Ave). ● lincolncenter.org ● Ⓜ (1) 66 St. Possibilité de visites guidées thématiques du complexe sur résa (25 $; ● tour_desk@lincolncenter.org ●). Mais on conseille plutôt d'aller y voir un spectacle (pas tellement plus onéreux si on prend des

NEW YORK

*billets pas chers)... Aussi un **kiosque TKTS** au David Rubenstein Atrium : billets à prix réduits pour certains shows de Broadway mais pas du Lincoln Center, chaque salle disposant de son propre box-office ; tlj 12h-19h (17h dim), parfois plus tard en été.*
La vraie vedette du quartier, c'est cet ensemble de salles datant des années 1960 et largement modernisé depuis, qui fait partie de **l'un des plus grands centres culturels au monde,** essentiellement construit grâce à des dons (5 millions de visiteurs annuels !). Moyennant la bagatelle de 1 000 $, les donateurs ont eu leur nom inscrit sur l'un des fauteuils, mais pas le droit de s'asseoir dessus ! Le Lincoln Center comprend le mythique *Metropolitan Opera,* le *David H. Koch Theater* (où se produisent le *New York City Opera* et le *New York City Ballet*), l'*Alice Tully Hall,* le *David Rubenstein Atrium* et le *David Geffen Hall* (où se produit le *New York Philharmonic*). De plus, on y trouve un théâtre rond (inspiré du Globe Theater de Shakespeare), la prestigieuse Julliard School, un cinéma *(Elinor Bunin Monroe Film Center)* et, à droite du Met, une fantastique bibliothèque des *performing arts* où vous trouverez tout ce que vous pouvez imaginer sur le cinéma, le théâtre, la danse, etc.
– **David Rubenstein Atrium :** *61 W 62nd St (entre Colombus Ave et Broadway).* Guichet *TKTS* où l'on peut acheter des billets pour des shows de Broadway pour le soir même ou le lendemain après-midi (discount de 25 à 50 %). *Tlj 12h-19h (17h dim).* Retenir surtout les **spectacles gratuits à 19h30** (voir calendrier en ligne), de tous styles : opéra, danse, jazz, théâtre, folk...
– **Metropolitan Opera :** le centre du complexe, reconnaissable à ses 5 arches de béton. Le foyer est décoré par deux peintures murales de Chagall, visibles de nuit depuis l'esplanade (en journée, elles sont protégées par un rideau). Magnifique escalier éclairé par de gigantesques lustres en cristal de Swarovski évoquant des constellations, d'une beauté rare. On en retrouve de similaires dans l'auditorium, qui remontent comme par magie avant le lever de rideau (le plus grand du monde, il paraît !). Chaque spectateur dispose de surtitres individuels incrustés dans le dossier du fauteuil devant lui, un vrai luxe dont le Met a été le 1er opéra à s'équiper. Pour les amateurs, la **boutique** (au fond du hall d'accueil) est un must : CD rares, DVD d'opéra... ● metopera.org ● *Les places les moins chères, dans les 1ers rangs de la catégorie Family Circle, sont d'un formidable rapport qualité-prix (25-35 $), ne vous en privez pas ! Pour les inconditionnels, visite guidée des coulisses tlj (15h lun-sam, 10h30 et 13h30 dim) sauf événement particulier (rens : ☎ 212-769-7028 ou sur le site). Tarif : 30 $.*
– **David Geffen Hall** (ex-Avery Fisher Hall) : ● nyphil.org ● *Box-office tlj 10h (12h dim)-18h.* C'est la maison du **New York Philharmonic** *(angle Columbus Ave et 65th).* Leonard Bernstein, le compositeur de *West Side Story* (dont l'action se déroule à l'emplacement même du Lincoln Center), en fut le 1er chef d'orchestre. Aujourd'hui, les musiciens y sont les mieux payés du monde. On peut assister aux répétitions du matin *(open rehearsals)* pour 25 $.
– **David H. Koch Theater :** l'une des salles les plus prestigieuses pour assister aux représentations du **New York City Ballet** (● nycballet.com ●), qui fut dirigé par George Balanchine... Tous les ans, à la période de Noël, on y donne *Casse-Noisette (The Nutcracker).*
– **Alice Tully Hall :** *65th St, entre Broadway et Amsterdam Ave.* Réservé aux **concerts de musique de chambre,** c'est le seul espace du Lincoln Center ouvert sur l'extérieur, donc aussi lumineux. Silhouette tout en angles, légère et élancée comparée à celle des autres halls, massifs et austères. Quelques concerts gratuits et de qualité donnés par les étudiants de la **Julliard School** (● juilliard.edu/stage-beyond/performance-calendar ●).

|●| ♟ 🍴 **Indie Food & Wine** (plan 2, F-G10, **218**) : 144 W 65th St, au rdc du Elinor Bunin Monroe Film Center, *le cinéma du Lincoln Center.* Ⓜ *(1) 66 St.* Tlj 8h (9h w-e)-22h (23h ven-sam). Plats 12-15 $. Chaleureux resto-bar à vins pour boire un verre et grignoter, avant ou après un spectacle au Lincoln Center, sandwichs, salades, assiettes de charcuterie ou de fromage, petits vins de producteurs...

🏃 *American Folk Art Museum* *(plan 2, G10) :* *2 Lincoln Sq (Columbus Ave, entre 65th et 66th).* ● *folkartmuseum.org* ● Ⓜ *(1) 66 St. Tlj sauf lun 11h30 (12h ven et dim)-19h (19h30 ven, 18h dim). GRATUIT.* Ce musée d'art populaire ne présente que des expositions temporaires (mais régulièrement renouvelées) autour d'objets d'art et d'artisanat américains du XVIIIe au XXe s : dessins, sculptures sur bois, objets en faïence, peintures, mobilier… Également des œuvres d'artistes contemporains autodidactes de différentes nationalités. À notre avis, pour un public averti.

🏃 *Ansonia* *(plan 2, F9) :* *2109 Broadway (angle 73rd).* Ⓜ *(1, 2, 3) 72 St.* Le plus bel édifice de l'Upper West Side (1903). Façade très parisienne assez démente, de style Beaux-Arts, avec une superbe tour d'angle, de multiples tourelles, décrochements tarabiscotés. La boutique *The North Face* occupe aujourd'hui le rez-de-chaussée de l'immeuble. Abritant deux piscines, un *roof garden* et réputé insonorisé, il attira forcément les musiciens : Yehudi Menuhin, Toscanini, Stravinski, Chaliapine, Caruso y vécurent, ainsi que le célèbre showman Ziegfeld. Dans les années 1990, on y campa le décor du film *J.F. partagerait appartement,* avec Bridget Fonda et Jennifer Jason Leigh…

🏃🏃🏃 🏃 *American Museum of Natural History* *(plan 2, G9) :* *Central Park W et 79th St.* ● *amnh.org* ● Ⓜ *(B, C) 81 St. Tlj (sauf Thanksgiving et Noël) 10h-17h45. Donation suggérée : musée + Rose Center 23 $ (13 $ 2-12 ans ; autres réducs) ; billet combiné avec le planétarium-Space Show ou IMAX 28 $ (16,50 $ enfant) ; combiné pour tt 33 $ (20 $ enfant). Plan du musée en français à demander au point info du Memorial Hall au 1er étage. Audioguide gratuit en anglais (pour le Rose Center seulement). Visites guidées, gratuites et en anglais, ttes les heures 10h15-15h15 (départ à l'entrée du hall of American Mammals au 1er étage). Également au moins 1 visite en français/sem (en principe mar à 13h30, mais vérifier sur leur site internet).*

Vous voici donc au cœur de l'un des plus grands musées d'Histoire naturelle au monde, installé dans un bâtiment à l'architecture triomphaliste et pompière du XIXe s qui servit de décor au premier volet de *La Nuit au musée,* avec Ben Stiller. L'énorme hall d'entrée (la *Theodore Roosevelt Rotunda*), avec ses deux impressionnants squelettes de dinosaures, rappellera aux enfants de bons souvenirs du film. On vous conseille au moins 2 visites si vous ne voulez pas rester sur votre faim ni épuiser d'un coup d'un seul votre progéniture… Voici les principales attractions.

– *Les dioramas d'animaux naturalisés :* au centre du musée (aux niveaux 1, 2 et 3) sont exposés les mammifères de différents continents (Afrique, Amérique du Nord et Asie) mis en scène de manière très réaliste dans des décors rappelant leur environnement naturel, avec leurs petits, de la végétation et plein de détails amusants à observer. Leurs poses sont souvent très expressives, pas du tout statiques. Un enchantement. Également des salles plus récentes sur les primates et invertébrés *(3rd Floor)* et les oiseaux *(2nd et 3rd Floors)*.

– *Les peuples et civilisations :* de la reconstitution des habitats traditionnels aux armes de chasse, en passant par les statues, masques et autres objets rituels, sans oublier les outils, bijoux, vêtements, instruments de musique, etc., le musée nous emmène en voyage sur tous les continents, et nous plongeant dans les habitudes sociales des peuples. Ne manquez pas, en particulier avec vos enfants, la section consacrée aux Indiens d'Amérique *(3rd Floor),* d'une originalité sans pareille.

– *Les dinosaures :* ces galeries, les plus connues du musée, qui occupent tout le dernier étage *(4th Floor),* offrent un vaste panorama d'espèces animales impressionnantes du Jurassique. Squelettes de T-Rex, allosaures, albertosaures… et un nouveau venu, un titanosaure, le plus gros de tous (37 m de long, 70 t, soit le poids d'environ 10 éléphants !). Les enfants adorent évidemment !

– *La vie océanique :* plongez dans cette section résolument moderne et fabuleuse, totalement dédiée à la vie marine, et dominée par une impressionnante baleine

bleue longue de 30 m en fibre de verre. Du rez-de-chaussée *(1ˢᵗ Floor)* à la mezzanine du 1ᵉʳ étage *(2ⁿᵈ Floor),* les poissons et autres animaux marins sont présentés
par familles dans leur environnement naturel, pour une compréhension immédiate.
– *Biologie et biodiversité :* au rez-de-chaussée *(1ˢᵗ Floor),* à l'entrée de la vie océanique, belle salle didactique sur la biodiversité (barrière de corail, forêt primaire,
océans...), mettant l'accent sur l'épuisement des ressources planétaires et la nécessité de les préserver, de recycler, pour mieux protéger l'environnement... Suivent
ensuite des salles consacrées aux forêts d'Amérique du Nord et au pôle Nord.
– *Le cinéma IMAX :* au rez-de-chaussée *(1ˢᵗ Floor),* projection d'un film animalier
de 30 mn, toujours de très grande qualité, en 3D, sur l'écran géant de l'IMAX
Theater *(ttes les heures 10h30-16h30 (parfois 15h30) ; rens sur la programmation
sur le site).*
– *Le planétarium et le Rose Center for Earth and Space :* un musée dans le
musée ! *Entrée sur Central Park W et 81ˢᵗ St, ou accès par l'intérieur du musée
(audioguide gratuit en anglais).* Sa splendide architecture moderne contraste avec
les vieilles pierres du musée : une boule en aluminium de près de 27 m de dia-
mètre emprisonnée dans un cube en verre de 29 m de côté ! C'est dans ce planétarium qu'est projeté le *Space Show,* à voir absolument : un voyage magnifique de
20 mn, dans l'espace et le temps, aux images sidérantes (commentaires en anglais
mais les images se suffisent presque à elles seules). En général, on vous fixe une
séance à l'achat des billets, donc regardez bien l'horaire écrit dessus.
Au pied de la sphère, après un passage par le *Hayden Big Bang Theatre* pour
une courte projection d'un autre film (au sol cette fois) s'étire le *Cosmic Pathway,*
une rampe circulaire longue de 110 m qui expose chronologiquement une foule
de photos astronomiques illustrant les 13 milliards d'années de l'univers, du *Big
Bang* à l'apparition d'*Homo sapiens,* en passant par les dinosaures (à chaque
pas, on avance de 75 millions d'années !). Enfin, le *Hall of Planet Earth* : plus de
800 m² consacrés aux 4,5 milliards d'années d'histoire de la planète Terre, avec
des sections différentes et très instructives, répondant aux questions suivantes :
Comment la planète a-t-elle évolué ? Pourquoi y a-t-il des océans, continents
et montagnes ? Comment un scientifique lit-il une roche ? Qu'est-ce qui crée le
climat et ses changements ? Pourquoi la Terre est-elle habitable ? Des réponses
concrètes sont apportées avec, à l'appui, de nombreux échantillons de roches,
cristaux, pierres précieuses, météorites... Le musée présente même des cheminées sulfureuses qui poussent au fond des océans (certains scientifiques pensent
que la vie a commencé comme ça) et donnent des explications sur la formation
des Alpes, de l'Himalaya et du Grand Canyon. Et puis des écrans vidéo avec les
derniers événements terriens : ouragans, tremblements de terre, éruptions volca-
niques, crues, érosions créées par les glaciers, etc.

|●| *Food court* au sous-sol, sous forme
de self. Moyen (à part le *salad bar*) et
pas donné. Sinon, plusieurs *cafés* pour
faire une pause. Il y aussi un *Shake*

Shack (burgers) juste derrière le musée
(voir « Où manger ? » plus haut).
❦ Plusieurs *boutiques,* bien sûr, à différents endroits du musée.

🏃 *New York Historical Society (plan 2, G9) : 170 Central Park W (angle 77ᵗʰ).*
● *nyhistory.org* ● Ⓜ *(C) 81 St. Mar-sam 10h-18h (20h ven), dim 11h-17h. Fermé
lun. Entrée : 21 $ (cher pour un contenu limité) ; réduc ; gratuit moins de 4 ans ;
donation libre ven 18h-20h.* Pas de méprise, il ne s'agit pas d'un musée consacré
à l'histoire de New York mais d'une sorte de « société savante », fondée en 1804.
Ses collections permanentes, pour le moins éclectiques, réunissent des œuvres
européennes du XIVᵉ s à nos jours (le clou étant le rideau de scène d'un ballet
espagnol peint par *Picasso*), une sélection d'art américain ainsi que des vitrines
thématiques autour de la ville et de New York, plutôt bien fichues. Deux petits films
complètent ce panorama un peu décousu. Compte tenu du prix d'entrée, on ne
conseille la visite qu'aux fans de *Tiffany,* qui pourront y admirer *la plus exceptionnelle exposition de lampes du maître verrier,* éclairées et magnifiquement
mises en scène.

🏃 🏃 ***Children's Museum of Manhattan*** *(plan 2, F8)* **:** *212 W 83rd St (entre Broadway et Amsterdam Ave).* ● *cmom.org* ● Ⓜ *(1) 86 St. Mar-dim 10h-17h (19h sam) plus lun 10h-17h en été seulement. Entrée : 14 $ (adulte et enfant au-dessus de 12 mois).* Créé en 1973 (74 ans après celui de Brooklyn !), il est consacré aux enfants et à leurs parents sur le thème « Apprendre en jouant ». Nombreuses activités interactives : ateliers temporaires de peinture, théâtre de marionnettes, familiarisation avec les institutions de la vie quotidienne (médecine, transports, médias...), etc. Déménagement prévu en 2021 dans une ancienne église scientiste réhabilitée, qui offrira deux fois plus d'espace (96th Street et Central Park West).

Itinéraire le long de Central Park West

Départ de Columbus Circle *(plan 2, G10).* N'oubliez pas de lever les yeux car les décorations des immeubles sont souvent au niveau du toit. Si vous avez besoin de faire une pause en chemin, Columbus, Amsterdam Ave et Broadway alignent cafés, restos et boutiques.

➤ On démarre à ***Columbus Circle,*** dominé par la statue de Christophe Colomb et les tours jumelles du Time Warner Center, signé par l'architecte David Childs. Coup d'œil en passant à l'immense (et vilaine) ***Trump Tower (A),*** une autre des tours de Donald, qui abrite un hôtel de luxe et surtout un prestigieux resto, le *Jean Georges,* et son annexe bistrot, *Nougatine*. Empruntez ensuite Central Park West, l'avenue longeant le parc. L'itinéraire Art déco commence dès le n° 25 avec le ***Century (B),*** immeuble typique du style, construit en 1931 par l'architecte Jacques Delamarre. Retournez-vous pour admirer le *skyline* bordant la pointe sud du parc, de laquelle émergent les tours résidentielles de plus en plus géantes qui se construisent sur 57th Street, surnommée « l'allée des milliardaires ».

➤ Avant de découvrir d'autres bâtiments dans la même veine, crochet par un édifice affichant son infidélité au style dominant du quartier. D'abord la ***West Side YMCA (C),*** aux nos 5-7-15 West 63rd Street, qui se cache derrière une étonnante façade en brique rouge d'inspiration romane (1928), évoquant un monastère fortifié de la vieille Europe. Voir aussi son autre façade sur 64th Street.

➤ Retour sur Central Park West. Après être passé devant la néogothique ***Holy Trinity Lutheran Church (D)*** bâtie en 1904 et le mitoyen **55 Central Park West,** un immeuble Art déco caractéristique avec ses « flèches », jeter un œil à ***Tavern on The Green (E),*** le resto historique de Central Park dans son ancienne bergerie (juste à l'entrée du parc, entre 66th et 67th Streets). C'est toujours là que se situe la ligne d'arrivée du Marathon. Très belle terrasse. À peine plus loin, au 1 West 67th Street, l'élégant *hôtel des Artistes (F),* construit en 1918 et autrefois fréquenté par Rudolph Valentino et la danseuse Isadora Duncan. Sur la façade, d'amusantes figures néoclassiques représentent des peintres, écrivains et musiciens.

➤ Après avoir laissé sur la gauche la néoclassique ***Spanish and Portuguese Synagogue*** (1897), plantée au coin de West 70th Street, prendre cette rue jusqu'à Columbus, puis revenir sur Central Park West par West 71st Street. Les deux rues sont bordées de ***row houses,*** ces maisons aux bow-windows rebondis construites fin XIXe-début XXe s dans un style très éclectique : néogrec, néoroman, néo-Renaissance, baroque, etc.

🧁 ***Pause cupcake ou cheese-cake*** possible chez ***Magnolia Bakery*** *(200 Columbus Ave et 69th St ; plan Itinéraire* | *Upper West Side, 318),* une de nos pâtisseries favorites (voir le descriptif plus haut dans la rubrique consacrée).

➤ Au 115th Central Park West, entre West 71st et 72nd Streets, un autre ouvrage Art déco, le ***Majestic (G),*** bâti en 1931. Notez le style épuré et les deux tours qui se terminent par des motifs architecturaux en rectangles et en courbes, très en

NEW YORK

vogue à l'époque. L'immeuble accueillit Fred Astaire, les gangsters Frank Costello et Lucky Luciano ainsi qu'Elia Kazan.

➤ Juste au-dessus du *Majestic,* toujours sur Central Park West, entre West 72nd et 73rd Street, s'élève le **Dakota Building (H),** incroyable immeuble de style gothique Tudor construit en 1881 par l'architecte du *Plaza Hotel.* Ce fut le premier ensemble d'appartements de luxe de la ville. Façade de style *German Renaissance* en brique jaune. Le bâtiment fut conçu comme un château : entouré de douves ! L'entrée se fait par une grande porte en arche, cernée de becs de gaz et gardée par une guérite

COUPS DE FEU SUR CENTRAL PARK

Les immeubles Art déco de Central Park West connurent quelques épisodes sanglants. En 1957, le gangster Frank Costello reçut en pleine tête une giclée de plombs dans le hall du Majestic. Il survécut pour mourir tranquillement dans son lit en 1973. Si, lui, il chantait la paix, John Lennon n'eut pas la même chance. C'est devant le Dakota Building qu'il fut abattu par un déséquilibré une sale nuit de décembre 1980.

dorée (visite interdite). Polanski a filmé l'endroit dans **Rosemary's Baby,** et l'on ne compte plus les célébrités qui y ont vécu : Judy Garland, Leonard Bernstein, Lauren Bacall... Madonna y aurait été refusée il y a longtemps, trop connue à l'époque pour ses tapages nocturnes ! **John Lennon,** lui, vivait tranquillement au 7e étage, côté est, où sa veuve **Yoko Ono** habite encore. En face du Dakota, l'entrée de Central Park mène directement à **Strawberry Fields (I),** le jardin-mémorial qu'elle a dédié à son défunt mari. Voir la **mosaïque Imagine,** lieu de pèlerinage pour les touristes.

➤ Au 145-146 Central Park West, entre West 74th et 75th Streets, le **San Remo (J),** dont on repère de loin le sommet avec ses tours jumelles inspirées par l'architecture des temples romains et destinées, à l'origine, à dissimuler de petits châteaux d'eau. Édifié en 1930, il fut habité par Rita Hayworth et, plus récemment, par Dustin Hoffman, Diane Keaton et Bono, qui a racheté l'appart de Steve Jobs. Vous pouvez en profiter pour jeter un œil, sur 74th Street, à l'alignement de maisons à colonnades (nos 18 à 48) faisant face à une rangée de *row houses* sur l'autre trottoir.

🍔 Si c'est l'heure du lunch, *pause burger chez Shake Shack (366 Columbus, entre 77th et 78th St ; plan Itinéraire Upper West Side, 203).*
🥐 Pour un goûter, direction **Levain Bakery** et ses cookies d'anthologie

(167 W 74th St, entre Columbus et Amsterdam Ave, ou succursale récente plus spacieuse au 351 Amsterdam Ave, entre 76th et 77th St). Voir plus haut dans « Où manger ? Pâtisseries ».

➤ Après avoir longé l'**American Museum of Natural History,** vous trouverez le **Beresford (K),** au 211 Central Park West, à l'angle de West 81st Street. Construit en 1929, la silhouette Art déco de cet édifice se distingue encore par ses tours jumelles et ses briques jaunes.

A	Trump Tower	J	San Remo
B	Century Building	K	Beresford
C	West Side YMCA	L	241 Central Park West
D	Holy Trinity Lutheran Church et 55 Central Park West	M	285 Central Park West
		N	Réservoir de Central Park
E	Tavern on The Green		
F	Hôtel des Artistes	🍴 🥐 🍦 🍺 🐦 ⊛ Où faire une pause ?	
G	Majestic		
H	Dakota Building	203	Shake Shack
I	Strawberry Fields	284	Levain Bakery
	(mémorial John Lennon)	294	Barney Greengrass the Sturgeon King
		318	Magnolia Bakery

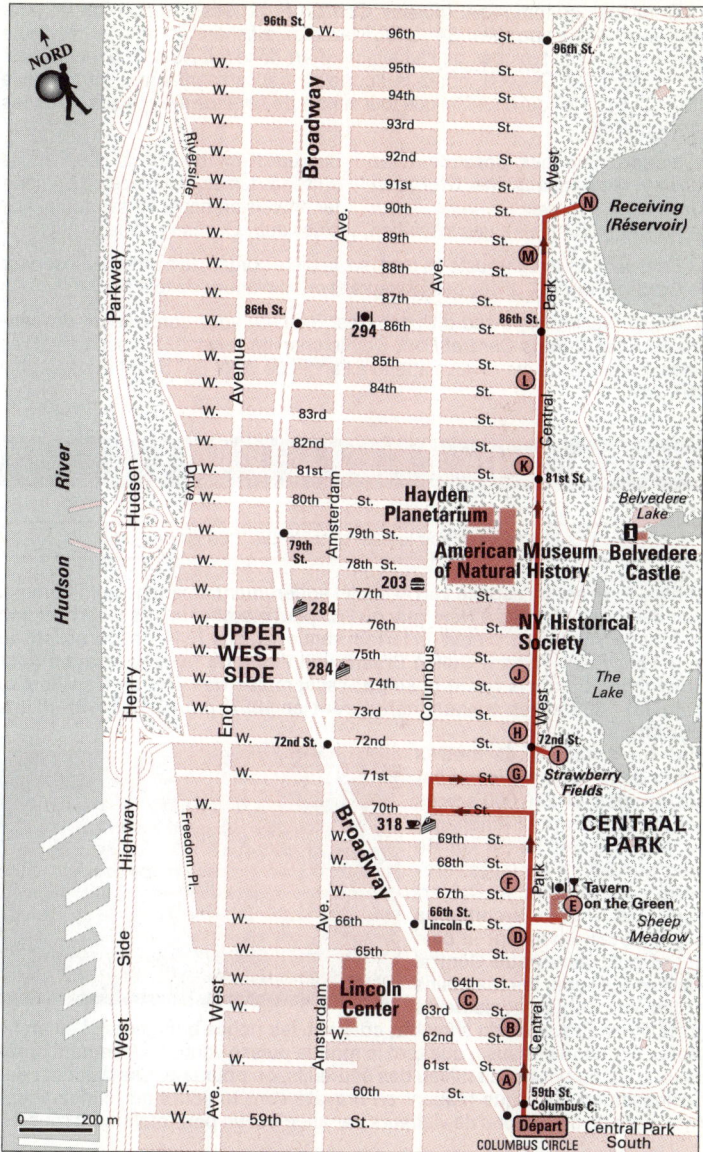

NORD

96th St. — W. 96th St. — 96th St.

W. 95th St.
W. 94th St.
W. 93rd St.
W. 92nd St.
W. 91st St.
W. 90th St.
W. 89th St.
W. 88th St.
W. 87th St.
W. 86th St. — 86th St.
86th St. — **294**
W. 85th St.
W. 84th St.
83rd St.
W. 82nd St.
81st St. — 81st St.
80th St.
W. 79th St. — **Hayden Planetarium**
79th St. — 78th St.
77th St. — **203**
284 — 76th St.
UPPER WEST SIDE
284 — 75th St.
74th St.
73rd St.
72nd St. — 72nd St. — 72nd St.
W. 71st St.
70th St.
318 — 69th St.
68th St.
67th St.
66th St. — 66th St. Lincoln C.
65th St.
Lincoln Center — 64th St.
63rd St.
62nd St.
61st St.
60th St.
59th St. — 59th St. Columbus C.

Broadway
Riverside Avenue
Riverside Drive
Hudson River
Riverside Parkway
Amsterdam Avenue
Columbus Avenue
West End Avenue
Henry Hudson Parkway
Freedom Pl.
West Side Highway
Broadway
Central Park West
Central Park South
COLUMBUS CIRCLE

Départ

NEW YORK

N — **Receiving (Réservoir)**
M
L
K
J
H
I
G
F
E — **Tavern on the Green**
D
C
B
A

American Museum of Natural History
NY Historical Society
Belvedere Castle
Belvedere Lake
The Lake
Strawberry Fields
CENTRAL PARK
Sheep Meadow

0 — 200 m

➤ Continuez en remontant toujours *Central Park West.* Coup d'œil en passant au *n° 241* (entre West 84th et 85th Streets), affichant en façade ces fleurs de lotus stylisées typiques de l'architecture Art déco *(L).* Au *n° 285* (entre West 88th et West 89th Streets), notez la coupole « haussmannienne » (on dit style « Beaux-Arts » ici) qui orne l'unique tour simple de l'avenue *(M)* ; toutes les autres sont jumelles.

|●| Pause déjeuner possible chez *Barney Greengrass the Sturgeon King* *(541 Amsterdam Ave, entre 86th et 87th ; tlj sauf lun),* une institution du vieux New York spécialisée dans les poissons fumés. Sur place ou à emporter en version bagel ou sandwich. Voir plus haut « Où manger ? ».

➤ La balade se termine juste en face, sur la piste bordant le mythique *Réservoir de Central Park (N),* prisée des joggeurs et ornithologues de tout poil.

➤ Pour revenir vers le sud d'Upper West Side, on vous conseille de *descendre en flânant dans Central Park* (voir le chapitre suivant). Si vous traînez les pieds, la ligne C du métro vous attend à l'angle de West 86th Street et de Central Park West.

CENTRAL PARK

● Pour se repérer, voir le plan détachable 2 en fin de guide.

Central Park est un espace vert artificiel entièrement aménagé par l'homme. L'un des rares endroits à New York où l'on peut marcher sur de la terre et non du bitume. Au départ, c'était un terrain vague, et, dès 1844, un journaliste du *New York Post,* William Cullen Bryant, eut l'idée de faire campagne pour l'aménager. La décision fut prise par l'assemblée de l'État de New York le 21 juillet 1853 et les travaux débutèrent en 1857, pour s'achever 16 ans plus tard.

Plus de 4 millions de mètres cubes de terre et de pierres ont été remués et 250 000 arbres ont été plantés pour aménager ce parc de 340 ha : 4 km de long sur 800 m de large. Frederic Law Olmsted et Calvert Vaux, les fameux architectes paysagistes, voulaient le plus grand contraste entre Central Park et les rues, les magasins et les immeubles avoisinants

ARBRES RESCAPÉS

On trouve à Central Park plusieurs centaines d'ormes, ce qui est exceptionnel de nos jours. Grâce à leur isolement au milieu de l'immense mégalopole, ils n'ont pas encore été affectés par ce champignon parasite qui a décimé les ormes d'Amérique depuis son introduction sur le continent en 1928.

(côté ouest, les stars du showbiz, côté est, les riches banquiers). Les architectes souhaitaient aussi que tout le monde puisse venir là facilement après sa journée de boulot, au milieu des écureuils, ou pour la pause déjeuner (les businessmen qui pique-niquent en cravate sont toujours au rendez-vous). Avec plus de 37 millions de visiteurs par an, c'est un pari totalement réussi !

Adresses et infos utiles

– *Site internet de Central Park :* ● centralparknyc.org ● Une mine d'informations remises régulièrement à jour : programme des activités culturelles, sportives, photos, cartes (avec emplacement des w.-c...), histoire, etc.

ℹ *Dairy Visitor Center* *(plan 2, G10, 8) :*

dans la partie sud du parc, au nord du Wollman Rink, au niveau de 65th St. ☎ 212-794-6564. Tlj 10h-17h. Centre d'information distribuant des plans du parc, très utiles pour se repérer.

🅘 2 autres *Visitor Centers* dans Central Park, au *Belvedere Castle (plan 2, G9)* ; et au *Charles A. Dana Discovery Center (plan 2, H7* ; lire plus loin « À voir. À faire »).

– Les *urban park rangers* organisent des *visites thématiques du parc* : animaux crépusculaires, architecture, flore, oiseaux, etc. Gratuit et très sympa. *Infos :* ☎ 212-360-2774. ● *nyc govparks.org* ● D'autres balades, plus sportives, avec la *Conservancy Central Park :* ☎ 212-310-6600. ● *central parknyc.org* ●

◼ *Location de vélos :*

– *Unlimited Biking :* 3 emplacements répartis autour de Central Park. 346 W 57th St (et 9th Ave ; plan 2, G10, **10**), 56 W 56 St (et 6th Ave ; plan 2, G10, **10**) et 111 W 110th St (et Lenox Ave ; plan Harlem, B4, **10**). ☎ 212-749-4444. ● unlimitedbiking.com/new-york/ ● Tlj 8h-19h (9h-17h nov-mars). Paiement CB seulement, pièce d'identité obligatoire. Env 15 $/h, 40 $/j. Réduc enfants. Vélos électriques env 40 $ les 2h et 68 $/j. Casque et cadenas inclus. Très bon matériel (Cannondale), performant et léger. Les vélos électriques permettent de sillonner tout Central Park en 2h. Moyennant 5 $, on peut rendre son vélo dans une autre agence.

– *Central Park Bike Tours (plan 2, G10, **16**) :* 203 W 58th St (et 7th Ave).

☎ 212-541-8759. ● centralparkbike tours.com ● Tlj 9h-21h. Loc 2h : 20 $, journée : 40 $ (réduc sur Internet). Propose également des tours à vélo de 2h environ dans Central Park (env 50 $; 35 $ si vous réservez en ligne).

– *Central Park Bike Rental (plan 2, G10, **15**) :* 892 9th Ave (W 58th St, à 2 blocs de Columbus Circle). ☎ 212-664-9600. ● bikerentalcentralpark. com ● Loc 2h : 20 $; journée : 40 $; respectivement 14 et 25 $ pour une résa en ligne. Loue également des tandems. Tours guidés de Central Park à vélo (49 $; 29 $ pour résa en ligne). Casque, panier, antivol et carte fournis.

– *CitiBike (vélos en libre-service) :* moins cher (12 $ journée), mais obligation de reposer le vélo toutes les 30 mn pour ne pas payer de supplément. Cela dit, nombreuses stations réparties tout autour du parc, donc un peu contraignant mais gérable.

– *Orientation :* si vous êtes perdu, les quelque 1 600 *réverbères* de Central Park vont peut-être vous rendre service ! Chacun arbore un code chiffré à la base du poteau. Les 2 premiers numéros indiquent le numéro de la rue la plus proche. Et les suivants, si vous vous trouvez côté est de la ville (chiffres pairs) ou ouest (impairs).

– *Périmètre complet du parc (info spéciale joggeurs !) :* 9,65 km.

– *Sécurité : évitez absolument Central Park dès que la nuit tombe.* Tout le monde le sait, mais mieux vaut le répéter.

NEW YORK

Où acheter de quoi pique-niquer à Central Park ?

🍴 🛒 *Whole Foods Market (plan 2, G10, 261) :* au sous-sol du Time Warner Center, 10 Columbus Circle (angle Broadway et 58th). Ⓜ (A, C, D, 1) 59 St-Columbus Circle. Tlj 7h-23h. Voir descriptif de ce supermarché bio dans le chapitre « Times Square et Theater District ».

🍴 🛒 *TurnStyle (plan 2, G10) :* galerie commerçante dans la station de métro Columbus Circle. Ⓜ (A, B, C, D, 1, 2) 59 St-Columbus Circle. Plusieurs comptoirs à emporter dont un végan, *Blossom du Jour.*

À voir. À faire

🌂🌂🌂 Dans la folie de New York, cet océan de verdure (on ne peut pas parler d'îlot ici) est une promenade à ne pas manquer. Le week-end, les Américains à vélo ou à rollers envahissent Central Park. Plein d'activités sportives dans l'enceinte du

parc : tennis, natation, base-ball, bowling sur gazon, escalade, hand-ball, patin à glace l'hiver (sur patinoire), rollers, skate board, pêche... Et partout de jolies surprises attendent les promeneurs comme la *statue d'Alice au pays des merveilles,* que les enfants adorent !
La *balade* que nous vous proposons est *organisée du sud vers le nord (plan 2, G-H7-8-9-10).*

➤ Entrez par 5ᵗʰ Avenue pour rejoindre le poste d'information *The Dairy* (voir « Adresses et infos utiles »). Logé dans une pittoresque maison gothico-victorienne datant de 1870, c'est là que la municipalité distribuait du lait pour les enfants des familles déshéritées. À proximité, le *Wollman Rink (plan 2, G10),* une piste de rollers (on peut en louer, assez cher) qui se transforme en patinoire en hiver. Passez sous le tunnel pour éviter la circulation. Direction la *Chess & Checkers House (plan 2, G10)* pour les passionnés du jeu d'échecs et de dames *(tlj sauf lun – plus mar en hiver – 10h-17h)* avec tables et jeu incrusté dans la pierre à l'extérieur du bâtiment. Plus loin, le *vieux carrousel (plan 2, G10)* plein de charme pour les enfants *(tlj en hte saison, seulement le w-e hors saison)* et, en continuant vers l'ouest, après le terrain de base-ball *Heckscher Ballfields (fermé en hiver),* le célèbre *Sheep Meadow (plan 2, G10)* où les New-Yorkais passent des heures à faire bronzette aux beaux jours.

➤ Les fans du dessin animé *Madagascar* reviendront sur leurs pas (vers l'est, donc) pour visiter le *Central Park Zoo (plan 2, H10).* ● centralparkzoo.com ● *Tlj (même j. fériés) 10h-17h (17h30 w-e) ; ferme à 16h30 nov-mars. Entrée : 14 $; 9 $ 3-12 ans. Billet combiné avec la ferme (Tisch Children's Zoo) : 20 $; 14 $ 3-12 ans ; réducs possibles sur Internet.* Cafétéria en plein air très agréable, mais bondée à l'intérieur quand il pleut. Quelque 200 espèces d'animaux répartis en 3 zones climatiques : tropicale, tempérée et polaire. Pas essentiel. En sortant, vers le nord, découvrez le *Tisch Children's Zoo,* une ferme avec des animaux en liberté, sympa pour les tout-petits.

➤ Remonter ensuite *The Mall* (une des rares avenues rectilignes !) vers le nord jusqu'à sa portion emblématique, la *Literary Walk (plan 2, G9-10),* entre 66ᵗʰ et 72ⁿᵈ St. Cette allée encadrée d'une voûte d'ormes absolument somptueuse est la plus photographiée du parc, à toutes les saisons.

➤ Au bout du Mall, on peut rejoindre sur la droite le petit stadium *Rumsey Playfield (plan 2, G-H9)* où ont lieu les concerts du *Summer Stage* (voir « Spectacles » dans « Hommes, culture, environnement » en fin de guide) et, sur la gauche, le lieu de rencontre des *rollerbladers* dansant sur du R'n'B ou du funk (ils valent le coup d'œil !).

➤ À quelques pas, vous voilà à la *Bethesda Fountain (plan 2, G9),* lieu de passage incontournable où vous pouvez écouter des groupes jouer. Passez la fontaine pour admirer le lac où, dès les beaux jours, les amoureux louent des barques à la *Loeb Boathouse (plan 2, G9). Barques (pour 4 pers) env 15 $ la 1ʳᵉ heure et 4 $/15 mn supplémentaires (caution 20 $).* Il y a aussi des gondoles comme à Venise *(jusqu'à 6 pers, 45 $/30 mn).*

➤ Après la pause, repassez par la fontaine pour filer vers l'ouest jusqu'à 72ⁿᵈ Street, vous tomberez sur *Strawberry Fields (plan 2, G9),* un jardin dont *Yoko Ono* finance l'entretien pour en faire le *Jardin de la Paix,* en souvenir de son mari *John Lennon* (assassiné à deux pas, en 1980). Au sol, mosaïque *Imagine* en forme de rosace où les fans de tous horizons déposent toujours des fleurs, des offrandes ou des bijoux.

➤ Après ce rapide recueillement, revenez vers le lac puis traversez l'élégant petit pont (*Bow Bridge, plan 2, G9*) pour rejoindre le *Belvedere Lake* par une agréable promenade à travers les sentiers du *Ramble (plan 2, G9),* ce bois qui paraît incroyablement sauvage.

➤ On rejoint, non sans surprise, le *Belvedere Castle (plan 2, G9),* sorte de mini-château écossais ! *Fermé pour rénovation lors de notre dernier passage en 2019.* En temps normal, on y trouve un *Visitor Center.* Ancien centre météo, il sert encore pour le relevé des températures et le taux de précipitations. Pas une réussite archi-tecturale, mais de ses terrasses, joli point de vue sur le parc, le lac des Tortues et les immeubles de West Side : au nord, le Beresford Building et ses deux tours. Un peu au sud, le *San Remo Building* et ses tours à consonance romaine.

➤ À l'ouest du Belvedere Castle, à droite en descendant les marches, le **Shakes-peare Garden** *(plan 2, G9)* est un jardin qui descend vers *le théâtre de marionnet-tes (Swedish Cottage ; représentations fin mat ou ap-m ; programme sur ● citypark sfoundation.org/swedish-cottage-marionette-theatre/ ●).* Également le **Delacorte Theater** *(plan 2, G9)*, théâtre à la grecque où se déroulent pièces et concerts de musique classique en été. Il faut se présenter à partir de 12h pour des billets gratuits pour les représentations du soir même. Premiers arrivés, premiers servis ! Si vous êtes dans les parages, tentez votre chance *(● shakespeareinthepark.org ●).*

➤ Au nord du Belvedere Castle (entre 79th et 85th Street) se trouve la **Great Lawn** *(plan 2, G9)*. On y donne des représentations d'opéras en plein air gratuites les trois premières semaines de juillet. Toujours deux-trois groupes ou solistes qui répètent. Très agréable. Il y a aussi des matchs de base-ball le week-end et les gens viennent y faire bronzette et pique-niquer aux beaux jours. À l'est de la Great Lawn, l'obélisque et le Met.

➤ Chaussez vos baskets pour retrouver les fondus de *running* autour du **Réser-voir** *(plan 2, G8)*, cette grande réserve d'eau. C'est sur cette boucle de 2,5 km que Dustin Hoffman s'entraîne dans *Marathon Man*. Et ils sont des centaines à suivre l'exemple et à enfiler les tours, toujours dans le sens inverse des aiguilles d'une montre (vieille habitude). Ne vous avisez pas, même pour vous balader, de marcher dans l'autre sens ! Notez que pour le marathon, c'est 17 tours obligatoires. L'hiver, l'immense plan d'eau gelé et son geyser offrent une vision des plus romantique.

➤ Au nord du parc, entrée libre pour le superbe **Conservatory Garden** *(plan 2, G7)*, le long de 5th Avenue (entrées au niveau des 105th et 106th Street) : la seule partie du parc qui ressemble à un jardin de particulier, de style français d'un côté, anglais de l'autre, avec une fontaine au milieu et des bancs autour. *Jardins ouv de 8h au coucher du soleil (17h-20h selon saison). Tours organisés avr-oct par le Charles A. Dana Discovery Center (voir plus loin).*

➤ À côté, faisant l'angle de Central Park North et 5th Avenue, le *lac Harlem Meer (plan 2, H7)* dans lequel vivent 50 000 poissons et où l'on peut *pêcher,* gratuitement mais pour le plaisir seulement (il vous faudra relâcher votre proie). Au **Charles A. Dana Discovery Center** *(plan 2, H7)*, possibilité d'emprunter une canne à pêche et tout le nécessaire *(☎ 212-860-1370 ; tlj 10h-17h).* Le **Discovery Center** réalise de petites expositions sur Central Park qui changent régulièrement et organise des balades à la rencontre de la flore, de la faune et des lieux iconiques du parc *(avr-juin, en principe gratuites le w-e à 11h, sinon 15 $/pers).*

➤ Pour un retour en métro vers Times Square et le sud de Manhattan (ou Harlem, vers le nord), la station est à quelques encablures *(Ⓜ 2, 3 ; Central Park Nord 110 St).* Ouf !

HARLEM ET LES HEIGHTS

● Plan *p. 278-279*

C'est le plus grand quartier de Manhattan, le seul qui occupe toute la largeur de l'île d'est en ouest, de l'Hudson à l'East River. Harlem, c'est d'abord le symbole de la communauté noire de New York et de son combat. Pour venir au contact de l'atmosphère authentique et conviviale du quartier, il vous

faudra déambuler le long de 125th Street, la rue la plus animée, celle de l'Apollo, le théâtre légendaire qui a lancé les Jackson Five, Diana Ross, James Brown et tant d'autres. Vous y croiserez des messieurs chapeautés comme des jazzmen des 40's, des boubous colorés, des rappeurs lookés... Oui, Harlem a le swag !

C'est aussi le berceau du jazz. Certes, on est loin de l'ambiance des années 1920 et de la Prohibition, époque fiévreuse où fleurissaient les speakeasies, où les Blancs en smoking venaient s'enivrer de jazz au *Cotton Club*. Jadis confiné à ce quartier de la ville, ce jazz a depuis fait le tour du monde, grâce à des interprètes comme Duke Ellington, Count Basie, Louis Armstrong... Pas de quoi déposséder pour autant Harlem de son amour de la note bleue, qui vibre toujours dans une myriade de clubs.

Car Harlem vit une nouvelle « Renaissance » (en référence à la Harlem Renaissance, ce mouvement culturel qui marqua l'apogée du quartier dans les années 1920-1930). Même si la pauvreté est toujours visible par endroits, la gentrification est bien là : les loyers ont fortement augmenté, et les grandes enseignes ont maintenant pignon sur rue, comme *Whole Foods Market,* symbole de la culture bobo-bio. Harlem, le creuset de l'identité black, s'est « branchisé » mais sans perdre son esprit relax, bon enfant.

LES MÉCÈNES CACHÉS DES JAZZMEN

Les grands noms de la pègre new-yorkaise étaient des fondus de jazz. La plupart d'entre eux étaient des immigrés d'Italie ou d'Europe centrale, arrivés après la guerre de Sécession dans un Sud blanc profondément anti-Noirs. Siciliens et juifs les soutiennent et s'attachent à leur musique, le jazz. Duke Ellington joua ainsi des années au Cotton Club, *un club de Harlem tenu par la pègre et réservé à une clientèle blanche. Un parrainage un peu embarrassant pour le Duke qui resta longtemps discret sur le rôle des gangsters dans son succès.*

Le quartier est également dominé par les Heights, les « hauteurs ». Morningside Heights est un pôle intellectuel majeur à Manhattan, occupé par la prestigieuse Columbia University et son homologue réservé aux femmes, Barnard College, qui donnent à la partie ouest de Harlem un visage complètement différent, tranchant avec le reste du quartier : celui d'un super campus au milieu de la ville, à découvrir absolument lors d'une balade. Les milliers d'étudiants qui vivent ici ont attiré restos et bars, d'où cette ambiance jeune, cosmopolite et plutôt aisée.

RAO'S, LA TABLE IMPRENABLE

Depuis 40 ans, le restaurant italien Rao's *réunit à East Harlem le gratin de la politique, des médias et du show-biz. N'y entre pas qui veut, il faut faire partie du carnet d'adresses du propriétaire ou être invité par un happy few.* Madonna *y a même été refusée ! Ni menu ni réservation dans cette institution quasi privée qui s'offre même le luxe d'être fermée le week-end et de ne pas prendre les cartes bancaires. Et qu'est-ce qu'on y mange ? Des boulettes de viande sauce tomate.*

UN PEU D'HISTOIRE

Au XVIIe s, *les Hollandais fondent un village qu'ils appellent « Haarlem »,* nom d'une petite ville située à 15 km d'Amsterdam. Au départ, il s'agit d'un quartier très résidentiel, construit de jolies *maisons brownstones.* Plus tard, les travaux du métro souterrain attirent de nombreux promoteurs immobiliers désireux de faire de

Harlem un *quartier destiné à la bourgeoisie.* Mais le projet capote et une multitude de logements restent vacants. C'est alors que, pour éviter de faire faillite, un riche promoteur nommé Payton propose ces logements à prix cassés à une population modeste, essentiellement composée de *Noirs* et d'*Irlandais.* Certains coins de Harlem abritent aussi une importante *population juive,* surtout de 1890 à 1920, qui part s'installer progressivement dans d'autres quartiers, d'autres *boroughs.* Au fur et à mesure, les Noirs gagnent donc du terrain, chassant les derniers Blancs... Harlem est ainsi devenue *l'une des plus grandes communautés noires des États-Unis.* Mais la crise économique de 1929 dévaste le quartier. En 1935, la fausse rumeur d'un jeune Noir battu à mort pour avoir volé un canif engendre les premières émeutes. En 1943, un policier blanc tue un jeune Noir : rebelote... À la fin de la Seconde Guerre mondiale, la crise du logement et de l'emploi a atteint un tel niveau que Harlem devient un quartier délabré criblé d'immeubles murés et abandonnés. Dans les années 1960, les Noirs commencent à fuir le quartier devant les problèmes d'insécurité et de drogue. L'injustice sociale se trouve aussi accentuée par la dégradation de l'éducation publique, et, à la fin des années 1970, le taux de chômage dépasse 30 % à Harlem.

Mais, depuis une quinzaine d'années, Harlem connaît un *important processus de rénovation,* tant matériel que culturel ; le même phénomène qu'ont connu Georgetown (Washington) et Beacon Hill (Boston), aujourd'hui devenus des quartiers de la bourgeoisie blanche aisée. Cette « *gentrification* » alerte nombre d'habitants. Il en va de l'identité profonde de Harlem, le vrai berceau de la culture noire. Il ne faudrait pas qu'à terme elle devienne strictement du folklore, dans un genre de Disneyland du jazz et du gospel, avec quelques références

LE CRACK, ÇA CRAINT

Le mural le plus connu de Keith Haring à New York se trouve à East Harlem, au bout de 128th Street, dans l'incessant trafic automobile de Harlem River Drive. Inspiré par l'addiction au crack de son assistant, le jeune artiste activiste a peint cette fresque en une journée, sans autorisation légale, pour dénoncer l'inertie du gouvernement face aux graves problèmes de drogue des eighties. La popularité de ce mural fut telle qu'il devint un symbole de la lutte anti-crack.

embaumées à ses luttes et à sa riche histoire culturelle et politique. Pour l'instant, ça n'en prend pas le chemin, le *Black Heritage* est toujours puissant.

Info utile

– *Taxis :* une flotte de *taxis officiels vert pomme,* en tout point communs aux jaunes à part leur couleur, est dédiée à la zone nord de New York, notamment Harlem, ainsi que Queens, Brooklyn, le Bronx et Staten Island. Et puis il y a toujours les *taxis privés (peints en noir),* légaux mais sans compteur.

Où dormir ?

De très bon marché à bon marché

🏠 *La Sienna (plan Harlem, zoom, 10) :* 241 W 123rd St (entre Frederick Douglass et Adam Clayton Powell Jr Blvd). ☎ 1-347-664-2860. ● *lasiennany@* aol.com ● Ⓜ *(A, B, C, D, 2, 3) 125 St. Doubles 70-85 $;* singles *55-65 $;* studios *100-135 $. 3 nuits min (négociable en basse saison). AC pour 10 $ de plus (inclus dans les studios). CB refusées.* Un vrai plan routard que cette *brownstone* centenaire à l'esprit pension de famille. Tout est patiné par les

The Met Cloisters ⚑⚑⚑ ↑

A

🛏 Où dormir ?

10 La Sienna (zoom)
12 Easyliving Harlem (zoom)
13 Harlem Flophouse (zoom)
14 Chez Michelle et
   Chez Frédérique et Guillaume (zoom)
15 My Room NYC (zoom)
19 Mount Morris House (zoom)
20 Aloft Harlem (zoom)

🍴🥢 Où manger ?

30 Jacob Restaurant (zoom)
31 Harlem Shake (zoom)
32 Shrine (zoom)
33 BLVD Bistro (zoom)
34 The Grange (plan A2)
35 Dinosaur Bar-B-Que (plan A3)
36 The Edge (plan B2)
37 Community Food and Juice
   (plan A4)
38 Vinateria (zoom)
39 Shake Shack (zoom)
40 Manna's (zoom)
41 Red Rooster (zoom)
42 Sottocasa (zoom)
43 Minton's (zoom)
44 Solomon & Kuff (plan A2-3)
45 Sisters Caribbean Cuisine (plan B3)
47 Flat Top (plan A3)
48 Friedman's (plan A3-4)
85 Whole Foods Market (zoom)

☕🍰 Où boire un café ou un thé ?
Où manger une pâtisserie ?
Où grignoter ?

50 Levain Bakery (zoom)
51 Lee Lee's Baked Goods (zoom)
52 Lenox Coffee (zoom)
53 Lenox Saphire (zoom)
55 Double Dutch Espresso (zoom)
80 Serengeti Teas & Spices (zoom)

🍷 Où boire un verre ?
🎵 Où écouter du bon jazz ?
Où sortir ?

32 Shrine (zoom)
41 Ginny's Supper Club (zoom)
43 Minton's (zoom)
44 Solomon & Kuff (plan A2-3)
53 Lenox Saphire (zoom)
55 Mess Hall (zoom)
60 Harlem Hops (zoom)
64 Bierstrasse (plan A2-3)
66 Corner Social (zoom)
68 Silvana (zoom)
69 Harlem Nights (zoom)
70 American Legion Post (zoom)
71 Bill's Place (zoom)
72 Apollo Theater (zoom)
75 Arts & Crafts Beer Parlor (plan A4)

🛍 Shopping

38 Harlem Underground
   (Frederick Douglass ; zoom)
72 Jimmy Jazz (zoom)
80 Harlem Underground et
   Serengeti Teas & Spices (125th St ; zoom)
81 Atmos (zoom)
83 Revolution Books (zoom)
85 Whole Foods Market (zoom)
86 Fairway (plan A3)
87 Best Market (zoom)

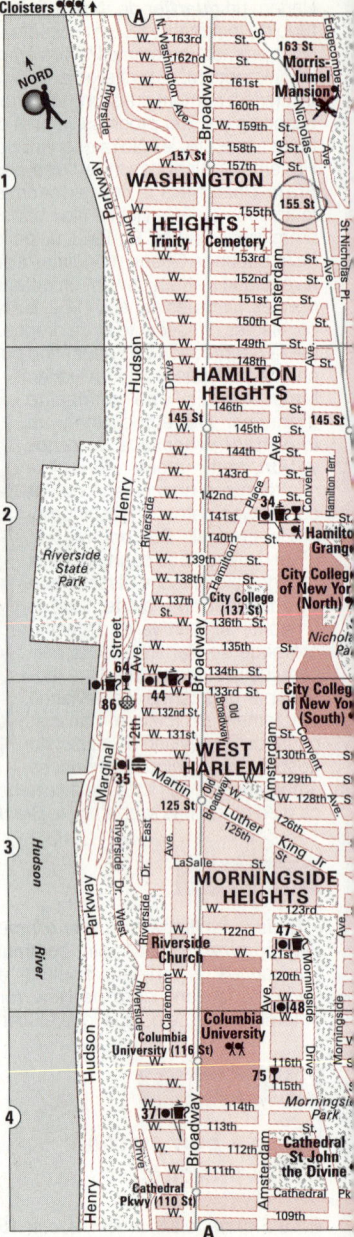

NORD

W. 163rd   St.
163 St
W.162nd   St.
Morris-
Jumel
Mansion
161st
160th
W. 159th   St.
W. 157 St   158th
157th
WASHINGTON   155 St
W. 155th
HEIGHTS
Trinity Cemetery
W. 153rd   St.
152nd   St.
151st   St.
W. 150th   St.
W. 149th   St.
W. 148th   **HAMILTON**
St.   **HEIGHTS**
W. 146th
145 St   145th   145 St
W. 144th   St.
143rd   St.
W. 142nd   St.
W. 141st   34   Hamilton
W. 140th   St.   Grange
W. 139th   St.
Riverside   W. 138th
State   City College   City College
Park   W. 137th   (137 St)   of New York
St.   136th   St.   (North)
135th   St.   Nicholas
64   W.   134th   St.   Pa
86   W. 133rd St.   City College
44   W. 132nd St.   of New York
W. 131st   (South)
WEST   St.
HARLEM   130th   St.
35   W. 129th   St.
125 St   W. 128th   St.
126th
King Jr
LaSalle   St.
MORNINGSIDE
HEIGHTS   123rd
122nd   47
121st
Riverside   120th
Church   48
Columbia
University
Columbia
University (116 St)
75
116th
115th   Morningside
W.   Park
37   114th
113th
W.   112th   **Cathedral**
St John
111th   **the Divine**
Cathedral
Pkwy (110 St)   109th

A

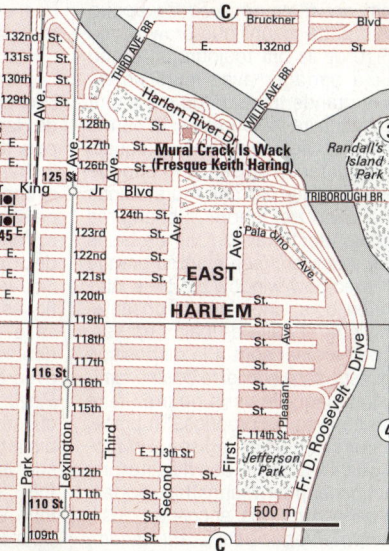

NEW YORK

ZOOM

250 m

W. 139th St.
🍴 69
W. 138th St.
Abyssinian
Baptist Church
W. 137th St.
12
Mother Zion
Church
W. 136th St.
135 St
W. 135th St.
Schomburg Center
for Research
in Black Culture
W. 134th St.
60 🍴🍴 32
W. 133rd St.
71
HARLEM
132nd
70
🍴🍴 15 83
St.
131st
St.
130th
St.
14
129th St.
52
30 St.
National
W. 128th St.
Jazz
66 🍴🍴
53
Museum
W. 127th St.
40
126th
St.
81
125 St
🍴🍴 41 39
72
(W. 125th St.)
80
M. Luther King Jr Blvd
85
125 St
124th
St.
20
10
123rd
St.
31
13
122nd
St.
42
19
121st
St.
120th
St.
38
119th
St.
43
87
51
118th
St.
55
117th
St.
50
116 St
116th
St.
Canaan
Baptist
Church
68
🍴🍴 33
115th
St.

HARLEM

BRONX

B
W. 164th St.
W. 162nd St.
Yankee
Stadium
Yankee
Stadium
(161 St)
155 St
W. 154th St.
153rd
St.
W. 151st St.
150th
St.
149th
St.
148th
St.
147th
Harlem
(148 St)
146th
St.
145th
St.
145 St
144th
St.
Young P.
143rd
St.
142nd
St.
141st
St.
140th
St.
139th
St.
138th
St.
135 St
137th
St.
136th
St.
135th
St.
135 St
W. 133rd St.
132nd
St.
131st
St.
HARLEM
130th
St.
129th
St.
Apollo
128th
St.
Theater
127th
St.
125 St
125 St
125th St.
Martin
Luther King Jr Blvd
124th
St.
40
123rd
St.
45
122nd
St.
Marcus
Garvey
Park
121st
St.
120th
St.
19th
119th
St.
18th
118th
St.
117th
St.
46 St
116th
St.
116 St
115th
St.
114th
St.
113th
St.
112th
St.
111th
St.
Central Park
North (110 St)
10
Central
Park
North
Central
Park
110 St
FRAWLEY
CIRCLE
109th
St.
DOUGLAS
CIRCLE
B
Harlem M.

C
Bruckner
Blvd
132nd St.
132nd
St.
131st St.
130th St.
129th St.
Harlem River Dr
128th St.
127th St.
Mural Crack Is Wack
(Fresque Keith Haring)
Randall's
126th St.
Island
125 St
Park
125th
St.
TRIBOROUGH BR.
124th
St.
Pala d'ino
123rd
St.
122nd
St.
EAST
121st
St.
120th
St.
HARLEM
119th
St.
118th
St.
117th
St.
116 St
116th
St.
115th
St.
E. 114th St.
Jefferson
Park
113th
St.
112th
St.
110 St
111th
St.
109th
St.
500 m
C

ans, mais non sans âme et entretenu du mieux possible par Yvette, très à cheval sur le ménage. Réparties dans les étages, 5 chambres au confort simple, avec salle de bains partagée et cuisine commune, le tout bien organisé (chacun a sa vaisselle et son espace dans le frigo). Idéal pour les petits budgets, mais attention, à 2 les lits sont un peu étroits (à peine 140 cm). Également 2 grands studios au rez-de-chaussée, avec bains et kitchenette privés, un peu plus chers forcément. Le n° 1, donnant sur la jolie rue, a de la gueule avec sa belle hauteur sous plafond et ses boiseries d'époque.

Prix moyens

🏠 **Easyliving Harlem** *(plan Harlem, zoom,* **12***) :* W 137th St *(entre Frederick Douglass Blvd et Adam Clayton Powell Jr Blvd). Résa impérative par mail, l'adresse exacte vous sera communiquée dès votre 1er échange.* ● *easylivingharlem@aol.com* ● *easylivingharlem.com* ● Ⓜ *(2, 3) 135 St. Doubles avec sdb privée ou non 125-150 $ (20 $ de plus pour une 3e pers).* Heidi et Tom ont restauré avec beaucoup de goût cette magnifique *brownstone* de 1910 qu'ils ont toujours un grand plaisir à partager avec leurs hôtes, dans la grande tradition de cet esprit communautaire toujours aussi vivant à Harlem. Escalier majestueux, parquets en marqueterie, boiseries d'époque mises en valeur par des murs blancs et une déco très sobre. 4 chambres au calme (dont 2 avec salle de bains privée), notre préférée étant la grande au 1er avec bow-window et volets intérieurs en bois, cheminée imposante, lit *king-size* et salle de bains épurée. Salon et jardinet sont à la disposition des *guests,* sans oublier la cuisine familiale dans laquelle vous pourrez faire la popote avec les proprios. En prime, café, fruits et muffins à dispo. Un rapport qualité-charme-convivialité-prix exceptionnel pour Manhattan. Au fait, Heidi parle le français, encore un plus !

🏠 **Harlem Flophouse** *(plan Harlem, zoom,* **13***) :* 242 W 123rd St *(entre Frederick Douglass et Adam Clayton Powell Jr Blvd).* ☎ 212-662-0678 ou *1-347-632-1960.* ● *harlemflophouse.com* ● Ⓜ *(A, B, C, D) 125 St. Résa très à l'avance obligatoire. Doubles 100-150 $. Pas de petit déj ni de cuisine à dispo.* L'adresse vintage par excellence, dans une *brownstone* fin XIXe s. C'est-à-dire sans confort moderne (ni clim, ni TV, ni Internet) mais soigneusement restaurée pour retrouver le lustre des années 1930. Il faut reconnaître que le résultat est concluant. Living-room avec piano et lampes magnifiques. Et dans les 5 chambres (portant de grands noms du jazz), papier peint désuet, parquet, cheminée, lavabo encastré dans un meuble en bois et mobilier ancien. À chaque étage, une salle de bains commune avec, sans surprise, sa baignoire sur pieds *old style* et son look rétro. Simple donc, mais bien tenu (on se déchausse à l'entrée siou plaît !) et, surtout, un caractère et un charme fous.

🏠 **Chez Michelle** *(plan Harlem, zoom,* **14***) :* W 130th St *(entre Lenox Ave et Adam Clayton Powell Jr Blvd).* ☎ 1-646-373-5239 *(contact par SMS ou WhatsApp).* ● *chezmichellenyc.com* ● Ⓜ *(2, 3) 125 St. Résa impérative par mail :* ● *chezmichellenyc@gmail.com* ● *Double avec sdb privée 165 $; twin avec sdb partagée 125 $. Tél gratuit (France, USA, etc., appels portables compris). Grosse réduc en hiver.* Michelle est une Française amoureuse de Harlem qui vit aux États-Unis depuis plus de 30 ans. Elle met à disposition 2 chambres lumineuses, confortables et impeccablement tenues au 1er étage de sa maison, une *brownstone* récente et fonctionnelle, idéalement située à deux pas du métro desservant Times Square et les grands spots touristiques. Une *twin* (la *James Dean,* avec salle de bains sur le palier) et une double très spacieuse, la *John Lennon,* avec bow-window, lustre rescapé du *Plaza* et salle de bains privative. Les chambres se partagent un palier avec bibliothèque bien fournie (notamment sur New York et Harlem en particulier), frigo, micro-ondes, *Nespresso,* bouilloire et thé. Bonne literie et lit bébé pour les familles. Une adresse-valeur sûre, qui tient beaucoup à la personnalité de son adorable et bienveillante propriétaire.

≜ *Chez Frédérique et Guillaume* *(plan Harlem, zoom, 14) :* 130 W 130th St (et Lenox). ☎ 1-917-753-9209. ● harlemmood.com ● Ⓜ (2, 3) 125 St. Résa à l'avance obligatoire. Appart pour 2, 170-200 $ (160 $ en période creuse) ; 4 nuits min. Frédérique et Guillaume, architecte d'intérieur et artiste plasticien, louent un bel appartement de plus de 100 m² pour 2, totalement rénové et indépendant, au rez-de-chaussée de leur *brownstone* familiale. Très beaux espaces : chambre semi-ouverte sur un spacieux salon-salle à manger donnant sur le jardin, salle de bains et dressing. Le tout design et chaleureux, avec des bouquins d'art sur la ville et quelques œuvres de-ci de-là. Petite cuisine équipée à l'entrée.

≜ ☂ *My Room NYC* *(plan Harlem, zoom, 15) :* 156 W 132nd St (entre Lenox et Adam Clayton Powell). ☎ 1-347-401-0413. ● myroomnyc.com ● Ⓜ (2, 3) 135 St. Appart familial pour 6 pers 350 $ (280 $ janv-mars, 380 $ vac scol des Français). 3 nuits min et 100 $ de ménage si séjour inférieur à 7 j. L'adresse spéciale familles avec enfants ! Jeunes parents eux-mêmes, les proprios *Frenchies* de cette *brownstone* récente (Marie est architecte d'intérieur et Pierre professeur à Columbia) ont tout misé sur l'accueil *baby, kids & family-friendly* ! Aménagé au rez-de-chaussée et au 1er étage de leur maison, le duplex de 90 m² est totalement indépendant, avec un niveau pour les parents, un autre pour les loulous, 2 salles de bains attenantes aux chambres et même un petit jardin privé ! Hyper bien conçu, spacieux, lumineux et décoré avec goût dans un style contemporain mixant design et vintage. Grand salon-salle à manger-cuisine tout équipée et kit bébé au complet : lit parapluie, petite baignoire, poussette, jouets...

De plus chic à très chic

≜ *Mount Morris House* *(plan Harlem, zoom, 19) :* 12 Mount Morris Park W (et W 121st St). ☎ 1-917-478-6213. ● mountmorrishousebandb.com ● Ⓜ (2, 3) 125 St. Résa à l'avance impérative. Doubles 195-225 $; suites pour 5 pers 275-325 $. Dimitri et Vasili ont eu un coup de cœur pour cette *brownstone* cossue (donnant sur un joli parc) qu'ils ont patiemment restaurée selon le plan d'origine puis somptueusement meublée d'antiquités et d'objets chinés. Une atmosphère élégante et raffinée que l'on retrouve partout dans la maison, du salon-bibliothèque avec son parquet d'époque aux immenses chambres. Les suites sont carrément énormes avec, derrière la tête de lit, un pan de boiserie ouvrant discrètement sur une chambre communicante, idéale en famille. Cuisine à dispo pour se préparer le petit déj (tout est prévu) ou se réchauffer un plat et le déguster ensuite dans la magnifique salle à manger de maître.

≜ *Aloft Harlem* *(plan Harlem, zoom, 20) :* 2296 Frederick Douglass Blvd (entre 123rd et 124th). ☎ 212-749-4000. ● aloftharlem.com ● Ⓜ (A, B, C, D) 125 St. Doubles 150-380 $. Inauguré en 2010, le 1er hôtel ouvert à Harlem en 45 ans joue le registre urbain branché mais dans un esprit cool et festif, pas guindé pour 2 *cents,* à l'image du quartier ! Les chambres, spacieuses et au design vintage, sont dotées d'un équipement audio-vidéo high-tech. Salles de bains tendance avec douche à l'italienne. Dans le lobby, expo d'artistes locaux, billard, bar-lounge avec éclairages interactifs selon l'heure de la journée et un minisnack avec micro-ondes à dispo pour se réchauffer un petit plat. Seul petit bémol : pas vraiment de vue.

NEW YORK

Où manger à Harlem, Hamilton Heights et autour de Columbia University ?

Notre sélection de restos reflète la culture du quartier, caribéenne et afro-américaine.

NEW YORK

À *Harlem, West Harlem et Hamilton Heights*

Spécial petit déjeuner et brunch

☕ Voir plus loin : **Whole Foods Market, The Edge** *(brunch servi tlj 9h-16h30)*, **Lenox Coffee** ou **Double Dutch Expresso** (pour un café ou thé-bagel), **Lenox Saphire** (excellentes viennoiseries). Pour le brunch du w-e : **The Grange, Vinateria, Red Rooster, BLVD** et **Solomon & Kuff.** Et pour un jazz brunch le w-e, direction **Minton's.**

Sur le pouce

🛒 |●| ☕ **Whole Foods Market** *(plan Harlem, zoom,* **85***)* : *100 W 125th St (et Lenox Ave).* Ⓜ *(2, 3) 125 St. Tlj 7h-23h. Sandwich cubain ou kebab 10 $. Pizza familiale 20 $. Aussi buffet au poids.* Juste à la sortie du métro, dans la partie la plus animée de 125th Street, ce vaste supermarché bobo-bio (décrit dans la rubrique « Shopping » plus loin) propose d'excellents casse-croûte à emporter ou déguster sur place. Outre l'alléchant buffet de salades, soupes et autres plats sains et goûteux, les victuailles tout aussi appétissantes en rayon, on vous recommande le *Cuban sandwich* servi au comptoir dédié (à côté du four à pizzas), hyper copieux.

De très bon marché à bon marché

|●| **Jacob Restaurant** *(plan Harlem, zoom,* **30***)* : *373 Lenox Ave (et 129th).* Ⓜ *(2, 3) 125 St. Tlj 10h-22h. Prix au poids, repas complet env 6-12 $. Jacob* résume à lui tout seul l'esprit de Harlem. Il s'agit d'une cafétéria avec un vaste buffet garni de salades fraîches et de plats de *soul food* simple mais délicieux, à prix démocratique, qu'on savoure sans façons dans une salle sans fard avec les habitués (on peut aussi emporter). Fraternel et typique donc, et providentiel pour les petits

budgets. Accueil en français et *live music* le week-end *(ven 17h-21h, w-e 13h-17h ; sauf l'hiver).*

|●| **Manna's** *(plan Harlem, zoom et B3,* **40***)* : *2353 Frederick Douglass Blvd (et 126th) ; 54 E 125th St (et Madison) ; 486 Lenox Ave (et 134th). Tlj 11h-21h. Prix au poids, repas complet env 8-12 $.* Ces buffets au poids (sur le même principe que chez *Jacob*) sont les cantoches des habitants du quartier. Pour une poignée de dollars, on y mange simplement mais plutôt bien : poulet frit, *mac & cheese*, *BBQ ribs* et même de la verdure si on veut ! Pratique, les 3 emplacements disséminés dans le centre de Harlem.

🍽 🚶 **Harlem Shake** *(plan Harlem, zoom,* **31***)* : *100 W 124th St (et Lenox Ave).* Ⓜ *(2, 3) 125 St. Tlj 8h-23h (2h ven-sam). Burger env 10 $.* Voici la version harlémite du fast-food *Shake Shack* ! Décor de *diner* façon fifties et grande terrasse aux beaux jours. Au menu : burgers classiques ou plus *soul food* qui tiennent la route, *grilled cheese*, hot-dogs, salade *kale* et pois chiches, *shakes*, *malts* (laits maltés), sodas *old-fashioned* et bière brassée à Harlem. Tous les produits sont dûment sélectionnés, voire bio, mais portions légères du coup.

|●| **Sisters Caribbean Cuisine** *(plan Harlem, B3,* **45***)* : *47 E 124th St (et Madison Ave). M. (6) 125 St. Plats 10-15 $.* Tout rose, ce petit resto couleur locale régale les habitués de sa cuisine caribéenne authentique et pas chère. Et ça fait 2 décennies que ça dure ! Les portions sont copieuses, les plats bien mijotés (goûtez donc au *callaloo* en accompagnement, un mélange parfumé d'épinards et *okra* au lait de coco) et l'accueil est gentil tout plein. Attention, le *jerk chicken* est ultra spicy !

🍕 **Sottocasa** *(plan Harlem, zoom,* **42***)* : *227 Lenox Ave (et 121st) ; en contrebas de Lenox, juste à droite de Ebezener Church.* ☎ 646-928-4870. *Ts les soirs sauf lun, dès 17h, w-e dès 12h. Pizzas 15-20 $.* Une petite pizzeria napolitaine montée par une équipe 100 % italienne. Déco fraîche sans prétention, mais les pizzas, rouges ou blanches, sont vraiment excellentes et garnies d'ingrédients de qualité. Une pour 2 suffit. Encore un bon point, les familles avec jeunes enfants y sont accueillies à bras ouverts.

🍴 **Shake Shack** *(plan Harlem, zoom, 39)* : *1 W 125th St (et 5th Ave).* Ⓜ *(6) 125 St. Env 12 $.* Et voilà, Harlem a aussi son *Shake Shack.* On reste dans le registre de l'enseigne, c'est-à-dire du fast-food amélioré mais apprécié des touristes pour ses prix abordables à New York. Le *SmokeShack* (un cheeseburger relevé de piment oiseau) est le meilleur de tous, faites-nous confiance !

🍴 ♪ **Shrine** *(plan Harlem, zoom, 32)* : *2271 Adam Clayton Powell Jr Blvd (entre 133rd et 134th).* Voir plus loin « Où écouter du bon jazz ou de la bonne musique ? Où sortir ? Où voir un spectacle ? ».

Prix moyens

🍴 🍴 **Dinosaur Bar-B-Que** *(plan Harlem, A3, 35)* : *700 W 125th St (et 12th Ave).* ☎ *212-694-1777.* Ⓜ *(1) 125 St. Résa conseillée. Plats 15-25 $, burgers 12-15 $.* Dans un coin industriel de Harlem un peu excentré, quasi sous le métro aérien, en bordure de l'Hudson River. Super décor à mi-chemin entre l'entrepôt réhabilité et la grange texane, long bar en brique et bois, box confortables. La spécialité, ce sont les travers de porc *(Bar-B-Que pork ribs),* marinés 24h, fumés lentement et caramélisés dans leur sauce originale, un régal (la plus petite portion, le demi-*rack,* suffit). Bons accompagnements et large choix de bières. Excellent rapport qualité-ambiance-décor-prix. *Live music* jeudi, vendredi et samedi de 22h30 à minuit : blues, jazz, rock, funk. Succursale à Brooklyn *(604 Union St, à Park Slope).*

🍴 🍴 **The Edge** *(plan Harlem, B2, 36)* : *101 Edgecombe Ave (et 139th).* ☎ *212-939-9688.* Ⓜ *(C) 115 St. Tlj 9h (11h w-e)-22h (23h jeu-sam). Plats brunch et lunch 10-20 $, le soir 15-25 $.* Dans une charmante rue de Hamilton Heights, blottie à l'ombre de la silhouette néogothique du City College of NY, voici un petit resto qui fait le bonheur des locaux. Pour son atmosphère paisible et conviviale, sa déco moderne et chaleureuse et sa cuisine

légère, fraîche et soignée, aux accents jamaïcains, british et US. Même le café est excellent (torréfié localement). Très sympa à toute heure.

🍴 🍴 🍴 **The Grange** *(plan Harlem, A2, 34)* : *1635 Amsterdam Ave (et 141st).* ☎ *212-491-1635.* Ⓜ *(1) 137 St ou 145 St. Plats 13-30 $; midi et brunch 10-20 $.* Une adresse conviviale, cool, jeune et branchée juste ce qu'il faut, de celles où on passe un bon moment. La cuisine joue le registre ricain twisté au goût d'aujourd'hui, avec des produits en provenance des fermes environnantes : *mac n'cheese* à la truffe, burger gourmet, poulet rôti, *short ribs...* Le tout arrosé de bières locales, d'excellents cocktails et servi dans une grange relookée à la sauce hipster.

🍴 🍴 **Vinateria** *(plan Harlem, zoom, 38)* : *2211 Frederick Douglass Blvd (et 119th).* ☎ *212-662-8462.* Ⓜ *(C) 116 St ou (A, C, D) 125 St. Tlj, dès 17h ; brunch w-e dès 10h30. Pâtes 18-22 $, vrais plats 25-35 $.* Néobistrot à vins italien au décor contemporain très *trendy* (Harlem se « branchise » radicalement dans ce coin !) : devanture toute noire, murs et plafonds itou, éclairages tamisés par de charmantes petites lampes en suspension au-dessus des tables. Un peu froid peut-être, mais, croyez-nous, la cuisine subtile et parfumée réchauffe avantageusement l'atmosphère ! Pâtes maison divines, desserts originaux et belle carte de vins et de cocktails (très *spicy* pour certains !).

Plus chic

🍴 🍴 **Red Rooster** *(plan Harlem, zoom, 41)* : *310 Lenox Ave (entre 125th et 126th).* ☎ *212-792-9001.* Ⓜ *(2, 3) 125 St. Résa conseillée via ● redroosterharlem.com ● Le midi, plats 15-20 $ ou formule 25 $; brunch 15-25 $. Le soir, plats 25-30 $.* Toujours un gros succès pour ce vaste resto-bar, le plus couru de Harlem, qui a ouvert la voie à une flopée d'adresses branchées et qui porte le nom d'un speakeasy de la Prohibition. Aux manettes, Marcus Samuelsson, un chef talentueux d'origine éthiopienne, proche d'Obama et mascotte du quartier. Dans un cadre classe et branché, hommage à la

NEW YORK

culture black et à la renaissance de Harlem, on savoure une nouvelle cuisine inspirée de la *comfy food* US, avec des accents sudistes. Cadre chaleureux, super musique (*bands* tous les jours), cocktails à gogo, terrasse aux beaux jours... Au sous-sol, un bar-lounge-speakeasy (*Ginny's Supper Club* ; voir plus loin « Où écouter du bon jazz... ? »).

ıll ☞ *BLVD Bistro* (plan Harlem, zoom, *33*) : *2149 Frederick Douglass Blvd (et W 116th St).* ☎ 212-678-6200. Ⓜ (B, C) 116 St. Tlj sauf lun 17h (18h sam)-23h (18h dim), plus le midi ven ; brunch sam 9h-16h, dim 10h-18h. *Plats et brunch 15-35 $.* Petit bistrot chic et cosy, dédié aux spécialités du sud des États-Unis, très généreusement servies mais fort bien cuisinées aussi : *shrimp & grits* crémeux à souhait, *St Louis style ribs...* accompagnés de délicieux *biscuits* (petits pains chauds). Une bonne adresse, intime et chaleureuse, pour dîner confortablement et au calme (pour une fois, volume sonore raisonnable !).

ıll ☞ ♀ ♪ *Minton's* (plan Harlem, zoom, *43*) : *206 W 118th St.* ☎ 212-243-2222. ● mintonsharlem.com ● Ⓜ (B, C, 2, 3) 116 St. Lun-sam, le soir seulement, et en musique ! *Plats 20-35 $.* Voir plus loin la rubrique « Où écouter du bon jazz... ? ».

ıll ☞ ♀ ♪ *Solomon & Kuff* (plan Harlem, A2-3, *44*) : *2331 12th Ave (et 133rd).* ☎ 212-939-9443. Ⓜ (1) 137 St. Mar-sam 11h-23h (jusqu'à 2h jeu-sam), 18h-23h le w-e ; brunch w-e 11h-16h. Happy hours 17h-19h en sem. *Plats 18-28 $ en moyenne.* Lire texte dans « Où boire un verre... ? ».

Autour de Columbia University

ıll ☞ *Flat Top* (plan Harlem, A3, *47*) : *1241 Amsterdam Ave (et 121st).*

☎ 646-820-7735. Ⓜ (1) 116 St. *Le midi, plats 10-16 $, le soir 17-28 $.* Très mignon petit resto *New American* à la déco rétro-rustique intime et chaleureuse. Beaucoup d'étudiants de Columbia viennent en voisins savourer une cuisine saine, travaillée et créative, réinterprétant les classiques des quatre coins des US avec des accents fusion voire carrément japonisants. Brunch du week-end très prisé, arrosé d'excellent café de chez *Stumptown Roasters*.

ıll ☞ *Community Food and Juice* (plan Harlem, A4, *37*) : *2893 Broadway (entre 112th et 113th).* ☎ 212-665-2800. Ⓜ (1) 110 St. Tlj 8h (9h w-e)-21h30 (22h ven-sam), pause 15h30-17h. *Plats 10-20 $ le midi et brunch, 15-35 $ le soir.* Look industrial-design pour ce vaste resto contemporain, tout en bois, brique peinte et grandes baies vitrées. Franchement dans le camp bio-végan-*no gluten*. Tables individuelles ou longue tablée commune et conviviale, où l'on échange volontiers avec ses voisins, dans une atmosphère bien *friendly*. Carte très éclectique, présentation soignée, avec du bon jazz en fond sonore. Bref, un succès amplement mérité !

ıll *Friedman's* (plan Harlem, A3-4, *48*) : *1187 Amsterdam Ave (entre 118th et 119th Ave).* ☎ 212-932-0600. Ⓜ (1) 116 St. *Le midi, plats 15-20 $, le soir jusqu'à 25 $.* Sympathique café-resto en face de Columbia, fréquenté par les étudiants, forcément. Salades, sandwichs, burgers et quelques options *comfy food* le soir. Pas si courant, quelques vins des Finger Lakes (État de NY) et en provenance de la *Red Hook Winery* à Brooklyn. Pratique pour un lunch décontracté (et sans gluten) dans une ambiance chaleureuse typiquement new-yorkaise.

Où boire un café ou un thé ?
Où manger une pâtisserie ? Où grignoter ?

☞ *Levain Bakery* (plan Harlem, zoom, *50*) : *2167 Frederick Douglass Blvd (entre 116th et 117th).* Ⓜ (C) 116 St. La miniboulangerie culte d'Upper West Side, célèbre pour ses cookies d'anthologie (les plus riches, épais et moelleux qu'on connaisse), a son antenne à Harlem ! Mieux vaut avoir faim pour en venir à bout, sinon prenez-en un pour 2. Très bons scones également, tout aussi dodus. Vente à emporter seulement, rien pour s'asseoir.

🍴 **Lee Lee's Baked Goods** *(plan Harlem, zoom, 51)* : *283 W 118th St (entre Saint Nicholas et Frederick Douglass Blvd).* Ⓜ *(C) 116 St.* La minuscule boutique, tenue par un *brother* pur jus, ne paie pas de mine. Mais c'est une petite perle, le seul endroit à Harlem où l'on élabore encore les *rugelach* traditionnels, pâtisserie au beurre d'origine autrichienne qui rappelle le passé juif du quartier. Ceux à l'abricot et autres fruits secs, les vrais de vrais, sont une merveille. Le cheese-cake (vendu entier en différentes tailles, en fin de semaine seulement) est divin. Quelques places assises seulement.

☕ 🍴 **Double Dutch Espresso** *(plan Harlem, zoom, 55)* : *2194 Frederick Douglass Blvd.* Ⓜ *(C) 116 St.* Tout en longueur et doté d'une terrasse de poche à l'arrière, un mignon petit café de quartier typiquement new-yorkais où l'on aime se poser. Beaucoup de bonnets affairés sur leurs laptops, dans une ambiance plus Brooklyn que Harlem pur jus. Les cafés sont bien dosés, allongés à la demande de lait d'amande ou de soja. De l'autre côté de la cloison, *Mess Hall* est la déclinaison bar de la même équipe (voir plus loin « Où boire un verre... ? »).

🍵 ☕ **Serengeti Teas & Spices** *(plan Harlem, zoom, 80)* : *22 E 125th St (entre Madison et 5th Ave).* Ⓜ *(2, 3, 6) 125 St.* *Tlj sauf lun.* Une boutique de thés d'exception (voir « Shopping » plus loin), qui fait aussi salon de thé, sert un excellent chocolat chaud ou glacé à base de fèves d'Afrique et encore de bons petits plats afro. Terrasse-jardin à l'arrière. Sur réservation seulement, ils servent le soir un menu dégustation de gastronomie africaine *(env 95 $... vin et thé compris).*

☕ 🍴 **Lenox Coffee** *(plan Harlem, zoom, 52)* : *60 129th St (et Lenox Ave).* Ⓜ *(2, 3) 125 St.* Un café bien représentatif de la « hipsterisation » de Harlem. Déco indus', comptoir en bois patiné, plancher usé et petites tables en bois pour « wifiser ». Belle palette de cafés (les grains viennent de chez *Stumptown Roasters,* la crème de la crème) et thés sélectionnés aussi avec soin, chocolat chaud pour les autres, le tout à siroter avec un bagel ou un yaourt-granola le matin ou une soupe-sandwich le midi.

🍴 ☕ **Lenox Saphire** *(plan Harlem, zoom, 53)* : *341 Lenox Ave (et 127th).* Ⓜ *(2, 3) 125 St.* Cette pâtisserie, tenue par une équipe sénégalaise (francophone, donc), a fidélisé la clientèle locale. Il faut dire que les viennoiseries (notamment les croissants aux amandes, mais aussi les autres gâteaux à la française) sont dignes des grandes maisons. Fait aussi resto, mais la cuisine nous a moins emballés. Belle terrasse aux beaux jours où il est agréable de traînasser (sans être poussé à la conso !).

Où boire un verre (en mangeant un morceau) ?

Au cœur de Harlem

🍺 **Harlem Hops** *(plan Harlem, zoom, 60)* : *2268 Adam Clayton Powell (entre 133rd et 134th).* Ⓜ *(2, 3) 135 St.* Nouveau dans le paysage harlémite, ce bar à bières sert une très intéressante sélection de pressions locales (made in Harlem, Queens, Bronx, Long Island...) ainsi qu'un cidre artisanal et un vin du jour. Et pour éponger le liquide, une petite grignote genre bretzel géant à partager. En été, le jardinet à l'arrière est bien sympathique.

🍺 🍽 **Mess Hall** *(plan Harlem, zoom, 55)* : *2194 Frederick Douglass Blvd.* Ⓜ *(C) 116 St. Tlj 16h-2h (4h ven-sam).* Même principe que son jumeau, le café *Double Dutch* (voir plus haut) : un long couloir-bar, aménagé ici en lodge de montagne, avec trophées de chasse et vieilles gravures aux murs. Très hipster. La petite terrasse planquée au fond communique avec le café *next door.* Belle sélection de bières, mais aussi de whiskeys, ryes ou bourbons ; pour grignoter, une minicarte de hot-dogs revisités.

🍺 🍽 **Corner Social** *(plan Harlem, zoom, 66)* : *321 Lenox Ave (et 126th).* Ⓜ *(2, 3) 125 St. Tlj 11h-2h (3h jeu-sam). Plats 16-30 $.* Une adresse

NEW YORK

NEW YORK

tendance du « néo-Harlem », idéale pour prendre le pouls du quartier. Comptoir sur fond de brique et écrans géants façon *sports bar,* longue tablée commune pour fraterniser ou petites tables éclairées à la bougie le soir, cheminée... Le décor est chaleureux et l'ambiance animée, surtout du mercredi au samedi soir (DJ). Cuisine honnête dans le style *New American,* mais pas donnée pour Harlem.

À West Harlem, près de l'Hudson

🍴 |●| 🛖 ↑ *Bierstrasse* (plan Harlem, A2-3, **64**) : *2346 12ᵗʰ Ave (et 133ʳᵈ).* Ⓜ *(1) 137 St. Tlj 16h (12h w-e)-2h.* Grand *Biergarten* à l'allemande, dans un secteur industriel en reconversion, tout près de l'Hudson. Aux beaux jours, le toit rétractable s'ouvre, les tablées en bois se parent de parasols, et on sirote sa *pilsner* ou sa *weissbier* avec une vue cinématographique sur l'immense viaduc de la voie rapide. On y mange aussi : bretzels, saucisses et toujours l'incontournable burger...
|●| 🛖 🍴 ♪ *Solomon & Kuff* (plan Harlem, A2-3, **44**) : *2331 12ᵗʰ Ave (et 133ʳᵈ).* Ⓜ *(1) 137 St. Dîner jeu-dim 17h-23h (18h w-e, minuit ven-sam), bar mar-ven à partir de 16h, brunch w-e 11h-16h. DJ ven-sam soir.* Une rhumerie *trendy* dans un entrepôt coincé contre les arches style Eiffel de l'autoroute, face à l'Hudson River. Cadre indus' raccord avec le quartier, éclairage parcimonieux, musique ultra-forte et fameux cocktails bien dosés, à accompagner de grignotages (genre frites de manioc) ou de vrais bons plats d'inspiration caribéenne (pas donnés). Clientèle *Black upscale* et branchée. Pas rare que les gens dansent entre les tables en fin de soirée !

Autour de Columbia University

🍴 *Arts & Crafts Beer Parlor* (plan Harlem, A4, **75**) : *1135 Amsterdam Ave (et 116ᵗʰ).* Ⓜ *(1) 116 St. Tlj 12h-minuit (1h w-e). Happy hours 12h-19h lun-sam et dim all day !* Juste en face des majestueuses grilles de Columbia, le bar à bières d'étudiants, fraternel et bruyant. Pas moins de 25 pressions, dont des locales qui sortent du lot (plus pointues donc plus chères).

Où écouter du bon jazz ou de la bonne musique ?
Où sortir ? Où voir un spectacle ?

Harlem est, avec West Village, l'un des 2 grands lieux du jazz à New York. Les amateurs seront à la fête ! Mais on y écoute aussi d'autres musiques, de l'afrobeat ou hip-hop. Voici quelques bonnes adresses pour s'organiser son *musical tour.*

♪ 🍴 |●| *Shrine* (plan Harlem, zoom, **32**) : *2271 Adam Clayton Powell Jr Blvd (entre 133ʳᵈ et 134ᵗʰ).* ● *shrinenyc. com* ● Ⓜ *(2, 3) 135 St. Tlj 16h-4h. Plats 10-17 $. Pas de cover charge en sem, 10 $ après 22h le w-e.* Sympathique repaire africain au beau milieu de Harlem, entièrement tapissé de pochettes de disques, masques et photos. Au menu de ce resto-théâtre-salle de concerts énergique et foutraque, de la poésie, du théâtre, et bien sûr des performances reggae, afro ou rock par des groupes locaux, africains ou jamaïcains. Tous les dimanches après-midi, super groupe de jazz local de 17h à 20h. Quant aux nourritures terrestres, elles se présentent sous forme de salades ou plats simples (préparés par le resto attenant, le *Yatenga).* Les proprios et le personnel sont du Burkina Faso, et le responsable de la programmation musicale est... breton ! Bref, un petit bout de francophonie détonnant dans ce lieu gastronomico-culturel qui nous a conquis.
♪ 🍴 *Silvana* (plan Harlem, zoom, **68**) : *300 W 116ᵗʰ St.* ● *silvana-nyc.com* ● Ⓜ *(C) 116 St. Tlj 16h-4h ; musique live dès 18h. Pas de cover charge en sem, 10 $ après 22h le w-e.* Zapper le petit *coffee shop* donnant sur la rue, c'est au sous-sol que ça se passe. C'est là que bat la fièvre de la musique, éclectique,

reggae, blues, hip-hop, world, cubaine et souvent africaine. Le public vibre collé-serré, entre les quelques tables et l'étroit comptoir, face à la petite scène de plain-pied. Salon marocain sur l'arrière, pour grignoter un falafel sans – grâce aux écrans – rien perdre du show. Une adresse tonique, tenue par la même équipe que le *Shrine*.

♦ ♪ |●| 🐾 *Ginny's Supper Club* (plan Harlem, zoom, **41**) : *au sous-sol du* Red Rooster *(entrée par le resto), 310* Lenox Ave *(entre 125th et 126th).* ● *gin nyssupperclub.com* ● Ⓜ *(2, 3) 125 St. Jeu-sam, 18h-minuit (3h ven-sam). Concerts vers 19h30 et 21h30 (cover 15-25 $) ; brunch dim 10h30-14h.* C'est le club de jazz du *Red Rooster* (voir plus haut « Où manger... ? »), dans l'esprit des speakeasies de la grande époque de Harlem. Programmation musicale de grande qualité (voir le calendrier sur leur site), beau décor et fameux cocktails, préparés dans les règles de l'art. On peut aussi y dîner (l'occasion de goûter la cuisine du chef Marcus Samuelsson) et y bruncher le dimanche, en musique toujours. Beaucoup, beaucoup de monde le week-end. Réserver, et se pointer bien sapé.

♪ ♦ *Harlem Nights* (plan Harlem, zoom, **69**) : *2661 Adam Clayton Powell Jr Blvd (et 138th).* ● *harlem nights.nyc* ● Ⓜ *(2, 3) 135 St. Tlj 16h-2h (4h w-e). Pas de cover charge. Happy hours tlj avt 21h.* Un bar-club moderne au nord de Harlem, où il se passe toujours quelque chose. La semaine, on vient écouter de petits concerts de jazz, faire un karaoké ou rire sur un spectacle de stand-up. Le week-end, les DJs débarquent avec de gros sons hip-hop, crunk ou R'n'b. Super ambiance et cocktails bien tassés, pour danser jusqu'au bout de la nuit. Parfois des *gay nights*.

♪ ♦ |●| 🐾 *Minton's* (plan Harlem, zoom, **43**) : *206 W 118th St.* ● *mintons harlem.com* ● Ⓜ *(C, 2, 3) 116 St. Tlj 18h-minuit (1h jeu-sam) ; dim jazz brunch 12h-16h au resto attenant* The Cecil. *Concerts à 19h30 et 21h. Cover 10-15 $ selon placement + 2 consos obligatoires (boisson ou plat). Plats 18-30 $. Résa possible pour dîner seulement.* Ouvert en 1938 sous la houlette du saxophoniste Henry Minton, ce club chic et feutré, désormais classé Monument historique, a accompagné la naissance du be-bop et vu défiler plus de grands noms du jazz qu'on a de place pour l'écrire. Dévasté par un incendie en 1974, il a rouvert il y a quelques années pour devenir le repaire de la bourgeoisie noire amatrice de *blue note*. On y écoute de l'excellent jazz tout en se régalant d'une cuisine fusion aux confins de l'Asie et de l'Afrique. Le brunch est un excellent plan !

♪ |●| *American Legion Post* (plan Harlem, zoom, **70**) : *248 W 132nd St (entre Adam Clayton Powell Jr Blvd et Frederick Douglass Blvd).* Ⓜ *(C, 2, 3) 135 St. En principe, mer-jeu et surtout dim 19h-minuit, mais mieux vaut appeler avt. Pas de cover charge. CB refusées.* Surtout des *jams* entre copains, pros et amateurs mêlés, dans ce petit bar associatif où l'on socialise avec des guincheurs de Harlem plus tout jeunes. Atmosphère vraiment attachante et chaleureuse. Possibilité de grignoter une *soul food* simple et goûteuse *(plat env 10 $).* Si vous voulez une table, venez dès l'ouverture (surtout le dimanche), sinon ça sera au bar et encore, pas forcément assis.

♪ *Bill's Place* (plan Harlem, zoom, **71**) : *148 W 133rd St (entre Lenox et Adam Clayton Powell Jr Blvd).* ● *billsplace harlem.com* ● Ⓜ *(2, 3) 135 St. Ven-sam seulement, sets à 20h et 22h. Résa obligatoire. Cover charge 20-30 $. CB refusées.* Bienvenue chez Bill Saxton, un saxophoniste énergique et talentueux qui se produit avec son quartet... dans son propre salon ! L'exiguïté des lieux crée une atmosphère chaleureuse et attentive, qui permet aux privilégiés (places limitées) de savourer pleinement la musique. Un retour aux sources ! Si vous voulez boire un coup, pensez à apporter votre bouteille.

♪ *Apollo Theater* (plan Harlem, zoom, **72**) : *253 W 125th St (entre Adam Clayton Powell Jr et Frederick Douglass Blvd).* ● *apollotheater.org* ● Ⓜ *(A, B, C, D, 2, 3) 125 St. Box-office ouv en sem 10h-18h, sam 12h-18h. Tour guidé riche en anecdotes, sur résa seulement, tlj 11h (13h et 15h en plus certains j.) : 17-19 $.* Depuis les années 1930, ce music-hall a vu défiler tous les plus grands jazzmen du monde, de Dizzy Gillespie à Aretha Franklin en passant par Billie Holiday, Ella Fitzgerald et Duke Ellington... Plus tard, il lança aussi James Brown et les Jackson Five. Programme varié avec un accent particulier sur la musique noire américaine, africaine, reggae et parfois latina. Tous les mercredis soir (sauf en janvier a priori, mais à vérifier) a lieu la célèbre *Amateur Night (billets 25-35 $).* Programmation éclectique : *jazz bands,* danse, claquettes et groupes de musique en tout genre (même des enfants). Le spectacle est autant dans la salle que sur scène ! N'hésitez pas à prendre les places les moins chères, au 2e balcon, au milieu des gens du cru qui sifflent et hurlent leurs commentaires sur ceux qui se produisent sur scène, toujours dans la bonne humeur.

♪ Et aussi *Lenox Saphire* (*plan Harlem, zoom,* **53** ; voir plus haut « Où boire un café ou un thé ? Où manger une pâtisserie... ? »), pour ses *concerts de jazz gratuits* en principe le jeudi à 19h. Pas nécessaire de manger, on peut juste boire un verre ou grignoter une pâtisserie en profitant de la musique dans une atmosphère chaleureuse et bon enfant très couleur locale.

Shopping

Les grandes enseignes (*American Eagle Outfitters, H & M, Old Navy, Foot Locker, Victoria's Secret* ainsi que *Gap* et *Banana Republic Factory Stores...*) ont fini par envahir aussi 125th Street, mais cohabitent avec les vendeurs de rue qui tentent d'écouler CD maison et huiles parfumées. Également beaucoup de choix en matière de *streetwear* : sneakers dernier cri, survêtements...

Vêtements

⚜ *Jimmy Jazz* (*plan Harlem, zoom,* **72**) *: 132 W 125th St (entre Lenox Ave et Adam Clayton Blvd).* Ⓜ *(2, 3) 125 St.* Voisin du mythique Apollo, *Jimmy Jazz* est une institution de Harlem en matière de *streetwear* tendance et de marques de sport prisées des jeunes : *Nike, Jordan, Champion, Fila, Puma...* Sur 2 niveaux flambant neufs, du rap plein les oreilles, vous y shopperez sneakers dernier cri, bombers, maillots des équipes de NBA...

⚜ *Harlem Underground* (*plan Harlem, zoom,* **80**) *: 20 E 125th St (entre Madison et 5th Ave).* Ⓜ *(4, 5, 6) 125 St. Autre boutique au 2219 Frederick Douglass (entre 119th et 120th ; plan Harlem, zoom,* **38**)*.* Si vous voulez rapporter un souvenir original et branché du quartier, cette boutique est spécialisée dans les T-shirts et autres sweats à capuche *(hoodies)* avec une thématique Harlem. Célébrités locales, héros nationaux de la communauté afro-américaine, activistes (Bob Marley, Malcolm X, Angela Davis...) sont à l'honneur. Grand choix de graphismes et couleurs.

⚜ *Atmos* (*plan Harlem, zoom,* **81**) *: 203 W 125th St (et Adam Clayton Powell).* Ⓜ *(2, 3) 125 St.* Succursale harlémite d'une boutique de sneakers (baskets) de Tokyo ! Sélection pointue pour amateurs avertis.

Marchés, supermarchés, alimentation

⚜ *Whole Foods Market* (*plan Harlem, zoom,* **85**) *: 100 W 125th St (et Lenox Ave).* Ⓜ *(2, 3) 125 St. Tlj 7h-23h.* Cette succursale (très attendue par les habitants du quartier !) de la chaîne de supermarchés bobo-bio met un point d'honneur à pratiquer des prix étudiés et sélectionner des producteurs et petites entreprises locales (dans les rayons, les produits sont signalés par une étiquette « *Local* ») : boulangerie, sauces épicées et cosmétiques de Harlem, charcuterie made in Queens, etc. Voir aussi « Où manger ? Sur le pouce », plus haut.

⚜ *Fairway* (*plan Harlem, A3,* **86**) *: 2328 12th Ave (entre 132nd et 133rd).* Ⓜ *(1) 125 ou 137 St. Tlj 8h-23h.* Une autre enseigne de supermarchés bio-écolo (les prix s'en ressentent), tendance plus exotique que *Whole Foods.* Pour entrer dans la chambre froide, enfilez donc une veste spéciale à dispo ! Possibilité de s'y concocter un pique-nique à savourer juste en face, sur l'agréable promenade aménagée au bord de l'Hudson River (bancs et pelouses).

🏪 **Best Market** (plan Harlem, zoom, **87**) : 2187 Frederick Douglass Blvd. Ⓜ (C) 116 St. Tlj 6h30-minuit. Supermarché très bien fourni et assez haut de gamme, dans le style Fairway. Plats cuisinés, bar à soupes, salades... Quelques tables à l'étage, à côté de l'énorme rayon de bières américaines. Si vous logez en appart, c'est vraiment le bon plan.

🏪 ☕ **Serengeti Teas & Spices** (zoom Harlem, **80**) : 22 E 125th St (entre Madison et 5th Ave). Ⓜ (2, 3, 6) 125 St. Tlj sauf lun. Une boutique qui fera le bonheur des amateurs de thé, mais des vrais, c'est-à-dire prêts à mettre un certain prix pour une qualité exceptionnelle ! Sélection ultra-pointue de variétés exclusivement africaines (grand choix de rooibos), cultivées de façon artisanale et bio. Les mélanges (blends) sont exquis, agrémentés de fruits, épices et herbes sélectionnés avec un soin extrême. Dégustation gratuite des thés du jour, vente de miel de leurs ruches en Pennsylvanie et salon de thé-resto (voir plus haut).

Librairie

🏪 **Revolution Books** (plan Harlem, zoom, **83**) : 437 Lenox Ave (et 132nd St). Ⓜ (2, 3) 135 St. Tlj sauf lun 12h-21h. Sélection choisie d'ouvrages historiques, politiques (autour de Trump notamment), sur la communauté afro-américaine, les Indiens, la culture LGBTQ, le féminisme... Tout à fait dans l'esprit libertaire de Harlem, quoi.

NEW YORK

Où écouter un gospel à Harlem ?

Pour **écouter un gospel dans une église,** il faut bien sûr venir un **dimanche.** Même les anticléricaux garderont un grand souvenir de ces célébrations hautes en couleur. Mais qu'il est loin le temps où l'on se refilait le tuyau à l'oreille, presque confidentiellement, avec à la clé un bon repas de soul food dans une petite adresse de derrière les fagots... Depuis un bon nombre d'années déjà, les agences de voyages se sont emparées du créneau et déversent leurs cars de touristes dans les églises de Harlem avant de les envoyer dans les restos locaux pour le traditionnel gospel brunch. Il est vrai que certaines paroisses pauvres ont vu là un moyen inespéré de collecter de l'argent pour leurs œuvres sociales, leurs programmes d'éducation et de lutte contre la drogue, les réparations de l'église, etc. Alors, conflit entre églises riches et églises démunies (il y en a près de 600 à Harlem) ? Pas si simple !

– **La plupart des messes commencent vers 10h-11h** (certaines dès 9h) et durent en général 3h. **Vu l'affluence, on vous déconseille absolument d'opter pour une église « connue ».** D'abord, parce qu'il arrive très souvent (surtout en haute saison) que les touristes soient refoulés, ensuite parce que les conditions sont pénibles et gâchent franchement l'aventure : obligation de se pointer au moins 1h en avance, service d'ordre musclé à l'entrée à cause justement du nombre de touristes... La meilleure option consiste à vous perdre dans les rues de Harlem et à **pousser la porte d'une petite église de quartier** qui vous paraît sympa. L'atmosphère y sera plus intime, authentique et l'émotion plus puissante que dans les églises certes « mythiques » mais noires... de touristes ! Les églises baptistes sont particulièrement recommandées pour leurs chants. Il suffit de demander gentiment à l'entrée si votre présence ne gêne pas. En général, pasteur et fidèles sont ravis de cet intérêt.

– **Quelques règles de bienséance :** beaucoup de touristes oublient souvent qu'ils assistent à une messe, qui est un moment de célébration et de communion, et non un spectacle. Alors, au risque de nous répéter encore, et pour ne pas trop déparer avec les locaux qui se mettent sur leur trente et un, adoptez une **tenue correcte** (**pas de sac à dos** et, même s'il fait chaud en été, évitez débardeurs et tongs) ! De même, rangez téléphones et appareils photo (sauf autorisation préalable) et ne partez pas avant la fin.

Parce que c'est difficile de ne pas la citer, voici l'*église la plus emblématique*, mais, on le répète, on ne vous conseille pas vraiment d'aller là, sauf peut-être au cœur de l'hiver, quand les touristes se font plus rares, et encore...

🍴 *Abyssinian Baptist Church* (plan Harlem, zoom) : 132 Odell Clark Pl (W 138th St), entre Lenox Ave et Adam Clayton Powell Jr Blvd. ● abyssinian.org ● Ⓜ (2, 3) 135 St ; ou bus M2 ou M7 sur Amsterdam Ave. Services dim à 9h et 11h30, mais seul celui de 11h30 est officiellement ouv aux touristes ; en théorie, car il arrive qu'on leur refuse également l'accès... Service aussi le 3e mer du mois à 19h (moins de monde mais chœur moins important). Fondée en 1808, c'est *la plus vieille église noire de New York.* Célèbre grâce à son prédicateur, Adam Clayton Powell Jr, élu à la Chambre des représentants en 1945, qui proposa des lois sur le salaire minimum et la suppression de la ségrégation dans l'armée. Le pasteur actuel, Calvin O. Butts, compte également parmi les principaux défenseurs de la cause des Noirs de New York. Le dernier dimanche du mois au service de 11h, c'est jour de baptême (par immersion)... plutôt spectaculaire ! Malheureusement, cette église ultra-célèbre est aujourd'hui victime de son succès : énormément de touristes (une entrée spécifique leur est même réservée, c'est dire), pas toujours autorisés à entrer en fonction de l'affluence, et un service d'ordre de plus en plus rude (qui aboie plus qu'il ne dialogue) assorti d'un code vestimentaire digne d'une boîte de nuit ultra-hype : pas de débardeur, même en pleine canicule, pas de chaussures ouvertes non plus... Sans compter l'attente parfois de plus de 1h pour s'entendre dire qu'il n'y a plus de place... Il est clair qu'on n'y supporte plus l'overdose de visiteurs ! Pour toutes ces raisons, nous déconseillons désormais vivement cette église.

À voir

HARLEM

Certaines avenues ont été rebaptisées avec les noms d'hommes politiques noirs. Ainsi, 6th Avenue, au-dessus de Central Park, s'appelle aussi *Lenox Avenue* (d'après James Lenox, grand philanthrope) ou encore *Malcolm X Boulevard* (les deux noms sont utilisés ; nous, on a opté pour Lenox !). 7th Avenue se nomme également *Adam Clayton Powell Jr Boulevard* (député et défenseur des droits civiques), et 8th Avenue s'appelle aussi *Frederick Douglass Boulevard.* Enfin, il y a aussi une avenue diagonale : Saint Nicholas Avenue. Il y en a d'autres, mais ces quatre-là sont les indispensables pour pouvoir s'orienter dans le quartier. Tout comme dans le reste de Manhattan, 5th Avenue marque la frontière entre les parties est et ouest.

🍴 *National Jazz Museum* (plan Harlem, zoom) : 58 W 129th St (et Lenox). Ⓜ (2, 3, 4, 5, 6) 125 St. ● jazzmuseuminharlem.org ● Tlj sauf mar-mer 11h-17h. GRATUIT (mais donation suggérée pour les concerts : 10 $). Ne vous attendez pas à un vrai musée du jazz, c'est un microcentre culturel connu des aficionados pour la collection Savory, du nom d'un ingénieur du son qui enregistra près de 1 000 disques des plus grands dans les années 1930 et début 1940. Venir plutôt à l'occasion d'un petit *concert* ; voir programmation sur leur site.

🍴 *Schomburg Center for Research in Black Culture* (plan Harlem, zoom) : 515 Lenox Ave (angle 135th). ● schomburgcenter.org ● Ⓜ (2, 3) 135 St. Tlj sauf dim 10h-18h (20h mar-mer). GRATUIT. Centre de recherche consacré à la culture black, mais avant tout l'une des plus importantes bibliothèques sur la civilisation noire. C'est ici qu'Alex Haley fit ses recherches pour son roman *Roots* (« Racines » en français), prix Pulitzer en 1977. Intéressantes expos temporaires, lectures et concerts (programme sur leur site).
📖 *Librairie* spécialisée sur la culture black.

Itinéraire Harlem historique autour du Marcus Garvey Park

Départ de la balade : **M** *(2, 3) 116 ou 125 St.*

Le Mount Morris Park a été rebaptisé **Marcus Garvey Park,** du nom d'un célèbre activiste nationaliste. Voici donc une balade pour découvrir l'**architecture harlémite le long de rues classées Historic District.** Délimité par Lenox Avenue, Mount Morris Park West, entre 124th et 119th Street *(plan Harlem, B3)*, le secteur connut son premier développement vers 1880 dans la foulée de la création du métro aérien sur 8th Avenue, bientôt remplacé par l'underground en 1900...

Les premiers habitants du quartier étaient d'abord des **familles blanches aisées,** remplacées à partir du début du XXe s par des **familles pauvres d'Europe centrale** récemment immigrées. Les belles maisons **brownstones** furent alors divisées en petits appartements, voire en studios. Beaucoup de ces immigrants étaient des **familles juives,** ce qui transforma Mount Morris Park et tout le secteur sud en deuxième pôle d'installation juif, après Lower East Side... Au cours des années 1920 et 1930, nouveau changement sociologique avec l'**arrivée de la communauté noire.** L'essor et la rénovation actuels du secteur ont évidemment fait grimper considérablement les prix de l'immobilier.

➤ **Lenox Avenue** (ou Malcolm X Avenue), prolongement de 6th Avenue, est l'artère principale de Harlem. Sur West 130th Street, entre Lenox et 5th Avenue, l'**Astor Row** *(plan Itinéraire Harlem, A)* est un bel exemple du style banlieusard des premières maisons construites à Harlem (1880). Avec leurs façades en brique rouge, elles sont aussi reconnaissables à leur porche et au carré de gazon devant, comme dans le sud des États-Unis.

En passant, faites un petit tour au **National Jazz Museum** *(plan Itinéraire Harlem, B)* au 58 West 129th Street *(fermé mar-mer ; lire plus haut)*.

MY TAILOR IS RICH !

Depuis plus de 30 ans, Dapper Dan détourne, dans son atelier bien caché d'Harlem et uniquement sur rendez-vous, les logos des plus grandes marques de luxe. Reprenant les codes de la street culture*, le tailleur octogénaire crée des pièces extravagantes vendues à prix d'or. Sa clientèle brasse gangsters, boxeurs, rappeurs et* famous people*. Le coup de génie de ce businessman visionnaire ? Avoir remis au goût du jour des enseignes classiques jusqu'à séduire Gucci. La marque italienne finance aujourd'hui ses créations, elle qui l'avait condamné pour contrefaçon quelques années plus tôt.*

⏹ 🍴 Et si vous avez envie de vous arrêter déjeuner ou boire un café, **Jacob Restaurant** *(plan Itinéraire Harlem, 30)*, authentiquement Harlem, **Lenox Coffee** *(plan Itinéraire Harlem, 52)* ou **Lenox Saphire** *(plan Itinéraire Harlem, 53)* sont à deux pas (voir « Où manger... ? » et « Où boire un café... ? » plus haut). En descendant Lenox côté gauche, vous passerez aussi forcément devant l'emblématique resto-bar-club **Red Rooster** *(plan Itinéraire Harlem, 41)*, qui incarne le renouveau des scènes culinaire et musicale blacks. Sur le bloc opposé, à l'angle de Lenox et 125th Street, le flambant neuf supermarché bio **Whole Foods Market** *(plan Itinéraire Harlem, 85)*, dont l'arrivée a signé l'acte de gentrification de Harlem...

➤ **125th Street,** que l'on croise ici, est l'artère commerçante principale de Harlem. Toujours beaucoup d'animation, surtout sur la portion entre Lenox et Frederick Douglass. Au n° 253, l'**Apollo Theater** a vu défiler tous les grands noms du jazz et reste un lieu emblématique pour y célébrer de grands événements. Entre West 125th et West 119th Streets, Lenox Avenue aligne **des dizaines d'églises** et de **superbes alignements de brownstones** (rénovées ou pas).

Les plus anciennes demeures avec escaliers et porches à colonnes datent de 1883 et s'étendent du n° 241 au n° 259.

➤ Toujours sur Lenox Avenue, à l'angle de West 123rd Street (côté pair), s'élève un bloc intéressant. Au coin, l'**Atlah World Missionary Church** *(plan Itinéraire Harlem, C)*, imposant édifice en brique rouge de style *Queen Anne*, avec de hautes cheminées, fenêtres cintrées en pointe de diamant sur colonnettes et chapiteaux ciselés. Au 32 West 123rd Street, attenante, la **Harlem Library** (1891). L'une des premières bibliothèques publiques à New York. Aujourd'hui, elle abrite une des plus anciennes églises noires de Manhattan, la Greater Behtel A.M.E. Church.
À côté encore, aux n°s 28-30, *deux délicieuses demeures étroites de style Queen Anne.* Combinaison harmonieuse de la brique et de la pierre ciselée. Joli décor floral. Du n° 26 au n° 4, succession de *brownstones* de style néogrec ou *Greek Revival.*

|●| 🍴 ⊛ Dans les environs immédiats, pause possible chez **Harlem Shake** (burgers ; *plan Itinéraire Harlem, 31*) ou *Sottocasa* (pizzas). Côté shopping, 1 boutique typique du quartier : **Harlem Underground** (T-shirts Black Power ; *plan Itinéraire Harlem, 80*). Voir « Où manger... ? » et « Shopping » plus haut.

➤ À l'angle de West 123rd Street et de Mount Morris Park West s'élève une ancienne **synagogue (Ethiopian Hebrew Congregation)** qui accueillait la plus importante communauté de juifs noirs à New York. Magnifique portail de style néo-Renaissance italienne... Tourner ensuite à droite.
Aux **26-30 Mount Morris Park West,** maisons de style néogrec avec de très élégants porches à portique et colonnes. Aux n°s 22-24, fenêtres style néo-Renaissance joliment ornementées.

➤ À l'angle de West 122nd Street, la massive **Mount Morris Ascension Pres-bysterian Church** *(plan Itinéraire Harlem, D).* Sur le même trottoir, du 6 au 16 West 122nd Street, alignement de *brownstones* cossues réalisées par l'architecte du Carnegie Hall (longtemps les quelques rares à ne pas avoir été divisées et à continuer à être occupées par une seule famille...). Balcons sur consoles, corniches ornées de frises aux motifs différents, décor floral d'inspiration néo-Renaissance. Symboles de l'opulence bourgeoise de l'époque, les hauts escaliers monumentaux menaient au 1er étage avec leurs rampes ouvragées. Retour sur Mount Morris Park West.
Aux 11-14 **Mount Morris Park West,** plusieurs intéressantes maisons aux frontons tous différents. Belle tourelle d'angle et, en face, à l'angle de West 121st Street, ce gros bâtiment en brique rouge abritait... une prison pour femmes ! En continuant sur Mount Morris Park West, n°s 1 à 9, encore une belle succession de *brownstones,* dans un style différent de ce qu'on a vu jusque-là, mais d'une belle harmonie.

➤ Du 4 au 22 West 121st Street, encore une série de **brownstones** *(plan Itinéraire Harlem, E),* datant de 1887. Porches avec décor floral et feuillage abondant, bow-windows avec encorbellements sculptés. Continuer vers Lenox Avenue.
Entre West 120th et 121st Street, sur Lenox Avenue, s'alignent des demeures cossues (chacune avec sa personnalité), témoignages du standing du quartier à l'époque.

➤ À l'angle de West 120th Street et de Lenox Avenue, colossale façade de la **Mount Olivet Baptist Church** (ancienne synagogue du Temple Israël of Harlem ; *plan Itinéraire Harlem, F),* reflet de la prospérité de la communauté juive d'origine allemande à l'époque. Les fans de la série de Netflix *Luke Cage* reconnaîtront le *barbershop* où travaille le héros, à l'angle de Lenox et 119th Street.

➤ De l'autre côté de Lenox Avenue, à l'angle de West 121st Street (225 Lenox Avenue), **Unitarian Church** (aujourd'hui *Ebenezer Gospel Tabernacle* ; *plan*

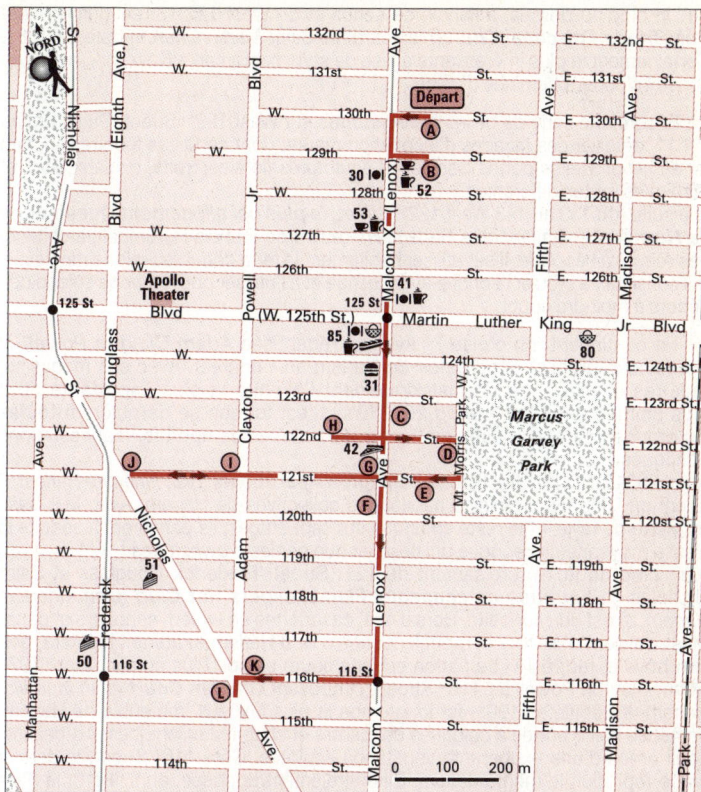

ITINÉRAIRE HARLEM

A	Astor Row	**L**	First Corinthian Baptist Church
B	National Jazz Museum		
C	Atlah World Missionary Church, Harlem Library et brownstones	🍽 🍴 🍷 ☕ ⊛ **Où faire une pause ?**		
D	Mount Morris Ascension Presbyterian Church et brownstones	**30**	Jacob Restaurant
		31	Harlem Shake
E	Brownstones (121ˢᵗ Street)	**41**	Red Rooster
F	Mount Olivet Baptist Church	**42**	Sottocasa
G	Unitarian Church	**50**	Levain Bakery
H	Alignement de maisons Queen Anne	**51**	Lee Lee's Baked Goods
I	Washington Apartments	**52**	Lenox Coffee
J	Boutique de chapeaux Flamekeepers Hat Club	**53**	Lenox Saphire
		80	Harlem Underground
K	Graham Court	**85**	Whole Foods Market

Itinéraire Harlem, G), de style *Gothic Revival*, symbolise les changements sociologiques du quartier. À sa construction en 1889, c'était une église pour Blancs protestants ; en 1919, la synagogue d'une communauté juive orthodoxe pauvre. En 1942, le quartier devint définitivement noir, et le bâtiment fut vendu pour devenir une nouvelle église afro-américaine.

➢ Un bloc au-dessus, à l'angle de Lenox et de West 122nd Street, l'imposante **Holy Trinity Episcopal Church** (aujourd'hui *Saint Martin Church*) date de 1887. Certainement la plus intéressante église de style néoroman à New York, avec son curieux clocher-cheminée d'usine.

➢ Encore une série de belles **brownstones** sur West 122nd Street. Du n° 103 au n° 111, détailler ces façades d'inspiration maure, dont certaines fenêtres sont en fer à cheval. Belles portes ciselées et sculptures florales, fruits, oiseaux, etc., et corniches toutes différentes.
À la suite, du 133 au 143 West 122nd Street, *le plus bel alignement Queen Anne de New York (plan Itinéraire Harlem, H),* œuvre de Francis H. Kimball, architecte très réputé à l'époque. Il sut utiliser habilement la *terra cotta,* technique médiévale qui consistait à mouler la brique avant usage et à l'utiliser pour créer de splendides décors à moindre coût !

➢ En continuant, on croise 7th Avenue, rebaptisée **Adam Clayton Powell Jr Boulevard** (premier député noir de Harlem au Congrès). Avec ses magasins, théâtres et clubs, ce fut historiquement l'avenue la plus importante et la plus animée dans les *roaring 20's-30's.* C'est ici que se déroulèrent toutes les grandes parades noires de l'époque : victoires de sportifs, manifestations politiques...
Au n° 2034 (et 122nd Street), les **Washington Apartments** (plan Itinéraire Harlem, I) furent en 1883 les premières habitations collectives de Harlem. Avec leur base en pierre de taille, et le reste en brique sur sept étages, ils parvinrent à séduire la classe moyenne de l'époque qui ne jurait que par les *brownstones* !
À un bloc de là, au croisement de 121st Street, Frederick Douglass et Saint Nicholas, la *boutique de chapeaux* **Flamekeepers Hat Club** (plan Itinéraire Harlem, J) est une curiosité. Borsalinos, casquettes en tweed, canotiers et panamas rivalisent d'élégance, rappelant l'âge d'or d'Harlem et attirant hipsters, golden boys et rappeurs ! Le patron est une figure en soi. Plus au sud, au n° 1925 Adam Clayton Powell (et 116th Street), l'imposant **Graham Court** (plan Itinéraire Harlem, K), édifié en 1901, fut longtemps le plus luxueux immeuble de Harlem. Immense hall d'entrée à colonnes de marbre et chapiteaux ioniques. Au-dessus, oculi ornés d'une exubérante végétation sculptée. Côté 116th Street, le dernier étage reproduit le même décor... Diamétralement opposée, au n° 1910, la **First Corinthian Baptist Church** (plan Itinéraire Harlem, L), à la façade tarabiscotée soi-disant inspirée du palais des Doges à Venise, est un ancien théâtre-cinéma construit en 1913.

🖉 Pour finir la balade, arrêt gourmand in-dis-pen-sable chez **Levain Bakery** (les meilleurs cookies de NY ; *plan Itinéraire Harlem, 50*) et **Lee Lee's Baked Goods** (plan Itinéraire Harlem, 51), une petite échoppe de rien du tout, mais bien connue des locaux pour ses merveilleux *rugelach,* servis encore tièdes. Voir descriptif plus haut dans « Où boire un café... ? ».

COLUMBIA UNIVERSITY ET MORNINGSIDE HEIGHTS

🎭 **Columbia University** (plan Harlem, A3-4) : entre West 114th et West 121st Street (et encore plus au nord, dans son extension récente), dominant le parc de Morningside, s'étend Columbia University, l'**une des plus célèbres et des plus riches des États-Unis** : 50 000 à 70 000 $ l'année de scolarité ! Parmi les personnalités qui y étudièrent : Barack Obama, Jack Kerouac, Paul Auster, Stanley Kubrick et 80 Prix Nobel... **Fleuron de la Ivy League,** Columbia est réputée pour son esprit intello engagé et sa nullité crasse en sport (totalement assumée), contrairement à ses consœurs Harvard, Yale ou Princeton qui brillent par leurs exploits sportifs. Il faut dire que le terrain, en pleine ville, offre peu d'espace pour des infrastructures sportives d'envergure. Quelques rares bâtiments sont accessibles sans carte d'étudiant, sinon on peut déambuler librement sur le campus, en extérieur. Ne soyez pas étonné d'entendre parler *Frenchy,* car de plus en plus de grandes écoles françaises ont des partenariats avec Columbia.

– **Visitor Center :** *en entrant à gauche dans la Low Library, le bâtiment central du campus. Lun-ven 9h-17h.* ● *visitorscen ter@columbia.edu* ● Quelques brochures et plans ainsi qu'un descriptif de visite guidée très complet (le nôtre n'est pas mal non plus, en toute modestie !).

LA FACE CACHÉE DE LA IVY LEAGUE

La très sélecte Ivy League, dont fait partie Columbia, regroupe huit universités privées d'élite de la côte Est. Son nom vient du lierre (ivy) *qui courait sur les murs des vénérables bâtiments. Leur point commun : une sélection impitoyable, notamment par l'argent. Les taux d'acceptation sont de plus en plus faibles : 5-6 % tout au plus. Et comme chaque candidature est payante, les prestigieux établissements gagnent des fortunes grâce aux concours d'entrée.*

Itinéraire sur le campus de Columbia

Accès : Ⓜ *(1) 116 St.*

➤ Départ de la balade devant les **grilles d'entrée en fer forgé de l'université** (Broadway et 116th Street), ouvrant sur une majestueuse allée bordée d'arbres, tout illuminés en hiver : magique ! Cette portion de la 116e Rue est l'une des rares rues « privatisées » de New York. Vous entrez au cœur de l'élitisme à l'américaine ! Sur la place centrale, côté gauche, se dresse le bâtiment historique de Columbia et son centre administratif, la **Low Library** *(plan Itinéraire Columbia University, A),* genre d'énorme panthéon romain édifié en 1897 (possibilité d'entrer dans la rotonde). C'est sur ces **marches (steps),** gardées par une bienveillante **Alma Mater,** qu'ont lieu en juin les fameuses *graduations* : remises de diplômes. Le samedi après-midi, pas rare d'assister à des séances photos de mariage en grande pompe, les Américains ne lésinant pas sur les moyens dans ces occasions ! Aux beaux jours, les *steps* et l'esplanade se transforment en plage urbaine, ce qui leur vaut le surnom de **The Beach.**
Juste derrière la Low Library, voir le **Lion** en bronze *(plan Itinéraire Columbia University, B),* mascotte de l'université, représenté avec les côtes décharnées, car assoiffé de connaissance : « *Hungry for Knowledge* ».
Filer maintenant vers **St. Paul's Chapel** *(plan Itinéraire Columbia University, C),* style néo-Renaissance (l'intérieur vaut le coup, notamment les voûtes carrelées et les magnifiques vitraux signés John LaFarge, dans l'abside) et juste à côté, jeter un œil à la mignonne petite **Maison Française** *(Buell Hall ; plan Itinéraire Columbia University, D),* en brique rouge et toit d'ardoises. C'est l'unique vestige de l'asile psychiatrique qui occupait les lieux, avant l'arrivée de l'université.
On aperçoit **Le Penseur de Rodin** *(plan Itinéraire Columbia University, E)* gardant l'entrée du *Philosophy Hall* (logique) avant d'emprunter la passerelle qui enjambe Amsterdam Avenue. Sur la gauche, la jolie **Casa Italiana** et plusieurs œuvres d'art dans les parages, dont une monumentale *(Bellérophon domptant Pégase)* accrochée à la façade de la *Arthur Diamond Law Library.*

|●| 🛏 ▼ Pause possible dans 2 bons petits **restos** tout près, **Flat Top** et **Friedman's** *(plan Itinéraire Columbia University, 47 et 48 ;* voir plus haut « Où manger... ? »), à moins que vous ne préfériez une immersion estudiantine totale, auquel cas dirigez-vous vers la **cafét-self du Teachers College,** ouverte à tous sans carte d'étudiant *(plan Itinéraire Columbia University, F ; lun-ven jusqu'à 19h30 ; suivre fléchage « dining hall » à l'intérieur du*

bâtiment). Pas cher du tout et la salle a du cachet : lustres-chandeliers, boiseries et vitraux. Enfin, pour descendre une bière, direction ***Arts & Crafts Beer Parlor*** *(plan Itinéraire Columbia University,* ***75*** ; lire plus haut « Où boire un verre... ? »).

➢ Après avoir longé sur 120th Street la silhouette néogothique très Harry Potter du ***Teachers College,*** entrez maintenant dans le building moderne dédié aux sciences, à l'angle de Broadway et montez au 1er étage. Pas d'enseigne à l'extérieur, mais ici se cache un ***café Joe*** *(plan Itinéraire Columbia University,* ***G****)* très agréable pour siroter un cappuccino parmi les étudiants penchés sur leurs laptops. Derrière les grandes baies vitrées, vue sur le séminaire de théologie et, en arrière-plan, ***Riverside Church*** *(plan Itinéraire Columbia University,* ***H****),* fondée en 1896 par J. Rockefeller et inspirée de la cathédrale de Chartres. Son énorme carillon de 74 cloches serait le plus gros du monde.

Un peu plus bas, un autre café sympa derrière l'école de journalisme ***Pulitzer*** *(plan Itinéraire Columbia University,* ***I****),* avec terrasse et vue sur l'imposante façade néoclassique de la Butler Library, dont l'accès est réservé aux étudiants et aux enseignants. De là, accès direct à la ***Columbia University Bookstore*** *(Broadway et 115th St ; plan Itinéraire Columbia University,* ***J****),* histoire de s'acheter un T-shirt ou un sweat estampillé pour crâner. Prix élevés, mais la qualité est là et ils ont des « collabs » avec de grandes marques de sport : *Under Armour* et autres.

GIRLS ONLY

Pile en face de Columbia, Barnard College est la plus prestigieuse des quelque 40 universités réservées aux femmes aux USA. À sa création en 1889, sa vocation était d'accueillir les jeunes filles qui n'avaient alors pas accès à Columbia. Depuis la généralisation de la mixité, dans les sixties, Barnard a choisi de rester exclusivement féminine. De nombreuses artistes, écrivaines et dirigeantes politiques y ont étudié.

➢ Possibilité de poursuivre la promenade jusqu'à la cathédrale ***Saint John the Divine,*** à quelques blocs plus au sud. Et une dernière adresse estudiantine sympa comme tout pour se poser si besoin en route : ***Community Food and Juice*** *(plan Itinéraire Columbia University,* ***37****)* : voir « Où manger... ? » plus haut.

Cathedral Church of Saint John the Divine *(plan Harlem, A4)* **:** *1047 Amsterdam Ave (et 112th). • stjohndivine.org • Ⓜ (1) 110 St. Tlj 7h30-18h. Demander un plan à l'accueil pour repérer les « highlights ». Visites guidées pour 10 pers min, sur résa en ligne ou par tél au ☎ 212-932-7347, lun-sam 9h-17h, 12h30-14h30 dim. Compter 10 $/pers en individuel.*

La plus grande église de style « byzantino-gothique français » du monde, mais aussi un vrai gag. Commencée en 1892, elle est bâtie seulement aux deux tiers ! D'où son surnom de « Saint John the Unfinished » ! Il manque encore le transept sud, et sa construction devrait s'achever vers 2050... Toutes proportions gardées, c'est la Sagrada Família de NY.

Consacrée au culte épiscopal (la branche américaine de l'Église anglicane, fondée après l'indépendance et qui ordonne des femmes prêtres), la cathédrale est aussi la troisième basilique du monde en termes de taille, après Saint-Pierre de Rome et Notre-Dame-de-la-Paix de Yamoussoukro en Côte d'Ivoire. D'une longueur de 183 m, large de 44 m, avec un transept prévu de plus de 100 m ! Si sa façade grossière manque cruellement d'harmonie (quelle idée d'avoir construit une tour juste à côté en plus...), les volumes à l'intérieur sont impressionnants et la sensation de verticalité est vertigineuse.

La décoration de la cathédrale n'a rien d'inoubliable, en revanche, hormis les vitraux de la nef : couleurs éclatantes et thèmes pas seulement religieux (les sports, les arts, la médecine, etc.). En cherchant bien, on trouve même quelques sujets un peu décalés, comme ce prototype de télévision datant de

ITINÉRAIRE CAMPUS DE COLUMBIA UNIVERSITY

A	Low Library	🍴🍺🏠🍷⊛	**Où faire une pause ?**
B	Lion en bronze	F	Cafétéria du Teachers College
C	St. Paul's Chapel	G	Café Joe
D	Maison Française	I	Café du Pulitzer Building
	(Buell Hall)	J	Columbia University Bookstore
E	*Le Penseur* de Rodin	37	Community Food & Juice
F	Teachers College	47	Flat Top
H	Riverside Church	48	Friedman's
		75	Arts & Crafts Beer Parlor

1925 (dans la section « Communication », en entrant à droite) ! Derrière l'autel, dans la chapelle *Saint Saviour,* les fans de Keith Haring admireront un retable en bronze (réalisé 2 semaines seulement avant son décès en 1990), dont on

NEW YORK

trouve un autre exemplaire à la Grace Cathedral de San Francisco. Dans le chœur, un bas-relief en marbre blanc illustre les personnages marquants de la chrétienté. Le XXᵉ s est représenté tout à gauche, avec Gandhi et Martin Luther King, entre autres. Autres curiosités, les différents mémoriaux dédiés aux génocides dans le monde, aux pompiers de la ville, aux victimes du sida...

> ### DOG BLESS YOU
>
> *La plus grande cathédrale gothique du monde n'a pas fini de nous surprendre. Le 1ᵉʳ dimanche d'octobre, tous les ans, a lieu un événement hautement populaire : la bénédiction des animaux. Veaux, vaches, cochons, couvées... tout le monde est bienvenu, y compris les dromadaires ! Fin avril, on peut aussi venir faire bénir son vélo... Œcuménique !*

HAMILTON HEIGHTS

Joli petit quartier à explorer à pied, avec des *brownstones* très cossues autour de Convent Avenue et West 143-144th Streets, non loin du campus de City College et de Hamilton Grange.

🕯 ***City College of New York*** *(plan Harlem, A2-3) : Convent Ave (entre 131ˢᵗ et 140ᵗʰ).* ● *ccny.cuny.edu* ● Fondé en 1847, ce fut le premier établissement public supérieur gratuit aux États-Unis. Surnommé le « Harvard des pauvres », le CCNY engendra une dizaine de Prix Nobel et se fit aussi remarquer pour son activisme politique dans les années 1930 à 1950. Un gigantesque et étonnant complexe architectural de style néogothique, à découvrir en accès libre. Le portail d'entrée très « harrypotterien », situé au niveau de 138ᵗʰ Street, est le plus photogénique.

🕯 ***Hamilton Grange National Monument*** *(plan Harlem, A2) : dans Saint Nicholas Park (au niveau de 141ˢᵗ).* ● *nps.gov/hagr* ● Ⓜ *(A, B, C, D) 145 St. Mer-dim 9h-17h. Visites guidées à 10h, 11h, 14h et 16h. Visite libre seulement 12h-13h et 15h-16h. GRATUIT.* C'est l'ancienne maison de campagne (1802) d'Alexander Hamilton, copain de Washington avec qui il rédigea la Constitution des États-Unis (son portrait figure sur les billets de 10 $). Hamilton défendait une Nation ouverte sur le monde et industrielle, s'opposant à une tendance isolationniste, sécessionniste et rurale. La visite n'étant pas passionnante, vous ne louperez rien en jetant un œil à la maison de l'extérieur seulement. Amusant, en 2008, elle fut déplacée ici de son emplacement initial, sur des roulettes ! Du parc, joli point de vue sur l'imposante silhouette du City College juste au-dessus.

WASHINGTON HEIGHTS

C'est dans ce secteur de Harlem que vécut le grand compositeur de jazz Duke Ellington, de 1939 à 1961. Il habita entre autres à Sugar Hill, au ***555 Edgecombe Avenue,*** tout près de la Morris-Jumel Mansion. Cet immeuble prestigieux (coupole Tiffany dans le lobby) fut d'ailleurs un vivier de musiciens noirs : imaginez que ses murs ont aussi logé Count Basie, le saxophoniste Coleman Hawkins, la chanteuse Lena Horne et, dans un autre registre, le champion du monde de boxe Joe Louis ! Aujourd'hui encore, les notes de jazz résonnent tous les dimanches après-midi (dès 16h) chez la ***pianiste Marjorie Eliot*** qui, en l'honneur de son fils disparu trop tôt, reçoit gratuitement qui veut dans son appartement pour assister à des bœufs d'excellents musiciens. Malgré son grand âge, elle est toujours au piano et sert elle-même les rafraîchissements à la fin du set.

🕯 ***Morris-Jumel Mansion*** *(plan Harlem, A1) : 65 Jumel Terrace (au niveau de 160ᵗʰ St, ruelle pavée entre Saint Nicholas et Edgecombe Ave, à l'est).* ● *morris jumel.org* ● Ⓜ *(C) 163 St. Mar-dim 10h-16h (17h w-e). Entrée : 10 $; réduc ; gratuit*

moins de 12 ans. Visite guidée sam à 12h, dim à 14h et 1er ven du mois à 13h (12 $, réduc, résa conseillée). Construite en 1865 dans le style géorgien, dont elle est aujourd'hui la dernière représentante à NY, cette maison, entourée d'un petit parc, servit de quartier général à Washington pendant la guerre d'Indépendance en 1776. Mobilier des XVIIIe s américain et XIXe s français, car les Jumel qui achetèrent la maison en 1810 étaient français et, qui plus est, proches de notre petit empereur... Pour les passionnés d'histoire surtout.
– Juste à côté, admirez l'allée pavée, **Sylvan Terrace,** bordée de croquignolettes maisons de bois peint du XVIIIe s.

PLUS AU NORD, THE MET CLOISTERS

⚔⚔⚔ *The Met Cloisters (hors plan Harlem par A1) :* 99 Margaret Corbin Dr, dans Fort Tryon Park (près de Washington Bridge, au bord de l'Hudson). ● metmuseum. org/visit/met-cloisters ●
– **Accès :** Ⓜ *(A) 190 St puis 10 mn de marche bucolique par les sentiers qui traversent le parc de Fort Tryon et longent l'Hudson River (ils mènent ts aux Cloisters). Autre solution (moins rapide) : bus M4 (Fort Tryon Park-The Cloisters) qui remonte depuis le sud de Manhattan, via Madison Ave et Harlem, jusqu'aux Cloisters ; env 1h30, sans circulation.*
– **Rens pratiques :** *tlj (sauf Thanksgiving, Noël et Jour de l'an) 10h-17h15 (16h45 nov-fév).* **Entrée :** *25 $; réduc ; gratuit moins de 12 ans.* **Précision importante : le ticket d'entrée, valable 3 j. (1 j. seulement avec le CityPass), donne accès aux 3 sites du Metropolitan Museum : Met 5th Ave, Met Breuer** *(jusqu'à sa fermeture courant 2020)* **et donc les Cloisters.** *Inclus aussi dans le CityPass. On conseille de louer l'audioguide en français : 7 $ (durée de la visite : 1h30) ; réduc. Prendre également le plan des salles en français. Visite guidée gratuite en anglais, tlj sauf sam à 15h (durée : env 1h). Visite des jardins tlj à 13h, mai-oct seulement.*

Le Moyen Âge et la Renaissance en plein New York ! En 1925, Rockefeller acheta la collection de sculptures et d'éléments architecturaux religieux réunie par le sculpteur George Grey Barnard au cours de ses voyages en France. Puis, en 1930, après avoir ajouté quelques pièces de sa collection personnelle, il offrit le Fort Tryon Park à la Ville de NY, en réservant le sommet du site pour construire cet étonnant **monastère-musée** aux quatre cloîtres, dans lequel il n'y eut jamais l'ombre d'un moinillon ! Les différents éléments de l'édifice et les objets religieux qu'il renferme datent tous des XIIe-XVe s, et proviennent essentiellement du midi de la France... L'ensemble est un véritable bijou, et l'harmonie architecturale totale. Et puis l'atmosphère paisible et reposante est si bien rendue qu'on se rappelle à peine être à Manhattan !

– **La galerie romane :** deux fresques murales provenant d'un monastère espagnol du XIIe s, représentant un menaçant lion au visage humain et un dragon. Au fond, le magnifique portail gothique provenant de Bourgogne donne accès à la chapelle de Langon (Gironde), décrite plus loin. On a ainsi dans une même salle l'évolution entre les deux styles roman et gothique, avec l'arc en plein cintre et l'arc en ogive. Les têtes des anges ont probablement été brisées par des iconoclastes. Noter aussi les traces de pigment vert bleuté sur le tympan.
– **La chapelle Fuentidueña :** on entre dans une véritable chapelle du XIIe s, dont l'abside en calcaire doré provient d'une église de la région de Madrid (la nef a été reconstruite pour donner au visiteur une impression d'ensemble). Les chapiteaux des piliers sont chargés de personnages bibliques, et la belle fresque au fond a été démontée dans une autre église espagnole des Pyrénées. Imaginez son transport pierre par pierre ! La chapelle, qui possède une acoustique exceptionnelle, est devenue un lieu très prisé pour les concerts de musique ancienne.
– **Le cloître de Saint-Guilhem-le-Désert :** colonnes et chapiteaux (XIIe s) proviennent de la célèbre abbaye du même nom, située au cœur du Languedoc

(Hérault). Côté Hudson River, une *Bouche de l'Enfer* sculptée sur une colonne. La fontaine centrale du cloître était à l'origine un chapiteau.

– *La chapelle de Langon :* au fond, sur le chapiteau de droite, les deux têtes couronnées seraient celles d'Henry II d'Angleterre et de sa femme, Aliénor d'Aquitaine. Au centre de la salle, deux remarquables *Vierge à l'Enfant,* en bois. La première, couronnée comme une reine, a été sculptée d'une seule pièce dans du bouleau (XIIᵉ s, Bourgogne). Notez les incrustations de lapis-lazuli dans l'œil droit. Dommage que la tête de l'Enfant Jésus ait été perdue. La seconde, juste en face, nous vient d'Auvergne. Elle a la mine austère, mais quelle facture ! Ces deux Vierges partagent le même secret : une petite cavité creusée dans le dos, qui devait, à l'origine, renfermer une relique.

– *La salle capitulaire de Notre-Dame-de-Pontaut :* attenante au cloître de Cuxa (Pyrénées françaises). En provenance de Gascogne, c'est une des rares structures des Cloisters qui soient complètement intactes (en dehors du sol et du plâtre des voûtes). Les moines s'y réunissaient le matin, s'asseyaient sur les bancs de prière pour écouter la lecture d'un chapitre de leur règlement. Encore un bon exemple de transition entre les styles roman et gothique : les colonnes sont plus minces et les fenêtres plus grandes que dans la chapelle Fuentidueña, vue plus haut. Le *cloître de Saint-Michel-de-Cuxa* est une des pièces maîtresses du musée. Colonnes et chapiteaux à motif de palmettes sont sculptés en marbre veiné de rose provenant des carrières proches de Cuxa. Elles furent exceptionnellement rouvertes pour permettre la réalisation de nouveaux éléments architecturaux, lorsque la reconstitution fut entreprise, ici, à New York.

– *La tapisserie de la Licorne :* six superbes tapisseries tissées en Belgique au tout début du XVIᵉ s, racontant la légende de la chasse à la licorne. Certains disent que c'est une allégorie de la vie du Christ représenté sous les traits de cet animal imaginaire ; d'autres que c'est un symbole de la séduction et de l'amour. Les couleurs sont restées belles. C'est l'un des documents les plus admirables que nous ait laissés le Moyen Âge.

– *La salle Boppard :* l'œil est immédiatement attiré par les dorures d'un monumental chandelier pascal que jouxte un prédelle dont le socle en albâtre est magnifiquement ouvragé.

– *La salle Merode :* on y admire le *triptyque de l'Annonciation,* admirablement réalisé en 1425 par le peintre Robert Campin, aussi appelé « maître de Flémalle », qui nous offre ici un chef-d'œuvre du réalisme gothique flamand marquant le tout début de la Renaissance. Il utilisa la technique alors révolutionnaire de l'huile sur bois (alors qu'on utilisait couramment la technique *a tempera,* couleurs mélangées à de l'œuf), qui donne plus de brillance et de précision à sa peinture. Le travail sur la lumière, les ombres et les textures est tout simplement extraordinaire.

– *La chapelle gothique :* on y accède par la *galerie du gothique primaire* qui renferme quelques belles pièces venues d'Europe pour la plupart (intéressante *Vierge à l'Enfant* parisienne). La chapelle est éclairée par de beaux vitraux autrichiens (tout début XVᵉ s), sur lesquels vous reconnaîtrez les épisodes marquants de l'Ancien Testament. À gauche, l'Annonciation, la présentation de Jésus au Temple, l'Adoration des Mages et, à droite, le baptême du Christ (noter la différence de couleur de la chair selon qu'elle est immergée dans l'eau ou non), son agonie dans le jardin des Oliviers... La chapelle renferme une série de pierres tombales appelées gisants : au centre, un jeune homme, Jean d'Alluye, en armes, grandeur nature ; le lion à ses pieds symbolise son courage (XIIIᵉ s).

– *Le trésor :* il recèle les joyaux du musée, des objets précieux parvenus jusqu'à nous depuis le fin fond du Moyen Âge. Voir surtout le *calice de Bertin* en argent massif, le *grain de Rosaire* en buis d'origine flamande (XVIᵉ s), le *Livre d'heures de Jeanne d'Évreux,* beau petit manuscrit enluminé (XIVᵉ s), et un jeu de cartes datant du XVᵉ s.

– *Le cloître de Bonnefont :* à côté des éléments architecturaux rapportés du sud-ouest de la France (XIIIᵉ et XIVᵉ s), on y découvre plus de 250 variétés de plantes médicinales et potagères du Moyen Âge, cultivées dans le cadre typique des jardins monastiques de cette époque... Juste à côté, le *cloître de Trie* réunit notamment toutes les plantes symboliques que l'on peut observer sur les tapisseries de la Licorne !

I●I 🍽 *Cafétéria* sur place, à la belle saison seulement, *sous les arcades du cloître* français de *Trie.*

I●I 🍴 ⅋ *New Leaf* (hors plan Harlem par A1) : *dans le Fort Tryon Park, 1 Margaret Corbin Dr.* ☎ *212-568-5323.* ● *newleafrestaurant.com* ● Ⓜ *(A) 190 St. Du métro, accès direct au parc. Sinon, bus M4 jusqu'à The Fort. Ouv tte l'année (fermé lun hors vac scol), a priori tlj sauf mar à midi et brunch w-e, mais pas tlj le soir (vérifier impérativement avt sur leur site car souvent des* événements privés ; résa conseillée). Plats 16-40 $. L'adresse idéale pour clore en beauté une visite aux Cloisters. Difficile, en effet, de se croire à NY dans cette demeure en pierre cossue, à l'intérieur élégant rustique, entourée d'un parc magnifique (celui-là même où se trouvent les cloîtres). Cuisine américaine honorable mais on vient avant tout pour l'atmosphère.

BROOKLYN

● Pour se repérer, voir le plan détachable 1 en fin de guide ● Plan d'ensemble *p. 303* ● DUMBO et Brooklyn Heights (zoom 1) *p. 309* ● Williamsburg (zoom 2) *p. 320-321* ● Bushwick (zoom 3) *p. 332-333* ● Park Slope et Prospect Heights (zoom 4) *p. 337* ● Red Hook (zoom 5) *p. 349*

En quelques années, Brooklyn est devenu un label mondial, symbole de branchitude ! Une transformation spectaculaire pour le plus peuplé des *boroughs* de New York (2,7 millions d'habitants) qui, dans les années 1990, était encore réputé pour sa pauvreté et ses règlements de comptes sur fond de trafic de drogue. Ces années noires – engendrées par la désindustrialisation – ont figé l'architecture de Brooklyn dans son puissant passé laborieux. Une visite qui nous fait remonter le temps jusqu'au New York des années 1950-1960 ! Mais, sortis de leur décrépitude, les entrepôts vintage – en brique et métal – accueillent désormais une foule d'entrepreneurs locaux dynamiques, adeptes du « made in Brooklyn ». Un étendard porté haut et jusque dans les noms des marques de vêtements *(Brooklyn Industries)*, de lunettes *(Brooklyn Spectacles)*, de montres *(Brooklyn Watch)*, mais aussi de bières *(Brooklyn Brewery)*, de cafés *(Brooklyn Roasting Comp.)*, de glaces, de chocolat, de whisky... Car le *borough* s'impose comme une scène alimentaire locale sans équivalent, pionnière en matière d'agriculture urbaine. Bref, en près de 2 décennies, Brooklyn est devenue LE haut lieu de l'authenticité new-yorkaise, affichant une ébullition créative permanente ; en face d'une Manhattan frileuse et aseptisée, coincée entre frénésie du business et ostentation. D'ailleurs, les fêtards la fuient ; lui préférant *Williamsburg,* certainement LE *borough* le plus branché de Brooklyn et même de tout New York ! Là s'est développé un ardent écosystème de bars, de restos, de boutiques arty et d'ateliers en tout genre, qui a aussi donné naissance à la fameuse barbe tant prisée des hipsters !

Et si la fièvre brooklynite a traversé les océans, elle entraîne avec elle la « gentrification » des quartiers les plus en vue. La concentration des fameuses *brownstone houses* historiques de *Brooklyn Heights,* l'une des plus grandes du pays, en fait un lieu résidentiel très convoité des yuppies. Au pied des ponts de Brooklyn et de Manhattan, l'ancien quartier hyper-industriel *DUMBO* s'est reconverti en cité résidentielle de luxe, au bord de l'East River.

Tandis que le charmant secteur de *Park Slope* s'est couvert de boutiques coquettes... Brooklyn n'est donc plus « Crooklyn » (*crook* pour « filou »), la mal-aimée ! Les artistes et les intellos qui s'y étaient aventurés en 1er ont été rejoints par des bobos en mal de lofts et des jeunes familles aisées attirées par une qualité de vie privilégiée. Un succès qui nourrit les prix de l'immobilier, conduisant les puristes à déménager vers des zones moins sensibles,

HIP, HIP, HIP... HIPSTER !

Apparus à Brooklyn dans les années 1990, les hipsters sont les nouveaux bobos, des artistes branchés écolo au look caractéristique de bûcheron urbain. Leur ancêtre : Allen Ginsberg. Leur fief : Williamsburg. Signes distinctifs : la barbe (souvent fournie), le bonnet avachi hiver comme été, la chemise à carreaux, le vélo et depuis peu le chignon ! Philosophie : le culte de l'authentique, du vintage.

comme *Greenpoint* ou *Bushwick,* déjà réputé pour son *street art*... Un vrai défi pour Bill de Blasio – le Brooklynite maire de New York – qui œuvre contre la « manhattisation » du *borough,* encadrant les loyers de nombreux artistes... En même temps, le quartier n'a jamais cessé d'accueillir de nouveaux immigrés. Les plus récentes vagues, en provenance d'Europe de l'Est, d'Afrique, d'Amérique latine, des Caraïbes, d'Asie et du sous-continent indien, ont rejoint les communautés plus anciennes. Elles font de Brooklyn un vrai melting-pot, imbriqué dans une mosaïque de *neighborhoods,* dont on retrouve les ambiances dans les films de Spike Lee *(Do the Right Thing, Crooklyn),* Paul Auster *(Smoke, Brooklyn Boogie)* ou James Gray *(Little Odessa)*... Mais ne comptez pas tous les voir, car Brooklyn est très vaste ! Aussi nous vous présentons les quartiers les plus intéressants du moment et faciles d'accès depuis Manhattan.

UN PEU D'HISTOIRE

Au XVIIe s, **Brooklyn était une colonie hollandaise** de quelques villages. D'ailleurs, le nom de Brooklyn vient de **Breuckelen** ou « la terre brisée », le plus ancien de ces villages, fondé en 1642 et nommé en souvenir d'une petite ville près d'Utrecht. Les Anglais occupant surtout les rives, l'influence hollandaise se fit sentir jusqu'au XIXe s dans les fermes et les champs du centre de Brooklyn.

L'urbanisation ne commença vraiment qu'après la **mise en service du ferry à vapeur** de Robert Fulton en 1814, à la hauteur de l'actuel Brooklyn Bridge. Une petite agglomération se forma alors autour de l'embarcadère, qui grossit rapidement. Il fut déjà question d'une fusion avec New York en 1833, mais elle échoua : les quelque 30 000 habitants refusèrent, protestant qu'il n'y avait « rien en commun entre New York et Brooklyn, que ce soit dans les activités, les projets ou... les mentalités » ! L'année suivante, Brooklyn obtint le statut de ville. Son *expansion* se poursuivit, réduisant peu à peu les terres agricoles. Vers le milieu du siècle, Brooklyn avait déjà son journal quotidien, le *Daily Eagle,* son musée d'art, puis bientôt son musée et son « Central Park », le Prospect Park. Les rives de l'East River et de la baie se couvrirent alors de docks, d'entrepôts et d'industries : raffineries de sucre et d'huile, brasseries, imprimeries, métallurgie et surtout le *Navy Yard,* chantier naval militaire qui fut, jusqu'à sa fermeture en 1969, *le plus gros pôle industriel de New York !*

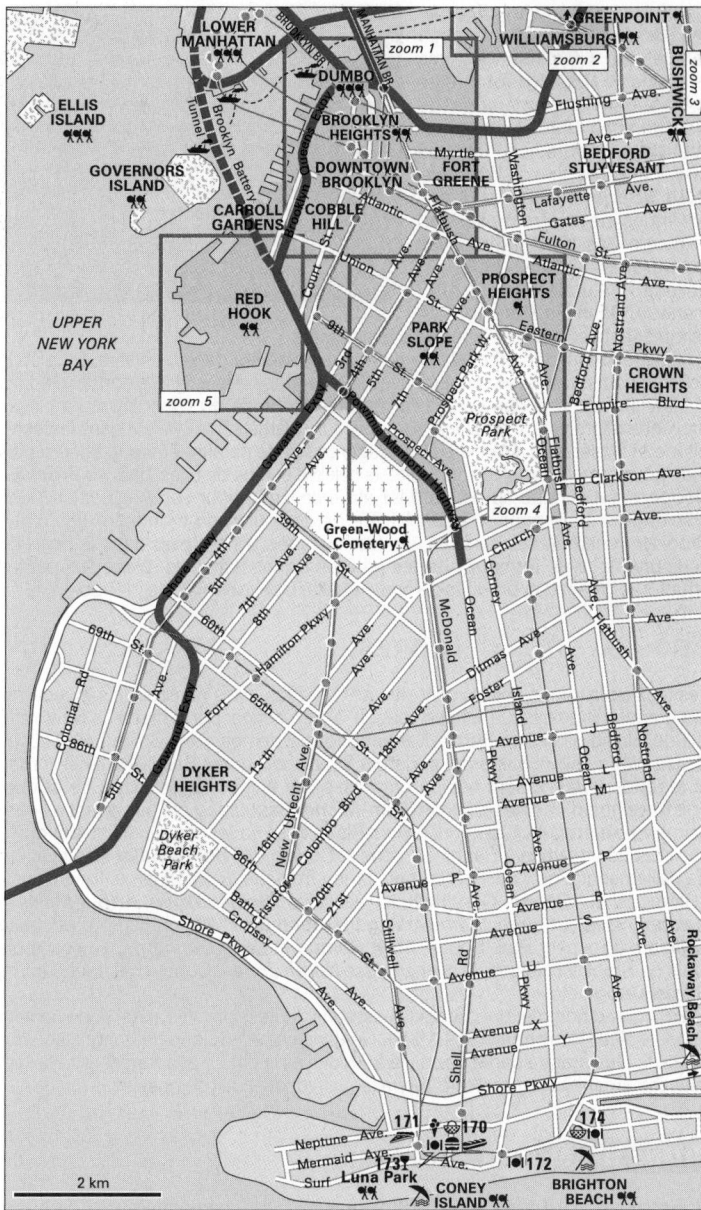

LOWER
MANHATTAN

GREENPOINT
WILLIAMSBURG
zoom 1

zoom 2

zoom 3

BUSHWICK

DUMBO

ELLIS
ISLAND

Brooklyn Battery Tunnel

Flushing   Ave.

BROOKLYN
HEIGHTS

Ave.

GOVERNORS
ISLAND

DOWNTOWN
BROOKLYN

FORT
GREENE

Myrtle

Washington

BEDFORD
STUYVESANT

Lafayette   Ave.

CARROLL
GARDENS

COBBLE
HILL

Atlantic

Flatbush

Gates

Fulton   St.

Court

Union

Atlantic   Ave.

Atlantic

Ave.

St.

RED
HOOK

UPPER
NEW YORK
BAY

zoom 5

9th

3rd

St.

PROSPECT
HEIGHTS

Eastern

Nostrand   Ave.

PARK
SLOPE

Prospect Park W.

Pkwy

4th

Ave.

5th

St.

Prospect
Park

CROWN
HEIGHTS

Governors

Ave.

7th

Prospect Flatbush   Ave.

Empire   Blvd

Ocean

zoom 4

Clarkson   Ave.

39th

Bedford

St.

Green-Wood
Cemetery

Ave.

Church

Ave.

Shore Pkwy

4th

5th

St.

60th

7th

8th

Ave.

Hamilton Pkwy

69th   St.

McDonald

Corney

Ditmas

Foster

Ocean

Ave.

Flatbush

Colonial   Rd

Fort

65th

St.

16th

Ave.

Avenue

Bedford

J

Ave.

Nostrand

Ocean

L

5th   St.

86th

DYKER
HEIGHTS

New Utrecht

13th

St.

Island Pkwy

Avenue

M

Dyker
Beach
Park

Cristoforo-Colombo-Blvd

Avenue

P

Ave.

Bath

20th

Avenue

Ocean

Ave.

Cropsey

21st

St.

Avenue

P

Avenue

S

Stillwell

Rd

Avenue

U

Shore Pkwy

Avenue

Pkwy

X

Rockaway Beach

Shell

Avenue

Y

Neptune   Ave.

Shore Pkwy

171   **170**

174

Mermaid

173

Ave.

172

2 km

Surf   Luna Park

CONEY
ISLAND

BRIGHTON
BEACH

BROOKLYN – Plan d'ensemble

L'*achèvement du Brook-lyn Bridge en 1883* changea radicalement les relations des 2 voisins et Brooklyn fut intégré à la grande agglomération de New York en 1898. L'industrialisation se poursuivit, facilitée aussi par l'ouverture du *Williamsburg Bridge* en 1903, puis des 1res lignes de *métro* traversant la rivière dès 1905, attirant les *immigrants* : Russes, Polonais, Italiens, Irlandais, Grecs, Allemands... Dans les années 1930,

QUEL CIRQUE !

Après 14 ans de travaux, le pont de Brooklyn est achevé en 1883. Mais, une semaine après son inauguration, une rumeur d'effondrement provoque un mouvement de panique sur l'ouvrage et la mort de 12 personnes ! C'est alors que, pour prouver sa solidité, Phineas Taylor Barnum y fait défiler les 21 éléphants de son cirque. S'assurant, par la même occasion, un sacré coup de pub.

ils représentaient plus de la moitié des habitants.
La crise économique précipita de nombreux quartiers dans la misère. Et la série noire se poursuivit après la guerre avec le recentrage des activités portuaires dans le New Jersey, le *déclin* puis la *fermeture définitive du Navy Yard.* La classe moyenne migra vers la banlieue, de nouveaux quartiers sombrèrent dans la décrépitude et l'insécurité. Même le *Daily Eagle* cessa de paraître et, coup encore plus rude pour l'amour-propre brooklynite, la célèbre équipe de base-ball, les **Brooklyn Dodgers,** fut vendue au plus offrant et déménagea pour Los Angeles en 1957, 2 ans après avoir remporté son 1er titre de champion du monde ! Aujourd'hui, Brooklyn renaît de ses cendres, les fabriques reprennent pied dans le *borough* sous une nouvelle forme. Finies les grosses usines fumantes, place aux petites structures créant des produits de haute qualité labellisés « made in Brooklyn ».

BROOKLYNITES CÉLÈBRES

Les feux de la rampe brillent peut-être à Manhattan, mais nombre de ses vedettes ont grandi à Brooklyn. La liste est longue, à commencer par le maire de New York, Bill de Blasio ainsi que Bernie Sanders, tous 2 démocrates. Spike Lee, Harvey Keitel, Woody Allen, Mel Brooks, Barbra Streisand, Lauren Bacall, Michael Jordan et le rappeur *Jay-Z* sont nés ou ont passé leur enfance à Brooklyn. Le célèbre artiste peintre d'origine haïtienne *Jean-Michel Basquiat* y est né ; quant à l'écrivain *Paul Auster,* il vit toujours à Park Slope avec sa femme Siri Hustvedt après avoir habité un temps à Carroll Gardens et Cobble Hill. *Henry Miller* est un enfant de Williamsburg, qu'il a décrit dans son roman *Tropique du Capricorne.* Il y eut aussi le compositeur *George Gershwin,* les écrivains *Thomas Wolfe, Arthur Miller* et *Norman Mailer.* Et parmi *la nouvelle génération du 7e art,* on compte *Michelle Williams* (Prospect Park South), *Matt Damon* et *Lena Dunham* (pas ensemble mais de Brooklyn Heights !), la chanteuse *Norah Jones* (Cobble Hill, tout comme *Daniel Craig*), etc.
Mais le grand homme, dont Brooklyn est sans doute le plus fier, c'est certainement le poète *Walt Whitman* (1819-1892). Né dans un petit village de Long Island, il a passé la plus grande partie de sa vie à Brooklyn Heights, travaillant et retravaillant inlassablement à ses *Feuilles d'herbe,* son unique recueil de poésies...

Infos utiles

■ *Brooklyn Attitude :* ☎ 718-398-0939. ● *eniles@brooklynattitude. net* ● *brooklyntour@aol.com* ● *Tarifs : 25-80 $/pers selon nombre de participants (limité à 15) ; réduc enfant* de 10 $. *Paiement Paypal ou cash. CB refusées.* Eliot Niles, un Brooklynite de la 3e génération qui parle un français impeccable, propose des tours guidés personnalisés pour

individuels ou groupes. Tout est à la carte, donc n'hésitez pas à lui demander quelque chose de précis si vous souhaitez une thématique particulière. Visites du DUMBO, Brooklyn Heights, Williamsburg, Park Slope, Gowanus, Carroll Gardens, entre autres, et de décembre à début janvier, Dyker Heights pour les illuminations de Noël. Pour les voyageurs les plus curieux à la recherche d'une découverte en profondeur, Eliot conseille le *Brooklyn Select,* une visite à pied de 3 quartiers de Brooklyn très contrastés, avec transport rapide en métro entre chaque quartier.
■ *Made in Brooklyn Tours :* ☎ *917-747-1911.* ● *madeinbrooklyntours. com ● Tarif : 45 $/pers (réduc dès 3 pers). Durée : env 3h. En anglais*

seulement. Dom Gervasi, natif de Bensonhurst (sud de Brooklyn), a quitté l'industrie high-tech pour faire découvrir son Brooklyn sous l'angle du *made locally,* des industriels qui ont façonné le quartier hier et des artisans qui le font renaître aujourd'hui. La visite historique est ainsi ponctuée d'incursions dans les ateliers d'artistes, de créateurs de mode, torréfacteurs, brasseurs, distilleries, chocolatiers, fabricants de bagels ou d'huile d'olive, etc. Et ça n'a rien d'un *shopping tour,* Dom ne touche aucune commission sur d'éventuels achats, mais agrémente chaque visite d'une foule d'anecdotes. Une façon originale de découvrir Brooklyn via ceux qui la font vivre. Plusieurs tours possibles : DUMBO, Williamsburg, Red Hook...

NEW YORK

Transports

N'imaginez pas visiter tout Brooklyn en 1 jour ! Si le *borough* se trouve *à une station de métro de Manhattan,* les différents quartiers décrits plus loin sont mal reliés entre eux et seule la **ligne G** en dessert approximativement quelques-uns ; courant de Greenpoint (nord de Williamsburg) à Park Slope, via Downtown Brooklyn et Carroll Gardens. Et prolongée par la **ligne F,** qui fait son terminus à Coney Island.
Heureusement, certains quartiers sont accessibles toute l'année par **les bateaux de NYC Ferry** (● *ferry.nyc* ●) : DUMBO, Williamsburg et Greenpoint

sont desservis par la ligne *East River* alors que la *Brooklyn South* s'arrête à DUMBO et Red Hook. Le tout au départ du *Pier 11* de Manhattan. Tout comme les **New York Water Taxi** (● *nywatertaxi.com* ●) qui desservent aussi DUMBO et Red Hook (voir la rubrique « Transports » dans la partie « New York utile »).
– Enfin, il y aussi les **vélos en libre-service** dans les nombreuses stations **CitiBike** (● *citibikenyc.com* ●), implantées dans tous les quartiers de Brooklyn, bien pratiques.

Dormir, manger et sortir à Brooklyn

– *Dormir à Brooklyn* offre plusieurs avantages : d'abord, découvrir « ce nouveau New York » dont tout le monde parle ; ensuite, y trouver plus de calme qu'à Manhattan – dont on admire sans compter la sublime *skyline* depuis les berges opposées de l'East River – et une atmosphère qui n'existe que là-bas, dis !
– C'est à Brooklyn que la **fièvre culinaire** s'est emparée de New York, voici une dizaine d'années. C'est ici, dans ce *borough* tranquille, bobo et alternatif, que les habitants ont

– les 1ers – privilégié une alimentation saine, souvent bio, et lancé le fameux mouvement « locavore » (né à San Francisco), qui depuis a déferlé sur Manhattan. Les bons restos y foisonnent !
– Brooklyn demeure un **hot spot de la nuit new-yorkaise,** y compris pour les Manhattanites ; un truc encore impensable il y a quelques années ! L'ambiance y est plus sincère, plus détendue, moins « m'as-tu-vu » et la vie moins chère aussi. Alors, faites comme les locaux : baladez-vous de

bar en bar le week-end, en particulier à **Williamsburg,** qui regorge de lieux nocturnes aussi sympa que branchés ! – De plus en plus d'endroits à Brooklyn acceptent **uniquement la carte bancaire, pas d'espèces.** C'est la nouvelle tendance après le *cash only* !

Fêtes et manifestations

– **Illuminations de Noël de Dyker Heights :** *entre 11th et 13rd Ave, de 83rd à 86th St.* Ⓜ *(D) 79 St (et 15-20 mn de marche). 1er déc-tt début janv.* Tous les ans, ce quartier cossu de Brooklyn se livre à d'extravagantes illuminations, plus kitsch les unes que les autres : façades de maisons constellées de guirlandes multicolores, automates géants, Pères Noël en traîneau, hottes de jouets géantes... Les décos de Noël les plus délirantes valent 20 000 $ pièce (sans parler de la facture d'élec !) et sont sponsorisées par des entreprises professionnelles. Une balade magique à faire dans le cadre de visites guidées (par exemple avec *Brooklyn Attitude,* voir plus haut) ou en individuel. Venir à la nuit tombée mais pas trop tard non plus, sinon les proprios débranchent...

– **Brooklyn Film Festival :** *fin mai-début juin, pdt 10 j.* ● *brooklynfilmfestival. org* ● Ce festival accueille des réalisateurs indépendants du monde entier venus partager leur art avec les Brooklynites. Films de fiction, courts-métrages et documentaires sont projetés dans différents cinémas de Brooklyn. Certains jours, des soirées dansantes ouvertes au public donnent la chance à certains de rencontrer les stars du cinéma de demain.

– **Mermaid Parade :** *1er sam de l'été, sur Surf Ave et Boardwalk, entre W 21st St et W 10th St, à Coney Island.* Fête du Solstice d'été, au bord de l'océan. Sur un thème nautique, une ambiance aussi délirante que les *Gay Pride* et *Halloween Parade* du Village : une procession de Brooklynites déguisés en sirènes, Neptune, le tout très kitsch et coloré...

– **Giglio, Feast of Saint-Paulinus :** *vers la mi-juil, pdt une grosse semaine, la grande fête annuelle de la communauté italienne de Williamsburg (voir plus loin).* Depuis 1887, on y célèbre saint Paulinus, curé de Nola qui, au Moyen Âge, sauva la vie d'un jeune homme enlevé par les Turcs. Le clou de la fête, c'est la procession : une armée de 135 personnes porte la *Giglio Tower,* une tour haute de 4 étages ornée de lys (*giglio* en italien) et d'angelots en papier mâché, en haut de laquelle se trouve la statue du saint. La procession, qui se déroule les 2 dimanches, part de l'église Our Lady of Mont Carmel (angle de Havemeyer et North 8th Street).

– **West Indian-American Day Crown Heights Parade :** *à Crown Heights, pour Labor Day (1er lun de sept).* La plus grande parade au monde des différentes nations des Caraïbes, avec chars décorés, costumes, musique et victuailles. Elle se déroule sur Eastern Parkway et commence à Grand Army Plaza (Park Slope). Dépaysant et exotique. Attention les filles : l'alcool aidant, certains se lâchent parfois un peu trop !

DUMBO

● Pour se repérer, voir le plan détachable 1 en fin de guide
● DUMBO et Brooklyn Heights (zoom 1) *p. 309*

– **Accès :** *ttes les adresses citées dans ce chapitre sont desservies par les stations de métro* « High St » (lignes A, C) *ou* « York St » (ligne F). – *Également les* **bateaux-navettes** *de* **NYC Ferry** (● *ferry.nyc* ●)*, qui desservent en 5 mn* **DUMBO-Fulton Ferry Pier** *au départ de* **Manhattan-Pier 11,** *avt de poursuivre vers* **Red Hook** *au sud ; ou* **Williamsburg** *et* **Greenpoint** *(Brooklyn), puis* **Midtown** *(Manhattan) vers le nord... En sem appareillage ttes les 30 mn-1h, 7h10-21h40 (dernier retour 22h05) ; w-e et j. fériés départ ttes les*

90 mn, 7h15-20h45 (dernier retour 22h05). Tarif : 2,75 $ (1 $ de plus avec vélo). Autre option maritime, mais plus chère car pass hop-on & hop-off à la journée obligatoire (37 $; 31 $ pour les 3-12 ans), le **New York Water Taxi** (● nywa tertaxi.com ●) propose plusieurs arrêts à Manhattan – **Pier 83** (face 42nd St), **The Battery** (Battery Park) ou **Pier 16** – et dessert aussi **DUMBO**. Compter 5-10 départs/j. selon saison.
– Enfin, à **vélo**, plusieurs **stations CitiBike** (vélos en libre-service ; ● citibikenyc. com ●) dans DUMBO, notamment sur Old Fulton St, près de l'arrivée du ferry.

🏴🏴🏴 Acronyme de **D**own **U**nder the **M**anhattan **B**ridge **O**verpass, DUMBO désigne ce pittoresque petit quartier au bord de l'eau, coincé entre les 2 rampes d'accès des Brooklyn et Manhattan Bridges. Robert Fulton, le célèbre inventeur du bateau à vapeur (qui, vers 1800, tenta aussi vainement de vendre un sous-marin – le *Nautilus* – à Bonaparte, avant de le proposer aux Anglais sans plus de succès !), avait installé ici son service de ferry en 1814, acheminant les produits des fermes de Brooklyn vers Manhattan. Aussi l'ouverture du pont en 1883 porta-t-elle un coup fatal au *maritime traffic* des marchandises vers Manhattan. Le ferry pour passagers s'arrêta, quant à lui, en 1924... Abandonnés progressivement depuis la fin de la dernière guerre, les anciens entrepôts et locaux commerciaux ont été redécouverts par des artistes au début des années 1990. À New York, la naissance d'un nouvel acronyme signifie en général qu'il y a de la « yuppisation » ou « gentrification » dans l'air ! DUMBO n'a pas fait exception à la règle, au grand dam des artistes qui ont vu leurs chers entrepôts se reconvertir en lofts de luxe. Le quartier est même en train de se transformer en une sorte de Downtown au bord de l'eau, avec bureaux, condos haut de gamme et *malls* ; à l'image de l'emblématique **Empire Stores Building,** ancien entrepôt de 1869 aujourd'hui réhabilité avec succès en boutiques, restos et locaux d'entreprises... C'est donc le moment ou jamais de visiter DUMBO, très facilement et rapidement accessible depuis Manhattan ! On adore son côté ville fantôme en train de se réveiller, ses vues superbes sur Manhattan, ses petites rues pavées plantées d'entrepôts rougeâtres d'un autre temps ; le tout enjambé par les masses géantes et spectaculaires des 2 ponts, dans le fracas des voitures et des métros. Un vrai décor de cinéma ! Sergio Leone y a d'ailleurs campé l'action de son *Il était une fois l'Amérique,* avec Robert De Niro.

Où dormir ?

🏠 ⚓ **1 Brooklyn Bridge Hotel** *(plan 1, D6 et zoom 1, A1, 54)* : *60 Furman St (et Doughty).* ☎ 347-696-2500. ● 1hotels. com ● Ⓜ *(A, C) High St. Doubles standard 250-550 $.* « Nature is home in Brooklyn », tel est le credo de cet hôtel très chic installé sur les berges verdoyantes de l'East River, au pied du pont de Brooklyn. L'élégant bâtiment abrite quelque 200 chambres design mais surtout « durables » : conçues par des artistes locaux, elles font cohabiter béton et acier avec bois de récup', matelas en chanvre ou draps en coton bio. Vues fabuleuses sur la *skyline* de Manhattan, la statue de la Liberté et le Brooklyn Bridge. Minibars composés à 100 % de produits made in Brooklyn. Cerise sur le gâteau, le **Harriet's Rooftop & Lounge,** un extraordinaire et vertigineux bar à cocktails (voir plus bas « Où boire un verre ? »).

Où manger ?

Spécial brunch

🍴 **The River Café** *(plan 1, D5 et zoom 1, A1, 841)* : *1 Water St (entre Furman et Old Fulton), au débarcadère* du ferry. ☎ 718-522-5200. Ⓜ *(A, C) High St. Brunch dim 11h30-14h30, 67 $. Tenue correcte exigée.* Inabordable au dîner, c'est l'une des plus belles tables de la ville, encore toutefois

un peu abordable à l'heure du brunch dominical. Cuisine américaine de haute volée, servie dans cet élégant resto-péniche débordant de plantes vertes et amarré au ponton de l'historique *Fulton Ferry* ; le tout flanqué d'un charmant jardin. Et puis le magnifique panorama sur Manhattan et le Brooklyn Bridge en surplomb vaut à lui seul le détour !
☞ Et aussi : *Vinegar Hill House, Gran Electrica, Jacques Torres Chocolate* et *Superfine.* Voir plus loin.

De bon marché à prix moyens

🍴 *Shake Shack (plan 1, D5-6 et zoom 1, A1, 842) : 1 Old Fulton St (et Water).* Ⓜ *(A, C) High St. Burgers-frites 10-15 $.* La bonne petite chaîne de burgers et de crèmes glacées continue son expansion avec cette succursale mixant bois brut et vieilles briques pour faire honneur au style néo-indus' du quartier, avec vue incroyable sur le pont de Brooklyn et la *skyline* de Manhattan ! Voir aussi le descriptif dans « Union Square et Flatiron District ».

🍴 *Luke's Lobster (plan 1, D5 et zoom 1, A1, 841) : 11 Water St (entre Furman et Old Fulton), au débarcadère du ferry.* Ⓜ *(A, C) High St. Rolls et plats 10-20 $.* Installé dans une vénérable maisonnette en brique avec cheminée, juste au pied du Brooklyn Bridge, ce petit comptoir de *street food* sert des *rolls* (petits sandwichs) garnis de crabe, de crevette ou de homard du Maine, région d'origine des proprios de cette mini-chaîne. Aussi quelques soupes et sala-des... Une adresse bonne et originale.

🍴 *Juliana's Pizza (plan 1, D5-6 et zoom 1, A1, 842) : 19 Old Fulton St (et Front).* ☎ *718-596-6700.* Ⓜ *(F) York St ou (A, C) High St. Résa conseillée. Pizzas 20-32 $.* Grande salle chaleu-reuse et fraternelle avec ses tables à touche-touche, ses murs en briques

blanchies parsemés de photos noir et blanc et, tout au fond, son fameux four à charbon historique qui débite depuis des lustres de délicieuses pizzas fines et généreusement garnies. Aussi un peu de verdure, quelques pâtes et de bons desserts maison. Belle carte des vins. Une excellente adresse, tenue par le vieux Patsy, le pape de la pizza new-yorkaise !

De plus chic à très chic

🍽☞ *Vinegar Hill House (plan 1, E5 et zoom 1, B1, 847) : 72 Hudson Ave (entre Front et Water).* ☎ *718-522-1018.* Ⓜ *(F) York St. Tlj 18h (17h30 dim)-23h (23h30 ven-sam), brunch w-e 10h30-15h30. Résa conseillée. Plats 25-35 $.* Aux confins de DUMBO, dans cette étonnante rue pavée, bordée de mignonnettes maisonnettes cernées par les entrepôts, on se sent ailleurs ! Une vraie table de chef qui mérite le détour tant pour sa cuisine de bistrot revisitée au gré des saisons, que pour sa chaleureuse atmosphère vintage. Murs décrépis, vieux parquet, cheminée, comptoir ouvert sur une petite cuisine où officient une poignée de cuistots, courette-jardin en été...

🍽🍷☞ *Gran Electrica (plan 1, D5-6 et zoom 1, A1, 842) : 5 Front St (et Fulton).* ☎ *718-852-2700.* Ⓜ *(F) York St ou (A, C) High St. Tlj 17h30 (12h w-e)-22h30 (1h jeu-sam), brunch w-e 12h-16h. Plats 10-30 $.* Littéralement au pied du pont de Brooklyn, un petit immeuble de brique tout en profondeur, prolongé par une courette ombragée en été. Charmant décor industriel vintage et clientèle un rien branchée venue savourer une cuisine mexicaine revisitée – essentiellement à base de produits locaux – dans une ambiance festive, voire... électrique ! Si vous voulez siroter votre margarita dans le calme, la salle du fond se prête mieux aux causeries...

Où boire un café ou un chocolat ?
Où déguster une glace, une douceur ?

🍴 *Ample Hill Creamery (plan 1, D5 et zoom 1, A1, 841) : Fulton Ferry*

Landing Pier. Ⓜ *(A, C) High St. Dans la maison en bois blanc, à côté de The*

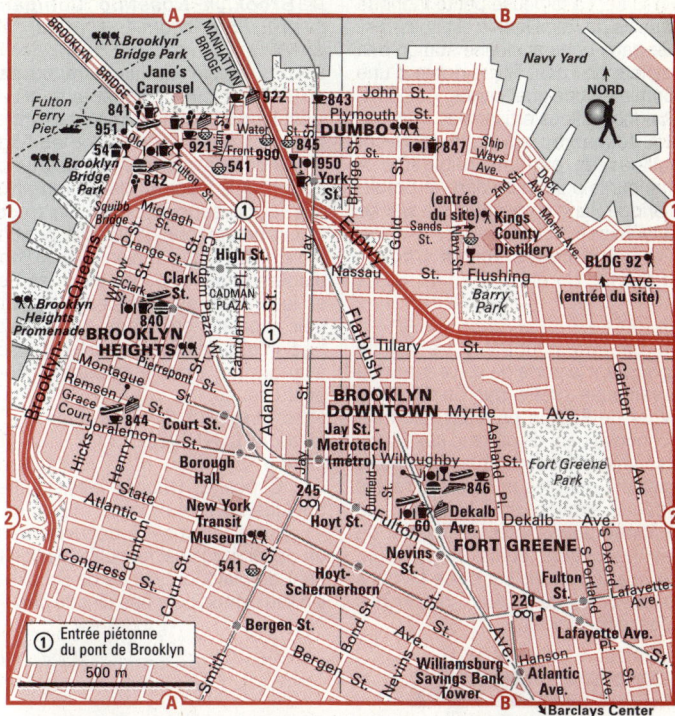

BROOKLYN – DUMBO et Brooklyn Heights (Zoom 1)

NEW YORK

🏠 **Où dormir ?**

54 1 Brooklyn Bridge Hotel (A1)

🍴🥄🍷🍸🍦🍨 **Où manger ?**

60 Junior's Diner (B2)
840 Clark's Diner (A1)
841 The River Café et Luke's Lobster (A1)
842 Shake Shack, Juliana's Pizza et Gran Electrica (A1)
844 Lassen & Hennigs (A2)
846 Dekalb Market Hall (B2)
847 Vinegar Hill House (B1)

☕🍫 **Où boire un café ou un chocolat ?**
🍦 **Où déguster une glace, une douceur ?**

841 Ample Hills Creamery (A1)
843 Brooklyn Roasting Company (A1)

921 Jacques Torres Chocolate (A1)
922 One Girl Cookies (A1)

🍷🎵 **Où boire un verre ?**
🎵 **Où écouter de la musique ?**
Où voir un spectacle ?
Où assister à un gospel ?

54 Harriet's Rooftop & Lounge (A1)
220 BAM – Brooklyn Academy of Music (B2)
245 The Brooklyn Tabernacle (A2)
950 Superfine (A1)
951 Bargemusic (A1)

🛍️ **Shopping**

541 Brooklyn Industries (A1 et A2)
845 Brooklyn Flea – Dumbo (A1)
921 Jacques Torres Chocolate (A1)
990 The PowerHouse Arena Bookstore (A1)

River Café. La fameuse petite fabrique artisanale de Red Hook s'est aussi installée dans cette ancienne station des pompiers de l'East River, dotée d'une adorable tour de guet carrée. Au choix, de bonnes glaces artisanales crémeuses à souhait ou aux fruits, souvent émaillées de parfums originaux. À lécher sur le ponton ou dans le Brooklyn Bridge Park, en reluquant la *skyline* de Manhattan.

☕🍰🍽🍵 *Jacques Torres Chocolate (plan 1, D5 et zoom 1, A1, 921)* : *66 Water St (entre Main et Dock).* Ⓜ *(F) York St ou (A, C) High St. Tlj 9h-20h (10h-18h dim).* Oubliez votre régime en poussant la porte de cette enseigne merveilleuse créée par un Meilleur Ouvrier de France pâtissier, pionnier du chocolat haut de gamme aux États-Unis ! Voici d'innombrables bouchées originales, dont les odeurs enivrantes du cacao saturent tout l'espace ! Le lieu impec pour siroter un gobelet de chocolat chaud, épais et goûteux, dans le salon de thé sur place ou dans le parc voisin, slurp ! Aussi de bonnes glaces, des cookies...

☕ *Brooklyn Roasting Company (plan 1, E5 et zoom 1, A1, 843)* : *25 Jay St (et John).* Ⓜ *(F) York St. Tlj 7h-19h.* Emblématique du renouveau du DUMBO, ce torréfacteur *green* s'est installé dans un immense entrepôt, déjà occupé du temps de l'âge d'or industriel par une compagnie de café, qui a depuis bien longtemps mis la clé sous la porte. Un retour aux sources donc, plébiscité par une foule plutôt jeune et bien dans le vent, dispersée entre les longues tablées et les profonds canapés ; un petit noir – torréfié sur place – à la main. Également des trucs sucrés et salés à grignoter. Bonne ambiance, cool et studieuse.

🍪☕ *One Girl Cookies (plan 1, D5 et zoom 1, A1, 922)* : *33 Main St (et Water).* Ⓜ *(F) York St. Tlj 8h (9h w-e)-18h.* Cupcakes, *whoopie pies* et autres cookies (délicieux mais mini mini !) – certains végans – à déguster dans un décor industriel réhabilité design et haut de plafond, typique de Brooklyn. Un lieu sympa pour une dînette *girly* !

Où boire un verre ?

🍸🛏 *Harriet's Rooftop & Lounge (plan 1, D6 et zoom 1, A1, 54)* : *60 Furman St (et Doughty).* Ⓜ *(A, C) High St. Tlj 17h (14h ven)-minuit (2h ven-sam).* À la belle saison *(fin mai-sept),* grimpez donc au sommet du *1 Brooklyn Bridge Hotel* (voir plus haut « Où dormir ? ») pour profiter de l'un des plus beaux *rooftops* de New York ! Longue piscinette et vue sans pareille sur le pont de Brooklyn et la *skyline* de Manhattan. Cocktails soignés, *craft beers* et petits en-cas (chers !). L'hiver, on se réfugie dans le bar à cocktails d'angle situé juste en dessous, qui offre lui aussi un panorama unique et formidable sur Manhattan.

🍸🍴🛏 *Superfine (plan 1, E5 et zoom 1, A1, 950)* : *126 Front St (et Pearl).* Ⓜ *(F) York St. Tlj sauf lun, brunch dim 10h-15h. Plats 8-18 $.* Comme nombre de ses semblables, cet ancien entrepôt a été métamorphosé avec goût en un agréable loft : grand bar central en contrebas de la salle, œuvres d'artistes locaux aux murs, mobilier dépareillé, billard... Dans les godets, bières et cocktails à prix raisonnables, qui font le bonheur d'une ribambelle d'habitués. Et pour mettre un peu de solide dans le liquide, bonne cuisine du monde, et brunch dominical en musique.

Où écouter de la musique ?

🎵 *Bargemusic (plan 1, D6 et zoom 1, A1, 951)* : *Fulton Ferry Landing Pier.* ● *bargemusic.org* ● Ⓜ *(A, C) High St. Concerts ven-dim soir vers 18h-19h.* *Résa min 1 sem à l'avance. Billets : 35-40 $; réduc.* Pionnière du renouveau du quartier, cette péniche amarrée au bord de l'East River sert depuis

1978 d'écrin à des concerts, principalement de musique de chambre. Porté par la vue formidable sur la *skyline* de Manhattan et la qualité de sa programmation, son succès ne s'est jamais démenti !

Shopping

🏵 **Brooklyn Flea – Dumbo** *(plan 1, D-E5 et zoom 1, A1, 845) : 80 Pearl St (et Water), sous les arches du Manhattan Bridge.* Ⓜ *(F) York St. Avr-oct, dim 10h-18h.* Le célèbre marché aux puces de Brooklyn dans une de ses versions estivales : fringues et accessoires vintage, artisanat de récup, créateurs locaux et stands de bouffe gourmet et locavores.

🏵 **The PowerHouse Arena Bookstore** *(plan 1, D5 et zoom 1, A1, 990) : 28-32 Adam St (et Water).* Ⓜ *(F) York St.* Vaste loft minimaliste reconverti en librairie-galerie d'art, très représentatif de l'esprit DUMBO. Sélection restreinte mais pointue – y compris pour les enfants – et pas mal d'ouvrages sur NY.

🏵 **Jacques Torres Chocolate** *(plan 1, D5 et zoom 1, A1, 921) :* voir plus haut « Où boire un café ou un chocolat ? Où déguster une glace, une douceur ? ».

🏵 **Brooklyn Industries** *(plan 1, D5 et zoom 1, A1, 541) : 70 Front St (et Main).* Ⓜ *(A, C) High St.* Voir le descriptif à Williamsburg, plus bas.

À voir

🏹 **Kings County Distillery** *(zoom 1, B1) : 299 Sands St (et Navy).* ● *kingscountydistillery. com* ● Ⓜ *(F) York St. Rdv à l'entrée du site, dans la maisonnette sur la droite du portail (The Gatehouses Tasting Room), point de départ des visites guidées (1h) en anglais mar-ven à 15h et 17h ; sam ttes les heures, 13h-17h. Résa en ligne. Tarif : 14 $, dégustation comprise.* Ouverte en 2010 dans un entrepôt centenaire en brique rouge du *Navy Yard* (ancien chantier naval de

l'*US Navy*), c'est **la plus vieille distillerie légale de whiskey à New York** depuis la Prohibition ! Si le Kentucky se taille aujourd'hui la part du lion en matière de production, New York fut aussi un haut lieu du whiskey avant les années 1920, avec pas loin de 1 200 distilleries générant des revenus considérables... Aujourd'hui, avec la baisse des taxes locales sur l'alcool et les facilités offertes à ces nouveaux petits producteurs de spiritueux, on assiste à une éclosion de micro-distilleries et de microbrasseries, surtout à Brooklyn et dans le Bronx. La visite de celle-ci nous éclaire sur le processus de fabrication, de la fermentation des céréales (maïs, orge, seigle) au stockage en fût de chêne. Pas d'âge minimum pour le bourbon, contrairement au whisky écossais... À la fin, dégustation gratuite des nectars maison – une quinzaine –, notamment le *Moonshine* (non vieilli en fût, d'où sa couleur claire, et dont le nom signifiant « clair de lune » rappelle l'époque où la production illégale d'alcool se faisait de nuit), le *Straight Bourbon* classique et le *Chocolate Whiskey* (élaboré avec la fabrique artisanale de chocolat *Mast Brothers*, basée à Williamsburg). Compter 25 $ la flasque de 200 ml (forcément... c'est une petite production !), un souvenir à la fois original et peu encombrant dans vos bagages !

METAL'HIC !

Si les alambics des distilleries sont en cuivre, ce n'est pas pour faire joli. Outre sa malléabilité – pratique pour façonner la tuyauterie –, le cuivre élimine les substances toxiques sécrétées lors de la distillation. Ainsi, pendant la Prohibition aux USA, de nombreux buveurs impénitents s'empoisonnèrent en consommant du whisky de contrebande fabriqué dans des alambics sans cuivre. Le fameux whisky frelaté...

☸ ❢ *The Gatehouses Tasting Room : à l'entrée du site, dans la maisonnette sur la droite du portail.* C'est la boutique de la distillerie avec son comptoir de dégustation, dans une ambiance de pub rustique. Excellents cocktails à prix abordables, réalisés à partir de la production maison. Terrasse à l'arrière aux beaux jours.

🏃 *BLDG 92 – Brooklyn Navy Yard Center* (zoom 1, B1) : *63 Flushing Ave (et Carlton).* ● *brooklynnavyyard.org* ● Ⓜ (F) York St. Mer-dim 12h-18h. GRATUIT. Plusieurs visites guidées thématiques (1h30-2h ; en bus, à vélo ou à pied) en anglais, w-e à 14h. Tarif : 20-30 $.

Occupant toute la largeur de Wallabout Bay, le *Navy Yard* fut l'immense chantier naval de la marine militaire américaine, la fameuse *US Navy.* Actif pendant près de 2 siècles, il vit sortir de ses cales plus de 250 navires de guerre, de l'*USS Adams,* mis en service en 1799, à l'*USS Duluth,* dernier bateau construit ici et lancé en 1965 ! Au plus fort de son activité, durant la Seconde Guerre mondiale, le chantier employait 70 000 personnes, se relayant 24h/24... Pourtant, ce pilier de l'économie brooklynite déclina ensuite peu à peu, jusqu'à fermer définitivement en 1966. Réhabilité en parc industriel civil en 1969, le *Navy Yard* abrite aujourd'hui une pépinière d'entreprises touchant à des secteurs très variés : savonnerie, chocolaterie, artisanat d'art, agriculture urbaine, équipements militaires, etc. Bref, près de 400 sociétés employant environ 9 000 personnes... Plusieurs visites guidées permettent de découvrir les lieux sous différents angles : architecture, industrie, histoire, agriculture urbaine (on visite notamment *Brooklyn Grange,* la 1ʳᵉ *rooftop farm* au monde, cultivant fruits et légumes sur le toit d'un bâtiment !)...

Installé dans l'un des innombrables bâtiments du site, le *BLDG 92* présente sur 3 niveaux l'histoire du *Navy Yard,* intimement liée à celle des guerres auxquelles participèrent les États-Unis. Frises explicatives bien faites, maquettes, gravures et photos de bateaux constituent une expo intéressante mais modeste, qui plaira aux passionnés d'histoire maritime. Également des expos temporaires. Café sur place.

Balades dans le quartier

🏃🏃🏃 ← *DUMBO spécial pressés :* prendre le métro (lignes A ou C) jusqu'à « High Street » et rejoindre le *Brooklyn Bridge Park* (● *brooklynbridgepark.org* ●), aménagé au bord de l'East River. Près de 3 km de promenade entre John Street (au nord) et Atlantic Avenue-Pier 6 (au sud), avec pelouses, espaces paysagés, bancs et tables de pique-nique, aires de jeux pour les enfants, manège... *Certainement la vue la plus spectaculaire sur NYC, avec les ponts de Brooklyn et de Manhattan au 1ᵉʳ plan !* L'été, nombreuses animations (gratuites pour la plupart), concerts, expos, stands culinaires... Revenir ensuite à Manhattan *en traversant le Brooklyn Bridge à pied ou à vélo.* Il y a une passerelle pour piétons et cyclistes au-dessus des voitures. De là, on peut faire de superbes photos de Lower Manhattan !

🏃🏃🏃 ← *DUMBO version longue :* si vous disposez de plus de temps, vous pouvez aussi opérer dans le sens contraire. Traversez Brooklyn Bridge en partant de Manhattan (entrée au pied du *Municipal Building*) et consacrez quelques heures à la visite du DUMBO.

VUE CINÉMATOGRAPHIQUE

C'est au croisement de Washington Street et de Water Street (plan 1, D5) que se trouve la vue la plus iconique du quartier et même de tout Brooklyn ! Celle-là même choisie pour l'affiche du film Il était une fois en Amérique *(1984), réalisé par Sergio Leone, avec Robert De Niro... Dans le prolongement de Washington Street – rue bordée de vieux entrepôts en brique – se trouve l'une des piles du Manhattan Bridge qui, au-dessous, laisse entrevoir l'Empire State Building. Bref, La photo à ne pas rater !*

Quelques escales

🍴 *Eagle Warehouse* (plan 1, D5-6 et zoom 1, A1) : *28 Old Fulton St.* Datant de 1893, cet édifice massif en brique est l'un des 1ᵉʳˢ entrepôts du secteur à avoir été reconvertis en appartements. Le nom de la compagnie, inscrite au-dessus de la porte d'entrée de part et d'autre de l'horloge, rappelle que le journal *Brooklyn Daily Eagle* avait ici son imprimerie...

🍴 *Fulton Ferry Landing Pier* (plan 1, D5-6 et zoom 1, A1) : *au bout de Old Fulton St.* L'ancien embarcadère du ferry demeure un lieu chargé d'histoire : c'est ici que George Washington et ses troupes embarquèrent pour Manhattan, la nuit du 29 août 1776, après la bataille de Long Island. Des plaques rappellent l'épisode qui faillit couper court au rêve américain, 1 mois seulement après la Déclaration d'indépendance. Car le 27 août 1776, 33 000 soldats anglais et mercenaires allemands débarquèrent sur Long Island dans le but de reprendre New York aux troupes de Washington. Le gros de la bataille se déroula sur le site de l'actuel *Prospect Park*. Écrasés par le nombre, les Américains battirent en retraite vers *Brooklyn Heights* et Washington évita la capture de justesse. Aujourd'hui, sur la rambarde au bout du ponton, des amoureux accrochent des cadenas, une mode parisienne, semble-t-il... Et on peut aussi lire, gravés sur ce même garde-fou, quelques vers de Walt Whitman : « *Flow on, River !...* »

🚶🚶🚶 ⬅ À côté de l'embarcadère s'étend – vers le nord et vers le sud – l'agréable *Brooklyn Bridge Park* (● *brooklynbridgepark.org* ●), aménagé pour les promeneurs et les familles, avec des jeux pour les enfants, des pelouses vallonnées, des terrasses panoramiques verdoyantes, une plage de sable (*Pier 4*) avec possibilité de faire du *kayak* (● *brooklynkayakguides.com* ●), un mur d'escalade (vers Main Street), une piste cyclable (du *Pier 1* au *Pier 6*), des terrains de sport et même une gentille marina (*Pier 5*). Depuis ce petit coin de verdure, dont la présence serait presque incongrue dans un cadre aussi peu bucolique, le point de vue sur Manhattan et les ponts est fantastique !

LA MALÉDICTION DU PONT DE BROOKLYN

La direction des travaux fut confiée à John Roebling, brillant architecte et ingénieur en chef. Mais avant la pose de la 1ʳᵉ pierre, il se fait écraser le pied par un ferry et meurt du tétanos. C'est son fils, Washington Roebling, qui reprend le flambeau. Victime d'un accident de décompression lors du creusement des fondations (la grande innovation de ce projet architectural fut l'utilisation de caissons hyperbares pour creuser sous le niveau de l'eau et ainsi éviter les fuites), il reste paralysé et confie la direction du chantier à son épouse, Emily. C'est elle qui achèvera le pont avec succès. Ouf !

Plus au nord, le fait d'être littéralement entre les Brooklyn et Manhattan Bridges avec derrière soi la silhouette rougeoyante du *Tobacco Warehouse* est vraiment spectaculaire ! Prenez le temps de longer le superbe *Waterfront* historique de DUMBO, avec ses entrepôts en brique du XIXᵉ s, qui furent parmi les plus actifs au monde ! Le plus emblématique demeure certainement l'*Empire Stores Building* (entre Water St et East River), construit en 1869 et qui accueille aujourd'hui commerces, entreprises, restos et bars ; sans oublier l'antenne de la *Brooklyn Historical Society* (voir plus loin « Brooklyn Heights »), présentant l'histoire laborieuse et passionnante de ce petit coin de New York (● *brooklynhostory.org* ● ; *mar-dim 11h-18h ; GRATUIT, donation suggérée*).
Le long de la rivière, il y a, bien sûr, des bancs stratégiquement placés pour la vue et même des tables en bois pour pique-niquer face à la *skyline*. C'est aussi de là que sont tirés les incroyables feux d'artifice du 4 juillet ! Le site accueille, enfin, un cube transparent dessiné par Jean Nouvel, coiffant le *Jane's Carousel* (face

NEW YORK

à Dock St ; plan 1, D5 et zoom 1, A1), un magnifique manège de 1922 (payant). La vue depuis le Manhattan Bridge sur le manège et le pont de Brooklyn à l'arrière-plan est franchement cinématographique ! En retournant vers le sud, le ***Squibb Bridge,*** un pont suspendu en bois de robinier, relie directement le Brooklyn Bridge Park au quartier de Brooklyn Heights (au niveau de Middagh Street).

🏃 ***Clocktower Building*** *(plan 1, D5 et zoom 1, A1) :* *1 Main St (et Plymouth).* L'un des bâtiments les plus célèbres de DUMBO. Érigé en 1915 pour accueillir une fabrique d'emballages en carton ondulé, cet entrepôt appartenait alors à l'industriel Robert Gair, dont le nom est encore gravé sur une bonne partie des bâtisses du coin. Il a aujourd'hui été reconverti en condominiums de luxe... Pour une photo insolite, poussez dans la rue voisine, Washington Street, jusqu'à l'angle avec Water Street. Vu d'ici, l'Empire State Building se détache entre les piles du Manhattan Bridge !

BROOKLYN HEIGHTS

● Pour se repérer, voir le plan détachable 1 en fin de guide
● DUMBO et Brooklyn Heights (zoom 1) *p. 309*

NEW YORK

Accès : *en* **métro** *depuis Manhattan par les lignes A et C (station « High St »), 2 et 3 (station « Clark St ») ou 4 et 5 (station « Borough Hall »).*

🏃🏃 Au sud de DUMBO, sur un promontoire dominant quais et entrepôts, s'étend Brooklyn Heights, l'un des plus séduisants quartiers résidentiels de Brooklyn. Brooklyn Heights a été la 1re banlieue résidentielle de Manhattan, formée après l'ouverture du *Fulton Ferry* en 1814. Mais avec l'industrialisation de Brooklyn et l'afflux de populations, les riches habitants des Heights quittèrent les lieux vers la fin du XIXe s, puis leurs belles maisons furent divisées en appartements. Elles échappèrent à la démolition, ce qui vaut à ce quartier charmant de posséder la plus grande densité d'édifices construits avant 1860 (près d'un millier !), soigneusement restaurés et bien sûr de nouveau hors de prix sur le plan immobilier !

Où manger à Brooklyn Heights et dans les environs ?

Sur le pouce

🍴 ***Lassen & Hennigs*** *(plan 1, D6 et zoom 1, A2, 844) :* *114 Montague St (entre Hicks et Henry),* à **Brooklyn Heights.** Ⓜ *(2, 3) Clark St. Tlj 7h-21h. Moins de 12 $.* Un gentil petit *deli* familial qui, depuis 1949, n'en finit pas de rassasier les gens du quartier. Au programme : *soup bar,* sandwichs, salades et d'alléchantes pâtisseries maison à accompagner d'un *regular coffee.* Bref, de quoi se constituer un bon pique-nique (voir aussi la formule *lunch box*) à dévorer sur les bancs de la Brooklyn Heights Promenade, à 2 pas.

🍴 ***Dekalb Market Hall*** *(zoom 1, B2, 846) :* *445 Albee Sq W (et Dekalb),* à **Brooklyn Downtown.** Ⓜ *(B, D, N, Q, R, W) Dekalb Ave. Dans le centre commercial Prince Street. Tlj 7h-22h. Plats 4-25 $.* Ce gigantesque *street food market* – animé à toute heure – s'est installé au sous-sol d'un centre commercial de Brooklyn Downtown. On y trouve près de 40 comptoirs différents, pour autant de cuisines particulières. Star incontestée des lieux, celui du mythique **Katz's Delicatessen,** venu de Lower East Side : on retrouve avec plaisir ses plantureux sandwichs au pastrami (un demi suffit) ! Impossible de tout citer mais on recommande également les petits burgers de **Hard Time Sundaes** et les raviolis polonais de **Pierogi Boys.** Animations et concerts réguliers.

De prix moyens à plus chic

🔥 |●| 🍽 🍴 **Clark's Diner** (plan 1, D6 et zoom 1, A1, **840**) : 80 Clark St (et Henry), à **Brooklyn Heights.** ☎ 718-855-5484. Ⓜ (2, 3) Clark St. Tlj 7h-21h (15h30 dim). Plats 9-28 $. Gentil diner de quartier avec ses grandes baies vitrées sur l'animation de la rue. Déco un rien vieillotte, certes, car ici l'essentiel est dans l'assiette ! Excellents petits déj à engloutir avant de partir explorer Brooklyn Heights, à la fraîche. Aussi un choix énoooorme de sandwichs, salades, wraps, omelettes, burgers, pâtes... et quelques plats de viande et de seafood plus sérieux, tout aussi copieux. Bref, l'adresse idéale à toute heure. C'est sûr, on reviendra !

🔥 |●| 🍽 🍴 **Junior's Diner** (zoom 1, B2, **60**) : 386 Flatbush Ave (et Dekalb), à **Brooklyn Downtown.** ☎ 718-852-5257. Ⓜ (B, Q, R) Dekalb Ave. Tlj 6h30-minuit (1h ven-sam). Plats 11-20 $. Ce diner typique est une institution qui régale ses habitués depuis 1950 ! Grande salle rétro avec beaucoup d'orange. Belle ambiance le dimanche, jour de sortie des familles afro-américaines du coin. À la carte, bonne cuisine comfy métissée – un peu yiddish ; un poil soul food –, variée et servie copieusement. Aussi une foule de sandwichs, de soupes, de salades et des viandes cuites au BBQ. Mais, outre le breakfast all day, l'autre vraie star de Junior's, c'est son « world's most famous cheesecake », célèbre depuis l'ouverture des lieux et si mousse qu'une part suffit pour 2 !

Où écouter de la musique ?
Où voir un spectacle ?

∞ ♪ **BAM – Brooklyn Academy of Music** (zoom 1, B2, **220**) : 30 Lafayette Ave (et Ashland Pl), à **Fort Greene.** ● bam.org ● Ⓜ (B, Q) Atlantic Ave. Fondé en 1861, c'est le plus ancien centre artistique des États-Unis, occupant ce vaste et remarquable édifice italianisant depuis 1908 ! Programmation très intéressante et novatrice dans plusieurs domaines : théâtre, danse contemporaine, opéra... Abrite également un cinéma d'art et d'essai.

Shopping

🛍 **Brooklyn Industries** (zoom 1, A2, **541**) : 100 Smith St (et Atlantic Ave). Ⓜ (A, C) Bergen St. Voir le descriptif à Williamsburg, plus bas.
🛍 **Les boutiques de Fulton Street** (zoom 1, A-B2) : dans l'artère commerçante par excellence de Brooklyn Downtown, une foule de malls et de magasins de marques pratiquant des soldes permanents et parfois des clearances à tout casser !

Où assister à un gospel ?

∞ **The Brooklyn Tabernacle** (plan 1, E6 et zoom 1, A2, **245**) : 17 Smith St (entre Fulton et Livingston), à **Brooklyn Downtown.** ● brooklyntabernacle.org ● Ⓜ (A, C, F, R) Jay St-MetroTech. Messes gospel (workship services ; 2h) dim à 9h, 11h et 13h. Venir env 30 mn avt le début pour avoir une place correcte (les 1ers rangs du balcon offrent un bon point de vue). Eh oui, Brooklyn a aussi sa messe gospel, en plein Downtown, une très bonne alternative pour ceux qui n'iraient pas à Harlem. Un vrai show à l'efficacité américaine, avec retransmission sur écran géant et tout le tremblement, dans une immense église aux airs de salle de concerts ! Le chœur – formé de plus de 200 voix – est très réputé et a d'ailleurs été récompensé par plusieurs awards. Ambiance chaleureuse et conviviale !

NEW YORK

Balades dans Brooklyn Heights

Impossible de décrire ici tous les *landmarks* de Brooklyn Heights, mieux vaut se laisser guider par le hasard. Voici quelques coups de cœur !

➤ *24 Middagh Street :* modeste, cette bâtisse en bois demeure la plus ancienne habitation du quartier (1820). Bel exemple de style *Federal,* alors très en vogue dans la jeune Amérique. Joli porche à colonnettes ioniques – aujourd'hui de guingois – et vitraux latéraux typiques du style. Entre Willow et Hicks Street, d'autres maisons en bois de la même époque, dont certaines ont subi quelques liftings postérieurs... Walt Whitman (voir « Brooklynites célèbres », plus haut) a passé son enfance à 2 pas, dans Cranberry Street.

➤ *Orange Street :* au *n° 57* (entre Henry et Hicks Streets), passer donc voir la jolie **Plymouth Church of the Pilgrims,** fondée en 1847 par le pasteur Henry Ward Beecher, l'un des grands prêcheurs antiesclavagistes du pays (sa sœur, Harriet Beecher Stove, est d'ailleurs l'auteure de *La Case de l'oncle Tom*). L'église faisait partie de l'*Underground Railroad,* un réseau de routes clandestines et de caches qui permettaient aux esclaves fugitifs de rejoindre les États abolitionnistes, puis le Canada. Abraham Lincoln y avait son

LES CHEMINS DE LA LIBERTÉ

*L'*Underground Railroad *était un réseau de routes clandestines empruntées de nuit par les esclaves au XIX* s *pour fuir vers le Canada. Beaucoup d'églises de Brooklyn ont participé à cette entraide collective et servirent d'étape, particulièrement la* Plymouth Church of the Pilgrims, *ici, dans Orange Street. Une entreprise à risques car un esclave pouvait être récupéré n'importe quand par son maître, même s'il se trouvait dans un État où l'esclavage avait été aboli. Certains trouvèrent aussi refuge dans des tribus indiennes...*

banc, Charles Dickens y faisait des lectures de ses livres et Martin Luther King y a prononcé un discours annonciateur du fameux « *I have a dream* » ! Si vous arrivez à entrer dans l'église, jetez un œil aux vitraux, tous sur le thème de la liberté et de l'émancipation : liberté de la presse, éducation des femmes... Mais le clou, ce sont les 3 splendides panneaux de Tiffany, provenant de l'église maronite de Remsen Street (voir plus loin) et installés ici en 1953. Dignes du Metropolitan Museum... *Messe dim à 11h. Visite guidée sur résa dim à 12h30 (● plymouthchurch.org ●).*

➤ *Willow Street :* des *n°s 20 à 26,* belle rangée de maisons de style *Greek Revival* (1846-1848). Le *n° 57,* de style *Federal,* date de 1824. Pour la petite histoire, c'est au *n° 70* que Truman Capote écrivit entre autres *De sang-froid* et *Petit déjeuner chez Tiffany...* Ensuite, dans le bloc compris *entre Pineapple et Clark Street,* voici *The Leverich Towers Hotel,* élégant bâtiment massif construit en 1928 avec 4 tours d'angle. Puis, au *n° 102,* belle *brownstone house.* Aux *n°s 108-112,* intéressants exemples du style *Shingle,* aux façades pleines de fantaisie (1880). Aux *n°s 155-159,* petites maisons en brique de 1830, de style *Federal.*

➤ *Pierrepont Street :* très belle rue résidentielle, bordée de vieilles maisons, toutes différentes et pittoresques. Au *n° 128* (et Clinton Street), la **Brooklyn Historical Society and Museum,** de style *Queen Anne,* demeure l'un des immeubles (1881) les plus beaux de Brooklyn Heights, par la richesse de son ornementation. Son architecte est celui de la Bourse de Wall Street ! Sur la façade, bustes de Christophe Colomb et de Benjamin Franklin. À l'intérieur, sa *bibliothèque historique* vaut le coup d'œil, tout comme les intéressantes expos temporaires sur Brooklyn d'hier et d'aujourd'hui, qui y sont organisées *(● brooklynhistory.org ● ; mer-dim 12h-17h ; GRATUIT, donation suggérée).* Et puis à 2 pas, au *n° 82,* cette curiosité médiévale aux allures de manoir ne manque pas de cachet avec son bestiaire fantaisiste, sa galerie à colonnes et sa tour d'angle.

➤ *Montague Street :* la rue commerçante des Heights. Au *n° 157* (et Clinton Street), la *Church of Saint Ann and the Holy Trinity :* belle église en grès brun de style *Gothic Revival* (1847), réputée pour ses vitraux et son intérieur gothique rococo qui vaut le coup d'œil. Au *n° 62,* une plaque nous rappelle qu'Arthur Miller vécut dans cet immeuble en brique avec tour d'angle, zébré par des escaliers de secours métalliques. Et peu avant d'arriver à la *Brooklyn Heights Promenade,* voici, sur la gauche, *Montague Terrace* (1886), petite rue au style très british.

➤ *Pierrepont Place :* aux *n°ˢ 2 et 3,* ne pas manquer les 2 belles *brownstone houses* (1857), œuvres de l'architecte de *Trinity Church* vers Wall Street.

➤ 🎥🎥 ← *Brooklyn Heights Promenade :* au bout de Montague Street, riverains et touristes viennent en nombre y contempler le superbe coucher du soleil sur Manhattan ! Cette promenade a été construite en 1950 pour couvrir la voie rapide *Brooklyn-Queens Expressway,* qui passe juste en dessous, mènant au *Verrazano Bridge.* Une sorte d'immense balcon sur Manhattan et le pont de Brooklyn, planté d'arbres et de parterres verdoyants. Jeux pour les enfants et vue absolument magnifique sur le sud de Manhattan !

➤ *Remsen Street :* au *n° 113* (et Henry Street), **Our Lady of Lebanon Cathedral,** grande église maronite de 1846, possède une curiosité : les médaillons en bronze qui ornent les portes sud et ouest proviennent du désarmement du paquebot *Normandie,* avant qu'il ne chavire en 1942 dans le port de New York, suite à un incendie. Ils évoquent chacun une ville normande !

➤ *Grace Court Alley :* dans Hicks Street (entre Remsen et Joralemon), adorable allée bordée d'anciennes écuries reconverties en maisons de poupée. Juste en face, **Grace Church,** charmante église (1847) en grès rouge construite aussi par Richard Upjohn, l'architecte de la célèbre *Trinity Church,* vers Wall Street.

À voir. À faire dans les environs

🎥🎥 🚶 *New York Transit Museum* (plan 1, E6 et zoom 1, A2) : *99 Schermerhorn St (et Boerum Pl),* à **Brooklyn Downtown.** ● nytransitmuseum.org ● Ⓜ (R, 2, 3, 4, 5) Borough Hall. ⏰ Tlj sauf lun 10h-16h, w-e 11h-17h. Fermé j. fériés. Entrée : 10 $; 5 $ pour les 2-17 ans + seniors (gratuit mer pour eux seuls). Panneaux en anglais seulement.

C'est par une bouche de métro qu'on s'engouffre dans ce musée parmi les plus insolites de New York, installé *dans une station de métro désaffectée de 1936.* Sur 2 niveaux y sont évoquées toutes les facettes d'un univers familier et pourtant totalement méconnu des New-Yorkais ; celui de l'immense réseau de transport de la ville et de l'immense aventure humaine et technique que fut sa construction.

LA GRANDE FAMILLE

Le titanesque chantier du métro new-yorkais était un véritable ogre mangeur d'hommes. Pour pallier le manque de main-d'œuvre, on eut recours au « système Padroni ». Il suffisait de se mettre d'accord avec les chefs des communautés italiennes, à tendance mafieuse. Ceux-ci accueillaient traditionnellement les nouveaux immigrants, jaugeaient leurs aptitudes et leur offraient leur 1ᵉʳ travail en les conduisant aux chantiers. Tout le monde y trouvait son compte !

– *À l'étage supérieur :* petit historique de la construction du réseau métropolitain – occupant plus de 30 000 personnes entre 1900 et 1925 – qui s'inscrit dans le développement général (population, économie...) du centre de New York à cette époque (gratte-ciel, ponts...). Payés de 0,75 à 4,50 $ par jour, les ouvriers travaillaient dans des conditions terribles – notamment lors du percement des tunnels sous-marins – et ne touchaient aucune indemnité en cas d'accident ! Mais ils évoluaient aussi à l'air libre, la plupart des stations étant bâties juste sous le niveau de la rue, selon la méthode du *cut and cover.* On creusait alors une tranchée dans la rue pour poser des rails et assembler la station, avant de refermer la cavité et de recommencer un peu plus loin ! À voir aussi, des collections d'outils, de maquettes de trolleys, de tourniquets, de plaques émaillées, des reconstitutions de guichets et de véhicules dans lesquels les enfants sont contents de grimper, etc. Également d'intéressantes expos temporaires sur le sujet...

– **À l'étage inférieur :** le clou de la visite ! Les quais de la station sont occupés par une collection d'une trentaine de **voitures de métro des origines à nos jours, dans lesquelles on peut entrer à sa guise.** Chacune affiche encore ses pubs d'époque, génial ! Les plus anciennes, en bois mais déjà électriques, remontent à 1904-1908, quand l'*El* (métro aérien) était encore tiré par une locomotive à vapeur ! Quant à la *BRT Standard Car 2204* de 1916, il y est précisé que quiconque crache dans le métro s'expose à 500 $ d'amende, 1 an de prison ; ou les 2, na ! Toute Inox, l'une des rames les plus récentes fonctionna de 1972 à 2010...
🌐 Ne ratez pas la **boutique** du musée, avec sa foule d'objets originaux et collectors !

🎿 **The Invisible Dog Art Center** *(zoom 1, A2) :* 51 Bergen St (et Smith), à **Brooklyn Downtown.** ● *theinvisibledog.org* ● Ⓜ *(F, G) Bergen St. Jeu-dim 13h-19h (17h dim). GRATUIT, donation bienvenue.* Monté par un astucieux *Frenchy* dans une ancienne usine (1863) de ceintures... et de laisses pour chien imaginaire, un gadget emblématique des seventies, d'où le nom du lieu ! Cet immense centre culturel s'impose aujourd'hui comme un incontournable vivier d'artistes avec sa trentaine d'ateliers dispatchés dans les étages (visite lors des portes ouvertes seulement). Leurs œuvres sont exposées dans l'immense espace du rez-de-chaussée.

WILLIAMSBURG ET GREENPOINT

● Williamsburg *(zoom 2) p. 320-321*

Accès : pour se rendre à **Williamsburg** *depuis Manhattan, le moyen le plus rapide est le* **métro** *: prendre la ligne L et descendre à « Bedford Ave », 1re station après la traversée de la rivière. Plus original et à peine plus cher que le métro, les* **bateaux-navettes** *de NYC Ferry (Ligne East River) desservent Williamsburg (2 escales : S 9th St et N 6th St) puis Greenpoint (India St) au départ de* **Manhattan** *(Pier 11 et E 35th St), via DUMBO (Old Fulton St) ; avec un crochet par Governors Island (mai-sept seulement) et Long Island City (Queens). Passage ttes les 20-30 mn 6h30-22h, même amplitude horaire mais fréquence réduite le w-e. Tarif : 2,75 $ (1 $ de plus avec vélo). Pas de pass hebdomadaire pour le moment, seulement mensuel.* ● *ferry.nyc* ● *On peut aussi y aller* **à pied** *ou* **à vélo,** *en empruntant – de préférence dans la journée et à plusieurs – la passerelle piétonne du pont de Williamsburg qui débouche sur Broadway, à hauteur de Berry St.*

🍴🎿 Berceau d'origine des hipsters, ces bobos locaux barbus en chemise à carreaux, Williamsburg est, plus encore que DUMBO, l'**épicentre de la « gentrification » de Brooklyn.** À une station de métro seulement de Manhattan, il en est devenu son extension branchée naturelle. Les anciennes fabriques et entrepôts se sont peu à peu transformés en galeries et lofts, investis par les artistes alors déçus par la normalisation de Manhattan et attirés par les loyers meilleur marché. Un peu comme à SoHo il y a 50 ans. Spontanément, les bars, restos et autres magasins bobo ont suivi le mouvement ! Bedford Avenue est l'artère centrale du quartier, surtout entre North 10th et North 2nd Street. En allant vers l'East River, on découvre

– notamment sur Kent et Wythe – les vestiges de l'ambiance industrielle des entrepôts en reconversion, un peu comme dans le Meatpacking District à Manhattan. Car la « gentrification » est en phase terminale : des tours résidentielles de luxe ont poussé au bord de l'eau (évidemment, avec cette vue !), tout comme quelques hôtels très chics... Du coup, l'âme du quartier en a pris un coup, l'atmosphère s'est embourgeoisée et commercialisée avec l'arrivée de nombreuses enseignes de chaîne : *Starbucks, Whole Foods Market,* et même des créateurs français de prêt-à-porter... Et, de nouveau chassés par la hausse des loyers, les jeunes artistes d'avant-garde ont fui progressivement Williamsburg vers des quartiers moins chers et limitrophes, comme Bushwick (voir plus loin notre rubrique consacrée à ce nouveau quartier tendance), devenu le haut lieu de la création new-yorkaise, et surtout « Bed-Stuy » (Bedford Stuyvesant)...

Une des autres caractéristiques de Williamsburg est son *melting-pot culturel* : quartier juif orthodoxe au sud, ambiance italienne à l'est (en passe de disparaître), inclinations polonaises au nord (vers le quartier de Greenpoint, lui aussi en pleine renaissance), sans oublier une large communauté latino ; le tout saupoudré d'une présence massive de hipsters, donc. Pour le visiteur, les principaux attraits de Williamsburg demeurent l'intense vie culturelle et musicale qui l'anime. Car, soyons honnêtes, il n'y a pas grand-chose à voir ni à visiter. C'est donc plus une atmosphère, à goûter notamment les soirs de fin de semaine...

Où dormir ?

De prix moyens à plus chic

🏨 **Pod Brooklyn** (zoom 2, B3, 25) : 247 Metropolitan Ave (et N 3rd St), à Williamsburg. ☎ 844-763-7666. ● thepodhotel.com/pod-brooklyn ● Ⓜ (L) Bedford Ave. Doubles 70-170 $. Situé en plein cœur de Williamsburg, le *Pod Brooklyn* constitue une excellente option pour un séjour à bon prix. Près de 200 chambres, certes pas bien grandes, mais design et bien équipées. Toutes sont pour 2 personnes (1 lit *queen* ou 2 superposés) et certaines ont vue sur de paisibles jardins intérieurs. Seul point faible, le w-c/salle de bains, qui manque clairement d'intimité. Petit resto sur place.

🏨 **Hotel Le Jolie** (zoom 2, C3, 21) : 235 Meeker Ave (et Lorimer), à Williamsburg. ☎ 718-625-2100. ● hottele jolie.com ● Ⓜ (L) Bedford Ave ou (G) Metropolitan Ave. Doubles 150-250 $. On a connu plus riant comme emplacement que celui de cet immeuble de brique dominant une voie rapide au trafic infernal. Reste que les chambres, rénovées, sont d'un bon confort et bien isolées, que l'accueil est charmant et que le cœur de Williamsburg n'est qu'à 2 blocs de là. De quoi faire du *Jolie*

une option honnête pour qui voudrait loger dans le quartier sans éventrer son porte-monnaie. Préférer alors, pour quelques dollars de plus, les chambres tournant le dos à l'*expressway*. Et à partir du 4e étage, on peut même entra-percevoir la *skyline* de Manhattan !

De très chic à très, très chic

🏨 ⏐●⏐ ⏐ 🛫 **The William Vale Hotel** (zoom 2, B2, 22) : 111 N 12th St (entre Wythe et Berry), à Williamsburg. ☎ 718-631-8400. ● thewilliamvale.com ● Ⓜ (L) Bedford Ave. Doubles 300-500 $. Récemment sorti de terre, c'est un formidable building vitré moderne de 22 étages, sur pilotis. À dispo, plus de 180 chambres spacieuses, lumineuses et design ; toutes vitrées (les salles de bains des suites aussi !) et équipées d'un balcon. Et pour faire de beaux rêves, la plupart ont vue sur la fabuleuse *skyline* de Manhattan ! Un panorama époustouflant que l'on peut aussi savourer depuis le *rooftop bar* (voir plus loin « Où boire un verre ? ») et la piscine. Accueil pro, sympa et sans chichis (on est à Brooklyn, pardi !).

🏨 🛫 **Wythe Hotel** (zoom 2, B2, 23) : 80 Wythe Ave (et N 11th), à Williamsburg.

NEW YORK

🛏 Où dormir ?

21 Hotel Le Jolie (C3)
22 The William Vale Hotel (B2)
23 Wythe Hotel (B2)
24 Franklin Guesthouse (hors plan par B1)
25 Pod Brooklyn (B3)

🍽 Où manger ?

70 Egg et North 3rd Street Market (B3)
71 Smorgasburg Williamsburg (B2)
72 Whole Foods Market (B3)
73 Sunday in Brooklyn (A3)
75 Samurai Mama (B3)
76 Caracas (B3)
78 Diner et Marlow & Sons (A4)
79 Fette Sau (B3)
80 Zenkichi et House of Small Wonder (B3)
81 St. Anselm (B3)
82 Peter Luger (B4)
83 Paulie Gee's (B1)
84 Lobster Joint (hors plan par B1)
85 Little Choc Apothecary (B3)
86 Krolewskie Jadlo (C1)
87 Paulie Gee's Slice Shop (B1)
88 Polka Dot (C1)

☕ Cafés, pâtisseries, glaces et jus

160 Toby's Estate (B3)
161 Blue Bottle Coffee (B3)
162 Bakeri (B2)
163 Devoción (A-B3)
164 Peter Pan Donut & Pastry Shop (C1)
165 Odd Fellows (B3)
166 Du's Donuts and Coffee (B2)
167 Martha's Country Bakery (B3)
168 Juice Generation (B3)

🍸♪ Où boire un verre ? Où écouter de la musique ? Où sortir ?

22 Westlight (B2)
70 Radegast Hall & Biergarten (B3)
81 The Knitting Factory (B3)
230 Sprintzenhaus 33 (C2)
231 Hotel Delmano (B2)
232 Maison Premiere (B3)
234 The Brooklyn Barge (B1)
235 Brooklyn Bowl (B2)
236 The Gutter (B2)
237 Music Hall of Williamsburg et National Sawdust (B2)
238 Union Pool (C3)
239 The Four Horsemen (B3)
241 Skinny Dennis (B3)

🛍 Shopping

70 Mast Brothers (B3)
71 Brooklyn Flea Williamsburg (B2)
310 Beacon's Closet (C2)
311 Space Ninety 8 – Urban Outfitters et The General by Vans (B2-3)
312 Brooklyn Industries (B2-3 et B4)
313 Rough Trade (B2)
314 Brooklyn Charm (B2)
315 KCDC Skateshop (B3)
316 Artists & Fleas (B2)
317 Crossroads Trading (B2-3)
318 Supreme (B3)

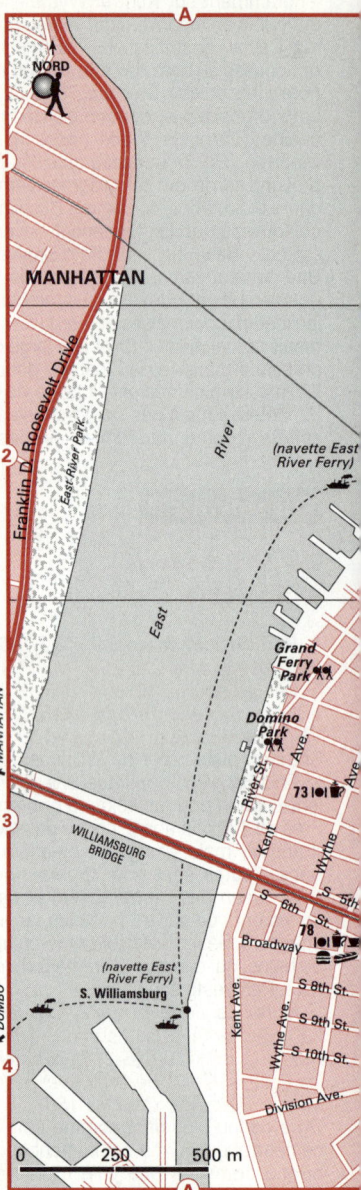

B ↑ 🏛 24   ↑ |●| 84   **C**

GREENPOINT
(India St.)

Java   St.
Greenpoint Ave.

WNYC
Transmitter
Park
Ken   St.
Greenpoint
🍴 83   Greenpoint
Y 234   Milton   St.
Noble   St.
🍴 87
Oak   St.

GREENPOINT 🍴

|●| 88
🍴 164
|●| 86
Nassau Ave.
310
230 Y

N-14th   Wythe Ave.
166   236
23
|●| 22
235   **Brooklyn Brewery** 🍴

Bushwick
Inlet Park
🚣 East River
State Park
71
|●|
N. Williamsburg 313

McCarren
Park

Driggs   Ave.
Bayard   St.
Richardson

162
316   231
237   80
165   311   160
315   161   168
70
|●| 72
163   241
318   167
232   75
79 |●|
81 |●|
76
239
85

21

WILLIAMSBURG 🍴🍴

**The City
Reliquary** 🍴

Y J 238

Lorimer St.
Metropolitan
Ave.
Metropolitan Ave.   Graham Ave.

82 |●| 312
Marcy
Ave.
**Quartier
Hassidim** 🍴
Division Ave.
Broadway
Hewes St.
Broadway

Sternberg
Park

NEW YORK

↑ BUSHWICK 🍴🍴

B   C

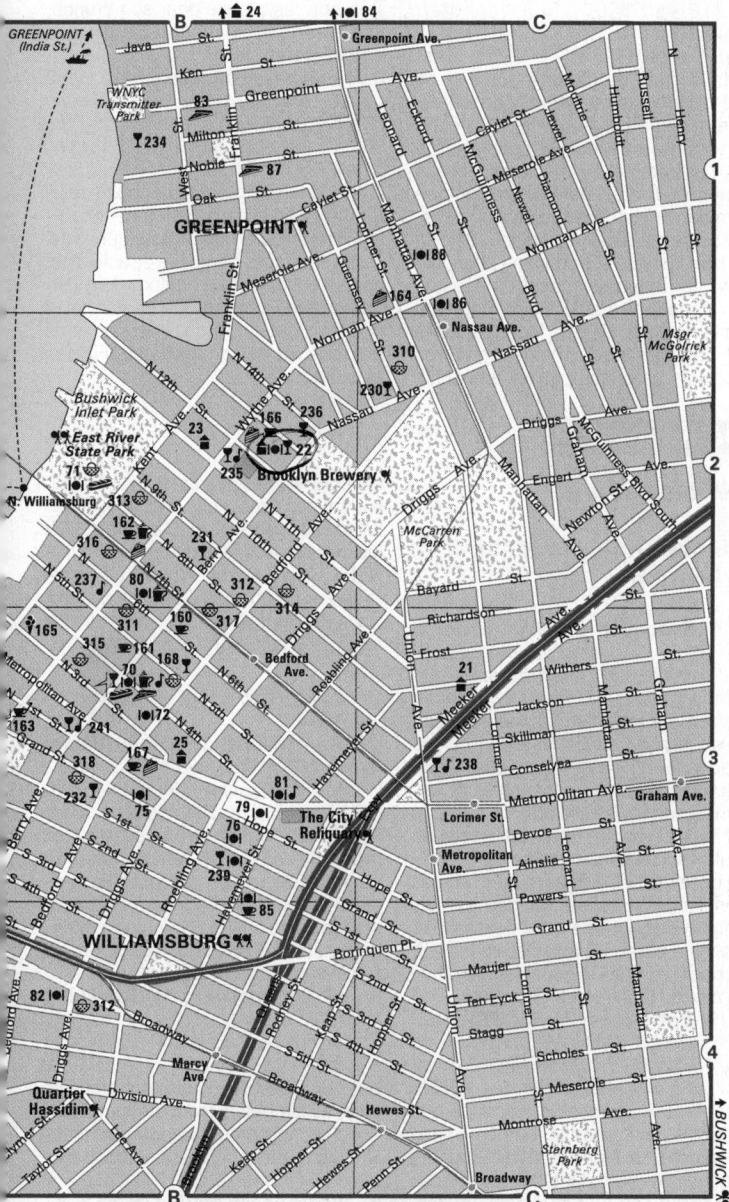

BROOKLYN – Williamsburg (Zoom 2)

☎ *718-460-8004.* ● *wythehotel. com* ● Ⓜ *(L) Bedford Ave, (G) Nassau. Doubles 240-400 $.* Le *Wythe* s'est installé dans ce robuste building de 1901, une ancienne fabrique de tonnellerie, aujourd'hui surmonté d'un cube de verre géant accueillant son *rooftop bar.* Les quelque 70 chambres, confortables et toutes différentes, ont en commun un authentique cachet industriel. Chaque détail est soigné, des lits en bois recyclé du bâtiment d'origine aux interrupteurs vintage, en passant par le motif du papier peint reprenant la citerne d'eau juste en face. Certaines ont de jolies vues urbaines, d'autres des murs en brique patinés à souhait.

Où manger ?

À Williamsburg

Spécial petit déjeuner et brunch

☛ |●| *Sunday in Brooklyn (zoom 2, A3, 73) : 348 Wythe Ave (et S 2nd St). Tlj 8h30-22h.* Ⓜ *(L) Bedford Ave. Plats brunch 12-18 $. CB seulement (pas de cash).* On a aimé l'atmosphère maison de campagne de ce resto qui cultive avec charme l'esprit rustique. Avec ses murs de briques blanchies et ses plantes vertes, la salle du haut à l'étage est très agréable, la terrasse tout en haut aussi. Ne manquez pas la spécialité de la maison : les pancakes nappés de noisettes torréfiées. Un délice ! Mais toutes les assiettes sont appétissantes, faisant la part belle aux classiques US, modernisés dans le goût d'aujourd'hui. Un monde fou le week-end.

☛ |●| *Egg (zoom 2, B3, 70) : 109 N 3rd St (entre Wythe Ave et Berry Ave).* ☎ *718-302-5151.* Ⓜ *(L) Bedford Ave. Tlj 7h (8h w-e)-17h (lunch dès 11h30). Plats 8-16 $.* Un des *hot spots* pour le brunch – servi toute la journée – dans un cadre tout blanc et d'une sobriété minimaliste, bien dans l'air du temps ! Une fois qu'on a croqué dans un délicieux pancake ou une omelette aux œufs bio, on a tout compris : ici, les ingrédients sont primordiaux (certains légumes sont même cultivés par la

Très bon resto prisé pour son brunch, le *Reynard,* et un *rooftop bar* sympa : *The Ides Bar.*

⌂ *Franklin Guesthouse (hors zoom 2 par B1, 24) : 214 Franklin St (entre Green et Huron), à Greenpoint.* ☎ *718-865-3592.* ● *franklinguesthouse. com* ● Ⓜ *(L) Greenpoint Ave. Suites 250-450 $.* En plein Greenpoint résidentiel, cet ancien bâtiment réhabilité livre aujourd'hui un boutique-hôtel d'une trentaine de suites spacieuses, chaleureuses et tout confort, dont certaines avec cuisine. Déco simple et boisée, tirant sur l'indus', parsemée de meubles au design nordique. Fitness et sauna.

maison) et cuisinés avec talent. Également des sandwichs originaux et des salades à l'heure du lunch, sans oublier les délicieuses pâtisseries maison.

☛ Et aussi : *Diner, House of Small Wonder, Marlow & Sons* et *Bakeri.* Sans oublier le brunch de *Reynard,* le resto du *Wythe Hotel.* Voir plus loin.

Sur le pouce

|●| 🥡 🚙 *North 3rd Street Market (zoom 2, B3, 70) : 103 N 3rd St (entre Wythe Ave et Berry Ave).* Ⓜ *(L) Bedford Ave. Tlj 8h-21h.* Williamsburg a cédé à la mode des *food halls,* ces marchés couverts renouvelant le concept de restauration rapide, version gourmet et branchée. Parmi les stands de ce petit nouveau, on a retenu les *lobster rolls* de *Lobster Joint* et les fameuses pizzas de *Di Fara.*

|●| 🥡 *Smorgasburg Williamsburg (zoom 2, B2, 71) : dans l'East River State Park, 90 Kent Ave (et N 8th). Avroct, sam 11h-18h. Moins de 15 $.* Au bord de l'East River, grand marché en plein air de petits producteurs locaux, avec de nombreux stands gourmets. Bref, le meilleur de la *street food,* doublé d'un *flea market* !

|●| *Whole Foods Market (zoom 2, B3, 72) : 238 Bedford St (et N 4th).* Ⓜ *(L) Bedford Ave. Tlj 8h-23h. Moins de 15 $.* L'enseigne bio – chouchoute des New-Yorkais – propose ici *salad bar,* buffet

de plats cuisinés, pâtisseries, quelques *corners* thématiques (pizzas, sushis) et un *espresso bar*. Bref, de quoi se confectionner un formidable pique-nique, à dévorer dans les microparcs des bords de l'East River avec vue sur Manhattan. Aussi quelques tables et chaises pour se poser à l'intérieur.

De bon marché à prix moyens

|●| *Samurai Mama* (zoom 2, B3, **75**) : *205 Grand St.* ☎ *718-599-6161.* Ⓜ *(L) Bedford Ave ou (G) Metropolitan Ave. Plats 10-15 $.* Un coup de cœur pour cette « taverne » japonaise *vegetarian-friendly,* spécialisée dans les *udon,* ces grosses nouilles japonaises servies ici en 3 versions : *dump style* (à sec), *dipping style* (avec un bouillon concentré versé sur les pâtes à température ambiante) ou en soupe, façon *ramen.* Et gardez-vous donc une petite place pour les *gyoza,* raviolis traditionnels, extra aussi. Super décor de maison traditionnelle rustique et plutôt sombre, avec plein de recoins intimes et une grande tablée centrale. Bref, un remarquable rapport qualité-prix-ambiance.

|●| 🍵 *Little Choc Apothecary* (zoom 2, B3, **85**) : *141 Havemeyer St (entre S 1st et S 2nd).* ☎ *718-963-0420.* Ⓜ *(J, M, Z) Marcy Ave. Tlj 9h-23h (minuit ven-sam).* Si c'est une bonne complète que vous cherchez, passez votre chemin ! Ici, les crêpes sont *gluten free* et véganes, donc uniquement garnies d'ingrédients d'origine végétale (fruits du jacquier, « bacon » de noix de coco, avocat, tofu...). Ouf, les sucrées sont tout de même un peu plus conventionnelles ! Jus, smoothies et belle carte de thés. Une délicieuse expérience.

|●| *Caracas* (zoom 2, B3, **76**) : *291 Grand St (entre Havemeyer et Roebling).* ☎ *718-218-6050.* Ⓜ *(L) Bedford Ave ou (G) Metropolitan Ave. Plats 10-18 $,* lunch menu *env 10 $.* Très populaire, ce joli petit resto vénézuélien – coloré et joyeux – est spécialisé dans les *arepas,* ces petits pains chauds fourrés au poulet, à l'avocat, au fromage ou aux haricots noirs. Mais on peut aussi se laisser tenter par le plat national, le *pabellon criollo,* en arrosant le tout d'un beau choix de rhums. Petite courette à l'arrière.

De prix moyens à plus chic

|●| *Fette Sau* (zoom 2, B3, **79**) : *354 Metropolitan Ave (entre Havemeyer et Roebling).* ☎ *718-963-3404.* Ⓜ *(L) Bedford Ave ou (G) Metropolitan Ave. Tlj 17h (12h jeu-dim)-23h. Plats 15-30 $.* Dans un ancien garage avec de grandes tablées, voici le temple de la bidoche au BBQ, version rustique et tonitruante ! Chaque jour – affichées au tableau noir –, toutes sortes de viandes grillées, proposées au poids, et que l'on agrémente de haricots rouges, de salade de pommes de terre, d'un dessert du jour, et pourquoi pas d'une bière pression locale. Simple et hyper fraternel ; on a l'impression d'être invité à un BBQ chez des potes, surtout en terrasse à la belle saison !

De plus chic à très chic

|●| 🍴 🍽 🥢 *Diner* (zoom 2, A4, **78**) : *85 Broadway (et Berry).* ☎ *718-486-3077.* Ⓜ *(J, M) Marcy Ave. Plats 20-25 $ le midi, 23-40 $ le soir.* Si ce vieux *diner* a fait peau neuve à l'extérieur, son intérieur pittoresque et vintage – en forme de wagon– subsiste ! On sert ici une vraie cuisine moderne américaine, travaillée à base de produits de saison dûment sourcés. D'ailleurs le menu – griffonné sur des rouleaux de tickets de caisse ou détaillé oralement par les serveurs – change tous les jours selon le marché. Pas donné mais la qualité est au rendez-vous et l'ambiance branchée.

|●| 🍴 🍽 *Marlow & Sons* (zoom 2, A4, **78**) : *81 Broadway (et Berry).* ☎ *718-384-1441.* Ⓜ *(J, M) Marcy Ave. Tlj 8h-23h (minuit ven-sam), pause 16h-17h. Plats 15-30 $.* On entre dans ce resto confidentiel par la partie *coffee shop* très bobo, où l'on peut tremper une alléchante pâtisserie maison dans son (bon) café. Au fond, dans une chaleureuse pénombre, quelques tables assorties de tabourets et de bancs en

NEW YORK

bois. On ne vient pas ici pour le confort mais pour savourer une *modern American cuisine*, bien dans l'air du temps et mijotée avec de bons ingrédients de saison, choisis avec soin dans le terroir local. Juste quelques plats à la carte, renouvelée chaque jour. Et de l'autre côté de la rue, **Marlow & Daughters** *(95 Broadway)*, l'appétissante boucherie-fromagerie-épicerie de la maison, donne l'occasion de se faire confectionner un délicieux sandwich, à dévorer sur le pouce. Bref, une très belle adresse *farm to table...* très *Brooklyn style* dans l'âme !

|●| 🍴 Zenkichi *(zoom 2, B3, 80)* : 77 N 6th St (et Wythe Ave). ☎ 718-388-8985. Ⓜ *(L) Bedford Ave. Tlj 18h-minuit (17h30-23h30 dim). Plats 15-20 $, menus 65-75 $.* Pas d'enseigne, entrée sous la petite lampe suspendue à un mur en bois brut, façon palissade de chantier ! Original, et ce n'est qu'un début. Dans ce labyrinthe *feng shui* baignant dans une douce lumière tamisée, on déguste une exquise cuisine japonaise. Parfait pour un dîner romantique, car chaque table a son propre « compartiment », et le serveur ne viendra que si vous appuyez sur le bouton secret... Une expérience pas donnée mais hors du commun ! Et *next door*, on est aussi séduit par la **House of Small Wonder** *(tlj 9h-18h, 17h30 ven, w-e 10h-17h30, 17h dim ; plats 10-15 $)*, la version café de *Zenkichi*, dans une ambiance tout aussi secrète et décalée. Là, cuisine plus simple mais tout aussi goûteuse : sandwichs, omelettes, plats japonais, etc., concoctée dès l'heure du petit déj.

|●| St. Anselm *(zoom 2, B3, 81)* : 355 Metropolitan Ave (entre Havemeyer et Roebling). ☎ 718-384-5054. Ⓜ *(L) Bedford Ave ou (G) Metropolitan Ave. Tlj 17h (11h w-e)-23h (minuit ven-sam). Plats 20-25 $, NY steak env 45 $!* Pas les moyens de s'offrir un steak chez *Peter Luger* ? Alors, venez ici, dans ce petit resto branché bien moins cher, mais spécialisé lui aussi dans les viandes grillées dans les règles de l'art : fondantes, juteuses, parfumées ; bref, un vrai régal ! Cadre chaleureux tout de brique et bois brut, tirant sur l'indus'. On conseille de venir tôt, car le lieu est très prisé.

|●| Peter Luger *(zoom 2, B4, 82)* : 178 Broadway (et Driggs). ☎ 718-387-7400. Ⓜ *(J, M) Marcy Ave. Résa obligatoire. Steak env 55 $. Intéressant plat du jour servi en sem jusqu'à 15h45 (20-35 $). Attention, CB refusées, prévoyez large !* Ouverte en 1887, cette institution – qui vit pas mal sur sa réputation – est citée chaque année comme l'une des meilleures *steakhouses* de New York ! Dans un décor de taverne chic, les innombrables amateurs dégustent des viandes exceptionnelles, issues de bêtes triées sur le volet, et accompagnées de frites et de sauces divines. Service stylé, mais un poil trop familier.

À Greenpoint

De bon marché à prix moyens

🍴 Paulie Gee's Slice Shop *(zoom 2, B1, 87)* : 110 Franklin St (et Noble). Ⓜ *(G) Greenpoint Ave. Part de pizza env 4 $, familiale 22-28 $.* C'est l'annexe de Paulie Gee, la *pizza queen* de Greenpoint ! Un ancien garage reconverti en *diner* coloré sur le thème du base-ball, avec des écrans de TV partout. Aux beaux jours, les grandes baies vitrées coulissent pour s'ouvrir entièrement. Pas cher et la qualité est là.

|●| Krolewskie Jadlo *(zoom 2, C1, 86)* : 694 Manhattan Ave (et Norman Ave). Ⓜ *(G) Nassau Ave. Plats 12-18 $.* Dans ce quartier peuplé par une grosse communauté d'Europe de l'Est, quoi de plus normal que de s'attabler dans cette authentique adresse polonaise ? Déco simple, évoquant vaguement une taverne médiévale. *Pierogi*, bortsch, choucroute polonaise ou bœuf Stroganoff, voici des assiettes qui vous permettront de repartir du bon pied, surtout en hiver !

|●| Polka Dot *(zoom 2, C1, 88)* : 726 Manhattan Ave (entre Norman et Meserole). Ⓜ *(G) Nassau Ave. Tlj 9h-20h. Repas 8-15 $.* Une petite cantine-traiteur polonaise mais d'aujourd'hui, appréciée pour sa cuisine maison saine et typique. Salades, légumes farcis, *pierogi*, croquettes de pommes de terre, saucisses et différentes sortes de chou façon choucroute, bien appétissants. Quelques places assises pour s'attabler mais on peut aussi emporter son frichti. Un bon rapport qualité-prix-dépaysement.

De prix moyens à plus chic

🍕 **Paulie Gee's** (zoom 2, B1, **83**) : 60 Greenpoint Ave (entre Franklin et West St). ☎ 347-987-3747. Ⓜ (G) Greenpoint Ave. Tlj 18h (17h w-e)-23h (22h dim). Pizzas 15-20 $. Longue salle étroite aux murs de brique blanchis et à la lumière tamisée. Tout au fond, le four à bois ronronne et débite en continu d'excellentes pizzas copieusement garnies, certainement parmi les meilleures de Brooklyn ! Aussi quelques soupes et salades. Vite blindé d'une foule d'habitués, alors venir tôt !

I●I **Lobster Joint** (hors zoom 2 par B1, **84**) : 1073 Manhattan Ave (entre Dupont et Eagle). ☎ 718-389-8990. Ⓜ (G) Greenpoint Ave. Plats 10-25 $. Pour qui serait allé traîner ses guêtres à Greenpoint, voilà de quoi terminer la balade sur un bon coup de fourchette. Une cantoche d'aujourd'hui, conviviale, bourdonnante, dans laquelle on afflue de tout le quartier et même de plus loin, pour se régaler d'une cuisine de la mer généreuse et sans chichis. Au menu, huîtres, moules, gratin de langouste ou fish & chips servis dans des gamelles en Inox, au comptoir ou dans le grand patio à l'arrière. Revigorant !

Cafés, pâtisseries, glaces et jus

À Williamsburg

☕ **Toby's Estate** (zoom 2, B3, **160**) : 125 N 6th St (entre Berry et Bedford). Ⓜ (L) Bedford Ave. Tlj 7h-19h. Beau volume façon loft, immense baie vitrée, profonds canapés, longues tablées, belle bibliothèque, et – dans la tasse – un vrai espresso, torréfié sur place et servi avec un verre d'eau gazeuse. Aussi du café filtre, préparé au goutte-à-goutte à la demande. Une parenthèse paisible, qui plaît aux jeunes branchés du quartier accros à leur Mac !

☕ **Devoción** (zoom 2, A-B3, **163**) : 69 Grand St (et Wythe Ave). Ⓜ (L) Bedford Ave ou (G) Metropolitan Ave. Une enseigne de coffee roasters éthique qui privilégie le circuit court : 10 jours seulement entre la récolte du grain de café en Colombie et la dégustation en tasse ! Les saveurs gardent ainsi toute leur intensité. Très chouette espace industriel avec des places assises en nombre, idéal pour se poser.

☕🥐☕ **Bakeri** (zoom 2, B2, **162**) : 150 Wythe Ave (et N 8th Ave). Ⓜ (L) Bedford Ave. Tlj 7h (8h w-e)-19h. Adorable boulangerie-pâtisserie artisanale à l'esprit campagnard d'antan. Carrelages rétro, comptoir en marbre et bois, tout est ancien et charmant ! Quelques places assises, y compris en terrasse.

Une bonne halte pour siroter un thé accompagné des délicieux gâteaux maison. Parfait aussi pour un petit déj ou un lunch simple et rapide : sandwichs, salades...

☕🥐 **Martha's Country Bakery** (zoom 2, B3, **167**) : 263 Bedford Ave (entre Metropolitan Ave et N 1st St). Ⓜ (L) Bedford Ave. Tlj 6h-minuit. Cette grande pâtisserie, qui fait aussi café (nombreuses places assises), propose un incroyable choix de gâteaux : cookies, pecan pie, pies aux fruits de grand-mère, crumbles ou puddings, cheese-cakes, cupcakes ou gâteaux à étages, ils sont tous là ! Difficile de faire son choix... Succursale au 175 Bedford Ave (N 7th et 8th St ; zoom 2, B1, **167**), tout près du métro.

☕🥐 **Du's Donuts and Coffee** (zoom 2, B2, **166**) : 107 N 12th St. Sur l'esplanade au pied du William Vale Hotel. Ⓜ (G) Nassau Ave. Tlj 9h-17h. D'après certains experts très gourmands, cette donuts factory montée par un grand chef servirait les beignets les plus exquis de New York. On ne peut que les approuver ! Au choix, parfums classiques (pomme-cannelle, chocolat-caramel) ou plus inattendus (piña colada, gingembre-matcha). Café torréfié localement pour les accompagner.

NEW YORK

NEW YORK

☕ **_Blue Bottle Coffee_** *(zoom 2, B3,* **161**) : *76 N 4ᵗʰ.* ☎ *510-653-3394.* Ⓜ *(L) Bedford Ave. Tlj 6h30 (7h w-e)-19h (17h lun, 19h30 w-e).* Tout aussi emblématique que ces cafés *new generation* qui fleurissent un peu partout à NY ; ici dans un style épuré à souhait. Torréfié maison, le café est servi dans tous ses états : de l'espresso, au goutte-à-goutte à travers des filtres en papier ! Plusieurs succursales à New York.

🍹 **_Juice Generation_** *(zoom 2, B3,* **168**) : *210 Bedford Ave (entre N 5ᵗʰ et 6ᵗʰ).* Ⓜ *(L) Bedford Ave. Tlj 7h (8h w-e)-21h.* Jus et smoothies tout frais tout sains, préparés en direct, et *healthy bowls* pour se refaire une petite santé en cours de balade.

🍦 **_Odd Fellows_** *(zoom 2, B3,* **165**) : *175 Kent Ave (et N 3ʳᵈ).* Ⓜ *(L) Bedford Ave.* Un glacier au look rétro, réputé pour ses parfums bizarres (« odd »), parmi lesquels oignons caramélisés,

melon-jambon, huile d'olive, chamallow grillé, pop-corn... et aussi des goûts plus classiques. Et à deux pas, pour les saveurs plus conventionnelles mais issues d'excellents ingrédients, on aime beaucoup **_Van Leeuwen_** *(204 Wythe Ave et N 5ᵗʰ St).*

À Greenpoint

🥐 **_Peter Pan Donut & Pastry Shop_** *(zoom 2, C1,* **164**) : *727 Manhattan Ave (entre Norman et Meserole).* Ⓜ *(G) Nassau Ave. Tlj 4h30-20h, 5h-20h sam, 5h30-19h dim. CB refusées.* La bonne adresse gourmande de Greenpoint, dont la réputation dépasse largement le quartier ! Leurs spécialités : des *doughnuts* dodus et déclinés dans des parfums aussi variés que goûteux. Pas chers en prime. À accompagner d'un café sur les comptoirs en formica, dans un cadre très quelconque.

Où boire un verre ?

🍸🔝 **_Westlight_** *(zoom 2, B2,* **22**) : *au 22ᵉ étage de The William Vale Hotel (voir plus haut), 111 N 12ᵗʰ St (entre Wythe et Berry).* ● *westlightnyc.com* ● Ⓜ *(L) Bedford Ave. The place to be !* Au sommet du hype, le *rooftop bar* du très design *William Vale* offre une vue panoramique incroyable sur toute la *skyline* de Manhattan, depuis les canapés des vastes terrasses ou, en hiver, à travers les larges verrières indus'. Joyeux brouhaha distillé par une faune branchée, venue siroter des drinks dont les tarifs ne sont pas encore indécents. Foncez-y tôt !

🍸🎵 **_Skinny Dennis_** *(zoom 2, B3,* **241**) : *152 Metropolitan Ave (et Berry St).* ● *skinnydennisbar.com* ● Ⓜ *(L) Bedford Ave. Tlj 12h-4h. Parfois cover charge pour concert du w-e (5 $).* Un *dive bar* vibrant dans le style de ceux du sud des États-Unis : on se croirait presque dans un *honky tonk* de Nashville ! Ambiance survoltée, déco vintage (néons, vieux panneaux, jeux déglingués) et concerts presque tous les soirs, dans le genre country ou bluegrass. L'un de nos bars préférés à Brooklyn.

🍸🍽 **_The Four Horsemen_** *(zoom 2, B3,* **239**) : *295 Grand St (entre Roebling*

et Havemeyer St). ● *fourhorsemenbk. com* ● Ⓜ *(G) Metropolitan Ave. Assiettes 7-20 $.* Bienvenue dans l'élégant bar à vins de James Murphy, leader du groupe new-yorkais LCD Soundsystem. Belle sélection de crus biodynamiques de toutes origines (France, Italie, Nouveau Monde...) et délicieuses petites assiettes pour les sublimer. Comme souvent à New York, les vins ne sont pas donnés mais la qualité est vraiment au rendez-vous !

🍸🎵 **_Radegast Hall & Biergarten_** *(zoom 2, B3,* **70**) : *113 N 3ʳᵈ St (et Berry).* ● *radegasthall.com* ● Ⓜ *(L) Bedford Ave.* C'est notre *Biergarten* préféré à New York ! Dans une ancienne fabrique de bonbons, un lieu patiné plein de charme, et une ambiance du tonnerre sous la verrière couverte seulement en hiver. Musique live tous les soirs (sans *cover charge*).

🍸 **_Sprintzenhaus 33_** *(zoom 2, C2,* **230**) : *33 Nassau Ave (et Guernsey).* Ⓜ *(G) Nassau Ave.* Un entrepôt gigantesque, tout en brique et acier, avec une cheminée centrale qui crépite, des tablées avec bancs en bois et 2 comptoirs en marbre, où se rincer les papilles de plus de 20 bières pression brassées à New York ou ailleurs. Et si la soirée s'éternise, saucisses au feu de bois et bonnes frites à la belge *(10-13 $)*. Super ambiance en fin de semaine, bondée, fraternelle !

The Gutter *(zoom 2, B2, 236)* : 200 N 14th St (et Berry). Ⓜ (L) Bedford Ave ou (G) Nassau. Juste une enseigne lumineuse « Bar-Bowl » avec une flèche pour indiquer l'entrée de ce vieux rade dans son jus et sombre à souhait ; aux antipodes des taules à hipsters de Williamsburg ! Flipper, billard, juke-box, quelques écrans TV et un vrai bowling à l'ancienne avec ses consoles rétro pour compter les points. Quelques miniconcerts en fin de semaine.

Hotel Delmano *(zoom 2, B2, 231)* : 82 Berry St (et N 9th). Ⓜ (L) Bedford Ave. Pas d'enseigne (ce n'est pas un hôtel non plus !) mais, à voir les grappes de jeunes gens branchés sur le trottoir, il y a belle lurette que le secret n'est plus si bien gardé que cela ! Il faut dire qu'il a tout pour plaire, ce bar à cocktails délicieusement *old-fashioned* : comptoir en marbre, lustres et miroirs vintage, chandeliers de *grandma*, tableaux et ventilos ; rien ne manque, même pas les petits salons intimes, la classe ! Quelques huîtres et autres bricoles pour accompagner les godets.

Maison Premiere *(zoom 2, B3, 232)* : 298 Bedford Ave (entre Grand et S 1st). Ⓜ (L) Bedford Ave. La quintessence du bar à cocktails sophistiqués et créatifs, bien connue par les « mixologistes » locaux ! On se presse autour du grand bar circulaire pour assister à l'élaboration des breuvages, rythmée par les « tic-tic-tic » fiévreux des shakers. Décrypter la carte est déjà une aventure en soi ! Le tout dans une élégante atmosphère boisée et patinée, qui nous plaît. Fait aussi bar à huîtres, et en été, charmant jardin fleuri à l'arrière.

The Brooklyn Barge *(zoom 2, B1, 234)* : 3 Milton St (et West), à Greenpoint. • thebrooklynbarge.com • Ⓜ (G) Greenpoint Ave. Mai-sept, lun-mer 16h-23h (midi mer), jeu-sam midi-2h (11h sam), dim 11h-23h. Chaleureuse ambiance sur cette grande barge amarrée aux beaux jours sur l'East River. Tables et chaises rustiques. Le lieu idéal pour descendre des binouzes locales face à la sublime *skyline* de Manhattan, qui nous fait tant rêver quand elle s'embrase au soleil couchant ! Fait aussi snack, et organise des cours de kayak, *paddle board* et, plusieurs fois par mois, des visites de vieux bateaux. C'est sûr, on reviendra !

NEW YORK

Où écouter de la musique ? Où sortir ?

♪ **Brooklyn Bowl** *(zoom 2, B2, 235)* : 61 Wythe Ave (entre N 11th et N 12th). • brooklynbowl.com • Ⓜ (L) Bedford Ave. Cover gratuit-30 $ selon heure et show. Énorme bowling-bar-resto-salle de concerts dans une ancienne usine de ferronnerie réhabilitée. Un cachet industriel du tonnerre pour cette adresse multiple ! Tout le monde se retrouve ici pour aligner les *strikes* dans une ambiance rock *(enfants acceptés w-e seulement, 12h-17h)*, assister à un concert (programmation éclectique), boire un coup dans un canapé moelleux... Bref, de quoi passer une bonne soirée !

♪ **The Knitting Factory** *(zoom 2, B3, 81)* : 361 Metropolitan Ave (et Havemeyer). • knittingfactory.com • Ⓜ (L) Bedford Ave. Cover charge 10-20 $. Le club mythique de Houston Street, au cœur de Williamsburg. Et ça nous plaît bien : programmation tout aussi branchée et expérimentale que le quartier !

♪ **Union Pool** *(zoom 2, C3, 238)* : 484 Union Ave (et Meeker Ave). • union-pool.com • Ⓜ (L) Lorimer St. Cover charge gratuit-20 $. Installé juste sous l'autoroute, un vaste club avec un long comptoir, une piste de danse délurée, une salle de concerts et un *beer-garden*, où des *food trucks* ravitaillent les fêtards. Tous les soirs ou presque, d'excellents concerts indie rock ou folk (on y a croisé de vraies pépites !) et des DJs qui embraient pour faire danser la foule.

♪ **Music Hall of Williamsburg** *(zoom 2, B2, 237)* : 66 N 6th St (entre Wythe et Kent Ave). Ⓜ (L) Bedford St. • musi challofwilliamsburg.com • Une salle de concerts d'envergure à Williamsburg, où viennent parfois se produire de grands noms. Atmosphère intime et super son. Le lieu est également réputé pour son *gospel,* le dimanche à 11h et 12h30.

♪ *National Sawdust* (zoom 2, B2, **237**) : 80 N 6th St (et Wythe).

● *nationalsawdust.com* ● Ⓜ (L) Bedford St. Le « nouveau Carnegie Hall » de Williamsburg, dans un ancien entrepôt en brique, peint d'un *mural* très coloré. Formidable acoustique et programmation éclectique, de la musique de chambre à l'électro.

Shopping

Mode, vintage, accessoires

✸ *Beacon's Closet* (zoom 2, C2, **310**) : 74 Guernsey St (et Nassau Ave). Ⓜ (G) Nassau Ave. Vaste chaîne de dépôts-ventes, très courus par les bobos et fashionistas : ici, on achète, on vend, on échange des chaussures, des accessoires et des fringues vintage contre d'autres, pour être toujours à la pointe de la contre-mode ! Bien organisé, classé par couleurs, on peut vraiment y faire de bonnes trouvailles. Beaucoup de grandes marques et prix serrés.

✸ *Crossroads Trading* (zoom 2, B2-3, **317**) : 135 N 7th St (entre Berry et Bedford). Ⓜ (L) Bedford Ave. Grand dépôt-vente de fringues et accessoires pour hommes et femmes. Moins pointu que *Beacon's Closet* (lire ci-dessus) mais pas mal de grandes marques et designers. Prévoir du temps pour fouiner car les belles pièces Jean-Paul Gaultier côtoient du H&M !

✸ *Space Ninety 8 – Urban Outfitters* (zoom 2, B2-3, **311**) : 98 N 6th St (entre Wythe et Berry). Ⓜ (L) Bedford Ave. Signe d'embourgeoisement, les chaînes de vêtements chics ont débarqué à Williamsburg, mais leurs enseignes restent discrètes ; toujours cet esprit Brooklyn caractéristique ! Difficile de deviner, par exemple, que cet étonnant *concept store* branché abrite la marque *Urban Outfitters,* et même – aux beaux jours – un *rooftop* au dernier niveau !

✸ *Brooklyn Industries* (zoom 2, B2-3, **312**) : 162 Bedford Ave (et N 8th). ● *brooklynindustries.com* ● Ⓜ (L) Bedford Ave. Née à Brooklyn, cette marque emblématique propose des vêtements très sympa, dans le style hipster décontract, et de beaux T-shirts originaux, pour petits et grands branchés. Le logo de la marque – créée

ici à Williamsburg ! – représente une vue de Manhattan depuis les toits du quartier, avec ses fameuses citernes d'eau. Et pour moins se ruiner, rendez-vous à deux pas dans son *magasin d'usine* (outlet ; zoom 2, B4, **312**) : 184 Broadway (et Driggs). Ⓜ (J) Marcy Ave. Articles soldés toute l'année, en plus de la collection en cours, à prix fort celle-ci. Plusieurs succursales à Brooklyn et Manhattan.

✸ *Brooklyn Charm* (zoom 2, B2, **314**) : 145 Bedford Ave (entrée sur N 9th). Ⓜ (L) Bedford Ave. Une adresse spécialisée dans les breloques *(charms)* pour customiser soi-même ses bijoux. Prenez un petit plateau à l'entrée et faites votre marché ! D'abord la chaîne, puis les petites bricoles à accrocher dessus, classées par thèmes : lettres, États américains, sports, musique, pierres semi-précieuses, strass... On vous assemble le tout mais, attention, l'addition peut vite monter, surtout si vous faites graver un message !

✸ *Artists & Fleas* (zoom 2, B2, **316**) : 70 N 7th St (entre Kent et Wythe). ● *artistsandfleas.com* ● Ⓜ (L) Bedford Ave. Ouv w-e seulement, 10h-19h. Ce vieux hangar industriel abrite désormais un bel étalage de produits de qualité – « made in Brooklyn » – pour la plupart : quelques objets et vêtements vintage, bijoux fantaisie, savons, sacs, tableaux, chocolat, etc. ; le tout fabriqué par des petits créateurs locaux. De belles idées cadeaux ! Également une annexe au Chelsea Market, à Manhattan.

✸ ❙●❙ *Brooklyn Flea Williamsburg* (zoom 2, B2, **71**) : dans l'East River State Park, 90 Kent Ave (et N 8th). Avr-oct, sam 10h-18h. Au bord de l'East River, le célèbre marché aux puces de Brooklyn, version estivale : objets de récup, fringues et accessoires vintage, et petits créateurs locaux. Le tout doublé du fameux *Smorgasburg,* marché alimentaire des petits producteurs du coin avec leurs étalages gourmets à picorer (voir plus haut « Où manger ? »).

Disques, *street culture*

🕸 *Rough Trade* (zoom 2, B2, **313**) : *64 N 9th St (entre Wythe et Kent).* ● *rough tradenyc.com* ● Ⓜ *(L) Bedford Ave.* Temple de l'indie rock importé d'Angleterre, c'est d'abord un magasin de disques, riche, pointu, qui s'est choisi ici comme écrin un gigantesque hangar, débordant de vinyles et de CD neufs ou d'occasion, et pour partie en écoute libre avec écouteurs. Mais c'est surtout un concept, celui de l'indépendant qui voit grand ! Derrière la boutique, une salle de concerts. Au-dessus, un conteneur dans lequel on écoute des disques sans écouteurs et en libre-service. Et aussi des tables de ping-pong et un café !

🕸 *Supreme* (zoom 2, B3, **318**) : *152 Grand St (entre Berry et Bedford).* Ⓜ *(L) Bedford Ave ou (G) Metropolitan Ave.* La stratégie de cette marque culte de *streetwear bling,* fondée à New York en 1994 : créer et entretenir la pénurie. C'est tellement vrai que les quelques magasins *Supreme* répartis sur la planète, réapprovisionnés au compte-gouttes, sont quasiment toujours vides. Pour espérer acheter un article, il faut au préalable s'inscrire sur une liste

d'attente. En mezzanine, un *skate park* attire les frimeurs venus faire quelques pirouettes au-dessus de la boutique.

🕸 *The General by Vans* (zoom 2, B2-3, **311**) : *102 N 6th St (entre Wythe et Berry).* Ⓜ *(L) Bedford Ave.* La version exclusive de la marque californienne, réservée aux éditions limitées introuvables en ligne, présentées comme dans une écloserie.

🕸 *KCDC Skateshop* (zoom 2, B3, **315**) : *85 N 3rd St (et Wythe).* Ⓜ *(L) Bedford Ave.* Si l'envie vous prenait de parcourir NYC en skate, c'est ici qu'il faut venir : T-shirts et chaussures à gogo, des planches partout (pour partie fabriquées sur place), et un atelier de réparation et de customisation ! Ils donnent même des cours aux novices.

Artisanat

🕸 ☕ *Mast Brothers* (zoom 2, B3, **70**) : *111a N 3rd St (et Berry Ave).* Ⓜ *(L) Bedford Ave.* Fabriquer son chocolat avec des fèves de cacao dûment sélectionnées est très tendance à Brooklyn ! Les frères Mast, deux barbus au look typique Williamsburg, ont été les initiateurs de ce mouvement. Pas donné (*8 $ la tablette*), mais avec des emballages graphiques très *Arts & Crafts.* Dégustations gratuites. Servent aussi du chocolat chaud et un breuvage à base de fèves de cacao fermentées comme une bière, mais sans alcool (*cocoa beer*) ; le tout dans une belle boutique-atelier.

Balades dans le quartier

Le Williamsburg hipster est compris en gros entre South 6th Street et North 11th Street. Bedford Avenue est sa colonne vertébrale, Berry, Wythe Avenue et North 6th Street sont ses principaux axes.

🐾🐾 🚶 *East River State Park* (zoom 2, B2) : *90 Kent Ave (et N 8th), juste au nord du débarcadère de l'*East River Ferry *(arrêt N Williamsburg).* À quelques enjambées du Williamsburg animé, ce petit parc a été très sommairement aménagé au bord de l'East River sur ce qui fut de 1907 à 1983 un terminal ferroviaire maritime : les wagons embarquaient sur des barges, tirées par des remorqueurs. Et si vous regardez bien, vous verrez encore quelques vestiges du passé : fondations d'entrepôts, pilotis de pontons, pavages de rues... Le tout relayé par quelques intéressants panneaux explicatifs qui racontent l'histoire et les activités industrielles de cette berge de l'East River... Aujourd'hui, le lieu offre des pelouses, des tables à pique-nique, un semblant de plage de sable au bout et – cerise sur le gâteau – un point de vue extraordinaire sur la *skyline* de Manhattan ! Parfois des concerts en été... Ce

NEW YORK

parc est flanqué au nord du ***Bushwick Inlet Park*** *(Kent Ave, et N 9th St),* un grand terrain de foot gazonné au fil de l'East River, avec sa tribune design. À terme, son extension est prévue vers le nord, sur d'anciens terrains industriels réhabilités...

⊛ |●| Tous les samedis d'avril à octobre, de 10h à 18h, se tient ici le ***Brooklyn Flea Williamsburg*** *(zoom 2, B2, 71),* célèbre marché aux puces local (voir plus haut « Shopping »), doublé des stands gourmets du ***Smorgasburg*** (voir plus haut « Où manger ? »). Foncez !

🎭🎭 *≼ **Grand Ferry Park*** *(zoom 2, A3) : à l'angle de Kent Ave et Grand St.* Posé au bord de l'eau sur une ancienne friche industrielle, un minuscule square de quartier situé à l'ancien emplacement de la gare des ferries qui relièrent Manhattan jusqu'à 1918 ; activité qui déclina après la construction du pont de Brooklyn en 1908... Le lieu offre un point de vue admirable sur Manhattan d'où émerge le One WTC, par-dessus le pont de Williamsburg. Et légèrement sur la droite, vision irréelle des gratte-ciel de Midtown derrière des cheminées d'usines ! En flânant d'un parc à l'autre, crochet possible, au bout de North 6th Street, par l'embarcadère du *East River Ferry.* Encore un superbe panorama sur Midtown !

🍺 ***Brooklyn Brewery*** *(zoom 2, C2) : 79 N 11th St (entre Wythe et Berry).* ● brook lynbrewery.com ● Ⓜ *(L) Bedford Ave. Présentation gratuite du site (30 mn) ttes les heures sam-dim 13h-18h. Visite guidée dégustation (2h) lun-ven à 17h (résa en ligne obligatoire ; tarif : 18 $). Des concerts et autres événements sont réguliè- rement organisés.* Une quinzaine de bières « made in Brooklyn » sont fabriquées dans cette petite brasserie créée en 1987, et installée dans une ancienne fonderie. C'était à l'origine un pari un peu fou, lancé par deux amis issus du journalisme et de la banque, alors que la dernière brasserie de la ville avait fermé en 1976... Mais avec le temps, cette belle aventure est devenue un très gros succès commercial. Aujourd'hui, tous les bars proposent la *Brooklyn Lager,* et certains même à Paris ! La courte visite gratuite du site se résume à un exposé dans l'atelier de fabrication lorsque celle-ci est à l'arrêt. Intéressant, mais mieux vaut maîtriser l'anglais !

🎭🎭 ***Domino Park*** *(zoom 2, A3) : sur Kent Ave, entre S 2nd et 3rd St.* Ⓜ *(J, M, Z) Marcy Ave.* La plus grande raffinerie de sucre du monde pendant près d'un siècle, colosse de brique datant de 1882, a été réhabilitée et chapeautée d'une grande verrière. Tout autour se déploie un parc paysagé donnant sur l'eau, dans l'esprit de la High Line ou du Brooklyn Bridge Park à DUMBO. Une nouvelle preuve du talent des Américains pour redonner vie au patrimoine industriel. Terrains de beach-volley, aires de jeux pour enfants, brumisateurs, pelouses et transats en bois pour lézarder devant ces vues sublimes sur Manhattan. Tous les buildings les plus embléma- tiques de New York sont devant vos yeux : l'Empire State Building, le Chrysler, les tours longilignes de 57th Street, la « tour Lego », le 1WTC et les ponts de Brooklyn et Manhattan. Une passerelle métallique aménagée sur les anciennes installations de la raffinerie permet de déambuler en hauteur pour un point de vue différent. À terme, en plus d'un complexe culturel et commercial aménagé au sein même de l'ancienne usine, une dizaine de tours et bâtiments sortiront de terre, mettant le quartier dans la lumière (et les habitants des rues avoisinantes à l'ombre).

|●| ⚞ ***Tacocina*** *: env 10 $.* Grand snack extérieur proposant des tacos à picorer sur de grandes tablées, face à ce panorama cinématographique.

🍺 ***The City Reliquary*** *(zoom 2, B-C3) : 370 Metropolitan Ave (et Havemeyer).* ☎ *718-782-4842.* ● cityreliquary.org ● Ⓜ *(G) Metropolitan Ave ou (L) Lorimer St. Jeu-dim 12h-18h. Entrée : 7 $; réduc ; gratuit moins de 12 ans.* Insolite petit musée dédié à l'histoire de New York. Collection d'objets hétéroclites, présentés dans des vitrines à l'ancienne : produits dérivés de la statue de la Liberté, fragment du Flatiron Building, vieux *seltzers* de Brooklyn... C'est vite vu, il n'y a qu'une pièce ! Expos temporaires dans une seconde salle.

🍺 ***Le quartier Hassidim*** *(zoom 2, B4) : au sud de Broadway, autour de Bedford et Lee Ave.* Ⓜ *(J, M, Z) Marcy Ave.*

C'est le quartier juif hassidique où sont concentrés commerces, synagogues, écoles judaïques, etc. Deux conseils de base : ne pas y aller le vendredi soir ni le samedi, au moment du shabbat, et éviter bien sûr de prendre les gens en photo ; question de respect ! Le mouvement hassidim, fondé en Europe de l'Est au XVIIIᵉ s, s'est beaucoup développé après 1945. Brooklyn abrite deux des plus importantes communautés au monde. Elles appartiennent à des groupes différents : les Lubavitch, originaires de Russie, installés à Crown Heights, et les Satmar, originaires de Hongrie, installés ici, à Williamsburg. Leurs membres mènent une vie communautaire traditionnelle très fermée. Les hommes portent des costumes noirs aux longues vestes, de grands chapeaux, des papillotes *(peot)* et une barbe. Les femmes, vêtues de jupes longues, la tête couverte d'une perruque ou d'une coiffe enveloppante, ont presque toutes une poussette en main.

Dans les années 1880-1900, tout le secteur était un quartier résidentiel cossu. On peut encore y voir quelques *mansions,* le long de **Bedford Avenue** : la *Mollenhauer Residence* au **nᵒ 505** (1896), la *Hawley Mansion* au **nᵒ 563** (1875). Ce fut aussi, à la même époque, l'endroit où l'élite de Manhattan venait s'amuser. Les Vanderbilt et autres Whitney y organisèrent de grandes fêtes dans les hôtels de luxe, casinos et restos du coin. L'ambiance a bien changé depuis !

🗽 **Greenpoint** (zoom 2, B-C1) **:** *au nord du McCarren Park.* Ⓜ *(G) Nassau Ave ou Greenpoint Ave. Accessible également avec le* **East River Ferry.** Passé le McCarren Park et Nassau Avenue, Williamsburg la branchée cède la place à Greenpoint, quartier résidentiel paisible de la communauté polonaise, coincé entre le Queens et l'East River. Côté rivière justement, quelques entrepôts défraîchis, dominés par les silhouettes graciles de citernes rouillées, rappellent le passé industriel du quartier qui sert de décor à la série culte *Girls.* Jolie balade le long de Franklin Street et des rues adjacentes, bordées de maisons basses en brique ou lattes de bois dont les façades pastel sautent d'une couleur à l'autre. Ici et là, banques, restos, magasins affichent des enseignes en polonais. À l'angle de Milton Street et de Manhattan Avenue, belle église Saint-Antoine-de-Padoue, néogothique en brique rouge (1875). Au bout de Greenpoint Avenue, à l'heure où le ciel rosit, superbe panorama sur Manhattan, le One WTC, l'Empire State Building, le Williamsburg Bridge et les cheminées des usines !

BUSHWICK

● Bushwick (zoom 3) *p. 332-333*

Accès : pour se rendre à Bushwick, ligne L du métro (stations « Morgan Ave » ou « Jefferson St »).

🗽🗽 À l'est de Williamsburg, Bushwick s'impose comme le **quartier du street art.** À 5 stations de métro de son aîné trop coté, c'est un lieu qui – longtemps ignoré du beau monde – est aujourd'hui incontournable. C'est qu'il donne refuge depuis les années 2000 à l'avant-garde des artistes et des alternatifs sans le sou, entre tours d'habitation, entrepôts décrépis, dépôts hérissés de barbelés et modestes maisonnettes de banlieue. Sur quelques blocs seulement, les murs de brique se couvrent de **fresques (murals) fabuleuses,** rejointes maintenant par des pubs géantes peintes aussi par les artistes, la nouvelle tendance ! Un coin étonnant, photogénique en diable, **entre zone industrielle et friche artistique,** avec toujours ce côté « déglingue » si caractéristique de Bushwick. En quelques années, le quartier a déjà énormément changé et la gentrification avance à vitesse grand V, chassant toujours plus loin les artistes fauchés. Entrepôts et ateliers de mécanique sont peu à peu transformés en restos et bars branchés, galeries, studios de yoga et locaux de start-up ou *coworking.* Heureusement, les associations de riverains veillent au grain pour que l'ambiance reste éclectique et pas uniquement boboïsée.

NEW YORK

WILLIAMSBURG

⌂	**Où dormir ?**
	40 New York Moore Hostel (A2)

⚑ ⤿ ⌂ ⤿ ⌂ **Où manger ?**	
100 Los Hermanos (D2)
101 Pizzeria Roberta's (B2)
102 Bunna Cafe (C2)
103 Sea Wolf (D2)

104 Bread Brothers Bagel Café (A1)

⚑ ⌂ ⌗ **Où boire un café et grignoter ?**

180 AP Café (D2)
181 City of Saints Coffee Roasters (B1)
182 Dun Well Doughnuts (A1)
250 Forrest Point (B3)

Où dormir ?

Très bon marché

⌂ **New York Moore Hostel** (zoom 3, A2, **40**) : 179 Moore St (et Bushwick Ave). ☎ 347-227-8634. ● nymoo rehostel.com ● Ⓜ (L) Morgan Ave ou (J, M) Flushing Ave. Lits en dortoir (3-6 pers) 25-60 $. Bien située à

NEW YORK

BROOKLYN – Bushwick (Zoom 3)

Rues peintes
de *murals*

255
♾ ♪

103 ❙●❙ 🍴   180 ❙●❙ 🍴

252
❙●❙ ♪

251 🍷

• Jefferson St.

100 ❙●❙

253 ❙●❙ 🍴

331 ⊛

102 ❙●❙ 🍴

Maria Hernández Park

Dekalb Ave. •

0   100   200 m

🍷 ♾ **Où boire un verre ?**
♪ **Où sortir ?**

101 Pizzeria Roberta's (B2)
250 Forrest Point (B3)
251 Kings County Brewers Collective (D2)
252 House of Yes (D2)

253 Brooklyn Cider House (C2)
254 The Well (A1)
255 Elsewhere (D1)
256 Tiltz Sports Bar & Arcade (B3)

⊛ **Shopping**

330 Beacon's Closet (B2-3)
331 Urban Jungle (C2)

proximité des rues peintes, cette AJ récente et décorée par des artistes de renom (dont quelques *Frenchies* !) est un bon plan pour nos jeunes lecteurs qui voudraient profiter à fond de ce quartier de Brooklyn en plein essor. Près de 120 lits dispatchés dans des dortoirs *in style,* tous avec sanitaires complets. Cuisine et salons communs avec billard et baby-foot, gentil patio aux beaux jours et plein de tuyaux et d'animations. Accueil pro et aux petits soins. On aime !

Où manger ?

Bon marché et sur le pouce

|●| ⇔ Los Hermanos (zoom 3, D2, **100**) : *217 Starr St (entre Wyckoff et Irving Ave).* Ⓜ *(L) Jefferson St. Plats 3-9 $. CB refusées.* Cette authentique fabrique familiale de tortillas est une institution à Bushwick. Du lundi au jeudi soir (dès 17h), on assiste à la préparation des galettes de maïs et, toute la semaine, on s'y régale de tacos, *tostadas, tortas* et enchiladas, délicieuses et pas chères du tout. Notez votre commande sur un petit papier au comptoir et attablez-vous ; on vous appelle quand c'est prêt. À dévorer dans un petit local tout simple baigné de musique comme là-bas dis !

⇔ |●| ≋ ☕ Bread Brothers Bagel Café (zoom 3, A1, **104**) : *220 Bushwick Ave (et Meserole).* Ⓜ *(L) Montrose Ave. Tlj 6h-19h. Plats 3-10 $.* Gentil petit café de quartier, où les habitués défilent pour se faire confectionner un bagel bien frais, un burger, une salade ou une omelette... Prépare aussi des petits déj, du café et des jus de fruits frais, qu'on accompagne volontiers d'un muffin maison. Un endroit simple et qui ne paie pas de mine, avec quelques tables et chaises, mais quel accueil dynamique et sympa ; on recommande !

Prix moyens

|●| ⇔ 🍴 ☕ Pizzeria Roberta's (zoom 3, B2, **101**) : *261 Moore St (entre White et Bogart).* ☎ 718-417-1118. Ⓜ *(L) Morgan Ave. Pizzas 17-125 $, plats 16-26 $.* Voici le pionnier de Bushwick ! Cette pizzeria locavore et branchée, installée depuis 2008 dans un ancien garage paumé, est rapidement devenue l'emblème de la nouvelle scène culinaire new-yorkaise et du renouveau du quartier. Qui croirait que derrière cette porte pitoyable se cache un lieu aussi immense, atypique, couru, barbu, branché et fraternel ! On y mange au coude à coude sur de longues tablées, à moins de se contenter d'un verre, à l'un ou l'autre des 2 bars ; le 2ᵈ étant relégué dans la cour, près du potager.

|●| ☕ Bunna Cafe (zoom 3, C2, **102**) : *1084 Flushing Ave (entre Porter et Varick Ave).* ☎ 347-295-2227. Ⓜ *(L) Jefferson St ou Morgan Ave. Plats 8-16 $, menus 9-17 $. CB refusées.* Une valeur sûre, l'autre institution de Bushwick, qui fait le plein d'une clientèle fidèle et éclectique. L'occasion de découvrir la cuisine éthiopienne version végane, parfumée et épicée. Pour une 1ʳᵉ fois, le plateau dégustation est une excellente option pour goûter à tout ! Les plats sont disposés sur une grande crêpe *(injera)* dont on se sert pour attraper les bouchées, avec les doigts. Vin, bière ou cocktail local pour accompagner le tout. *Cérémonie du café : mer et ven 18h, w-e 17h.*

|●| ☕ Sea Wolf (zoom 3, D2, **103**) : *19 Wyckoff Ave (et Troutman).* ☎ 718-366-3272. Ⓜ *(L) Jefferson St. Plats 16-28 $.* Ancien garage reconverti en un charmant *seafood shack trendy* version Hamptons, mais avec les prix de Bushwick, ouf ! Déco sympa mélangeant bois brut et objets maritimes, pour une carte *surf & turf* (terre-mer) éclectique : bar à huîtres, *fish & chips, mac and cheese* au homard... Bon rapport qualité-prix-ambiance et, pour une fois, un fond musical bien dosé et un éclairage un peu moins tamisé qu'ailleurs !

Où boire un café et grignoter ?

≋ ⇔ Dun Well Doughnuts (zoom 3, A1, **182**) : *222 Montrose Ave (et Bushwick Ave).* Ⓜ *(L) Montrose Ave. Tlj 7h (8h w-e)-19h.* Les meilleurs donuts de Bushwick et dont la réputation dépasse largement le quartier ! Une petite fabrication artisanale avec des parfums aussi variés qu'originaux et délicieux. On les dévore en sirotant un café, sur les quelques tables de cette boutique « dans son jus ». On aime !

☕ I●I *AP Café* (zoom 3, D2, **180**) : *420 Troutman St (entre Wyckoff et St Nicholas Ave).* Ⓜ (L) Jefferson St. Tlj 8h30-19h30. Plats 8-12 $. Dans une des rues les plus colorées de Bushwick, ce café à la déco brute et minimaliste joue la carte du contraste pour mieux mettre en valeur les *murals* du trottoir d'en face. On y sirote un *matcha latte* ou un cappuccino, tout en grignotant de bonnes petites choses saines et fusion : *grilled cheese* et soupe de tomate, *quinoa bowl, avocado toast*...

☕ **City of Saints Coffee Roasters** (zoom 3, B1, **181**) : *297 Meserole St (entre Waterbury et Bogart).* Ⓜ (L) Montrose Ave. Tlj 7h (9h w-e)-18h. Ce torréfacteur-café a investi cet entrepôt un rien bordélique et peint de fresques dès l'entrée pour rester dans l'ambiance de la rue. Aussi quelques petites pâtisseries pour accompagner les tasses.

☕ Et aussi : **Forrest Point** (voir ci-après).

Où boire un verre ?

🍸 I●I ☕ **Forrest Point** (zoom 3, B3, **250**) : *970 Flushing Ave (et Forrest).* Ⓜ (L) Morgan Ave. Tlj 14h (11h ven-dim)-minuit (1h ven-sam). Bar-resto bohème, voire déglingue comme on aime, très représentatif de l'esprit arty de Bushwick. Le plus, c'est cette terrasse en pointe envahie de plantes vertes et meublée de bric et de broc, éclairée le soir par des guirlandes de petites loupiotes. On y grignote aussi pour pas trop cher et jusque tard.

🍸 I●I ☕ **Brooklyn Cider House** (zoom 3, C2, **253**) : *1100 Flushing Ave (et Melrose).* Ⓜ (L) Jefferson St ou Morgan Ave. Tlj sauf lun 17h (11h w-e)-minuit (1h ven-sam). Plats-snacks 9-16 $, menu degustation 49 $. Cette étonnante cidrerie – dont les vergers se trouvent dans la vallée de l'Hudson – a investi un énorme entrepôt réhabilité dans le style rustico-industriel soigné. Belle variété de cidre maison (voir les énormes barriques à l'arrière) et un *food bar* sympathoche pour accompagner les bubulles : tacos, sandwichs, salades, burgers... Il y règne un joyeux brouhaha dès la sortie des bureaux et jusqu'en terrasse aux beaux jours.

🍸 **Kings County Brewers Collective** (zoom 3, D2, **251**) : *381 Troutman St (entre Irving et Wyckoff).* Ⓜ (L) Jefferson St. Tlj 17h (12h w-e)-23h (minuit ven-sam, 21h dim). Grand bar à bières fondé par 3 mordus qui se sont associés pour ouvrir leur propre brasserie indépendante (la 1re depuis les seventies à Bushwick), dans un entrepôt rénové en mode industriel propret. Une douzaine de pressions microbrassées en dégustation, dont la sélection change au gré des saisons. Rien à grignoter en revanche, mais vous avez le droit d'apporter votre nourriture et de boulotter sur place. Sympa !

🍸 ♪ **The Well** (zoom 3, A1, **254**) : *272 Meserole St (entre Bushwick Pl et Waterbury).* ● thewellbrooklyn.com ● Ⓜ (L) Montrose Ave. Tlj 16h (12h w-e)-1h (3h ven-sam). En contrebas de la rue, c'est une agréable salle néo-indus' soutenue par des colonnes, avec un long comptoir et des canapés. On y sert une foule de *draft beers* dans une belle ambiance animée et amicale. Concerts quasi tous les soirs. Une adresse qui bouge !

🍸 **Tiltz Sports Bar & Arcade** (zoom 3, B3, **256**) : *942 Flushing Ave (et Central).* Ⓜ (L) Morgan Ave. Tlj sauf lun 17h (11h w-e)-minuit (2h jeu, 4h ven-sam). Un beau bar, installé dans un long local, entre bois brut et éléments indus'. Au comptoir, nombreuses bières pression à siroter devant les écrans TV, dans une ambiance déchaînée les soirs de match au sommet ! Aussi des jeux d'arcade vintage pour amuser les grands ados que nous sommes. On peut aussi y manger.

🍸 Et aussi : **Roberta's** (lire plus haut).

Où sortir ?

♾♪ ♪ **House of Yes** (zoom 3, D2, **252**) : *2 Wyckoff Ave (et Jefferson).* Ⓜ (L) Jefferson St. ● houseofyes.org ● Gratuit ou cover charge 24-46 $. Une façade

NEW YORK

NEW YORK

peinte forcément, pour l'un des clubs les plus délirants de New York, connu pour ses shows farfelus, voire kitsch et trash, allant du burlesque à la poésie érotique, en passant par le théâtre et le cirque, le cinéma avec performances live et les *dance parties* géantes. Mais attention, pour public adulte averti seulement ! Le lieu, complètement foufou, est modulable au gré des *events,* notamment la terrasse-bar qui change de décor tous les jours et son mini-*rooftop* avec jacuzzi.

∞ ♪ ***Elsewhere*** *(zoom 3, D1, **255**) :* *599 Johnson Ave (entre Gardner et Scott).* ● *elsewherebrooklyn.com* ● Ⓜ *(L) Jefferson St. Tlj 18h-2h (4h ven-sam). Cover charge 10-25 $.* Encore un lieu protéiforme, installé dans un autre entrepôt réhabilité, avec différents espaces modulables sur plusieurs niveaux, au gré des *events.* Night-club, expos, salle de concerts, *rooftop...*
♪ Et aussi : ***The Well*** (lire plus haut).

Shopping

⊛ ***Beacon's Closet*** *(zoom 3, B2-3, **330**) : 23 Bogart St (et Varet).* Ⓜ *(L) Morgan Ave. Beacon's Closet* est la valeur sûre des fashionistas en matière de fringues et d'accessoires vintage. Beaucoup de marques – et même des grandes – à prix toujours serrés.
⊛ ***Urban Jungle*** *(zoom 3, C2, **331**) : 120 Knickerbocker Ave (et Flushing Ave).* Ⓜ *(L) Morgan Ave.* Une autre friperie vintage – immense, celle-ci – pour hommes et femmes, bien classée et à prix raisonnables mais moins pointue que *Beacon's Closet* (petites marques seulement). Cela dit, plein de bonnes trouvailles en fouinant, beaucoup de style 80's et 90's.

À voir. À faire

🎾🎾🎾 ***Le street art :*** Bushwick est une vraie galerie d'art à ciel ouvert. Avec l'accord des proprios, des artistes graffeurs de renommée parfois internationale sont régulièrement invités à investir les murs du quartier. L'avantage pour le visiteur de passage, c'est que le périmètre d'action est circonscrit sur quelques blocs, on en prend donc plein les mirettes sans parcourir des kilomètres ! Le spot le plus connu et spectaculaire se situe ***autour de la station de métro Jefferson Street,*** grosso modo le long des ***rues Jefferson, Troutman*** et ***Starr*** (entre Saint Nicholas et Irving Ave) et autour de ***Gardner, Johnson Ave et Randolph Street*** *(zoom 3, C-D1-2).* La grande majorité des fresques sont signées ici du ***Bushwick Collective*** (● *thebushwickcollective.com* ●), l'association d'artistes à l'origine de la renaissance du quartier. Sur ces quelques rues, tous les supports urbains sont bons à peindre : murs, bornes d'incendie, portes de hangars, citernes d'eau sur les toits... Les plus aventuriers pousseront un poil plus au nord, pour découvrir encore le pâté compris entre ***Meserole, Waterbury, Scholes Streets*** et ***Morgan Avenue*** *(zoom 3, A-B1).* Le *street art* est par ici plus dispersé sur les murs des entrepôts et artistiquement moins abouti, comparé aux œuvres du Bushwick Collective ; mais tout ça évolue vite ! Fin septembre, ne manquez pas les ***Bushwick Open Studios*** (● *artsinbushwick.org* ●), portes ouvertes des ateliers d'artistes du quartier !

PARK SLOPE, PROSPECT HEIGHTS ET GOWANUS

● Park Slope et Prospect Heights (zoom 4) *p. 337*

*Plusieurs lignes de **métro** desservent le secteur : la 2-3 (stations Bergen St, Grand Army Plaza et Eastern Pkwy Brooklyn Museum), la Q (stations 7 Ave, Prospect Park), la R (Union St) et enfin la F et la G (7 Ave et 15 St-Prospect Park).*

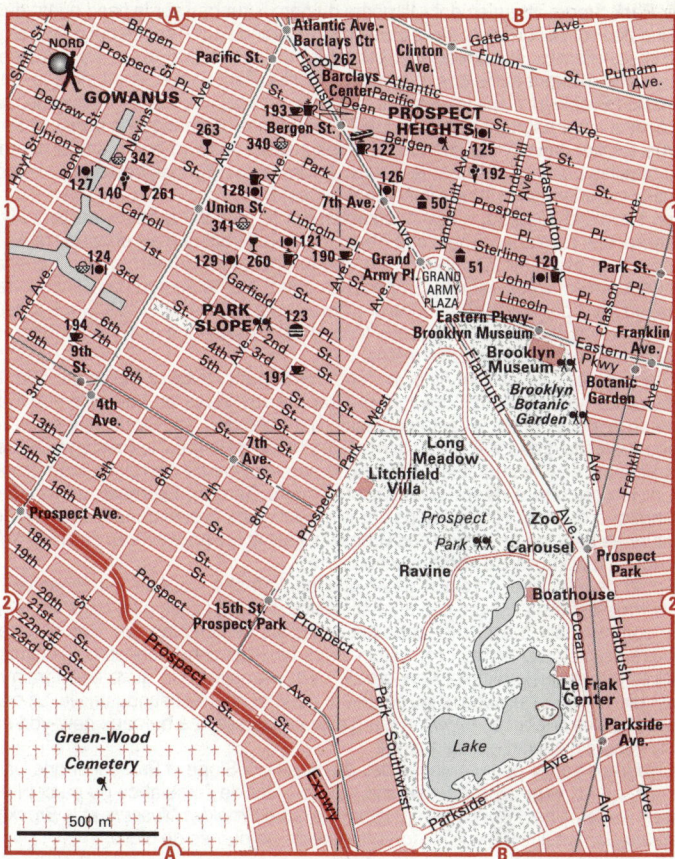

BROOKLYN – Park Slope et Prospect Heights (Zoom 4)

Où dormir ?

50 Chambres d'hôtes chez Guillaume (B1)
51 House of A & A (B1)

Où manger ?

120 Tom's Restaurant (B1)
121 Rose Water (A1)
122 Bergen Bagel (A-B1)
123 Bareburger (A1)
124 Whole Foods Market (A1)
125 Chuko Ramen (B1)
126 Geido (B1)
127 Pig Beach (A1)
128 Bricolage (A1)
129 Al di la (A1)

Coffee shops, pâtisseries et glaces

140 Ample Hills Creamery (Gowanus ; A1)
190 Cafe Regular (A-B1)
191 Blue Bottle Coffee (A1)

192 Ample Hills Creamery (Prospect Heights ; B1)
193 Doughnut Plant (B1)
194 Four & Twenty Blackbirds (A1)

Où boire un verre ?
Où faire une partie de *shuffleboard* ?

260 Union Hall (A1)
261 Royal Palms Shuffleboard Club (A1)
263 Threes Brewing (A1)

**Où assister à un match
ou à un concert ?**

262 Barclays Center (A-B1)

Shopping

340 Beacon's Closet (A1)
341 Brooklyn Industries (A1)
342 Claireware Pottery (A1)

🎒🎒 **Park Slope,** littéralement « la pente du parc », fut bâti sur le flanc ouest de la colline de Prospect Park et s'est développé à partir de 1870 sur ce qui n'était alors que bois, champs et pâturages. L'ouverture du parc attira de riches industriels qui y construisirent *mansions* et maisons de ville. Park Slope devint alors la *Gold Coast* de Brooklyn. Dans les années 1900, ce petit coin de New York avait le plus haut revenu par habitant des États-Unis ! La Dépression changea la donne et Park Slope tomba dans l'oubli jusque dans les sixties. Aujourd'hui, c'est le paradis des familles bobo attirées par la qualité de vie, le charme des belles *brownstone houses* victoriennes et la proximité de Prospect Park.

Avec Brooklyn Heights, c'est indéniablement le plus joli quartier de Brooklyn. Nombreuses rues absolument superbes, toutes différentes mais chacune réalisée par un seul et même architecte, d'où cette impression d'harmonie. Certaines sont encore éclairées par des lampadaires à gaz. Bordé au sud par Windsor Terrace, au nord par Flatbush Avenue et à l'ouest par 4th Avenue, Park Slope a deux artères principales : 5th et 7th Avenue (entre Flatbush Avenue et 15th Street), où se concentrent boutiques et bons restos.

De l'autre côté de Flatbush Avenue s'étend **Prospect Heights,** cerné par Atlantic Avenue au nord, Eastern Parkway et Grand Army Plaza au sud et enfin Washington Avenue à l'est. C'est l'extension naturelle de Park Slope, qui se développe à vitesse grand V. À la pointe nord de Prospect Heights, le **Barclays Center,** l'immense arène inaugurée en 2012, est le nouveau centre névralgique de Brooklyn et le concurrent direct du Madison Square Garden. Ce mastodonte aérodynamique en acier rouillé (rappelant la couleur des *brownstones*) accueille les joueurs de l'équipe de basket des Brooklyn Nets et les hockeyeurs des New York Islanders, mais aussi de nombreux concerts.

Au pied de la colline, à l'ouest de 4th Avenue, la friche industrielle déshéritée de **Gowanus** est elle aussi en pleine renaissance. Les adresses bien dans leur époque commencent à essaimer entre les entrepôts désaffectés, les silos d'usines, ateliers de métaux, vieilles *brownstones* aux fenêtres condamnées et les canaux pollués sur lesquels circulent encore de rares vraquiers. Un quartier en train de changer de peau, qui séduira les amateurs d'atmosphère postindustrielle. La marque française *Michel et Augustin* y a d'ailleurs installé ses bureaux new-yorkais, dans l'esprit des start-up du quartier.

Une journée suffira pour combiner balade dans Park Slope et Prospect Park. Dans ce cas, mieux vaut venir le week-end pour profiter de l'ambiance du parc, plutôt désert en semaine. Pour visiter également le riche *Brooklyn Museum* et le *Brooklyn Botanic Garden* (lire « À voir »), compter une demi-journée de plus.

Où dormir ?

Bien desservi par le métro, Park Slope (et son extension Prospect Heights) est un point de chute idéal pour rayonner entre Brooklyn et Manhattan. Nos adresses sont situées au calme, dans de belles *brownstone houses* pleines d'atmosphère, avec souvent un jardin à disposition des hôtes. Un excellent rapport qualité-prix-charme.

🏠 ***Chambres d'hôtes chez Guillaume*** *(zoom 4, B1, 50) : 183 Park Pl (entre Carlton et Vanderbilt Ave). ☎ 718-789-4969. ● guillaume@abrooklyn.com ● abrooklyn.com ●* Ⓜ *(2, 3) Grand Army Plaza ou (Q) 7 Ave. Résa impérative par e-mail. Doubles avec sdb partagée 125-145 $, 1 seule avec sdb privée/ jardin 180-200 $. 5 % de réduc à nos lecteurs.* Guillaume, un Français ex de la finance marié à une tout aussi sympathique Brooklynite, met à disposition 3 chambres dans sa maison de Park Slope. Une *brownstone house* bicentenaire, pleine d'âme, de charme et de bonne humeur, idéalement située à deux pas du métro et dans un quartier vivant et prisé. Les 3 chambres sont au rez-de-chaussée, avec entrée indépendante, jardinet, grande cuisine équipée et salle à manger communes. Le plus, c'est l'accueil personnalisé en français, la richesse des échanges avec Guillaume et Sarah dans une atmosphère « comme à la maison ». Si c'est complet, ils vous logeront chez des amis ou dans la famille. Bref, un très bon rapport qualité-convivialité-prix.

🏠 *House of A & A (zoom 4, B1, 51)* : *272 Sterling Pl.* ☎ *718-399-2045.* ● *houseofaa.com* ● *jaggak@gmail.com* ● *(en anglais).* ● *willdet@gmail.com* ● *(en français).* Ⓜ *(2, 3) Grand Army Plaza ou (Q) 7 Ave. Doubles avec sdb partagée 130-150 $, avec sdb privée et jardin 140-160 $, petites singles 80-90 $, petit déj inclus, servi dans la salle à manger familiale. Réduc si plus de 7 j.* Anne et Alaric, les proprios de cette belle *brownstone house* de 1900, ont restauré eux-mêmes leur maison selon sa conception d'origine, à l'ère victorienne. Un projet fou, ou presque, est vintage : éviers, lampes à gaz (électrifiées) et même le téléphone, qui fonctionne encore. La cuisine est un vrai musée avec sa gazinière et son toaster des années 1920. Quant aux chambres, elles sont dans le même esprit, avec heureusement quelques petites transgressions côté confort (literie contemporaine, clim et wifi !). Les 3 du dernier étage (parfaites pour une famille ou un petit groupe) se partagent une même salle de bains tandis que celle du rez-de-chaussée, donnant sur le charmant jardin, a la sienne. Une adresse insolite pour passionnés d'histoire et d'antiquités qui voudraient s'offrir un voyage dans le passé.

NEW YORK

Où manger ?

Spécial petit déjeuner et brunch

🍴 ▮◉▮ *Tom's Restaurant (zoom 4, B1, 120)* : *782 Washington Ave (et Sterling Pl).* ☎ *718-636-9738.* Ⓜ *(2, 3) Eastern Parkway-Brooklyn Museum. Tlj 7h (8h dim)-17h (21h sam, 20h dim). Plats 5-12 $. CB refusées.* « *Established in 1936* », ce petit resto populaire est devenu un incontournable. Le cadre de vieux *diner* au kitsch revendiqué vaut la photo, le service est efficace, et les plats, bien caloriques et dans la tradition américaine, sont aussi bons que copieux : omelettes, pancakes avec plein de trucs dedans, steaks, et toujours un *daily special*. Accueil très gentil : le week-end, ceux qui font la queue sur le trottoir pour les énormes petits déjeuners ont droit à du café et des cookies pour patienter !

🍴 ▮◉▮ *Rose Water (zoom 4, A1, 121)* : *787 Union St (entre 5ᵗʰ et 6ᵗʰ Ave).* ☎ *718-783-3800.* Ⓜ *(R) Union St ou (Q) 7 Ave. Tlj 17h30-22h. Brunch w-e 10h-15h prix fixe 19 $ (plat + boisson) ; plats le soir 28-30 $ (également des ½ portions). Menu de saison dim-jeu seulement, 35 $ (+ 18 $ avec vins) ; menu dégustation 60 $ ven-sam (vins + 30 $).* Si l'attente obligatoire ne vous effraie pas, ce petit resto sobre et décontracté est une valeur sûre de Park Slope pour le brunch. Pas de miracle pour expliquer son succès : de bons produits du marché, bio le plus souvent, joliment travaillés pour élaborer toutes sortes de petits plats originaux et pleins de saveur. Et si vous avez aimé le brunch, rien ne vous empêche de réserver le soir pour goûter la nouvelle cuisine américaine bien ficelée, accompagnée d'une belle carte des vins biodynamiques sélectionnés par le patron, un vrai passionné.

🍴 Et aussi : *Bergen Bagel* pour son *breakfast special* à prix plancher, *Doughnut Plant* et le week-end seulement, le brunch de *Bricolage.* Voir plus loin.

De très bon marché à bon marché

🍴 *Bergen Bagel (zoom 4, A-B1, 122)* : *473 Bergen St (et Flatbush Ave).* Ⓜ *(2, 3) Bergen St. Tlj dès 6h. Env 3-8 $.* Bonne halte pour un copieux en-cas ou un breakfast à prix d'avant guerre, dans ce *local favourite* spécialisé dans les bagels, à tartiner de garnitures variées ou de *cream cheese* aromatisé, sucré ou salé. Les flics du commissariat voisin sont des habitués. Pour une envie plus light, il y a aussi un *salad bar.*

NEW YORK

🍔 **Bareburger** (zoom 4, A1, **123**) : 170 7th Ave (et 1st). Ⓜ (2, 3) Grand Army Plaza. Burgers-frites env 12-15 $. Une minichaîne de burgers gourmets et *healthy* au décor écolo-cool. On choisit sa viande (bœuf, agneau, bison, cerf ou autruche) et son pain. Les ingrédients sont 100 % *organic* ou *natural*. Il existe même un menu végan. Tout est délicieux, y compris les frites et les petites sauces pour les tremper dedans. L'essayer, c'est l'adopter !

I●I 🌱 **Whole Foods Market** (zoom 4, A1, **124**) : angle 3rd St et 3rd Ave, à **Gowanus**. Ⓜ (F, G, R) 4 Ave-9 St ou (R) Union St. Tlj 8h-23h. Env 10-15 $. La chaîne de supermarchés bobo-bio ne pouvait se passer d'une enseigne à Gowanus. Et ils ont vu les choses en grand. Le magasin occupe un gigantesque hangar en brique avec, sur le toit, des serres où sont cultivés les légumes vendus au rez-de-chaussée ! Attenante à ce potager urbain, une grande cafét, flanquée d'une terrasse d'où zieuter la *skyline* par-dessus les silos des usines. Et un bar-resto pas cher avec une quinzaine de bières microbrassées au menu.

Prix moyens

I●I **Chuko Ramen** (zoom 4, B1, **125**) : 565 Vanderbilt Ave (et Pacific). ☎ 347-425-9570. Ⓜ (2, 3) Bergen St. Plat env 15 $. Dans la famille des *ramen* (vous savez, ces gros bols de nouilles japonaises trempées dans un bouillon parfumé), *Chuko* se distingue par sa cuisine fine et travaillée. Les *specials* du jour sont souvent très réussis (avec une pointe d'originalité) et la *kale salad* remporte tous les suffrages.

I●I **Geido** (zoom 4, B1, **126**) : 331 Flatbush Ave (et 7th Ave). ☎ 718-638-8866. Ⓜ (2, 3) Grand Army Plaza ou (Q) 7 Ave. Tlj sauf lun-mar 17h30-22h30, ouv aussi le midi le w-e. Plat max 17 $, plateaux de sushis et sashimis 15-25 $. Voici un japonais très *friendly* qui mettra tout le monde d'accord. Salle conviviale, avec un mur de brique tout graffité façon Basquiat, donnant une touche colorée et inattendue dans un resto asiatique. La carte, hyper variée, vous prendra un certain temps à décrypter. Longue liste de *rolls,* sushis et sashimis préparés en direct sous vos yeux, mais aussi tempura, soupes, *noodles, teriyaki...* Bref, de tout pour tous les goûts (et à prix doux).

I●I **Pig Beach** (zoom 4, A1, **127**) : 480 Union St (entre Bond et Nevins), à **Gowanus**. ☎ 718-737-7181. Ⓜ (R) Union St ou (F, G) Carroll St. Ouv à la belle saison seulement, tlj sauf lun, dès 17h (15h ven, 12h w-e). Plats 8-17 $. Au bord du canal de Gowanus, la « Baie des Cochons » est un temple du barbecue à la cool, tendance hipster, flanquée d'une énorme terrasse avec vue industrieuse à souhait, entre entrepôts et grandes tours. Au menu, de l'excellente barbaque fumée lentement comme il se doit (travers ou épaule de porc, dinde), accompagnée de pickles maison ou de coleslaw bien relevé, sans oublier les burgers, *wings* et hot-dogs. Le tout avec des produits locaux, boissons comprises.

Plus chic

I●I 🔧 **Bricolage** (zoom 4, A1, **128**) : 162 5th Ave (et Degraw). ☎ 718-230-1835. Ⓜ (R) Union St. Plats 10-15 $ le midi, 20-35 $ le soir. Un gastro-pub vietnamien (oui !) prisé tant pour sa cuisine de chef, fraîche et créative, que pour son cadre charmant comme tout. Du bricolage haut de gamme de magazine de déco, dirons-nous. Aux beaux jours, la grande terrasse-jardin à l'arrière est une oasis de fraîcheur, avec sa profusion de plantes dégringolant partout.

I●I **Al di la** (zoom 4, A1, **129**) : 248 5th Ave (et Carroll). ☎ 718-783-4565. Ⓜ (R) Union St. Plats 10-17 $ le midi, 20-30 $ le soir. Excellente trattoria plébiscitée pour ses spécialités de Vénétie. Une cuisine de marché, travaillée à partir de très bons produits locaux et assortie d'une carte des vins de la Botte fort bien construite. Le tout à prix étonnamment raisonnables pour une telle qualité. Vous l'aurez compris, le soir les places (et les plats) sont chères, alors tentez plutôt votre chance le midi !

Coffee shops, pâtisseries et glaces

🍴 **Cafe Regular** (zoom 4, A-B1, **190**) : 158A Berkeley Pl (et 7th Ave). Ⓜ (2, 3) Grand Army Plaza ou (Q) 7 Ave. Le café des habitués du coin, rétro et cool, avec sa jolie devanture à l'ancienne et sa terrasse de poche. À l'intérieur, grande fresque L'Enfer c'est les autres, inspirée du Huis clos de Sartre. Gage de qualité, les grains viennent de La Colombe, un des meilleurs coffee roasters de la ville. Bons thés aussi, chocolat chaud de Jacques Torres et délicieux bagels.

🍴 **Blue Bottle Coffee** (zoom 4, A1, **191**) : 203 7th Ave (et 3rd). Ⓜ (F, G) 7 Ave ou (2, 3) Grand Army Plaza. Un café nouvelle génération (l'enseigne a d'autres adresses à Manhattan et Brooklyn) au décor épuré, avec petite terrasse en angle sur l'animation de 7th Avenue, pas loin du parc. Le café y est excellent, « passé » au filtre, à l'ancienne.

🍦 **Ample Hills Creamery** (zoom 4, B1, **192**) : 623 Vanderbilt Ave (et Saint Marks Ave). Ⓜ (2, 3) Grand Army Plaza ou (Q) 7 Ave. C'est le bon glacier artisanal de Brooklyn, qui ne travaille que des produits de saison et locaux. Une vingtaine de parfums au choix, tous très crémeux et ricains dans l'esprit et différents cônes dont un au bretzel.

Pas donné quand même. Leur atelier-entrepôt avec rooftop à **Gowanus** est super sympa : dégustation possible là-bas aussi (zoom 4, A1, **140** ; 305 Nevins St et Union ; Ⓜ (R) Union St).

🍴 **Doughnut Plant** (zoom 4, B1, **193**) : 245 Flatbush Ave (et Bergen). Ⓜ (2, 3) Bergen St. Au pied d'un mini-Flatiron, une succursale des spécialistes du doughnut, ce beignet rond troué revisité ici avec créativité et même légèreté. Tout ici est triangle (la forme du petit immeuble) ou rond, à la gloire du doughnut. Bon café, de chez Toby's Estate. Quelques places assises.

🍴 **Four & Twenty Blackbirds** (zoom 4, A1, **194**) : 439 3rd Ave (et 8th), à **Gowanus**. Ⓜ (F, G, R) 4 Ave-9 St. Part de tarte env 6 $. « Le lieu où viennent les tartes lorsqu'elles meurent... » La drôle d'épitaphe sied parfaitement à ce petit salon de thé-pâtisserie tout mimi, égaré au milieu de la friche industrielle de Gowanus. À l'ardoise, de généreuses et succulentes tartes maison à engloutir goulûment autour de tables de bois et à reproduire ensuite à la maison grâce au livre de recettes édité chez Marabout (Les Délicieuses Pies des sœurs Elsen) ! Une pause gourmande dans la découverte de ce quartier en mutation.

Où boire un verre ?
Où faire une partie de shuffleboard ?

🍸 **Union Hall** (zoom 4, A1, **260**) : 702 Union St (entre 5th et 6th Ave). Ⓜ (D, N, R, W) Union St ou (B, Q) 7 Ave. Tlj 16h (13h w-e)-4h. On est obligé d'aimer l'Union Hall. Il a tout pour lui : une atmosphère fraternelle, une déco cosy qui donne l'impression de participer à une fête dans une résidence universitaire de luxe genre Harry Potter (cheminées, tapis, bibliothèques, sofas), et, cerise sur le gâteau, 2 terrains de boules (si, si !). C'est tellement inattendu qu'on en oublierait presque d'aller jeter un coup d'œil à la salle de concerts.

🍸 **Royal Palms Shuffleboard Club** (zoom 4, A1, **261**) : 514 Union St (entre Nelvins St et 3rd Ave). Ⓜ (D, N, R, W) Union St. Tlj. 40 $/h par piste. Un immense entrepôt dans lequel on a installé de grandes pistes pour jouer au shuffleboard, ce jeu populaire à New York situé quelque part entre le bowling et le curling. Déco sympa, façon fête populaire, avec fanions et ballons. Des DJs viennent donner du rythme aux joueurs, pendant que la bière artisanale coule à flots. Trop fun !

🍸 **Threes Brewing** (zoom 4, A1, **263**) : 333 Douglas St (entre 3rd et 4th Ave). Ⓜ (D, N, R, W) Union St. Lun-jeu 17h-minuit (2h jeu), ven-sam 15h-2h (midi sam), dim midi-minuit. Cette microbrasserie réputée a ouvert un vaste bar au sein même de ses

NEW YORK

installations brassicoles. Comptoir tout en longueur avec pas moins de 24 pompes, d'où jaillissent mousses maison (produites juste derrière) ou cervoises invitées. Pour les petites faims, essayez les petits burgers et le chou de Bruxelles frit, vraiment pas mal ! Vaste *Biergarten* au fond, pour trinquer au soleil. Petit café et boutique.

Où assister à un match ou à un concert ?

♪ **Barclays Center** *(zoom 4, A-B1, 262) : 620 Atlantic Ave (et Flatbush Ave).* Ⓜ *(2, 3) Bergen St ou (4, 5, B, D, N, Q, R) Atlantic Ave-Barclays Center.* ● *barclayscenter.com* ● Depuis son inauguration en 2012, la salle omnisport de 17 000 places ne désemplit pas. Les matchs de basket-ball et de hockey alternent avec les concerts de grosses pointures. Tout autour et à l'intérieur, pas mal d'options pour casser la croûte avant ou après.

Shopping

À Park Slope

⚜ **Beacon's Closet** *(zoom 4, A1, 340) : 92 5th Ave (et Prospect Pl).* Ⓜ *(2, 3) Bergen St.* Voir le descriptif de cette friperie vintage à Williamsburg. Surtout des fringues pour les filles.

⚜ **Brooklyn Industries** *(zoom 4, A1, 341) : 206 5th Ave (et Union).* Ⓜ *(R) Union St.* Voir le descriptif à Williamsburg, plus haut.

À Gowanus

⚜ **Claireware Pottery** *(zoom 4, A1, 342) : 543 Union St (et Nevins).* ☎ *718-875-3977. Horaires d'ouverture aléatoires, téléphoner avt.* Dans un ancien entrepôt d'emballage de carton, typique de Gowanus. Claire Weissberg, artiste céramiste, crée de très jolies choses, raffinées et à prix doux : mugs aux formes originales, coupelles, petits vases... Un souvenir pas banal, « made in Brooklyn » et peu encombrant.

À voir

🏛 **Brooklyn Museum** *(zoom 4, B1) : 200 Eastern Parkway (et Washington Ave).* ● *brooklynmuseum.org* ● Ⓜ *(2, 3) Eastern Parkway-Brooklyn Museum. Tlj sauf lun-mar et j. fériés 11h-18h (22h jeu et 23h 1er sam du mois sauf sept). Entrée : 16 $; réduc ; gratuit moins de 20 ans et pour ts 1er sam du mois 17h-23h. Plus cher pour les grandes expos temporaires (et horaires étendus). Billet combiné avec le Brooklyn Botanic Garden : 25 $; réduc.*
Ce fut d'abord une bibliothèque (à partir de 1823), qui prit de l'importance et devint par la suite le *Brooklyn Institute of Arts and Sciences.* Sur le site, il fut décidé, en 1897, d'élever un musée digne de la ville. Projet grandiose des architectes McKim, Mead et White sous la forme d'un bâtiment avec d'immenses façades de style néoclassique sur les 4 côtés. L'absorption de Brooklyn dans le grand New York, l'année suivante, cassa l'élan et l'enthousiasme des habitants pour leur musée : seulement un quart du projet fut réalisé.
Aujourd'hui, le Brooklyn Museum tire son épingle du jeu et se distingue habilement face aux monstres sacrés de Manhattan. Il est réputé pour ses belles collections d'art (surtout oriental et égyptien), ses *period rooms* et surtout ses *fameuses expos temporaires.* Sa muséographie très aérée, les petites aires de repos judicieusement disposées, le mélange distrayant de peinture, de sculpture et d'arts décoratifs, sans compter la diversité des collections en font un musée agréable à parcourir et plutôt « facile à lire ». Le 1er samedi de chaque mois, le musée se transforme en lieu d'échange culturel et de fête avec au programme : discussions, concert, danse... Pour avoir un bon

aperçu du musée sans trop courir, compter bien 3h de visite. Nous recommandons de commencer par le haut, pour redescendre tranquillement.

– **Au 4e étage (5th Floor) :** divisé en différentes sections thématiques qui mêlent **art américain** et histoire *(from Colonies to States),* depuis les *First Natives* jusqu'au XXe s. Voir notamment les tableaux des **fameux portraitistes du XVIIIe s :** John Singleton Copley et Gilbert Stuart, célèbre pour ses représentations de George Washington. Puis la **Hudson River School,** considérée comme le 1er style vraiment américain (quand les artistes le cherchaient encore !), avec ses grands espaces sublimés par Thomas Cole et Frederic Edwin Church. Dans la partie *XIXe s,* on retrouve les grands noms de l'époque : John Singer Sargent (le portraitiste de la haute société), William Meritt Chase, Thomas Wilmer Dewing, Frederick Childe Hassam... qui cèdent ensuite le pas à leurs homologues du **XXe s :** Bertram Hartman, Edward Hopper, Robert Delaunay, Stuart Davis, Alex Katz...

Au même niveau, une salle étonnante, le **Visible Storage** du **Luce Center for American Art :** il s'agit ni plus ni moins d'une réserve ! Accessible au grand public, elle a tout de ces cabinets de curiosités où d'improbables objets s'entassent dans les vitrines, soigneusement étiquetés. Au milieu des peintures, des sculptures et du mobilier de tous styles (beaucoup de lampes Tiffany...), on remarque aussi le prototype délirant d'un vélo dessiné en 1946 par Benjamin Bowden. Ne pas hésiter à ouvrir aussi les tiroirs pour découvrir bijoux, pièces d'argenterie, céramiques, émaux...

– **Au 3e étage (4th Floor) :** le très médiatique **Elizabeth A. Sackler Center for Feminist Art** est organisé autour d'une œuvre centrale, la fameuse installation monumentale et emblématique de Judy Chicago (une icône de l'art féministe), **The Dinner Party.** Créée en 1979, il s'agit d'une immense table triangulaire autour de laquelle sont regroupées des représentations symboliques des femmes qui ont contribué à l'histoire de leur sexe depuis la nuit des temps. Elles y sont toutes, déesses, reines, écrivaines, suffragettes, militantes, installées par ordre chronologique. Chaque set de table symbolise une femme, et chaque assiette représente une fleur stylisée qui, à mesure que l'on avance dans le temps, prend du relief et devient de plus en plus « vaginale » et « georgiao'keeffienne » ! Sappho, Hatchepsout, Aliénor d'Aquitaine, Elizabeth Ire, Virginia Woolf et Georgia O'Keefe pour conclure en beauté... Celles qui ne sont pas attablées sont citées sur le carrelage du sol.

L'autre moitié de cet étage est réservée aux **arts décoratifs des XIXe et XXe s.** On y voit, par roulement : mobilier et objets Art nouveau et Art déco, design vintage des années 1930-1990, verrerie, belle collection d'œuvres de Tiffany, amusante *Fantasy Furniture Collection...* Et surtout l'étonnante section des **period rooms,** magnifiques reconstitutions d'intérieurs de maisons américaines (XVIIIe-XXe s), qui donnent une bonne idée du quotidien en milieu rural et chez les gens aisés...

– **Au 2e étage (3rd Floor) :** superbe collection d'**antiquités égyptiennes et du Proche-Orient.** Sarcophages, momies, bijoux, statuettes, amulettes, papyrus, mosaïques, vaisselle funéraire et une très belle série d'imposants et de précieux bas-reliefs perses provenant d'Irak (notez l'écriture dite « cunéiforme », formée d'encoches de différentes tailles). Une sélection particulièrement riche pour une présentation impeccable, qui se termine par quelques rares éléments gréco-romains, comme ces petites têtes d'Alexandre le Grand, ce buste de Dionysos...

Dans la grande galerie centrale cernant la verrière, on trouve une petite sélection d'**art européen** aussi riche que variée : Della Robbia, Courbet, Monet, Corot, Rodin, Picasso, Hals, mais aussi des retables médiévaux et Renaissance... Quelques perles à dénicher donc, malgré le flou relatif de la présentation.

– **Au 1er étage (2nd Floor) :** consacré aux **arts de la Corée** d'hier et d'aujourd'hui, avec essentiellement des céramiques.

– **Au rez-de-chaussée (1st Floor) :** se trouve l'exposition permanente **Infinite Blue,** dédiée aux céramiques chinoises bleu et blanc...

IOI ⬛ 🍸 The Norm : *au rez-de-chaussée. Tlj sauf lun-mar et j. fériés 10h-17h. Plats 10-25 $.* D'un côté le **café** avec sa petite carte de sandwichs, salades, wraps... Et de l'autre, le **resto,** doté d'un menu fusion inspiré par la diversité ethnique de Brooklyn. À déguster dans une sorte de réserve du musée, entouré d'œuvres d'art dans leur châssis de rangement !

🎭🎭 🚶 ***Brooklyn Botanic Garden*** *(zoom 4, B1) : 900 Washington Ave, pas loin du Brooklyn Museum.* ● *bbg.org* ● Ⓜ *(2, 3) Eastern Parkway-Brooklyn Museum. Tlj sauf lun 8h (10h w-e)-18h (16h30 nov-fév). Entrée : 15 $; réduc ; gratuit tlj moins de 12 ans ; gratuit pour ts déc-fév en sem et tte l'année, ven avt 12h. Billet combiné avec le Brooklyn Museum : 25 $ (16 $ enfant et senior).* Créé en 1910, le jardin a été récemment réaménagé. Plus de 12 000 variétés de plantes réparties en de super-bes parcours, notamment les *Japanese Hill-and-Pond Garden,* une des plus belles collections de bonsaïs au monde, le *Fragrance Garden* (pour les non-voyants), le *Shakespeare Garden* (avec 80 plantes mentionnées dans ses œuvres ; les extraits de pièces et poèmes sont écrits devant chaque plante), etc. À côté des jardins japonais, le *Celebrity Path,* une promenade avec, au sol, des plaques portant le nom de dizaines de Brooklynites célèbres. À voir aussi, la *Tropical House,* vaste serre pour les plantes nécessitant une atmosphère humide et chaude (bambou, bananier, canne à sucre, etc.).

🎭🎭 🚶 ***Prospect Park*** *(zoom 4, A-B1-2) : Grand Army Plaza.* ● *prospectpark.org* ● Ⓜ *(2, 3) Grand Army Plaza ou (F, G) Prospect Park.*
Immense parc bucolique et vallonné de 210 ha, construit en 1866-1874 par Calvert Vaux et Frederick Law Olmsted. Les créateurs de Central Park à Manhattan décla-rèrent par la suite que Prospect Park était leur chef-d'œuvre car, contrairement à Cen-tral Park pour lequel ils avaient eu beaucoup de contraintes, celui-ci leur avait permis de réaliser leur idéal de parc naturel en plein cœur de la ville. Jouxtant 5 ou 6 quartiers avec des identités variées, Prospect Park est un vrai microcosme de Brooklyn.
Mieux vaut s'y promener le week-end pour profiter de l'animation. En semaine, il est assez désert, surtout dans sa partie est. Le week-end, au contraire, la foule des Brooklynites s'y presse : pique-niques et barbecues géants en été, matchs de base-ball, parties de *soccer* (notre football) à toute heure (des *pick up games* : les équi-pes se forment spontanément en fonction des arrivants), embarcations à pédales sur le lac de mai à octobre, concerts de tambour sur East Lake Drive, concerts au Band Shell en été pendant « Celebrate Brooklyn » (voir, plus haut, « Fêtes et mani-festations »), marché gourmet ***Smorgasburg*** *(sam-dim avr-oct, 11h-18h, 17h dim)* avec de nombreux stands de *street food,* etc.

Principales attractions
– **Prospect Park Zoo :** *450 Flatbush Ave.* ● *prospectparkzoo.com* ● *Tlj 10h-16h30 nov-mars et 10h-17h (17h30 w-e) avr-oct. Entrée : 8 $; 5 $ 3-12 ans.* 400 animaux de près de 80 espèces, parmi lesquels des chiens de prairie, babouins, pandas, paons, etc.
– **Long Meadow :** immense prairie vallonnée qui part de l'entrée de Grand Army Plaza et rejoint le Band Shell au sud. À certains endroits, on ne voit plus du tout la ville. Le rendez-vous des familles et sportifs du week-end. Il y a même une *dog beach* juste devant les terrains de base-ball.
– **Litchfield Villa :** c'est le grand palais de style toscan dressé sur une petite col-line, au niveau de Prospect Park West et 5th Street, et la plus ancienne *mansion* de Park Slope. Érigée en 1857 pour le compte d'une riche famille, elle fut intégrée dans les plans du parc par Olmsted et Vaux et accueille aujourd'hui les bureaux des parcs et jardins de New York.
– **Ravine :** à l'est de Long Meadow, la partie la plus sauvage du parc. Des sentiers défilent à travers bois, collines, étangs et cascades.
– **Friends Cemetery :** sur Quaker Hill, à l'extrémité sud de Long Meadow. Cime-tière quaker, ouvert en 1846, toujours en activité mais fermé par des grilles. L'acteur Montgomery Clift y est enterré.
– **Prospect Park Carousel :** à côté de la maison Lefferts. Superbe manège de 53 chevaux qui date des années 1900 et a commencé sa carrière dans un parc d'attractions de Coney Island.

– *Lakeside (LeFrak Center) :* location de bateaux au *boathouse.* Les rives du lac, au sud du parc, ont été récemment réaménagées en un espace récréatif comprenant deux patinoires contiguës, l'une couverte, l'autre en plein air, évolutives au fil des saisons (rollers au printemps, pataugeoire l'été, patins à glace en hiver...). Également des grasses pelouses, aires de pique-nique, promenades au bord de l'eau...

🕎 **Green-Wood Cemetery** *(zoom 4, A2) :* 5*th* *Ave (et 25*th*).* ● *green-wood.com* ● Ⓜ *(R) 25 St. Selon saison et porte, tlj 7h ou 8h à 16h ou 19h. Tour guidé en trolley mer ou dim (voir calendrier sur leur site) à 13h (20 $ pour 2h de visite) ; résa conseillée.* Cimetière ouvert en 1840, qui fut le premier parc naturel de Brooklyn. Relief vallonné avec de belles échappées sur la ville et la baie. Véritable petit musée des tombes et mausolées de style victorien, au milieu des étangs et des canards. Entrée principale sous une immense arche de style gothique. Quelques noms de célébrités enterrées ici : Henry Ward Beecher (le pasteur abolitionniste de Brooklyn Heights), Samuel Morse, les Tiffany père et fils, Lola Montes, Leonard Bernstein, Jean-Michel Basquiat.

Itinéraire dans le quartier de Park Slope

Départ du métro Ⓜ *(2, 3) Grand Army Plaza ou (B, Q) 7 Ave.*

➤ Départ de la balade au croisement de Flatbush Ave et 8*th* Ave. À l'angle de 8*th* Ave et Lincoln Place se dresse le *Montauk Club (plan Itinéraire Park Slope, 1),* datant de 1891 et inspiré de la Ca' d'Oro, palais sur le Grand Canal de Venise. Réservé aux messieurs, ce club s'est ouvert aux femmes dans les années 1930, mais elles devaient quand même entrer par la petite porte latérale, sur 8*th* Avenue. Les têtes d'Indiens, sculptées au-dessus de l'entrée sur 8*th* Avenue, rappellent que les Montauk étaient une tribu indienne de Long Island. La frise qui fait le tour des trois façades raconte leur histoire. Jeter un œil dans le hall d'entrée pour se faire une idée du bel intérieur victorien, avec ses boiseries sombres. Le club est toujours en activité, mais ses critères de sélection, autrefois fondés sur la richesse, se sont démocratisés. Il suffit, paraît-il, d'avoir une bonne morale, de ne pas être un ivrogne et de payer ses factures (sic).

> ## MARCHÉ COMMUN
>
> *Ils ont commencé tout petit, une poignée de militants alternatifs issus du bouillonnement contestataire des seventies. Aujourd'hui, la* Park Slope Food Coop, *une coopérative alimentaire autogérée, regroupe plus de 16 000 membres actifs gérant leur propre supermarché de 600 m², réservé aux seuls adhérents. Les milliers de produits distribués sont choisis en AG, chacun donne quelques heures par mois pour participer à la mise en rayon, au stockage ou tenir la caisse. Un concept qui a fait des émules jusqu'à Paris !*

➤ **Grand Army Plaza** *(plan Itinéraire Park Slope, 2) :* la place de l'Étoile version brooklynite, conçue en 1870 pour servir d'entrée d'honneur à Prospect Park. La « Grand Army » en question, c'est celle de l'Union, pendant la guerre de Sécession. L'arc de triomphe, *Soldiers and Sailors Memorial Arch,* dédié aux soldats nordistes tombés au champ d'honneur, ne vit le jour qu'en 1892. Sous la voûte de l'arche, deux bas-reliefs de Grant et Lincoln à cheval (ce dernier est une œuvre du peintre-sculpteur réaliste Thomas Eakins). Au sommet de l'arche, *Quadriga,* une sculpture de Frederick MacMonnies : un chariot tiré par quatre chevaux et guidé par Columbia, figure symbolique purement yankee qui incarne les notions de justice, d'unité et de liberté.
À voir aussi, à l'extrémité nord de la place : le buste de John F. Kennedy, le seul monument officiel de la ville de New York au président assassiné !

NEW YORK

Et si vous êtes de passage un samedi matin, faites une halte au **farmers market** qui s'y tient toute l'année (de janvier à mars, quelques producteurs seulement), histoire de grignoter un bout au comptoir d'un *food truck* et de boire un verre d'*apple cider* (rien à voir avec le cidre normand, c'est du jus de pomme).

➤ Entrez maintenant dans **Prospect Park** *(plan Itinéraire Park Slope,* **3***)* pour un petit aperçu de ce vaste poumon vert (descriptif complet plus haut). Empruntez la *Long Meadow* (« la grande prairie ») pour ressortir du parc au niveau de 3rd Street (près de la Picnic House en brique rouge). Attention en traversant la piste cyclable.

➤ Vous voici sur la prospère **Prospect Park West** *(plan Itinéraire Park Slope,* **4***)* bordant le parc. Les *mansions* cossues des années 1900 ont été converties en écoles et clubs privés. La plus ancienne, **Litchfield Villa,** est à trois blocs de là côté parc *(plan Itinéraire Park Slope,* **5***)* : lire commentaire sur Prospect Park plus haut. Emprunter 3rd Street jusqu'à 7th Avenue. L'alignement de *brownstones* donne une idée de l'élégance du quartier.

🍴 Pause possible au café **Blue Bottle** à l'angle de 7th Avenue et 3rd Street *(plan Itinéraire Park Slope,* **191***).* Lire descriptif plus haut, dans « *Coffee shops...* ».

➤ Remontez 7th Avenue sur un bloc et tournez à droite dans **2nd Street.** Très belle harmonie du n° 590 au n° 648 avec un ensemble de 26 maisons réalisées au début du XXe s par un seul et même architecte brooklynite *(plan Itinéraire Park Slope,* **6***).*

➤ Remontez Prospect Park West et tournez à gauche dans **Montgomery Place** *(plan Itinéraire Park Slope,* **7***),* qui aligne les plus beaux ensembles de *brownstone houses* de Brooklyn, et sans doute de New York. Voir en particulier, les nos 11 à 19, 21 et 25 sur le côté nord, ainsi que les nos 14-18, 36-46, 48-50 et 54-60 côté sud. Ces maisons de style *Romanesque Revival* sont toutes l'œuvre du même architecte, C. P. H. Gilbert (rien à voir avec Cass Gilbert, du Woolworth Building à Manhattan).

➤ Juste un bloc au-dessus, au 119 8th Avenue (et Carroll Street), la **Thomas Adams Jr Residence** *(plan Itinéraire Park Slope,* **8***)* de style *Romanesque Revival,* reconnaissable à ses entrées massives en forme d'arches, encadrées de pierres brutes, ainsi qu'à ses fenêtres à colonnettes. C'est la maison d'un industriel de Brooklyn qui fit fortune en commercialisant en 1872 les premiers chewing-gums modernes, à base de chiclé (substance caoutchouteuse extraite d'un arbre, le sapotier), de résine et de sirop.

RED HOOK

● Red Hook (zoom 5) *p. 349*

● Red Hook (zoom 5) *p. 349*

– **Accès en bateau-navette :** *2 options différentes, soit le* **Water Taxi Ikea Express** (● nywatertaxi.com/ikea ●) *à partir du* **Pier 11** *de Manhattan et jusqu'au magasin Ikea (pointe sud de Red Hook), avec la statue de la Liberté en ligne de mire ! En sem, départ ttes les 45 mn 14h-19h15 (dernier retour 19h35) ; w-e et j. fériés départ ttes les 50 mn 11h30-21h30 (dernier retour 21h05). Billet 5 $ l'aller simple ; gratuit moins de 5 ans et pour ts le w-e. Sinon, ligne « South Brooklyn » de* **NYC Ferry** *(● ferry. nyc ●), aussi départ du Pier 11, via DUMBO. En sem, appareillage ttes les 30 mn-1h, 7h10-21h40 (dernier retour 21h45) ; w-e et j. fériés départ ttes les 90 mn 7h15-20h45 (dernier retour 21h50). Tarif : 2,75 $ (1 $ de plus avec vélo).*
– **Bus-navette Ikea gratuit** *(● info.ikea-usa.com/brooklyn/StoreDirections. aspx ●) relie les 3 stations de métro suivantes :* Ⓜ *(F, G)* **Smith-9 St** *(la plus proche, à 1 km et 15 mn à pied), (F, N, R)* **4 Ave** *et (2, 3, 4, 5, N, R)* **Borough Hall.** *Passage ttes les 30-40 mn 11h-22h10. Accès également possible avec les* **bus**

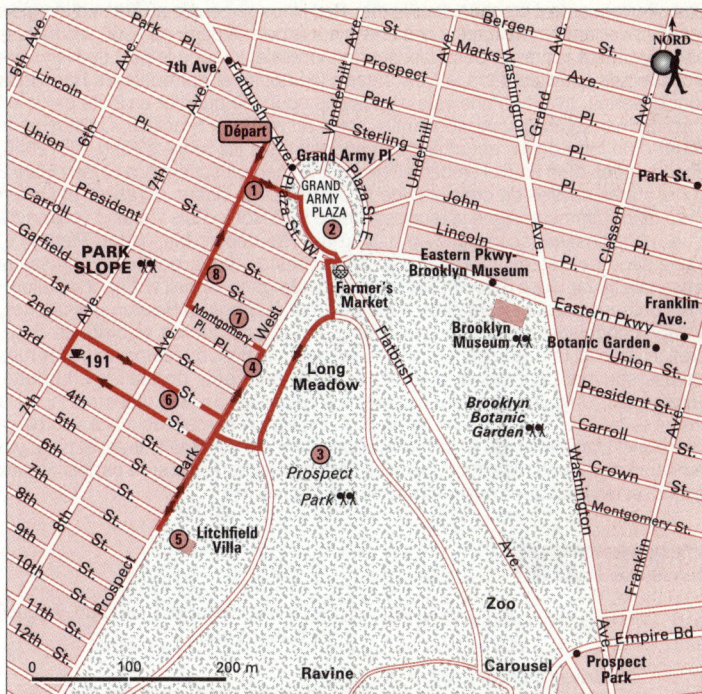

ITINÉRAIRE PARK SLOPE

1 Montauk Club		**7** Montgomery Place	
2 Grand Army Plaza		**8** Thomas Adams Jr Residence	
3 Prospect Park			
4 Prospect Park West		**Où faire une pause ?**	
5 Litchfield Villa			
6 2nd Street		**191** Blue Bottle	

publics MTA (● new.mta.info ●), *dont le* **B61** *qui relie Red Hook à Downtown Brooklyn, via Carroll Gardens et Cobble Hill (pratique pour visiter ces quartiers dans la même journée !) ; tlj ttes les 10-40 mn ; passe par Van Brunt St, l'axe principal de Red Hook. Aussi le* **bus B57** *reliant Ikea à Downtown Brooklyn, mais avec un itinéraire excentré ; tlj ttes les 20-40 mn.*
– Vélos : *plusieurs* **stations Citi-Bike** *(vélos en libre-service ;* ● citibikenyc.com ●) *dans Red Hook, notamment sur Van Brunt St.*

Situé au nord-ouest de Brooklyn et ainsi nommé depuis le XVIIe s en raison de la couleur rouge de sa terre et de son

LE PETIT SECRET DE RED HOOK

La statue de la Liberté étant orientée en direction de son pays d'origine – la France –, Red Hook demeure donc le SEUL endroit de New York où on peut la contempler de face !

avancée vaguement crochue dans la mer, Red Hook se peuple au XIXᵉ s d'Irlandais venus travailler comme marins et dockers sur le port. À partir de 1900, les Italiens leur succèdent. Après la Seconde Guerre mondiale, lorsque le port de New York recentre ses activités dans le New Jersey, les docks et entrepôts de Red Hook sont désertés, avant qu'une voie express ne coupe le quartier en 2 ; la partie en bord de mer se retrouvant désormais isolée du reste de Brooklyn. C'est alors le début d'un long déclin qui atteint son apogée dans les années 1990... En 2006, l'inauguration d'un nouvel embarcadère pour le *liner* transatlantique *Queen Mary 2* et les autres navires de croisières de la *Cunard Line, Queen Elizabeth* et *Queen Victoria,* notamment, signe la renaissance de Red Hook. Puis s'ensuit l'ouverture d'un magasin *Ikea* (accessible en bateau-navette depuis Manhattan-*Pier 11*) et d'une série de petites adresses branchées : restos, bars, boutiques, brasserie artisanale (la fameuse *Sixpoint Brewery,* élaborée dans un vieil entrepôt et aujourd'hui presque aussi célèbre que sa grande sœur, la *Brooklyn Brewery*), distilleries, *winery,* chocolatiers et même une concession d'automobiles électriques *Tesla.* Bref, il règne ici une atmosphère singulière, presque hors du temps, entre les rues pavées souvent désertes et bordées de vieux entrepôts portuaires en brique, désaffectés. Un calme ambiant à peine troublé par les cris des mouettes ! Et si la statue de la Liberté ne dominait pas le large, on aurait vraiment du mal à se croire à New York ! L'animation de Red Hook se concentre sur Van Brunt Street et principalement le week-end. Attention, certains commerces et restos sont parfois fermés le lundi et les boutiques ouvertes seulement l'après-midi.

Où manger ?

Sur le pouce, bon marché

|●| ⮑ 🕆 **Fairway Market** *(zoom 5, A2, 140) :* 480-500 Van Brunt St (et Reed). *Tlj 7h-22h. Moins de 15 $.* Superbement fourni, le plus grand supermarché de cette enseigne bobo-écolo se trouve dans un ancien entrepôt au bord de l'eau, avec vue sur la statue de la Liberté ! Superbes rayons (dont la pâtisserie...) pour se bricoler un excellent pique-nique et au fond : un appétissant *salad bar* agrémenté de soupes, de plats cuisinés, de sushis et de pizzas. Aussi une option BBQ en plein air aux beaux jours. À dévorer en terrasse à l'arrière, avec vue sur la mer.
⮑ |●| **Defonte's Sandwich Shop** *(zoom 5, B1, 141) :* 379 Columbia St (et Luquer). Tlj sauf dim 6h-16h. Moins de 15 $. Annexe d'une institution de Staten Island ouverte en 1922, cette bonne adresse a su traverser le temps et les restructurations de Red Hook. Comme les marins et les dockers de jadis, on s'y régale de monstrueux sandwichs, concoctés avec de bons ingrédients choisis dans les vitrines réfrigérées. Aussi de bons plats cuisinés à emporter pour un copieux pique-nique au bord de l'eau. Accueil gouailleur sympa !

De prix moyens à très chic

|●| 🥤 ⮑ **Hometown Bar B Que** *(zoom 5, A1-2, 142) :* 454 Van Brunt St (et Reed). ☎ 347-294-4644. Tlj sauf lun. Live music ven-sam à 19h30. Repas 20-25 $. Un grand entrepôt reconverti en temple du BBQ ! Dans la tradition du *South,* on commande au comptoir, on récupère son plateau en fer-blanc (sans assiette !), avant d'investir une tablée rustique et de mordre dans ces belles pièces de viande fumée, cuites à tout petit feu, d'où cette chair juteuse et fondante. Le *brisket* (poitrine de bœuf) est exceptionnel et les *sides* (à prendre en plus) sont savoureux. À arroser de sauces maison et de bière locale, miam !
|●| 🍴 🍷 **Fort Defiance** *(zoom 5, A1, 143) :* 365 Van Brunt St (et Dikeman). ☎ 347-453-6672. Tlj 10h (9h w-e)-minuit (15h mar). Plats 12-18 $. La bonne table du quartier, un lieu à la fois cool, populaire et *trendy.* Les coutumiers s'y pressent à l'heure du petit déj ou du *week-end brunch,* ou

MANHATTAN, PIER 11

NORD

Buttermilk Channel

Louis Valentino Jr Park & Pier

210

Pier 41

361

280

Pier 44 Waterfront Garden and Museum

140

142

360

143

211

RED HOOK

Red Hook Park

362

144

Verona

141

Pioneer Works

CARROLL GARDENS

Smith St. 9th St.

Van Brunt Stillhouse

Ikea

Halleck St.

Ⓐ **Kentler International Drawing Space**

500 m

NEW YORK

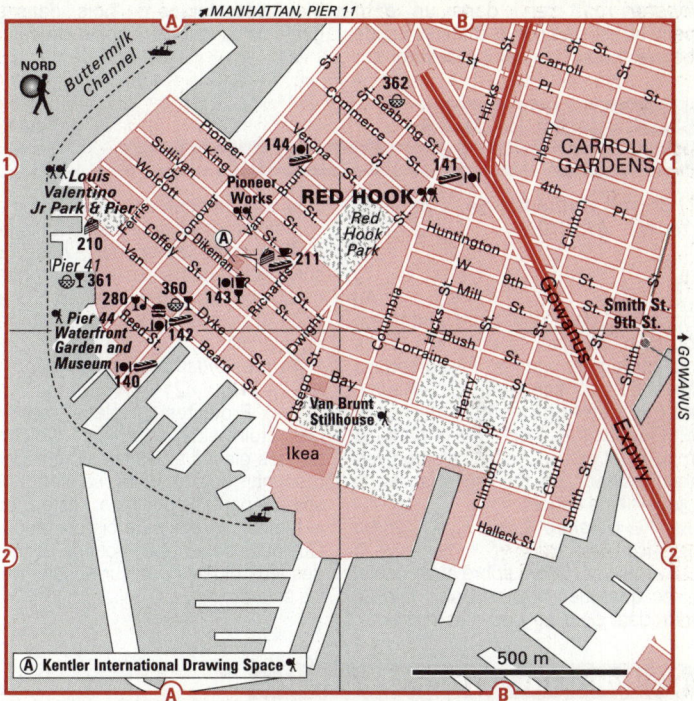

BROOKLYN – Red Hook (Zoom 5)

🍴 **Où manger ?**

- **140** Fairway Market (A2)
- **141** Defonte's Sandwich Shop (B1)
- **142** Hometown Bar B Que (A1-2)
- **143** Fort Defiance (A1)
- **144** Red Hook Lobster Pound (A1)

☕ **Où boire un café ?**
🥐 **Où déguster une pâtisserie, une glace ?**

- **210** Steve's Authentic Key Lime Pies (A1)

- **211** Baked (A1)
- **212** Ample Hills Creamery (A1-2)

🍷🎵 **Où boire un verre ? Où sortir ?**

- **143** Fort Defiance (A1)
- **280** Sunny's Bar (A1)

🛍 **Shopping**

- **360** Dry Dock (A1)
- **361** The Red Hook Winery (A1)
- **362** Raaka Chocolate Factory (B1)

le soir pour boire un verre avant dîner. Cuisine « locavore » mijotée avec de bons produits frais et locaux ; simple à midi (salade, burgers, sandwichs...) et plus élaborée le soir. Cocktails réputés, parmi les meilleurs de Brooklyn à ce qu'il paraît, ressuscitant de vieilles recettes US. Certains alcools, comme le gin, sont distillés à Brooklyn et leur *Irish coffee* est un must, gloups !

🍴 ***Red Hook Lobster Pound*** *(zoom 5, A1,* **144***) : 284 Van Brunt St (entre Verona et Visitation Pl).* ☎ *718-858-7650. Sandwichs et plats 13-28 $.* Ne manquez pas cette petite institution locale qui sert le homard le plus frais de NYC ! En provenance directe du Maine (viviers à l'entrée), il est accommodé le plus simplement possible, la vedette du menu étant le *lobster roll*, servi dans un petit pain arrosé de mayo maison ou de beurre fondu, fameux ! À dévorer sur d'épaisses tables en bois, dans un genre de hangar de pêche rustique.

NEW YORK

Où boire un café ?
Où déguster une pâtisserie, une glace ?

🍴 **Steve's Authentic Key Lime Pies** *(zoom 5, A1, 210)* : *185 Van Dyke St. À gauche au bout de la rue, juste avt le Louis Valentino Jr Park & Pier. Tlj 12h (11h w-e)-18h (19h ven-sam).* Au bord de l'eau, une autre institution du coin, plébiscitée pour ses tartes au citron meringuées, les fameuses *key lime pies* floridiennes, meilleures ici que dans bon nombre de restos en Floride ! Il faut dire que la pâte est maison (et pur beurre !) et le citron vert fraîchement râpé. Quelques tables de pique-nique dehors.

☕🍴 **Baked** *(zoom 5, A1, 211)* : *359 Van Brunt St (et Dikeman). Tlj 7h (8h w-e)-19h.* Cadre sobre et agréable, avec quelques box en bois clair. Le lieu idéal pour se poser et siroter un café accompagné de pâtisseries maison inspirées et goûteuses : cookies, muffins, brownies, scones... Aussi des sandwichs, des salades et des parts de quiche. Une adresse un rien branchée et emblématique du renouveau du quartier.

🍴 **Ample Hills Creamery** *(zoom 5, A1-2, 212)* : *421 Van Brunt St (et Beard).* Produites sur place – dans le laboratoire vitré à l'arrière –, voici de bonnes glaces artisanales crémeuses à souhait ou aux fruits, souvent relevées de parfums originaux (testez donc le fameux « Hook » de circonstance !). Quelques banquettes pour se poser et des jeux didactiques sur le sujet pour les enfants.

Où boire un verre ? Où sortir ?

🍸🎵 **Sunny's Bar** *(zoom 5, A1, 280)* : *253 Conover St (entre Beard et Reed). Tlj 16h (17h lun, 11h w-e)-4h (2h mar, minuit dim-lun). Live music quasi ts les soirs à 21h.* Ce vieux rade plus que centenaire est une institution de Red Hook. Et même plus que ça : la quintessence du *dive bar*, ici en version matelots et gros bras velus ! Chaleureux, pas cher, avec une ambiance du tonnerre chaque soir, dès que la *live music* retentit au fond de cette longue salle sombre et boisée. C'est sûr, on reviendra !

🍸 Et aussi : **Fort Defiance** (lire plus haut).

Shopping

🍷 **Dry Dock** *(zoom 5, A1, 360)* : *424 Van Brunt St (et Van Dyke). Dégustation gratuite ven-sam en fin d'ap-m.* Wine & spirits store spécialisée dans les vins, cidres et alcools locaux, avec un rayon Brooklyn notamment.

🍷 **The Red Hook Winery** *(zoom 5, A1, 361)* : *175-204 Van Dyke St (Pier 41/325 A). Tlj 12h-18h. Visite guidée gratuite (15 mn) w-e à 13h. Dégustation 10-20 $.* La 1re *winery* à s'installer à Red Hook, dont les raisins proviennent de la région de New York (Long Island et Finger Lakes essentiellement), pour une vinification sur place. Bel espace de dégustation avec canapés dans ce vieil entrepôt en brique.

🍫 **Raaka Chocolate Factory** *(zoom 5, B1, 362)* : *64 Seabring St (entre Van Brunt et Richards). Tlj 10h (12h w-e)-18h. Visite guidée en anglais (45 mn) sur résa w-e à 12h, 13h30 et 15h ; tarif : 15 $.* Réputée jusqu'à Manhattan, c'est une petite fabrique artisanale de chocolat et de tablettes aromatisées, pour autant de saveurs vraiment étonnantes ! Donne aussi des cours de fabrication *(75 $/pers)*.

À voir. À faire

🎬🎬 ∉ *Louis Valentino Jr Park & Pier* (zoom 5, A1) : *Pier 39, au bout de Van Dyke St.* Petit coin de verdure panoramique, coincé entre les vieux entrepôts portuaires en brique et la mer. La plus belle vue sur le port de New York et la statue de la Liberté, de face donc ! À dispo, quelques bancs, des pelouses pour un agréable pique-nique et une plagette, d'où l'on part explorer les environs en **kayak** (● redhookboaters.org ● ; *juin-sept seulement ; gratuit*). Également des **projections de films en plein air** (● redhookflicks.com ● ; *en été seulement*)...

🎬 ∉ *Pier 44 Waterfront Garden* (zoom 5, A1-2) : *au bout de Conover St (et Beard).* Un autre point de vue avec une plate-forme gazonnée et ses quelques bancs, stratégiquement disposés face à Miss Liberty et au Verrazano Bridge. Agréable pour pique-niquer après quelques emplettes au *Fairway Market* (voir plus haut « Où manger ? »).

🎬 *Waterfront Museum* (zoom 5, A1-2) : *290 Conover St (et Reed), Pier 44.* ● waterfrontmuseum.org ● *Ouv jeu 16h-20h et sam 13h-17h (bien vérifier avt). GRATUIT, mais donation bienvenue.* Insolite petit musée installé dans une barge en bois lancée en 1914. Des centaines d'embarcations de ce type qui transportaient les marchandises dans le port de New York jusque dans les années 1960, elle demeure l'unique rescapée ! Son proprio nous fait la visite guidée en anglais de ce hangar flottant, qu'il a racheté 1 $ symbolique en 1985 et dans lequel il vit, avec quelques objets de marine...

🎬 🍸 *Van Brunt Stillhouse* (zoom 5, A2) : *6 Bay St (et Otsego).* ● vanbruntstillhouse.com ● *Dégustation et vente, jeu-dim 16h (14h w-e)-21h (20h dim). Visite guidée en anglais (1h) sur résa, sam à 15h, 16h, 17h, 18h et 19h ; dim à 14h, 15h et 16h ; tarif : 10 $, dégustation comprise.* Les taxes sur l'alcool sont de moins en moins élevées à New York, d'où l'éclosion de petites distilleries artisanales comme celle-ci, spécialisée dans les whiskies. Seigle et maïs viennent des fermes de la région et l'eau des Catskills... Également du rhum. À déguster pur ou en cocktails *(10 $)* dans un charmant petit salon vintage, avec son poêle qui crépite en hiver.

🎬🎬 *Pioneer Works* (zoom 5, A1) : *159 Pioneer St (et Conover).* ● pioneerworks.org ● *Mer-dim 12h-18h. GRATUIT, mais donation bienvenue.* Flanqué d'un gentil jardin, ce vieil entrepôt monumental en brique abrite une pépinière d'artistes qui organisent des expos temporaires régulières, mais aussi des concerts, des spectacles de danse... Une adresse bien dans la mouvance du renouveau de Red Hook.

🎬 *Kettler International Drawing Space* (zoom 5, A1) : *353 Van Brunt St (et Wolcott).* ● kentlergallery.org ● *Jeu-dim 12h-17h. GRATUIT, mais donation bienvenue.* C'est une galerie consacrée au dessin et qui expose par roulement des artistes du genre. Une petite adresse intéressante et avec laquelle il faut compter dans le quartier.

CONEY ISLAND ET BRIGHTON BEACH

● Brooklyn – Plan d'ensemble *p. 303*

Pour vous rendre en **métro** *à Coney Island :* Ⓜ *(D, F, N, Q) Coney Island-Stillwell Ave. Infos :* ● coneyisland.com ●

🎬🎬 Eh ! les cinéphiles, vous vous rappelez *Coney Island,* le film tourné avec Buster Keaton, le seul de toute sa carrière où on le voit rire aux éclats ? L'antique parc d'attractions *Astroland,* avec ses attractions *old school* pleines de charme, a malheureusement fini par fermer ses portes en 2008. Trop vieux sans doute... Il a rouvert depuis sous forme de *Luna Park,* avec une vingtaine d'attractions ins- pirées du modèle original. En été, le Brooklyn populaire se retrouve à Coney Island : on se balade sur les planches (façon Deauville en plus popu), on avale des hot- dogs de chez *Nathan's Famous* et on fait bronzette sur la vaste plage. N'oubliez pas votre maillot ni votre appareil photo ! Authen- tique... et surréaliste.

NEW YORK VAUT BIEN UN HOT-DOG !

Nathan's, *le célèbre snack centenaire de Coney Island, n'est pas seulement légen- daire pour avoir servi une ribambelle de célébrités. D'après Nelson Rockefeller, ancien gouverneur de New York, aucun candidat n'aurait eu la moindre chance d'être élu sans avoir été au préalable pho- tographié chez* Nathan's... *l'incontourna- ble hot-dog à la main ! Sacrée Amérique !*

Où manger ? Où boire un verre ?

NEW YORK

🍽 **Nathan's Famous** *(plan d'ensemble, 170)* : *1310 Surf Ave (et Stillwell Ave), à* **Coney Island.** Ⓜ *(D, F, N, Q) Coney Island-Stillwell Ave. Plats 5-16 $. Nathan's* est devenu une chaîne de fast-foods mais reste pour beaucoup un *landmark,* c'est-à-dire un monument historique. Il faut dire que la maison fut fondée en 1916, qu'elle a rassasié bon nombre de célébrités, d'Al Capone à Rudolph Giuliani en pas- sant par le président Roosevelt, Cary Grant et Jackie Kennedy, qui se faisait livrer à la Maison Blanche ! Même si le cadre est moche, le hot-dog se laisse manger, surtout sur la promenade, le nez au vent, comme toutes les familles d'habitués ! Aussi des burgers, des *chicken wings,* sans oublier le coin *sea- food* avec d'étonnantes... *frog legs* !

Pizzeria Totonno's *(plan d'ensemble, 171)* : *1524 Neptune Ave (et W 16th), à* **Coney Island.** ☎ 718- 372-8606. Ⓜ *(D, F, N, Q) Coney Island- Stillwell Ave. Tlj sauf lun-mar 12h-20h. Grandes pizzas 19-22 $ (bien pour 2 pers).* Une autre institution locale que cette pizzeria ouverte en 1924 par une famille d'immigrés napolitains. Avant ça, « Totonno » l'aïeul s'était déjà fait la main comme pizzaïolo chez *Lombardi*

à SoHo ! Ses héritiers sont toujours aux manettes pour servir dans des assiet- tes en plastique et dans un décor hors d'âge de grandes pizzas croustillantes, à la pâte fine mais bien garnie. Simple et authentique.

🍽 **Varenichnaya** *(plan d'ensemble, 172)* : *3086 Brighton 2nd St (et Brigh- ton Beach Ave), à* **Brighton Beach.** ☎ 718-332-9797. Ⓜ *(Q) Ocean Parkway. Plats 5-13 $.* En plein *Little Odessa,* c'est un tout petit resto russe où l'on s'assoit devant la TV avec les habitués. L'assiette, tout comme l'ambiance, offre un dépaysement total : *pelmeni* et *vareniki* (raviolis) four- rés à la cerise, bortsch (potage), *blint- zes* (crêpes), kebabs et sans oublier le *beefstrogonoff,* plus connu... Mon tout mijoté simplement mais avec goût et servi avec le sourire. Étonnant !

🍸 **Coney Island Brewery** *(plan d'ensemble, 173)* : *1904 Surf Ave (et W 17th), à* **Coney Island.** Ⓜ *(D, F, N, Q) Coney Island-Stillwell Ave. Ven-dim 12h-20h.* Un petit comptoir vintage attenant aux cuves Inox, dans lesquel- les fermentent les bières artisanales produites sur place, dont la fameuse *Mermaid Pilsner* qui cartonne ! Gentille terrasse aux beaux jours.

Shopping

🍬 **Williams Candy** *(plan d'ensem- ble, 170)* : *1318 Surf Ave (et W 15th), à* **Coney Island.** Ⓜ *(D, F, N, Q) Coney* *Island-Stillwell Ave.* Incroyable petit magasin qui fleure bon le sucre à pleine narine ! Spécialités de pommes

d'amour et de bâtonnets de marshmallow enrobées de petits bonbons multicolores, pop-corn et autres glaces... ⚜ I●I *Gourmanoff (plan d'ensemble, 174) : 1029 Brighton Beach Ave (et Brighton 11th), à* **Brighton Beach.** Ⓜ *(B, Q) Brighton Beach. Tlj 9h-minuit.* Installé

au rez-de-chaussée d'un théâtre, c'est un curieux supermarché regorgeant de produits russes. Aussi un *salad bar* et un appétissant buffet de plats cuisinés russes. À engloutir sur les quelques tables après les caisses. Dépaysant !

À voir. À faire

🏃🏃 🏃 *Luna Park : 1000 Surf Ave (et W 10th), à* **Coney Island.** ● lunaparknyc. com ● Ⓜ *(Q, F) W 8 St ou (D, F, N, Q) Coney Island-Stillwell Ave. Avr-oct seulement (j. d'ouverture et horaires variables, voir le site web). Pass adulte (attractions illimitées) 69 $; enfant 42 $; réduc sur site web.* C'est la version rénovée de la fameuse fête foraine de Coney Island qu'on a si souvent vue au cinéma. La plus vieille montagne russe des USA (1927) – le *Cyclone* – est toujours là, heureusement réhabilitée et sécurisée. Sinon, une foule d'autres attractions à sensations fortes, le pompon étant le *Thunderbolt Rollercoaster* : un grand 8 dernier cri avec une énorme chute verticale ! Mieux vaut avoir le cœur bien accroché et surtout ne pas s'être empiffré de hot-dogs chez *Nathan's Famous* juste avant... Les ados y trouveront leur compte mais les jeunes enfants aussi, avec des manèges bien plus pépères et rigolos comme tout...

🏃🏃 *Brighton Beach et Little Odessa : à l'extrême sud de Brooklyn.* Ⓜ *(B, Q) Brighton Beach.* Quartier traditionnel de l'immigration juive de l'ex-Union soviétique et plus largement de tous les émigrés russophones depuis les seventies, très bien dépeint par le cinéaste James Gray dans ses films, *Little Odessa* et *Two Lovers*. Singulier et intéressant. À voir surtout, la plage et Brighton Beach Avenue : géographiquement la même que celle de Coney Island mais sociologiquement totalement différente. On se croirait dans une station balnéaire d'Europe de l'Est. Plutôt désertées en hiver, les planches sont arpentées par des familles russes entières en été (surtout le week-end), qui vont manger dans les restos en terrasse. Ambiance « Yiddishland » avec tous les papis et mamies assis au soleil face à la mer. Populaire au sens large et un peu désuet.
À 3 mn à pied derrière la plage, Brighton Beach Avenue demeure l'artère commerçante de Little Odessa. La ligne de métro aérien qui l'assombrit lui confère un aspect très cinématographique. Les locaux y font leurs courses dans des petites boutiques aux vitrines couvertes exclusivement de caractères cyrilliques et se rendent aussi aux *bains russes Mermaid Spa (3703 Mermaid Ave ; ● seagatebaths.com ●)* à l'autre bout de Coney Island... Vraiment étonnant !

LE BRONX

● Plan p. 356-357

Le seul *borough* de New York posé sur la terre ferme. Symbole de la plus extrême pauvreté urbaine, le Bronx s'est attelé depuis de longues années, lui aussi, à sortir de son marasme. Il a enregistré d'impressionnants succès et nombre de New-Yorkais sont stupéfaits des changements. En particulier dans le désormais emblématique *South Bronx – SoBro –* qui fut longtemps un no man's land, touché de plein fouet par la crise des années 1970-1980. Les immeubles délabrés, les quartiers en ruine, où la drogue faisait des ravages, ont quasi disparu. De nouveaux buildings commerciaux s'élèvent,

des artistes s'installent dans d'anciens entrepôts, de même que plusieurs brasseries et distilleries qui arrosent désormais tous les bars de Manhattan... De petits quartiers pavillonnaires proprets ont remplacé les *slums* (taudis), habités par une nouvelle classe moyenne qui n'avait plus les moyens de résider à Manhattan. Des sièges sociaux aussi reviennent s'y établir, alors que les fameux studios *Silvercup* (*Les Soprano, Gossip Girl, Sex and the City*) ont créé sur place une succursale avec son lot

LES GLADIATEURS DU BRONX

La fameuse casquette des Yankees, l'équipe de base-ball du Bronx (la plus titrée d'Amérique), avec les lettres N et Y entrelacées, est un des produits dérivés le plus vendu au monde ! Des légendes ont joué dans ses rangs, notamment Joe DiMaggio, l'un des maris de Marilyn Monroe. Et le Yankee Stadium, le plus grand et le plus vieux stade de la ligue (reconstruit en 2009 juste à côté de l'ancien), a accueilli aussi bien les visites papales que Mohammed Ali sur le ring, ou Nelson Mandela après sa libération ; un vrai sanctuaire !

d'embauches ; sans oublier les activités relancées du port sur l'East River... On a du mal à imaginer aujourd'hui qu'aux XVIIe-XVIIIe s c'était un paysage de campagne, avec des fermes et des marais ! Bref, la « gentrification » est bel et bien amorcée et les investisseurs immobiliers tentent même de faire renommer une partie de *SoBro* en « Piano District » (en référence aux manufactures de piano), au grand dam des associations locales qui veulent sauvegarder l'âme populaire du quartier, et surtout leurs logements. Le Bronx n'est pas encore Brooklyn !

La population, ici aussi, est multiethnique. Les premiers immigrants étaient irlandais, italiens et hollandais. Aujourd'hui, la population est bigarrée – avec une large majorité noire et hispanique –, et le nombre de langues parlées impressionnant.

Et concernant la sécurité ? Rassurez-vous, si vous restez dans les rues animées et les quartiers indiqués, très familiaux, vous n'avez aucun souci à vous faire. Si, bien sûr, vous adoptez la tenue et l'attitude adéquates : pas d'appareil photo autour du cou ni de bijoux clinquants !

En descendant à la station *Fordham Road* (lignes n° 4 ou D), empruntez l'artère du même

LE BRONX, BERCEAU DU HIP-HOP

Le hip-hop est né dans le South Bronx des 70's, étranglé par la criminalité, la délinquance et la drogue. Ce grand mouvement de créativité et d'émancipation devient le langage de la jeunesse. État d'esprit, philosophie, le hip-hop se manifeste sous différentes formes : le rap, le mix, le break dance et le graffiti. Deux DJs, Kool Herc et Afrika Bambaataa, organisent des block parties (fêtes de rue) où ils expérimentent leurs mix. Ils sont considérés aujourd'hui comme les pères fondateurs du mouvement. En commençant ses chansons par « I said the Hip, the Hop... », un autre DJ du Bronx, Lovebug Starski, va populariser l'expression.

nom, *Jerome Avenue* ou *Grand Concourse* ; vous aurez un peu l'impression d'être à Barbès, avec les nombreux magasins qui débordent sur les trottoirs, les vendeurs ambulants et une foule qui n'en finit pas de circuler ; le tout aux sons du R'n'B et du rap strident !

Ce *borough* renferme aussi d'autres richesses, comme un jardin botanique époustouflant, l'un des plus grands zoos du monde, un remarquable *Museum of the Arts*, une authentique et délicieuse *Little Italy*, le dernier vrai quartier italien de New York, tout sauf touristique... et même la maison d'Edgar Allan Poe. Inattendu, tout ça !

Infos utiles

– *Sites internet :* ● *ilovethebronx. com* ● est le site officiel du *Bronx Tourism Council*. Très complet, avec une sélection de tours guidés thématiques originaux, axés sur la musique (le hip-hop entre autres, officiellement né ici), l'architecture, les communautés du Bronx, le mythique Yankee Stadium, etc. Aussi ● *bronxhistoricalsociety. org* ● pour être incollable sur l'histoire du quartier, et tout connaître de ses *landmarks*.

Où manger ? Où déguster une pâtisserie à Little Italy ?

Important : nos adresses sont *à touche-touche sur 187th St et Arthur Ave.* Ⓜ *(B, D, 4) Fordham Rd (à l'ouest) ou (2, 5) Pelham Parkway (à l'est), puis bus Bx12 jusqu'à « E Fordham Rd-Hoffman St » ; de là, descendre à pied Arthur Ave. Autre solution : depuis la gare Grand Central Terminal, prendre la Metro-North Railroad – direction Wassaic (Harlem Line) – jusqu'à « Fordham » ; puis 500 m de marche jusqu'à Arthur Ave.*

Sur le pouce, bon marché

🥖🍴 *Madonia Bakery (plan Bronx, zoom, 20) : 2348 Arthur Ave (entre Crescent Ave et 186th). Tlj 6h-19h (7h-18h dim). Moins de 10 $. CB refusées.* Tout a commencé ce jour de 1918 où Mario Madonia débarqua de sa Sicile natale, avec l'ambition d'ouvrir une boulangerie ! Aujourd'hui, l'activité est perpétuée par la 3e génération, avec les mêmes recettes et savoir-faire. Et si la devanture de cette institution locale ne paie pas de mine, ses pains artisanaux, ses *focacce,* ses *biscotti* et autres petits gâteaux traditionnels offrent une étape de choix pour les gourmands !

🥖 *Full Moon Pizza (plan Bronx, zoom, 21) : 600 E 187th St (et Arthur Ave). Part env 5 $.* De bonnes pizzas grandes comme des roues de camion, vendues à la part ou entières et englouties illico par des hordes d'habitués, sur quelques tables et chaises. Bien et pas cher !

🍴🍷 *Artuso Pastry (plan Bronx, zoom, 22) : 670 E 187th St (entre Beaumont et Cambreleng Ave). Tlj 7h-20h30 (21h ven, 18h30 dim). Moins de 10 $.* Autre institution du quartier, cette vieille pâtisserie italienne mitonne de délicieux biscuits traditionnels de la Grande Botte, mais aussi une foule de douceurs dans le goût du pays d'Oncle Sam ! Quelques tables pour grignoter en sirotant un café ; un œil sur la vie de la pittoresque Little Italy, à travers les baies vitrées.

De prix moyens à très chic

🍽🥖 *Tino's Delicatessen (plan Bronx, zoom, 23) : 2410 Arthur Ave (entre 187th et 188th). Tlj 6h30-19h30. Plats 6-15 $.* Plus de 50 ans d'expérience pour cette épicerie fine-traiteur ! Jambons, fromages, copieuses salades, plats cuisinés, lasagnes, pizzas, omelettes, sandwichs à composer soi-même, etc. ; tout est frais ou importé d'Italie, préparé dans les règles et servi copieusement. Une adresse d'habitués qui investissent les tables et chaises dépareillées dans une ambiance bon enfant. On aime !

🍽🥖 *Roberto's (plan Bronx, zoom, 24) : 603 Crescent Ave (et Hughes Ave). Tlj sauf dim. Plats 20-30 $.* Réputé de longue date, ce resto à l'atmosphère un tantinet chic – sous d'élégantes voûtes – fait souvent salle comble. Il faut préciser que le chef exigeant travaille ses produits frais avec talent pour mitonner de délicieuses et authentiques spécialités de Positano et de Salerno. Accueil sympa. Bref, un grand classique de Little Italy ! Le proprio a ouvert une trattoria moins chère, *Zero Otto Nove (plan Bronx, zoom, 25 ; 2357 Arthur Ave ; tlj sauf lun),* prisée aussi des locaux pour son décor recréant une place de village, et ses pizzas.

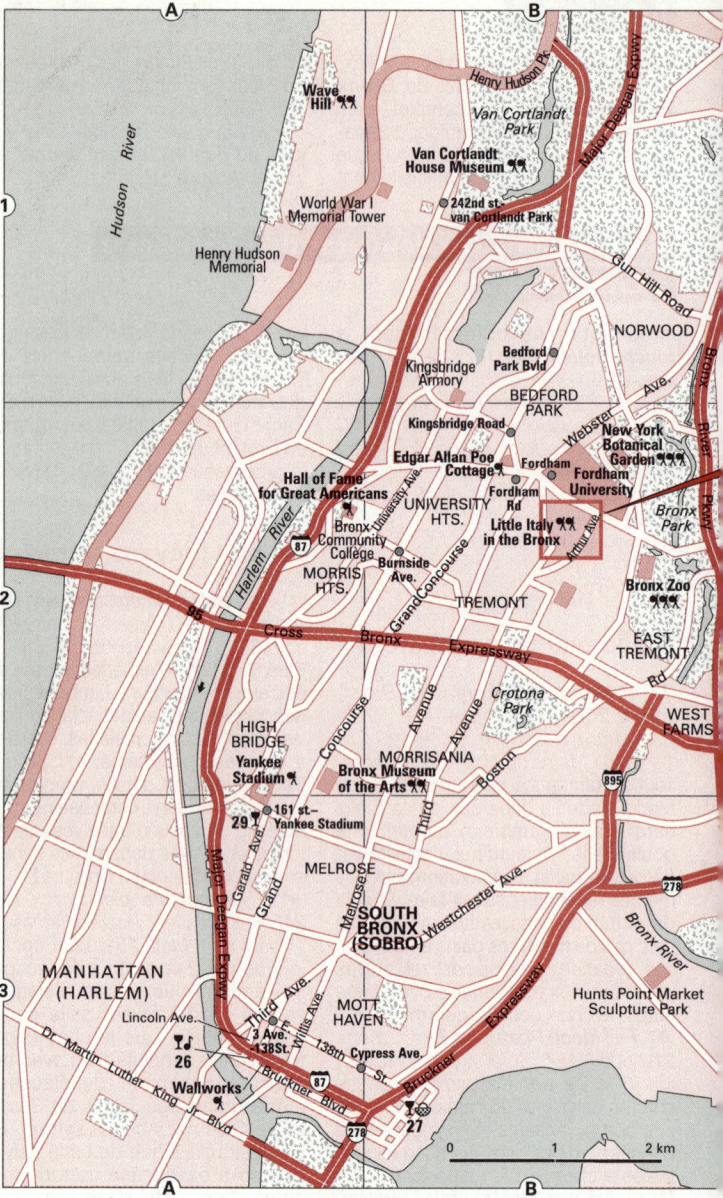

Hudson River

Henry Hudson Pk.

Van Cortlandt Park

Wave Hill

Van Cortlandt House Museum

World War I Memorial Tower

242nd st. Van Cortlandt Park

Henry Hudson Memorial

Gun Hill Road

NORWOOD

Kingsbridge Armory

Bedford Park Blvd

BEDFORD PARK

Kingsbridge Road

Edgar Allan Poe Cottage

Fordham

Webster Ave.

New York Botanical Garden

Hall of Fame for Great Americans

Fordham Rd

Fordham University

Bronx Park

UNIVERSITY HTS.

Little Italy in the Bronx

Bronx River

Bronx Community College

Burnside Ave.

MORRIS HTS.

Grand Concourse

Bronx Zoo

Harlem River

TREMONT

EAST TREMONT

Cross Bronx Expressway

WEST FARMS

Crotona Park

HIGH BRIDGE

Concourse Avenue

Avenue

Boston

Yankee Stadium

MORRISANIA

Bronx Museum of the Arts

Third

161 st. Yankee Stadium

29

Gerard Ave.

MELROSE

Grand

Westchester Ave.

Bronx River

MANHATTAN (HARLEM)

SOUTH BRONX (SOBRO)

278

Hunts Point Market Sculpture Park

Lincoln Ave.

MOTT HAVEN

Third Ave.

3 Ave. 138St.

Dr. Martin Luther King Jr. Blvd

135th St.

Cypress Ave.

26

Willis Ave.

Bruckner Expressway

Wallworks

Bruckner Blvd.

87

27

278

0   1   2 km

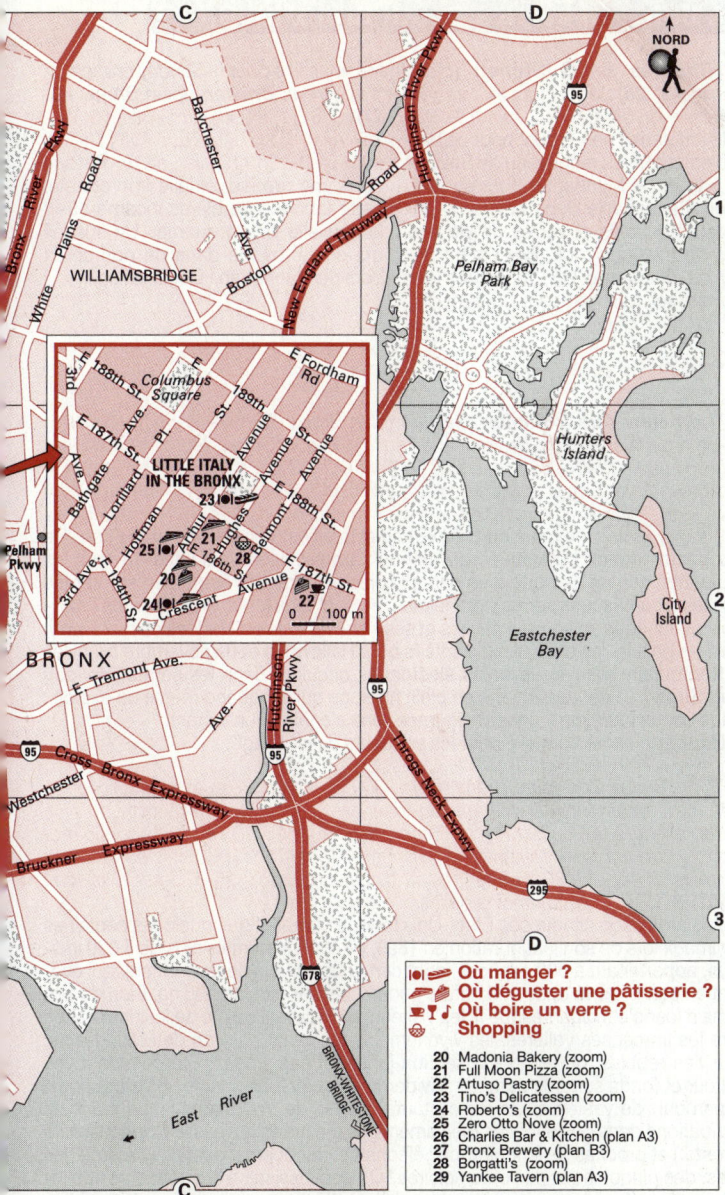

NORD

WILLIAMSBRIDGE

Pelham Bay Park

Hunters Island

LITTLE ITALY IN THE BRONX

Columbus Square

E Fordham Rd

23

25 21
28

20

24 22

0   100 m

BRONX

E. Tremont Ave.

Pelham Pkwy

Eastchester Bay

City Island

Cross Bronx Expressway

Westchester

Bruckner Expressway

Hutchinson River Pkwy

Throgs Neck Expwy

BRONX WHITESTONE BRIDGE

East River

|◉| 🍖 **Où manger ?**
🥐🍰 **Où déguster une pâtisserie ?**
🍷♪ **Où boire un verre ?**
🛍 **Shopping**

20 Madonia Bakery (zoom)
21 Full Moon Pizza (zoom)
22 Artuso Pastry (zoom)
23 Tino's Delicatessen (zoom)
24 Roberto's (zoom)
25 Zero Otto Nove (zoom)
26 Charlies Bar & Kitchen (plan A3)
27 Bronx Brewery (plan B3)
28 Borgatti's (zoom)
29 Yankee Tavern (plan A3)

LE BRONX

Où boire un verre à South Bronx (SoBro) ?

♪ Charlies Bar & Kitchen (plan Bronx, A3, **26**) : *112 Lincoln Ave (et Bruckner Blvd).* Ⓜ (6) 3 Ave-138 St. Belle ambiance néo-indus' pour ce bar emblématique du renouveau de SoBro. On y vient de Manhattan pour se dire qu'on s'encanaille dans le Bronx, en sirotant cocktails et verres de vin sur fond de musique rock. Également un peu de cuistance US, mais pas de quoi casser trois pattes à un canard !

Musique live pour le *Sunday brunch*.

Bronx Brewery (plan Bronx, B3, **27**) : *856 E 136th St (entre Walnut et Willow Ave).* Ⓜ (6) Cypress Ave. Tlj 15h (12h w-e)-19h (20h jeu-sam). Perdue dans une rue industrielle improbable, cette fabrique de bières incarne aussi la nouvelle vie du quartier. Un succès qui coule jusque dans de nombreux bars de Manhattan ! Dégustation.

À voir

New York Botanical Garden (plan Bronx, B2) : *2900 Southern Blvd.* ● nybg.org ● À env 20 mn de Manhattan en train depuis Grand Central Terminal par la ligne de train Metro-North Rairoad (Harlem Line), jusqu'à « Botanical Garden ». Tlj sauf lun (mais ouv la plupart des lun fériés) 10h (9h sam)-18h (17h de mi-janv à fév). Entrée (jardin + attractions) : 23-28 $ selon sem ou w-e ; 10-12 $ pour les 2-12 ans ; réduc. Une perle du Bronx ! Immense, il est considéré comme l'un des plus beaux jardins botaniques du monde : arbres, fleurs délicates de tous les continents, rien ne manque à sa panoplie, les plus fragiles étant bien sûr abrités dans les gigantesques serres victoriennes recréant tous les environnements imaginables. À chaque saison ses plaisirs et ses « shows » : les orchidées en mars-avril, les roses en juin, les citrouilles sculptées pour Halloween et de novembre à janvier, l'extraordinaire festival de trains électriques circulant dans les serres **(Holiday Train Show)**... Féerique, même en plein hiver, ce qui est quand même un exploit ! Et aux beaux jours, on y passe la journée sans s'ennuyer un instant.
Boutique exceptionnelle pour les amateurs de jardinage.

Bronx Zoo (plan Bronx, B2) : *2300 Southern Blvd.* ● bronxzoo.com ● Ⓜ (2, 5) E Treamont Ave-W Farm Sq (panneaux en sortant du métro) ; ou plus rapide, prendre le bus BxM11 sur Madison Ave (entre 26th et 99th), puis direct jusqu'au zoo (infos : ● mta.info ●). Avr-oct, tlj 10h-17h (17h30 w-e et j. fériés) ; nov-mars, tlj 10h-16h30. Entrée (ttes attractions incluses) : 25-37 $ selon saison ; 18-27 $ 3-12 ans ; gratuit moins de 2 ans. Le plus grand zoo citadin des États-Unis ! S'il ne comptait que quelques centaines d'animaux lors de son inauguration en 1899, ce sont désormais plus de 6 000 individus, appartenant à 600 espèces (dont certaines en voie de disparition), qui évoluent en semi-liberté dans une nature généreuse, sur plus de 100 ha. Plan du zoo en main (car c'est gigantesque !), les visiteurs se baladent au gré de leur inspiration entre les immenses volières, les vivariums, le fascinant pavillon de Madagascar, celui des reptiles, ou encore la section jungle et ses singes. Été comme hiver, touffeur et fonds sonores garantis ! Évidemment, entre les principales attractions, on parcourt de vastes étendues où toutes sortes de troupeaux vaquent à leurs occupations dans des espaces bien aménagés (ne manquez pas la **Congo Gorilla Forest...**) et proches de leur biotope : éléphants, rhinocéros, girafes, et même des tigres, des pingouins et des ours polaires ! On peut assister à leur repas : n'oubliez pas de consulter les horaires. Aussi un cinéma 4D. Et aux beaux jours, possibilité de visiter la partie Asie en monorail, de se balader à dos de dromadaire, ou de prendre le *shuttle* (un petit train). Mais ne boudez pas pour autant le zoo en hiver, car on y observe en extérieur beaucoup d'animaux qui ne craignent pas le froid (tigres, grizzlys, ours, bisons, rennes, lions de mer...), avec peu de visiteurs !

🌟🍴 **Little Italy in the Bronx** *(plan Bronx, B2) :* Ⓜ *(B, D, 4) Fordham Rd (à l'ouest) ou (2, 5) Pelham Parkway (à l'est), puis bus Bx12 jusqu'à « E Fordham Rd-Hoffman St » ; de là, descendre à pied Arthur Ave. Autre solution : depuis la gare Grand Central Terminal, prendre la Metro-North Railroad – direction Wassaic (Harlem Line) – jusqu'à « Fordham » ; puis 500 m de marche jusqu'à Arthur Ave.* Loin du décor d'opérette du Little Italy de Manhattan, qui n'est plus aujourd'hui que l'ombre de lui-même, le Bronx abrite depuis près d'un siècle un autre quartier italien qui a su rester authentique. Certes, c'est très excentré, mais la balade vaut le coup si vous avez du temps ! Des *mamas* italiennes qui font la causette sur leur perron, des boutiques vénérables qui sentent bon le fromage et la charcuterie, du bel canto ou du Sinatra qui s'échappe de certaines fenêtres... et évidemment aucun touriste ! Vraiment sympa. Attention, tout est fermé le dimanche, préférez donc le samedi.

🍴 **Borgatti's** *(plan Bronx, zoom, 28) : 632 E 187ᵉ St (entre Belmont et Hughes Ave). Tlj 8h30-17h (15h lun), 9h-14h dim.* En plein Little Italy, c'est une petite boutique familiale incroyable ! En vraie gardienne des traditions, la maison – ouverte en 1935 – vend ses pâtes fraîches dont la recette n'a pas varié depuis des temps immémoriaux. Elles sont fabriquées sous vos yeux éblouis par autant de simplicité, puis vendues au poids.

🍴 **Edgar Allan Poe Cottage** *(plan Bronx, B2) : Poe Park, E Kingsbridge Rd (et Grand Concourse ; au niveau de 193ʳᵈ). ● bronxhistoricalsociety.org ● Ⓜ (B, D) Kingsbridge Rd. Seulement sam 10h-16h et dim 13h-17h. Entrée : 5 $; réduc.* Difficile à imaginer, mais c'est pourtant dans cette petite maison en bois – plantée dans un petit parc urbain – que vécut le grand poète, traduit en français par Charles Baudelaire. Elle paraît aujourd'hui bien fragile dans son petit bout de jardin public, protégée par des grilles. De 1846 à 1849, Edgar Allan Poe s'y retira avec Virginia, son épouse malade. Il y demeura encore quelque temps après la mort de celle-ci, et s'employa à rédiger *Annabel Lee, The Bells* et *The Cask of Amontillado.* Les fans transis verront des meubles d'époque, modestes, mais certains ont réellement appartenu à l'écrivain.

🍴🍴 **Van Cortlandt House Museum** *(plan Bronx, B1) : Van Cortlandt Park, 6036 Broadway (et 246ᵗʰ). ● vchm.org ● Ⓜ (1) Van Cortlandt Park-242 St. Tlj sauf lun 10h (11h w-e)-16h. Entrée : 5 $; réduc ; gratuit moins de 12 ans, et donation libre mer.* À 200 m du métro, au début de ce beau parc, voici la plus ancienne demeure de New York, édifiée en 1748 par Van Cortland, un riche marchand de grain. Belle pierre de taille, pur style géorgien. La maison servit de PC à Washington, Rochambeau et Lafayette avant la bataille de Manhattan en 1783. Peu de modifications intérieures, belles cheminées, les planchers craquent, elle a retrouvé une grande partie de son mobilier d'origine et dégage une atmosphère romantique à souhait.

🍴🍴 🚶 **Wave Hill** *(plan Bronx, A1) : W 249ⁿᵈ St et Independence Ave. ● wavehill. org ● Ⓜ (1) Van Cortlandt Park-242 St (terminus de la ligne), puis navette gratuite devant le Burger King ttes les heures 9h10-15h10 ; retour 10h-16h. Tlj sauf lun (mais ouv certains lun fériés) 9h-16h30 (17h30 de mi-mars à oct). Entrée : 10 $; réduc ; gratuit moins de 6 ans, et pour ts mar et sam, 9h-12h seulement.* Ce jardin paisible bordant l'Hudson est considéré comme l'un des secrets les mieux gardés de New York ! Première surprise, le quartier résidentiel de *Riverdale*, que l'on traverse pour arriver à Wave Hill : vallonné, cossu, bordé d'élégantes maisons du XIXᵉ s, on est loin des clichés du Bronx ! Pour la petite histoire, JFK a grandi ici, dans la propriété à l'angle de 252ⁿᵈ Street et Independence Avenue... Mais revenons à notre jardin, qui s'étire autour de la *Wave Hill House*, la maison de campagne (1843) d'une famille aisée ; servant aussi de résidence ponctuelle à Theodore Roosevelt, Mark Twain et Arturo Toscanini. Luxuriant, de style très anglais, le jardin est composé d'une dizaine d'ambiances différentes : serre, galerie d'art, jardin aquatique, alpin, sauvage... Une véritable oasis de verdure, avec vue plongeante sur l'Hudson River et les *Palisades,*

NEW YORK

ces falaises du New Jersey juste en face. Difficile de se croire à New York, même au cœur de l'été, car, en prime, le parc n'est jamais bondé !

⊗ *Boutique* spécialisée dans l'artisanat local : bijoux créés par des designers de Riverdale, miel de Wave Hill, etc.

|●| ☕ *The Café at Wave Hill :* dans la maison du parc qui accueille aussi des concerts. Soupes, salades, sandwichs à grignoter aussi sur la belle terrasse. Salon de thé l'après-midi.

🏈 *Yankee Stadium* *(plan Bronx, A2-3) : 1 E 161ˢᵗ St (et River Ave). ● newyork.yan kees.mlb.com ● Ⓜ (4, B, D) 161 St-Yankee Stadium.* Reconstruit juste à côté du vieux et mythique stade ouvert en 1923 (désormais transformé en parc). Vente de billets en ligne, ou dans les *Yankees Clubhouses Shops* (plusieurs points de vente à Manhattan). L'un d'eux se trouve d'ailleurs sur place *(gate 6, au pied du stadium)*, proposant notamment les fameuses casquettes *New Era* portant les mythiques lettres « NY » entrelacées, logo des Yankees. Voir aussi la rubrique « Sports et loisirs » dans « Hommes, culture, environnement ».

🍸 *Yankee Tavern (plan Bronx, A3, 29) : 72 E 161ˢᵗ St (et Gerald Ave).* Ⓜ *(4, B, D) 161 St-Yankee Stadium.* Face au Stadium, une institution dans le quartier depuis près de 90 ans ! Longue salle étroite bordée d'un comptoir, des écrans TV et un mur tapissé de photos et de vieilles coupures de presse à la gloire des Yankees. Quelle fièvre, les soirs de match !

🏛🏛 *Bronx Museum of the Arts (plan Bronx, A-B2) : 1040 Grand Concourse (et 165ᵗʰ). ● bronxmuseum.org ● Ⓜ (B, D) 167 St ou (4) 161 St-Yankee Stadium. Mer-dim 11h-18h (20h ven). GRATUIT.* C'est d'abord une remarquable architecture contemporaine digne du renouveau culturel du *borough.* Un intérieur spacieux et lumineux, pour des expos temporaires d'avant-garde de très haute qualité.

🏈 *Wallworks (plan Bronx, A3) : 39 Bruckner Blvd (et Alexander Ave). ● wallwork sny.com ● Ⓜ (6) 3 Ave-138 St. Mar-ven 11h-17h, w-e sur résa.* Galerie emblématique du renouveau de South Bronx, elle expose des œuvres colorées de qualité, réalisées par des artistes, pointures locales du *street art.* Et chaque mois, ça change !

QUEENS

● Plan *p. 363*

Situé sur Long Island, Queens est le plus grand des *boroughs* de NYC. Rares sont les touristes qui l'explorent lors d'un premier voyage. Et encore, la plupart se limitent aux quartiers de Long Island City ou LIC (siège du PS1, annexe du MoMA) et Astoria (musée du Cinéma dans les studios Kaufman et pléthore de restos ethniques). Mais ils sont encore moins nombreux à s'aventurer jusqu'à Flushing, où se tient l'US Open de tennis (Queens Museum et la maison de Louis Armstrong). Le secteur subit son véritable boom démographique avec l'arrivée du chemin de fer en 1910, le Long Island Rail Road, peu de temps après le rattachement à New York.

Dans les années 1920 et 1930, Queens connut ses heures de gloire avec l'installation des studios Paramount, qui prirent rapidement le nom d'Astoria Movies Studio, pour devenir la capitale du cinéma de la côte Est. C'est ici que Rudolph Valentino, les Marx Brothers et bien d'autres encore ont fait leurs premiers pas devant la caméra. Malheureusement, l'avènement du cinéma parlant marqua aussi la fin de l'hégémonie des studios...

La population de Queens continua d'augmenter, accueillant de plus en plus d'ethnies différentes ayant pour point commun le manque de moyens. C'est d'ailleurs aujourd'hui le quartier le plus multiethnique de New York, dont les cultures différentes cohabitent les unes à côté des autres, chacune à son propre rythme mais en bonne intelligence avec ses voisines... On y parle près de 180 dialectes !

En débarquant dans Queens, passé les grands axes routiers ou les avenues qui subissent le vacarme assourdissant du métro aérien, on sent battre un autre rythme de vie : les immeubles sont plus bas, les trottoirs moins envahis, les gens moins pressés.

Longtemps considéré comme un *borough* déshérité, il s'ouvre aujourd'hui petit à petit au tourisme. Nombre de célébrités ont habité ici, comme Jack Kerouac, Will Rogers, Heinrich Steinweg (facteur de pianos à ses débuts et qui installa ici les ateliers de fabrication des célèbres Steinway en 1853, ouverts à la visite pour les amateurs), mais surtout les plus grands *jazzmen and women* de tous les temps : Billie Holiday, Ella Fitzgerald, Louis Armstrong, Dizzie Gillespie, Fats Waller, Count Basie... et encore le groupe de hard-rock Kiss, né dans Queens en 1973.

Orientation

Comparées à celles de Manhattan, *les adresses de Queens sont compliquées à décrypter.* Pourquoi ? Queens était à l'origine composé de villages devenus depuis des quartiers. Lorsqu'on le rattacha à New York en 1898, on se rendit compte que certains noms de rues (genre Main Street) se retrouvaient dans différents villages, il fallut donc revoir tout le libellé des adresses, notamment pour la livraison du courrier ! Un ingénieur a mis une vingtaine d'années à pondre cette numérotation alambiquée. D'abord, contrairement à Manhattan, les rues vont du nord au sud et les avenues d'est en ouest, la 1re Rue étant la plus à l'ouest et la 1re Avenue la plus au nord. Là où ça se corse un peu, c'est que des *roads* et des *drives* ont été créées entre les *streets* existantes, et des *places* et *lanes* entre les *avenues.* Les adresses sont souvent libellées avec 2 paires de chiffres séparées par un tiret. Les 2 premiers renvoient à l'intersection la plus proche et les 2 suivants à la position sur le bloc. Exemple : 34-08 31st Avenue sera situé sur 31st Avenue, près du croisement avec 34th Street, et ce sera le 8e building sur cette portion.

Où dormir à Long Island City (LIC) ?

De très bon marché à plus chic

🛏 **Q4 Hotel** *(plan Queens, A2, 1)* : *59-09 Queens Plaza N (et 29th).* ☎ 718-706-7700. ● q4hotel.com ● Ⓜ *(7, N, Q, R) Queensboro Plaza. Lits superposés en dortoir de 2, 3, 4, 5, 6, 8 pers 40-75 $/pers ; chambres doubles privées avec sdb 150-250 $.* Toute belle, cette auberge de jeunesse aménagée dans une ancienne banque, en face du métro menant directement en et en 20 mn à Times Square, et à un petit quart d'heure à pied du MoMA PS1. Les 170 lits sont répartis dans les 3 étages du petit building, entre chambres privées et dortoirs avec vieux parquet rénové, tous avec douche et w-c privatifs. Avantages : propreté, confort, espaces communs conviviaux à la déco arty industrielle (grande cuisine-salle à manger au sous-sol, salon ciné, lounge oriental dans l'ancien coffre-fort, billard, ping-pong...). Inconvénient : le bruit du métro aérien qui passe juste en face et circule toute la nuit.

🛏 **Aloft** *(plan Queens, A2, 2)* : *27-45 Jackson Ave.* ☎ 718-433-9305. ● aloft longislandcitymanhattanview.com ● Ⓜ *(E, M, R) Queens Plaza ou (7, N, W) Queensboro Plaza. Doubles avec vue 170-320 $ (un peu moins cher sans).* Cet hôtel de la chaîne *Aloft* a plusieurs

NEW YORK

atouts pour attirer une clientèle jeune et urbaine : des chambres avec vue panoramique sur le Queensboro Bridge (le pont Meccano !) dès le 9e étage à des prix un peu moins élevés qu'à Manhattan, un style contemporain fonctionnel et une situation très pratique, à 2 stations de Midtown et pas loin non plus des restos et bars branchés de Greenpoint/Williamsburg. Terrasse graffitée par des artistes locaux.

▲ ↑ **Paper Factory Hotel** (plan Queens, B2, **3**) **:** 37-06 36th St. ☎ 718-392-7200. ● paperfactoryhotel.com ● Ⓜ (R) 36 St. Doubles 140-300 $.

Dans un quartier d'entrepôts en pleine reconversion (pas très loin du musée du Cinéma), au pied d'une ligne de métro ralliant le centre de Manhattan en 20 mn, voici un boutique-hôtel au style industriel original et chaleureux. Des vestiges de l'ancienne fabrique de papier ont été conservés, notamment dans les chambres, ce qui ajoute au cachet vintage. Parquet d'époque dans celles du 5e, béton ciré ailleurs. Parties communes très agréables, à l'image de la grande terrasse pour « chiller » aux beaux jours. Et les prix se tiennent, à la différence de Manhattan !

Où manger ? Où bruncher ? Où boire un café ou un verre ?

À Long Island City (LIC) et Hunters Point, près du MoMA PS1

Coincé entre Astoria au nord et Greenpoint (Brooklyn) au sud, parfaitement bien desservi par le métro, Long Island City est LE quartier qui monte. Petits immeubles, maisons avec jardin, garages de réparation, quelques usines moribondes, des entrepôts en brique en attente de reconversion... et partout ces vues saisissantes sur le Chrysler et l'Empire State Building qui rappellent la proximité avec Manhattan. C'est un New York horizontal, encore assez tranquille même si la gentrification est en marche...

|●| ☕ **M. Wells Dinette** (plan Queens, A2, **10**) **:** dans le MoMA PS1, 22-25 Jackson Ave (et 46th Ave), Long Island City. ☎ 718-786-1800. Ⓜ (E) Court Sq-23 St ou (G) 21 St. Tlj sauf mar-mer 12h-18h (pas d'entrée au musée à payer si on vient seulement au resto). Venez dès l'ouverture si vous voulez avoir une table. Plats 10-22 $. C'est la « cantine » branchée du centre d'art contemporain (lire « À voir »). Clin d'œil au passé des lieux, le décor de salle de classe avec ces pupitres en rang d'oignons tournés vers la cuisine ouverte, d'où sortent de délicieuses petites choses : salades, pies, tartes et gâteaux l'après-midi. La même fine équipe a ouvert dans un ancien garage

à quelques rues de là **M. Wells Steakhouse,** spécialisé dans les viandes (43-15 Crescent St ; tlj sauf lun-mar dès 17h).

|●| ☕ **Court Square Diner** (plan Queens, A2, **11**) **:** 45-30 23rd St. Ⓜ (G) Court Sq ou (E) Court Sq-23 St. 24h/24. Plats 8-18 $. Le diner comme on se l'imagine, posé comme dans un film sous les arches de la ligne aérienne du métro. La carte est un véritable catalogue : breakfast (servi all day), salads, burgers, sandwichs chauds, wraps... Et, heureuse surprise pour ce genre d'endroit, les assiettes sont appétissantes et goûteuses ! En dessert, le Napoleon est une tuerie pour les amateurs de crème fouettée. L'adresse familiale et tout-terrain, pratique pour une pause à n'importe quelle heure.

|●| **Manetta's** (plan Queens, A2, **12**) **:** 10-76 Jackson Ave (entre 49th et 50th Ave). ☎ 718-786-6171. Ⓜ (7) Vernon Blvd-Jackson Ave. Tlj sauf sam midi et dim. Pâtes et pizzas 10-20 $, plats 16-30 $. Un resto italien tout ce qu'il y a de plus classique, au décor un peu daté mais chaleureux (on se croirait dans Les Soprano !), pas loin du MoMA PS1 et au pied d'une station de métro. Bien commode donc et plus accessible que le resto du musée. La cuisine, familiale et sans prétention, tient ses promesses et l'hiver, près du feu de cheminée, on y est confortablement installé.

QUEENS (Long Island City et Astoria)

Où dormir ?	11 Court Square Diner (A2)
	12 Manetta's (A2)
1 Q4 Hotel (A2)	14 George's (B2)
2 Aloft (A2)	15 Bahari Estiatorio (B1-2)
3 Paper Factory Hotel (B2)	16 New World Mall
	(hors plan par B2)
Où manger ?	20 Sweetleaf (A2)
Où bruncher ?	22 Bohemian Hall and Beer
Où boire un café ou un verre ?	Garden (B1)
10 M. Wells Dinette (A2)	

Sweetleaf (plan Queens, A2, **20**) : 10-93 Jackson Ave (entre 48th et 49th Ave). Ⓜ (7) Vernon Blvd-Jackson Ave ou (G) 21 St. En face du resto Manetta's, un super petit café vintage où il fait bon siroter un excellent cappuccino ou un *rocket fuel* (spécialité glacée à la chicorée et au sirop d'érable) au milieu des hipsters à bonnet, dans un vieux canapé défoncé. Fond musical bien choisi avec en prime la possibilité de passer les vinyles de son choix sur la platine au fond. La *laptop room* est à l'entrée pour ceux qui préfèrent pianoter sur leur Mac.

NEW YORK

À Astoria et près du Museum of the Moving Image

⏹️🔤🍷 George's (plan Queens, B2, **14**) : 35-11 35th Ave (angle 36th). ☎ 347-983-6491. Ⓜ (E, M, R) Steinway St ou (N, Q) 36 Ave. Tlj sauf lun-mar 17h-22h (23h jeu-ven, 21h dim) ; jazz brunch dim 11h30-15h30. Résa conseillée. Plats 12-35 $. Happy hours 16h-19h ; live jazz ven-sam 18h30-22h30. Une renaissance pour cette ancienne cantine des studios où passèrent Charlie Chaplin et les Marx Brothers ! Déco élégante, plafond à caissons peint, long bar en bois sculpté. Dans l'assiette, une cuisine soignée à l'image du plat préféré de Groucho Marx (le clam chowder), des légumes adorés de Gloria Swanson ou encore du hamburger dédié à George Kaufman, le fondateur des Kaufman Astoria Studios à qui le restaurant doit son nom.

⏹️ Bahari Estiatorio (plan Queens, B1-2, **15**) : 31-14 Broadway (entre 31st et 32nd). ☎ 718-204-8968. Ⓜ (N) Broadway. Plats 12-25 $. Malgré son cadre tout simple, ce resto grec est réputé pour sa cuisine familiale aux saveurs méditerranéennes et son chaleureux accueil. La part belle est faite aux poissons et fruits de mer (bien frais et exposés en vitrine réfrigérée), accompagnés de bons légumes ou de larges portions de pommes de terre au citron... Mais les entrées traditionnelles (caviar d'aubergine en tête) sont tout aussi goûteuses !

🍷⏹️🔤 Bohemian Hall and Beer Garden (plan Queens, B1, **22**) : 29-19 24th Ave. Ⓜ (N, Q) Astoria Blvd. Tlj 17h (12h w-e)-1h (3h ven-sam, minuit dim). Plats 13-20 $. Une belle centaine d'années que cette brasserie d'origine tchèque continue de drainer les amateurs de bière avec sa large panoplie de boissons houblonnées. Un peu excentré ; on y vient surtout aux beaux jours, quand saucisses et ribs tournent à fond sur le gril, dans le vaste jardin où l'on s'installe à de grandes tablées conviviales dans une ambiance de fête foraine. Bons petits plats tchèques également.

À Flushing, au bout de la ligne 7

⏹️ New World Mall (hors plan Queens par B2, **16**) : 136-20 Roosevelt Ave. Ⓜ (7) Flushing. Repas max 15 $. Au sous-sol d'un centre commercial 100 % local, le plus grand food court asiatique de tout New York. Plus de 30 comptoirs servant des spécialités chinoises, vietnamiennes, japonaises, thaïes, malaisiennes, coréennes (en général traduites en anglais)... Et au milieu, de longues rangées de tablées pour se poser avec son plateau dans une atmosphère bourdonnante. Y aller au feeling et bien préciser « no spicy » si vous êtes sensible.

À voir

···

LONG ISLAND CITY (LIC) ET HUNTERS POINT

Le **LIC Art Bus** relie gratuitement les gros spots culturels et artistiques de Long Island City (le w-e de mi-mai à mi-sept ; env ttes les heures 13h-18h) : **MoMA PS1**, **SculptureCenter**, **Noguchi Museum** et **Socrates Sculpture Center**.

🏃🏃 MoMA PS1 (plan Queens, A2) : 22-25 Jackson Ave et 46th Ave. ● momaps1. org ● Ⓜ (E) Court Sq-23 St ou (G) 21 St. Tlj sauf mar-mer (fermé pour Thanksgiving, Noël et le Nouvel An) 12h-18h. Entrée (donation suggérée) : 10 $; réduc ; gratuit moins de 16 ans et pour ts avec le billet du MoMA (dans les 14 j., mais non valable pour le Warm Up). Ap-m Warm Up (juil-août, sam 15h-21h) : 20 $ (18 $ sur le site). Ce musée est **l'annexe emblématique du MoMA** depuis 1971. Installé dans une école publique désaffectée (laissée volontairement dans son jus, avec sa configuration d'origine), il permettait à l'origine aux jeunes artistes contemporains, souvent marginaux et ignorés des médias, de présenter leurs œuvres. Depuis, il n'a cessé d'enchaîner les expos temporaires avant-gardistes et d'imposer de nouveaux talents. La création de PS1, devenu l'un des centres d'art contemporain les plus renommés au monde, a largement contribué à la réhabilitation de cette partie de Queens...

Difficile de dire ce que vous y verrez, car les expos tournent tout le temps. Certaines sont vraiment très pointues, d'autres plus accessibles au grand public. Et le lieu en lui-même vaut le coup. Les samedis de juillet et août, l'après-midi dansant **Warm Up** attire une foule branchée venue se trémousser sur de la musique électro. Sur place encore, un jardin d'herbes sur le toit et un bon petit resto **(M. Wells Dinette)** qui mérite qu'on s'y arrête avant ou après la visite (voir plus haut « Où manger ? Où bruncher ?... »). Possibilité aussi d'y prendre un thé ou un café l'après-midi, avec un gâteau.

🎭 **Gantry Plaza State Park** *(plan Queens, A2) : au bord de l'East River, au niveau de 47th Ave.* Ⓜ *(7) Vernon Blvd-Jackson Ave ou bateau-navette NYC Ferry (Lignes East River ou Astoria). ● ferry.nyc ● Si vous venez à pied du MoMA PS1, c'est à 20 mn.* Une des plus belles vues de New York, avec celle depuis DUMBO et le pont de Brooklyn. Vision époustouflante de la *skyline* de Midtown, du Queensboro Bridge reliant Manhattan à Queens et derrière vous, la silhouette photogénique de l'immense enseigne *Pepsi-Cola* (datant de 1936, classée Monument historique) qui se détache sur les tours vitrées. Comme à Brooklyn Bridge Park, promenade en bois aménagée avec fauteuils, bancs et espaces verts. Un peu plus au sud, au niveau de l'embarcadère des ferries, **Hunters Point South Park** offre également un superbe point de vue. Café avec terrasse panoramique pour en prendre plein les mirettes.

🎭 **Noguchi Museum** *(plan Queens, A1) : 9-01 33rd Rd (et Vernon Blvd). ● noguchi.org ●* Ⓜ *(N) Broadway. Du métro, bus Q104 jusqu'au musée (arrêt en face). Mer-ven 10h-17h, w-e 11h-18h. Fermé Thanksgiving, Noël et Jour de l'an. Entrée : 10 $; réduc ; gratuit moins de 12 ans et pour ts 1er ven du mois. Visite guidée gratuite (en anglais) mer-dim à 14h.* Le Noguchi Museum s'épanouit dans l'ancien atelier de l'artiste, qu'il a choisi de transformer en musée de son vivant. Sculpteur américain d'origine japonaise, il est essentiellement connu en France pour ses lampes en papier aux tonalités nippones. Mais son œuvre est bien plus riche ! Près de 240 œuvres, en majorité des sculptures, sont exposées dans cet ancien bâtiment industriel aux lignes sobres et zen ainsi que dans le paisible jardin intérieur. Noguchi aime jouer avec les textures (lisses ou rugueuses) ou les formes (courbes, anguleuses, pleines ou creuses) de ses énormes blocs de granit, marbre, ou basalte... Les ondulations imperceptibles et raffinées de ses sculptures ont quelque chose de hautement poétique. Le 1er étage est quant à lui consacré à d'intéressantes expos temporaires... Bref, une expérience en dehors des sentiers battus qui ne laisse pas indifférent et vaut le coup d'œil si on connaît déjà bien New York.

– Le quartier, très excentré, n'a en revanche pas grand intérêt touristique, en dehors de l'insolite **Socrates Sculpture Park** presque en face, au bord de l'East River (terrain vague peuplé de sculptures plus ou moins réussies, avec vue sur Manhattan). *GRATUIT tlj de 9h au coucher du soleil.*

ASTORIA

🎭 **Museum of the Moving Image** *(plan Queens, B2) : 36-01 35th Ave (entre 36th et 37th). ● movingimage.us ●* Ⓜ *(R) Steinway St ou (N, Q) 36 Ave. Tlj sauf lun-mar 10h30-17h (20h ven, 18h w-e). Entrée : 15 $; réduc ; 9 $ 3-17 ans ; gratuit ven 16h-20h. L'entrée inclut l'accès au cinéma pour 1 film au choix.* Situé au cœur des studios Kaufman, ce musée interactif dédié au 7e art a pour credo « *behind the screen* », c'est-à-dire vous montrer tout ce qu'on ne voit pas

NEW YORK

à l'écran, comment on conçoit une image, une animation et tous les moyens techniques qui vont avec. Un musée à la fois ludique et didactique, comme savent si bien le faire les Américains, dans un superbe espace design où l'image est omniprésente. Prévoir 3h de visite minimum, surtout si vous passez un peu de temps dans les différents « ateliers » de démonstration et dans les expos temporaires. *Deux salles de cinéma* présentent une programmation variée.

LE PREMIER HOLLYWOOD

Les studios Paramount s'installent dans Queens en 1919. New York devient alors la capitale du cinéma. Charlie Chaplin, Rudolph Valentino, Gloria Swanson et les Marx Brothers y tournèrent. Modernisés et devenus studios Kaufman dans les années 1980, Scorsese et Woody Allen y réalisèrent quelques séquences de films majeurs avant de céder leur place aujourd'hui à des tournages de séries pour la télévision.

– *Au 3rd Floor :* l'expo permanente (*Behind the Screen,* donc) commence avec la découverte historique du mouvement et de sa décomposition, du zootrope (jouet optique fondé sur la persistance de l'image sur la rétine) à la lanterne magique en passant par le Mutoscope, une machine antique renfermant des centaines de vieilles photos mises en mouvement en actionnant une manivelle. C'est le principe du *flipbook,* petit carnet d'images recréant une séquence animée, que vous pourrez d'ailleurs réaliser ici vous-même en version vidéo. Ne manquez pas non plus la *Feral Fount,* sculpture cinétique réalisée par un artiste de Brooklyn, ou comment animer 96 morceaux d'objets posés judicieusement sur une immense roue cylindrique éclairée par une lumière stroboscopique... Puis viennent les premières caméras de cinéma, de télévision, le perfectionnement des éclairages et du son, du montage, des projecteurs... On saute alors dans le cinéma d'aujourd'hui où, à l'aide d'ordinateurs, on peut s'essayer à tout : créer sa propre animation (rigolo pour les enfants), modifier et créer des bruitages, des musiques de films et même doubler avec sa propre voix quelques scènes mythiques du cinéma : Dorothy dans *The Wizard of Oz* (« *Toto, I think we are not in Kansas anymore* »), Eliza Doolittle et sa fameuse réplique de *My Fair Lady, The Rain in Spain...* Jubilatoire ! Puis on passe aux premiers effets spéciaux, avec quelques pièces de choix : la figure de cire de la fillette de *L'Exorciste,* lorsque sa tête tourne sur elle-même, la maquette miniature de *Blade Runner.* Enfin, la télévision est abordée avec une riche collection de postes de réception (voir le Philco de 1959 qui annonce les écrans plats d'aujourd'hui !) et un mur d'images de cameramen pour se mettre à la place d'un réalisateur de direct lors d'un match de base-ball.

– *Au 2nd Floor :* place aux acteurs, maquillages et perruques. Les masques de vieillissement de Marlon Brando dans *Le Parrain,* de Dustin Hoffman dans *Little Big Man,* d'Orson Welles dans *Citizen Kane,* la coiffe de Liz Taylor dans *Cléopâtre,* le *life mask* de John Hurt dans *Elephant Man* et même de Chewbacca dans *Stars Wars* ou, pour les filles, la palette de maquillage des héroïnes de *Sex and the City.* Puis on passe aux décors, aux costumes (le chapeau de J.R. Ewing dans *Dallas,* la prothèse en mousse de Robin Williams dans *Mrs Doubtfire*), et

UN BON PLAN AMÉRICAIN

À partir des années 1940, et encore plus dans les décennies qui suivirent, la mode du plan américain, couramment utilisé dans les films US, envahit le cinéma européen. Ce plan consistait à cadrer les personnages entre la ceinture et les genoux. Nulle volonté esthétique dans ce choix. Il était imposé au réalisateur par la production car, dans les westerns, il fallait à tout prix voir les pistolets qui pendaient à la ceinture des acteurs. Ce type de plan fut repris par les cinéastes de la Nouvelle Vague en France... mais sans les revolvers.

encore aux produits dérivés des films. Après avoir écouté quelques musiques de films cultes, la visite se termine sur la reconstitution d'un cinéma des années 1920, un hommage au décor orientalisant alors en vogue à cette époque.

Enfin, une nouvelle section dédiée aux créations de *Jim Henson,* connu pour sa série TV *The Muppet Show* et *Sesame Street* (ce dernier fut tourné dans les studios Kaufman).

⦿◐ ⬛ *Café* au fond du hall d'entrée, donnant sur un jardin avec terrasse aux beaux jours, et bon resto juste à côté, *George's,* à l'entrée des studios (voir plus haut « Où manger ?... »). Possibilité aussi d'y boire un apéro en écoutant du jazz en fin de semaine.

PLUS LOIN SUR LA LIGNE 7, CORONA ET FLUSHING

Surnommée *International Expressway,* la ligne 7 du métro, aérienne depuis la sortie de l'East River, offre un véritable tour du monde de Times Square au bout de Queens, traversant des quartiers peuplés par les communautés irlandaise, philippine, sud-américaine, indienne, chinoise et coréenne.

🎷 *Louis Armstrong House Museum (hors plan Queens par B2) : 34-56 107th St (et 37th Ave).* ● *louisarmstronghouse.org* ● Ⓜ *(7) 103 St-Corona Plaza. Mer-ven 10h-17h, w-e 12h-17h. Fermé Thanksgiving, 24-25 et 31 déc, et Nouvel An. Visite guidée en anglais obligatoire : 12 $ (ttes les heures jusqu'à 16h ; durée : 40 mn) ; réduc ; gratuit moins de 5 ans.*

De l'extérieur, la petite maison en brique rouge paraît fort modeste, bien à sa place dans ce quartier populaire. Poussé la porte, on découvre un intérieur évidemment plus cossu mais sans extravagance. Rien n'a bougé depuis le départ de Lucille, et la visite de la maison se fait un peu sur la pointe des pieds, en respectant les lieux et ceux qui les ont habités. À l'image du maître, pas de richesse tape-à-l'œil, plutôt des dizaines d'objets et de petites anecdotes sur la vie et les goûts de Louis Arms-trong (1901-1971) et de sa dernière compagne Lucille, qui vécurent ici dès 1943. Pas mal d'extraits de conversations d'Armstrong (il aimait beaucoup faire des enregistrements), la fameuse salle de bains avec la robinetterie en or qui lui fut offerte (le seul luxe de la maison avec les luminaires Baccarat), et puis la cuisine toute bleue et son bureau.

À la fin de sa vie, Satchmo (pour les intimes !) jouait devant sa maison pour les enfants du quartier. Dizzie Gillespie habitait à trois blocs de là, et, bien que la presse les ait présentés comme de véritables rivaux, les deux trompettistes n'en étaient pas moins amis. Ils sont d'ailleurs enterrés tous deux au Flushing Cemetery...

Pour les passionnés de jazz, sachez que les *archives de Louis Armstrong (Louis Armstrong's Archives)* appartiennent à la Ville de New York et sont ouvertes gratuite-ment au public, en semaine sur rendez-vous (renseignements sur ● *louisarms tronghouse.org* ●, onglet « *Museum Collections* »). Enregistrements inédits de mor-ceaux et de conversations de Louis, manuscrits, partitions originales, dessins...

🎷 *Flushing Meadows Corona Park (hors plan Queens par B2) :* Ⓜ *(7) 111 St. Depuis le métro, remonter 111th St jusqu'à l'entrée du parc située au carrefour de 49th Ave.* Ce gigantesque parc constitue le poumon vert de Queens où, le week-end, les familles viennent pique-niquer et se promener dans les immenses allées bordées d'arbres. Il héberge aussi le *Shea Stadium,* où se déroulent des matchs de base-ball, et le *Tennis Stadium,* qui voit chaque année les plus grands joueurs du monde venir disputer l'US Open, un des tournois du Grand Chelem (fin août-début septembre). Ce parc a accueilli les Expositions universelles de 1939 et 1964, et la plupart des bâtiments sur place sont en fait des rescapés de ces deux mani-festations. L'*Unisphère,* à peu près au centre du parc, est un gigantesque globe terrestre planté au milieu d'un bassin, qui ne pèse pas moins de 350 t. Elle a été réalisée pour l'Expo universelle de 1964.

🏃 *Queens Museum* (hors plan Queens par B2) : *dans le Flushing Meadows Corona Park.* ● *queensmuseum.org* ● Ⓜ *(7) 111 St, puis 20 mn de marche. Remonter 111ᵗʰ St jusqu'à 49ᵗʰ Ave, entrer dans le parc sur la gauche, juste après le NY Hall of Science (repérer les fusées), passer au-dessus de la voie rapide et tourner à droite. Mer-dim 11h-17h (20h ven juil-août). Donation suggérée : 8 $; réduc ; gratuit moins de 18 ans. Visites guidées gratuites dim à 13h, 14h et 15h (en anglais et en espagnol).* L'attraction principale de ce musée, inauguré pour l'Exposition universelle de 1939, demeure la gigantesque maquette de New York de plus de 1 000 m², vestige de l'Expo universelle de 1964. Un balcon permet de faire le tour de ce *panorama of the city of New York,* comme si on survolait la ville à bord d'un hélico. Dommage que les buildings n'aient pas été réactualisés depuis 1992 (les Twin Towers sont toujours là...), l'ensemble fait un peu daté et poussiéreux. Les amateurs se régaleront dans la petite mais magnifique section de *lampes Tiffany,* éclairées pour mettre en valeur les couleurs chatoyantes et irisées. Eh oui, la *Tiffany Glass and Decorating Company* était installée dans Queens... Tout le reste du musée est occupé par des expos temporaires, souvent avant-gardistes mais d'un intérêt inégal.

☕ *Café* donnant sur le parc.

🏃 *Flushing, le vrai Chinatown de New York* (hors plan Queens par B2) : ceux qui connaissent déjà bien New York iront jusqu'au bout de la ligne 7 pour se retrouver, dès la sortie du métro... en Asie. Rues grouillantes, enseignes colorées, gargotes dans leur jus, on s'y croirait. D'autant qu'ici pas de touristes, à la différence du Chinatown de Manhattan. Le *hot spot* local, c'est le **New World Mall,** un centre commercial abritant un gros supermarché et, au sous-sol, le plus grand *food court* asiatique de New York (voir « Où manger ?... » plus haut). Pour une expérience totale, montez à l'étage au **New York Yang Sheng Spa** pour vous faire faire un authentique massage chinois ou une réflexologie plantaire *(tlj 10h-22h ; sans rdv nécessaire ; 30-60 $ selon durée).* Encore au-dessus, un énorme resto un peu chicos, **Royal Queen,** où les chariots de *dim sum* naviguent entre les tables rondes nappées de blanc. Les aventuriers pousseront jusqu'au **Golden Shopping Mall** à quelques blocs de là *(41-26 Main St, angle 41ˢᵗ ; entrée discrète).* Un petit dédale de comptoirs à l'hygiène moins policée mais totalement authentiques. Vous y trouverez la toute première adresse de **Xi'An Famous Foods,** une de nos cantines asiat préférées.

HOMMES, CULTURE, ENVIRONNEMENT

ARCHITECTURE

Les XVIIe et XVIIIe s : du style géorgien au style fédéral

Au XVIIe s, avec l'arrivée des Hollandais et surtout des Anglais, l'architecture géorgienne, inspirée par la Renaissance, traverse l'Atlantique et se répand dans ce qui devient New York en 1664. Après les guerres, les incendies et les démolitions, les héritages de ce style sont très rares aujourd'hui.
À voir : *Saint Paul's Chapel* et *Fraunces Tavern Museum* dans Lower Manhattan, la *Morris-Jumel Mansion* à Harlem. Après l'indépendance, le 4 juillet 1776, on veut effacer tout ce qui peut rappeler la domination britannique. Le style géorgien laisse alors place au style fédéral, plus austère, sobre et massif (frontons et colonnes). Il en reste quelques exemples aujourd'hui, dont le *City Hall* (la mairie) de Lower Manhattan.

Le XIXe s : l'époque des « néo... »

Tout au long du XIXe s, tous les styles produits en Europe sont repris à New York et plus généralement dans tous les États-Unis. C'est un retour aux sources. L'Antiquité grecque représente le mieux l'aspiration à une culture démocratique. Le mouvement le plus important est ainsi le **style grec antique,** appelé aussi **Greek Revival :** colonnes, frontons monumentaux et portiques fleurissent dans Manhattan. À voir : le rez-de-chaussée de la *City Bank* au 55 Wall Street (Lower Manhattan), quelques hôtels particuliers dans Greenwich Village et une série de maisons à Brooklyn (voir « Brooklyn Heights. Balades... »)...
Puis arrive le **gothique,** qui devient donc néogothique avec un goût plus prononcé pour l'ornement extérieur. Les 2 plus beaux exemples sont **Saint Patrick's Cathedral** dans Midtown et *Trinity Church* dans Lower Manhattan. Contrairement à ce que l'on pourrait imaginer, ces édifices religieux sont extrêmement bien mis en valeur par les gratte-ciel environnants. Amateurs de photo, régalez-vous...
Enfin vient l'**éclectisme architectural,** qui prend ses sources à la fois dans les styles **néo-Renaissance italienne, Victorian gothic, Queen Anne** ou **romanesque.** Il se répand dans la 2de moitié du XIXe s et donne naissance aux *townhouses* prisées des familles bourgeoises. Parmi elles, les **brownstones,** ces maisons individuelles de grès brun qui ont été transformées en

appartements au XXᵉ s. Elles sont présentes encore un peu partout dans Manhattan et on en admire de belles dans Greenwich Village, Chelsea, autour de Gramercy Park, à Harlem et surtout à Brooklyn, particulièrement à **Brooklyn Heights** et **Park Slope** (voir les itinéraires proposés dans ce chapitre). À la toute fin du XIXᵉ s et au début du XXᵉ s, les clients riches font leurs commandes aux architectes en choisissant leur style préféré : néoroman pour le **Metropolitan Museum of Art**, néo-Renaissance pour le **Dakota Building** (Upper West Side), etc. Beaucoup de ces édifices sont aujourd'hui classés comme *landmarks*, c'est-à-dire inscrits sur la liste des bâtiments les plus remarquables de New York.

Le XXᵉ s : la *skyline*

Dès la fin du XIXᵉ s, des problèmes de surpopulation et donc de loyers prohibitifs se font sentir sur l'étroite île de Manhattan. ***La solution architecturale est donc de construire en hauteur***, en utilisant pour cela des innovations techniques. New York devient peu à peu une « ville debout » et s'élève au-dessus du reste du monde. Mais la structure du sol de Manhattan a limité la hardiesse des architectes aux 2 seuls quartiers où le sol est dur (restes d'une ancienne chaîne de montagne) : Lower Manhattan et Midtown.

L'histoire des **gratte-ciel (skyscrapers)** trouve ses bases techniques à Chicago. Tout commence véritablement en 1857 avec l'**invention révolutionnaire de l'ascenseur** par M. Otis. La fonte et l'acier offrent aussi aux architectes de plus grandes possibilités. Les 1ʳᵉˢ tentatives de **buildings à charpente en fonte** sont réalisées à New York à la fin des années 1850 ; ce sont les **cast-irons**, qu'on peut voir à **SoHo** par exemple. Les immeubles à ossature en acier (beaucoup plus solide que la fonte) apparaissent à Chicago vers 1880 et arrivent à New York au tournant du XXᵉ s. Le 1ᵉʳ building de ce genre est le **Flatiron** (Madison Square), qui mesure 87 m de haut. Sa construction marque le début d'une véritable révolution technique et sa conception originale demeure aujourd'hui encore saluée par tous les grands architectes. Comme c'est souvent le cas pour les chefs-d'œuvre, le principe structurel est assez simple : il s'agit d'un squelette en acier habillé de pierre, triangulaire en plan, qui permet de répartir le poids des murs sur l'ensemble de l'édifice et non pas seulement sur ses fondations. Cette technique a l'immense avantage de contreventer le bâtiment, qui est pourtant par nature une forme très rigide. Conçu aussi pour résister aux tremblements de terre, ce triangle allongé aux proportions inédites à l'époque lance, en 1902, la course au gigantisme. Sa légèreté et son originalité ont fait l'objet de nombreuses œuvres d'art, photos et cartes postales en tout genre. Un vrai modèle !

En 1916, New York adopte la **zoning law, la loi d'urbanisme réglementant la hauteur et la forme des buildings.** Elle impose les étages en retrait, afin de préserver de la clarté et de garantir une certaine ventilation des rues avoisinantes. Elle met donc fin aux blocs longs et compacts qui s'élevaient aussi haut que l'architecte le voulait, mais seulement sur un quart de la surface au sol. Cela donne lieu aux interprétations les plus diverses et les plus créatives. De cette époque date aussi le décret sur la prévention contre les incendies imposant les **escaliers métalliques** *(fire escape)* sur les façades des immeubles.

Parlons un peu du **style Art déco :** il trouve ses bases à Paris, à l'occasion de l'Exposition internationale des arts décoratifs de 1925, qui inspire alors les architectes new-yorkais et, plus généralement, introduit aux États-Unis ce **style très épuré et géométrique.** L'une des caractéristiques marquantes des gratte-ciel Art déco est leur structure pyramidale, juxtaposition de blocs en forme de parallélépipèdes qui vont décroissant à mesure que la tour s'élève. En ornementation, des angles droits ou courbes, des reliefs géométriques. Les plus célèbres d'entre eux sont l'**Empire State Building** et son concurrent, le **Chrysler Building** (lire ci-après).

Une autre idée apparaît : faire de chaque building un symbole. La raison d'être du building est de représenter une entreprise, une personne ou même une idée. Ainsi, le **Woolworth Building** (construit en 1913), qui s'inscrit alors comme le plus haut du monde avec ses 240 m, est baptisé « la Cathédrale gothique du commerce ». À la fin des années 1920, cette course s'intensifie : Walter Chrysler veut battre le record. Résultat : le **Chrysler Building** qui culmine à 320 m. Il ne restera le plus haut du monde que 2 petites années : en 1931, il est détrôné par l'**Empire State Building** (380 m), qui symbolise l'État de New York, appelé aussi « Empire State ».

Après la Seconde Guerre mondiale, les matériaux utilisés évoluent avec l'arrivée de l'aluminium
et du verre. Les architectes de
l'époque, très influencés par le
style international et plus particulièrement par l'école allemande de design du Bauhaus,
imaginent des immeubles clairs,
rectangulaires et dépouillés,
dotés de « **murs-rideaux** » où le
verre domine. Le précurseur des
gratte-ciel en verre est le siège

de l'ONU (Midtown), suivi par le **Citicorp** et le **World Trade Center** qui, avec ses 410 m, demeura depuis sa construction dans les années 1970 et jusqu'à sa destruction – suite aux attentats du 11 septembre 2001 – le plus haut building de New York. Les années 1980 ont vu naître une nouvelle époque architecturale : le **postmodernisme,** qui réagit au fonctionnalisme de l'époque précédente. Le building est toujours là, mais des colonnes et des arcs inspirés du style classique réapparaissent, ainsi que la pierre. Le plus bel exemple en est le **Sony Building,** dans Midtown.

À la fin des années 1990, l'architecte français Christian de Portzamparc renouvelle le concept du gratte-ciel avec sa **tour LVMH** (57th Street et Madison Avenue) remarquée pour sa forme prismatique, un croisement audacieux entre une toge s'enroulant sur elle-même et une tulipe de verre. Parmi les autres buildings mar-quants de cette époque, notez l'**Austrian Cultural Forum** (11 East 52nd Street, entre 5e et Madison Avenue) évoquant une colonne vertébrale et, bien sûr, les *twin towers* trapézoïdales en verre noir du **Time Warner Center** sur Columbus Circle.

Le renouveau architectural post-11 Septembre

Il aura fallu quelques années après les attentats de 2001 pour que New York revienne sur le devant de la scène architecturale mondiale. Cette cité bouil-lonnante s'impose de nouveau comme **le grand laboratoire où tous les styles s'entrechoquent,** fusionnent et se réinventent, servis par le gotha de l'architecture.

Après les **gratte-ciel écolos** comme la *Hearst Tower* de Norman Foster (utilisation de matériaux recyclés tant pour la structure que pour l'aménagement intérieur), la mode est aujourd'hui aux **tours résidentielles de luxe et de très grande hau-teur.** En 2011, Frank O. Gehry a ouvert la voie à 2 pas du nouveau complexe du World Trade Center avec sa **Beekman Tower** (2011 ; rebaptisée ensuite *8 Spruce Street*), véritable symbole du *come-back* de New York après la crise. Drapé de métal ondulant à la manière d'une peau de serpent, ce fut le 1er **gratte-ciel design** de la Big Apple ! Mais c'est aujourd'hui à Midtown que la course au gigantisme bat tous les records d'extravagance. Le **One57** de Christian de Portzamparc a été le 1er d'une série de gratte-ciel longilignes pour milliardaires érigés le long de **57th Street, choisie pour sa vue unique sur Central Park.** C'est à qui construira le plus haut pour offrir le panorama le plus époustouflant, au point de priver les promeneurs du parc de leurs rayons de soleil ! Mais la « une » architecturale reste, bien sûr, la prouesse technique du **World Trade Center,** son **One WTC,** tour spirale toute de verre vêtue inaugurée en 2015, désormais plus haut gratte-ciel des États-Unis et sa gare **Oculus** la plus chère du monde signée Santiago Calatrava (voir « Lower Manhattan »). Néanmoins, luxe doit désormais rimer avec préservation de l'environnement. Les grands projets actuels crient haut et fort leur volonté de s'inscrire dans la tendance écolo. Le complexe de **Hudson Yards,** qui prolonge la réhabilitation de la High Line où les « starchitectes » s'en sont donné à cœur joie, s'est emparé d'une des dernières parcelles non exploitées de Manhattan (à Chelsea). Il se présente, malgré la présence d'énormes gratte-ciel, comme le nouvel écoquartier de New York. Un projet pharaonique qui devrait s'achever en 2024.

BARS, CLUBS ET BOÎTES DE NUIT

Part importante de l'économie new-yorkaise, la vie nocturne de la « ville qui ne dort jamais » est en perpétuelle évolution. Pas une semaine sans l'ouverture d'un nouvel établissement ou l'émergence d'une tendance, des speakeasies aux *dive bars* en passant par les *rooftops,* les microbrasseries ou les *arcade bars.* Les quartiers de sortie à la mode changent eux aussi très rapidement. Ainsi Greenwich Village, qui était l'épicentre de la nuit new-yorkaise, a été supplanté par l'East Side, qui a elle-même été supplantée par Williamsburg, à Brooklyn. Désormais, c'est Bushwick ou Greenpoint qui font figure de nouvelles frontières de la nuit ! Et que dire de la renaissance de Harlem, qui offre à nouveau une vie musicale hors du commun ? La plupart des bars sont ouverts jusqu'à 2h voire 4h, même en semaine ! Par ailleurs, les *after hours clubs* sont ouverts jusqu'à 8h, bien que la vente d'alcool cesse à 4h, tandis que le « *last call for alcohol* » (dernier verre alcoolisé servi) est à 1h dans les autres discothèques. Paradoxalement, les meilleurs plans de sortie sont parfois en semaine... Au début des années 2010, New York a été à l'origine de la renaissance des **speakeasies,** un concept désormais exporté partout dans le monde. Ce sont des bars « secrets », dans l'esprit de ceux, clandestins, de la Prohibition. Pas d'enseigne, parfois même pas d'adresse (à peine quelques indications ou un simple numéro de portable), une vraie chasse au trésor ! Invisibles à qui ne sait où chercher, les speakeasies les plus fous se dissimulent dans les lieux les plus incongrus : derrière l'échoppe d'un vendeur de hot-dogs, au fond d'un *coffee shop* ou d'un salon de coiffure ! Un peu victimes de leur succès, il s'avère parfois difficile d'y entrer, surtout le week-end. Certains acceptent donc les réservations, un comble ! Il faut dire que le décor, vintage Art déco la plupart du temps, est soigné, l'ambiance jazzy électrique et les cocktails aussi réussis qu'originaux. Autres endroits à la mode dont New York revendique aussi la paternité : les **rooftops,** toits-terrasses aménagés en bars, souvent au sommet d'hôtels *chics* et design, avec vue époustouflante sur la forêt des gratte-ciel et terrasse en plein air, hautement appréciable dans la touffeur de l'été new-yorkais ; certains étant chauffés l'hiver et même dotés d'une piscinette en été ! À l'origine présents essentiellement à Midtown, on en trouve de plus en plus Downtown ou à Brooklyn. À l'opposé de ces bars au sommet, les **Biergarten** (ou *beergardens*) à l'allemande prennent place dans une cour intérieure où l'on sert, à grand renfort de bretzels et d'*imbiss,* tout un panel de bières dans des chopes XXL. Plus classiques, les **pubs à l'irlandaise** ont pignon sur rue dans presque tous les quartiers. Certains ont plus de 200 ans, de véritables monuments historiques ! On joue souvent des coudes pour accéder au comptoir, dans une atmosphère rugissante. Enfin, les **dive bars,** ces rades de quartier un peu cradingues, reviennent en force chez les noctambules lassés des établissements trop sophistiqués et des prix qui s'envolent !

Évidemment pour tout ça, **il faut avoir 21 ans** révolus, car le *drinking age* est sévèrement appliqué dans l'État de New York ! De toute façon et a fortiori si vous ne faites pas votre âge, **ayez toujours votre ID** (prononcer « aïdii ») sur vous, ça vous évitera de parler avec les mains devant le nombril du *bouncer* (vigile) qui vous interdit l'entrée. Certains lieux servant de l'alcool interdisent même l'accès aux moins de 25 ans, même accompagnés d'adultes ; les discothèques en font partie, ainsi que certaines boîtes de jazz ou lieux de concerts avec bar (voir « Boissons. Les alcools »). Grosso modo, **un cocktail coûte entre 13 et 20, voire 25 $** dans un bar chic et *trendy* et la **bière 5 à 12 $** selon les endroits.

Toujours côté pépettes, les **clubs de musique et boîtes de nuit** ont un droit d'entrée (appelé **cover charge**) qui varie de 10 $ (pour les bars produisant de petits concerts) à 50 $ (pour les clubs de jazz les plus sélects, le week-end). Le *cover* n'inclut presque jamais de boisson ni le vestiaire, certains clubs exigeant même un nombre minimum de consos ! Cela dit, il y a quelques établissements qui ne prennent pas de *cover* (on vous en indique), c'est le cas notamment de nombreux cafés-concerts de Lower East Side et East Village et de clubs de Harlem. Côté **live music,** les mélomanes ne sauront plus où tendre l'oreille. La scène new-yorkaise est en effervescence permanente, des dizaines de concerts font vibrer la ville tous les soirs, dans tous les styles. Bien sûr, ce qu'on joue le plus, c'est du **jazz,** standard comme avant-gardiste, dans des clubs chics comme dans des caves. Les meilleurs quartiers pour en écouter : Harlem, Greenwich et Theater District.

BOISSONS

Les boissons non alcoolisées

– **L'eau glacée :** dans les restos, la coutume est de servir d'emblée un verre d'eau glacée à tout consommateur. Quand on dit « glacée », ce n'est pas un euphé- misme, donc n'hésitez pas à demander sans glace *(no ice, please)* ou avec peu de glaçons *(with little ice).* Les Américains sont des adeptes de l'eau du robinet *(tap water)* et consomment très peu d'eau minérale au restaurant. D'ailleurs, une fois vide, votre verre sera immédiatement rempli de nouveau (et avec le sourire !).

– **Le café :** finie l'époque du jus de chaussette... À New York, toujours en avance d'un métro, après le perco on se tourne désormais vers les brûleurs à l'ancienne et les bons vieux filtres de grand-mère. Les nombreux *coffee roasters* (torréfacteurs) artisanaux proposent des sélec- tions de grains pointues, souvent bio, et préparent l'**espresso** dans les règles de l'art, ce qui explique les prix : environ 3-4 $ le petit noir. Parmi les enseignes phares

> ### L'INVENTION DU CAFÉ SOLUBLE
>
> *C'est à un inventeur chimiste anglo- belge émigré aux États-Unis, un certain George Washington (!), que l'on doit le 1ᵉʳ café soluble. Il fit fortune grâce aux commandes de l'armée américaine pendant la Première Guerre mondiale mais, lors du conflit suivant, les mili- taires préférèrent Nescafé (Suisse).*

que vous retrouverez un peu partout en ville : *Blue Bottle, La Colombe, Stumptown Coffee Roasters, Toby's Estate, Think* et *Intelligentsia.* À vous maintenant de faire votre choix entre **drip coffee** ou **pour over** (café passé au goutte-à-goutte dans un filtre posé sur la tasse), **Americano** (*espresso* allongé d'eau chaude), **cold brew** (café infusé à température ambiante, pour un max de saveurs), **cortado** (*espresso* très serré avec micromousse de lait), **cappuccino** (*espresso* et mousse de lait légère dessus), **caffe latte** (mousse de lait plus épaisse), **mocha** (un *latte* avec une tombée de sirop de chocolat), **macchiato** (*espresso* « taché » d'une pointe de mousse de lait, l'équivalent de notre noisette) et **Vietnamese coffee** (café serré adouci par une tombée de lait concentré sucré). Cela dit, dans certains lieux plus populaires, comme les *diners*, on sert toujours le **café américain** de base (*regular* ou *American coffee*), très allongé et proposé à volonté *(free refills)*, en particulier au petit déjeuner et au brunch. Les Américains en sirotent partout à longueur de journée dans des mugs Thermos.

– Le **chocolat chaud :** la nouvelle boisson à la mode ! Dans la mouvance du café haut de gamme, le chocolat chaud « tendance » est travaillé dans les règles de l'art : cacao de qualité plus ou moins corsé, volontiers agrémenté d'épices. On peut aussi le demander à base de lait d'amande, noisette, soja, etc.

– Le **thé :** servi chaud *(hot tea)* ou glacé *(iced tea).* Attention, le **herbal tea** est en fait une infusion. Toujours très tendance, le **chai latte** (thé noir sucré et épicé, avec du lait) et surtout le **matcha latte** (version avec de la poudre de thé vert japonais) sont volontiers proposés avec du lait d'amande, soja, riz... À Chinatown, c'est le **bubble tea** qui a la cote : un mélange de thé et de fruits, parfois de lait parfumé, où l'on jette des perles de tapioca noir que l'on aspire avec une grosse paille, slurp !

– **L'iced tea :** le faux ami par excellence ! Loin des thés glacés aromatisés et sucrés vendus en France, l'*iced tea* est simplement du thé normal mais glacé, la plupart du temps non sucré *(unsweetened).* Pas étonnant alors de voir les Américains ajouter 3 sachets de sucre pour adoucir un peu la chose.

– **Coca et sodas :** on le sait, les Américains ont inventé le *Coca-Cola (Coke,* comme on dit là-bas) et ils consomment des sodas *(soft drinks)* à longueur de journée. D'ailleurs, dans certains restaurants de chaîne, fast-foods, *coffee shops* et autres petits restos, ceux-ci sont à volonté. On se sert soi-même « à la pompe » *(soda fountain)* ou on demande un *free refill.*

– **Les smoothies :** ce sont des cocktails de fruits et/ou légumes mixés et mélangés à du yaourt, du lait, du lait de soja/amande/ noisette/riz/avoine et/ou de la glace, voire des céréales. On y ajoute parfois des compléments énergétiques. Les **bars à jus** fraî-

COCARICO !

C'est un Corse, Angelo Mariani, qui est un peu, dit-on, à l'origine du Coca-Cola. Commercialisé dès 1863, son vin à base de feuilles de coca connut un succès phénoménal jusqu'à son interdiction en 1910. Il faut dire que, même s'il fut adoubé par le pape Léon XIII, le Red Bull de l'époque contenait tout de même 6 mg de cocaïne... Futé, un pharmacien américain, Pemberton, s'inspira de la recette, en y ajoutant de la noix de kola du Ghana et en en supprimant l'alcool pour cause de prohibition dans la ville d'Atlanta. Ainsi naquit dès 1885 le Coca-Cola, qui ne contient, à notre connaissance, plus de cocaïne.

chement pressés ont aussi toujours la cote, surfant sur la déferlante bio (*Juice Press* notamment).

– **Les milk-shakes :** boissons frappées à base de lait mixé avec de grandes lou-chées de glaces à la vanille, à la banane, à la fraise...

– **Les floats ou ice cream sodas :** encore une expérience culturelle à tenter. Il s'agit d'un verre de soda (en général du Coca, tout autre soda ou de la *root beer,* ce breuvage insolite au goût de médicament qui n'a rien à voir avec de la bière) dans lequel on dépose une boule de glace à la vanille. Dans le même esprit vintage, le **egg cream** est une vieille boisson typiquement brooklynite, à base de *seltzer* (eau gazeuse), de lait et de sirop de chocolat. Très en vogue dans les lieux branchés.

Les alcools

Le rapport des Américains à l'alcool n'est pas aussi simple que chez nous. La société, conservatrice et puritaine, autorise la vente des armes à feu mais régle-mente de manière stricte tout ce qui touche aux plaisirs « tabous », le sexe et l'alcool notamment ! L'héritage de la Prohibition et, bien sûr, les lobbies religieux n'y sont pas pour rien. *N'oubliez pas vos papiers (ID, prononcer « aïdii »), car les bistrots, bars et boîtes de nuit les exigent à l'entrée, et ce, quel que soit votre âge !*

– *Âge minimum :* on ne vous servira pas d'alcool si vous n'avez pas **21 ans** ou si vous ne pouvez pas prouver que vous les avez. Même accompagné de ses parents, un jeune de 20 ans devra se contenter d'un Coca.

– *Vente et consommation surveillées :* il est strictement *interdit de boire de l'alcool (bière comprise) dans la rue.* Alors on sirote sa canette de bière dans un sachet en papier, ni vu ni connu. On peut acheter des bières dans les supermarchés et épiceries, mais le vin et autres boissons alcoolisées ne se trouvent que dans les *liquor stores.* Le vin que vous trouverez au rayon boissons des drugstores genre *CVS* et *Duane Reade* n'en est pas, ne vous faites pas avoir !

– *Les bières :* une tradition de longue date car au XIXe s, lorsque le système d'eau potable n'était pas encore fiable, tout le monde buvait de la bière à New York... Depuis une quinzaine d'années fleurissent un peu partout les *microbrasseries (microbreweries),* fortes du succès de la pionnière, la *Brooklyn Brewery,* fondée en 1987. Brassée dans une ancienne fonderie de Williamsburg, cette bière artisanale déclinée en une quinzaine de variétés (blonde, rousse, brune, de saison...) a peu à peu conquis le marché jusqu'à devenir un incontournable, même en France maintenant ! Quantité d'autres lui ont emboîté le pas et on ne compte plus les bières. La plupart des pubs et des *Biergarten* alignent pléthore de pompes à bière, plus ou moins artisanales et différentes d'un rade à l'autre. Sans compter les bières saisonnières. Plus que selon la marque donc – il y en a trop ! –, on choisit surtout sa bière selon sa variété. Du coup, un peu de vocabulaire s'impose. Une bière pression se dit *draft beer.* Les *ales* sont des bières de haute fermentation, à plus haute teneur en alcool : de la moins maltée à la plus maltée, vous trouverez l'*I.P.A.* d'origine anglaise *(Indian Pale Ale),* amère et très houblonnée, l'*amber ale* ou encore la *brown ale.* Les *lagers,* blondes ou ambrées, sont des bières de fermentation basse, les moins alcoolisées et les plus courantes. Les *wheat* sont des bières légères et troubles (l'équivalent des blanches), composées en grande partie de malt de blé ou de froment. On trouve plus rarement des *stouts (bière noire).*

– *Les vins :* inutile de vous présenter les *vins californiens* que vous retrouverez facilement un peu partout. Plus rares sur les cartes des bars et des restos, les crus de l'État de New York (3e producteur de vin aux États-Unis, au coude à coude avec l'État de Washington) enchanteront les amateurs. La région des *Finger Lakes,* située à 400 km à l'ouest de New York City, produit notamment d'excellents rieslings, tandis que la vallée de l'Hudson est plus axée chardonnay et cabernet. Seule véritable ombre au tableau, les prix très élevés. Quant aux vins français ou italiens, très bien représentés sur les cartes des restaurants, ils sont encore plus chers. Reste l'option du vin au verre, mais compter au minimum de *12 à 18 $ le verre* selon les endroits ! *Certains restos n'ont pas la licence d'alcool* et appliquent le principe du *Bring Your Own Bottle* **(BYOB).** Ce qui signifie que vous avez alors le droit d'apporter votre propre bouteille de vin ou de bière. Une pratique qui a le mérite d'alléger considérablement l'addition, même si un petit droit de bouchon est généralement exigé *(corking fee).*

– *Les cocktails :* New York fut la 1re à relancer la mode nostalgique des *speakeasies,* ces bouges « secrets » des temps de la Prohibition. Nombre de

BACCHANALES SECRÈTES

À l'époque de la Prohibition, on appelait « speakeasies » les bars clandestins où l'on s'enivrait de whisky frelaté (moonshine) et de jazz dès la tombée de la nuit. Ce nom venait tout simplement de l'avertissement que les tenanciers, inquiets, lançaient à leurs clients éméchés : « Hey, speak easy ! », c'est-à-dire « Parlez doucement ! » Histoire que le bruit n'attire pas la police.

bars très tendance puisent leur déco dans cette époque, entre brique, lumières tamisées et recoins sombres. La carte des cocktails suit la même tendance, avec une prépondérance pour les recettes classiques : Dry Martini, Manhattan, etc., préparés dans les règles de l'art. Ils voisinent avec des cocktails historiques remis au goût du jour et des *craft cocktails,* créations des meilleurs *mixologistes* de la ville, qui puisent leur inspiration débridée dans les alcools maison et les herbes aromatiques les plus inattendues, du piment, etc.

– *Le bourbon* (prononcer « beur'beun ») *:* le whisky américain *(whiskey),* dont on trouve désormais de plus en plus de microdistilleries à New York ! Eh oui, Brooklyn, qui pousse toujours plus loin l'art du *homemade* (fait maison), produit ses propres alcools : whiskey, bourbon, gin et même rhum. Évidemment, la diffusion de cette production artisanale est encore très confidentiale et les prix sont à l'avenant. Pour info, le *rye whiskey* est composé de 51 % de seigle...

LE BOURBON EST-IL UN WHISKY ?

Oui, bien qu'on utilise un mélange de céréales (et non seulement de l'orge), dont au moins 51 % de maïs (faut bien écouler l'énorme production US !). De plus, à la différence des Écossais ou des Irlandais, les Américains le font vieillir dans des fûts de chêne neufs noircis à la fumée. Le goût du bois est donc plus prononcé, avec une note de caramel.

– *Happy hours :* beaucoup de bars attirent les yuppies après le travail, généralement entre 16h et 19h, en leur proposant moitié prix (ou 2e verre gratuit) sur les *drafts* (bières pression) et certains cocktails simples.

CUISINE

Dire que les Américains mangent mal et trop est très simpliste. C'est encore, malheureusement, une réalité dans certains coins des États-Unis, mais pas à New York qui a toujours été un cas à part et où vous ferez de vraies découvertes culinaires, à condition d'aller dans les bons endroits, bien sûr !

La capitale gastronomique des États-Unis (*so foody,* comme ils disent ici !) se targue d'être aussi la « ville la plus mince » du pays, notamment car l'ancien maire Michael Bloomberg a fait de la lutte contre l'obésité son cheval de bataille. Les New-Yorkais pratiquent avec conviction le régime *eating healthy* et sont fans de *bio (organic).* Le *phénomène « locavore »* fait désormais aussi partie des mœurs. Ce comportement alimentaire, né à San Francisco, privilégie la consommation d'ingrédients locaux, pas néces-

« MADE IN NY »

New York revendique la paternité de plusieurs spécialités et gourmandises, à commencer par le biscuit Oreo créé en 1912 par Nabisco (devenu aujourd'hui le Chelsea Market), les œufs Benedict, inventés par le chef de l'hôtel Waldorf Astoria en 1894 et le Red Velvet Cake (1920), ce gâteau à étages écarlate que l'on retrouve aussi en version cupcake. Quant au pastrami sandwich (1887), on le doit à un boucher lithuanien casher qui tenait lui-même la recette d'un ami roumain !

sairement bio mais produits dans un rayon limité (en général, une centaine de miles). L'équivalent de ce que l'on nomme circuit court ou « kilomètre zéro » en France.

Mais la grande particularité de New York, c'est que toutes les cuisines sont représentées et qu'on trouve partout de tout à tous les prix, de la *cuisine* de rue **(street food),** vendue par les marchands ambulants *(food carts)* et les food trucks gourmets, à la **New American cuisine,** concoctée par des chefs inspirés ; en passant par les *delis* et les *salad bars* dans les grandes surfaces. Vous remarquerez rapidement que plus la cuisine est raffinée et créative, plus les quantités diminuent dans l'assiette (et plus l'addition est élevée, bien sûr) ! **Dans les restos,** vous serez sans doute surpris par l'impressionnant **volume sonore.** On s'habitue, mais pas toujours facile pour discuter... Autre caractéristique, l'**éclairage tamisé** qui diminue à mesure que la soirée avance à tel point qu'on ne voit pas toujours très bien ce qu'on a dans l'assiette (vive la lampe torche des smartphones !)... Le **manque de vraies places assises** dans les petites adresses du midi ou les pâtisseries (en dehors de 3 ou 4 tabourets hauts alignés le long d'un étroit comptoir) étonnera également les visiteurs, pour qui la pause déjeuner est aussi l'occasion de s'asseoir dans cette ville où l'on marche tant (et où il y a en plus si peu de bancs dans les rues). Ce n'est pas dans la culture new-yorkaise – en perpétuel mouvement – de s'installer confortablement à l'heure du lunch.

Un filon pour se faire **une table de chef à moindres frais :** la **Restaurant Week.** Pas moins de 2 fois dans l'année, en janvier-février et en juillet-août, un certain nombre de restaurants haut de gamme proposent, une semaine durant, des menus à 26 $ le midi et 42 $ le soir. *Infos :* ● *nycgo.com/restaurant-week* ●

Attention au service (gratuity ou tip) : il faut ajouter au moins 15 % (les Américains donnent facilement **20 %**), sauf si exceptionnellement le service est déjà compté ; car les serveurs ne sont rétribués qu'au pourboire.

Les plats sont généralement plus copieux que chez nous sauf dans les restos chics ou branchés où les portions ont tendance à diminuer. Aucun problème pour commander une entrée seulement ou parfois 1 plat pour 2, à partager *(to share).* Certains restos proposent des *kids menus* pour les enfants, même au breakfast.

La plupart des restos sont ouverts midi et soir, souvent sans interruption entre les 2 services : de 12h à 23h. Ceux qui n'ouvrent que le soir commencent à servir vers 17h-17h30. Beaucoup servent le brunch le week-end et certains également le petit déjeuner en semaine. **Dans le texte, on ne précise pas toujours les horaires, uniquement les jours de fermeture et quand ça change de l'ordinaire.**

Penser à réserver, surtout le soir, car les restos sont souvent pleins et l'attente est de mise. Pratique : le **site de réservation en ligne OpenTable** (ne fonctionne pas avec tous les restos cela dit), n'hésitez pas à l'utiliser même une fois sur place, avec votre smartphone : ● *opentable.com* ●

Certains restaurants n'ont pas la licence d'alcool, n'oubliez donc pas de prévoir votre « boutanche » *(BYOB* ; voir plus haut « Boissons ») !

Tous les restos proposent de la **vente à emporter** *(to go),* il suffit de choisir n'importe quel plat sur la carte.

Contrairement à ce qu'on pourrait penser, les **cartes de paiement** ne sont pas acceptées partout. Pas mal d'établissements de Chinatown, Lower East Side, East Village et Brooklyn sont **cash only.** Une nouvelle mode fait aussi son apparition, celle des **restos sans cash : CB seulement !**

Ce n'est qu'après la construction du canal Érié en 1825, reliant la ville de New York aux Grands Lacs, que l'intérieur de l'État commença à se développer économiquement. C'est grâce à cette croissance industrielle et agricole que les capitalistes de Wall Street firent fortune. Depuis lors, l'État de New York est dominé politiquement et économiquement par la ville de New York, qui n'en est même pas la capitale (c'est Albany !).

Le 1er janvier 1898, 40 municipalités différentes, des villages fermiers de Queens et de Staten Island à la ville-champignon de Brooklyn, se sont jointes à Manhattan et au Bronx pour devenir la *1re ville mégalopole : New York City.* Avec cette unification, la population fait un bond pour atteindre 3,5 millions d'habitants, *New York devient la ville la plus peuplée des États-Unis et la 2e du monde après Londres.*

Les 1ers parcs urbains apparaissent dès 1860 : *Central Park,* puis Riverside Park dans Manhattan et *Prospect Park à Brooklyn.* Parallèlement, après de terribles incendies en 1835 et 1845, la ville se dote d'un corps de sapeurs-pompiers professionnels et une loi est instaurée qui oblige les propriétaires d'immeubles à flanquer des *fire escapes,* ces escaliers métalliques, en façade des buildings qui donnent encore aujourd'hui une physionomie si particulière aux rues new-yorkaises.

La ville la plus...

Au XIXe s, New York devient la ville de tous les superlatifs : la plus active, la plus riche de toutes, etc. ; *son port est le plus grand du monde de 1820 à 1960.* Il périclitera ensuite, victime de l'invention du conteneur, qui entraînera la délocalisation des installations portuaires dans le New Jersey. Et ruinera Brooklyn pour quelques décennies...

Mais n'allons pas trop vite. À la fin du XIXe s, tout l'argent de cette prospérité est alors investi pour faire de New York ce qu'elle est devenue. De grands projets immobiliers voient le jour. Le 1er d'entre eux est la *construction du pont de Brooklyn,* qui s'achève en 1883. Puis arrivent les gratte-ciel, si caractéristiques de New York. Les entreprises américaines, qui avaient presque toutes leur siège à New York (70 % en 1900), sont les principaux promoteurs de buildings, la hauteur de leurs immeubles faisant sentir à tous leur puissance. Pour les construire et, plus tard, les occuper, les promoteurs trouvent leur main-d'œuvre en nombre avec les immigrants.

Les immigrants

Les tout 1ers immigrants arrivent en 1624 : 23 juifs séfarades exilés du Brésil. Fuyant la misère, la famine, les persécutions politiques, raciales ou religieuses, ils sont 12 millions en un peu plus de 30 ans, de 1892 à 1924, à faire le voyage jusqu'au pied de la statue de la Liberté, symbole des chaînes brisées. Irlandais, Allemands, Italiens, juifs d'Europe centrale, tous viennent chercher en Amérique une vie meilleure (en 1914, un septième des juifs d'Europe centrale avaient émigré aux États-Unis).

Depuis la fin de la guerre froide, beaucoup de Russes vivent à New York. Tout cela n'est pas sans poser des problèmes de racisme, de communication, de morale et d'intégration. Et même si chaque communauté s'est plus ou moins bien fondue dans la cité, les traditions demeurent ou renaissent plus fortes que dans le pays d'origine. La fête de la Saint-Patrick, par exemple, est une tradition sacrée chez les Irlandais de New York (le 17 mars).

Ces différences, ces conflits, même s'ils sont souvent très enrichissants pour les hommes un tant soit peu ouverts, ont fait l'affaire de la presse, qui vit ici une manne formidable pour assurer son développement. *Ainsi, à la fin du XIXe s, New York compte à elle seule 146 journaux quotidiens en une demi-douzaine de langues différentes !*

Le breakfast

Ce n'est pas Supertramp, le groupe de rock phare des 70's, qui nous contredira : le *breakfast in America* est l'un des plus copieux qu'on connaisse ! Pour les Américains, c'est un vrai repas, particulièrement le week-end : on parle alors de brunch. Abondant et varié, plus salé que sucré, le petit déj se prend souvent au resto. Certains établissements ne font d'ailleurs que ça ! Et puis il y a les cafétérias, les *coffee shops* et les *diners*, ces restos populaires un peu rétro avec leurs tables en formica calées dans des box...

La carte, souvent longue comme le bras, fait une place de choix aux œufs *(eggs)* sous toutes leurs formes : brouillés *(scrambled),* en omelette *(omelette),* en *frittata* (omelette épaisse façon tortilla espagnole) ou frits *(fried).* Sur le plat, l'œuf peut être ordinaire *(sunny side up)* ou retourné et cuit des 2 côtés comme une crêpe *(over easy),* c'est-à-dire pas trop cuit. Les œufs peuvent également être pochés *(poached)* ou à la coque *(boiled)* sur demande. Ils sont généralement proposés avec du **bacon** ou des **saucisses,** parfois du jambon grillé *(ham),* des **pommes de terre** sautées avec des oignons ou des *hashbrowns* (galettes façon röstis suisses). En prime, vous aurez droit à des **toasts** beurrés ; pain blanc *(white),* complet *(brown),* entre les 2 *(wheat)* ou seigle *(rye).* Mais le fin du fin en matière d'œufs, ce sont les **eggs Benedict :** pochés, posés sur un petit pain rond toasté (un *English muffin)* et nappés de sauce hollandaise, avec le plus souvent du jambon grillé, du bacon ou du saumon fumé, mais on en trouve moult déclinaisons.

Au rayon des spécialités du breakfast figurent aussi les **pancakes,** ces crêpes épaisses et moelleuses arrosées de sirop d'érable – ou de sirop de canne –, accompagnées au choix de fruits frais, de bacon grillé, etc. Le pain perdu, appelé ici **French toast,** est aussi très populaire.

Dans un registre plus « continental », il faut absolument goûter aux **bagels.** Inventés en Pologne au XVIIᵉ s, ces petits pains en forme d'anneau, à la mie compacte, ont suivi les émigrés juifs jusqu'à New York pour devenir incontournables. Servis traditionnellement grillés *(toasted)* puis tartinés de *cream cheese* (souvent du *Philadelphia)* ou de beurre et confiture, ils existent en différentes versions : nature *(plain),* avec des raisins secs et de la cannelle *(cinnamon-raisin),* des graines de sésame ou de pavot, de l'oignon, multigrains, ou encore les *everything,* avec, comme leur nom l'indique, un peu de tout dedans ! Ne pas confondre les bagels avec les **doughnuts** (ou **donuts**), des beignets ronds (troués aussi au milieu), dont les Américains raffolent, il n'y a qu'à voir le nombre de succursales de la chaîne *Dunkin Donuts* un peu partout ! Pour de la qualité, visez plutôt les nouvelles enseignes spécialisées, comme **Dough** (qui en propose chaque jour à des parfums différents et originaux), mais les meilleurs sont incontestablement ceux de chez **Doughnut Plant** ! On allait oublier les **muffins,** aux myrtilles, à la framboise, à la banane, etc., moelleux et délicieux, qu'on trouve surtout dans les *coffee shops* et les pâtisseries. Et le **granola,** mélange croustillant de céréales caramélisées servies avec du yaourt, des fruits, etc.

Dernier point, si vous demandez un **café regular,** il sera en principe servi à volonté.

Le brunch

Une tradition du week-end incontournable chez les New-Yorkais. Le dimanche et souvent aussi le samedi, entre 10h-11h et 15h-16h en général, de nombreux restos et même des bars servent le brunch, c'est-à-dire des plats à mi-chemin entre le breakfast et le lunch, souvent inspirés par les classiques américains, mais revisités avec légèreté et créativité. À accompagner d'une boisson chaude, d'une **coupe de champagne** (ou de *prosecco*) ou d'un **cocktail** genre **bloody mary** (vodka et jus de tomate épicé) ou **mimosa** (champagne et jus d'orange). Armez-vous de patience, car l'attente est souvent longue.

Le lunch et le *dinner*

– Dans les restaurants, *la carte n'est pas la même le midi et le soir.* Souvent réduite au déjeuner et moins chère, avec principalement des salades, des sandwichs, des burgers et des soupes. Le soir, les plats sont plus élaborés et les prix plus élevés. Il arrive parfois que le même plat coûte quelques dollars de plus le soir que le midi. Certains restos proposent aussi des tarifs *early bird* (spécial couche-tôt), c'est-à-dire des réductions ou un menu à prix avantageux au début de leur service du soir, en général de 17h-17h30 à 19h.

– *Les today's specials* (ou *specials* ou *specials of the day,* ou encore *catch of the day* pour le poisson) *:* ce sont les incontournables suggestions du jour, servies midi et soir, que les serveurs vous encouragent à choisir. Attention, contrairement à nos « plats du jour », les *specials* sont souvent plus chers que le reste de la carte et le prix n'est pas toujours clairement indiqué...

– *Les salad bars :* dans les *delis* (épiceries qu'on trouve à chaque coin de rue, ouverts 24h/24 le plus souvent, à ne pas confondre avec les *delicatessen,* lire plus loin), il y a souvent une section avec tout un choix de crudités, salades composées, plats cuisinés de toutes sortes, parfois des sushis, des salades de fruits frais, etc., à consommer sur place ou à emporter. Idéal pour les végétariens. Il suffit de remplir une barquette et de passer à la caisse : on paie au poids (8 à 10 $ le *pound,* soit 454 g). Les plus beaux *salad bars* qu'on connaisse à New York sont ceux des supermarchés bio *Whole Foods Market* !

Lexique américain spécial resto

– *For here or to go ? :* sur place ou à emporter ?

– *Appetizers :* entrées.

– *Entrees* (à prononcer presque à la française) *:* plats de résistance.

– *Are you done ? :* vous avez terminé ?

– *No, I'm still working on it :* non, je n'ai pas fini (de manger).

– *The check, please :* l'addition, s'il vous plaît.

Spécialités et tendances

– *Le hamburger (ou burger) :* une institution à New York et pour cause, c'est le plat national ! Évidemment, tout dépend de la qualité du *patty* (steak haché) et des ingrédients qu'on met autour. Les fast-foods les plus populaires (*McDo* et consorts) utilisent des viandes vraiment bas de gamme, à fuir ! Les chaînes plus à la mode, type *Shake Shack* ou *Bareburger,* se targuent de s'approvisionner en produits de qualité (voire bio) mais rien ne vaut un burger servi dans un vrai bon resto, avec une viande *juicy,* tendre et goûteuse, prise entre 2 tranches de bon pain et accompagnée d'une kyrielle d'ingrédients et de sauces qui font toute la différence, miam ! Attention, les frites (*fries* ou *French fries*) se commandent parfois à part.

– *Les pizzas :* presque aussi emblématiques que le burger (les immigrants italiens ont importé leur savoir-faire), il en existe pour tous les budgets. À tous les coins de rues, vous trouverez des « *Dollar slices* » (ou *99 cents pizzas*), c'est-à-dire des pizzas basiques tomate-fromage, vendues 1 $ la part, que les New-Yorkais dévorent pliée, tout en marchant. Rien d'exceptionnel mais le prix est imbattable. Dans le genre, la chaîne la plus connue est *2 Bros Pizza.* Un cran au-dessus (compter 3-5 $ la part), les « *NY slices* », en parts toujours, vendues par des enseignes comme *Artichoke's Basille's Pizza* et *Joe's Pizza.* Enfin, bien meilleures et beaucoup plus *trendy,* les pizzerias nouvelle génération, revisitant la pizza napolitaine avec talent.

Là, on vous parle de *pizzas créatives,* garnies d'excellents produits, à la pâte croustillante et aérienne (l'eau publique de la ville serait l'un des secrets de fabrication).

– **Les salades :** les Américains sont les champions des salades composées, fraîches, appétissantes et copieuses. Aux côtés des classiques *Caesar salad* (romaine, parmesan râpé et croûtons, accompagnée, en version *deluxe,* de poulet ou de grosses crevettes) et **Cobb salad** (salade verte, tomate, bacon grillé, poulet, avocat, œuf dur et roquefort), on trouve des déclinaisons variées, notamment la **kale salad**

(au chou frisé), plat emblématique de la cuisine bobo-bio.

– **Les bagels :** typiques de New York, à consommer nature, tartinés de beurre-confiture le matin, ou bien de fromage frais *(cream cheese),* de thon mayonnaise *(tuna fish)* ou garnis de saumon fumé *(lox).* Voir plus haut « Le breakfast ».

– **Le delicatessen (ou deli) :** une institution juive new-yorkaise, à ne pas confondre avec les autres *delis* qui désignent les épiceries-*salad bars* rencontrées à tous les coins de rue. Le vrai *deli* new-yorkais sert des **spécialités juives** d'Europe centrale (polonaises, ukrainiennes, hongroises, etc.). Il faut absolument goûter au **pastrami** (poitrine de bœuf moelleuse épicée et fumée, servie tiède en tranches fines, à l'origine une recette roumaine), au **corned-beef,** servi en énorme sandwich sur du pain au cumin *(rye bread)* avec à côté le gros cornichon aigre-doux **(pickles)** et le sempiternel petit pot en carton de **coleslaw** (salade de chou blanc et carottes râpés). Très typiques aussi au rayon des spécialités juives, les **knishes,** sortes de boules de purée de pomme de terre déclinées de moult façons (un peu étouffe-chrétien si l'on ose dire) et tous les **poissons fumés** (hareng, saumon...).

– **La cuisine asiatique :** en plein boom ! De nombreux chefs revisitent les plats traditionnels thaïs, vietnamiens, coréens... dans des restos branchés où le Tout-New York se presse. Les *ramen* (soupes de nouilles made in Japan) rencontrent un vrai succès. Autant le savoir, les meilleurs restos ne se trouvent pas dans Chinatown.

– **La viande de bœuf :** de tout 1ᵉʳ ordre mais chère, surtout dans les vraies **steak-houses.** La tendreté de la viande américaine provient aussi de sa découpe (perpendiculaire aux fibres du muscle), différente de celle des bouchers français. D'où la difficulté de traduire les noms des différents morceaux qu'on retrouve sur les cartes des restos new-yorkais : le **filet mignon** (rien à voir avec un filet mignon de porc, c'est un pavé dans le filet), le **sirloin** (faux-filet), le **ribeye** (entrecôte), le **New York Strip** (partie haute du rumsteck) et le célèbre **T-bone,** c'est-à-dire la double entrecôte avec l'os en T. Le très tendre **prime rib** (côte de bœuf) a aussi ses adeptes (à ne pas confondre avec les populaires **spare ribs** qui désignent du travers de porc sauce BBQ). Enfin, un peu de vocabulaire concernant la **cuisson de la viande** : *medium* = à point ; *medium rare* = à point tendance saignant ; *rare* = saignant ; *well done* = bien cuit.

– **Le barbecue :** une tradition du sud des États-Unis, qui fait un carton et dans tout le pays et même au-delà ! Sachez-le, le vrai BBQ se mange avec les doigts, servi avec du *corn bread* (pain de maïs), du coleslaw, des *mac & cheese* (macaronis au fromage), des *collard greens* (sorte de chou vert coupé menu et cuisiné à l'étouffée avec des épices)... Et le secret de cette viande juteuse et fondante, c'est la cuisson, longue et à tout petit feu *(slow-cooked)*.

– Les pâtisseries américaines : excellentes lorsqu'elles sont réussies ! Et c'est le cas dans de nombreuses pâtisseries nouvelle génération comme *Magnolia Bakery* et consorts... Les **cup-cakes,** ces petits gâteaux ronds et légers, genre génoise, nappés d'un glaçage au beurre très sucré et très coloré aussi (rose, bleu, vert...), sont toujours très populaires. Autres incontournables : le **cheese-cake,** gâteau au fromage blanc parfois agrémenté de fruits, de chocolat... mais encore meilleur dans sa version nature *(plain)*. Le **carrot cake** (gâteau

BOMBE CALORIQUE

Le chicken & waffles, *plat emblématique de la* soul food *(la cuisine du sud des États-Unis), est originaire de Harlem. Ce curieux mix de poulet frit et de... gaufres (!), servi dans la même assiette, est une recette inventée par les musiciens de jazz qui jouaient toute la nuit dans un club ouvert 24h/24. Comme ils ne savaient plus trop si c'était l'heure de dîner ou de prendre le petit déj, les jazzmen commandaient à la fois du poulet et des gaufres. La recette est restée !*

aux carottes et aux noix, sucré et épicé, recouvert d'un glaçage crémeux, qui existe aussi en version *cupcake*) ; le **layer cake** (gâteau « à étages » garni de couches de crème, au chocolat, au citron, à la noix de coco...), le **pecan pie** (aux noix de pécan, typique du Sud), le **pumpkin pie** (célèbre tarte au potiron, typique de la période d'Halloween), sans oublier les **muffins** et **cookies** (les meilleurs cookies sont ceux de *Levain Bakery,* qu'on se le dise !) et les tartes aux fruits de saison *(pies)* à la mode de grand-mère...

La révolution *green,* locavore et *farm to table*

La mode des **marchés fermiers** (*farmers markets* ou *greenmarkets*) est très révélatrice de l'évolution des mentalités dans une mégapole où les comportements alimentaires ont depuis des lustres été conditionnés par l'agrobusiness. Le plus célèbre d'entre tous, celui d'**Union Square** (lundi, mercredi, vendredi et samedi toute la journée), est un rendez-vous incontournable pour les **locavores** et particulièrement pour les restaurateurs qui s'y approvisionnent. Ces derniers affichent avec fierté la provenance de leurs produits, souvent des fermes situées dans la fertile vallée de l'Hudson (le concept « **farm to table** »), quand ils ne cultivent pas eux-mêmes leurs légumes dans leur propre potager ou sur leur toit ! Ce grand retour à la terre est orchestré par des paysans urbains qui ne jurent que par le goût et le respect des saisons.

À NY, la **cuisine végane** est, quant à elle, en pleine explosion ! Si vous faites partie du sérail, vous serez servi car outre les restos spécialisés, de nombreux endroits proposent des alternatives véganes sur leur menu. L'**avocado toast** (tartine d'avocat déclinée de diverses façons) est incontournable, comme les **Acai bowls** au breakfast. La nouveauté, c'est que les chefs élèvent désormais le véganisme au rang de la gastronomie ! On ne compte plus les tables créatives et même étoilées, 100 % véganes.

Les *food halls*

Les *food halls* sont la version gourmet et actuelle des populaires *food courts,* ces espaces regroupant des stands (avec généralement un espace où s'asseoir) de cuisines différentes. On y retrouve une **sélection d'enseignes locales dans l'air du temps,** ce qui permet parfois de goûter des spécialités du fin fond de Brooklyn en plein cœur de Manhattan. Malin, rapide et souvent économique. Idéal pour le breakfast et le lunch.

La *street food*

Un succès phénoménal, exporté chez nous d'ailleurs, comme de nombreuses tendances nées à New York. Il n'y a encore pas si longtemps, les *carts,* ces petits stands ambulants de cuisine de rue pas toujours reluisants, étaient l'apanage des quartiers d'affaires, surtout Lower Manhattan et Midtown. Le midi, des files de cadres en costume faisaient patiemment la queue devant leur roulotte en Inox favorite, servant la plupart du temps de la cuisine indienne. Mais en quelques années, cette propension typiquement américaine à manger dehors, sur un coin de trottoir, s'est muée en une véritable mode. La *street food* s'est boboïsée et sophistiquée ! Des *food trucks* (camions gourmets) de plus en plus nombreux, rutilants et colorés sillonnent les rues pour proposer leurs spécialités. Chaque *truck* a la sienne : *ramen,* tacos, *dumplings, lobster rolls,* glaces, *cupcakes*... Rien à voir évidemment avec les médiocres chariots chromés à hot-dogs et bretzels qu'on trouve un peu partout ; là on vous parle de cuisine de qualité, produits locaux et tout le tremblement. D'ailleurs, les prix sont plus élevés que pour de la *street food* basique...

Les chaînes

Même à New York où l'offre de restos est démente, les chaînes ont toujours beaucoup de succès auprès des locaux. Pour un jus, difficile d'échapper à *Joe & The Juice,* un bar à jus-café-sandwicherie dont le concept convivial est né au Danemark et a fleuri un peu partout dans Manhattan. Pour un burger de fast-food honnête, direction *Shake Shack* (nombreuses *locations* à Manhattan et Brooklyn), *Five Guys* (cadre nul en revanche) ou, si voulez être bien assis, dans un décor écolo sympatoche, *Bareburger.* Côté verdure, les salades à composer de chez *Chopt* et les plats *healthy* de *Sweetgreen* remportent toujours du succès chez les employés à l'heure du lunch. Au rayon sandwichs, *Prêt à Manger* est très apprécié pour ses « triangles » à l'anglaise, tout frais et garnis de bonnes choses. Enfin, si l'envie d'une petite soupe vous titille, celles de *Hale & Hearty Soups* sont délicieuses et nourrissantes.

Vous remarquerez aussi qu'à New York, dès qu'un resto marche bien, il ouvre 1 voire 2 ou 3 *succursales ailleurs en ville.*

CURIEUX, NON ?

– *How are you today ?* C'est la question qui vous accueille partout dans ce pays, dans les restos comme dans les boutiques et autres. Même dans une grande ville comme New York, *on se dit facilement bonjour* dans la rue même si on ne se connaît pas et on engage couramment la conversation avec des inconnus, au resto avec ses voisins de table et dans les ascenseurs aussi !

– *Do you need help ? Are you lost ?* Voici 2 petites phrases que vous entendrez dès que vous ouvrirez un plan de métro ou votre guide préféré dans la rue. Avec une spontanéité touchante, les New-Yorkais se mettent en 4 pour venir en aide aux touristes. Un heureux paradoxe dans cette ville où le dollar est roi...

– Les *files d'attente* sont un vrai principe, voire un indice de branchitude. Si on n'attend pas 1h ou plus pour décrocher une place dans un resto ou un *rooftop* à la mode, c'en est presque suspect ! Évidemment, c'est l'occasion de vous faire patienter « tranquillement » au bar pour consommer quelques drinks...

– *Au resto :* le *bruit* ambiant, entre les gens qui parlent fort (même si c'est vide !) et le fond musical souvent très présent, l'*éclairage ultra-tamisé* qui baisse à mesure que le volume sonore et les prix augmentent (tout le monde sort son smartphone pour éclairer le menu avec la lampe torche !), les *serveurs* qui vous apportent l'addition avant que vous ayez commandé un café ou un dessert, la *carafe d'eau* qui n'est pas sur la table (on vous remplit les verres, toujours pleins de glaçons) et le *pourboire (tip)* qui n'est pas compris (comme les taxes) mais obligatoire ! Même dans les adresses un peu populaires (type *diners*), on ne s'assied pas à n'importe quelle table, sauf si l'écriteau « *Please seat yourself* » vous invite à le faire. Sinon on attend d'**être placé.** Ne vous attendez pas à un **service à l'européenne,** du genre nappe, serviette, petite cuillère pour le café, etc. Ici, c'est efficacité et rendement ! Enfin, la coutume des **additions séparées** n'existe pas, on se débrouille avec une note unique même quand on veut partager.

– Toujours étonnant de voir du monde **manger à toute heure** dans les restos. Difficile parfois de deviner si les gens en sont encore au déjeuner ou déjà au dîner... D'ailleurs, les restos commencent à proposer la carte du soir vers 17h et dans certains endroits, le petit déj est servi toute la journée !

– **Les sandwichs** servis au resto n'ont rien à voir avec nos casse-croûte avalés sur le pouce. Ce sont de vrais repas chauds (comme les burgers), servis avec des frites, des chips ou une salade.

– Au petit déj, **les omelettes sont souvent à 3 œufs.**

– Dans les **bars** et les **boîtes,** les **papiers d'identité (ID)** sont demandés à l'entrée, même si vous avez **plus de 40 piges** !

– De plus en plus, **iPad et smartphones remplacent les terminaux de paiement** dans les boutiques et restos. Les reçus imprimés se raréfient, mais on peut vous les envoyer par e-mail sur demande.

– La **clim** est toujours poussée à fond dans tous les lieux publics (transports compris) et dans les chambres d'hôtel, même quand il n'y a personne dedans...

– **Le courant électrique est en 110 volts,** étonnant au pays de l'hyper technologie.

– **Embrasser** fougueusement son amoureux ou son amoureuse dans la rue ne se fait pas. Le *PDA (Public Display of Affection)* est même très mal vu ! En revanche, il est tout à fait légal de **se promener torse nu** et donc **seins nus** à New York !

– Dans le même ordre d'idées, **les Américains se font rarement la bise.** Quand on se connaît peu, on se dit juste « *Hi !* » (prononcer « Haïe ») qui veut dire « Salut, bonjour ! » avec la variante *Hi guys,* même si vous avez 80 ans ! Et quand on est plus proches, c'est le « **hug** » (l'accolade) qui prévaut. Il s'agit de s'enlacer en se tapant dans le dos, délicatement avec les femmes, avec de grandes bourrades pour les hommes.

– De nombreux **médicaments** sur ordonnance chez nous, sont **en vente libre** aux États-Unis.

– La **vétusté du métro** et son fonctionnement un peu complexe surprennent au début. L'attente aussi, parfois 20 mn entre 2 rames...

– Les **ordures** qui s'entassent dans les rues étonnent toujours.

– Le **décompte des étages** est différent : le *1st Floor* correspond au rez-de-chaussée, le *2nd Floor* au 1er étage pour nous, etc.

ÉCONOMIE

Croyez-vous au rêve américain ? Non, mais je crois qu'on peut en tirer profit
Andy Warhol

2e centre financier mondial après la City de Londres, **Wall Street** reste plus que jamais le 1er moteur économique de New York, employant plus de 300 000 personnes (soit 5 % des New-Yorkais), même si elle fut aussi l'épicentre de la **crise des subprimes** déclenchée en 2007, celle qui a plongé le monde dans la tourmente. Le secteur financier s'y est fortement contracté (Wall Street a perdu 13,5 % de ses effectifs en 5 ans), mais la ville a paradoxalement mieux résisté que le reste des États-Unis, créant même des emplois ! Quant à l'arrivée au pouvoir de Trump, elle semble ne pas avoir trop chamboulé le marché, malgré les inquiétudes de départ. Durant les élections de mi-mandat en 2018, il pouvait même se targuer d'une croissance annuelle de 3,1 % !

Le 1er secteur fleurissant, les **nouvelles technologies,** devenues en quelques années le 2e pôle économique de la ville. On parle même de **Silicon Alley,** en référence à la Silicon Valley californienne, pour désigner le coin autour du Fla-tiron Building, où se sont installées au début nombre de **start-up du high-tech.** Signe qui ne trompe pas, les géants de l'Internet (Facebook, Google, Twitter) ont installé leurs bureaux à New York et Amazon – qui a récemment renoncé à implanter son siège à New York – a ouvert plusieurs librairies et boutiques en ville… En 2017, New York a aussi inauguré sur Roosevelt Island le **campus le plus cher du monde** (financé en partie par le philanthrope Michael Bloomberg, l'ancien maire de la ville) : l'université technologique **Cornell Tech,** destinée à rivaliser avec le célèbre MIT, dans le Massachusetts.

Autres secteurs moteurs, y compris au niveau mondial : les assurances, la santé (recherche, biotechnologies et services, plus de 500 000 employés) et l'immobilier. Mais New York, c'est aussi la plus grande concentration de **médias** et d'éditeurs aux États-Unis, sans parler du **marché de l'art,** du marketing, de la **mode,** du **design,** de l'**architecture** et même du film (après Hollywood). Parallèlement, si de nombreuses entreprises n'ont pas résisté à la crise, de grandes marques en ont profité pour gagner du terrain et multiplier leurs boutiques. Pour certains entre-preneurs, **c'est même le moment de s'installer à New York** ! Au même titre que les États-Unis, la Grosse Pomme jouit d'une hausse ininterrompue du nombre d'emplois créés au cours de l'année 2018…

Mais à quoi donc carbure New York ? Elle s'appuie avant tout sur un formidable **vivier de jeunes diplômés en provenance du monde entier.** Les start-up sur-fent sur les secteurs moteurs mentionnés plus haut pour importer ce qui marche ailleurs et inventer de nouveaux produits. Ajoutons à cela son fort pouvoir d'attrac-tivité, **son nouveau visage « green »** (notez que New York est en tête du clas-sement mondial des places financières « vertes » !), une **gastronomie en pleine révolution** et l'effervescence culturelle… Tout cela se traduit par une **fréquen-tation touristique toujours en hausse** (c'est la 9e année consécutive que New York bat son propre record), dépassant aujourd'hui les **65 millions de visiteurs,** dont un quart d'étrangers.

Une véritable manne financière qui engendre environ 61 milliards de dollars de recettes et génère 375 000 emplois. Un boom en partie dû à l'ambition insuf-flée par l'ancien maire, **Michael Bloomberg,** de faire de New York « the World's Second Home », en exploitant à fond son potentiel touristique via, notamment, la réhabilitation des *boroughs* (les banlieues).

Comme toujours, la médaille a son revers. Si New York détient *la plus forte concentration de milliardaires au monde* – à savoir 103 en 2018 – derrière Pékin, **presque 2 millions de New-Yorkais vivent en dessous du seuil de pauvreté** et autant n'en sont pas loin, soit près de 40 % de la population ! Un phénomène qui touche en priorité la population asiatique, suivie de près par les hispanophones. L'actuel maire démocrate **Bill de Blasio** a fait du combat contre ces inégalités le cheval de bataille de son mandat. Outre les problèmes évidents liés à la langue, c'est le prix exorbitant de l'immobilier qui est visé, certains propriétaires exigeant des garanties insoutenables pour les petits revenus. En 2018, 63 000 personnes, dont 24 000 enfants, étaient sans abri et le nombre de personnes fréquentant les foyers a augmenté de 82 % depuis 10 ans. Or le plan du maire pour créer 15 000 places d'accueil supplémentaires stagne toujours… Quant aux classes moyennes, elles fuient les prix de Man-hattan pour s'établir à **Brooklyn,** l'eldorado des bobos devenu le nouveau foyer artistique et nocturne de la ville. Un New York « à 2 vitesses » donc, selon les mots du maire. Mais le salaire minimum a déjà été relevé sensiblement fin 2017 et il devrait encore augmenter d'ici à 2021. New York doit aussi composer avec les colères de la nature. En 2012, l'**ouragan Sandy** a durement frappé la ville, laissant derrière lui un lourd bilan humain et économique. Mais il donna l'occa-sion de lancer de vastes chantiers le long des 800 km de côtes de la ville…

La Grosse Pomme n'est pas ville à se laisser abattre et tout se reconstruit, se réhabilite, à l'image d'un **World Trade Center** flambant neuf sorti de terre en seulement 10 ans !

ENVIRONNEMENT

Transformer New York en ville verte d'ici à 2030 fut l'un des grands chantiers du précédent maire, Michael Bloomberg. Si les New-Yorkais font figure d'exception aux États-Unis avec une empreinte carbone parmi les plus basses au monde (ils possèdent 2 fois moins de voitures que le commun des Américains), le challenge reste immense. Le **PlaNYC 2030** lancé en 2007 prévoit la réduction des émissions de carbone de 30 %, la plantation d'1 million d'arbres et la création d'un parc à 10 mn maximum pour chaque habitant. Parallèlement à ce travail sont entrepris une refonte de 90 % des canalisations et le nettoyage des terrains les plus pollués. Les taxis ont aussi été sommés de passer progressivement du jaune au vert (hybrides) tandis que le système de location de vélos *CitiBike* était lancé avec succès en 2013... Bill de Blasio a pris le relais du PlaNYC à travers son initiative **OneNYC.** Le « **Zero Waste Challenge** » a pour objectif de réduire de 90 % la production de déchets de la ville à l'horizon 2030, soit une économie de 310 millions de dollars sur le transport des ordures par camions. Le défi est de taille sachant qu'aujourd'hui seuls 15 % des ordures ménagères (sur 12 000 t de déchets quotidiens) et 25 % des déchets industriels sont recyclés à New York. En effet, si les beaux quartiers sont bien lotis, ce n'est pas le cas partout. Pas de conteneurs, les poubelles s'entassent partout sur les trottoirs et à l'arrière des restos et des bars, pour le plus grand bonheur des rongeurs...

En revanche, bonne nouvelle, pratiquement **jamais de crottes de chien** sur les trottoirs, au moins dans les quartiers les plus touristiques ou aisés. Rien de surprenant car, dans la pratique quotidienne, les Américains font preuve d'un esprit très civique. De plus, la loi américaine sanctionne ce genre d'infraction bien plus qu'en Europe.

Le plan *OneNYC* prévoit aussi une réduction des émissions de gaz à effet de serre de 80 % d'ici à 2050. Elles sont majoritairement dues aux installations électriques des vieux gratte-ciel. Le **chauffage des immeubles** est un vrai souci en matière d'économies d'énergie. On vit la fenêtre ouverte dans certains logements surchauffés, quand on n'allume pas son climatiseur en parallèle pour tenter d'abaisser la température ! Les architectes travaillent de plus en plus sur des projets de **gratte-ciel écolos :** matériaux issus du recyclage, récupération des eaux de pluie...

PROCHAIN ARRÊT : ATLANTIQUE !

Quelque 2 500 anciennes rames de métro new-yorkais ont été larguées au large des côtes américaines entre 2008 et 2010. Une opération menée par la compagnie des transports de la Ville pour créer un récif artificiel destiné à attirer poissons et coquillages et ainsi redynamiser l'écosystème des fonds marins, essentiellement composés de sable nu. Le risque de pollution est quasi nul d'après l'agence américaine de protection de l'environnement.

La **certification LEED** (Leadership in Energy and Environmental Design) consacre la dimension durable de ces constructions qui doivent émettre au moins 34 % de gaz à effet de serre en moins qu'une construction non écolo et permettre une économie d'énergie non négligeable de 25 %.

La vague écolo ne touche pas seulement la politique, elle est aussi au cœur des préoccupations des New-Yorkais, comme en témoigne le **phénomène « locavore » ou « farm to table ».** Ce comportement alimentaire (né à San Francisco) préconise de ne consommer que des produits locaux, c'est-à-dire provenant d'un lieu distant de 160 km au maximum, selon les puristes ! Certains restaurateurs new-yorkais se font un honneur d'indiquer la provenance de leurs produits, le plus souvent des fermes de la vallée de l'Hudson. Le supermarché bio *Whole Foods Market* de Gowanus, à Brooklyn, distribue en priorité les produits cultivés dans sa propre ferme… située sur le toit de l'édifice ! Même les matériaux de construction sont locaux : les étals de fruits ont, par exemple, été réalisés avec du bois flotté ramassé sur la plage de Coney Island. Dans le même ordre d'idées, New York possède le plus grand réseau d'**agriculture urbaine** aux US (avec un portail numéri-

TOUT CE QUI BRILLE

Pour une fois, ne levez pas le nez mais regardez sur quoi vous marchez sur la 5e Avenue, au niveau de la pointe sud de Central Park. Le revêtement est issu d'un mélange original de fragments de verre et d'asphalte, du « glassphalt ». On en doit l'idée à Donald Trump (si, si !), qui voulait que les rues brillent autour de l'hôtel qu'il venait de racheter, le Plaza (revendu depuis). Résultat, depuis 1990, quelques kilomètres de macadam scintillent dans ce quartier huppé et la ville fait de substantielles économies en recyclant le verre.

que dédié, le 1er du genre) : **jardins communautaires** (plus d'un millier), courettes réhabilitées en vergers, **plantations et ruches sur les toits des buildings,** tout est bon pour cultiver son jardin avec les moyens du bord ! La **cueillette sauvage** fait aussi de plus en plus d'adeptes à Central Park. Pour répondre à cette insatiable envie de nature, on aménage des **espaces verts sur d'anciens sites industriels,** une façon intelligente de pallier le manque d'espace disponible, comme l'**Hudson River Park,** aménagé sur les anciens quais de transbordement des compagnies maritimes. Dans le style, la plus belle réhabilitation est sans conteste la **High Line,** une ancienne ligne de chemin de fer reconvertie en voie verte suspendue, entre le Meatpacking District et Chelsea. À DUMBO, au bord de l'East River, le **Brooklyn Bridge Park** est un autre exemple de parc à la fois décoratif et high-tech. Construit sur des couches de matériaux recyclés, il stocke l'eau de pluie, produit son énergie et lutte contre la canicule avec une végétation adaptée.

Bref, la **prise de conscience environnementale** est bien réelle. Depuis le 11 septembre 2001, les New-Yorkais se savaient vulnérables devant l'homme. L'**ouragan Sandy,** en 2012, leur a prouvé combien ils étaient fragiles face aux éléments. Et, avec le réchauffement climatique, le risque de nouvelles catastrophes naturelles va en s'accentuant. Les scientifiques estiment qu'en 2050 8 % de la zone côtière pourraient être régulièrement inondés par de simples marées. **800 000 New-Yorkais vivraient alors en zone inondable,** contre déjà 400 000 aujourd'hui. Une étude a aussi estimé que ces ouragans de

L'HUÎTRE VA-T-ELLE SAUVER NEW YORK ?

Au XIXe s, 250 000 ha de récif d'huîtres entouraient la baie de New York, surnommée alors « The Big Oyster ». À cette époque, on appelait Ellis Island et Liberty Island la petite et la grande île aux huîtres. Aujourd'hui, biologistes et bénévoles édifient une nouvelle barrière ostréicole dans un quartier côtier de Brooklyn. Le but de ce « Billion Oyster Project » ? Filtrer l'eau, recréer un riche écosystème mais aussi générer un rempart naturel face à l'érosion, salutaire en cas de tempête ou d'ouragan. Et tout ça à partir des coquilles vides fournies par les restaurateurs !

grande envergure pourraient frapper la côte nord-est tous les 25 ans… Pourtant, un projet d'envergure tel que la « **Dryline** », une ceinture verte de 12 km qui devait border la presqu'île de Manhattan et ainsi protéger New York de la montée des eaux, initialement prévue pour 2020, est restée à l'état d'ébauche…

FÊTES ET JOURS FÉRIÉS

Il y a énormément de fêtes, de festivals et de parades dans la Big Apple, la plupart sponsorisés par de grosses compagnies privées. Le mieux est de consulter *Time Out* (● timeout.com/newyork ●) ou encore le site internet du *Visitor Center* : ● nycgo.com/things-to-do/events-in-nyc ●

De nombreuses manifestations ont aussi lieu à **Brooklyn.** Pour les connaître, voir « Fêtes et manifestations » dans ce quartier.

Parades

– **No Pants Subway Ride :** *un dim de janv.* Une performance collective qui consiste à se balader dans le métro sans jupe ni pantalon (mais avec sous-vêtements) ! Les participants se retrouvent à plusieurs points de ralliement, fixés à travers la ville, se déshabillent vite fait bien fait sur le quai du métro et s'engouffrent l'air de rien dans les rames, sous l'œil interloqué des passagers !

– **Martin Luther King's Day Parade :** *le 3e lun de janv.* Parade à la mémoire du pasteur noir américain prônant la non-violence pour mettre fin à la ségrégation et qui fut assassiné le 4 avril 1968 à Memphis, Tennessee. La parade, variée et colorée, essentiellement composée de Noirs, remonte 5th Ave entre 61st et 86th St, à partir de 13h. Militaires, majorettes, pompiers, enfants des écoles, policiers, groupes de jazz jouent en dansant.

– **Nouvel An chinois :** *le jour de la 2e lune après le solstice d'hiver.* Entre les fumées des pétards, les couleurs des costumes traditionnels et les sabres des performances parfaitement chorégraphiées d'arts martiaux, la ville danse le temps de quelques jours au rythme des parades et des spectacles destinés à chanter la beauté d'une culture largement représentée à New York.

– **Saint Patrick's Day Parade :** *le 17 mars (ou le 16 si le 17 tombe un dim).* Fête des Irlandais de New York (ils sont plus de 500 000 !). C'est l'occasion d'une beuverie de masse. Chacun se promène vêtu de vert avec un badge « *Today I'm Irish !* ». La parade remonte 5th Ave (de 44th à 80th). Mélange de cornemuses, policiers, pompiers... tous y sont : officiels, écoles, majorettes... Un vrai spectacle ! Le maire Bill de Blasio a ouvert la marche aux communautés LGBT malgré les réticences des organisateurs (catholiques).

– **Easter Parade :** *le dim de Pâques.* Parade sur 5th Ave, entre 49th et 57th. Les New-Yorkais, déguisés et coiffés de chapeaux extravagants pour la circonstance, se rassemblent pour célébrer dans la joie et la décontraction, toutes classes et ethnies confondues, la fête pascale. Ce jour-là, les églises sont pleines à craquer. Oui, New York conserve des aspects très traditionnels, sinon puritains.

– **Tartan Day :** *le sam ap-m suivant le 6 avr,* date anniversaire de la Déclaration d'indépendance écossaise en 1320. Impressionnante parade avec kilts et cornemuses le long de 6th Ave, de 44th à 55th St.

– **Outdoor Fest :** *pdt 10 j. fin mai ou début juin.* ● outdoorfest.com ● S'adonner aux activités de plein air sans quitter la mégalopole. Il fallait y penser ! Camping, randonnée, escalade, sports nautiques, yoga... Les possibilités sont nombreuses pour vivre sainement à New York. Le reste de l'année, les adeptes se retrouvent une fois par mois à l'occasion d'un *Mappy Hour* pour discuter aventure... urbaine.

– **Make Music New York :** *le 21 juin.* ● makemusicny.org ● Eh oui, ce bon concept français de la fête de la Musique est aussi en vigueur à New York. Un millier de concerts gratuits sont organisés dans les 5 *boroughs*. Le festival se double désormais d'une édition hivernale.

– **Gay Pride Day** (Jour de la fierté homosexuelle) **:** *vers le 28 juin.* ● nycpride.org ● Le défilé, qui passe dans 5th Ave, est absolument époustouflant. C'est une date fêtée par des défilés hauts en couleur un peu partout dans le monde. Des activités culturelles et des conférences sont aussi organisées.

– **Independence Day :** *le 4 juil.* Commémoration de la signature de la Déclaration d'indépendance en 1776, avec feux d'artifice sur l'Hudson River.

– **14 juillet :** ● fiaf.org ● Si vous voulez vous retrouver parmi les Français de New York, allez fêter *Bastille Day* (comme on dit aux États-Unis), le dimanche le plus proche du 14 juillet dans 60th St (entre 5th et Lexington Ave), toute la journée. Là aussi, il y a foule : plus de 10 000 personnes. Il y a à boire, à manger et même à danser avec un bal musette. Organisé par le *French Institute Alliance française* et les autres associations *Frenchies* de New York. Grosse fiesta aussi sur Smith Street, à Brooklyn.

– **Fête de San Gennaro :** *pdt 10 j. mi-sept.* ● sangennaro.nyc ● Dans Little Italy, sur Mulberry Street. Nourriture à gogo, jeux... La statue de san Gennaro, saint patron de Naples, est entièrement recouverte de dollars.

– **Halloween :** *le 31 oct.* ● halloween-nyc.com ● Cette tradition druidique importée par les Écossais et les Irlandais est célébrée avec une grande ferveur à New York. Dans les quartiers résidentiels, les enfants vont de porte en porte déguisés en sorcières, fantômes... et réclament des friandises, ou plutôt ils vous menacent de vous faire un mauvais coup si vous ne leur donnez rien *(trick or treat)* ! En ville, les adultes se déguisent, se griment, se travestissent pour se retrouver dans la seule et immense parade de nuit de tout le pays, commençant sur 6th Ave et Spring Street pour remonter jusqu'à 21st St. Tout le monde peut y participer en s'incrustant parmi les participants au départ. Après, se balader sur Christopher Street, dans Greenwich Village, où la fête continue.

– **Veteran's Day Parade :** *autour du 11 nov.* Les derniers vétérans de la Seconde Guerre mondiale et leurs médailles défilent sur 5th Ave, de 26th à 45th St. À noter que les ceux du Vietnam boycottent l'affaire. Après la parade, service commémoratif à la flamme éternelle du Madison Square Park.

– **Thanksgiving :** *le dernier jeu de nov.* LA fête américaine par excellence. Toutes les familles sont réunies autour de la traditionnelle dinde et de la tourte à la citrouille, pour commémorer le repas donné par les 1ers immigrants (les Pères pèlerins) en remerciement à Dieu – et accessoirement aux Indiens – de leur avoir permis de survivre à leur 1er hiver dans le Nouveau Monde. C'est aussi l'occasion d'un immense défilé qui démarre à Central Park West et 77th St, descend Broadway et s'arrête au niveau du célèbre magasin. Le défilé symbolise en quelque sorte l'arrivée du Père Noël dans la ville, car c'est lui qui clôt la parade. Grandiose et très coloré : chars, fanfares, clowns, dragons, etc.

– **Lighting of the Christmas Tree at the Rockefeller Center :** *début déc.* Éclairage du gigantesque sapin de Noël au Rockefeller Center. Pour finir l'année, 5th Ave est fermée à la circulation les 2 dimanches avant Noël, au niveau du Rockefeller Center : Père Noël, sapin énorme, festival de couleurs et de lumières. C'est Noël à l'américaine ! Et s'il se met à neiger, c'est encore plus magique. Tous les grands magasins ont des vitrines incroyables, avec automates, neige artificielle et tout le tremblement ; dans la journée, les gens font la queue pour les voir, mais si vous y allez tard le soir, il n'y a pas un chat et tout reste allumé.

– **Santacon :** *un sam de déc.* ● nycsantacon.com ● Des centaines de New-Yorkais déguisés en Père Noël se rassemblent pour une gigantesque tournée des bars, haute en couleur forcément et destinée à lever des fonds pour des associations caritatives.

– **New Year's Eve :** *le 31 déc.* La fête la plus folle est à Times Square où, depuis plus d'un siècle, une foule de près d'1 million de personnes en délire attend que la grosse boule de lumière glisse le long du mât, en haut du building à Times Square. Le tout accompagné d'un show grandiose assuré par des artistes survoltés. Un feu d'artifice est simultanément tiré de Central Park, coïncidant avec le départ du marathon de minuit *(Midnight Run)*.

Jours fériés officiels

Les jours fériés suivants s'appliquent sur l'ensemble du territoire des États-Unis. Souvent accompagnés de parade (voir plus haut), ils ne sont en général chômés que par une partie de la population. Les magasins restent ouverts et la plupart des transports fonctionnent normalement. Seules exceptions : Thanksgiving (presque tout est fermé) et, dans une moindre mesure, President's Day et Independence Day. Nombreux commerces fermés aussi pendant la période de Pessah (Passover, fin mars-début avril), particulièrement dans le quartier de Lower East Side-East Village.

– **New Year's Day :** *le 1er janv.*
– **Martin Luther King Jr's Birthday :** *le 3e lun de janv, celui le plus près de son anniversaire, le 15 janv.* Un jour très important pour la communauté noire américaine.
– **President's Day :** *le 3e lun de fév,* pour honorer la mémoire des 1ers présidents américains.
– **Memorial Day :** *le dernier lun de mai,* en mémoire de ceux qui sont morts à la guerre. L'annonce officieuse de la haute saison.
– **Independence Day :** *le 4 juil,* fête nationale.
– **Labor Day :** *le 1er lun de sept,* la fête du Travail. Correspond souvent à la fin de la saison touristique.
– **Columbus Day :** *le 2e lun d'oct,* en souvenir de la « découverte » de l'Amérique par Christophe Colomb.
– **Veteran's Day :** *le 11 nov.*
– **Thanksgiving :** *le 4e jeu de nov* (voir plus haut).
– **Christmas Day :** *le 25 déc.*

GÉOGRAPHIE

New York City fait partie de l'État de New York (abréviation : NY) qui s'étend de l'océan Atlantique jusqu'au lac Ontario et à la frontière du Canada. Montréal n'est située qu'à 614 km au nord (soit 7h30 de route) tandis que Los Angeles se trouve à 4 543 km à l'ouest ! Comme d'autres mégalopoles mondiales à l'instar de Los Angeles ou Tokyo (Japon), New York est née et s'est développée sur le littoral d'un grand océan, l'Atlantique. C'est assez logique. Ici, l'histoire rejoint la géographie. Les 1ers pionniers furent des marins venus d'Europe à bord de bateaux à voile. Ne trouvant pas d'abris sûrs sur la côte, ils pénétrèrent dans une grande baie abritée et accostèrent sur un bout de terre plus ou moins plate, l'île de Manhattan. Celle-ci est devenue aujourd'hui le cœur palpitant de la ville de New York. Les autres quartiers périphériques *(outer boroughs)* s'étendent sur des langues de terre autour de la baie de New York et sur les bords de l'Hudson River et de l'East River. Des quartiers comme Brooklyn et Queens ont la taille de grandes villes et s'étalent sur la pointe sud de Long Island. Autre quartier, Staten Island, face à Brooklyn, s'est lui développé sur une grande île reliée au continent par des ponts autoroutiers. Ces « banlieues » font partie de l'agglomération new-yorkaise. Bien que proches de Manhattan, les zones urbaines sur la rive droite de la rivière Hudson ne dépendent pas de la municipalité de New York City mais de l'État du New Jersey.

New York quartier par quartier

Downtown (de la pointe sud de Manhattan à Houston Street)

– **Lower Manhattan :** c'est le triangle sud de la presqu'île de Manhattan, entre Chambers Street au nord et The Battery au sud, où se rejoignent les 2 rivières,

Hudson River et East River. Le cœur et le moteur du capitalisme américain ! D'ailleurs, les New-Yorkais lui préfèrent l'appellation de Financial District. C'est ici que se trouvent *Wall Street* et son fameux New York Stock Exchange (la Bourse) et que se dresse le *nouveau complexe du World Trade Center,* récemment sorti de terre. Contrairement à ce que l'on pense souvent, la statue de la Liberté ne se situe pas à la pointe sud de Lower Manhattan mais bien au large, sur une petite île de la baie de New York.

– *Chinatown :* un quartier « ethnique », animé et dépaysant, habité principalement par des Asiatiques en majorité d'origine chinoise. De taille réduite, situé entre Canal Street, Chatham Square et Bowery, Chinatown est essentiellement un *quartier commerçant et touristique.* Le quartier est en continuelle expansion et grignote lentement mais sûrement ses voisins (surtout Little Italy et de plus en plus Lower East Side).

– *Little Italy :* juste au nord de Chinatown, Little Italy se réduit maintenant à 3 blocs touristiques sur Mulberry, au nord de Canal Street. Tel un certain village gaulois, la dernière légion de restaurateurs italiens campés sur le pas de leur porte est désormais cernée par les commerçants chinois !

– *NoLiTa :* beaucoup plus sympa et à 2 pas de là, NoLiTa *(North of Little Italy)* est une sorte de petit SoHo mais en plus décontracté.

– *SoHo :* ce nom est un raccourci de South of Houston Street. Entre Canal Street, Houston Street, Broadway et l'Hudson River. Commerçant au début du XXᵉ s, refuge des artistes marginaux dans les années 1970, c'est à présent le quartier des magasins de *mode chic voire luxe,* des galeries d'art, des petits cafés et des restos branchés.

– *TriBeCa :* encore un nom bizarre. En fait, c'est l'acronyme de Triangle Below Canal Street, « le triangle sous la rue du Canal ». Entre Canal Street, Broadway et Chambers Street s'étend ce quartier qui est un peu l'Upper West de Downtown : moins commerçant, plus résidentiel et moins animé le soir que ses voisins. Un grand nombre de vieux immeubles en brique et d'anciens entrepôts reconvertis aujourd'hui en lofts, ateliers d'artistes et appartements. Robert De Niro y possède une maison de production, des parts dans plusieurs restaurants et un hôtel.

– *Lower East Side :* le quartier situé en dessous d'East Village, entre Houston Street, Bowery, Columbia Street et East Broadway. Peu recommandable il y a quelques années, il s'est en partie métamorphosé pour devenir l'un des derniers quartiers à la mode de Manhattan, notamment entre East Houston Street et Delancey Street où se situent les scènes musicales les plus décontractées de New York. Le sud du quartier (grignoté par Chinatown) fut le repaire des 1ʳᵉˢ vagues d'immigrants juifs, il est aujourd'hui le théâtre d'une activité commerciale et culturelle en voie de développement avec Orchard Street en point d'orgue : boutiques de créateurs, galeries d'art...

– *Greenwich Village :* un gros village au sein de la mégalopole, surnommé d'ailleurs « The Village ». Entre 14th Street au nord, Broadway à l'est, Houston Street au sud et l'Hudson River à l'ouest, Greenwich fut le quartier bohème de Manhattan, puis le refuge des beatniks et de la culture underground vers 1950 et aujourd'hui le siège de la prestigieuse New York University (NYU). Très peu de tours ou de gratte-ciel dans le paysage urbain, mais de petits immeubles, de ravissantes maisons basses (de style anglais) qui donnent une couleur provinciale unique à ce charmant village à taille humaine, aujourd'hui bien embourgeoisée.

– *West Village :* correspond à la partie ouest du village de Greenwich, en bordure de l'Hudson River. Au sein du West Village, le petit *Meatpacking District,* traversé par la *High Line,* une ancienne voie ferrée reconvertie en voie verte suspendue, a son identité propre et des faux airs de décor de cinéma avec ses pavés et ses buildings en brique reconvertis en restos, boutiques de créateurs et boîtes branchées.

– *East Village :* entre Broadway, East River, Houston Street et 14th Street. Ce fut à l'origine un des grands quartiers de l'immigration, puis un refuge d'anticonformistes dans les années 1960. Suivirent 2 décennies de déclin (pauvreté, drogues dures, violence et insécurité), dont East Village est aujourd'hui complètement sorti. La sécurité est rétablie et les gangs ont disparu. Les jeunes cadres urbains reviennent y habiter ; c'est le processus de gentrification qui a métamorphosé le quartier, sauf peut-être une infime portion d'Alphabet City (où les avenues prennent des lettres à la place de numéros) qui y résiste encore, dans la partie la plus à l'est.

Centre Manhattan

– **Chelsea :** entre l'Hudson River et 6th Avenue, 14th et 34th Street. Quartier naguère hanté par des artistes rebelles tels que Jack Kerouac. Nombreuses rues plantées d'arbres et bordées d'immeubles de taille moyenne en brique rouge, où les tours sont peu nombreuses. Ambiance gay dans tout le quartier, et notamment le long de 8th Avenue. Plus à l'ouest, autour de la **High Line,** le Galleries District regorge de galeries d'art contemporain (entre 10th et 11th Avenue). Au nord, le nouveau quartier de **Hudson Yards** est sorti de terre. Avec **The Vessel,** immense escalier belvédère, il devrait rapidement devenir un nouvel incontournable de Manhattan...
– **Union Square et Flatiron District :** situé à l'est de 6th Avenue, entre 14th et 42nd Street. Autant d'immeubles résidentiels que de bureaux. Le microquartier NoMad, acronyme de **No**rth of **Mad**ison Square Park, situé entre 23rd et 30th Street, bouge pas mal.

Uptown Sud

– **Times Square et Theater District :** un des centres nerveux de New York dans le domaine de l'économie, du tourisme et des spectacles. Longtemps envahi par les sex-shops et menacé par l'insécurité, le quartier autour de Times Square a redoré son blason et fait le ménage. Résultat : c'est le coin le plus populaire chez les touristes qui viennent pour la 1re fois. Sont ici rassemblés les plus beaux cinémas, les salles de théâtre et de spectacle les plus prestigieuses de New York (Broadway, c'est ici !). C'est aussi un des secteurs de Manhattan où la foule est la plus dense, à toute heure. D'ailleurs, jour et nuit se confondent tant le quartier est illuminé la nuit.
– **Midtown :** correspond en gros à la partie située à l'est de Theater District. Entre Times Square (42nd Street), 6th Avenue, Central Park et East River. C'est la quintessence de New York, un Manhattan « chimiquement pur » avec sa superbe **forêt de gratte-ciel** (dont l'emblématique *Chrysler Building*), mais aussi la gare de **Grand Central** et le siège de l'ONU.

Uptown Centre (la partie de Manhattan au nord de la 59th Street)

– **Upper East Side :** quartier situé à l'est de Central Park, de 59th à 110th Street. Le secteur le plus riche, le plus chic, le plus cher de Manhattan, traversé par 3 fameuses avenues : 5th Avenue, Madison Avenue et Park Avenue, bordées d'immeubles cossus habités par des milliardaires, des hommes d'affaires et des stars. Concentration d'hôtels et de boutiques de luxe. La partie est du quartier demeure beaucoup plus détendue et abordable. Quant à la partie nord (au-dessus de 96th Street), elle se montre nettement plus populaire à mesure qu'on s'approche de Spanish Harlem.
– **Central Park :** situé au centre nord de Manhattan, Central Park n'est pas un quartier mais un poumon d'oxygène d'une surface de 340 ha (la taille d'un quartier non construit) bordé par les 2 quartiers symétriques, West Side et East Side.
– **Upper West Side :** ce quartier, symétrique d'East Side, est situé à l'ouest de Central Park, limité au sud par 59th Street et Columbus Circle et, au nord, par 110th Street. Moins chic que l'East Side mais très animé : restos, boutiques et supermarchés bio le long de Broadway (entre le Lincoln Center et 85th Street grosso modo). L'architecture du quartier (notamment les buildings Art déco et

« Beaux-Arts ») vaut le détour. Plus on monte vers le nord de Manhattan et vers Harlem, plus les loyers deviennent abordables. Le changement social est progressif et suit la géographie.

Harlem

– **Harlem :** au nord de l'île de Manhattan, entre 110th Street (limite nord de Central Park) et 145th Street. Habité historiquement par les Afro-Américains *(African Americans),* mais aujourd'hui de plus en plus par les Latinos et quelques Sénégalais. Longtemps considéré comme un épouvantable ghetto, Harlem est désormais presque entièrement « gentrifié » : les superbes *brownstones* sont peu à peu rénovées, les projets de condominiums se multiplient et les adresses branchées explosent. Sur le côté ouest, au niveau de 116th Street, **Columbia University** forme un îlot étudiant très animé.

Les autres boroughs autour de Manhattan

– **Brooklyn :** des 4 grandes banlieues, Brooklyn est la plus peuplée (2,5 millions d'habitants). Situé au sud de Manhattan, ce *borough* s'étend jusqu'à l'océan Atlantique au sud (Coney Island) et jusqu'à l'East River au nord. Brooklyn est devenu l'avant-garde de New York. Les quartiers de Williamsburg-Greenpoint-Bushwick, Park Slope et DUMBO (entre autres) sont les endroits de prédilection des artistes, bobos, intellos et hipsters. Nombreux sont ceux qui viennent de Manhattan pour y faire la fête et profiter de ses excellents restaurants.
– **Queens :** située sur Long Island, à l'est de Manhattan, Queens est la plus vaste des banlieues de New York, plutôt modeste et très internationale. En raison de l'espace disponible, c'est ici qu'ont été installés les **aéroports** John F. Kennedy et LaGuardia. Avec sa vue imprenable sur le *skyline* de Manhattan, le quartier de Long Island City est en plein essor.
– **Bronx :** au nord de Manhattan, voici le quartier le moins touristique de New York, longtemps le symbole de la grande pauvreté urbaine avec son corollaire souvent inévitable : l'insécurité. Depuis quelques années, le *borough* connaît une transformation sociale significative. Les grands ghettos noirs rongés par la drogue ont quasi disparu. À visiter pour son incroyable jardin botanique (le plus grand du monde !), son zoo (bien entretenu et agréable en toute saison) et la VRAIE *Little Italy* !
– **Staten Island :** face à Brooklyn, sur la rive est de la baie de New York. Très belle vue depuis le ferry gratuit qui relie ce *borough* à Manhattan (voir « Lower Manhattan »)...

Orientation dans Manhattan

Les avenues vont dans la direction nord-sud, tandis que **les rues s'étirent d'est en ouest.** Les rues et les avenues étant perpendiculaires, **une adresse se compose toujours d'un numéro de rue et d'un numéro d'avenue qui fait l'angle.** Exemple : 2nd Avenue et 24th Street ; ou 2nd Avenue (entre 24th et 25th). Si, par exemple, vous demandez à un taxi de vous conduire au 754 Broadway (sans lui préciser que c'est au niveau de 8th Street), il ne saura absolument pas où c'est ! Les avenues sont numérotées du sud au nord, tandis que les rues le sont de l'est vers l'ouest pour la partie située à l'ouest de 5th Avenue (exemple : 52 West 32nd Street) et de l'ouest vers l'est pour celle située à l'est de cette même avenue (exemple : 52 East 32nd Street).
Dans la partie la plus à l'est de l'East Village, les avenues prennent des lettres (A, B, C et D) et non plus des chiffres. D'où le nom d'« Alphabet City ».
Méfiez-vous de certains **faux amis** dans le libellé des adresses : *Place* = rue ; *Park* = square ; *Square* = place ou carrefour !

Abréviations utilisées dans ce guide

Ave	Avenue	Ln	Lane
Blvd	Boulevard	Sq	Square
Dr	Drive	St	Street
Gr	Grove	E	East
Hwy	Highway	N	North
Pl	Place	S	South
Rd	Road	W	West

HISTOIRE

L'histoire de New York est, à elle seule, un résumé des grandes dates de l'histoire des États-Unis.

Indiens d'origine et 1ers Européens

À l'origine, évidemment, les Indiens occupent la place : des *Lenape,* une tribu de langue algonquienne. *L'endroit s'appelait « Mannahatta »* ou « l'île aux Collines ». Les peuples algonquiens représentent à l'époque des centaines de tribus regroupant des centaines de milliers d'individus.

Si Christophe Colomb découvre officiellement l'Amérique en 1492, la tranquillité des peuples algonquiens ne sera pas troublée pendant encore un siècle, le temps que les concurrents nordiques de l'Espagne et du Portugal (qui s'étaient concentrés jusqu'alors sur l'Amérique centrale et du Sud) s'organisent.

Revenons à New York ! Quelques décennies après Colomb, en 1524, le roi de France, François Ier, missionne le Florentin Giovanni Da Verrazano pour explorer les côtes, dans le but de trouver un passage vers l'ouest.

Il ne manque pas de recenser depuis le pont de son bateau *la baie de New York qu'il baptise « Nouvelle Angoulême »* (aujourd'hui, le pont reliant Staten Island à Brooklyn, le Verrazano Bridge, commémore ce moment).

L'Anglais Henry Hudson, pour le compte de la Compagnie néerlandaise des Indes orientales *(VOC),* débarque le 1er dans la baie qui, désormais, porte son nom. Il y fonde le 1er établissement de peuplement de souche non américaine sous la forme d'un comptoir d'échange sur l'île de « Staaten Eylandt ».

De La Nouvelle-Amsterdam à La Nouvelle-York

Les 1ers colons affluent et le comptoir se transforme très vite en un village qu'ils baptisent La Nouvelle-Amsterdam. La naissance de New York se fait pacifiquement : en 1626, *Peter Minuit, gouverneur de la colonie, achète l'île de Manhattan aux Indiens pour 60 florins (l'équivalent de 24 $ actuels).* « La plus belle opération foncière de tous les temps », commentera l'écrivain new-yorkais Jerome Charyn. Les 1res relations avec les Indiens du coin sont commerciales et inégales : des fourrures, revendues une fortune en Europe, contre des babioles sans valeur puis, bientôt de l'alcool et des armes à feu. Aussi les Indiens abandonnent-ils peu à peu leurs cultures pour se concentrer sur la chasse des animaux à fourrure. De cette façon, ils se privent petit à petit de leurs moyens de subsistance traditionnels.

En 1643, de 1ers affrontements éclatent. Ceux-ci deviennent ensuite si fréquents qu'en 1653 Peter Stuyvesant (qui n'était ni un vendeur de cigarettes ni un voyagiste, mais le gouverneur de la ville) est obligé de faire construire une *palissade (wall) protectrice sur ce qui correspond aujourd'hui à Wall Street.*

La palissade sert aussi de protection contre les Anglais, dont la continuité territoriale des colonies est entravée par la petite colonie néerlandaise qui, en quelques décennies, est devenue le point de passage obligé du commerce transatlantique.

Les Anglais font le forcing et, en septembre 1664, ils s'emparent de la ville. Elle compte alors 17 rues et presque autant de langues pour environ 1 500 âmes. Le roi d'Angleterre Charles II en fait aussitôt don à son frère James, le duc d'York. C'est à ce moment-là que *La Nouvelle-Amsterdam devient La Nouvelle-York, en anglais : « New York » !*

Prospérité économique et esclavage

La croissance démographique se fait raisonnablement : *à la fin du XVIIe s, la ville de New York ne compte que 20 000 personnes, puis 50 000* un siècle plus tard, en 1790. On est encore loin de la grande mégalopole !
Les 11 premiers esclaves africains débarquent d'un navire hollandais en 1626 pour satisfaire le besoin de main-d'œuvre dans les plantations (tabac). La main-d'œuvre servile est aussi utilisée pour la construction des routes, des maisons, des bâtiments officiels, ainsi que pour des fonctions domestiques. Moins de 40 ans plus tard, les Anglais reprennent à leur compte l'horrible trafic. N'ayant que 600 esclaves pour commencer, ils ouvrent près d'une dizaine de marchés sur Wall Street. *En 1740, la population de New York se compose de près de 21 % d'esclaves* et, à la veille de la révolution qui chasse les Anglais, seule la ville de Charleston (Caroline du Sud) compte plus d'esclaves que New York.
En 1817, la ville et l'État de New York abolissent l'esclavage. Mais malgré cette abolition, le commerce persiste (jusqu'en 1865 aux États-Unis) et les affranchis de l'État de New York sont encore longtemps victimes des *black-birders* qui kidnappent les Noirs dans les rues pour les vendre ensuite dans le Sud. De plus, même libres, ces nouveaux citoyens n'avaient pas la vie facile : confrontés à la concurrence de nouveaux immigrés blancs (principalement des Irlandais peu qualifiés), ils sont souvent victimes de préjugés raciaux sur le marché du travail. Le 13 juillet 1863, *la tension raciale se traduit par les draft riots,* des émeutes anticonscription qui sont détournées en émeutes raciales contre les populations noires de la ville (voir le film *Gangs of New York,* de Martin Scorsese).

Au cœur de la lutte

Après la Déclaration d'indépendance de 1776 et durant la guerre qui suivit, New York fut au centre de toutes les convoitises, en raison d'intérêts stratégiques et commerciaux évidents. George Washington, après avoir chassé les Anglais de Boston, fondit sur New York. Les combats firent de nombreuses victimes, parmi lesquelles beaucoup d'Indiens, encore présents dans la région à l'époque et qui penchaient, idéologiquement, plus du côté des Anglais. Dommage...
En décembre 1783, le drapeau aux 13 étoiles flotte sur The Battery. *De 1784 à 1790, New York assure provisoirement le rôle de capitale des jeunes États-Unis.* En 1789, George Washington y est investi président.

L'urbanisation : du port à la ville

Et la ville continua de plus belle son extension. En 1811, sa croissance est devenue tellement rapide que le *Common Council,* l'équivalent de notre conseil municipal, décide d'un plan en damier. *On oriente les rues d'est en ouest et les avenues du nord au sud.* Sur ce point au moins, rien n'a changé et même si c'est un peu monotone, ça a le mérite d'être simple.
Seule Broadway fait exception à la règle. C'est la seule avenue qui traverse Manhattan en biais du nord-ouest au sud-est. Broadway est en fait un ancien sentier indien qui, comme l'avenue aujourd'hui, rejoignait la banlieue de Yonkers.

La « loi sèche »

Après la Première Guerre mondiale, une nouvelle bataille ronge l'Amérique : celle de la lutte contre l'alcool. *En 1919, la Prohibition* (la « loi sèche »), votée par le Congrès, interdit à quiconque de consommer de l'alcool sur le territoire américain. Au pays du bourbon, ce ne pouvait être que problématique. *New York devient la tête de pont d'un gigantesque réseau de contrebande* où les gangs dirigés par Al Capone et Lucky Luciano (originaire du même village que Frank Sinatra, soit dit en passant !) s'affrontent pour l'argent de l'alcool clandestin. À l'heure où l'on parle d'argent de la drogue, cela peut faire doucement rigoler ! Toujours est-il que c'est à New York que l'on retrouve les 1ers cadavres mafieux, au fond du fleuve, les pieds coulés dans le béton. Et pas moins de 32 000 speakeasies (bars clandestins) ont été dénombrés dans la ville à l'époque...

Années folles et années noires

Après les Années folles vinrent les années noires. Durant l'été 1929, l'indice de référence de la Bourse monte de 110 points. Tout le monde achète, sûr de revendre plus cher rapidement. Mais, *le 24 octobre 1929, le tristement célèbre Jeudi noir, les cours s'écroulent.* Une vraie panique ! Les ventes se succèdent à un rythme hallucinant durant 22 jours. Le krach est total : mi-novembre, le marché a baissé de plus de 40 %. Un exemple : les actions d'une société de machines à coudre passent en 5 jours de 48 à... 1 $. Les actions Chrysler, elles, perdent en tout 96 % de leur valeur.

LE DOW JONES POUR LES NULS

Le plus vieil indice boursier est le Dow Jones de New York. Il appartient à la Dow Jones & Company, *aussi propriétaire du* Wall Street Journal, *la bible des banquiers. Ils furent créés tous 2 par Charles Henry Dow (1851-1902), à l'origine journaliste. Son objectif était d'évaluer le cours global de la Bourse de New York, le* New York Stock Exchange, *en se basant sur 30 entreprises représentatives cotées en Bourse. Il s'associa au statisticien Edward Jones et créa le fameux Dow Jones.*

De boursière, la crise devient économique puis sociale. Le gouverneur de New York commence alors à organiser des secours efficaces, car l'Armée du Salut est débordée de demandes d'hébergement. Le chômage se développe tous les jours, jusqu'à toucher bientôt la moitié de la population active. La production industrielle s'effondre. La misère est partout. Ce gouverneur s'appelait Franklin Delano Roosevelt. Il allait faire reparler de lui un peu plus tard.

Évidemment, une telle crise ne pouvait manquer de favoriser la corruption, la magouille et le crime. En 1933, les New-Yorkais en ont assez et ils élisent un maire bien décidé à nettoyer tout cela. Fiorello La Guardia fait un grand ménage ! En 12 ans, il purge le personnel municipal corrompu, les flics ripoux et démantèle le syndicat du crime. Pour contrer la crise, il lance un vaste programme de construction duquel naquirent l'*Empire State Building* (de 1929 à 1931) et le *Rockefeller Center* dont l'édification débute en 1932.

Au début de la Seconde Guerre mondiale, *New York devient la capitale intellectuelle du monde occidental,* investie par les génies qui viennent s'y réfugier : Einstein, Dalí, Thomas Mann, Stravinski, Brecht et même Saint-Exupéry, dont la 1re édition du *Petit Prince* sortit à New York...

Seconde moitié du XXe s : des hauts et des bas

En 1945, la Société des nations laisse la place à l'ONU, qui installe son siège à New York. L'après-guerre est prospère du point de vue économique, comme c'est souvent le cas, mais c'est là le seul point positif. Car New York est rongée par les **problèmes de logement et d'insalubrité.** La ville est très sale et des millions de rats hantent les égouts. La dégradation rapide des logements favorise la spéculation immobilière sous toutes ses formes. Peu à peu, les classes aisées désertent le centre-ville, entraînant la fermeture de nombreux commerces. **L'insécurité augmente et de graves émeutes noires éclatent à Harlem durant les années 1960.**

POURQUOI LA « BIG APPLE » ?

L'expression fut utilisée, vers 1930, par les musiciens des jazz bands désignant New York comme la capitale mondiale du jazz. Big Apple était alors le nom d'un club de Harlem. Quand on avait un concert dans la « Big Apple », cela voulait dire qu'on avait décroché le gros lot, la big town ! En 1971, l'office de tourisme reprit l'expression pour dynamiser le tourisme, avant de lancer un slogan imparable : I ❤ NY.

Résultat : en octobre 1975, avec 13 milliards de dollars de dettes, New York échappe de peu à la faillite. Le gouvernement de l'État, les banques et les syndicats s'associent pour éviter le chaos. Les finances sont redressées en moins de 1 an.

En novembre 1977, Edward Koch est élu sur la base d'un programme dur, visant à assainir la ville et ses finances de toutes les corruptions. Durant 12 ans, il donne un nouvel élan à New York. En 1989, il est remplacé par le démocrate David Dinkins, le **1er maire Noir de New York.** Rien

ÉTEINS LA LUMIÈRE !

En août 1977, une gigantesque panne de courant plonge New York dans le noir complet durant 25h... et déclenche un mini baby-boom 9 mois plus tard !

d'étonnant dans une ville où les Noirs et les Hispaniques représentent la moitié de la population.
En novembre 1993, après 30 ans d'absence, les conservateurs reprennent la mairie avec Rudolph Giuliani. Il y restera jusqu'en 2001.

La renaissance de New York

Comme il l'avait promis dans sa campagne électorale, **Rudolph Giuliani « nettoie » littéralement New York,** ville réputée ingouvernable (la Big Apple avait été rebaptisée la « Rotten Apple », la « Pomme Pourrie »). Ancien procureur, il fait tomber le parrain des *Latin King* et celui de *Cosa Nostra,* la mafia sicilienne, qui contrôlait par exemple le marché aux poissons de South Street Seaport, sur le vieux port de NY. Mais Giuliani ne s'attaque pas qu'aux gros poissons. Rue par rue, il reconquiert la ville en appliquant la **« tolérance zéro » en matière de vandalisme,** reprenant la théorie socio-urbaine du « carreau cassé », qui veut que des déprédations mineures encouragent une criminalité plus grave. En 6 ans, il met plus de 4 000 personnes en prison ! Aux antipodes de la tolérance chère aux New-Yorkais, cette politique entraîne de nombreuses bavures, mais connaît un succès indéniable, faisant de New York l'un des endroits les plus difficiles pour obtenir un permis de port d'arme et aujourd'hui la ville la plus sûre des États-Unis. Les crimes en tout genre diminuent de moitié, le nombre de meurtres chute de 60 %, les rues deviennent plus propres et près de 320 000 emplois sont créés.
Enfin, durant son 1er mandat, Giuliani **remet les caisses de la mairie à flot :** de - 2,3 milliards de dollars en 1993, la balance passe à + 2 milliards en 1998.

Mardi 11 septembre 2001 : l'acte de guerre

Le 11 septembre 2001 marque d'une pierre noire l'entrée dans le XXIe s. Ce matin-là, 4 avions commerciaux américains sont détournés par des terroristes kamikazes d'Al-Qaïda et transformés en bombes volantes. 3 appareils atteignent leur cible : *2 avions s'écrasent sur les Twin Towers,* symboles de Manhattan et de la puissance économique américaine et le 3e sur le Pentagone à Washington, symbole de sa puissance militaire. Quant au 4e, il termine sa course près de Pittsburgh, en Pennsylvanie... C'est la plus grosse attaque terroriste jamais commise contre un État. Le bilan est tragique et les pertes humaines sont les plus lourdes pour les États-Unis depuis la guerre du Vietnam : *près de 3 000 morts et autant de blessés.* En tout, moins de 2h auront suffi à Oussama ben Laden, milliardaire saoudien et intégriste musulman, jadis formé et armé par la CIA pour lutter contre l'Union soviétique en Afghanistan, pour mettre le monde entier en état de choc. Après Pearl Harbor, les États-Unis sont à nouveau victimes d'un acte de guerre sur leur propre sol, sans rien avoir vu venir.

Ce qui frappe dans ces attentats, c'est la démesure de la violence et la dimension mondiale : *80 nationalités furent recensées parmi les victimes du World Trade Center,* un des hauts lieux cosmopolites de la planète.

Les conséquences économiques de ces événements sont sévères. La zone proche des attaques est paralysée pendant de nombreuses semaines et les cours immobiliers chutent. Les assurances enregistrent les plus grosses pertes de leur histoire, les compagnies aériennes vivent une crise financière sans précédent, sans parler du coût de la reconstruction. L'impact psychologique est au moins aussi important.

L'après-11 Septembre : 10 ans pour rebondir

Le 11 septembre 2001 précipite une récession déjà en embuscade. Les finances municipales sont en état de crise aiguë. Tout juste élu, Michael Bloomberg entreprend une reconstruction économique laborieuse qui, malgré le dynamisme de la Grosse Pomme, est assez rapidement entravée par la crise des *subprimes* en 2008. Comme en 1929, New York se fait l'épicentre d'un séisme qui met à mal l'équilibre financier mondial. La *nouvelle de la mort de Ben Laden,* tué par un commando américain en mai 2011, provoque une explosion de joie à New York. Seulement 10 ans après le 11 Septembre, *New York retrouve toute sa vitalité et son énergie créatrice.* Après avoir longtemps broyé du noir, Manhattan voit désormais la vie en... vert. Une *vague écolo,* encouragée par le maire, déferle sur la ville entraînant la renaissance de ses *boroughs, Brooklyn* en tête, talonné par Bronx et Queens.

Cependant, les jeunes prennent la crise de plein fouet. Le mouvement *Occupy Wall Street* donne une voix à cette jeunesse démunie qui proteste contre les abus du capitalisme financier et les inégalités sociales. En 2012, *un redoutable ouragan frappe la côte est des États-Unis.* D'une violence « historique », *Sandy touche de plein fouet le sud de Manhattan et certains quartiers de Brooklyn* (Red Hook surtout). Une quarantaine de morts sont recensés rien qu'à New York et les dégâts se chiffrent en milliards de dollars. Même le célèbre marathon doit finalement être annulé.

2014-2016, de Blasio rompt les standards

Fin 2013, après 3 mandats à la tête de la ville, Michael Bloomberg passe la main à un démocrate quasi inconnu jusque-là : Bill de Blasio. Contrairement à son prédécesseur, il a fait de la lutte contre les inégalités le fer de lance de sa campagne promettant la construction de logements sociaux, la réouverture des hôpitaux publics et un impôt pour financer l'école maternelle.

Dans une ville plus que jamais multiethnique, *il fait de sa famille atypique un argument de poids.* Sa femme, poétesse et ancienne lesbienne, est afro-américaine ; ses enfants, 2 ados, sont évidemment métis. Son fils a même tourné un spot de campagne pour dénoncer la pratique policière du « *stop and frisk* », l'arrestation arbitraire de passants avec fouille superficielle, qui touche en priorité les minorités (Noirs et Hispaniques). Néanmoins, cette dynamique est rapidement mise à mal quand plusieurs semaines de manifestations contre les violences policières (suite à la mort d'un jeune Noir) et de tensions raciales se soldent par l'assassinat de 2 policiers. Il avait pourtant nommé à la tête de la police new-yorkaise William Bratton, connu pour ses bons résultats en termes de lutte contre la délinquance et de rapprochement entre les minorités ethniques et la police. En 2015, de Blasio inclut au calendrier des écoliers new-yorkais 2 nouveaux jours fériés liés aux fêtes musulmanes : une politique atypique, qui tranche radicalement avec les années Bloomberg !

Le 29 mai 2015, l'*observatoire de la tour du One WTC* est ouvert au public, offrant la vue la plus haute du pays, à 360°, whaou !

Stupeur et tremblements : Trump président

Pour la 1re fois depuis longtemps, les 2 candidats à la présidentielle de 2016 étaient des *New-Yorkais*. **Hillary Clinton,** ancienne sénatrice démocrate de l'État de New York et ministre des Affaires étrangères du gouvernement Obama. Face au milliardaire républicain **Donald Trump,** né dans Queens où son père a fait fortune et qui s'est bâti un empire immobilier à Manhattan. Le **8 novembre 2016,** on entrevoyait pour la 1re fois une femme accéder au poste suprême. Mais c'est finalement Trump – qui n'a jamais exercé aucun mandat politique – qui endosse le costume de 45e président des États-Unis ! Une grosse gifle pour les habitants de New York, bastion du Parti démocrate depuis le XIXe s. En 100 ans, la ville n'a connu que 4 maires républicains, dont les plus récents – Rudy Giuliani et Michael Bloomberg – ne suivaient aucunement la ligne du parti. En effet, ils défendaient les immigrants, la cause homosexuelle, le droit à l'avortement et le contrôle des armes à feu !

Si, depuis la victoire du président Franklin D. Roosevelt (en place de 1933 à 1945), la Maison Blanche n'avait pas hébergé de New-Yorkais, le nouvel arrivant suscite – d'entrée de jeu – la polémique avec ses remarques sexistes, ses insultes et ses mensonges. Dans tout le pays, des marches de protestation contre son élection s'organisent.

Après quelques mois de pouvoir houleux, c'est au tour de sa réforme de l'*Obamacare,* qui garantit une couverture santé abordable pour tous les Américains, d'être déboutée. De son côté, Bill de Blasio, le maire démocrate de New York, se montre déterminé à protéger les droits de TOUS les New-Yorkais – qu'ils soient sans papiers, musulmans, etc. – dans une ville qui n'a jamais été aussi multiethnique, dynamique et bien portante. De même, il entend faire respecter dans sa ville et son État les **accords sur le climat signés à Paris lors de la COP 21.** Aux élections de novembre 2017, Bill de Blasio est réélu haut la main face à la candidate républicaine, Nicole Malliotakis.

Nouveaux défis et transformations

L'ère Trump et l'onde de choc provoquée par le mouvement **#MeToo,** né à Hollywood, ont décidé de nombreuses femmes sans expérience politique à se lancer dans la course électorale. C'est le cas de la démocrate Alexandria Ocasio-Cortez – née en 1989 et élevée dans le Bronx – qui n'est autre que la plus jeune femme jamais élue au Congrès. Elle représente la 14e circonscription de NY depuis novembre 2018. La socialiste démocrate s'est notamment illustrée en s'exprimant sur la corruption durant les élections américaines ou encore l'écologie. Alors... donner plus de place aux femmes, un nouveau défi à relever pour New York ?

Une chose est sûre, la « ville qui ne dort jamais » aime se projeter dans l'avenir. Les immenses tours d'habitation de luxe bordant Central Park sont achevées. L'interminable chantier du World Trade Center touche à sa fin et l'inauguration des 2 dernières tours approche. Qu'à cela ne tienne, on lance pour les 10 ans à venir un nombre sidérant de grands chantiers, où les investissements se comptent en dizaines de milliards. Le nouveau quartier de **Hudson Yards,** au nord de Chelsea, a sifflé le coup d'envoi de ces grandes réalisations pour la décennie 2020. Autour de l'ancienne **Domino Sugar Refinery,** Brooklyn entend aussi prendre sa part dans ces bouleversements. Au-delà de ce chantier, c'est toute l'East River qui continue sa mue, commencée au Waterfront de DUMBO, avec un nombre incalculable de nouvelles constructions venant s'y refléter. Entre les nouveaux campus de **Cornell Tech sur Roosevelt Island** et de **Google Hudson Square à Lower Manhattan,** le chantier de **Greenpoint Landing** ou celui de **Hunters Point South,** à Queens, les *boroughs* de l'Est risquent de prendre une importance encore plus considérable dans les temps à venir.

LGBTQ

Né ici même en juin 1969 *après les émeutes de Stonewall* (voir historique dans le chapitre sur Greenwich Village), le mouvement LGBTQ de NY est le 2e plus important des États-Unis, après San Francisco. Le *mariage gay* y a été légalisé en 2011. Vous constaterez par vous-même que la notion de *genre* est ici très fluide. Dans les toilettes publiques des musées et autres institutions publiques, la signalétique « *self-identified* » invite les visiteurs à utiliser celles de son choix. Depuis 2017, l'État de NY interdit la discrimination sur la base de l'identité du genre ou l'expression du genre, celle-ci correspondant au ressenti intime de chacun.
– Pour tout renseignement sur les *initiatives LGBTQ, événements culturels, etc.* : ● *gaycenter.org* ●

MÉDIAS

Votre TV en français : TV5MONDE, la première chaîne culturelle francophone mondiale

Avec ses 11 chaînes et ses 14 langues de sous-titrage, TV5MONDE s'adresse à 370 millions de foyers dans 198 pays du monde par câble, satellite et sur IPTV. Vous y retrouverez de l'information, du cinéma, du divertissement, du sport, des du documentaire...
Préparez votre séjour grâce au site voyage ● *voyage.tv5monde.com* ● Restez connecté avec les applications et le site ● *tv5monde.com* ● Demandez à votre hôtel le canal de diffusion de TV5MONDE et contactez ● *tv5monde.com/contact* ● pour toutes remarques.

Liberté de la presse

Aux États-Unis, la liberté de la presse, inscrite dans le marbre du **Premier amendement à la Constitution de 1787,** a dû faire face ces dernières années à des obstacles majeurs, mais la première année de mandat de **Donald Trump** a définitivement confirmé un déclin en matière de **droit des journalistes.** Le président américain a fustigé la presse comme étant « l'ennemie du peuple américain » à plusieurs reprises lors d'attaques verbales contre des journalistes. Il a également tenté de restreindre l'accès à la Maison Blanche à plusieurs rédactions et a systématiquement qualifié de « fausses informations » les articles et reportages critiques à son égard. Il a même demandé que des autorisations d'antenne soient retirées à certains organes de presse. Cette **violente rhétorique antimédia émanant du sommet de l'État** s'est couplée d'une hausse des violations en matière de liberté de la presse au niveau local. Désormais, les journalistes courent le risque d'être arrêtés pour avoir couvert des manifestations ou, même, dans un cas, pour avoir simplement tenté de poser une question à des représentants de l'État. Des reporters ont par ailleurs été l'objet d'agressions physiques alors qu'ils étaient en train de travailler. Force est de constater que l'arrivée au pouvoir de Trump n'a fait qu'aggraver la situation en matière de liberté de presse, celle-ci avait déjà été affectée par la précédente administration. Les lanceurs d'alertes risquent des poursuites dans le cadre de la loi **Espionage Act** s'ils révèlent des informations d'intérêt public. Les journalistes ne bénéficient toujours pas d'une « **loi bouclier** » *(shield law)* leur permettant de protéger leurs sources. De plus, des **fouilles prolongées** de journalistes et de leur matériel ont encore lieu aux frontières des États-Unis et certains journalistes étrangers sont toujours interdits de voyage dans le pays en raison de leur couverture de sujets sensibles, comme les Farc en Colombie ou le Kurdistan.

Ce texte a été réalisé en collaboration avec **Reporters sans frontières.** Pour plus d'informations sur les atteintes aux libertés de la presse, n'hésitez pas à les contacter.

■ **Reporters sans frontières :** ● rsf.org ●

Journaux

Les quotidiens

– Le **New York Times,** né en 1905, compte parmi les monuments de la ville et représente une véritable référence au-delà. « The Gray Lady » (ainsi surnommé en raison de sa mise en page immuable et de sa ligne éditoriale modérée) est un journal progressiste de qualité, véritable « bête noire » du président Trump (à l'instar du *Washington Post*), qu'il vilipende volontiers d'un « No, you are fake news ! » dans les conférences de presse. L'édition du dimanche est une encyclopédie de 2 kg pleine d'adresses pratiques, de renseignements sur les spectacles, les sorties...

– Autres quotidiens : le **Wall Street Journal,** sérieux et conservateur (2,4 millions d'exemplaires vendus chaque jour dans le pays) ; **USA Today,** le seul quotidien généraliste national (très grand public et de qualité médiocre). Et puis les **tabloïds,** comme *Daily News, New York Post...* remplis de scandales, de potins mondains et de mauvais esprit.

– **AM New York :** gratuit, à dispo dans les boîtes rouges disposées à tous les coins de rue ou presque.

LE POIDS DES MAUX

L'industriel américano-anglais Henry Wellcome fonda dans les années 1880 son empire pharmaceutique sur une idée simple : compresser les poudres médicinales sous forme de comprimés, qu'il appela tabloïds, avant de les rebaptiser tablets. Par la suite, les 1ers journaux populaires adoptèrent un format moitié moins grand que celui des journaux traditionnels et par là même le terme de tabloïds. Aujourd'hui, ce format réduit est largement utilisé dans la presse de chaque côté de l'Atlantique.

Les hebdos

Les plus intéressants pour les touristes :

– **Time Out New York :** ● timeout.com/newyork ● La référence pour tout ce qui est sorties culturelles, tendances, nouvelles adresses de restos et bars branchés...

– **New York Magazine :** ● nymag.com ● Tout sur la vie culturelle et nocturne de New York, mais cette fois sous forme de magazine.

– **The L Magazine :** ● thelmagazine.com ● Plutôt axé sur Brooklyn, avec une version en ligne.

– **The New Yorker :** ● *newyorker.com* ● LE magazine intello et littéraire depuis 1925, sophistiqué, impertinent et décalé. Réputé pour ses couvertures illustrées par des dessinateurs pointus (longtemps réalisées par Sempé mais aussi Art Spiegelman), ses dessins humoristiques et sa rubrique « The Talk of the Town » farcie de potins manhattaniens. Il faut tout de même un bon niveau d'anglais pour le lire, mais encadrer une couverture vous fera un joli souvenir de voyage !

PERSONNAGES

Cinéma, télévision

Demandez au 1er venu quel est le réalisateur le plus emblématique de New York, il est fort à parier qu'il répondra **Woody Allen** (même si son image est aujourd'hui pas mal écornée...). Fils d'un chauffeur de taxi, ce gamin de Brooklyn a tiré l'essentiel de son inspiration de sa ville natale dans laquelle il a réalisé (il n'y a souvent qu'à lire le titre pour s'en convaincre !) *Manhattan, Crimes et Délits, Meurtre mystérieux à Manhattan, Coups de feu sur Broadway,* etc. Mais c'est en quittant NY pour l'Europe que Woody Allen crève le grand écran en tournant avec la sulfureuse **Scarlett Johansson** (elle aussi enfant de New York) certains de ses plus grands succès : *Match Point* (2005), *Scoop* (2006) et *Vicky Cristina Barcelona* (2008).

New York, c'est aussi la ville de **Robert De Niro** et de son compère **Martin Scorsese,** avec lequel il signe l'odyssée hallucinante de *Taxi Driver* (1976) puis *Raging Bull* (1980), un film consacré au boxeur Jake LaMotta pour lequel il prend 30 kg ; sans oublier *Il était une fois en Amérique* (1984), de **Sergio Leone,** dont l'action se passe aussi à NY, de la Prohibition aux années 1960. On lui doit aussi la réalisation d'une belle fresque sur l'immigration italienne dans les années 1960, *Il était une fois le Bronx* (1993). Quelques décennies plus tôt, dans *Le Parrain II* (1974) de **Francis Ford Coppola,** il jouait le rôle de Vito Corleone jeune et faisait la rencontre d'une autre pointure italo-new-yorkaise du cinéma américain : **Al Pacino** (également inoubliable dans *Un après-midi de chien* de Sidney Lumet, tourné à Brooklyn en 1975).

Acteur et réalisateur engagé, **John Cassavetes** est l'archétype de l'auteur indépendant refusant le système hollywoodien. Dès son 1er film réalisé dans les ruelles sombres de New York, *Shadows* (1958-1959), il développe un style cinématographique unique qui lui permet de coller à la réalité, encore méconnue à l'époque, du sous-prolétariat noir. Ses films, dont l'influence sur le cinéma d'auteur français est considérable, se feront ensuite « en famille », avec Peter Falk, Ben Gazzara et son épouse Gena Rowlands : *Husbands* (1970), *Une femme sous influence* (1974), *Opening Night* (1979), *Gloria* (1980) ou *Love Streams* (1984).

Plus militant encore, amoureux de New York et inconditionnel des Knicks, **Spike Lee** dépeint la communauté afro-américaine de Brooklyn (où il a longtemps vécu) confrontée au racisme et à la violence : *She's Gotta Have It* (1986), *Do The Right Thing* (1989), *Malcolm X* (1992)... Ses prises de position sur les questions identitaires font souvent polémiques, notamment lors de son boycott de la cérémonie des oscars en 2016 et son militantisme pour une discrimination positive en faveur des Noirs.

Du grand au petit écran, il n'y a qu'un pas ! New York est une source d'inspiration intarissable pour les réalisateurs de **séries,** des mythiques **Soprano** revisitant avec brio le thème de la mafia, aux publicitaires sixties de **Mad Men** en passant par les bas-fonds de 42nd St dans les 70's **(The Deuce)** et les histoires de copains-copines avec **Friends, Sex and the City, How I Met Your Mother, Ugly Betty, Gossip Girl** ou **Girls,** tournée en grande partie à Brooklyn, du côté de Greenpoint...

Musique

Ville du jazz, principal foyer de la création classique aux États-Unis, New York est aussi un bastion incontesté du rock et des grandes comédies musicales. C'est ici encore, dans le Bronx précisément, que naquit le hip-hop au début des années 1970.

Côté musique classique, outre le chef d'orchestre et compositeur ***Leonard Bernstein*** (sa célèbre comédie musicale *West Side Story* a pour cadre l'Upper West Side), saluons ***George Gershwin*** dont la musique symphonique innovante *(Rhapsody in Blue, Un Américain à Paris)* mêle les rythmes jazzy aux bruits de la jungle urbaine. Il eut notamment pour maître, au même titre qu'***Aaron Copland,*** le compositeur et new-yorkais d'adoption ***Charles Ives.*** La relève est aujourd'hui assurée avec les compositeurs minimalistes ***Philip Glass*** et ***Steve Reich*** (chez ce dernier, plusieurs œuvres dédiées à New York, dont *WTC 9/11* en 2011).

Le jazz maintenant ! Originaire de Caroline du Nord, ***Thelonious Monk*** s'installe à New York dès l'âge de 6 ans et tombe littéralement amoureux de sa ville d'adoption. Ce grand prêtre du be-bop marque les hauts lieux du jazz new-yorkais, de Harlem à Lower East Side. Plus près de nous, ***Peter Cincotti*** (1983) débute le piano à l'âge de 4 ans. À 12 ans, il « s'entraîne » à la Maison Blanche avant de conquérir Broadway dans une production signée Frank Sinatra. Son 2e album *On the Moon* connaît un succès mondial retentissant.

LE 1er OPÉRA NOIR

L'opéra de George Gershwin Porgy and Bess *fut joué pour la 1re fois au Carnegie Hall de New York en 1935. Particularité : la quasi-totalité des rôles est tenue par des Noirs. La véritable reconnaissance de cette œuvre importante du répertoire américain ne viendra que dans les années 1980 avec son titre phare* Summertime. *Ce fut en tout cas un tremplin pour nombre d'artistes noirs en début de carrière !*

Dans un tout autre registre, impossible de tous les citer, mais voici quand même quelques-uns des plus célèbres enfants du ***rock.*** Commençons avec les ***Beastie Boys*** (Mike D, Ad-Rock et MCA), groupe culte des années 1980, qui a su défendre le hip-hop auprès des amateurs de rock indépendant. Fondateur (avec ***John Cale***) du ***Velvet Underground,*** groupe phare de la scène new-yorkaise des seventies, ***Lou Reed*** (1942-2013) est une véritable icône du rock, si ce n'est la plus grande. Ses textes et sa musique, empreints de noirceur, évoquent entre espoir et mélancolie, son amour pour New York et ses nombreuses addictions : *Sweet Jane, Vicious* et son seul véritable « tube » *Walk on the Wild Side* en sont l'expression la plus convaincante (mais son œuvre complète est à déguster comme celle d'un grand poète de notre temps). Citons encore ***Bob Dylan,*** Prix Nobel de littérature en 2016, qui incarne selon *Le Monde* « la poésie surréaliste de la *beat generation,* l'austérité militante du *folk,* la complainte du *blues,* l'énergie révoltée du *rock* et la chronique de la vie quotidienne, propre à la *country* ». Plus radical, le punk rock s'impose sur la scène musicale new-yorkaise des années 1970 avec ***Blondie,*** la pionnière du genre, le son révolutionnaire des ***Ramones*** ou l'éclectique ***Patti Smith.***

New York a vu aussi naître de grandes voix féminines. Celle de ***Maria Callas*** (1923-1977) d'abord, qui grandit dans le

VENTE À LA DÉCOUPE

Une cinquantaine de vieilles portes déglinguées du mythique Chelsea Hotel, *chanté par Leonard Cohen et haut lieu de la beat generation, ont été vendues à prix d'or. Elles avaient été sauvées par un SDF du coin au moment des travaux de rénovation. Le vagabond a ensuite passé des heures à faire des recherches pour identifier quelles célébrités avaient séjourné dans les chambres associées à ces portes. Celles poussées par Bob Dylan, Janis Joplin et Leonard Cohen ont été adjugées plus de 100 00 $ pièce.*

quartier grec d'Astoria (Queens) et révolutionnera l'art lyrique au XXᵉ s. Puis le timbre unique de **Barbra Streisand** (1942), qui reprend les standards du répertoire américain et dont on ne compte plus ni les récompenses obtenues (oscar, Emmy, Grammy... Tony !) ni les albums vendus dans le monde entier. Véritable icône planétaire, **Madonna** (1958) n'a pas fini de faire parler d'elle non plus. Aussi prolifique en tubes qu'en désordre médiatique, « the Queen of Pop » a su réinventer constamment son image et son style musical. Chanteuse pop au succès phénoménal dans les années 1990, **Mariah Carey** (1970) possède une voix hors du commun... quand elle ne chante pas en play-back ! De sa note la plus grave à la plus aiguë, on compte un total de 33 notes, soit 5 octaves ! Autre timbre envoûtant et mélancolique, celui de **Lana Del Rey** (1985) qui, derrière une plastique parfaite de *baby doll,* dissimule l'âme sensible d'une véritable autodidacte. Issue de la même génération, **Alicia Keys** (1981), la petite fille de Harlem élevée seule par sa mère et aujourd'hui métamorphosée en diva de la soul. Enfin, l'excentrique **Lady Gaga** (1986), dont les tubes interplanétaires lui ont assuré un certain succès... La jeune rappeuse **Azealia Banks,** un autre produit de New York, révélée sur Internet avec son tube *212,* s'inscrit dans la lignée d'artistes à la croisée d'influences diverses, de la house au hip-hop, dont la notoriété se nourrit parfois plus des clashs et scandales perpétués par les réseaux sociaux que de leurs qualités artistiques. Eh oui car, entre New York et le *rap,* c'est une grande histoire d'amour. Né à Brooklyn, le rappeur **Jay-Z** (1969) est devenu un véritable businessman avec une fortune estimée à 520 millions de dollars ! Son tube *Empire State of Mind,* chanté en duo avec Alicia Keys, évoque à lui seul l'incarnation du rêve américain. Après avoir lancé la chanteuse **Faith Evans** et le rappeur **Notorious B.I.G.,** **Sean Combs** (1969) produit **Queen Latifah** et la chanteuse aux nombreuses facettes **Jennifer Lopez,** née dans le Bronx, avant d'entreprendre sa carrière solo sous le nom de **Puff Daddy** (ou **P. Diddy**) célèbre pour ses tubes de boîtes de nuit. Et peu importe si ses polémiques alimentent la presse à scandale... De même, **50 Cent,** enfant des rues du Queens découvert par Eminem, a longtemps fait figure de leader de la veine *gangsta rap* avec des textes souvent très crus... Rappeur mais aussi producteur talentueux, on doit à **Rza** (1969) tous les albums du collectif new-yorkais **Wu Tang Clan,** dont il est l'un des membres fondateurs. Adepte des sonorités soul américaines, il travaille aussi pour les B.O. des films *Ghost Dog* et *Kill Bill 1* et *2.* Enfin, **Tupac Shakur** (1971-1996) est considéré comme l'un des plus grands rappeurs de son temps. Natif de Harlem, son assassinat en 1996 lui confère presque son statut de « saint », symbolisant à lui seul les rivalités meurtrières des gangs.

Littérature et poésie

Avec son recueil *Feuilles d'herbe,* le poète **Walt Whitman** capte fin XIXᵉ s une partie de la force lyrique de la grande cité. Ce ressenti mystérieux, fait d'aléatoire et d'anonymat, imprègne aussi la *Trilogie new-yorkaise* de **Paul Auster.** Par la suite, l'auteur se renouvelle avec *Léviathan, Moon Palace, Brooklyn Follies, Sunset Park* et *4321...* des romans interrogeant l'Amérique et ses valeurs. Avec **Francis Scott Fitzgerald** (*Gatsby le Magnifique*), **Edith Wharton** et **John Dos Passos** (*Manhattan Transfer),* partez à la découverte du New York des Années folles, dans une ambiance jazzy. Quant au mythe du rêve américain, il reste une source d'inspiration pour de nombreux auteurs. Isaac Sidel, héros principal des romans de **Jerome Charyn,** gravit un à un les échelons de la société pour devenir, au fil des opus, maire de New York... puis président des États-Unis ! D'autres décriront la Big Apple dans tous ses excès (sexe, drogue, luxe). On pense au succès (5 millions d'exemplaires vendus) de *Portnoy et son complexe,* signé **Philip Roth.** Ou encore à **Tom Wolfe** qui, dans son *Bûcher des vanités,* dépeint avec un réalisme saisissant une société impitoyable, inexorablement cynique et traversée par d'innombrables fractures aussi bien sociales, ethniques que religieuses. **Colum McCann,** le plus irlandais des écrivains new-yorkais contemporains, dans son recueil de nouvelles *Et que le vaste monde poursuive sa course folle,* se place d'emblée du côté des déshérités, mettant en scène des personnages marginaux, meurtris mais mus par le désir de vivre malgré la laideur d'une ville abyssale et violente. Comme dans *Les Saisons de la nuit,* l'auteur parvient à mettre en lumière, à partir d'un fait anecdotique (la construction du métro), les coulisses d'un univers féroce où la barbarie atteint des sommets de sophistication. Quant à **Jay McInerney,** il fait de la Big Apple l'héroïne-phénix de sa trilogie, à la fois mélancolique et source de nostalgie pour les couples mariés qu'il y met en scène. C'est sous la forme d'une chronique contemporaine magistrale qu'il décrit l'âme new-yorkaise et ses soubresauts. Enfin, père de la révolution sexuelle, les essais d'**Henry Miller** (interdits à la vente aux États-Unis jusqu'en 1961) prônent la libération des mœurs.

Peinture

Depuis la fin des sixties, le *street art* règne à New York. Tous les supports sont bons pour être peints : murs, cartons, portes, fenêtres, mobilier urbain et wagons de métro... et rien n'arrête **Jean-Michel Basquiat,** dont le talent est vite repéré par Andy Warhol. Décédé en 1988 à l'âge de 27 ans d'une overdose, mais son succès fulgurant lui vaut d'être aujourd'hui numéro 1 des ventes d'art contemporain dans le monde ! Dans la même veine, on pense aux silhouettes joyeuses et colorées de son ami **Keith Haring,** pionnier du graphisme.

AMERICAN GRAFFITI

L'auteur du 1er « graff » de l'histoire n'est autre qu'un jeune coursier... qui signait TAKI 183 après chaque livraison. En juillet 1971, le New York Times *s'interroge sur cette pratique et met le feu aux poudres : les murs de la ville se couvrent progressivement de « tags », nom dérivé de TAKI. Un des artistes les plus chers du monde, Jean-Michel Basquiat, a commencé par taguer les rames de métro, comme son copain Keith Haring. Ça leur a porté chance mais ils sont partis bien trop tôt !*

Militant homo, cet artiste contestataire disparaît lui aussi trop tôt, victime du sida à 31 ans. Influencé par l'art primitif africain, Jean-Michel Basquiat a aussi beaucoup puisé dans l'œuvre de **Jackson Pollock** et principalement dans sa marque de fabrique, le *dripping,* c'est-à-dire des projections de peinture sur une toile posée à même le sol. Avec **Mark Rothko** et **Willem de Kooning,** Pollock s'affirme comme chef de file du mouvement expressionniste abstrait. L'une de ses toiles, intitulée *No 5,* s'est vendue à 140 millions de dollars !

Originaire de Pittsburgh et non de New York, **Andy Warhol,** artiste provocateur à l'ego surdimensionné, demeure l'une des figures emblématiques de la ville. Illustrateur publicitaire à ses débuts, il abandonne les *comics* pour éviter la comparaison avec **Roy Lichtenstein.** Mais le dada de ce « pape du pop art », c'est la photo-portrait de célébrités sérigraphiée sur toile. De Mao à Marylin Monroe, nombreux sont ceux qui se sont fait tirer le portrait dans sa Factory !

Après le *street* et le pop art, voici le *néopop* de **Jeff Koons,** qui

LE POP ART N'EST PAS AMERICAIN !

Contrairement à ce qu'on pense, le pop art n'est pas né aux États-Unis mais en Angleterre ! I was a rich man's plaything, *du Britannique Eduardo Paolozzi (1947), est considérée comme l'œuvre de naissance du mouvement. Sur ce collage se trouvent déjà réunis la pin-up, les pubs pour* Coca *et autres produits de consommation courante, l'imagerie de l'armée... Même le mot « Pop » est écrit sur la toile. 15 ans avant Andy Warhol et Roy Lichstenstein, les bases du pop art sont posées.*

détourne les objets familiers issus de la culture populaire pour en subvertir les codes. C'est l'artiste vivant dont la cote est la plus élevée sur le marché de l'art. Son *Balloon Dog* a atteint les 58 millions de dollars en 2013 ! Toutes les créations de Koons sont le fruit de longues années d'expérimentation sur des matériaux high-tech, avec l'aide d'une centaine d'assistants, ingénieurs et artisans spécialisés qui le secondent dans ses ateliers de Chelsea.

Politique, société

À la tête de la municipalité new-yorkaise de 2001 à 2013, **Michael Bloomberg** n'a pas hésité à faire modifier la charte de la ville pour lui permettre de briguer un 3e mandat ! Ce milliardaire (10e fortune américaine grâce à l'agence d'informations financières portant son nom) n'appartient à aucun parti politique. Ultralibéral en économie mais progressiste en matière de valeurs sociales, il s'est démené comme un forcené pour redonner à New York l'énergie perdue après le 11 Septembre. Remplacé depuis 2014 par **Bill de Blasio,** ex-compagnon de Bill Clinton puis d'Hillary dans leurs campagnes politiques respectives, ce démocrate de 1,95 m a su écarter ses rivaux grâce à un programme progressiste, axé sur la lutte contre les inégalités sociales.

Comment évoquer les figures emblématiques de la société new-yorkaise sans parler de ses fameux milliardaires : **John Davison Rockefeller,** le prototype du *self-made-man* sans état d'âme ayant bâti sa richesse sur l'or noir. L'homme d'affaires fera beaucoup pour sa ville et pour les arts. Il prête un de ses appartements de 5th Avenue à 3 riches et audacieuses collectionneuses qui y exposent Cézanne, Gauguin, Van Gogh... Le futur MoMA est né ! Dans le même temps, il offre à la Ville le Fort Tryon Park et son monastère-musée doté de 4 cloîtres, les fameux Cloisters. Quant à **Mark Zuckerberg,** le jeune créateur de Facebook, il est à la tête d'une fortune qui s'élève à 30 millions de dollars. Sans oublier l'inénarrable 45e président des États-Unis, le tonitruant **Donald Trump,** qui a essaimé dans la ville des tours aux dimensions titanesques, symboles de son insondable fortune !

Enfin, figure incontournable de la cause noire : **Malcolm X.** Converti à l'islam, il devient le porte-parole de la Nation Islam (Black Muslims), mouvement révolutionnaire revendiquant la création d'un État noir indépendant et meurt tragiquement assassiné devant son pupitre lors d'un prêche à Harlem.

Mode

Aujourd'hui, New York fait figure de nouvelle capitale de la mode au même titre que Paris ou Milan. La ville fourmille de jeunes créateurs venus y chercher une visibilité plus grande que dans ses homologues européennes. À côté de cette nouvelle génération, de grandes pointures continuent de s'illustrer sur les podiums du monde entier. Né dans le Bronx dans le même quartier que **Calvin Klein, Ralph Lauren** est l'un des grands noms de la mode. Sans être passé par la case école de stylisme, il ouvre sa boutique de cravates avant de créer sa marque baptisée *Polo*. Par la suite, le cavalier joueur de polo deviendra justement l'emblème de sa ligne de vêtements, toujours dans ce style *preppy* (« bon chic, bon genre ») qui lui est propre. « Funk, trash et chic », c'est ainsi que **Marc Jacobs** décrit le style vintage de ses créations, souvent inspirées des seventies. Et pour clore cette rubrique, une femme, et pas des moins féminines, **Diane von Fürstenberg,** la créatrice de la fameuse robe portefeuille. Ses bureaux sont installés dans le Meatpacking District, au cœur de la High Line, qu'elle a d'ailleurs largement aidé à réhabiliter en versant la somme considérable de 20 millions de dollars !

Sports

Rambo, Rocky... des films d'action cultes, avec **Sylvester Stallone** dans les rôles principaux : un ancien dur de la guerre du Vietnam et un boxeur professionnel.

Et du côté du ring dans la vraie vie ? Voici 2 pointures : **Mike Tyson** et **Mickey Rourke.** Le 1er, surnommé *Kid Dynamite* ou *Iron Mike,* est un champion poids lourds hors pair, car il est le plus jeune boxeur à remporter un titre mondial à l'âge de 20 ans ! Le 2e a été boxeur amateur avant de se lancer dans le 7e art (*9 semaines et demie* en duo sexy avec Kim Bassinger) et de retourner sur le ring où il s'est fait démonter !

Les échecs, un sport ? Eh oui, même reconnu par le comité international olympique ! Passionné depuis tout petit, en 1956, **Bobby Fischer** remporte le titre de champion junior États-Unis. À 13 ans, il tente celui des adultes et finit 4e ! À 15 ans, le jeune prodige commence une carrière internationale, affronte les plus grands, jusqu'à l'historique « match du siècle » contre le Russe **Boris Spassky,** qu'il bat, mettant fin à 24 ans d'hégémonie soviétique.

POPULATION

New York, qui se définit elle-même comme la « capitale du monde », est la ville cosmopolite par excellence. 2 New-Yorkais sur 3 sont nés à l'étranger ou sont enfants de parents nés à l'étranger. 37 % de la population est née à l'étranger, soit plus de 3 millions de personnes, 600 000 de plus qu'en 1930, après la grande vague d'immigration qui vit l'arrivée massive d'Irlandais, Italiens et juifs d'Europe centrale à Ellis Island. Et il faut encore y ajouter les migrants en situation irrégulière, principalement latino-américains. Toutes catégories confondues, on estime leur nombre à presque un million !

La Big Apple compte près de 200 nationalités et, selon la mairie, les élèves des écoles publiques parlent plus de 170 langues différentes (ce n'est pas pour rien que s'y trouve le siège des Nations unies !). Au palmarès des langues se trouve l'anglais, bien sûr, suivi par l'espagnol (près d'1 personne sur 3 le parle), le chinois, le russe, l'italien et le français (créole inclus), puis le yiddish, le coréen, le polonais, le

LA TOUR DE BABEL

À New York, on parle plus de 170 langues et dialectes, mais les spécialistes en recensent même 800 en comptant les idiomes mineurs ! Un bon nombre sont menacés de disparition, ce qui fait de New York un vrai conservatoire de langues vivantes. On rencontre notamment encore quelques vieux Syriens qui parlent l'araméen, la langue du Christ !

grec, l'arabe, l'hébreu, le bengali, etc. 1 habitant sur 2 parle une autre langue que l'anglais chez lui. Dans cette incroyable **mosaïque ethnique de plus de 8,5 millions de personnes** (10 000 hab./km² !), on trouve :

– 3,8 millions de **Blancs,** soit 4 % de la population (contre 75 % sur l'ensemble des États-Unis). Une catégorie qui a tendance à diminuer, attirée par le New Jersey et le Connecticut voisins. Parmi ces Blancs, presque 2 millions de **juifs** (c'est plus que les populations juives de Jérusalem, Tel-Aviv et Haïfa réunies) bien que ce chiffre ait tendance à diminuer sous l'effet de l'assimilation (la moitié des juifs se marient avec des non-juifs). Les autres composantes importantes sont **italiennes, grecques, russes** (dont un nombre important venu s'installer ici après la chute du mur de Berlin en 1989) et **irlandaises ;**

– plus de 2,4 millions d'**Hispaniques** (28 % de la population, la deuxième communauté après les Blancs). Une communauté en plein essor. Il suffit de s'intéresser un peu aux cuisines des restaurants new-yorkais pour mesurer l'étendue de leur immigration... D'ailleurs, toutes les formalités administratives (Sécurité sociale, banques, etc.) peuvent être faites en anglais ou en espagnol et nombre de publicités dans les rames de métro sont imprimées dans les deux langues. Une majorité de ces Hispaniques provient d'Amérique centrale (Portoricains, Mexicains, Dominicains...) ;

– plus de 2,1 millions de **Noirs** (25 % de la population). Leur nombre est stable ;
– 1,8 million d'**Asiatiques,** dont une majorité de Chinois (plus de 6 %). Ils sont la 4e communauté la plus représentée (presque 13 %) ;
– près de 700 000 **Indiens** (d'Inde) ; il y a aussi pas mal de **Pakistanais ;**
– quelque 160 000 **Arabes,** qui doivent faire face à des discriminations depuis les attentats du 11 septembre 2001 ;
– le plus petit groupe : les **Indiens d'Amérique.** Ils ne sont que 111 000 dans la Big Apple.
Bien sûr, la densité et la répartition par communauté sont différentes d'un *borough* à l'autre. Brooklyn compte à lui seul 2,6 millions d'âmes, suivi de près par Queens (2,3 millions), Manhattan (1,6 million et une densité affolante de plus de 27 000 hab./km²), le Bronx (1,4 million) et Staten Island (près d'un demi-million). Les différences sont aussi ethniques : Staten Island est à 75,7 % blanche, mais le Bronx est peuplé à plus de 80 % par les communautés noire et latino.

RELIGIONS ET CROYANCES

New York est depuis toujours la **ville des libertés de culte** par excellence. Cette liberté fut l'une des caractéristiques qui la rendirent attractive : pour les 1ers colons, New York était la porte d'entrée en Amérique du Nord, un nouveau monde dans lequel ils allaient enfin pouvoir pratiquer leur religion sans être inquiétés ni persécutés.
Le paysage religieux de New York se forma donc au fil des vagues d'émigrants qui débarquèrent du XVIIe s à aujourd'hui. Dès 1621, des calvinistes de la Compagnie hollandaise des Indes occidentales s'établirent sur l'île de Manhattan. Durant la 2e moitié du XVIIe s, l'État de New York accueillit William Penn et ses quakers, des luthériens et divers protestants allemands (les amish d'aujourd'hui). Au XIXe s, l'arrivée massive d'Irlandais et de Français, venus travailler contre une maison et un lopin de terre, augmenta considérablement le nombre de catholiques. Cette tendance s'accentua avec l'arrivée, plus tardive, d'Italiens et de Polonais. En provenance d'Europe de l'Est, une partie de la diaspora juive débarqua à son tour, ainsi que des orthodoxes. Au milieu des années 1960, la communauté musulmane commença à s'étoffer, grâce notamment à l'afflux de « cerveaux » venant du Pakistan, d'Inde, du Bangladesh, du Liban ou de Syrie.
Aujourd'hui, la vie religieuse à New York se compose d'*une mosaïque de cultes et de croyances.* Des origines essentiellement protestantes de la ville subsistent 4 églises de la *Dutch Reform,* la plus importante étant la *Marble Collegiate Church* (qui possède de superbes vitraux Tiffany), construite en 1854, située sur 5th Avenue (et 29th Street). Par ailleurs, on dénombre dans la ville plus de 6 000 églises chrétiennes, plus de 1 000 synagogues, environ 200 mosquées, une cinquantaine de temples bouddhiques, une quarantaine de temples hindous et un seul centre bahaï.
Les New-Yorkais sont en majorité catholiques ; viennent ensuite les **protestants,** puis les **juifs.** La Big Apple est d'ailleurs la 1re ville juive du monde, bien que l'importance de la communauté juive américaine connaisse un fort recul : elle a chuté de 50 % depuis 1950.
En dehors des cultes et des religions établis, il faut aussi souligner l'apparition d'un nouveau type de spiritualité fondée sur des philosophies de vie de style *New Age,* souvent inspirées par le retour en force du bouddhisme et de l'hindouisme (merci au yoga !).
La religion à New York est aussi une affaire de gros sous. Totalisant 90 milliards de dollars, les organisations religieuses investissent en Bourse. Elles sont exemptées de taxes et ne sont soumises à aucun contrôle. Ainsi, de nombreux illuminés en profitent pour créer leur propre religion, dérivant systématiquement sur des **sectes,** qui sont tolérées par la ville.

Dans le métro, à certains coins de rue et surtout vers Times Square et Harlem, vous tomberez peut-être nez à nez avec des personnes délirantes perchées sur des tabourets, avec haut-parleur, essayant de vous convertir à leur religion. À vos risques et périls !

Enfin, les organisations religieuses jouent un rôle important dans la vie politique new-yorkaise. Lors de nombreuses messes, le célébrant encouragera ses ouailles à voter pour le candidat qui semble représenter au mieux leurs intérêts. Pour les Noirs et les juifs, c'est souvent un démocrate. Pour les WASP (*White Anglo Saxon Protestants* : Blancs anglo-saxons protestants) les plus aisés, c'est plutôt un républicain. Au niveau fédéral, **les lobbies religieux s'opposent à l'avortement, aux mariages civils homosexuels** et aimeraient afficher les 10 commandements dans toutes les écoles, quand ils ne prônent pas les théories du **créationnisme.** Ils avaient déjà le vent en poupe du temps du très conservateur George W. Bush et ce n'est pas l'arrivée au pouvoir de Donald Trump qui va contrarier leur influence. Pas plus de 5 jours après son investiture, le 45e président des États-Unis avait déjà signé un décret visant à interdire le financement des ONG qui soutiennent l'avortement.

SITE INSCRIT AU PATRIMOINE MONDIAL DE L'UNESCO

Pour figurer sur la liste du Patrimoine mondial, les sites doivent avoir une **valeur universelle exceptionnelle** et satisfaire à au moins un des 10 critères de sélection. La protection, la gestion, l'authenticité et l'intégrité des biens sont également des considérations importantes.

Le patrimoine est l'héritage du passé dont nous profitons aujourd'hui et que nous transmettons aux générations à venir. Nos patrimoines culturel et naturel sont deux sources irremplaçables de vie et d'inspiration. Ces sites appartiennent à tous les peuples du monde, sans tenir compte du territoire sur lequel ils sont situés. Pour plus d'informations : ● *whc.unesco.org* ●

Curieusement, 2 sites seulement sont classés par l'Unesco à New York : la **statue de la Liberté,** depuis 1984. Et le Guggenheim, œuvre de l'architecte Frank Lloyd Wright (depuis 2019).

SPECTACLES

Comédies musicales

Si les comédies musicales sont maintenant aussi à l'affiche de notre côté de l'Atlantique, les shows de Broadway restent incontournables ! Rien que le nombre de théâtres laisse pantois. Car le Theater District, c'est 40 salles de plus de 500 places (ce que les New-Yorkais appellent **on-Broadway**) concentrées autour de Times Square et une petite centaine d'autres scènes de plus petite capacité, autrement dit les **off-Broadway.** Les spectacles *off-Broadway* ne sont donc pas moins bons, c'est juste une question de taille de salle et de budget. Les *off* ont aussi leurs avantages : la liberté de ton et la proximité de la scène et des acteurs par rapport aux spectateurs. Et puis, certains *off* sont des tremplins pour passer ensuite sur les grandes scènes. Car l'objectif de tous ces spectacles reste, bien sûr, la rentabilité.

Si le prix des billets reste élevé (de 50 à plus de 200 $ selon le spectacle et la catégorie), il existe heureusement un moyen de dégoter des **places à tarifs réduits** (voir plus loin). **Attention, la plupart des théâtres font relâche le lundi.**

Maintenant, reste à bien choisir son spectacle. Pour savoir ce qui passe et voir de courts extraits des « *popular shows* », consulter les sites ● *playbill.com* ● ou ● *broadway.com* ● On peut aussi parcourir le **New York Times** du vendredi et du week-end, ainsi que l'hebdo **Time Out New York.**

Billets à prix réduits pour le théâtre et les comédies musicales

■ **TKTS Times Square :** *sous l'escalier rouge, au centre de la patte-d'oie formée par Broadway et 47th St.* ● *tdf. org* ● Ⓜ *(N, Q, R, S, 1, 2, 3, 7) Times Sq-42 St. Réduc de 25-50 % sur les places les plus chères (billet d'orchestre env 60 $ + frais). Vente pour les spectacles du soir même, tlj 15h (14h mar)-20h (19h dim) ; vente pour les spectacles en matinée, mer-dim 10h-14h (11h-15h dim). CB refusées pour certains petits shows off-Broadway.* Sont affichés les spectacles pour lesquels il reste des places disponibles le jour même. Faites la queue bien avant. Attention, il y a en général 2 files d'attente, une pour le théâtre et une autre pour les *musicals*. Des différents comptoirs *TKTS,* c'est celui où il y a le plus de monde...

■ **TKTS South Street Seaport** (plan 1, C6, **9**) **:** *190 Front St (et John).* Ⓜ *(A, C, 2, 3, 4, 5) Fulton St. Tlj sauf dim 11h-18h.* Mêmes prestations qu'à Broadway, mais les billets pour les matinées sont vendus la veille pour le lendemain et puis il y a nettement moins de monde, ce qui n'est pas négligeable !

■ **TKTS Lincoln Center :** *61 W 62nd St, au David Rubenstein Atrium.* Ⓜ *(A, B, C, D, 1) 59 St Columbus Circle ou (1) 66 St. Tlj 12h-19h (17h dim).* Mêmes prestations qu'à South Street Seaport, avec en prime des billets pour les spectacles du Lincoln Center, bien entendu.

– **NYC Broadway Week :** *2 places pour le prix de 1 entre janv et début fév. Infos :* ● *nycgo.com/broadway-week* ●
– Le site ● *broadwayforbrokepeople. com* ● recense – show par show – les différentes possibilités de réduction. Certains théâtres ont mis en place un système de loterie **(lottery),** avec un tirage au sort d'une vingtaine de billets autour du 20-40 $, environ 2h avant le spectacle. Sinon, il y a aussi les **rush tickets,** c'est-à-dire les places de dernière minute vendues aux guichets dès l'ouverture le matin. Dans ces 2 cas précis, il faut se rendre directement dans les théâtres concernés.

Théâtre

Si vous avez envie de voir jouer vos acteurs préférés « en vrai », sachez que de grandes stars hollywoodiennes se produisent régulièrement à New York (à Broadway, au Lincoln Center...) dans des pièces de théâtre classiques ou contemporaines. Cate Blanchett, Scarlett Johansson, Nicole Kidman, Jude Law, Tom Hanks, Bruce Willis, Al Pacino, Forest Whitaker, Bradley Cooper ont foulé les planches ces dernières années... Mais pour en profiter, mieux vaut avoir un niveau d'anglais supérieur à celui du bac !

■ **Lincoln Center :** *150 W 65th St (entre Broadway et Amsterdam Ave).* ● *lct.org* ● Ⓜ *(1) 66 St-Lincoln Center. Résas des places en ligne (le plus pratique), sinon sur place (voir descriptif complet dans chapitre « Upper West Side »). Pensez aussi aux billets à tarif* réduit au guichet TKTS *(voir plus haut).* Le Lincoln Center est l'un des plus grands centres culturels du monde. Connu surtout pour son prestigieux opéra (le Met) et pour le *New York City Ballet* qui s'y produit, c'est aussi une référence dans le monde du théâtre.

Musique classique et music-hall

– Ne manquez pas un opéra ou un ballet au **Metropolitan Opera du Lincoln Center.** C'est en v.o. sous-titrée, les décors sont grandioses pour accueillir les meilleurs chefs d'orchestre, chanteurs lyriques et danseurs du monde. Les billets ne sont pas donnés, mais les places tout en haut sont d'un excellent rapport qualité-prix (environ 25-35 $) et il y a des réductions de dernière minute. *Infos :* ● *metopera.org* ●

– ***Lincoln Center Festival :*** *3 sem en juil-août.* ● *lincolncenterfestival.org* ● Festival international de théâtre et d'opéra. Quand les acteurs jouent dans une langue autre que l'anglais, on vous prête des écouteurs avec traduction simultanée, comme à l'ONU ! Attention, c'est complet très tôt, réservez donc à l'avance.

– ***Lincoln Center Midsummer Night Swing :*** *de fin juin à mi-juil.* ● *midsummer nightswing.org* ● On danse dans le joli décor de la place du Lincoln Center et du Met Opera *(63rd St et Columbus).* Programmation musicale différente chaque jour : swing, salsa, merengué, tango, etc. Une sorte de petit chapiteau est dressé au milieu avec un orchestre live.

– Au ***Carnegie Hall,*** des concerts classiques pratiquement chaque jour avec des pianistes, violonistes... jeunes talents ou confirmés. Le meilleur plan est de se présenter au guichet vers 11h le jour de la représentation : les places invendues (souvent avec vue limitée) sont à 10 $. Demander un *rush ticket.*

– Ceux qui aiment le music-hall iront au ***Radio City Music Hall*** (Rockefeller Center). Une salle de presque 6 000 places en train d'applaudir Liza Minnelli ou Barbra Streisand, vous ne verrez cela qu'à New York ! Pendant les fêtes de fin d'année, le show de danse synchronisée des ***Rockettes*** est un must dans son genre.

Concerts pop et rock

– Nombreux ***concerts en plein air en été,*** ce qui ajoute au charme de New York. Le plus fameux est ***Summer Stage*** qui se déroule de juin à août à Central Park *(Rumsey Playfield, vers le milieu du parc, entrée sur 72nd St, W et E ;* ● *centralpark. com* ●). Les meilleurs groupes pop internationaux s'y produisent.

– Les grosses pointures se produisent au ***Madison Square Garden*** *(7th Ave et 33rd St ;* ● *garden-ny.com* ● ; Ⓜ *(A, C, E) 34 St)* et au ***Barclays Center*** à Brooklyn *(620 Atlantic Ave ;* ● *barclayscenter.com* ●).

– Et puis les nouveaux talents se découvrent dans les clubs et bars du Lower East Side et de Brooklyn (en particulier Williamsburg).

Pèlerinage rock

The Velvet Underground (parrainé par Andy Warhol), les provocants ***New York Dolls,*** la poétesse ***Patti Smith, Kiss*** et leurs maquillages extravagants, ***Ramones, Television, Talking Heads, Blondie...*** sont des groupes emblématiques formés à New York, inépuisable créatrice de rockeurs. Pour les fans, on a concocté un petit pèlerinage axé surtout sur la période des seventies et des eighties.

LE ROCK CONTRE LA DICTATURE

En pleine guerre froide, l'ambassadeur des États-Unis à Moscou suggère d'envoyer en tournée en URSS des groupes de rock, blues ou country, pour pervertir le communisme soviétique. Jusqu'en 1987 Elton John, Bob Dylan, James Taylor, Santana, les Doobie Brothers et Billy Joel se succèdent sur scène dans la capitale soviétique. Et 2 ans plus tard, c'est la chute du mur de Berlin !

☛ ***Dakota Building*** *(plan Pèlerinage rock, A) :* 1 W 72nd St. Ⓜ *(C) 72 St.* C'est dans cet immeuble emblématique qu'habitèrent John Lennon et sa femme Yoko Ono, à partir de 1973 et jusqu'à l'assassinat du chanteur par un déséquilibré, juste devant la porte. Sting, Bono, Paul Simon et Liam Gallagher (Oasis) figurent aussi parmi les résidents...

☛ Les Beatles séjournaient régulièrement au *Plaza Hotel* (plan Pèlerinage rock, *B*) : *768 5ᵗʰ Ave.* Ⓜ *(N, Q, R) 5 Ave-59 St.*

☛ En 1994, après des déboires judiciaires, Michael Jackson se réfugie anonymement au 68ᵉ étage de la *Trump Tower* (plan Pèlerinage rock, *C*) : Ⓜ *(F, N, Q, R) 57 St.*

☛ *Studio 54* (plan Pèlerinage rock, *D*) : *254 W 54ᵗʰ St.* Ⓜ *(N, Q, R) 57 St-7 Ave.* Ancien théâtre transformé en discothèque mythique jusqu'en 1986. Le jour de l'inauguration, ni Mick Jagger ni Frank Sinatra n'ont pu entrer. On y trouvait souvent Andy Warhol, mais aussi trop de drogue ! La discothèque sera fermée par la police.

☛ *Madison Square Garden* (plan Pèlerinage rock, *E*) : *4 Pennsylvania Plaza.* Ⓜ *(A, C, E, 1, 2, 3) 34 St-Penn Station.* Bruce Springsteen comme Madonna ont joué 29 fois au « *Garden* » ; les Rolling Stones 24 fois et ils y ont filmé *Gimme Shelter.* Chaque membre des Beatles y a joué en solo, mais jamais tous ensemble.

☛ *Chelsea Hotel* (plan Pèlerinage rock, *F*) : *222 W 23ʳᵈ St (entre 7ᵗʰ et 8ᵗʰ Ave).* Ⓜ *(C, E, 1) 23 St.* L'hôtel le plus rock de l'histoire new-yorkaise, aujourd'hui en complète restructuration. Le *Chelsea* a servi de résidence à bon nombre d'artistes en général et de musiciens en particulier : les Sex Pistols, Patti Smith, Bob Dylan... Leonard Cohen y écrivit la chanson *Chelsea Hotel nº 2* (dans la chambre 415).

☛ *The Factory* (plan Pèlerinage rock, *G*) : *33 Union Sq W.* Ⓜ *(L, N, Q, R, 4, 5, 6) 14 St-Union Sq.* C'est au 6ᵉ étage de cet immeuble que se trouvait le fameux atelier d'Andy Warhol, où entraient les anonymes pour ressortir « superstars », comme il les appelait. Projections, concerts, expositions, toutes les excuses étaient bonnes pour réunir dans ce loft les célébrités du moment, dont Bob Dylan, Mick Jagger, Salvador Dalí, Dennis Hopper ou encore De Niro, sans oublier les membres du Velvet Underground. Avant 1968, l'atelier se trouvait au 231 East 47ᵗʰ Street, dans le quartier de Midtown (aujourd'hui un parking souterrain !).

☛ À 2 pas, l'emplacement de l'ancien bar-resto *Max's Kansas City* (plan Pèlerinage rock, *H*) : *213 S Park Ave.* Alice Cooper, David Bowie, Iggy Pop, Lou Reed, Patti Smith, Andy Warhol et ses amis, tous avaient leurs habitudes ici. Debbie Harry y fut serveuse. Le proprio, qui aimait bien les artistes, proposait un buffet gratuit à l'heure de l'apéro. Ces victuailles permettaient à bon nombre d'entre eux de survivre pendant les moments de galère. C'est aussi chez *Max's* que Bob Marley fit ses 1ᵉʳˢ pas sur la scène internationale, en assurant la 1ʳᵉ partie de Bruce Springsteen.

☛ Entre 1971 et 1973 (avant de déménager au Dakota), Lennon et Yoko Ono vivaient au *105 Bank Street* (plan Pèlerinage rock, *I*). Ⓜ *(1, 2, 3) Christopher St ou (L) 8 Ave.*

☛ *Electric Lady Studios* (plan Pèlerinage rock, *J*) : *52 W 8ᵗʰ St.* Ⓜ *(A, C, D, E, F) W 4 St-Washington Sq.* En 1970, Jimi Hendrix décida de créer son propre studio à Greenwich Village. Malheureusement, la mort l'a rattrapé moins de 3 semaines après son inauguration. Il aura tout de même eu le temps d'enregistrer quelques titres, dont *Slow Blues.*

☛ *The Gaslight Café* (plan Pèlerinage rock, *K*) : *116 MacDougal St.* Ⓜ *(A, C, D, E, F) W 4 St-Washington Sq.* Ici, Bob Dylan obtint ses 1ᵉʳˢ gros succès. En face, à quelques mètres de là, le *Café Wha*, où Bruce Springsteen, Kool & The Gang ou encore The Velvet Underground se produisaient. Avant eux, c'était le lieu de rendez-vous des poètes de la beat generation.

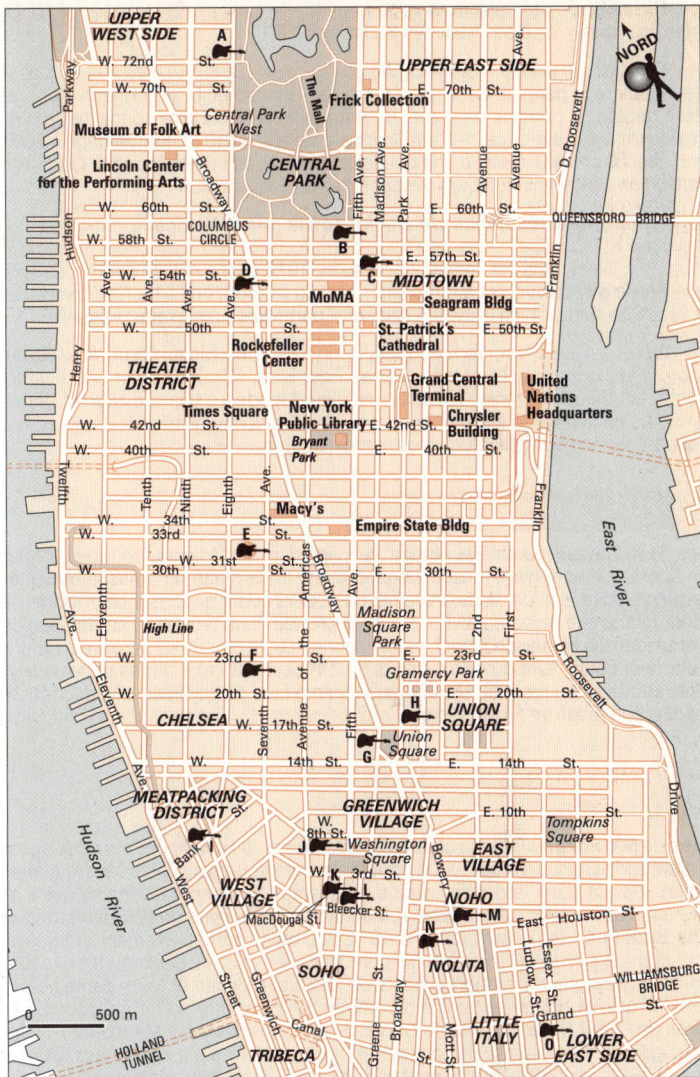

UPPER
WEST SIDE A
W. 72nd St.
W. 70th St.
UPPER EAST SIDE
NORD
Frick Collection E. 70th St.
Central Park West
Museum of Folk Art
CENTRAL PARK
QUEENSBORO BRIDGE
Lincoln Center for the Performing Arts
W. 60th E. 60th St.
W. 58th St. B
COLUMBUS CIRCLE
W. 54th D E. 57th St.
C MIDTOWN
MoMA Seagram Bldg
W. 50th St. E. 50th St.
Rockefeller Center St. Patrick's Cathedral
THEATER DISTRICT
Grand Central Terminal United Nations Headquarters
Times Square
New York Public Library Chrysler Building
W. 42nd St. E. 42nd St.
W. 40th Bryant Park 40th St.
Macy's
W. 34th Empire State Bldg
W. 33rd E
W. 31st St.
30th 30th St.
High Line
Madison Square Park
23rd F 23rd St.
Gramercy Park
20th St. 20th St.
CHELSEA W. 17th H UNION SQUARE
Union Square
G 14th St. E. 14th
MEATPACKING DISTRICT St.
GREENWICH VILLAGE E. 10th St.
Tompkins Square
8th St.
J Washington Square EAST VILLAGE
WEST VILLAGE K 3rd
L M NOHO
MacDougal St. Bleecker St.
N
SOHO NOLITA
LITTLE ITALY
O LOWER EAST SIDE
TRIBECA
WILLIAMSBURG BRIDGE
East River
Hudson River
HOLLAND TUNNEL
0   500 m

A	Dakota Building	I	105 Bank Street
B	Plaza Hotel	J	Electric Lady Studios
C	Trump Tower	K	The Gaslight Café
D	Studio 54	L	Bitter End
E	Madison Square Garden	M	C.B.G.B.
F	Chelsea Hotel	N	Dernière résidence de David Bowie
G	The Factory	O	56 Ludlow Street
H	Max's Kansas City		

PÈLERINAGE ROCK

☛ **Bitter End** (plan Pèlerinage rock, **L**) : *147 Bleecker St.* Ⓜ *(6) Bleecker St.* Ce fut le lieu préféré de Bob Dylan dès les années 1970.

☛ **C.B.G.B.** (plan Pèlerinage rock, **M**) : *315 Bowery St.* Ⓜ *(6) Bleecker St.* Considéré comme le berceau de la musique punk. Blondie et Talking Heads y ont fait leurs débuts, le principe du *C.B.G.B.* étant justement de faire connaître de nouveaux artistes. Le groupe de Patti Smith s'y installe en 1973. Fermé depuis 2006, le *C.B.G.B.* abrite à la place une boutique de fringues branchées rock *(John Varvatos)* ; on peut y voir quelques vestiges des anciens murs.

☛ **La dernière résidence de David Bowie** (plan Pèlerinage rock, **N**) : *285 Lafayette St (entre E Houston et Prince St).* Ⓜ *(D, F) Broadway Lafayette et (N, R) Prince St.* C'est dans cet immeuble cossu de 1912, reconverti en condos de luxe, que Bowie a vécu avec sa femme Iman jusqu'à sa mort, en 2016. Courtney Love, la veuve de Kurt Cobain (Nirvana), fait aussi partie des prestigieux résidents.

☛ À son arrivée à New York en 1964, John Cale s'installe au **56 Ludlow Street** *(plan Pèlerinage rock, **O**)*, dans le Lower East Side. Ⓜ *(B, D) Grand St.* Il y rencontre Lou Reed et Sterling Morrison avec qui il fonde les bases du Velvet Underground. Les démos de *I'm Waiting for the Man* furent enregistrées ici. Aujourd'hui, l'appart sert toujours de refuge à de jeunes artistes.

SPORTS ET LOISIRS

Les New-Yorkais, comme la plupart des Américains d'ailleurs, sont des fondus de sport : running, gym, muscu, yoga, Pilates, tôt le matin ou après le boulot en semaine (voire le midi). Vous en verrez un paquet courir sur des tapis roulants en regardant la télé, écouteurs vissés sur les oreilles dans toutes les salles de sport jusque dans le Financial District. Le dimanche, tout le monde se retrouve à Central Park pour courir, faire du vélo ou du roller. On peut pratiquer toutes sortes d'activités sportives au cœur de Manhattan et même faire du kayak sur l'Hudson River, ou aller à la plage en 1h de métro !

Vélo et rollers

Vélo

Près de **500 km de pistes cyclables** en site propre *(bikepath)* ont été aménagées à New York. Gros avantage, vous pouvez prendre votre bicyclette dans le métro : installez-vous dans le dernier wagon, souvent moins rempli. Certains coins se prêtent plus au vélo que d'autres. À Manhattan, les **berges de l'Hudson,** depuis The Battery en remontant jusqu'à 40th Street sont particulièrement indiquées, tout comme **Central Park,** véritable paradis pour cyclistes. Les grandes avenues sont en revanche moins agréables avec leur trafic dense et leurs centaines de feux. Brooklyn est également à recommander pour une sortie à 2-roues. Les **rives de l'East River,** du côté de DUMBO (vue imprenable sur Manhattan), ou les rues calmes de Williamsburg font partie des endroits les plus agréables. Dernier spot à mettre sur votre liste : **Governors Island,** accessible uniquement à la belle saison.

– **CitiBike** : le *Vélib'* version new-yorkaise. 12 000 **vélos bleus en libre-service** (utilisables dès 16 ans), répartis dans 750 stations présentes à Manhattan, Brooklyn, Queens et même à Jersey City. Seul le Bronx semble encore privé de vélos... Les bornes fonctionnent toutes à l'énergie solaire. Compter 12 $ le forfait journalier et 24 $ les 3 jours mais, attention, seulement pour des trajets de 30 mn maximum. Au-delà, des frais supplémentaires s'appliquent par tranche de 15 mn (3 $). Attention, la facture peut monter vite si l'on dépasse les 30 mn par trajet donc bien penser à restituer son vélo pour en reprendre un autre si vous partez en balade.

Ne pas oublier que *CitiBike* n'est pas un loueur de vélos, mais un service de transport de courte distance et de courte durée. *Plus de détails et le plan des stations :* ● citibikenyc.com ●

– *Loueurs de vélos :* les prix des locations ne comprennent pas la caution (se renseigner sur ce qu'il advient en cas de vol) ni le cautionnement. *Compter env 10-15 $/h (2h min) selon type de vélo ou 40-60 $/j. (à rendre avt la fermeture).* Appelez pour voir s'ils ont des bicyclettes en stock et combien de temps vous pouvez garder le vélo (*attention,* avec certains, si vous dépassez de 1h, vous payez 1 jour de plus !).

■ *Unlimited Biking : plusieurs adresses à Manhattan, à des endroits stratégiques (Central Park nord et sud, Brooklyn Bridge, Pier 78 au bord de l'Hudson River).* ● *unlimitedbiking. com/new-york/* ● *Tlj 8h-19h (9h-17h nov-mars). Paiement CB seulement, pièce d'identité obligatoire. Env 15 $/h, 40 $/j. Réduc enfants. Vélos électriques env 40 $ les 2h et 68 $/j. Casque et cadenas inclus.* La plus grande flotte de vélos de la ville. Très bon matériel (*Cannondale),* performant et léger. Les vélos électriques, tout neufs et simples d'utilisation, permettent de sillonner tout Central Park en 2h. Moyennant 5 $, on peut rendre son vélo dans une autre agence. Aussi des tours guidés à vélo.

■ Voir également **Central Park Bike Tours** et **Central Park Bike Rental** dans « Adresses et infos utiles » du chapitre consacré à Central Park.

Plages

Eh oui, New York est au bord de l'océan et en 1h de métro, on peut se retrouver à la plage ! Au cœur de l'été, lorsque la canicule se fait sentir, certaines sont évidemment prises d'assaut par les New-Yorkais mais l'impression de vacances est bien au rendez-vous. Voici une petite sélection des plus proches :

➤ *Coney Island (pointe sud de Brooklyn) : facilement accessible.* Ⓜ *(D, F, N, Q) Coney Island-Stilwell Ave.* Avec son décor de carte postale rétro (montagnes russes, promenade en bois, hot-dogs), c'est la plus mythique et la plus accessible. Certes, la popularité des lieux rend la propreté aléatoire les week-ends d'été mais l'ambiance de la fête foraine attenante est vraiment pittoresque et inattendue.

➤ *Rockaway Beach (Queens) : tt près de l'aéroport JFK. Accessible aussi en métro (ligne A, puis Shuttle S jusqu'à Rockaway Park-Beach 116 St et en bateau-navette avec la ligne Rockaway de NYC Ferry,* ● *ferry.nyc* ●). Voici une des plus vastes plages de New York, sans grand charme mais très prisée des jeunes hipsters, surfeurs et baigneurs.

➤ *Sandy Hook (New Jersey) : compter 40 mn-1h de ferry depuis le Pier 11 près de Wall St ou de E 35th St sur l'East River avec la compagnie SeaStreak.* ● *seastreak.com* ● *(traversée photogénique ; env 50 $ A/R, enfants gratuits).* Un peu plus compliqué d'accès, quoique, mais du coup plus sauvage aussi et sans la foule.

Sports nautiques sur l'Hudson River

■ *Village Community Boathouse : Pier 40, Hudson River Greenway (à l'extrémité de W Houston St).* ● *villagecommunityboathouse.org* ● Ⓜ *(1, 2) Houston St. Avr-nov, dim midi. Mer ap-m et dim en hiver. Gratuit (dons bienvenus) à condition de signer une décharge (autorisation parentale pour les moins de 18 ans).* Cette association à but non lucratif, gérée par des bénévoles, offre une manière très originale de découvrir Manhattan. Embarquer à bord d'une yole de mer est une expérience unique, mais il faut ramer ! La balade, accompagnée d'un skipper, permet d'avoir une vision complètement différente de la ville.

Marathon

– *New York City Marathon :* le marathon le plus couru du monde (plus de 52 000 participants) se déroule depuis 1970 le 1er dimanche de novembre, de

Staten Island à Central Park en passant par Brooklyn et Queens. La participation est soumise à un tirage au sort, à moins d'être un coureur confirmé. *Infos :* ● *tcs nycmarathon.org* ●

Patinoires

■ *Wollman Rink à Central Park :* *dans le coin sud-est de Central Park, au niveau de 63rd St.* ● *wollmanskatin grink.com* ● *Nov-mars. Entrée env 12 $ en sem, 19 $ le w-e (enfant 6 $), loc de patins 10 $. CB refusées.* La plus belle de toutes, au milieu du parc, avec les gratte-ciel en ligne de mire.

■ *The Rink at Rockefeller Center :* ● *theringatrockcenter.com* ● *Oct-avr.* Une institution qui existe depuis 1936 ! Toujours un monde fou et cher en prime *(env 25-33 $, 15 $ enfant ; plus 13 $ pour la loc des patins),* mais on paie le plaisir de patiner au pied de l'immense sapin de Noël du Rockefeller Center...

■ *The Rink at Bryant Park :* *sur 6th Ave, entre 40th et 42nd St.* De fin octobre à début mars, la pelouse de Bryant Park se transforme en patinoire ! Entrée gratuite, donc logiquement bondé, cela dit peut-être un peu moins qu'au Rockefeller Center *(la loc des patins reste payante, env 20 $).*

■ *Sky Rink at Chelsea Piers :* *au bord de l'Hudson River, Pier 61 (au niveau de 21st St).* ● *chelseapiers.com/sr/* ● *Tte l'année. Compter 12 $ et 6 $ de loc.*

■ *The Rink at Brookfield Place :* *250 Vesey St, sur l'esplanade de la marina près du World Trade Center, à Lower Manhattan.* ● *therinkatbrookfiel dplace.net* ● *En hiver seulement, jusqu'à 21h30 selon j. Compter 15 $ pour 1h30 et 5 $ de loc.* Large et profitant d'un panorama grandiose sur l'Hudson River et les gratte-ciel.

Rencontres sportives et tournois

Le sport, les New-Yorkais en font et ils vont aussi en voir dans les stades. Base-ball, basket, football américain, les supporters sont fidèles à leurs équipes. Et pas de hooligans, ici le sport, c'est une grand-messe.

– *US Open :* pendant 2 semaines à partir de fin août. L'un des 4 tournois du Grand Chelem de tennis professionnel au *USTA Billie Jean King National Tennis Center,* à Flushing Meadows dans Queens. ● *usopen.org* ●

UN BIJOU D'INSIGNE

Le logo sportif le plus connu du monde, celui des New York Yankees, fut créé par Tiffany, le joaillier de la 5e Avenue. Les lettres N et Y entrelacées furent frappées pour la 1re fois en 1877, sur une médaille récompensant l'héroïsme d'un policier blessé en service. Et 32 ans plus tard, le symbole fut proposé à l'équipe de base-ball.

– New York a 2 équipes de *base-ball :* les *NY Yankees* qui jouent au *Yankee Stadium,* dans un stade construit tout à côté de l'ancien, dans le Bronx *(1 E 161st St et River Ave, Highbridge ;* ● *newyork.yankees.mlb.com* ● ; Ⓜ *(4, B, D) 161 St-Yankee Stadium, ou train direct depuis Grand Central Station).* Possibilité d'obtenir aussi des billets aux magasins des Yankees dans Manhattan. Et les *NY Mets* qui, eux aussi, se sont offert un stade plus spacieux, le *Citi Field,* en lieu et place du *Shea Stadium,* dans Queens *(126th St et Roosevelt Ave, Flushing ;* ● *mlb.com/mets* ● ; Ⓜ *(7) Willets Point-Shea Stadium).* Saison d'avril à octobre. Tickets vendus via Internet ou directement au stade.

– Les stars du *football américain* (2 équipes aussi : les *Giants* et les *Jets*) jouent au *MetLife Stadium* du Meadowlands Sport Complex, dans le New Jersey. Mais là, point d'espoir. Il est très difficile, sinon impossible, d'avoir des places. Elles sont achetées à l'année par les supporters abonnés qui suivent toute la saison de septembre à fin janvier. Il y a même des abonnements qui se transmettent par héritage. C'est vous dire la difficulté pour avoir des billets.

– Le siège de l'équipe de **basket (NBA)** est le **Madison Square Garden** *(7th Ave et 33rd St ; ● garden-ny.com ● ;* Ⓜ *(A, C, E) 34 St),* où se produisent les **Knicks.** Le **Barclays Center,** l'arène de Downtown Brooklyn, accueille les **Brooklyn Nets** *(620 Atlantic Ave ; ● barclayscenter.com ●).* La saison commence en octobre et dure jusqu'en avril. Donc, si vous êtes un passionné, l'été aux States, c'est pas le bon plan pour le basket.

– Pour le **hockey,** c'est au même endroit que le basket et à la même époque que l'on peut voir l'équipe leader : les **Rangers.** Sinon, les **Islanders** évoluent au Barclays Center de Brooklyn et les **New Jersey Devils** au Prudential Center.

Dans la rubrique « Sports » du magazine *Time Out New York,* vous trouverez les noms des équipes et les dates et heures des rencontres (en saison, il y a un match de base-ball tous les jours au Yankee Stadium !).

les ROUTARDS sur la FRANCE 2020-2021

(dates de parution sur • routard.com •)

Découpage de la FRANCE par le ROUTARD

ANGLETERRE

NORD

MANCHE

BELGIQUE

PAYS-BAS

ALLEMAGNE

LUX.

Nord, Pas-de-Calais

Pas-de-Calais

Nord

Week-ends autour de Paris

Somme

Hauts-de-France

Ardenne

Picardie

Aisne

Ardennes

Seine-Maritime

Oise

Normandie

Calvados

Normandie

Manche

Eure

Paris

Île-de-France

Marne

Meuse

Moselle

Lorraine

Strasbourg

Bas-Rhin

Grand-Est

Meurthe-et-Moselle

Bretagne Nord

Bretagne

Côtes-d'Armor

Orne

Eure-et-Loir

Haute-Marne

Vosges

Alsace

Haut-Rhin

Finistère

Ille-et-Vilaine

Mayenne

Sarthe

Loiret

Aube

Yonne

Haute-Saône

Morbihan

Pays de la Loire

Loir-et-Cher

Bourgogne

Côte-d'Or

Doubs

Terr. de Belfort

Bretagne Sud

Loire-Atlantique

Maine-et-Loire

Indre-et-Loire

Châteaux de la Loire

Nièvre

Franche-Comté

Cher

Centre-Val de Loire

Bourgogne-Franche-Comté

Jura franco-suisse

Pays de la Loire

Vendée

Deux-Sèvres

Vienne

Indre

Allier

Saône-et-Loire

Jura

SUISSE

Poitou

Creuse

Ain

Haute-Savoie

Les Charentes

Charente-Maritime

Charente

Haute-Vienne

Auvergne

Loire

Rhône

Lyon

Isère

Savoie

Savoie, Mont Blanc

OCÉAN ATLANTIQUE

Limousin

Corrèze

Puy-de-Dôme

Auvergne-Rhône-Alpes

Nouvelle-Aquitaine

Périgord, Dordogne

Cantal

Haute-Loire

Isère, Alpes du Sud

Dordogne

Lot

Ardèche, Drôme

Hautes-Alpes

Bordelais, Landes, Lot-et-Garonne

Lot-et-Garonne

Lozère

Ardèche

Drôme

Alpes-de-Haute-Provence

Alpes-Maritimes

Landes

Tarn-et-Garonne

Aveyron

Lot, Aveyron, Tarn

Gard

Vaucluse

Provence

Var

ITALIE

Gers

Tarn

Montpellier

Bouches-du-Rhône

Côte d'Azur

Nice

Toulouse

Occitanie

Hérault

Marseille

Provence-Alpes-Côte d'Azur

Pyrénées-Atlantiques

Haute-Garonne

Aude

Pays basque, Béarn

Hautes-Pyrénées

Ariège

Languedoc et Roussillon

Haute-Corse

ESPAGNE

Midi toulousain

Pyrénées-Orientales

Corse

Corse

Corse du Sud

0   100   200 km

MER MÉDITERRANÉE

Bretagne Nord   Titre du guide « Routard »

Autres guides sur la France

- Hébergements insolites en France
- Nos meilleurs campings en France
- Nos meilleures chambres d'hôtes en France

Autres guides sur Paris

- Paris
- Paris balades
- Paris exotique
- Restos et bistrots de Paris
- Le Routard des amoureux à Paris
- Week-ends autour de Paris

Le Routard à vélo

- EuroVelo6
- La Bourgogne du Sud à vélo
- La Loire à Vélo
- La Vélodyssée (Roscoff-Hendaye)
- Le Canal des 2 mers à vélo
- Paris Île-de-France à vélo
- ViaRhôna

les ROUTARDS sur l'ÉTRANGER 2020-2021

(dates de parution sur • routard.com •)

Découpage de l'ESPAGNE par le ROUTARD

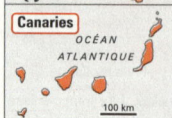

Asturies · Cantabrie · **Pays basque, Béarn**
Espagne du Nord-Ouest
Galice · Pays basque · Navarre · La Rioja
Castille-León
Catalogne
Barcelone
Castille, Madrid (Aragon, Rioja et Estrémadure) · Aragon
Catalogne (+ Valence et Andorre)
PORTUGAL · **Madrid**
Castille-La Manche · Valence
Estrémadure
Baléares
Murcie
MER MÉDITERRANÉE
Séville
Andalousie
ALGÉRIE
NORD
100 km

Canaries
OCÉAN ATLANTIQUE
100 km

Découpage de l'ITALIE par le ROUTARD

SUISSE · AUTRICHE · HONGRIE
Val d'Aoste · **Lacs italiens et Milan** · SLOVÉNIE
Milan · Lombardie · Vénétie · **Venise** · CROATIE
FRANCE · Piémont · **Italie du Nord**
Émilie-Romagne · BOSNIE-HERZÉGOVINE
Ligurie · Toscane · **Florence**
Toscane, Ombrie
Ombrie · MER ADRIATIQUE
NORD
Rome · Latium
Campanie · Pouilles
Naples · **Italie du Sud**
Basilicate
Sardaigne
MER TYRRHÉNIENNE
Calabre
Sicile
100 km

Autres pays européens

- Allemagne
- Angleterre, Pays de Galles
- Autriche
- Belgique
- Bulgarie
- Crète

- Croatie
- Danemark, Suède
- Écosse
- Finlande
- Grèce continentale
- Hongrie
- Îles grecques et Athènes
- Irlande
- Islande
- Madère

- Malte
- Norvège
- Pays baltes : Tallinn, Riga, Vilnius
- Pologne
- Portugal
- République tchèque, Slovaquie
- Roumanie
- Suisse

Villes européennes

- Amsterdam
- Berlin
- Bruxelles

- Budapest
- Copenhague
- Dublin
- Lisbonne
- Londres
- Moscou
- Naples

- Porto
- Prague
- Saint-Pétersbourg
- Stockholm
- Vienne

les ROUTARDS sur l'ÉTRANGER 2020-2021

(dates de parution sur • *routard.com* •)

Découpage des ÉTATS-UNIS par le ROUTARD

Autres pays d'Amérique

- Argentine
- Brésil
- Canada Ouest
- Chili et île de Pâques
- Colombie
- Costa Rica
- Équateur et les îles Galápagos
- Guatemala, Belize
- Mexique
- Montréal
- Pérou, Bolivie
- Québec et Ontario

Asie et Océanie

- Australie côte est + Red Centre
- Bali, Lombok
- Bangkok
- Birmanie (Myanmar)
- Cambodge, Laos
- Chine
- Hong Kong, Macao, Canton
- Inde du Nord
- Inde du Sud
- Israël et Palestine
- Istanbul
- Jordanie
- Malaisie, Singapour
- Népal
- Shanghai
- Sri Lanka (Ceylan)
- Thaïlande
- Tokyo, Kyoto et environs
- Turquie
- Vietnam

Afrique

- Afrique du Sud
- Égypte
- Kenya, Tanzanie et Zanzibar
- Maroc
- Marrakech
- Sénégal
- Tunisie

Îles Caraïbes et océan Indien

- Cuba
- Guadeloupe, Saint-Martin, Saint-Barth
- Île Maurice, Rodrigues
- Madagascar
- Martinique
- République dominicaine (Saint-Domingue)
- Réunion

Guides de conversation

- Allemand
- Anglais
- Arabe du Maghreb
- Arabe du Proche-Orient
- Chinois
- Croate
- Espagnol
- Grec
- Italien
- Japonais
- Portugais
- Russe
- G'palémo (conversation par l'image)

Livres-photos/Livres-cadeaux

- Voyages
- Voyages : États-Unis (octobre 2019)
- Voyages : France (octobre 2019)
- Voyages : Italie
- Road Trips (40 itinéraires sur les plus belles routes du monde)
- Nos 120 coins secrets en Europe
- Les 50 voyages à faire dans sa vie
- 1 200 coups de cœur dans le monde
- 1 200 coups de cœur en France
- Nos 52 week-ends dans les plus belles villes d'Europe
- Nos 52 week-ends coups de cœur en France
- Cahier de vacances du Routard

Nous tenons à remercier tout particulièrement Loup-Maëlle Besançon, Thierry Bessou, Gérard Bouchu, François Chauvin, Grégory Dalex, Fabrice Doumergue, Cédric Fischer, Carole Fouque, Nicolas George, Michelle Georget, David Giason, Claude Hervé-Bazin, Emmanuel Juste, Dimitri Lefèvre, Fabrice de Lestang, Romain Meynier, Éric Milet, Pierre Mitrano, Jean-Sébastien Petitdemange, Thomas Rivallain et Jean Tiffon pour leur collaboration régulière.

Brice Andlauer
Jean-Jacques Bordier-Chêne
Agnès Debiage
Coralie Delvigne
Jérôme Denoix
Tovi et Ahmet Diler
Clélie Dudon
Sophie Duval
Alain Fisch
Bérénice Glanger
Adrien et Clément Gloaguen
Sébastien Jauffret
Alexia Kaffès

Augustin Langlade
Jacques Lemoine
Aline Morand
Louis Nagot
Caroline Ollion
Martine Partrat
Odile Paugam et Didier Jehanno
Céline Ruaux
Prakit Saiporn
Nejma Tahri Hassani
Alice Tonasso
Caroline Vallano

Direction: Nathalie Bloch-Pujo
Direction éditoriale: Élise Ernest
Édition: Matthieu Devaux, Olga Krokhina, Gia-Quy Tran, Julie Dupré, Emmanuelle Michon, Pauline Janssens, Amélie Ramond, Margaux Lefebvre
Ont également collaboré: Aurélie Joiris-Blanchard, Jeanne Labourel et Estelle Gaudin
Cartographie: Frédéric Clémençon et Aurélie Huot
Contrôle de gestion: Jérôme Boulingre et Yannis Villeneuve
Secrétariat: Catherine Maîtrepierre
Fabrication: Nathalie Lautout et Audrey Detournay
Relations presse: COM'PROD, Fred Papet. ☎ 01-70-69-04-69.
● *info@comprod.fr* ●, Martine Levens (Belgique) et Maureen Browne (Suisse)
Direction marketing: Adrien de Bizemont, Élodie Darty et Charlotte Brou
Informatique éditoriale: Lionel Barth
Couverture: Clément Gloaguen et Seenk
Maquette intérieure: ● *le-bureau-des-affaires-graphiques.com* ●, Thibault Reumaux et ● *npeg.fr* ●
Direction partenariats: Jérôme Denoix
Contact Partenariats et régie publicitaire: Florence Brunel-Jars
● *fbrunel@hachette-livre.fr* ●

INDEX GÉNÉRAL

INDEX GÉNÉRAL

LISTE DES CARTES ET PLANS

INDEX GÉNÉRAL

IMPORTANT : DERNIÈRE MINUTE

Sauf rare exception, le *Routard* bénéficie d'une parution annuelle à date fixe. Entre deux dates, des événements fortuits (formalités, taux de change, catastrophes naturelles, conditions d'accès aux sites, fermetures inopinées, etc.) peuvent intervenir et modifier vos projets de voyage. Pour éviter les déconvenues, nous vous recommandons de consulter la rubrique « Guide » par pays de notre site ● *routard.com* ● et plus particulièrement les dernières *Actus voyageurs.*

Remarque importante aux hôteliers et restaurateurs

Les enquêteurs du *Routard* travaillent dans le plus strict anonymat. Aucune réduction, aucun avantage quelconque, aucune rétribution n'est jamais demandé en contre-partie. Face aux aigrefins, la loi autorise les hôteliers et restaurateurs à porter plainte.

Avis aux lecteurs

Le Routard, ce n'est pas comme le bon vin, il vieillit mal. On ne veut pas pousser à la consommation, mais évitez de partir avec une édition ancienne. Les modifications sont souvent importantes.

Les réductions accordées à nos lecteurs ne sont jamais demandées par nos rédac-teurs afin de préserver leur indépendance. Les hôteliers et restaurateurs sont sollicités par une société de mailing, totalement indépendant de la rédaction, qui reste donc libre de ses choix. De même pour les autocollants et plaques émaillées.

Avec routard.com, choisissez, organisez, réservez et partagez vos voyages !

✓ Rejoignez la plus grande communauté francophone de voyageurs : **plusieurs millions d'internautes.**

✓ Échangez avec les routarnautes : forums, photos, avis d'hôtels.

✓ Retrouvez aussi toutes les informations actualisées pour choisir et préparer vos voyages : plus de 300 guides destinations, une centaine de dossiers pratiques et un magazine en ligne pour découvrir tous les secrets de votre destination.

✓ Enfin, comparez les offres pour organiser et réserver votre voyage au meilleur prix.

Les **Routards** parlent aux **Routards**

Faites-nous part de vos expériences, de vos découvertes, de vos tuyaux et de vos coups de cœur. Aidez-nous à remettre l'ouvrage à jour. Indiquez-nous les rensei-gnements périmés. Faites profiter les autres de vos adresses nouvelles, combines géniales... On adresse un exemplaire gratuit de la prochaine édition à ceux qui nous envoient les meilleurs courriers, pour la qualité et la pertinence des informations. Quelques conseils cependant :

– Envoyez-nous votre courrier le plus tôt possible afin que l'on puisse insérer vos tuyaux sur la prochaine édition.

– N'oubliez pas de préciser l'ouvrage que vous désirez recevoir, ainsi que votre adresse postale.

– Vérifiez que vos remarques concernent l'édition en cours et notez les pages du guide concernées par vos observations.

– Quand vous indiquez des hôtels ou des restaurants, pensez à signaler leur adresse précise et, pour les grandes villes, les moyens de transport pour y aller. Si vous le pouvez, joignez la carte de visite de l'hôtel ou du resto décrit.

En tout état de cause, merci pour vos nombreux mails.

122, rue du Moulin-des-Prés, 75013 Paris

● guide@routard.com ● routard.com ●

Routard Assurance *2020*

Enrichie au fil des années par les retours des lecteurs, *Routard Assurance* est devenue une assurance voyage référence des globes-trotters. Tout est inclus : frais médicaux, assistance rapatriement, bagages, responsabilité civile... Avant votre départ, appelez *AVI* pour un conseil personnalisé. Besoin d'un médecin, d'un avis médical, d'une prise en charge dans un hôpital ? Téléchargez l'appli mobile *AVI international* pour garder le contact avec *AVI Assistance* et disposez de l'un des meilleurs réseaux médicaux à travers le monde. *AVI Assistance* est disponible 24h/24 pour une réponse en temps réel. De simples frais de santé en voyage ? Envoyez les factures à votre retour, *AVI* vous rembourse sous une semaine. *40, rue Washington, 75008 Paris.* ☎ *01-44-63-51-00.* ● *avi-international. com* ● Ⓜ *George-V.*

Édité par Hachette Livre (58, rue Jean-Bleuzen, CS 70007, 92178 Vanves Cedex, France)
Photocomposé par Jouve (rue de Monbary, 45140 Ormes, France)
Imprimé par Lego SPA Plant Lavis (via Galileo Galilei, 11, 38015 Lavis, Italie
Achevé d'imprimer le 6 septembre 2019
Collection n° 13 - Édition n° 01
54/4487/8
I.S.B.N. 978-2-01-706813-6
Dépôt légal : septembre 2019

PAPIER À BASE DE
FIBRES CERTIFIÉES